沂蒙文化与中华文明丛书

# 荀子绎旨

王春华 于联凯 著

九州出版社 JIUZHOUPRESS 全国百佳图书出版单位

**图书在版编目（CIP）数据**

荀子绎旨 / 王春华，于联凯著. -- 北京 ：九州出
版社，2019.9

ISBN 978-7-5108-8385-9

Ⅰ．①荀… Ⅱ．①王… ②于… Ⅲ. ①荀况（前313-
前238）－人物研究 Ⅳ. ①B222.65

中国版本图书馆CIP数据核字(2019)第225373号

**荀子绎旨**

| | | |
|---|---|---|
| 作　　者 | 王春华　于联凯　著 | |
| 出版发行 | 九州出版社 | |
| 地　　址 | 北京市西城区阜外大街甲 35 号（100037） | |
| 发行电话 | （010）68992190/3/5/6 | |
| 网　　址 | www.jiuzhoupress.com | |
| 电子信箱 | jiuzhou@jiuzhoupress.com | |
| 印　　刷 | 北京九州迅驰传媒文化有限公司 | |
| 开　　本 | 787 毫米 ×1092 毫米　16 开 | |
| 印　　张 | 37.5 | |
| 字　　数 | 700 千字 | |
| 版　　次 | 2019 年 12 月第 1 版 | |
| 印　　次 | 2019 年 12 月第 1 次印刷 | |
| 书　　号 | ISBN 978-7-5108-8385-9 | |
| 定　　价 | 138.00 元 | |

# "沂蒙文化与中华文明"丛书总序

一

文化是民族的血脉，是人民的精神家园，更是民族生存与发展的重要力量。有着5000余年文明史的中华民族创造了无比丰富、博大精深的中华文明。沂蒙文化就是在中华民族文化哺育下，以沂蒙山区及其辐射地区（包括沂、沭河流域全境）为依托而形成的一种地域文化，是中华文明百花园中的一枝风姿绰约的奇葩。它既继承了民族文化的优秀因子，又在若干方面丰富和发展了中华民族文化。

远古时期，沂蒙文化即已萌芽发育。距今约五十万年前，"沂源猿人"已繁衍生息于古老的海岱之地，中华文明的东方初曙已然放出微光，沂蒙地区因此成为孕育中华民族文明最早的地区之一。东夷文化作为沂蒙地域文化生成发展的第一个阶段，经过长期的孕育、沉淀、丰富与发展，积淀了极为丰富的以细石器、陶器等为代表的物质文明，以古老文字、凤文化等为代表的精神文化，形成了兼容并蓄、经世性强、与时俱进等鲜明的地域文化特征。东夷文化在与中原文明的碰撞与交融中，共同熔铸了熠熠生辉的中华文明。

西周以来，随着周文化向东方的推进和齐、鲁文化的形成传播，儒学文化逐渐成为沂蒙文化的主要内容。今天临沂市的西部、中部的广大区域当时为鲁国辖地，孔子本人亦曾亲游沂蒙，登临东山，就教于郯子，其弟子中有影响者亦有多人出生或出仕于沂蒙，因此沂蒙地区成为儒学传播最早、影响最深的区域之一。影响所及延至秦汉，沂蒙儒学之光依然璀璨无限。

魏晋南北朝时期，沂蒙地区人才辈出。"蜀得其龙，吴得其虎，魏得其狗"的诸葛氏家族，以"悬鱼"名闻士林的羊续家族，"建江左之策"、开一代规模的王导及其家族，开齐梁二朝、赢得粗安局面的兰陵萧氏家族，以道德、书法、文章显名于士林的颜氏家族，都各领风骚，名垂千古。因郯子论官而名显的古郯之地，汉代以来亦人才济济，如东海于氏、徐氏及王朗、王肃家族。此外，随晋室南渡的大批文人学士后称雄于东晋南朝文坛，亦值得重视，足证沂蒙文化之于中华文明的重要贡献。

隋朝统一南北，唐继之而兴，琅琊王氏、萧氏余焰犹烈，各出宰相多人。而颜氏尤以文化取胜，在经学、史学、文学、文字学、音韵学、书法、艺术等方面成就非凡，特别是书法成就名冠千古。宋元时期，沂蒙文化的发展相对平缓，至明清时期沂蒙文化的发展又出现了走向高峰的趋势，涌现出一批有重要影响的文化家族，如蒙阴公氏、费县王氏（王雅量）、莒南大店庄氏、临沂宋氏、沂水刘氏等，均以科甲连第、家族繁盛而著称。

近代以来，沂蒙地区在西方文化的熏染与逼迫下，近代化历程蹒跚起步。20世纪以后，尤其是马克思列宁主义传入沂蒙地区，赋予沂蒙文化发展以时代新机。在马克思主义的影响与中国共产党的领导下，沂蒙地区成为山东军民抗日战争的最重要战略基地、扭转解放战争局势的关键枢纽，为中华人民共和国的创建付出了巨大的努力和牺牲，留存下来的沂蒙红色文化资源——尤其是党政军民共同铸就的沂蒙精神，将沂蒙文化推向了新的境界。

## 二

沂蒙文化上承东夷文化之脉，赓续齐鲁文化之风，其所衍生的物质文明与精神文化宏阔深远，博大精深，成为今日为学者探究发掘的文化宝库。上古时期的东夷文化，先秦及秦汉时期的沂蒙儒学与兵书兵学，影响及于当代的荀学思想与书法、画像石等传统艺术，魏晋南北朝时期的沂蒙家族文化，隋唐迄至明清时期的沂蒙历史名人、文化家族、乡贤文化，近代以来以沂蒙精神为文化内核的沂蒙红色文化，当代沂蒙人民艰苦创业、自力更生的伟大实践等等，向当代沂蒙学人提出了新的命题和问题，"沂蒙文化与中华文明"丛书即是对这些命题和问题的回应。该丛书力图以专题研究、文集论丛、文艺创作等不同形式再现沂蒙文化的历史风貌。

本丛书也是对学界已有沂蒙文化研究的继续与深化。自20世纪80年代起，以王汝涛、王瑞功等诸先生为代表的老一辈历史学家立足沂蒙地域文化，从历史学、方志学、文献学、语言学、文学及历史地理学等不同角度展开了对琅琊文化、沂蒙名门望族文化、沂沭河流域历史地理等的专题与综合研究，积淀形成了深厚的研究根基与学术传统。1986年，临沂师范专科学校历史系设立沂蒙历史人物研究所，展开对琅琊王氏、颜氏、诸葛氏等家族文化及历史名人的研究，成果丰硕，初步奠定了沂蒙文化研究在海内外学界的影响和地位。1998年，为进一步挖掘、研究、弘扬沂蒙文化，沂蒙历史人物研究所更名为沂蒙文化研究所，积极对接临沂经济社会发展需求，逐步凝练形成沂蒙古代文化、沂蒙革命（红色）文化、沂蒙环境变迁与经济社会发展研究3个研究方向，通论性与专题性研究论著迭次出现，"沂蒙文化研究丛书"相继推出了《沂蒙教育史》《山东沂沭河流域古文化兴衰的环境考古研究》《琅琊王氏家族的历史与文化》《六朝沂蒙文学》等系列专题研究成果，将沂蒙文化研究向前推进了一大步。2011年7月，临沂大学整合沂蒙文化研究力量，组建沂蒙文化研究院，吸纳专门从事沂蒙文化研究的科研人员，在挖掘沂蒙历史文化、服务地方经济社会发展方面做出了新的努力与尝试，沂蒙红色文化研究的优势和特色逐渐凸显。2015年12月，新的沂蒙文化研究院组建成立，进一步凝练沂蒙精神研究、沂蒙艺术研究、山东抗日根据地研究三个学科方向，着力推进沂蒙文化研究的重生与新生。2016年12月，新组建的历史文化学院从沂蒙古代历史文化、现代革命文化两个方向上着力推进基于历史学学科的沂蒙文化研究，进而带动中国史学科建设。"沂蒙文化与中华文明"丛书就是在这样的背景下启动并展开的。

"沂蒙文化与中华文明"丛书将沂蒙历史文化、文化赋存、文化现象等纳入研究视野，在全面梳理沂蒙文化历史的基础上，选取对中国历史发展产生重大影响的沂蒙文化主要节点进行研究，以进一步拓展沂蒙文化与齐鲁文化及其他区域文化的比较研究，深挖沂蒙文化内在特征，这是一项对提高沂蒙人民群众的自豪感、自信心都十分有意义的事，对学院的学科建设、师资队伍建设、教育教学质量的提升都具有重要的意义。

## 三

需要说明的是，本丛书在形式上不仅限于专题研究、理论分析与逻辑思维，也运用文艺形式书写沂蒙地区的风土人情与历史文化。不同类型的书写样式，不同学科视野的多维关照，有助于在更宏阔的视野下全面呈现沂蒙文化与中华文明的内在关联。如《风雨满征程》电视剧本就是以文艺的形式展现莒南大店庄氏文化。

我们深知学海无涯，学无止境，对沂蒙文化的探究也将永无止境，即使完成以上各项课题的写作，还不能说就是完成了"沂蒙文化与中华文明"关系的研究，但无疑会将沂蒙文化研究向前推进一步，为后续研究打下良好基础。

丛书由临沂大学历史文化学院、沂蒙文化研究院组织编纂。在丛书即将出版之际，编纂者不揣浅陋，草成以上数言，聊为丛书之序。但愿本丛书的编辑出版能为认识与理解、传承与传播、开发与利用沂蒙文化聊助绵薄之力，也祝愿各位研究者、写作者发扬殚精竭思、勉力而为的精神，尽快取得丰硕成果。

本丛书的编辑与出版还得到九州出版社的大力支持与帮助，他们为丛书出版倾注了大量心血，衷心感谢他们为此付出的辛劳与努力！

临沂大学历史文化学院（沂蒙文化研究院）

2017年5月20日

# 序　言

于联凯

荀子是先秦最后一位儒学大师，是儒学发展史上的重要代表人物，也是中国历史上有重要影响的思想家。今本《荀子》一书，绝大多数篇章是荀子本人的作品，只有很少的章节是其门人弟子的作品。荀子曾在今属临沂地区的兰陵县做官，后来又长期在该地区讲学授徒，并终老其地，对该地区的政治、经济文化的发展影响很大。故荀子又是沂蒙文化早期的重要代表人物之一。

## 一、关于本书的编写

（一）

《荀子绎旨》是我和王春华博士、单长桂硕士合作的一部著作。主要由王春华博士写出，我写了（序言、二十五、二十六、二十九—三十二）约10万字，并提出了一些写作意见。单长桂同志写了（二十七、二十八）约5万字。该书从2011年3月开始策划、构思，到2018年2月脱稿，前后历时七八年，可谓历经寒暑，殚精竭思，终于完成，殊令吾侪高兴。

事实上，我们对于《荀子》的研读，算来已有较长时间了。1992年在山东省首届荀子思想研讨会上，我们提交了《荀子思想三论》一文，以后曾发表在《管子学刊》上。2000年该文又收入《沂蒙文化研究》一书（吉林人民出版社），2007年写《沂蒙教育史》（古代卷）时，专门写了"荀子的思想及其对沂蒙的影响"一节。2012年参加编写《山东区域文化通览》（临沂卷）时，又专门写了"思想家荀子"一节，对荀子的生平、思想及评价做了论述。

虽然如此，但过去的研究，由于对《荀子》的一书没有做出系统的研读，只是临时凑付，写出来的东西缺乏深度与系统性。这次令人欣慰的是，总算对该书做了一次系统的研读，基本上弄清了荀子文章字、词、句及全篇的思想内容。在这个基础上，再进行进一步的研究应该是会有较大的收获的。

（二）

本书的结构是每篇分为"导读""原文""校""译文""绎旨"和"名言嘉句"六

部分。"导读"包括两方面的内容,一是对每篇篇名的解释,二是对全篇每章内容的提要,以便于读者掌握全篇内容。"原文"都经过认真校勘。"注释"和"译文"主要参考了王先谦《荀子集解》和近年来出版的有关著作,如杨柳桥《荀子诂译》等。对词语的解释,力求准确、全面。"绎旨"主要是为了帮助读者理解每章的内容,对每章的主旨做出说明。对少量章节,指出了荀子思想的局限性,以引导读者做出正确的评价。"名言嘉句"是选择原文中富含哲理而文字优美的语句单独列出,以帮助读者进一步理解全章全篇的意义。

## 二、从《荀子》看荀子的思想

《荀子》的绝大部分篇章是荀子的著作,可以看作研究荀子思想的可靠资料。因此,根据《荀子》一书,可以看出荀子的基本思想。

（一）荀子的人性论

人性分为人的生物性与社会性两个层面。人的生物性或说自然本性是相近或相同的。而社会性由于环境、教育、其他方面影响的差异而表现出不同。孔子已观察到了这一点,他说:"性相近也,习相远也。"(《论语·阳货》)孔子所谓的"习",就是"习染",即社会性。与孔子的这种说法相近的有郭店楚简《性自命出》:"四海之内,其性一也。其用心各异,教使然也。"在这里,无论是孔子,还是郭店楚简,都没有说明人性的善恶问题,只用"相远""各异"来说明。

孟子与荀子都看到了"性相近也"和"四海之内,其性一也"的一面,这就是人的自然性(生物性)的相同。例如,《孟子·尽心下》曰:"口之于味也,目之于色也,耳之于声也,鼻之于臭也,四肢之于安佚也,性也。"《荀子·性恶》曰:"若夫目好色,耳好声,口好味,心好利,骨体肤理好愉佚,是皆生于人之情性者也;感而自然,不待事而后生之者也。"这说明孟子、荀子都认识到了人的自然性(生物性)的相近或相同。

但在人的社会性这一根本问题上,孟子、荀子却分道扬镳,各立新说。孟子的学生告子,秉承前人立说,认为"生之谓性""食、色性也"。孟子不同意这一认识,提出了"人性本善""人性之善,犹水之就下也"。像水往低处流一样,是客观存在的。孟子立论的基础是人有"四心",即恻隐之心、羞恶之心、恭敬之心、是非之心,这"四心"也就是仁、义、礼、智,是人心中固有的。所以说,人性是善的。

孟子曾举出"孺子将入于井"的例子,说明善是人的本性。当看到一个小孩子要落入井中时,无论是什么人,都有"怵惕恻隐之心",都会伸手救援,而救援也没有什么目的。实际上,这个例子,也不能说明什么问题,因为凡是要伸手救援的人都是与孺子的父母没有直接利害冲突的人,如果有冲突也是能够正确处理这一问题,而不愿株连其子女的人。所以,孟子的这个例子并不能说明人性是善的。

与孟子的性善论不同，荀子认为："人之性恶，其善者伪也。"所谓"伪"，就是指后天的人为作用，人性本恶，只有经过后天的学习、改造才能成为善的。他说："今人之性，生而有好利焉，顺是，故争夺生而辞让亡焉；生而有疾恶焉，顺是，故残贼生而忠信亡焉；生而有耳目之欲，有好声色焉，顺是，故淫乱生而礼义文理亡焉。然则从人之性，顺人之情，必出于争夺，合于犯分乱理，而归于暴。"（《荀子·性恶》）《荀子·礼论》曰："人生而有欲，欲而不得，则不能无求；求而无度量分界，则不能不争。争则乱，乱则穷。"以上都说明由于人具有好利的欲望，这种欲望得不到满足，就要去寻求；寻求无果，就要争夺，争夺就要发生混乱，这一乱，仁、义、礼、知（智）就都失掉了，于是就产生了恶。人是由寻求满足口腹之利而走向恶的。

对于这种恶，怎么办？荀子说："今人之性恶，必将待师法然后正，得礼义然后治。今人无师法，则偏险而不正；无礼义，则悖乱而不治。古者圣王以人之性恶，以为偏险而不正，悖乱而不治，是以为之起礼义、制法度，以矫饰人之情性而正之，以扰化人之情性而导之也，始皆出于治、合于道者也。"（《荀子·性恶》）荀子反复说明这一道理，人性本恶，只有在老师的教导下，遵守古代圣人制定的法度，遵守礼义，才有可能去恶从善，使社会平治，所以说人之性恶明矣，其善者伪也。

荀子批评孟子不懂性、伪之分，不懂什么是化性起伪，而一味认为人性本善。他认为：所谓性，是"天之就也，不可学，不可事"。可学而能、可事而成的对人而言就是伪，这就是性、伪之分。而善良，即合乎礼义的思想行为，这不是天生的，而是通过后天的努力，可以学习的，可以做到的，所以这是"伪"。荀子又总结说："若夫目好色，耳好声，口好味，心好利，骨体肤理好愉佚，是皆生于人之情性者也；感而自然，不待事而后生之者也。夫感而不能然，必且待事而后然者，谓之生于伪。是性、伪之所生，其不同之征也。"

在论述完性伪的不同之后，荀子又说："故圣人化性而起伪，伪起而生礼义，礼义生而制法度。然则礼义法度者，是圣人之所生也。"化性起伪就是通过利用学习修养改造等办法改造原来的本性。圣人制作礼义法度的过程，就是一个改造自己的本性，而使之符合礼义法度的过程。这个过程就是礼义法度产生的过程。礼义法度本来没有，后来在群众生活中，逐渐形成了若干规范，为广大人民所接受与遵守。由智慧较高，有一定综合创造能力的人加以总结提高，这就是"圣人制礼"。人在礼义的作用下，才能由恶变善，就是一个后天学习和改造的过程，也是"伪"的作用。

荀子认为人性本恶，在这一点上，尧、舜、禹与桀、纣、跖都是一样的，所有君子与小人都是一样的。由于尧、舜、禹及一切君子，他们能化性，能起伪，能积累起伪而生的礼义，最后才成为圣人、君子。而一切小人都是从其性，顺其情，安恣睢，贪利争夺，抛弃礼义，最后变成桀、纣、跖一类人，仍不思悔改，最后自绝于人类。在这个基础上，荀子认为"涂之人可以为禹"，这与孟子的"人皆可以为尧、舜"是一样的。因此，荀子虽然认为人性本恶，但又承认可以通过学习礼义，实现改造，甚至成为禹一样的人，这是有积极意义的。

近年来，有的学者认为《性恶》篇不是荀子的著作，而是其门人弟子的著作掺入的，这是缺乏根据的。实际上，人性恶的意见，在其他篇也有这个意思，只是未曾使用"恶"这个词而已。

（二）荀子的政治思想

1. 重民、爱民、教民、富民思想

对民众的认识与态度，是判断一种思想、一位思想家政治属性的重要标准。重民、爱民、教民、富民是中华优秀传统文化中重要组成部分。作为一位进步的思想家，荀子继承重民、爱民、教民、富民的思想，并予以丰富发展。

在重民方面，荀子曾说："天之生民，非为君也。天之立君，以为民也。"（《荀子·大略》）这显示了人民之重。又曾强调指出："传曰：'君者，舟也；庶人者，水也。水则载舟，水则覆舟。'"（《王制》，又见《哀公》）以舟水的关系比喻君与民的关系，在孔子生活的年代已经存在，孔子亦曾引用此话，荀子继承了这一思想。为了防止"水则覆舟"关系的出现，荀子认为必须运用教民、惠民、爱民的办法去解决。他说："马骇舆，则莫若静之；庶人骇政，则莫若惠之。选贤良，举笃敬，兴孝弟，收孤寡，补贫穷。如是，则庶人安政矣。""故君人者，欲安，则莫若平政爱民矣。"（《王制》）

荀子认为爱民、重民、利民、养民是为君者的根本任务，他说："故有社稷者而不能爱民，不能利民，而求民之亲爱己，不可得也。""君者何也？善生养人者也……善生养人者人亲之……"（《君道》）这即是说为君者必须养民、利民、爱民。

荀子认为"爱民"必须给民以实惠，必须富民。他说："故王者富民，霸者富士，仅存之国富大夫，亡国富筐箧，实府库。"（《王制》）亡国之君，一般都是聚敛者。"聚敛者，召寇肥敌、亡国危身之道也，故明君不蹈也。"（同上）

关于如何富民的问题，荀子主张"节用富民""裕民以政"（《富国》）。"节用"即节约国家开支，减轻人民的负担。"裕民以政"就是用好的政策让民众富裕，具体来说就是"轻田野之赋，平关市之征，省商贾之数，罕兴力役，无夺农时"，这样使国家富足的同时，民众也会富裕，这就是以政裕民。

"富民"与"教民"是联系在一起的。荀子说："不富无以养民情，不教无以理民性。故家五亩宅，百亩田，务其业而勿夺其时，所以富之也。立大学，设庠序，修六礼，明十教，所以道之也。《诗》曰：'饮之食之，教之诲之。'王事具矣。"（《大略》）这是"富民"与"教民"的关系。

荀子还明确指出"使百姓无冻馁之患，则是圣君贤相之事也。"（《富国》）即言老百姓贫穷，主要责任不在他们自己，而是在上位的统治者、管理者。

2. 隆礼重法，明分使群

关于国家如何治理，民众如何管理的问题，荀子提出了隆礼重法，明分使群的主张。

安定的生活环境，这是民生最基本的福祉之一。荀子十分重视国家的治理，力求使国家长治久安，以给民众一个和平安定的环境。

荀子继承并发展孔子关于礼的主张。他说："故人无礼不生，事无礼不成，国家无礼不宁。""礼者，所以正身也……无礼，何以正身？"（《修身》）"国无礼则不正。"（《王霸》）这说明礼对于正身、正国有至关重要的作用。"礼者，贵贱有等，长幼有差，贫富轻重皆有称者也。"（《富国》）这说明礼是保持国家上下运转、秩序正常的根本力量。

故荀子提出"隆礼"的主张。"隆"即推崇、重视之意。有时荀子也提出"隆礼为极"的主张，即以礼为最高标准。在《荀子》中先后出现"隆礼"一词21次。如《君道》曰："知隆礼义之为尊君也。"《儒效》曰："儒者法先王，隆礼义，谨乎臣子而致贵其上者也。"《王霸》曰："朝廷必将隆礼义而审贵贱。"除用"隆"字外，还有"修礼义""明礼义""积礼义""由礼义""统礼义""制礼义""属礼义""求礼义"等说法，都表现了对礼义的重视。

在提出"隆礼"的同时又提出"重法"，荀子有时把"礼""法"组成一词，如谓"礼法之枢要也"（《王霸》），"礼法之大分也"（同上）。有时单独称法，如"有法者以法行，无法者以类举"。（《王制》）"度己以绳，故足以为天下法则。"（《非相》）他经常讲的就是："隆礼尊贤而王，重法爱民而霸。"这句话先后见于《强国》《大略》《天论》篇中，还有"隆礼至法则国有常"。（《君道》）"至法"就是"完备法律"的意思。《成相》篇曰："治之经，礼与刑，君子以修百姓宁。"这是礼法并用的另一种说法。

既隆礼，又重法，这就抓住了治国中最重要的两翼。荀子之后二千多年的社会实践证明，隆礼重法是治国的正确方略。

在群众管理方面，荀子提出了"明分使群"的主张。他说："人之生不能无群，群而无分则争，争则乱，乱则穷矣。故无分者，人之大害也；有分者，天下之本利也。而人君者，所以管分之枢要也。"（《富国》）分，就是等级名分。荀子在《荣辱》篇中说："故先王案为之，制礼义以分之，使有贵贱之等，长幼之差，知愚、能不能之分，皆使人载其事而各得其宜，然后使悫（慤）禄多少厚薄之称，是夫群居和一之道也。"这是对"明分使群"的解释。在《王制》中还有与此类似的说法："……先王恶其乱也，故制礼义以分之，使有贫富贵贱之等，足以相兼临者，是养天下之本也。"又，"离居不相待则穷，群居而无分则争。穷者，患也；争者，祸也。救患除祸，则莫若明分使群矣。""明分使群"是荀子管理群众的主要措施。

3. 建立中央集权制的统一观念与尚贤使能的思想

荀子的政治思想还突出地表现为建立中央集权制的统一国家的观念与尚贤使能的思想。

春秋战国时期是以诸侯分裂割据的局面代替了全国统一的局面。在春秋时期以前，全国是分封制下的统一局面。唐代的柳宗元作《封建论》指出当时的情况是："周有天下，裂土田而瓜分之，设五等，邦群后，布履星罗，四周于天下，轮运而辐集；合为朝觐会同，离为守臣扞（hàn，同捍）城。"但到周夷王之后（前869年—前858年在位），中央权威下降，诸侯坐大，至春秋时期（前722年—前476年）分裂局面形成。至战国时期，分裂割据发展到顶点，七国的兼并战争实际上是新的统一的初级阶段。荀子正生于这一时期，他主张实现国家的新的统一，即专制主义中央集权制的统一，而不能再像周朝那样的"轮运而辐集"式的统一了。

荀子在《君子》篇中所描绘的"天子"就是专制主义中央集权制下的君主，他"执至重，形至佚，心至愈，志无所诎，形无所劳，尊无上矣"。他"刑罚綦省而威行如流，政令致明而化易如神。《传》曰：'一人有庆，兆民赖之。'此之谓也"。这种形象已不再是分封制下特别是战国时期天子的形象。

《成相》篇中，"请成相，言治方，君论有五约以明"一章强调"事业听上，莫得相使一民力"，正表现建立专制主义中央集权制的思想。

如何建立专制主义中央集权制的国家呢？荀子认为首先从思想上统一，这就是要做到"学止乎礼"和"隆礼为极"。他说："礼岂不至矣哉！立隆以为极，而天下莫之能损益也。""天下从之者治，不从者乱；从之者安，不从者危；从之者存，不从者亡。"（以上俱见《礼论》）这样就可以使"六说者立息，十二子者迁化"（《非十二子》），从而做到"一天下，财万物"。（同上）

其次，就是强调君主个人的权威。所谓专制主义，就是君主个人独裁。荀子认为："君者，国之隆也；父者，家之隆也。隆一而治，二而乱。自古及今，未有二隆争重而能长久者。"（《致士》）又说："权出一者强，权出二者弱。"（《议兵》）这就是说，实行君主独裁和中央集权制国家才会强盛。

荀子曾在《王制》篇中为他所理想的君主专制中央集权制下的国家描绘了一幅图景。读者可以查阅。

荀子在治国方面的另一重要思想就是治国必须用贤。《王制》篇曰："故君人者，欲安，则莫若平政爱民矣；欲荣，则莫若隆礼敬士矣；欲立功名，则莫若尚贤使能矣，是君人者之大节也。三节者当，则其余莫不当矣。"这里的三节，其中的二节、三节都是讲重用贤人的问题。又说："吴有伍子胥而不能用，国至于亡，倍道失贤也。故尊圣者王，贵贤者霸，敬贤者存，慢贤者亡，古今一也。故尚贤使能，等贵贱，分亲疏，序长幼，此先王之道也。故尚贤使能，则主尊下安……"（《君子》）《成相》篇反复说明只有重用贤人，国家才能安全兴旺发达。如曰："人主无贤，如瞽无相何伥伥！""宗其贤良，辨其殃孽。""尧授能，舜遇时，尚贤推德天下治。""舜授禹，以天下，尚得推贤不失序。外不避仇，内不阿亲贤者予。"《大略》篇曰："君人者，隆礼尊贤而王。"又曰："贵贵、尊尊、贤贤、老老、长长，义之伦也。"《尧曰》篇："昔虞不用宫之奇而晋并之……不亲贤用知，故身死国亡也。"《天论》篇曰："隆礼尊贤而王，重法爱民而霸。"《臣道》篇曰："明主尚贤使能而飨其盛，闇主妒贤畏能而灭其功。"《君道》篇曰：

"隆礼至法则国有常，尚贤使能则民知方。"等等。这充分说明荀子对治国用贤的重视。

（三）荀子的军事思想

荀子的军事思想主要表现为《议兵》篇中。《议兵》篇主要论述"用兵之要"，即取得战争胜利的关键究竟是什么的问题。该篇认为这一问题不能仅仅在某次战争本身的范围内去寻找，它涉及战争与政治、战争与经济等一系列问题。该篇认真总结了春秋战国数百年战争的经验，较系统论述了"用兵之要"即战争胜利的关键与政治等因素的关系问题。荀子说："凡用兵攻战之本，在乎壹民。""故兵要在乎善附民而已。"（《荀子·议兵》，以下凡引本篇者不再注明出处）所谓"壹民"或"善附民"，就是指使人民群众与国家的认识一致；上下一心，同心同德，共同去争取胜利。那么，如何才能做到这一点呢？

首先，进行战争必须符合人心，即符合占人口绝大多数的人民群众的愿望，也就是必须进行正义的符合历史发展方向的战争。荀子说："故仁者之兵，所存者神，所过者化，若时雨之降，莫不说喜。是以尧伐驩兜，舜伐有苗，禹伐共工，汤伐有夏，文王伐崇，武王伐纣，此两帝四王，皆以仁义之兵，行于天下也。故近者亲其善，远者慕其德，兵不血刃，远迩来服，德盛于此，施及四海。"这就是说，历史上符合历史发展方向的战争是正义的战争，总会受到广大人民群众的欢迎与拥护，因而也就容易取得胜利。

荀子说："秦之锐士，不可以当桓文之节制；桓文之节制，不可以敌汤武之仁义；有遇者，若以焦熬投石焉。"焦熬即焦糊之物，如木炭等。荀子的这种比较，目的在于引导人们正确认识正义战争所具有的终究不可战胜的优势。

其次，要做到"壹民"或"善附民"，在平时治理国家时，就必须坚持"以礼治国"；坚持"以礼治国"这个道（原则），国家才会兴盛，人们才会同心同德。

荀子说："礼者，治办之极也，强固之本也，威行之道也。功名之总也，王公由之，所以一天下；不由，所以陨社稷也。故坚甲利兵，不足以为胜；高城深池，不足以为固；严令繁刑，不足以为威。由其道则行，不由其道则废。"这就是说，只有坚持"以礼治国"的原则，国家才会统一、稳定。

第三，"壹民"或"善附民"也包括军队本身，军队内部上下级之间、官兵之间、士兵与士兵之间都必须做到和谐一致，才能取得胜利。荀子说："故兵大齐则制天下，小齐则治邻敌。"所谓"齐"就是官兵一致，同心同德。荀子又指出，齐之田单、楚之庄蹻，秦之卫鞅等这些人是人们公认的善于用兵的将领，但是他们还没有做到"和齐"，只有齐桓、晋文、楚庄、阖闾、勾践这些人的兵，才算"和齐之兵"，所以他们能称霸天下。

第四，荀子认为，主将对于军队的和齐，对于战争的胜利极为重要。这一点与孙武的认识是一致的。荀子提出主将必须把握六术、五权、三至、五无圹。（制度号令政令要严肃有权威；庆赏刑罚一定讲信用；驻军仓库周密坚固；转移进退安全稳定而且迅速；窥探敌情要深入，潜入内部；遇敌决战必须根据我们明确的方针，这就是六术。不要光喜欢行动、不注重休整，不要急于求胜而忘记失败，不要只管内部而轻视外敌，见利而不顾其害，考虑问题要成熟，要保证经济开支，这就是五权。不必请示国君，可以自己处死的有：不能按时完成军务的、不能战胜敌人的、欺压老百姓的，这就是三至。不间断地敬重谋略，不间断地敬重事业，不间断地敬重各部门的主管人员，不间断地敬重群众，不间断地警惕敌人，这就叫五无扩。）"六术、五权、三至、五无扩"也就是崇尚谋略，敬业处事，尊敬各级官吏，警惕敌人。"无扩"即不懈怠之意。这些方面都是为主将者所必备的素质。

第五，荀子认为军队必须有严格的纪律，对违纪律者必须严肃处理。他说："将死鼓，御死辔，百吏死职，士大夫死行列。闻鼓声而进，闻金声而退，顺命为上，有功次之；令不进而进，犹令不退而退也，其罪惟均。不杀老弱，不猎禾稼，服者不禽，格者不舍，奔命者不获。"这就是说，从主将到士兵都必须听从指挥，统一号令，令行禁止，否则要接受处罚。而对于敌方亦要讲究政策，不得滥杀滥捕。

荀子的军事思想既继承了儒家"仁"战的思想，又汲取了法家以法治军的思想，是军事史上的一份宝贵财富，值得今人认真研究借鉴。

（四）荀子的哲学思想

1. 唯物主义的认识论

荀子认为，人的思想认识理论等并非天生而成，而是经过后天实践才得来的。他说："故不登高山，不知天之高也；不临深谿，不知地之厚也；不闻先王之遗言，不知学问之大也。"（《荀子·劝学》）这就是说，天高地厚这种认识是通过登山观察深谿这些实践才得到的，而学问是通过学习才得到的，而非生而知之。

荀子明确否认有什么"生而知之""不学而能"的圣人，认为尧、舜、禹、汤、文、武、周公其材质都是与一般人一样的，他们不过是善于积累善行才成为伟大人物的。他说："涂之人百姓，积善而全尽谓之圣人。""圣人也者，人之所积也。"显然在荀子看来，圣人不是天生的，而是后天长期积累而成的。这是符合唯物主义认识论的。

在世界是否可知，人是否能够认识世界的问题上，荀子做了肯定回答，坚持了唯物主义立场。他说："凡以知，人之性也；可以知，物之理也。"即是说，一切都可以探知，这是人本身的性质与能力；能够被认识，这是事物本身就有的规律。这表明了人的认识的无限性是通过人们世代相续的形式实现的，而世界的可知性也是与它的无限性紧密联系在一起的。荀子说："以可以知人之性，求可以知物之理，而无所疑止之，则没世穷年不能遍也。"（《解蔽》）这就是说，虽然人能够认识世界，世界也是可以认识的，但认识世界是一个长期的过程，人永远也不可能认识完世界的一切侧面。人只有通过世代延续，才能逐步深化对世界的认识。这体现了认识上的辩证法。

2. 提出"壹于道"的思想

荀子汲取了老子"道"的概念，提出了"壹于道"（《解蔽》）的思想，认为"道"

是最高原则，道在万物之上，"万物为道一偏，一物为万物一偏。"（《天论》）又说："夫道者，体常而尽变，一隅不足以举之。"（《解蔽》）在生活中，"道"又是衡量万物的一杆秤，他说："何曰衡？曰：道。故心不可以不知道；心不知道，则不可道，而可非道。"（《解蔽》）只要掌握了"道"，也就掌握了"治之要也"（《解蔽》）。

荀子还阐述了如何知"道"的问题，又阐明了"道"与物的不同。道是普遍的，一般的；物是个别的，特殊的，所以，只有精于道的，才可以有管理万物的本领。"故君子壹于道而以赞稽物。壹于道则正。""壹于道"即全心掌握道，按道的要求去做，而心无旁骛。这样就可以以执一道而制万物。

与此相联系的是荀子提倡"隆一抑多""以一持万"的思想方法和工作方法。而这种思想方法。他说："法先王，统礼义，一制度；以浅持博，以古持今，以一持万……是大儒者也。"（《儒效》）这里说的"壹"就是道，在生活中就是"礼"。"礼者，人道之极也。"（《礼论》）在国家政体方面，"以一持万""隆一抑多"就是建立专制主义中央集权制国家。

《荀子》一书中具有丰富的辩证法思想。限于篇幅，此处不再展开。

3. 义利之辩

对义利关系的认识，对人的思想行为具有重要的影响，甚至是指导作用，所以放到哲学中来讨论。在这方面荀子最大的贡献就是打破了孔子"义利两分"的观念而提出了"义利两有"的认识。孔子曾说："君子喻于义，小人喻于利。"（《论语·里仁》）而荀子认为"义与利者，人之两有也。"这无疑是思想史上的巨大进步。

## 三、荀子在历史上的影响

荀子是一位在中国历史上有重要影响的思想家，这主要表现为两个方面：一是自先秦至秦汉时期在儒学及其他传统文化传播中的作用；二是对中国历代政体及统治方略的影响。

### （一）荀子是先秦儒学到两汉儒学传播的桥梁

荀子是先秦时代的最后一位儒学大师，因而他对战国至秦汉这一时期儒学的传播具有重要的作用和影响。

荀子两任兰陵令，对兰陵影响较大。在西汉，汉武帝"罢黜百家，独尊儒术"的前后，兰陵涌现了一大批儒学经师。如兰陵的孟卿，孟卿对《礼》《春秋》深有研究，他设帐授徒，培养出名儒后苍、疏广等。还有其子孟喜，孟喜自幼受其父影响，又曾从名儒田何的再传弟子学《易》，后来独成一家，称"孟氏易学"，与京房的"京氏易学"同为西汉易学的两大流派。孟卿的弟子后苍，为东海郡郯（今郯城县）人，他随孟卿学《礼》，著《后氏曲台记》数万言。其弟子中有戴德、戴圣，他们各有著作传世，分别有《大戴礼记》和《小戴礼记》，影响很大。后苍亦精通《齐诗》，是《齐诗》最早的传人之一。后苍的弟子中在沂蒙的还有萧望之、匡衡等人。疏广亦兰陵人，对《春秋》深有研究。其侄疏受亦传儒学。还有兰陵人王臧，曾师事《鲁诗》开创者申培，兰陵人缪生亦师事申培。另外还有一些兰陵儒生，从事儒学的传播。

这些名儒的出现，与荀子长期在兰陵讲学授徒有直接关系。西汉刘向校定《荀子》时曾曰："惟孟轲、孙卿能尊仲尼，兰陵多善为学，盖以孙卿也，长老至今称之。"由此可见，荀子对兰陵地区的影响之大。

关于兰陵诸生传播儒学，有的学者特别指出，《大戴礼记》和《小戴礼记》虽然是由后苍传给戴德、戴圣的，但其实最早的来源就是荀子。这从荀子的《礼论》《修身》《大略》等篇中可以看出这一点。不仅如此，有的学者在研究了儒家经典的传承情况后，得出结论说："盖自七十子之徒既没，汉诸儒未兴，中更战国暴秦之乱，六艺之传赖以不绝者，荀卿也，其揆一也。"（汪中《荀子通论》载《诸子集成·荀子集解》. 中华书局1954年版. 第14页）

例如，《毛诗》的传授，唐陆德明《经典释文·叙录》认为其中一种说法就是由子夏传《诗》开始，后来传给荀子，荀子传鲁人大毛公（毛亨），形成《毛诗》。《鲁诗》的传授也与荀子有关。荀子学生中比较有名的除李斯、韩非外，还有浮邱伯。而据《汉书·儒林传》称：申公，鲁人也。少与楚元王交，俱事齐人浮丘伯，受《诗》。申公以《诗》教授弟子，治学严谨，遇有疑问，即阙而不传。此后《鲁诗》即传播开来。溯根求源，浮邱伯自然是受《诗》于荀子，故荀子亦为《鲁诗》最早传人。《韩诗》虽为韩婴所传，但是从存世的《韩诗外传》看，其中引用荀子说《诗》的就有四十四处，所以，《韩诗》的传授也与荀子有密切关系。

《左传》在西汉时期的传授也与荀子有关。《经典释文·叙录》曰："左丘明做《传》，以授曾申；申传卫人吴起，起传其子期；期传楚人铎椒；铎椒传赵人虞卿；卿传同郡荀卿名况；况传武威张苍；张苍传洛阳贾谊，由是言之，《左氏春秋》，荀卿之传也。"《穀梁传》也是由荀子传浮邱伯，又传瑕邱江公，再传鲁申公，申公传子孙，为博士。"这里说的传承过程未必确切，但从战国到秦汉这一历史时期中，荀子在儒学经典的传授方面，起到了重要的桥梁作用，则是不容置疑的。

西汉刘向《荀子序录》云："至汉兴，江都相董仲舒，亦大儒，作书美荀卿。""以为……人君如能用荀卿，庶几于王。"后之学者研究认为，《公羊春秋》的传授亦与荀子有关，因董仲舒治《公羊春秋》，故作书美荀卿。

关于荀子本人的师承关系，从《荀子·非十二子》等篇来看，荀子所称颂的先辈除孔子外，还有子弓一人。子弓何人？清人汪中以为："子弓为仲弓，犹子路之为季路，知荀卿之学实出于子夏仲弓也。"但荀子对子夏并不多么尊崇，所尊崇的在孔门弟子中只有仲弓。仲弓为孔门十哲之一。"德行：颜渊、闵子骞、冉伯牛、仲弓。"（《论语·先进》）可知仲弓在孔门弟子中是以德著名的。孔子又说："雍也，可使南面。"（《论语·雍也》）可见仲弓是一位有治国宏才的人物。问题在于子弓是否就是仲弓。此事学术界尚有争议。郭沫若认为仲弓、子弓二者并非一人。李启谦认为二人就是一人，故荀子出于孔子嫡传弟子仲弓一系。这一问题尚应进一步探讨。实际上，"子弓"就是荀子对仲弓的敬称。"子"者，先生也。"子弓"即我的先生或前辈仲弓。

荀子在汉武帝"罢黜百家，独尊儒术"以后，逐渐受到冷落，特别是到唐、宋时期受到一些所谓"醇儒"的攻击，其主要原因是荀子主张既"隆礼又隆法"，特别是主张"性恶论"使他们难以接受。唐代的韩愈曾以"大醇小疵"来评价荀子，韩愈自以为公允，实际上仍为偏颇。

后来有许多学者为荀子鸣不平。指出"性恶""性善"其本意一样，都是主张要读圣贤书，修养人生。而且"性恶"一说并非源于荀子，而是源于孟子。《孟子·离娄下》曰："今天下之言性也，则故而已矣；故者，以利为本。"这就是说，现在谈论人性的都是从人的行为上着眼，人的行为当然是以利为出发点的。这也就是说，人的本性是唯利是图的。因此，在强调读书明理、修身这些基本问题上，孟子荀卿未有根本分歧。但是，由于唐、宋以来，某些腐儒的攻击诋毁，使荀子受到了不公正的待遇。

（二）荀子的思想影响了秦以后历代治国的基本方针

荀子是孔子、孟子之后最重要的儒学大师，也是新兴地主阶级伟大的思想家、政治家。他虽然没有什么"圣"的头衔，但是实际上，他的既隆礼又重法的主张为历代治国者所采用，成为他们执政治国的基本方针。

秦始皇采用韩非、李斯的思想建立了专制主义中央集权制的国家，由于缺乏教化的手段而激化了已经激化的矛盾，造成了二世而亡的结局，这使人们看到治国单凭法家的严刑峻法，不重视教化是不行的，而荀子由于师承儒家，而又汲取了法家的思想，因而提出了既隆礼又重法的思想主张，这就为秦以后的治国者提供了切实可行的方案，也就是文武两手，或者说是德法并用，这样就有可能使国家在一定时期内稳定发展，即所谓长治久安。实际上，荀子也早就批评了秦国"无儒"不重礼义的缺陷。

荀子之后的思想家与治国者，在荀子的影响下，逐渐明白了这个道理。如，提出"罢黜百家，独尊儒术"的董仲舒也说："阳为德，阴为刑"（董仲舒《春秋繁露》卷八《必仁且智》第三十. 载《中国通史参考资料》. 中华书局 1962 年版. 第 276 页），意思是治国要阴阳并用，二者不可缺一。《汉书·元帝纪》记载汉宣帝曾教诲好儒学的儿子元帝，说："汉家自有制度，本以霸王道杂之，奈何纯任德教！"既用霸道，即"法治"，又用"王道"即"德治"，这就和既隆礼又重法是一个意思。魏武帝曹操曰："治定之化，以礼为首，拨乱之政，以刑为先。"（陈寿《三国志·魏志·高柔传》. 中华书局 1959 年版. 第 683 页）这是对荀子主张的进一步发挥，即根据时势，确定重点。乱世以刑为主，治世以礼为先。后之治国者亦经常遇到这一问题，凡是这两方面的关系处理比较好的，则会取得社会稳定发展，人民安居乐业的成果；反之，则会出现社会动乱，人民流离失所。因此，可以说，荀子的既隆礼又重法以及历代治国的成功经验，至今仍有一定的启发与借鉴意义。

　　近代以来，随着思想领域的变化，对荀子的评价也有所变化。如思想家章太炎推重荀子的思想，认为荀子的《礼论》篇是掌握六经的钥匙，《正名》篇是掌握《春秋》微言大义的钥匙，荀学才是孔学的正传。而维新派人士谭嗣同却认为："二千年来之政，秦政也；二千年来之学，荀学也。"（《谭嗣同全集》. 中华书局 1981 年版 . 第 337 页）对谭氏的这段话应做两方面的分析：一方面，从历史的实际情况而言，的确二千年的封建政体皆以秦政为蓝本，而荀子的隆礼重法、儒法并用的治国方略的确为历代统治者所采用。应该说这一点对于保持我们这样一个大国的稳定发展、保持中华文明不致中断是有功劳的。另一方面，从反对封建专制主义的角度看，如果把荀子思想完全归于封建专制主义也是错误的。荀子处于封建制度的上升时期，他希望建立专制主义的中央集权制的统一国家，这是历史发展的客观形势的反映。至于封建社会发展到后来，特别是到谭氏所在的封建社会的腐朽阶段，出现了许多违反历史发展方向的坏事恶事，追其责任，仍然要追到荀子那里去，这就不公正了，这是一种形而上学的唯心主义观点。

　　近代另一位思想家梁启超说过："自秦汉以后，政治学术皆出荀子矣。而所谓学术者，不外汉学、宋学两大派，而实皆出于荀子。"（《论支那宗教改革》.《饮冰室合集》. 第一册 . 中华书局 1989 年版 . 第 57 页）如果单从思想学术看，这是有道理的。

　　20 世纪 60 年代至 70 年代的"文革"时期，某些别有用心的人出于某种政治需要，大搞"评法批儒"运动把荀子说成了法家的代表人物，即将其看成与儒家完全对立的人物，这也是脱离历史实际的，是不实事求是的结果。实际上，荀子虽有"重法"的倾向，但他仍然是一位继承孔子学说的儒家，是先秦时期最后一位儒学大师，这一点是不能乱加改动的。

　　在今天，我们应该运用历史唯物主义的观点、方法，对荀子做出客观公正的评价，从他的思想中汲取那些直到今天仍然熠熠闪光的因素，以进一步坚定文化自信，坚守中华文化立场，以服务于有中国特色社会主义的思想、道德、文化、经济、政治的建设。

　　另外，荀子在世界上，特别是东亚地区亦有广泛影响，此处不再涉及。

　　以上所言，聊为本书之序。

戊戌年春节序于沂蒙

# 例　言

今本《荀子》最早母本为北宋吕夏卿熙宁中所刊大字宋本（已佚）。卢文弨据朱文游藏影钞吕夏卿本合元明本校刊行世，王先谦《荀子集解》据此本加以精校，遂行于世。今所见最早《荀子》版本是宋人唐仲友刊刻的台州本，王先谦以为此本"即依吕本重刻"，"在今日，为希见之本"。（王先谦《荀子集解》（诸子集成）. 中华书局 1954年版 . 第 1 页）

一、《荀子绎旨》原文以诸子集成本（中华书局 1954 年版）为底本。校参北大本（北京大学《荀子》注释组 . 中华书局 1979 年版）、杨本（杨朝明 注说《荀子》. 河南大学出版社 2008 年版）。

二、每篇结构是：先列出"导读"，次列出"原文"，再列出"校"，之后列出"注释"，"译文"，"绎旨"，最后列出"名言嘉句"。

三、校部分，先明各版本异同，次下断语。

四、"注释"包括两部分内容：一是对有关词语的诠释。二是对本句或本章思想内容的点评，点评包括肯定、否定、存疑等情况。

五、"译文"部分，撰者在参阅不同版本译文的基础上，遵循信、达、雅的原则，修正某些版本失当之处，力求译文恰当确切。

六、"绎旨"，概括出其中的主旨、启示。

七、"名言嘉句"，选择本章中的有启发意义的语句，如果没有，则不选。

# 目　录

# 劝学篇第一

**【导读】**

本篇题曰"劝学"，劝即"劝勉"之意，"劝学"即规劝、勉励人学习。《论语》列"学而"为首章，以"学而时习之"为人生首件大事；荀子以"劝学"为其首篇，亦彰此意。

本篇首先从三个方面说明学习的重要性：①以比兴手法说明学习的重要性：青与蓝、冰与水，木与绳、金与利，登高、临渊等。②通过分析"善假于物"的重要性，说明学习的重要性，因为学习也是一个"假于物"的过程，即依靠知识，认识世界。③通过环境对事物的影响，说明"君子居必择乡，游必就士""慎其所立"努力学习的重要性。

其次，本篇论述了学习的方法、内容与要求等问题：①必须"积跬步，积小流"，积善行，锲而不舍。②要遵照有关程序，"始乎诵经，终乎读礼"。③"学之经莫速乎好其人，隆礼次之"，即学习的途径以请教良师益友为最好，其次是尊崇礼义。④学习要高标准，"不全不粹"，不谓之美，要求全求粹，百不失一。

因本篇从不同的角度劝勉君子学习，故题曰"劝学"。廖名春认为《劝学》应系荀子在稷下"三为祭酒""最为老师"时之作。

**【原文】**

君子[1]曰：学不可以已[2]。青，取之于蓝而青于蓝。冰，水为之而寒于水。[3]木直中绳[4]，輮[5]1以为轮，其曲中规，虽有2槁暴[6]，不复挺者，輮使之然也。故木受绳则直，金就砺则利[7]，君子博学而日参3省[8]乎己，则知4明而行无过矣。

**【校】**

1. 輮（róu），通"揉"。

2. 有，通"又"。

3. 参，通"三"。

4. 知，同"智"。

**【注释】**

〔1〕君子：有时指君主，一般指有道德有文化修养受人尊崇的人物，文中取后一种意义。孔子在《孔子家语·五仪解第七》(《孔子家语》，以下简称《家语》)中把人分为五等，即庸人、士人、君子、贤人、圣人。君子是"言必忠信而心不怨，仁义在身而色无伐，思虑通明而辞不专。笃行信道，自强不息。油然若将可越而终不可及者"。无论在《论语》中，还是在《家语》的其他篇中，"君子"都是与"小人"对立的。"君子"一词在《荀子》中出现 296 次。

〔2〕学不可已：学，《说文》云："斆，觉悟也。从教，从冂。冂，尚蒙也。臼声。學，篆文，斆省。"《广雅》曰："學，效也。"学，学习。《白虎通·辟雍》曰："学之为言觉也，以觉悟所不知也。"已，停止，结束。全句意为：学习是不可以停止的。其中也含有学无止境的意思。

荀子认为君子必须不断学习，才能不犯错误。"学不可以已"以及后面讲的"君子博学而日参省乎己，则智明而行无过矣。""吾尝终日而思矣，不如须臾之所学也。""积土成山，风雨兴焉；积水成渊，蛟龙生焉；积善成德，而神明自得，圣心备焉。故不积跬步，无以至千里；不积小流，无以成江海。"这些谈的都是学习的重要性。

人人有受教育的权利，力争做到教育公平，这是社会福祉的重要内容之一。荀子重视社会教育，作《劝学》篇，提出"学不可以已"，又认为"不全不粹之不足以为美也"，认为人们的学习应追求最高目标，应与修身、践行相结合。

"学不可已"，此条本于《论语·学而》《论语·述而》。《论语》原文作："学而时习之。"(《学而》)"学而不厌。"(《述而》)

《荀子》和《论语》存在一定的关系，这种关系表现在：《荀子》一书中多次直接引用《论语》原文，或稍做改动而无损原意。这种情况大约有 37 条。

〔3〕青，取之于蓝而青于蓝。冰，水为之而寒于水：蓝，一种草本植物，其叶经处理后可制成染料靛蓝（靛青）。全句意为：靛青从蓝的叶子中提取出来的，但它青黑的程度要超过蓝。冰是由水凝结而成的，但比水更寒冷。

〔4〕绳：木工的墨线。

〔5〕輮：以火烤木材使其弯曲，符合需要。

〔6〕槁暴（pù）：人工烘烤或太阳晒干。

〔7〕木受绳则直，金就砺则利：砺，磨刀石。全句意为：木材经过墨线的处理就会变直，金属刀剑经磨砺就会变锋利。

〔8〕参省乎己：参即多次。《论语·学而》曾子曰："吾日三省吾身——为人谋而不忠乎？与朋友交而不信乎？传不习乎？"参，简单地就等于数词"三"（见庞朴《说"参"》.中国社会科学，1981 年 9 月 10 日）。全句意为：多次省察自身。

**【译文】**

君子说：学习是不可以停止的。靛青是从蓝的叶子中提取出来的，但它青黑的程度要超过蓝。冰是由水凝结而成的，但比水更寒冷。木材之直符合墨线，但它经揉制之后，可以弯成车轮，其弯曲程度符合圆规的要求。虽用火烤或暴晒，它不会再变成直的，这是揉这种工艺使它这样的。所以，木材经过墨线的处理就会变直，金属刀剑经磨砺就会变锋利。君子广博地学习并每天多次省察自己，就会智慧聪明而行为上没有过错。

**【绎旨】**

本章首句言：学不可已，亦含有学无止境之义，此可为千古真理。君子想到此句，自应发愤读书及参与各种实践。继之以青取之于蓝而青于蓝，冰寒于水，木直揉轮，木受绳则直，金就砺则利等实例，形象说明学习对于提高和改变人的素质的重要作用。人类历史要发展前进，首先需要人本身素质的提高与改造，而要达到这一点，就必须学习。最后一句，提出君子要有所提高，必须"博学"与"三省"相结合，"知"与"行"必须结合，此论亦发人深省。

**【名言嘉句】**

①君子曰："学不可已。"

②青，取之于蓝而青于蓝——青出于蓝而胜于蓝。

**【原文】**

故不登高山，不知天之高也；不临深谿，不知地之厚也；不闻先王之遗言，不知学问之大也。干、越、夷、貉〔1〕之子，生而同声，长而异俗〔2〕，教使之然也。《诗》曰："嗟尔君子，无恒安息。靖共¹尔位，好是正直。神之听之，介尔景福。〔3〕"神莫大于化道，福莫长于无祸〔4〕。

**【校】**

1.共，通"恭"。

**【注释】**

〔1〕干、越、夷、貉：春秋时在今江苏、浙江一带所建立的少数民族国家。干，本是东南沿海一带的小国，被吴灭亡，成为吴的城邑，所以又称吴为"干"。越，古代越人所建的国家。

夷、貉，貉（mò）（古同"貊"）亦为少数民族人。赵岐《孟子注》曰："貉，夷貉之人，在荒服者也。貉之税二十取一。"《春秋公羊传·宣公十五年》曰："古者什一而籍。古者曷为什一而籍？什一者，天下之中正也。多乎什一，大桀、小桀；寡乎什一，大貉小貉。"

〔2〕生而同声，长而异俗：（孩子）刚生下来时，声音相同，长大之后，生活习俗却很不相同。这是说，性是一种自然属性，不含或善或恶的价值判断，是"不可学，不可事"的。长而异俗，是"可学而能，可事而成"的，是"伪"。

〔3〕嗟尔君子，无恒安息。靖共尔位，好是正直。神之听之，介尔景福：语出《诗·小雅·小明》。全句意为：嗟叹你这位君子，不要老是叹息。好好安于你的职位吧！爱好正直的德行。上天知道后，就会给你大福。

〔4〕神莫大于化道，福莫长于无祸：精神境界方面没有比普及道德教化更大的了，福气没有比长期无祸更大的了。

## 【译文】

所以，不登上高山，就不知道天有多高；不面临深溪，就不知道地有多厚；不学习和了解先王的遗言，就不知道学问的广大。干国、越国和夷人、貉族出生的孩子，刚生下来时，声音相同，长大之后，生活习俗却很不相同，这是由于教育的不同才造成这样的。《诗》曰："嗟尔君子，无恒安息。靖共尔位，好是正直。神之听之，介尔景福。"（《诗》上说："嗟叹你这位君子，不要老是叹息。好好安于你的职位吧！爱好正直的德行。神听之后，就会给你大福。"）精神境界方面没有比普及道德教化更大的了，福气没有比没有灾祸更大的了。

## 【绎旨】

本章旨在进一步阐明学习的重要性。以登高、临深所见的天高地厚引出"不闻先王之遗言，不知学问之大也"，说明学习先王之言的重要。又通过引用《诗》曰："神之听之，介尔景福"引出"神莫大于化道"一句，即言在精神方面，没有比普及道德教化更重要的了。而无论什么"教化"，都离不开"学习"这项获取间接知识最基本的活动。

## 【名言嘉句】

故不登高山，不知天之高也；不临深谿，不知地之厚也。

## 【原文】

吾尝〔1〕终日而思矣，不如须臾〔2〕之所学也；吾尝跂〔3〕而望矣，不如登高之博见〔4〕也。登高而招，臂非加长也，而见者远；顺风而呼，声非加疾也〔5〕，而闻者彰〔6〕。假〔7〕舆马者，非利足也，而致千里；假舟檝¹者，非能水也，而绝〔8〕江河。君子生²非异也，善假于物也。

【校】

1. 檝，同"楫"。
2. 生，同"性"。

【注释】

〔1〕尝：曾经。

〔2〕须臾：一会儿。

〔3〕跂（qǐ）：踮起脚后跟。

〔4〕博见：看得更宽广。

〔5〕顺风而呼，声非加疾也：疾，壮大，这里转义为洪亮。

〔6〕彰：明显，清楚。

〔7〕假：凭借，借用。

〔5〕绝：横渡，渡过。

【译文】

我曾经整天思考，但不如须臾间的学习收获大；我曾踮起脚后跟远望，但不如登上高处看得宽广。登上高处招手，手臂并没有加长，但看得却更远；顺着风向呼喊，声音并没有加大，而听的人却感到更洪亮、清楚。凭借车马的人，并不是因为他的腿脚特别快，而可以达到千里之外；凭借舟檝的人，并不是因为他善于游泳，而渡过了江河。君子并不是与他人不同的异类，只不过是善于凭借其他事物而已。

【绎旨】

本章讲了两个问题：一是"学"与"思"的辩证关系；二是通过列举"假物"的各种作用，进一步申明学习的重要性。关于"一"，孔子曾曰："吾尝终日不食，终夜不寝，以思，无益，不如学也。"（《论语》原编《卫灵公第十五》，《论语新编新释》3.5.3.3。王春华《论语新编新释》.江西人民出版社 2016 年版）荀子此处的"吾尝终日而思矣，不如须臾之所学也"，重申孔子此论，并加"须臾"二字，进一步强调"学"的重要性。当然以上所论孔子、荀子的观点，这只是"学"与"思"关系的一个方面。孔子有全面的论述，他说："学而不思则罔，思而不学则殆。"（《论语》原编《为政第二》，《论语新编新释》3.5.3.1）读者可参阅。

关于"二"，荀子列举了各种"假物"的作用，说明人生在世，并非万能，只有"假物"，才能达到自己的目的，而其言外之意就是"学习"也是一种"假物"，即凭借知识的力量以处世。因此，人生在世，必须学会"假物"，而这其中最重要的就是通过学习，获取知识，运用知识的力量应对世事。本章最后的"君子生非异也，善假于物也"，是荀子对一般士人的期许与鼓励。

**【名言嘉句】**

①吾尝终日而思矣，不如须臾之所学也。

②君子生非异也，善假于物也。

**【原文】**

南方有鸟焉，名曰蒙鸠[1]，以羽为巢而编之以发[2]，系之苇苕[3]，风至苕折，卵破子死。巢非不完也，所系者然也。西方有木焉，名曰射干[4]，茎长四寸，生于高山之上而临百仞之渊。木茎非能长也，所立者然也。蓬生麻中[5]，不扶而直¹[6]。兰槐[7]之根是为芷。其渐之滫[8]，君子不近，庶人不服。其质非不美也，所渐者然也。故君子居必择乡，游²必就士，所以防邪僻而近中正也。

**【校】**

1.蓬生麻中，不扶而直，北大本"不扶而直"四字下有"白沙在涅（niè，黑土），与之俱黑"八字。

2.游，同"遊"。

**【注释】**

〔1〕蒙鸠：即鹪鹩（jiāoliáo），体小，约三寸长。

〔2〕编之以发：蒙鸠拾取各种毛发用以编结住巢。

〔3〕苇苕（tiáo）：苕，古书上指各种凌霄花。苇苕，即芦苇的花穗。

〔4〕射干（yè gān）：一种草药名。一说，射干生于山上，类木，故荀子称其为"木"。

〔5〕蓬：一种草，又叫"飞蓬"。

〔6〕蓬生麻中，不扶而直：飞蓬生在麻中，不用扶它，它就能长得很直。性或善或恶本不固定，随着环境的变化而变化。

〔7〕兰槐：一种香草。亦名"白芷"。

〔8〕其渐之滫（xiǔ）：渐，浸渍。滫，臭水。全句意为：把它浸泡在臭水之中。

**【译文】**

南方有一种鸟，名字叫蒙鸠，它用拾来的羽毛编制羽片为巢，又系在芦苇的花穗上。风吹来之后，芦苇的花穗折断，巢掉到地上，鸟卵破碎，幼鸟跌死。并不是巢结得不完整，而是它所系的苇穗折断造成了这种结果。西方有一种像木一样的草，名叫射干，茎长只有四寸，但由于生于高山上，下临百仞的深渊，显得非常高大；这并不是因为它的茎特别长大，而是因为它因为它生长的地方使然。飞蓬生在麻中，不用扶它，它就能长得很直。香草兰槐的根是白芷。把它浸泡在臭水中，君子不愿接近它，一般民众也不佩戴。它的本质并非不美好，只是由于浸泡在臭水中才变得这样。所以，君子居住时一定要选择乡邻，交游一定要接近贤士。用这样的方法来预防邪恶的影响而接近于中和之道。

## 【绎旨】

本章主旨有二：一是，荀子通过论述表明，"学习"的内涵不仅是指读书，学习间接经验，而且也包括如何居处，如何交游等处世方面的历练。二是，指明了所处条件及环境对一个人的影响，因此坚持"君子居必择乡，游必就士"的处世原则是很重要的。

## 【名言嘉句】

故君子居必择乡，游必就士。

## 【原文】

物类之起，必有所始。荣辱之来，必象¹其德〔1〕。肉腐出虫，鱼枯生蠹。怠慢忘身〔2〕，祸灾乃作。强自取柱²，柔自取束〔3〕。邪秽在身，怨之所构〔4〕。施薪若一，火就燥也；平地若一，水就湿也〔5〕。草木畴³生，禽兽群焉，物各从其类也。是故质的〔6〕张而弓矢至焉，林木茂而斧斤至焉，树成荫而众鸟息焉，醯酸而蜹〔7〕聚焉。故言有召祸也，行有招辱也，君子慎其所立乎！

## 【校】

1. 象，通"像"。
2. 柱，通"祝"，断折。
3. 畴，古同"俦"，类。

## 【注释】

〔1〕必象其德：象，相似，相应，相称。全句意为：一定与其德行相应、相称。

〔2〕怠慢忘身：怠慢，懒散。全句意为：不注重修身立德。

〔3〕强自取柱，柔自取束：柱，本指能支撑重物的木头；转义为承担重任者，皆可称柱。如柱石、柱国、柱臣。一说，柱同"祝"，折断之义。不取。全句意为：刚强就会自然成为柱石，柔弱自然就会受到他人的束缚。

〔4〕邪秽在身，怨之所构：邪秽污浊存于其身，人们的怨恨就会构成。

〔5〕水就湿也：湿，潮湿，潮湿之处本为低洼之处。全句意为：水就会向低洼之处流去。

〔6〕质的：箭靶子。"的"为箭靶的中心。

〔7〕醯（xī）酸而蜹（ruì）聚焉：醯，醋。蜹，似蚊子的小飞虫。全句意为：醋变质后，蚊子类飞虫就会聚集而至。

## 【译文】

事物的产生，必有其一定的原因。荣耀和屈辱的到来，一定会与其德行相应、相称。肉腐烂了要产生蛆虫，鱼干枯了就产生蠹虫。怠慢，懒散，不注重自身修德，灾祸就会发生。刚强就会成为柱石，柔弱就会被他人束缚。邪恶污浊缠绕己身，他的怨恨就会构成。布放的柴草一样，火就会从干燥处燃起；地面一样平坦，水就会往低洼处流动。草木总是丛聚而生，禽兽总是成群而居，各种事物都是各从其类。所以，箭靶安放好以后，弓矢就随之射来；林木茂盛，砍伐的斧头就会随后而来。树林成荫，鸟雀就会来居住繁息。醋变质后，蚊类飞虫就会集聚而至。所以，说话有时会招来祸患，行为有时会招来耻辱，君子应该谨慎地对待自己的立身处世。

## 【绎旨】

本章列举了若干具体事物产生的原因及其结果，以说明事物的发展规律就是：有因必有果。由此教诲人们：在处世时，必须造就好因，以取得善果。最后点明："故言有召祸也，行有招辱也。"所以，必须谨言慎行，即对立身处世采取十分慎重的态度，这也是学习，即言行方面的学习。

## 【名言嘉句】

①物类之起，必有所始。
②故言有召祸也，行有招辱也，君子慎其所立乎!

## 【原文】

积土成山，风雨兴焉；积水成渊，蛟龙生焉；积善成德，而神明自得，圣心备焉。[1] 故不积跬[1]步，无以至千里[2]；不积小流，无以成江海。骐骥[3]一跃，不能十步；驽马十驾[4]，功在不舍。锲而舍之，朽木不折；锲而不舍，金石可镂。[5] 蚓[6]无爪牙之利，筋骨之强，上食埃土，下饮黄泉，用心一也。蟹八[2]跪[7]而二螯，非蛇、蟺[3]之穴无可寄託者，用心躁也。是故无冥冥之志[8]者，无昭昭之明；无惛惛之事[9]者，无赫赫之功。行衢道[10]者不至，事两君者不容。目不能两视而明，耳不能两听而聪。螣蛇无足而飞，鼫鼠[4]五技而穷[11]。《诗》曰："尸鸠在桑，其子七兮。淑人君子，其仪一兮。其仪一兮，心如结兮[12]。"故君子结于一也。

## 【校】

1. 跬，同"跬"。
2. 八，原作"六"，据《大戴礼记·劝学》改。
3. 蚓，同"蛇"。蟺，同"蟮"。
4. 鼫（shí）鼠，原作"梧鼠"，据《大戴礼记·劝学》改。

## 【注释】

〔1〕积土成山，风雨兴焉：细小的土粒堆积成为高山，风雨就会从这里兴起。这是古人长期观察的结果。因为高的草木茂盛，可以蕴藏着大量的水分，经过太阳蒸发，产生大量水蒸气，对雨的形成有一定的作用。山势的高峻起伏又会影响风的产生与流动，所以古代有山吐云纳雾的说法，荀子以此为比喻，借以说明，只要坚持学习，通过知识的积累，将来必有作为。

〔2〕故不积跬步，无以至千里：跬，同"蹞"。蹞（kuǐ）步，古代的半步。全句意为：所以，不积累半步的距离，无法达到千里之遥。

〔3〕骐骥：骐骥，良马，千里马。

〔4〕驽马十驾：驾，一天的行程。十驾即十天的行程。

〔5〕锲而舍之，朽木不折；锲而不舍，金石可镂：锲（qiè），用刀刻。全句意为：雕刻时半途而废，即使是朽枯的木头也刻不断；如果雕刻不停，金石与木头也能雕出花纹。

〔6〕蟺（yǐn）：蚯蚓。

〔7〕跪：蟹之足。

〔8〕冥冥之志：冥，暗。全句意为：暗下决心，默默努力。

〔9〕惛惛之事：专心致志，默默工作。

〔10〕衢道：十字路，此处指歧路。

〔11〕鼫鼠五技而穷：五技，指能飞不能上屋，能缘不能穷木，能游不能渡谷，能穴不能掩身，能走不能先人。全句意为：梧鼠虽有五种技能，但因皆不精专故陷入困窘。

〔12〕尸鸠在桑，其子七兮。淑人君子，其仪一兮。其仪一兮，心如结兮：语出《诗·曹风·尸鸠》。尸鸠即布谷鸟。全句意为：布谷鸟在桑树上，有七个幼子，能均平尽心哺育。好人君子，执仪如一，用心公正。执仪如一，是因为专心致志，坚定不移。荀子借此诗，说明学习必须专心致志，坚定不移。

## 【译文】

土粒虽小，但经过长期积聚，就会成为一座大山，风雨就会从这里产生；水滴虽小，但长期积聚就会成为深渊，蛟龙就会生成；不断努力，积累小善最后就会变成大德，就会变成聪明睿智，具备圣人的精神境界。所以，不积累半步的距离，无法达到千里之遥；不积累涓涓细流，无法成为江海。千里马纵身一跃，跨越不了十步之远；但驽马却能跑十天的路程，其原因就在于坚持不舍。雕刻时半途而废，即使是朽枯的木头也刻不断；如果雕刻不停，金石与木头也能雕出花纹。蚯蚓没有锋利的爪牙，强健的筋骨，但它可以上食埃土，下饮黄泉，这就是因为它用心专一。蟹有八足和二螯，但如果没有蛇和鳝的洞穴，它就没有可居之处，这是因为它用心急。所以，如果不能暗下决心，刻苦钻研，就不会有通达事理的智慧；没有默默无闻、埋头苦干的精神，就不会取得显著的功劳；走上歧路的，就达不到最终目的；同时事奉两个君主，就难为世人所容。眼不能同时看两个地方能看清，耳不能同时听两件事而听得明白。腾蛇虽然没有脚但能飞翔。梧鼠虽有五种技能，但因皆不精专故陷入困窘。《诗》曰："尸鸠在桑，其子七兮。淑人君子，其仪一兮。其仪一兮，心如结兮。"（《诗》上说："布谷鸟在桑树上，有七个幼子，能均平尽心哺育。好人君子，执仪如一，用心公正。执仪如一，是因为它专心致志。"）所以，君子要专心致志，努力学习。

## 【绎旨】

本章主旨有两层：一是，荀子认为：学习如同任何事物一样，需要一个积累过程。在自然界和社会中，积土成山，积水成渊，积小善可以成大德，积跬步可以致千里。而这个积成的结果，不是任何力量可以一蹴而就的，没有这个积累过程是不行的，学习也是这样，必须锲而不舍，坚持不懈，最后才能取得理想的成果。在这里，荀子不自觉地接触到唯物辩证法的三大规律之一的量变质变规律：事物总是从量变开始的，在量的积累达到一定程度时，就要发生质的变化。学习也是一个从量变到质变的过程。例如，从儿童时期学习单字开始到完全掌握一定的理论体系并能应用于实际，这就是一个学习上的从量变到质变的过程。荀子所强调的是量的积累问题：不积跬步，无以至千里；不积小流，无以成江海……因此，他强调要锲而不舍，长期积累下去，这对"学习"是有积极意义的。二是，荀子看到了"结于一"对于学习的重要性。他认为学习不但需要锲而不舍，长期积累；而且还必须"结于一""用心一"即专心致志，心无旁骛。他强调学习必须有"冥冥之志"，心不二用，目不两视，耳不两听。不可贪多，而应求精。梧鼠虽有五种技能，但皆不精专，还不如专精一项。这也是很有启发意义的。

## 【名言嘉句】

①故不积跬步，无以至千里；不积小流，无以成江海。

②锲而不舍，金石可镂。

## 【原文】

昔者瓠巴鼓瑟而沈¹鱼出听〔1〕，伯牙鼓琴而六马仰秣〔2〕。故声无小而不闻，行无隐而不形〔3〕。玉在山而草木润，渊生珠而崖不枯。为善不积邪，安有不闻者乎？

## 【校】

1.沈，原作"流"，《大戴礼记·劝学》作"沈"，改。沈，同"沉"。

## 【注释】

〔1〕昔者瓠巴鼓瑟而沈鱼出听：瓠巴，传为古代楚国人，善鼓瑟。全句意为：瓠巴鼓瑟时本沉到河底的鱼，也出而听之，言其鼓瑟之动人。

〔2〕伯牙鼓琴而六马仰秣：伯牙，春秋时人，善鼓琴，与钟子期为挚友，钟子期能完全理解伯牙的琴意，故引为"知音"。后钟子期死，伯牙终身不再抚琴。六马，古代天子以六马驾车。仰秣，仰，抬头。秣，饲料。仰秣即抬头离开饲料（而听琴）。全句意为：伯牙操琴而天子驾车之马亦抬头倾听，言其琴声之美。

〔3〕隐而不形：隐，隐蔽。形，显露，显现。全句意为：隐蔽而不显露。

## 【译文】

从前，瓠巴鼓瑟而沉到水底的鱼都出来聆听；伯牙鼓琴时天子的驾车之马也会停下来倾听。所以，声音无论多么小也不会听不到，行动无论怎样隐蔽也会有所显露。宝玉藏于山中，草木就会显得丰润；深渊产生了宝珠，崖岸就不会枯竭。大约没有积善吧，怎么会不被人知道呢？

## 【绎旨】

本章旨在阐明道德品行的学习历练——积善，必须认真去做。只要去做了，世人就会知道的。

## 【名言嘉句】

为善不积邪，安有不闻者乎？

## 【原文】

学恶[1]乎始？恶乎终？曰：其数[2]则始乎诵经，终乎读礼[3]；其义则始乎为士，终乎为圣人。真积力久[4]则入，学至乎没¹而后止也[5]。故学数有终，若其义则不可须臾舍也。为之，人也；舍之，禽兽也。[6]故《书》者，政事之纪²也[7]；《诗》者，中声之所止也[8]；《礼》者，法之大分，类之纲纪也[9]；故学至乎《礼》而止矣。夫是之谓道德之极。《礼》之敬文也，《乐》之中和也[10]，《诗》《书》之博也，《春秋》之微也，在天地之间者毕矣。

## 【校】

1. 没，通"殁"。
2. 纪，通"记"。

## 【注释】

〔1〕恶（wū）：疑问代词，哪里。

〔2〕数：规律，顺序。

〔3〕《礼》：此处指《礼经》，春秋战国时期礼制文献的汇编。

〔4〕真积力久：诚信积累，用力持久。

〔5〕学至乎没而后止也：学习一直到终老才能停止，这是终生学习的思想。

〔6〕为之，人也；舍之，禽兽也：不断地认真学习，就是一个堂堂正正的人；放弃学习，就变得与禽兽无异。

〔7〕故《书》者，政事之纪也：《书》指《尚书》。全句意为：《尚书》是我国古代虞、夏、商、周时期政治文献的汇编，政治事件的记录。

〔8〕《诗》者，中声之所止也：《诗》是我国最早的一部诗总集，经孔子删定，存305篇，反映了广阔的社会生活，是《六经》之一。中声，即符合标准，不偏不倚，温柔敦厚的中和之声。止，保存。全句意为：《诗》是不偏不倚、温柔敦厚的中和之声的保存。

〔9〕《礼》者，法之大分，类之纲纪也：《礼》（《礼经》或《仪礼》）是礼法的要领，具体律例的总纲。

〔10〕《乐》之中和也：《乐》，又称《乐经》，据说是附于《诗》的乐谱，秦时亡佚。

乐，《礼记·乐记》曰："天下大定，然后正六律，和五声，弦歌诗颂，此之谓德音，德音之谓乐。"《礼记·经解》载，孔子曰："入其国，其教可知也：其为人也，温柔敦厚，《诗》教也；疏通知远，《书》教也；广博易良，《乐》教也；洁静精微，《易》教也；恭俭庄敬，《礼》教也；属辞比事，《春秋》教也。"

《尚书》《周易》《论语》《墨子》《庄子》《韩非子》《吕氏春秋·古乐》等对音乐皆有论述。

中和，《论语》中多次谈到"中""和"。《微子》篇曰："言中伦，行中虑，其斯而已矣。"《尧曰》篇载，尧曰："咨！尔舜！天之历数在尔躬，允执其中。四海困穷，天禄永终。"《雍也》篇载，子曰："中庸之为德也，其至矣乎！民鲜久矣。"《学而》篇载："礼之用，和为贵。先王之道斯为美，小大由之。有所不行，知和而和，不以礼节之，亦不可行也。"《子路》篇载，子曰："君子和而不同，小人同而不和。"

《春秋繁露·循天之道》曰："德莫大于和而道莫正于中。""能以中和理天下者，其德大盛；能以中和养其身者，其寿极命。""天地之道，虽有不和者，必归之于和，而所为有功；虽有不中者，必止之于中，而所为不失。"由此可见，董仲舒对"中和"的大力推崇。

和，《易·乾·象》曰："乾道变化，各正性命，保合太和，乃利贞。"《管子·形势》曰："上下不和，虽危必安。"《左传·桓公十一年》载："师克在和，不在众。"《逸周书·度训》曰："众非和不聚。"这些都是讲和在处理人际关系中的重要作用。

中华民族拥有五千年的文明历史，以中国为文化中心，亚洲以东，太平洋以西，主要包括中国、越南、朝鲜、韩国，日本5个国家在内形成的文化圈，称为东亚文明圈。儒家文化是东亚文明的核心。其中，中国的礼乐文化传至朝鲜半岛和日本，并与其本土文化相结合，形成具有各自特色的礼乐文化传承。其中，荀子在这方面，功不可没。

## 【译文】

学习从何处开始？在何处终结？回答是：按照学习的顺序是从诵读《诗》《书》等经典开始，到读《礼》结束。学习的意义在于起初是一个普通的士人，经过学习之后，最终成为圣人。只要诚心诚意地积累，用力持久，就会深入学习内部，登堂入室，学习是至生命终结才能结束的事。所以，从学习顺序而言，学习是有终结之时的。但学习的真义即修养为圣人则是不能须臾离开的。不断地认真学习，就是一个堂堂正正的人；放弃学习，就变得与禽兽无异。《书》是古代政事的纪录。《诗》是不偏不倚、温柔敦厚的中和之声的保存。《礼》是礼法的要领，具体律例的总纲。所以学习达到能把握《礼》的内容，也就可以算是一个阶段了，这样也就可以说是达到道德的顶点了。《礼》的慎守礼文，《乐》的中和之音，《诗》《书》的广博、宏大，《春秋》微言大义，天地之间的一切道理可以说都包括其内了。

## 【绎旨】

本章主旨是阐明学习的"始"与"终"以及学习的真义的问题。荀子认为就具体的读书而言，学习应开始于读《诗》《书》等儒家经典，结束于学习《礼》。但是，学习的真意在于由一个普通的士人而修养成为圣人，所以，"学至乎没而后止也"，即学习是人终生的事业。这样，荀子就提出了学习的阶段论与终身论的思想，这是值得后人重视的。

在本章中，也表现了荀子的隆礼思想，在他看来，《礼》应在其他各经之上，"学至乎《礼》而止矣"，把握了礼就达到了道德之极。这是阅读《荀子》一书时应注意的。

## 【原文】

君子之学也，入乎耳，箸<sup>1</sup>〔1〕乎心，布乎四体〔2〕，形乎动静〔3〕。端<sup>2</sup>而言，蝡<sup>3</sup>而动〔4〕，一可以为法则<sup>4</sup>。小人之学也，入乎耳，出乎口。口耳之间则四寸耳，曷足以美七尺之躯哉！〔5〕古之学者为己，今之学者为人。〔6〕君子之学也，以美其身；小人之学也，以为禽犊〔7〕。故不问而告谓之傲，问一而告二谓之囋。傲<sup>5</sup>，非也；囋〔8〕，非也；君子如响<sup>6</sup>〔9〕矣。

## 【校】

1. 箸，同"著"。一说通"贮"。

2. 端，通"喘"。

3. 蝡，同"蠕"（rú）。

4. 则，通"财"。"财"即"才"。

5. 傲，通"躁"。

6. 嚣，同"响"。

## 【注释】

〔1〕箸：附着。

〔2〕四体：四肢，这里指仪表举止。

〔3〕动静：行动。

〔4〕端而言，蝡而动：端，小声说话的样子。蝡，慢慢行动的样子，总之是慎言慎行。全句意为：显示在行动上，慎言慎行。

〔5〕小人之学也，入乎耳，出乎口。口耳之间则四寸耳，曷足以美七尺之躯哉：小人的学习，听进耳朵里，又从口中出来，口耳之间只有四寸的距离。（在身上存在的时间很短），怎么能够满足七尺之躯优化品德的需要呢？

〔6〕古之学者为己，今之学者为人：语出《论语·宪问》(《论语》原编本《宪问第十四》，《论语新编新释》1.7.2.9）。"为己"之学即是成德、成人（成人，古时有冠礼，亦即后世之成人礼，但此处所指成人，并非指冠礼后的成年人，而是指在道德修养、事业建树方面皆为成熟的人），即"修身"。全句意为：古代的学者研究学问是为了自己修德的需要，今天的学者研究学问是为了为他人服务。

〔7〕禽犊：即家禽和小牛犊。古时常以之为礼物馈赠他人。此处比喻小人学点知识，到处卖弄，以取悦他人。

〔8〕嘈（zá）：多言，唠叨。

〔9〕嚣：此处指"回声"。

## 【译文】

君子的学习，听在耳朵里，牢记在心中，表现在仪表举止上，显示在行动上，慎言慎行，一切可以为他人的榜样。小人的学习，听进耳朵里，又从口中出来，口耳之间只有四寸的距离。（在身上存在的时间很短），怎么能够满足七尺之躯优化品德的需要呢？古代的学者是为了加强自身修养而学习，当代的学者是为了为他人服务而去学习。君子的学习，因而是为了优化自身；小人的学习，目的是为了取悦于他人。所以，别人没有问你，你就告诉人家，这就叫急躁；别人问一个问题，你告诉人家两个，这就叫啰嗦。急躁是不对的，啰嗦也是不对的。君子回答问题，如同回声一样。

## 【绎旨】

本章主旨主要有二：一是，通过君子之学与小人之学的比较，彰显了"君子之学"的正确原则和方法，即"君子之学也，入乎耳，箸乎心，布乎四体，形乎动静。端而言，蝡而动，一可以为法则……君子之学也，以美其身"的结论。二是，本章也彰显了荀子在"为学"问题上，对于孔子思想的发展，无论是"君子""小人"的区别，还是古今学者的不同，都是孔子首先提出的，荀子在本章中侧重于"为学"问题，分析了二者的不同，得出了"君子之学，以美其身"的结论，这对后人认识这一问题是有明显帮助的。

## 【名言嘉句】

君子之学也，以美其身；小人之学也，以为禽犊。

## 【原文】

学莫便[1]乎近其人。《礼》《乐》法而不说[2]，《诗》《书》故而不切[3]，《春秋》约而不速[4]。方¹[5]其人之习君子之说，则尊以徧²矣，周于世矣。故曰：学莫便乎近其人。

## 【校】

1. 方，通"仿"。
2. 徧，同"遍"。

## 【注释】

〔1〕便：便捷，省事。

〔2〕《礼》《乐》法而不说：法而不说，规定了法度，但未详细解说。

《乐》，《乐经》，早亡佚。"音乐"一词最早见于《吕氏春秋》。《吕氏春秋》曰："音乐之所由来者远矣。""凡音乐，通乎政而风乎俗者也。"《尚书·舜典》曰："帝曰：夔，命汝典乐，教胄子。直而温，宽而栗，刚而无虐，简而无傲。诗言志，歌永言，声依永，律和声。八音克谐，无相夺伦，神人以和。夔曰：於！予击石拊石，百兽率舞。"这是舜命夔为乐官典乐，教化胄子修养德行。

《礼记·乐记》曰："金石丝竹，乐之器也；屈伸俯仰，缀兆舒疾，乐之文也。""乐"可分为"乐之器""乐之文"。除"乐之器""乐之文"之外，还有"乐之义"。"乐之义"则是通过音乐教化形式来实现。荀子希望能够通过音乐教化来改善与提升人的心灵与情感，实现和谐社会秩序的重新建构。

《周礼·春官》曰："（大司乐）以乐德教国子：中、和、祇、庸、孝、友。""（大师）以六德为之本，以六律为之音。"由此可知，《周礼》谈乐带有明显的道德色彩。礼乐是中国古代美育的基本内容。汉末魏初的徐幹在《中论·艺纪》中提出了"美育群材，其犹人之于艺乎？"这很可能是最早提出"美育"一词的。

〔3〕故而不切：记述了旧事，但不切近现实。

〔4〕约而不速：虽文辞简约，但不容易迅速理解。

〔5〕方：仿效。

## 【译文】

学习（要取得成效）没有比接近良师益友更便捷有效的了。《礼》《乐》规定了若干法度，但未详细解说。《诗》《书》记载了过去的事情，但不切合现实。《春秋》虽然文辞简约，但不易理解。（所以，单靠个人自学，难以很快取得成果。）如果能仿效贤师习练君子的学说，那就能养成崇高的品德，获得广博的学识，遍晓世上的各种事务。所以说，学习没有比接近良师益友更便捷省事了。

## 【绎旨】

本章指出了学习的方法，这就是"学莫便乎近其人"，即亲自接触良师益友，仿效他们学习君子学说的方法。

本章也表述了荀子对《礼》《乐》《诗》《书》和《春秋》的评价，即"《礼》《乐》法而不说，《诗》《书》故而不切，《春秋》约而不速。"这与孔子的评价有相同或相近之处，亦有若干不同之处。孔子曰："入其国其教可知也。其为人也，温柔敦厚，《诗》教也；疏通知远，《书》教也；广博易良，《乐》教也；洁静精微，《易》教也；恭俭庄敬，《礼》教也；属辞比事，《春秋》教也。故《诗》之失，愚；《书》之失，诬；《乐》之失，奢；《易》之失，贼；《礼》之失，烦；《春秋》之失，乱。"（《家语·问玉第三十六》）两相比较，可以看出孔子、荀子对《五经》（《易》除外）评价的同与异。

## 【名言嘉句】

学莫便乎近其人。

## 【原文】

学之经$^{1}$[1]莫速乎好其人，隆礼次之。上不能好其人，下不能隆礼，安特将学杂识志[2]，顺$^{2}$《诗》《书》而已耳，则末世穷年，不免为陋儒[3]而已。将原先王，本仁义，则礼正其经纬蹊径[4]也。若挈裘领[5]，诎$^{3}$五指而顿之，顺者不可胜数也。不道礼宪[6]，以《诗》《书》为之，譬之犹以指测河也，以戈舂黍也，以锥飡$^{4}$壶[7]也，不可以得之矣。故隆礼，虽未明，法士[8]也；不隆礼[9]，虽察辩，散儒[10]也。

## 【校】

1.经，通"径"。

2.顺，通"训"。

3.诎，通"屈"。

4.飡，同"餐"。

## 【注释】

〔1〕学之经：学习的途径。

〔2〕安特将学杂识志：安，语气助词。特，只。识，记。志，记。全句意为：只是学一点杂乱的知识（或译为"只是读一点杂乱的书籍"）。

〔3〕陋儒：学识浅陋的儒生。

〔4〕经纬蹊径：南北为经，东西为纬，此处指四通八达之意。蹊径，本指小路，这里指一般道路。全句意为：四通八达的正确道路。

〔5〕若挈裘领：就像抓住裘衣的领子。

〔6〕不道礼宪：道，讲究，遵行、实行。礼宪，指礼法、法令、法度。全句意为：如果不遵守法令……

〔7〕以锥飡壶：古代盛食品的器皿。这里指吃壶中的食品。全句意为：用锥子去吃壶中的食物。

〔8〕法士：坚守礼法之士。

〔9〕隆礼：荀子生活于"礼坏乐崩"的春秋战国时期。《汉书·武帝纪》载："盖闻导民以礼，风之以乐。今礼坏乐崩，朕甚闵焉。""礼坏乐崩"就是社会失序，社会失序就要发生秩序变革。秩序变革就要进行旧观念与新秩序、新观念与旧秩序的斗争以及新观念与新秩序的磨合。孔子提倡新"仁"，但维护守旧"礼"（周礼），这很可能是他在《论语·公冶长》中提出"性与天道，不可得而闻"的原因。荀子"隆礼"，把"礼"作为治理天下的最高准则。荀子的礼乐思想是：以礼制乐，用乐来表现礼，礼乐合一。

荀子提出"隆礼重法"的主张。《荀子》一书中先后出现"隆礼"一词21次。如《君道》曰："知隆礼义之为尊君也。"《儒学》曰："儒者法先王，隆礼义，谨乎臣子而致贵其上者也。""隆礼义而杀《诗》《书》"。《王霸》曰："朝廷必将隆礼义而审贵贱。"等。除用"隆"字外，还有"修礼义""明礼义""积礼义""由礼义""统礼义""制礼义""属礼义""求礼义"等说法，都是对礼义的重视，但其重视程度要稍差于"隆礼义"。"隆"就是使之处于最重视的地位。

荀子十分重视"法"的作用，如谓"有法者以法行，无法者以类举。"（《王制》）"度己以绳，故足以为天下法则。"（《非相》）他经常讲的就是："隆礼尊贤而王，重法爱民而霸。"这句话先后见于《强国》《大略》《天论》篇中，还有"隆礼至法则国有常。"（《君道》）"至法"就是"完备法律"的意思。

既隆礼，又重法，这就抓住了治国中最重要的两翼。荀子的"隆礼重法"主张对后世影响深远。荀子之后二千多年的社会实践证明，隆礼重法是治国的正确方略。这一方略的实施保证了社会的稳定与民生环境的安定，也就是保证了这一社会福祉的实现。

〔10〕散儒：不遵奉礼法，散漫无为的儒士。

## 【译文】

学习的正确途径没有比亲近贤明的老师收效更快的了，其次就是尊崇礼法。如果上不能亲近贤师，下不能尊崇礼法，而只能学习一些零碎的知识，一般地训解《诗》《书》而已，那么到了晚年，也只能是一个学识浅陋的儒生。如果能推崇先王的道德，以仁义为本，那么学习礼法正是四通八达的途径。就像抓住袋衣的领子，弯曲五指而抖动之，所有的毛也就顺了。不遵行礼法，只是按《诗》《书》的一套去做，就像以手指测量河的深度，以戈去舂黍米，以锥子去吃壶中的食物，是不可能得到的。所以，尊崇礼法，虽然对其精义未必全然弄通，但也是一个爱好礼法之士；不尊崇礼法，虽然能够明察善辩，但仍然是一个不遵守礼法，无思想主旨的散漫儒生。

## 【绎旨】

本章主旨阐明在学习过程中，"隆礼"即尊崇礼法的重要性。"故隆礼，虽未明，法士也；不隆礼，虽察辩，散儒也。""不道礼宪，以《诗》《书》为之……不可以得之矣。"这里也表现了荀子思想的特点之一。

## 【名言嘉句】

①学之经莫速乎好其人，隆礼次之。

②故隆礼，虽未明，法士也；不隆礼，虽察辩，散儒也。

## 【原文】

问楛[1]者勿告也，告楛者勿问也，说楛者勿听也，有争气[2]者勿与辩也。故必由其道至，然后接之，非其道则避之。故礼恭而后可与言道之方；辞顺而后可与言道之理；色从而后可与言道[3]之致。故未可与言而言谓之傲，可与言而不言谓之隐，不观气色而言谓之瞽。故君子不傲，不隐，不瞽，谨顺¹其身。《诗》曰："匪交²匪舒，天子所予[4]"。此之谓也。

## 【校】

1. 顺，通"慎"。
2. 交，通"绞"。

## 【注释】

〔1〕楛（kǔ）：态度恶劣，又不正当，此处指不合礼法。

〔2〕争气：争强好胜，不讲道理。

〔3〕道：本章一连用了五个"道"字，即"由其道"之"道"，"非其道"之"道"，"道之方"之道，"道之理"之"道"，"道之致"之"道"。总起来看，五个"道"字都是在"仁义之道"的范畴内。但前两个"道"字，偏重于"待人接物"之"道"。

〔4〕匪交匪舒，天子所予：语出《诗·小雅·采菽》。交，急迫。舒，舒缓，缓慢。予，赏赐，赞许。全句意为：待人不急迫，亦不缓慢，这是天子所赞许的。

## 【译文】

询问不合礼法的事情，不必回答他。告诉你不合礼法的事情，不必去追问详情。叙说不合礼法的事情，也不必去听。有态度蛮横、不讲理者，不必与之争辩。所以，一定要由遵循礼仪之道而来的，可以接待他；不是由礼仪之道而来的，就避之不见。所以，来者恭敬有礼，就可以与之谈论仁义之道的方法；言辞谦逊的，可以与他讲解仁义之道的理论；面色顺从的，可以和他谈仁义之道的深义。所以，不可以与之交谈的而与之交谈，就叫急躁。可与之交谈的而不与之交谈，就叫隐瞒。不看其气色如何，就与之交谈，就叫目盲（瞎眼）。因此，君子与之交谈时不急躁、不隐瞒、不盲目。谨慎地根据对方的情况决定言谈与否。《诗》曰："匪交匪舒，天子所予。"（《诗》上说："不急躁，不懈怠，这是天子所赞许的。"）

## 【绎旨】

本章主要是阐明在学习过程中，如何正确处理"他人询问交谈"的问题。学与问是紧密联系的。或问于先生，或问于同学，同时亦必须接受他人的询问。对他人之问是否接受，荀子提出了两条原则：一是，看所问的内容是否合乎礼法；二是，看请教时的态度、语言。如果不合礼法或态度不端正，语言不顺，即可不接待。

## 【名言嘉句】

故君子不傲，不隐，不瞽，谨顺其身。

## 【原文】

百发失一，不足谓善射；千里蹞<sup>1</sup>步不至<sup>〔1〕</sup>，不足谓善御；伦类不通<sup>〔2〕</sup>，仁义不一<sup>〔3〕</sup>，不足谓善学。学也者，固学一之也<sup>〔4〕</sup>。一出焉，一入焉，涂<sup>2</sup>巷之人也<sup>〔5〕</sup>。其善者少，不善者多，桀、纣、盗跖<sup>〔6〕</sup>也。全之尽之，然后学者也。

君子知夫不全不粹之不足以为美也，故诵数以贯之<sup>〔7〕</sup>，思索以通之，为其人以处之<sup>〔8〕</sup>，除其害者以持养之。使目非是无欲见也<sup>〔9〕</sup>，使口非是无欲言也，使心非是无欲虑也。及至其致好之也<sup>〔10〕</sup>，目好之五色，耳好之五声，口好之五味，心利之有天下。是故权利不能倾也<sup>〔11〕</sup>，群众不能移也，天下不能荡也。生乎由是<sup>〔12〕</sup>，死乎由是，夫是之谓德操。德操然后能定，能定然后能应。能定能应，夫是之谓成人。天见其明<sup>3</sup>，地见其光<sup>4</sup>，君子贵其全也。

## 【校】

1.蹞，同"跬"。

2. 涂，同"塗"。

3. 见，同"现"。

4. 光，通"广"。

## 【注释】

〔1〕千里跬步不至：跬步，即古代的半步。全句意为：行一千里路，只差半步未到。

〔2〕伦类不通：对各类事物不能融会贯通。

〔3〕仁义不一：对仁义各部分内涵的理解把握不够一致。

〔4〕学也者，固学一之也：本来学习就应该一心一意，做到完全彻底。"学也者，固学一之也"，这也就是孔子的"一以贯之"。

〔5〕一出焉，一入焉，涂巷之人也：一会儿把学习抛到脑后，一会儿又学进去了，这是走在路上和居于陋巷的穷人的做法。

〔6〕盗跖：即跖。《庄子》有《盗跖》篇，其中记述了孔子见跖的情况。一般认为此篇系寓言，并非事实。跖，应实有其人，活动于春秋战国之际。一种观点认为跖是大盗，是与桀、纣一类的人物；另一种观点认为，跖既被统治阶级视为"盗"，其实际身份应相反，应是奴隶起义的领袖。

〔7〕君子知夫不全不粹之不足以为美也，故诵数以贯之：粹，就是真而且纯，故荀子在审美上亦有崇真倾向。诵数，指学习经典的顺序，即上文所言"其数则始乎诵经，终乎读礼"。全句意为：君子知道学识不完全不纯粹的不能够称为完美，按学习顺序反复学习经典，前后联系使之前后贯通。

〔8〕为其人以处之：其人，指良师益友。处之，实行。全句意为：效法良师益友努力践行。

〔9〕使目非是无欲见也：是，指"全""粹"的学说。全句意为：使眼对于不全不粹的学说不想去看它。

〔10〕及至其致好之也：当达到其最喜欢学习的时候。

〔11〕权利不能倾也：权和利不能使这种状况变化。

〔12〕生乎由是，死乎由是：活着坚持这一点，死了也坚持这一点，即从生到死都坚持这一点。

## 【译文】

发射一百支箭，只有一支未中，也不能称善射。行千里路，只差半步未到，也不能完全称善于驾车。对各类事物不能融会贯通，对仁义的内涵理解把握不一致，不能完全称为善学。"学习"这回事，本来就应该做到一心一意，完全彻底。一会儿把学习抛到脑后、一会儿又学习进去了。这是走在路上和居于陋巷的穷人的做法。总起来看，善于学习的人少，不善于学习的人多，这就是桀、纣、盗跖一类的人。全面地尽一切力量去学习，然后才会成为一个学者。

君子知道学识不完全不纯粹的不能够称为完美，所以对经典、礼法要按学习顺序融会贯通，前后联系彻底弄懂，效法良师益友去践行，剔除有害的内容以保持培养有益的学识。使自己的眼睛对不全不粹的学识不想去看，使两耳对不全不粹的学识不想去听，使口对不全不粹的学识不想去说，使心对之不想去思虑。当达到最想学习的时候，就像目喜欢看青、黄、赤、白、黑五色一样，耳喜欢听宫、商、角、徵、羽五声一样，口喜欢酸、甜、苦、辣、咸五味一样。所以权利不能使之倾倒，人再多也不能使他转移，天下无论什么力量都不能使其动摇。活下去是由于此事，老死也是由于此事，这就叫作坚贞的德操。有了坚贞的德操，然后就能坚定；能坚定就能应对各种变化。既能坚定不移，又能应对自如，这就叫作完美的人。天是显示其光明的，地是显示其广博宽厚的，作为君子最重要的就是学习上的完全彻底（因为只有这样，才能造成品德和才能的全与粹）。

## 【绎旨】

本章主要是说，学习必须树立高的目标，严格要求自己。"百发失一，不足谓善射；千里跬步不至，不足谓善御。""不全不粹之不足以为美也"，所学的知识必须"全而粹"。因为只有这样，才能成为一个"成人"。

关于"成人"，本篇未展开论述，可参阅孔子的有关论述做进一步理解。例如：子路问成人。子曰："若臧武仲之知，公绰之不欲，卞庄子之勇，冉求之艺，文之以礼乐，亦可以为成人矣。"曰："今之成人者何必然？见利思义，见危授命，久要不忘平生之言，亦可以为成人矣。"（《论语》原编本《宪问第十四》，《论语新编新释》1.10.1.1）亦可参阅《荀子》的其他篇章。

## 【名言嘉句】

①百发失一，不足谓善射；千里跬步不至，不足谓善御。
②君子知夫不全不粹之不足以为美也。
③天见其明，地见其光，君子贵其全也。

# 修身篇第二

## 【导读】

本篇主要论述了修养身心的措施，原则和意义，故以"修身"为篇名。

关于修身的措施，荀子在本篇中列举了十一条。第一条是说在修身过程中应如何正确对待善与不善，正确对待他人的批评与阿谀奉承等。第二条阐述了"礼"对于日常生活和修养的重要作用，进而阐述了礼对处理各种事务，乃至国家治理的作用。第三条是说修身过程中必须坚持善行，反对不善；保持智慧，去掉愚蠢，保持正直，反对欺凌，反对以利害义。第四条是阐述"凡治气养心之术，莫径由礼，莫要得师，莫神一好"。第五条是强调修身过程中必须坚持道守，加强对仁义之道的修养。只有这样，才能傲视富贵，轻视王公，不为外物所役使。第六条是阐述修身过程中的几个具体要求：吃苦在先，享受在后；要有独立人格，独修其身；自觉摒弃异端邪说等。第七条是阐述人生学习与奋斗的思想方法，如"有所止""跬步不休""累土而不辍"等。第八条强调有了目标后，必须努力践履笃行"道虽迩，不行不至；事虽小，不为不成。"第九条是强调以礼为是，以师为是，"不是师法而自用"是不行的。第十条是阐述重视青少年教育活动等问题。第十一条是阐述君子修身的原则是："君子之能以公义胜私欲也。"

修身的基本原则就是："凡治气养心之术，莫径由礼，莫要得师，莫神一好"和"君子之能以公义胜私欲也。"

关于修身的意义，可结合每章内容去分析理解。

## 【原文】

见善，修然必以自存也[1]；见不善，愀然[2]必以自省也。善在身，介¹然必以自好[3]也；不善在身，菑²然必以自恶[4]也。故非我而当者[5]，吾师也；是我而当者，吾友也；谄谀我者，吾贼[6]也。故君子隆师而亲友，以致恶其贼。好善无厌，受谏而能诫，虽欲无进，得乎哉！小人反是，致乱而恶人之非己也，致不肖而欲人之贤己也；心如虎狼、行如禽兽，而又恶人之贼己也。谄谀者亲，谏争者疏；修正为笑[7]，至忠为贼[8]，虽欲无灭亡，得乎哉！《诗》曰："噏噏³訾訾⁴，亦孔之哀。谋之其臧，则具⁵是违；谋之不臧，则具是依。"〔9〕此之谓也。

## 【校】

1. 介，通"洁"。
2. 菑，同"缁"。
3. 噏，通"翕"。
4. 訾，通"訾"。
5. 具，同"俱"。

## 【注释】

〔1〕见善，修然必以自存也：修然，整饬的样子。自存，自己存问省察。全句意为：看到好的品行，一定要严肃地自己问自己问题有没有这样的好的品行。

〔2〕愀然，忧惧的样子。

"见善，修然必以自存也；见不善，愀然必以自省也。"此条本于《论语·里仁》，《论语》原文作："见贤思齐焉，见不贤而内自省也。"

〔3〕介然必以自好也：介然，坚定的样子。全句意为：要坚定地自我诊视。

〔4〕菑然必以自恶也：菑，同"缁"，黑色，引申为污浊之意。恶（wù），厌恶，痛恨。全句意为：像被污染一样，必定自己痛恨自己。

"见善，修然必以自存也；见不善，愀然必以自省也。善在身，介然必以自好也；不善在身，菑然必以自恶也。"荀子认为应把学习礼义与加强自身修养联系起来。要根据环境的变化，不断对照自己，检查自己，并从中受到启发，以不断进步。

〔5〕故非我而当者：非，非议，批评。全句意为：所以批评我而又恰当的人。

〔6〕贼：残害者。

〔7〕修正为笑：把改正自己错误当作讥笑。

〔8〕至忠为贼：把真正忠诚当作陷害。

〔9〕噏噏訾訾，亦孔之哀。谋之其臧，则具是违；谋之不臧，则具是依：语出《诗·小雅·小旻》。噏噏，相附和的样子。訾訾（zǐ），相诋毁的样子。全句意为：当面附和，背后诋毁，实在是莫大的悲哀。本是好的计谋，却不接受；本是不好的计谋，却都实行。

## 【译文】

见到善行，一定要严肃认真地对照自己；见到不善的行为，一定要心怀恐惧地反省自己。善的美德在自身时，一定要坚决地保持洁身自好；不善的德行在自身时，就像被污水污染一样，一定要痛恨自己。所以，批评我恰当的，就是我的老师；肯定我而恰当的，就是我的朋友；阿谀奉承我的人，就是想害我的人。君子尊崇老师而亲近朋友，极其痛恨那些害人之贼。爱好善行而永不满足，接受批评而能引起警惕，这样即使不想进步，怎么能做得到呢？小人正与此相反，他们制造混乱又痛恨别人批评自己，作风不正派又要别人称赞他；心如虎狼，行如禽兽，又怕别人报复他。对阿谀的人亲近，对提出批评意见的疏远，把改正自己错误的意见当成讥笑自己，把真正的忠诚当作陷害，这样的人虽然不想灭亡，做得到吗？《诗》曰："嚣嚣呰呰，亦孔之哀。谋之其臧，则具是违；谋之不臧，则具是依。"(《诗》上说："当面附和，背后诋毁，实在是莫大的悲哀。提出的好意见，都不实行；而对那些坏主意，却都依从。")说的就是这种情况。

## 【绎旨】

本章主要说在修身过程中，应该如何正确对待善与不善，正确对待他人的批评与阿谀奉承等问题。孔子曾曰："见善如不及，见不善如探汤。"(《论语》原编本《季氏第十六》，《论语新编新释》1.4.1.32）又曰："见贤思齐焉，见不贤而内自省也。"(《论语》原编本《里仁第四》，《论语新编新释》1.6.1.2）荀子在本章中的论述亦与此一脉相承。

## 【名言嘉句】

①见善，修然必以自存也；见不善，愀然必以自省也。善在身，介然必以自好也；不善在身，菑然必以自恶也。

②故君子隆师而亲友，以致恶其贼。

## 【原文】

扁¹善之度〔1〕，以治气养生则后彭祖〔2〕；以修身自名则配尧、禹〔3〕。宜于时通，利以处穷〔4〕，礼信是也。凡用血气、志意、知虑，由礼则治通〔5〕，不由礼则勃²乱提僈³〔6〕；食饮、衣服、居处、动静，由礼则和节，不由礼则触陷生疾〔7〕；容貌、态度、进退、趋行，由礼则雅，不由礼则夷固僻违〔8〕，庸众而野〔9〕。故人无礼则不生，事无礼则不成，国家无礼则不宁。〔10〕《诗》曰："礼仪卒度，笑语卒获〔11〕。"此之谓也。

## 【校】

1. 扁，通"徧"。
2. 勃，通"悖"。
3. 僈，通"慢"。

## 【注释】

〔1〕扁善之度：普遍实施善行的法则。

〔2〕彭祖：传说中的长寿人物，寿至八百岁。

〔3〕尧、禹：唐尧与夏禹。尧为我国古代部落民主制时期的著名领袖，为黄帝之后，为五帝（《家语·五帝德第二十三》）论述了五帝的德行与主要事迹（参阅王春华

《孔子家语新解》．九州出版社 2017 年版，第 246 页）。禹，原为夏部落联盟的领袖。尧禅让于舜，舜晚年又禅让于禹，禹成为部落联盟时期的最后一位领袖。禹子夏启，建立夏朝，进入阶级社会，结束了部落民主制时期。

〔4〕宜于时通，利以处穷：适宜于合时而通达，有利于处于困窘之中。

"宜于时通，利以处穷，礼信是也。"在这里，荀子强调"礼"对个人修身的重要性。

〔5〕凡用血气、志意、知虑，由礼则治通：由，遵循、按照。全句意为：凡涉及到生理、心理等感情变化的事，遵循礼就会治理通达。

〔6〕勃乱提僈：荒谬、错乱、松弛、懈怠。

〔7〕触陷生疾：触发陷害，出现各种毛病。

〔8〕夷固僻违：傲慢邪僻。

〔9〕庸众而野：庸俗粗野。

〔10〕故人无礼则不生，事无礼则不成，国家无礼则不宁：所以，人生在世，如果没有礼的约束，就不能生存；办理事情，如果不遵照礼的要求，就无法办成；整个国家，如果不执行礼制则不会稳定安宁。在这里，荀子强调了礼义对于治国修身的重要性。

〔11〕礼仪卒度，笑语卒获：语出《诗·小雅·楚茨》。全句意为：各种礼仪完全适度，一笑一语也就会适宜。

## 【译文】

普遍推广善行的法则，用它来调节气血，养护生命则会次于彭祖之后；用它来修身培养自己的品德，名声就可与尧、禹相匹配。与既合时又通达相适宜，它有利于处于窘困之中，只有坚守礼，才能做到这一点，的确如此。凡涉及到血气、志意、知虑等生理、心理方面的问题，遵循礼的原则，就会治理好，通达无阻；如果不遵循礼的原则，则会荒谬错乱，松弛懈怠。吃饭、穿衣服、休息、外出、活动、静止等，遵循礼则会和谐适度，不遵循礼则会触及过失，造成怨恨。容貌、态度、进退、外出等，遵循礼则显得文雅，不遵行礼就会显得傲慢邪僻、庸俗粗野。所以，人生在世，如果没有礼的约束，就不能生存；办理事情，如果不遵照礼的要求，就无法办成；整个国家，如果不执行礼制则不会稳定安宁。《诗》曰："礼仪卒度，笑语卒获。"（《诗》上说："各种礼仪完全适度，一笑一语也就会适宜。"）说的就是这个意思。

## 【绎旨】

本章主要阐述"礼"对于人们日常生活和修养的重要作用，进而言礼对于处理各种事务，乃至国家治理的作用。即所谓："故人无礼则不生，事无礼则不成，国家无礼则不宁。"孔子曾多次谈到"礼"对于一个人立身的作用，如子曰："兴于诗，立于礼，成于乐。"(《论语》原编本《泰伯第八》，《论语新编新释》1.2.2.15)"不学礼，无以立。"（《论语》原编本《季氏第十六》，《论语新编新释》1.2.2.12）又，子曰："不知命，无以为君子也。不知礼，无以立也。不知言，无以知人也。"(《论语》原编本《尧曰第二十》，《论语新编新释》1.2.2.13)

对于治国，孔子提出了"以礼让为国"的主张（《论语》原编本《里仁第四》，《论语新编新释》5.3.3.3）。又认为："上好礼，则民易使也。"(《论语》原编本《宪问第十四》，《论语新编新释》5.3.3.4)

两相对照，可以看出荀子对礼学的发展。

## 【名言嘉句】

故人无礼则不生，事无礼则不成，国家无礼则不宁。

## 【原文】

以善先人[1]者谓之教，以善和人[2]者谓之顺；以不善先人[3]者谓之谄，以不善和人[4]者谓之谀。是是非非[5]谓之知¹，非是是非谓之愚。伤良曰谗[6]，害良曰贼。是谓是，非谓非曰直。窃货曰盗，匿行曰诈，易言曰诞。趣²舍无定，谓之无常；保利弃义，谓之至贼。多闻曰博，少闻曰浅。多见曰闲³[7]，少见曰陋。难进曰偍⁴[8]，易忘曰漏。少而理曰治，多而乱曰秏⁵[9]。

## 【校】

1.知，同"智"。

2.趣，通"趋"

3.闲，通"㑉"。

4.偍，同"提"。

5.秏，通"眊"。

## 【注释】

〔1〕以善先人：用善良的言行倡导众人。

〔2〕以善和人：以善良的言行应和众人。

〔3〕以不善先人：以不良言行引诱众人。

〔4〕以不善和人：以不良言行应和众人。

〔5〕是是非非：是是，第一个"是"作动词用；第二个"是"作名词用，正确之意。全句意为：肯定正确的，否定不正确的。

〔6〕伤良曰谗：中伤贤良的行为叫作"谗言"。

〔7〕闲：宽大、博大。闲，《说文》曰："阑也，从门中有木。"

〔8〕偍（tí）：迟缓。

〔9〕耄（mào）：昏昧之意。

**【译文】**

以善良的言行引导众人就叫教化，以善良的言行应和众人就叫顺应；以不善良的言行引诱他人就叫谄媚，以不善良的言行应和他人就叫阿谀。肯定正确的，否定错误的，就叫智慧；否定正确的，肯定错误的，就叫愚蠢。中伤贤良叫作谗毁，残害贤良叫作残害。对的就说对的，错的就说错的，这叫正直。窃取财货，就叫盗；隐藏自己的行为，就是欺诈；随意改变自己的言论，就叫荒诞。进取和退舍没有一定之规，就叫无常；保持私利抛弃大义，就是最标准的贼。听到的知识多就是渊博，听到的知识少就是浅薄；见到的东西多，就是广博；见到的东西少，就是鄙陋。难以进展就是迟缓，容易忘记就是遗漏。措施虽少但有条理，就叫治（治理得好）；措施复杂而乱，就叫昏暗不明。

**【绎旨】**

本章是荀子告诉人们，在修身过程中必须坚持善行，反对不善行为；保持智慧，去掉愚蠢；保持正直，反对欺诈荒诞；反对以利弃义。同时要学会多闻、多见，提高素质，以不断进取。

**【名言嘉句】**

①是是非非谓之知，非是是非谓之愚。
②多闻曰博，少闻曰浅。多见曰闲，少见曰陋。

**【原文】**

治气养心之术[1]：血气[2]刚强，则柔之以调和[3]；知虑渐¹深[4]，则一之以易良²[5]；勇毅³猛戾，则辅之以道⁴顺⁵[6]；齐给便利[7]，则节之以动止[8]；狭隘褊小，则廓之以广大；卑湿⁶，重迟，贪利[9]，则抗⁷之以高志[10]；庸众驽散[11]，则刼⁸[12]之以师友；怠慢僄弃[13]，则炤⁹[14]之以祸灾；愚款端悫，则合之以礼乐[15]，通之以思索。凡治气养心之术，莫径由礼，莫要得师，莫神一好[16]。夫是之谓治气养心之术也。

**【校】**

1. 渐，通"潜"。
2. 良，通"谅"。
3. 勇毅，原作"勇胆"。《韩诗外传》引作"勇毅"，是。
4. 道，通"导"。
5. 顺，通"训"。

6.溼，同"湿"。

7.抗，通"亢"。

8.刬，同"劫"。

9.炤，同"照"，通"昭"。

## 【注释】

〔1〕治气养心之术：治气，指调理血气，此处指调理性情。养心，此处指培育正确的意识与思想方法。全句意为：调理性情、培育正确的意识与方法，其途径是。

〔2〕血气：此处指人生来就有的性情脾气。

〔3〕调和：处事心平气和，使各种纠纷处于缓和状态。

〔4〕知虑渐深：思想复杂，城府很深。

〔5〕一之以易良：即"以易良一之"。一之，同化，改易，置换。易良，平易善良。全句意为：就用平易善良来改换他的思想。

〔6〕道顺：即以道训之。

〔7〕齐给便利：齐，疾猛。给，口齿伶俐。便利，行动快而猛。全句意为：行动迅猛，伶牙俐齿，很不稳定。

〔8〕动止：该动即动，该止即止，举止有法。

〔9〕卑溼，重迟，贪利：卑湿，指意志浮薄卑下。重迟，严重的迟钝。全句意为：意志浮薄卑下，迟钝而又贪利。

〔10〕抗之以高志：用远大的志向来激励。

〔11〕庸众驽散：非常平庸而又低劣散漫。

〔12〕刬：劫持，督责。

〔13〕僄（piào）弃：僄，轻薄。弃，自暴自弃。

〔14〕炤：使明白。

〔15〕礼乐：礼乐文化是中国的传统优秀文化。正如楼宇烈所说："从一定意义上来讲，中华传统文化亦可称之为'礼乐文化'，它体现了我国传统文化中的两个鲜明特征，即伦理精神与艺术精神。这两种文化精神也是我们在建设现代精神文明所需要大力发扬的，因此，我以为今天我们对于传统礼乐制度和礼乐教育的认真研究和批判继承具有了新的意义和需要。它对于现代伦理观念、艺术观念的建立，以及现代礼乐仪式规范的制定，都有着重要的借鉴意义。"（楼宇烈《荀子礼乐论发微》.传统文化与现代化，1994年第3期，第22—26页）

〔16〕莫神一好：没有比对所好专心致志更神妙的了。

## 【译文】

调理性情、培育正确的意识与方法，其途径是：对血气刚强者，就用处事心平气和来要求他；对思想复杂、城府很深的人，就用平易善良来改换他的思想；对勇猛凶暴之徒，就用仁义之道来教育帮助他；对行动迅猛、伶牙俐齿、很不稳重的人，就用举止有法来节制他；对心胸狭隘、气量偏小的人，就用宽宏大量来要求他；对非常平庸、低劣傲慢的人，就用良师益友来督导他；对处事怠慢而又轻浮自弃的人，就用将引来的灾祸警励他；对老实诚恳的人，就用礼乐来调和他，用思索的办法使之通达。大凡调理性情，培养正确的意识与方法，其途径没有比遵循礼仪更快捷的了，没有比得到良师的教育更重要的了，没有比所好更专心致志更神妙的了。这就是所说的调理性情，培育正确的意识与方法的途径。

## 【绎旨】

本章阐述了"治气养心之术"的若干种具体情形。最后得出结论，这就是"凡治气养心之术，莫径由礼，莫要得师，莫神一好"。这是荀子的经验之谈，亦为肺腑之言。它掷地有声，对于后世乃至今日人们的修身养性，敦励品行，仍不乏启发与借鉴意义。

## 【名言嘉句】

凡治气养心之术，莫径由礼，莫要得师，莫神一好。

## 【原文】

志意修则骄富贵[1]，道义重[2]则轻王公，内省而外物轻[3]矣。传曰："君子役物，小人役于物。"此之谓矣。身劳而心安，为之；利少而义多，为之。事乱君而通[4]，不如事穷君而顺[5]焉。故良农不为水旱不耕，良贾不为折阅不市，士君子[6]不为贫穷怠乎道。

## 【注释】

〔1〕志意修：志向修养得美好完美。
〔2〕道义重：道义厚重或者重道义。
〔3〕内省而外物轻：注重内自反省就会看轻身外之物。
〔4〕事乱君而通：侍奉暴乱的君主，个人可以通达富贵。
〔5〕事穷君而顺：侍奉穷厄之君，但顺乎道义。
〔6〕士君子：指士人中的君子，即士人中的道德高尚者。

## 【译文】

志向美好就会傲视富贵，道义厚重就会轻视王公。注重内自反省就会轻视身外之物。古书上说："君子役使外物，小人却被外物所役使。"就是说的这种情形。身体劳碌而心内安适，就可以做；利益少而道义多，就可以做；奉侍暴乱之君但个人可以通达富贵；不如侍奉穷厄之君，但顺乎道义。所以，优秀的农民不会因为水灾、旱灾而放弃耕种，优秀的商贾不会因为受到损失而退出市场，士君子不会因为贫穷困窘而怠于仁义之道的坚守。

**【绎旨】**

本章主要是荀子告诉人们，在修身过程中必须坚守道义，加强对仁义之道的修养。只有这样，才能傲视富贵，轻视王公，不为外物所役使。君子的出处进退应以是否占有道义及占有道义多少为原则。"内省而外物轻"一句，说明荀子亦重内省，亦即重视心性的修养，与思孟学派并非完全对立。

**【名言嘉句】**

①志意修则骄富贵，道义重则轻王公，内省而外物轻矣。

②士君子不为贫穷怠乎道。

**【原文】**

体[1]恭敬而心忠信，术[2]礼义而情爱人¹，横²行天下[3]，虽困四夷[4]，人莫不贵。劳苦之事则争先，饶乐[5]之事则能让，端悫诚信[6]，拘守而详[7]，横行天下，虽困四夷，人莫不任。体倨固而心埶³诈[8]，术顺⁴墨而精杂汙⁵[9]，横行天下，虽达四方，人莫不贱。劳苦之事则偷儒⁶转脱[10]，饶乐之事则佞兑⁷而不曲[11]，辟⁸违而不悫[12]，程役⁹而不錄¹⁰[13]，横行天下，虽达四方，人莫不弃。行而供翼¹¹[14]，非渍淖也[15]；行而俯项，非击戾也[16]；偶视而先俯，非恐惧也。然夫士欲独修其身，不以得罪于比俗之人[17]也。

**【校】**

1. 人，通"仁"。

2. 横，通"广"。

3. 埶，同"势"。

4. 顺，通"慎"。

5. 精杂汙，精，通"情"。汙，同"污"。

6. 儒，通"懦"。

7. 兑，一说同"锐"，一说通"悦"。

8. 辟，通"僻"。

9. 程役，一说通"逞欲"。

10. 錄，通"逮"。

11. 供翼，原作"供冀"，改。供，通"恭"。

## 【注释】

〔1〕体：身体力行。

〔2〕术：以之为原则，以之为方法。

〔3〕横行天下：周游天下，而无阻拦。

〔4〕四夷：古代有东夷、西戎、南蛮、北狄之说，此指周边少数民族。

〔5〕饶乐：富足、享乐。

〔6〕端悫诚信：正直谨慎，诚实守信。

〔7〕拘守而详：谨守法度，详察事理。

〔8〕体倨固而心执（势）诈：体势外貌倨傲固执，而又心怀奸诈。

〔9〕术顺墨而精杂汙：顺，指慎到。墨，指墨翟。全句意为：尊奉慎到、墨翟的一套而精神庞杂污秽。

〔10〕偷儒转脱：儒，通"懦"。全句意为：苟且偷懒，逃避取巧。

〔11〕佞兑而不曲：佞，能言善辩，伶牙俐齿。兑，行动敏捷。不曲，不退后，毫不谦让。全句意为：（遇到可富贵享乐之事时，）能言善辩，行动迅速，毫不谦让。

〔12〕辟违而不悫：邪僻恶劣而不诚实。

〔13〕程役而不录：程役即"逞欲"。录，检束。全句意为：放肆地逞其欲望，而不检束。

〔14〕行而供翼：翼，敬。全句意为：行路时恭恭敬敬。

〔15〕非渍淖也：不是害怕被泥沼污染。

〔16〕非击戾也：击戾，碰撞到地面。

〔17〕比俗之人：世俗之人，一般群众。

## 【译文】

　　力行恭敬之道而心怀忠信，遵循礼义的法则而情爱众人，游遍天下，虽得不到重用而困于边远少数族地区，但是人们没有不敬重他的。对劳苦之事争先去做，对发财享乐之事总能谦让，为人正直、谨慎、诚实、守信，能谨守法度，详察事理，游遍天下，虽困于边远少数族地区，但是人们没有不信任他的。如果体势外貌倨傲固执而心中又怀奸诈，遵奉慎到、墨家的一套而精神庞杂污秽，游遍天下，虽然处处通达，但人们没有不鄙视他的。对劳苦之事偷懒推脱，发财享乐之事能言善辩、行动迅速、毫不谦让，为人邪僻恶劣而不诚信，放肆地逞其欲望而不检束，游遍天下，虽然处处通达，但人们没有不厌恶他的。

　　行路时恭恭敬敬，不是害怕被泥沼污染；行路时低着头，不是怕碰到什么；与对方相视时，先把头低下，不是害怕什么。这是因为，士人想自己修养自己，而不想因此而得罪一般的世俗之人。

## 【绎旨】

本章阐述了士人在修身过程中，加强修养的几条措施：一是，力行恭敬而心怀忠信，遵循礼义而情爱众人。二是，吃苦在前，享乐在后。三是，自觉摒弃他家，如慎、墨等的学说，同时注意个人举止的优化。四是，士人培育独立人格，独修其身，不怕得罪什么人。

## 【名言嘉句】

①体恭敬而心忠信，术礼义而情爱人，横行天下，虽困四夷，人莫不贵。

②劳苦之事则争先，饶乐之事则能让。

## 【原文】

夫骥[1]一日而千里，驽马十驾[2]则亦及之矣。将以穷无穷，逐无极与 1[3]？其折骨绝筋，终身不可以相及也；将有所止之[4]，则千里虽远，亦或迟或速、或先或后，胡为乎其不可以相及也？不识步道者[5]，将以穷无穷逐无极与？意 2 亦有所止之与？夫"坚白""同异""有厚无厚"[6]之察，非不察也，然而君子不辩，止之也。倚魁[7]之行，非不难也，然而君子不行，止之也。故学曰迟[8]，彼止而待我，我行而就之，则亦或迟或速、或先或后，胡为乎其不可以同至也？故蹞 3 步而不休，跛鳖千里；累土而不辍，丘山崇 4 成。厌其源，开其渎，江河可竭；一进一退，一左一右，六骥不致[9]。彼人之才性之相县 5 也，岂若跛鳖之与六骥足哉？然而跛鳖致之，六骥不致，是无它故焉，或为之，或不为尔！[10]

## 【校】

1. 与，通"欤"。

2. 意，通"抑"。

3. 蹞，同"跬"。

4. 崇，通"终"。

5. 县，同"悬"。

## 【注释】

〔1〕骥：骏马、良马。

〔2〕驽马十驾：驽，劣。驾，马一天的行程。全句意为：驽马走十天的路途。

〔3〕将以穷无穷，逐无极与：穷无穷，即穷尽永远不能穷尽的。逐无极，即追逐没有尽头的。全句意为：想要穷尽永远不能穷尽的路途，追逐那没有尽头的目标吗？

〔4〕将有所止之：如果有所止之处，即有一定的目标或一定的范围。

〔5〕步道者：指在人生道路上奔波的人。

〔6〕"坚白""同异""有厚无厚"：战国时期名家代表公孙龙子提出了"离坚白"

的命题，他以一块白色的石头为例，认为石头的坚硬和白色都是各自独立的，不能同时都是石头的属性，以此说明共性与个性间的区别。另一名家人物惠施提出了"合同异""有厚无厚"的观点。认为事物的同、异是相对的。就具体事物而言，有同有异，但如果从根本上来讲，万物是"毕同""毕异"。惠施又在讨论空间的无限性时，提出"无厚不可积也，其大千里。"即没有厚度的事物不可能成为体积，体积是无，但长度可至千里。一说"有厚无厚"是春秋时期邓析提出的命题。

〔7〕倚（jī）魁：奇异狂怪。

〔8〕故学曰迟：此四字的断句，一作："故学曰：'迟，……。'"一作："故学曰迟。"学曰，学者相传此言。迟，待。最终。全句意为：所以，如果学习方面出现了迟误。

〔9〕六骥不致：六骥，国君之车用六骥，此处言其快。不致，不能到达。

〔10〕彼人之才性之相县也，岂若跛鳖之与六骥足哉？然而跛鳖致之，六骥不致，是无它故焉，或为之，或不为尔。全句意为：至于说别人的才能素质的悬殊，怎么像跛鳖与六骥的脚力的差别呢？虽然这样，但是跛鳖怎么能达到目的，六骥却达不到。这没有其他原因，原因只在于有的是去做了，有的却没有去做罢了。

在这里，荀子强调人性天然生就，但人与人的差别来自后天行为（"为"或"不为"，即荀子讲的"伪"。"伪"即"为"。"伪""为"，古通）。

## 【译文】

骏马一天即可驰骋千里之遥，但驽马经过十天的努力也可以达到。想要穷尽永远无法穷尽的路，达到永远无法达到的目标吗？即使折断骨头，累绝筋腱，一辈子也达不到；如果有一定的目标范围，那么，千里虽远，也会或迟或快，或前或后（达到），怎么会认为其目的地是达不到的呢？不知道那些在人生道路上奔忙的人，是要穷尽无法穷尽的道路，达到永远达不到的目标呢？还是有一定的范围目标呢？对于"离坚白""合同异""有厚无厚"等命题的考察，不能说考察的能力不够，然而，君子不辨析，这是因为君子有一定的范围与目标的。对奇异狂怪之行，并不是不能责难；然而君子不去责难，这是因为君子行动有一定范围。所以，如果学习方面出现了迟误，他们停下来等待我，我快行赶上去，这样也就或迟或速、或先或后（赶上），怎么会认为不可以共同达到目的呢？所以，每次只能走半步但不停休，跛足的鳖也可以走千里之遥；累积土块而不停止，丘山就会高高形成。堵塞其源头，开掘其支流，江河也会枯竭。一会儿向前进，一会儿又向后退，即使六匹马拉的车也到不了目的地。至于说别人的才能素质的悬殊，怎么像跛鳖与六骥的脚力的差别呢？虽然这样，但是跛鳖怎么能达到目的，六骥却达不到。这没有其他原因，原因只在于有的去做了，有的却没有去做罢了。

## 【绎旨】

本章主旨在于阐明人生学习与奋斗的思想方法，主要有两点：一是，人生的学习与奋斗应该"有所止之"，即有一定的范围，一定的目标。不可以"穷无穷""逐无极"，那样就会白白耗费精力，"其折骨绝筋，终身不可以相及也。"二是，要达到自己的目标，必须不间断地实实在在地去努力，"故蹞步而不休，跛鳖千里；累土而不辍，丘山崇成。"如果不去做实际的努力，那就会出现"跛鳖致之，六骥不致"的结果。

## 【名言嘉句】

故蹞步而不休，跛鳖千里；累土而不辍，丘山崇成。

## 【原文】

道虽迩[1]，不行不至；事虽小，不为不成。其为人也多暇日[2]者，其出入不远[3]矣。

好法而行[4]，士也；笃志而体[5]，君子也；齐明而不竭[6]，圣人也。人无法，则伥伥然[7]；有法而无志¹其义[8]，则渠渠然[9]；依乎法而又深其类[10]，然后温温然[11]。

## 【校】

1.志，同"识"。

## 【注释】

〔1〕迩：近。

〔2〕多暇日：闲暇时间多，说明他懒惰，不努力进取。

〔3〕出入不远：即离开家的路程不远，未能行万里路而经风雨、见世面。一说"出入不远"即"出入不大"，与一般人相差不大。还有的学者认为"入"当作"人"。出人不远，即不会超出常人多少。

〔4〕好法而行：好法即喜好法度，亦即遵循法度。行，即实行。全句意为：遵循法度而又去实行。

〔5〕笃志而体：意志坚定而又努力身体力行。

〔6〕齐明而不竭：齐，指思虑敏捷；明，明智。不竭，力行不止。齐明，指对法度有正确明晰的认识。全句意为：对礼法有全面、正确、明晰的认识而又力行不止的。

〔7〕伥伥然：无所适从的样子。

〔8〕无志其义：不理解它真正的意义。

〔9〕渠渠然：局促不安的样子。

〔10〕深其类：深入了解礼法内部各种类别的联系与不同。

〔11〕温温然：因得心应手而显示出的宽厚温和之态。

**【译文】**

道路虽然近，如果不走的话，也不会到达；事情虽小，但是不去做，也不能完成。如果一个人，闲暇时间很多，那么，他与一般人相比，差别也不会太大（即言他没有取得多大成就）。

喜好礼法并遵循而践行，这是士人；对礼法意志坚定又能身体力行，这是君子；对礼法有全面、正确、明晰的认识而又力行不止的，这是圣人。人如果没有礼法的约束，就会无所适从；能遵循礼法而又能深入了解礼法内部各种类别的联系与不同，那就会因得心应手而显示出宽厚温和的样子。

**【绎旨】**

本章承上章而来，进一步申明有了目标之后，必须去践履笃行，这是因为："道虽迩，不行不至；事虽小，不为不成。"

本章把遵法而行的人分为三类：即士、君子、圣人。荀子的本意是希望人们起码成为"好法而行"的士人，较好成为"笃志而体"的君子，最好成为"齐明而不竭"的圣人。无论如何，不要成为"卑湿重迟贪利"之辈。

**【名言嘉句】**

道虽迩，不行不至；事虽小，不为不成。

**【原文】**

礼者，所以正身也；师者，所以正礼也。无礼，何以正身？无师，吾安知礼之为是也？[1]礼然而然[2]，则是情安礼[3]也；师云而云，则是知若师也。情安礼，知¹若师，则是圣人也。[4]故非礼，是无法也；非师，是无师也。不是师法而好自用，譬之是犹以盲辨色，以聋辨声也，舍乱妄无为也[5]。故学也者，礼法也。[6]夫师，以身为正仪[7]而贵自安者也。《诗》云："不识不知，顺帝之则[8]。"此之谓也。

**【校】**

1.知，同"智"。

**【注释】**

〔1〕礼者，所以正身也；师者，所以正礼也。无礼，何以正身？无师，吾安知礼之为是也：礼，郭店楚简《语丛》云："礼始于情。"正身，端正言行，去掉不符合礼的思想、言行。正礼，正确解释《礼》的内容、规定，后世又加上正定"版本"的问题。

荀子特别重视接受老师的指导和教育，他要求人们要"隆师亲友""尊师重教"。同时认为：只有在老师教导下，把闻、见与行结合起来，一步一步努力下去，才能掌握礼义，正确处理义利关系，成为真正的贤人君子。

〔2〕礼然而然：礼怎样规定的就怎样做。

〔3〕情安礼：性情、感情习惯于礼的规定。

〔4〕情安礼，知若师，则是圣人也：性情习惯于礼法，智慧顺从于老师，就会成为圣人。

〔5〕舍乱妄无为也：舍，除了。全句意为：除了乱妄之外，没有别的什么。

〔6〕故学也者，礼法也：学习，就是要尊重礼法。"礼法"一词，为荀子首创。《荀子·王霸》曰："礼法之大分也。""礼法之枢要也。"韩德民说："作为一个新的范畴，'礼法'显示的是荀子思想的独创性，是他对儒家礼制观念的发展与重新诠释，也意味着他对理想社会秩序所应有的规则的设想。这个概念所要昭告的，既是新的社会结构模式，也是新的政治法律制度。"（韩德民《荀子与儒家的社会理想》. 齐鲁书社 2001 年版）

〔7〕正仪：正确的准则、典范。

〔8〕不识不知，顺帝之则：语出《诗·大雅·皇矣》。全句意为：不认识亦不知道其原理，只是顺从上天的法则。

## 【译文】

礼是用来端正己身的；老师是负责正确解释礼的内容规定的。没有礼怎么能端正己身？没有老师，我怎么会知道礼就是这个样子呢？礼规定怎么做就要怎么做，性情、感情都要习惯于礼的规定；老师怎么说就怎么做，智慧要顺从老师。性情习惯于礼法，智慧顺从于老师，就会成为圣人。所以，非议礼法，是眼中没有礼法。非议老师，是眼中没有老师。不以老师和礼法的一套为正确，而好自以为是，举比喻来说，那就像让瞎子去辨别颜色，让聋子去辨别声音，除了胡作非为外，不会有什么好结果。所以，学习就是要尊重礼法。老师，是以自身为正确标准，而又重视自己安守礼法的人。《诗》曰："不识不知，顺帝之则。"（《诗》上说："不认识亦不知道其原理，只是顺从上天的法则。"）说的就是这个意思。

## 【绎旨】

本章主要是阐述修身过程中要以礼为是，以师为是，不可"不是师法而自用"。荀子教诲人们尊师重礼，当然是对的。但是，问题还有另一方面，师未必完全正确；礼也未必不可以变通，因此，单纯地强调"尊师重礼"，也是具有片面性的。特别是引用《诗》之所谓"不识不知，顺帝之则"，就更显得不恰当了。如果"既识又知，顺帝之则"，就好了。

## 【名言嘉句】

礼者，所以正身也；师者，所以正礼也。无礼，何以正身？无师，吾安知礼之为是也？

**【原文】**

端悫顺弟¹〔1〕，则可谓善少〔2〕者矣；加好学逊敏焉，则有钧²无上〔3〕，可以为君子者矣。偷儒惮事〔4〕，无廉耻而嗜乎饮食，则可谓恶少者矣；加惕³悍〔5〕而不顺，险贼〔6〕而不弟焉，则可谓不详⁴〔7〕少者矣，虽陷刑戮可也。老老而壮者归焉〔8〕，不穷穷而通者积焉〔9〕，行乎冥冥而施乎无报〔10〕，而贤不肖一焉〔11〕。人有此三行，虽有大过，天其⁵不遂乎？

**【校】**

1. 弟，同"悌"。

2. 钧，通"均"。

3. 惕，通"荡"。

4. 详，通"祥"。

5. 其，通"岂"。

**【注释】**

〔1〕顺弟：弟，同"悌"。顺弟，敬爱兄长。

〔2〕善少：善良的青少年。

〔3〕有钧无上：钧，同均。全句意为：有与之均等的而没有超过他的。

〔4〕偷儒惮事：儒，通"懦"。偷懒、懦弱、怕事，没有担当。

〔5〕惕悍：放荡凶狠。

〔6〕险贼：阴险奸诈。

〔7〕不详：不善良。

〔8〕老老而壮者归焉：以尊敬老人的态度对待老人，青壮年人就会前来归附。

〔9〕不穷穷而通者积焉：不轻视排挤处境困窘的人，通达之士就会积聚而来。

〔10〕行乎冥冥而施乎无报：暗中行善，施恩德，不求人回报。

〔11〕贤不肖一焉：贤人与不肖之徒会同而归之。

**【译文】**

正直诚实，尊敬兄长，就可以说是善良的青少年。如果再加上爱好学习，那就会有与之均等的，但没有超过他的，就可以成为君子了。偷懒懦弱，没有承担，胆小怕事，鲜廉寡耻，好吃好喝，就可以说是恶劣的青少年；再加上凶狠放荡而不顺从，道义阴险奸诈而不敬兄长，就可以说是不善良的青少年了。即使处以刑罚也是可以的。尊敬老人，青壮年就会来归附；不轻视排斥处境困窘的人，通达的人就会前来聚集；在暗中做好事，而不求善报，贤人及不肖者就会一同来归附。人如果有这样三种善行，即使有大的过错，天难道不会遂其所愿吗？

## 【绎旨】

本章主要提出两点认识：一是，在修身问题上，要特别重视青少年的教育培养，要把他们教育成"端悫顺弟""好学逊敏"的君子。二是，修身是多方面的，要重视"老老""不穷穷"和"行乎冥冥而施乎无报"品德的培育，只有这样，才有可能成为一个君子。

## 【名言嘉句】

①端悫顺弟，好学逊敏。
②行乎冥冥而施乎无报。

## 【原文】

君子之求利也略<sup>〔1〕</sup>，其远害也早，其避辱也惧，其行道理也勇。君子贫穷而志广，富贵而体恭，安燕而血气不惰，劳勌<sup>1</sup>而容貌不枯<sup>2〔2〕</sup>，怒不过夺<sup>〔3〕</sup>，喜不过予<sup>〔4〕</sup>。君子贫穷而志广，隆仁也；富贵而体恭，杀埶<sup>3〔5〕</sup>也；安燕而血气不衰，柬理<sup>〔6〕</sup>也；劳勌而容貌不枯，好交<sup>4〔7〕</sup>也；怒不过夺，喜不过予，是法胜私也。《书》曰："无有作好，遵王之道。无有作恶，遵王之路。<sup>〔8〕</sup>"此言君子之能以公义胜私欲也。

## 【校】

1.勌，同"倦"。
2.枯，同"楛"。
3.杀（shài）埶，同"杀势"。
4.交，当作"文"。

## 【注释】

〔1〕略：疏略，不斤斤计较。
〔2〕枯：解有二：一是，苟且随便。二是，枯槁。
〔3〕过夺：指责罚过度。
〔4〕过予：指赏不过分。
〔5〕杀埶（势）：减杀威势。
〔6〕柬理：柬，选择。柬理即按照礼仪去做。
〔7〕好文：注重礼仪。
〔8〕无有作好，遵王之道。无有作恶，遵王之路：语出《尚书·洪范》。全句意为：不要偏好，遵循圣王之道，不要偏恶，遵循圣之路。

## 【译文】

君子对于利益的追求不会斤斤计较，对远离损害能很早就做到。对避免侮辱，能怀着戒惧的心理；对践行道义，能勇往直前。君子虽然贫穷，但有远大的志向；虽生富贵，但待人接物时体貌恭敬；在其安逸快乐时精神不懈怠懒惰；在其劳倦时，容貌仍保持精神饱满，神采照人；在其愤怒时，做到处罚不过度；在其高兴时，做到赏赐不过分。君子贫穷而有远大的志向，是为了推崇仁道；富贵之时，体貌仍然恭敬，是为了减抑威势；安逸快乐时不懈怠懒惰，是因为选择了仁义之理；其劳倦时，容貌不衰，是因为他们爱好礼文；怒不过夺，喜不过予，是因为他们能以法度克制私欲。《书》曰："无有作好，遵王之道。无有作恶，遵王之路。"（《尚书》说："不要有什么偏好，要遵循圣王的处事原则；不要有偏恶，要遵照圣王的道路。"）这句话说的就是君子能够以国家民族大义战胜个人的私心欲望。

## 【绎旨】

本章为全篇的最后一章，阐述了加强修身的若干措施与要求，最后概括为一点，这就是"君子之能以公义胜私欲也"。"以公义胜私欲"，这就是对君子修身的最根本要求。

## 【名言嘉句】

①怒不过夺，喜不过予。
②君子之能以公义胜私欲也。

# 不苟篇第三

**【导读】**

因本篇第一章强调"君子行不贵苟难，说不贵苟察，名不贵苟传，唯其当之为贵。"（苟，就是不符合礼义者），故本篇题为"不苟"。

本篇以"君子"与"小人"相比较的方法，阐述了君子应有的高尚品德，为士人的身心修养提供了一个标准。本篇强调礼义，强调诚，强调操术（即处世方法），强调"见其可欲"，则必"虑其可恶"，见其利则必虑其害的辩证思想，这对于士人的修身治国，处事不败是十分重要的。

**【原文】**

君子行不贵苟[1]难，说不贵苟察，名不贵苟传，唯其当之[2]为贵。故怀负石而赴河，是行之难为者也，而申徒狄[3]能之；然而君子不贵者，非礼义之中也。山渊平，天地比[4]，齐、秦袭[5]，入乎耳，出乎口[6]，鉤¹有须²，卵有毛[7]，是说之难持者也，而惠施、邓析[8]能之；然而君子不贵者，非礼义之中也。盗跖吟口[9]，名声若日月，与舜、禹俱传而不息；然而君子不贵者，非礼义之中也。故曰：君子行不贵苟难，说不贵苟察，名不贵苟传，唯其当之为贵。《诗》曰："物其有矣，惟其时矣。[10]"此之谓也。

**【校】**

1. 鉤，同"钩"。钩，当作"姁（xǔ）"，同"姬（妪）"。
2. 须，同"鬚"。

**【注释】**

〔1〕苟：苟且，不正当的，不符合礼义的。
〔2〕当之：符合理义的，与礼义相符的。
〔3〕申徒狄：殷末人，相传因不满于纣王的统治，而负石投河自杀。
〔4〕山渊平，天地比：高山与深渊一样高，天与地一样齐等。
这是自古以来就产生的一种关于宇宙无限性的观点。如果从宇宙是广大的这一点来看，高山与深渊在高度上的差别，地球与周围大气（即天）的区别，的确可以忽略

不计，所以，从这个意义上说："山渊平，天地比"是有道理的。据《庄子·天下》记载，战国时的惠施曾认为："天与地卑，山与泽平。日方中方睨，物方生方死。"荀子在本篇中所引的话，可能与此有关。

另一方面，如果放到地球这个有限的环境来看，"山与渊（泽）""地与天"确是有区别的，它们不是齐等的。

〔5〕齐、秦袭：袭，合，合并。齐在东，秦在西，相距很远，在当时看来，合在一起是不可能的。廖名春据"齐、秦袭"推断出：《不苟》篇的写作上限，当在前286年以前。也就是说，《不苟》篇当是荀子"年五十而始游学于齐"之前的作品。《不苟》篇的成书，在《荀子》一书中，应当是最早的。公元前300～前296，齐西绌秦。

〔6〕入乎耳，出乎口：从耳朵进入，再从口中出来，从具体的意义上说，是无法做到的。

〔7〕姁有须，卵有毛：姁，当为"姁"，同"姬（妪）"。全句意为：妇女长胡须，蛋上长毛，都是不可能的。

〔8〕惠施、邓析：惠施，战国时期宋国人，名家代表人物之一。邓析，春秋时期郑国人，早期法家与名家的代表人物，有《竹刑》（写在竹简上的法律）见于史。

〔9〕盗跖吟口：盗跖传诵于众人之口。跖，传为人民起义领袖，统治者以"盗"字冠其名，这是时代的产物。

〔10〕物其有矣，惟其时矣：语出《诗·小雅·鱼丽》。全句意为：各种事物都存在的，只有适时最可贵。

"君子行不贵苟难，说不贵苟察，名不贵苟传，唯其当之为贵"，《吕氏春秋·不苟》作："贤者之事也，虽贵不苟为，虽听不自阿，必中理然后动，必当义然后举。"

## 【译文】

君子在行为上不以不符合礼义的难能为可贵，在学说上不以不符合礼义的明察为可贵，在名誉上不以不符合礼义的传诵为可贵，而只有这些符合礼义之后，才是可贵的。所以，认为怀抱石头跳入河中，虽然是行为中的难为者，申徒狄能做到；但是君子并不以之为贵，这是因为这一行为并不符合礼义的要求。高山和深渊一样高度，天与地齐等。齐国与秦国会合并，从耳朵进去又从口里出来，妇女长胡须，蛋上生羽毛，是话语中难以成立的。虽然惠施、邓析能自圆其说；但是君子并不以之为贵，这是因为它不符合礼义的要求。盗跖传诵于众人之口，名声像日月一样，与大舜、大禹一同传诵不息；但是君子并不尊重盗跖，这是因为盗跖的行为不符合礼义的要求。所以说：君子在行为上不以不符合礼义的难能为可贵，在学说上不以不符合礼义的明察为可贵，在名誉上不以不符合礼义的传诵为可贵，只有这些符合礼义之后，才是可贵的。《诗》曰："物其有矣，惟其时矣。"（《诗》上说："各种事物都存在，只有适时最可贵。"）就是说的这种道理。

## 【绎旨】

本章抓住为人处世中有重要影响的三个问题，即行为、学说、名誉，强调这三者只有符合礼义的要求，才是可贵的；否则就属于"苟"（不正当，不符合礼义的要求），因而不是可贵的。荀子以此引导士人，要坚持"不苟"，认真学习礼义，遵循礼义，使自己的一切行为、言论及名誉都符合礼义的要求。必须注意的是：荀子强调礼义的重要是有道理的。但不能把一切都简单地列入"苟"的范围，如"山渊平，天地比"，就是包含了辩证因素的思想，不能简单否定。

## 【名言嘉句】

君子行不贵苟难，说不贵苟察，名不贵苟传，唯其当之为贵。

## 【原文】

君子易知而难狎〔1〕，易惧而难胁〔2〕，畏患而不避义死，欲利而不为所非〔3〕，交亲而不比〔4〕，言辩而不辞〔5〕。荡荡乎！其有以殊于世也。

## 【注释】

〔1〕君子易知而难狎：此条本于《论语·子路》，《论语》原文作："君子易事而难说也。"知，了解，结交。狎，狎玩，没有礼貌的亲近。全句意为：容易了解、结交，但难以无礼貌地接近。

〔2〕易惧而难胁：容易警惧，但难以胁迫。

〔3〕欲利而不为所非：想取得利益，但不去干自己认为不合礼义的事。

〔4〕交亲而不比：与人交结亲密，但不与人拉帮结伙、结党营私。

〔5〕言辩而不辞：善于辩论，但不卖弄辞藻。

## 【译文】

君子容易了解、结交，但难以无礼貌地亲近；容易警惧，但难以胁迫；害怕祸患，但不逃避为正义而牺牲；想取得利益，但不去干自己认为不合礼义的事。亲近自己的亲人，但不搞结党营私；善于辩论但不卖弄辞藻。心胸坦荡，的确有不同于一般世人之处。

## 【绎旨】

本章运用辩证的观点，阐述了君子的为人及对外力、祸患、利益、交友、言辞等方面的态度与做法，从而彰显了君子心胸坦荡而"殊于世"的特征。

## 【名言嘉句】

荡荡乎！其有以殊于世也。

## 【原文】

君子能[1]亦好，不能亦好；小人能亦丑，不能亦丑。君子能则宽容易直以开道¹[2]人，不能则恭敬缚绌²[3]以畏事人；小人能则倨傲僻违[4]以骄溢人，不能则妒嫉怨诽以倾覆人。故曰：君子能则人荣学[5]焉，不能则人乐告之；小人能则人贱学焉，不能则人羞告之。是君子小人之分也。

## 【校】

1. 道，通"导"。

2. 缚绌，通"撙黜"。绌，一说同"屈"。

3. 僻，北大本作"避"，误。

## 【注释】

[1] 能：才能。

[2] 开道：即"开导"。

[3] 缚绌（zūn chù）：谦虚节制，谦逊。

[4] 倨傲僻违：高傲自大，邪僻不正。

[5] 荣学：以向他学习为荣。

## 【译文】

君子有才能是美好的，没有才能仍是美好的；小人有才能是丑恶的，没有才能也是丑恶的。君子如果有才能，就会待人宽容、平易正直，以诱导别人，一同发展；如果没有才能，就会恭恭敬敬，谦逊节制，小心地侍奉别人。小人如果有才能，就会高傲自大，邪僻不正，以骄气欺凌别人；如果没有才能，对人就会嫉妒、怨恨、诽谤，以图搞垮别人。所以说：君子如果有才能，人们就会以向他学习为荣；如果没有才能，人们也乐意告诉他有关知识。小人有才能，人们也以向他学习为卑贱；如果没有才能，人们也就不愿告诉他有关知识。这就是君子与小人的不同。

## 【绎旨】

本章从有才能会如何与无才能会如何的角度，论述君子与小人的不同。这是君子与小人的不同之一。其中"君子能亦好，不能亦好；小人能亦丑，不能亦丑"一句，说明了荀子是以德来判断"好"与"丑"的。君子因德行高尚，故为君子；小人因德行卑劣，故为小人。这彰显了修德的重要。

## 【名言嘉句】

君子能亦好，不能亦好；小人能亦丑，不能亦丑。

**【原文】**

君子宽而不僈¹〔1〕，廉而不刿〔2〕，辩而不争〔3〕，察而不激〔4〕，寡²立而不胜〔5〕，坚强而不暴，柔从而不流，恭敬谨慎而容。夫是之谓至文〔6〕。《诗》曰："温温恭人，惟德之基。〔7〕"此之谓也。

**【校】**

1. 僈，通"慢"。

2. 寡，北大本据文义改作"直"。

**【注释】**

〔1〕宽而不僈：僈，怠慢。全句意为：宽厚而不怠慢。

〔2〕廉而不刿：廉，棱角，喻人性刚直、方正。刿，刺伤。《家语·问玉第三十六》载，孔子曰："……夫昔者君子比德于玉：温润而泽，仁也；缜密以栗，智也；廉而不刿，义也。"可参考。

〔3〕辩而不争：互相辩驳，但不争强好胜。

〔4〕察而不激：明察事理，但不偏激、冲动。

〔5〕寡立而不胜：寡立，独立，超凡出众。全句意为：超凡出众，但不因此而盛气凌人。

〔6〕至文：最为文雅，意思是礼义最完备。

〔7〕温温恭人，惟德之基：语出《诗·大雅·抑》。温温，温和宽厚。恭人，恭敬守礼之人。全句意为：温和宽厚、恭谨守礼之人，是善德的基础、本原。

**【译文】**

君子为人宽厚而不怠慢，正直、方正但不刺伤人。善于辩，但不争高低；明察是非但不偏激，超过众人但不盛气凌人；坚强而不暴虐；柔和顺从但不随波逐流；恭敬谨慎而又宽容大度。这可以说是最文雅、最具备礼义的了。《诗》曰："温温恭人，惟德之基。"（《诗》上说："温和宽厚、恭谨守礼之人，是善德的基础啊！"）就是说的这种情况啊！

**【绎旨】**

本章进一步列举出了君子应有的优秀品德，阅读本章时，可结合《家语·儒行解第五》"儒有上不臣天子，下不事诸侯，慎静尚宽，底厉廉隅，强毅以与人，博学以知服。虽以分国，视之如锱铢，弗肯臣仕。其规为有如此者"一段进行阅读。

**【名言嘉句】**

君子宽而不僈，廉而不刿，辩而不争，察而不激，寡立而不胜，坚强而不暴，柔从而不流，恭敬谨慎而容。

**【原文】**

　　君子崇人之德，扬人之美，非谄谀也[1]；正义¹直指[2]，举人之过，非毁疵[3]也；言己之光美，拟于舜、禹，参于天地[4]，非夸诞[5]也；与时屈伸[6]，柔从若蒲苇，非慑怯也；刚强猛毅，靡所不信[7]，非骄暴也；以义变应，知当曲直故也[8]。《诗》曰："左之左之，君子宜之；右之右之，君子有之。[9]"此言君子以义屈信²变应故也。

**【校】**

　　1. 义，通"议"。

　　2. 信，通"伸"。

**【注释】**

　　〔1〕君子崇人之德，扬人之美，非谄谀也：谄谀，阿谀奉承。"君子崇人之德，扬人之美"，此条本于《论语·季氏》，《论语》原文作："乐道人之善。"

　　〔2〕正义直指：公正无私地评议，坦率地指出。

　　〔3〕毁疵：诋毁，挑剔。

　　〔4〕参于天地：参，配合，并列。全句意为：可与天地配合或并列。

　　〔5〕夸诞：虚夸妄言。

　　〔6〕与时屈伸：屈伸，能屈能伸。能屈能伸，语出《易·系辞下》："尺蠖之屈，以求信也；龙蛇之蛰，以存身也。"

　　〔7〕不信：没有屈服的。

　　〔8〕以义变应，知当曲直故也：此条本于《论语·里仁》，《论语》原文作："君子之于天下也，无适也，无莫也，义之与比。"

　　〔9〕左之左之，君子宜之；右之右之，君子有之：语出《诗·小雅·裳裳者华》。原诗是写某人见其心仪之人"乘其四骆，六辔沃若。"向右向左，皆为适宜。荀子在此引用，比喻君子能根据礼义应对时局的变化。

**【译文】**

　　君子推崇他人的美德，宣传他人的长处，并不是出于谄媚阿谀的目的；公正议论、坦率指出他人的过错，并不是出于诋毁挑剔的需要；说明自己的光亮美好，可与舜、禹比拟，可与天地并列，并不是虚夸妄言；能随时势的发展或退或进，柔软顺从就像蒲草芦苇一样，并不是慑于威势；能刚强、勇猛、坚毅，没有任何屈服，并不是出于骄傲暴虐。这是根据大义来应对变化，知道该屈就屈，该直就直的缘故而已。《诗》曰："左之左之，君子宜之；右之右之，君子有之。"（《诗》上说："向左向左，君子适宜；向右向右，君子也有时如此。"）这句话是说，君子能根据大义或屈或直，以应对时势的变化情况。

## 【绎旨】

本章从如何正确对待他人的优点与过错，如何正确对待自己的长处及如何正确对待时势的变化等问题上，进一步阐述了君子的美德，强调要处事以"义"。

## 【名言嘉句】

君子以义屈信变应故也。

## 【原文】

君子，小人之反也〔1〕。君子大心则天而道¹〔2〕，小心则畏义而节〔3〕；知²则明通而类〔4〕，愚则端悫而法〔5〕；见由〔6〕则恭而止，见闭〔7〕则敬而齐〔8〕；喜则和而理³，忧则静而理；通则文而明，穷则约而详。小人则不然：大心则慢而暴，小心则淫而倾；知则攫盗而渐，愚则毒贼而乱；见由则兑⁴而倨〔9〕，见闭则怨而险；喜则轻而翾〔10〕，忧则挫而慑〔11〕；通则骄而偏，穷则弃而儑〔12〕。传曰："君子两〔13〕进，小人两废。"此之谓也。

## 【校】

1. 君子大心则天而道，《韩诗外传》引作："君子大心则敬天而道。"
2. 知，同"智"。
3. 喜则和而理，《韩诗外传》引作："喜则和而治。"
4. 兑，通"悦"。

## 【注释】

〔1〕君子，小人之反也：君子是小人的反对者，即言君子与小人相反。

〔2〕大心则天而道：大心，即大的方面考虑。全句意为：君子在考虑大的问题时，就会敬奉自然规律而行动。

〔3〕小心则畏义而节：义，《说文》曰："義，己之威仪也，从我从羊。"段玉裁注："义，礼容各得其宜。"义的含义有三：一是，《中庸》云："义者，宜也。""义"就是"宜"，是说人应当如此行动，才合乎正义。二是，义就是人们的道德规范、行为准则。《论语·里仁》载，子曰："君子之于天下也，无适也，无莫也，义之与比。"《论语·颜渊》载，子曰："主忠信，徙义，崇德也。"《荀子·大略》曰："贵贵，尊尊，贤贤，老老，长长，义之伦也。"三是，义具有价值判断的功能，具有公平、公正、公允、合理的内涵。"义"又有调节内外上下关系的作用。《荀子·强国》曰："夫义者，内节于人而外节于万物者也，上安于主而下调于民者也。内外上下节者，义之情也。"全句意为：对小的方面考虑，就会尊奉道义而有所节制。

〔4〕知则明通而类：聪明时，明理通达，触类旁通。

〔5〕愚则端悫而法：悫，诚实。此句意思：愚蠢时，会正直诚实而信守礼法。

〔6〕见由：即被任用。

〔7〕见闭：即不被任用。

〔8〕敬而齐：齐，庄重。全句意为：敬守礼义而庄重。

〔9〕兑而倨：倨，高傲。全句意为：喜悦而傲慢。

〔10〕翾（xuān）：轻佻，不庄重。

〔11〕挫而慑：挫，屈辱。慑，恐惧。

〔12〕儑（án）：士气低落的样子。

〔13〕两：指上述两种情况，包括"大心"与"小心"，智与愚，见由与见闭，喜与忧，通与穷等。

## 【译文】

君子是小人的反面。君子在考虑大的问题时，就会遵奉自然规律而行动；在考虑小的问题时，就会遵守礼义而有所节制；聪明时，就会明理通达而触类旁通；愚笨时，就会正直诚实而信守礼法；被重用时，就会敬业而知其所止；不被重用时，也会敬守礼义而庄重；高兴时，则注重和谐使所辖区平治；忧愁时，也能做到使所辖区平静而有条理；处于顺境时，处事文雅而光明；处于逆境时，处事简约而详尽。小人则不是这样，野心膨胀时，处事就傲慢而粗暴；野心小时，就淫邪而相互倾轧；聪明时，就盗窃而欺诈；愚钝时，就会暴虐而作乱；被重用时，高兴而傲慢，不被任用时，就会怨恨而阴险；喜悦时，轻佻而不庄重；忧愁时，则屈辱而害怕；处于顺境时，骄横而偏狭；处境不顺时，则会自暴自弃而情绪低落。古书上说："君子在两种情况下，都能进步；小人在两种情况下，都会堕落。"就是说的这种情况啊！

## 【绎旨】

本章通过两方面即大心与小心、智与愚、见由与见闭、喜与忧，通与穷等的比较，分析说明了君子与小人在道德上的区别。

## 【名言嘉句】

君子，小人之反也。

## 【原文】

君子治治〔1〕，非治乱〔2〕也。曷谓邪？曰：礼义之谓治，非礼义之谓乱也。故君子者，治礼义者也，非治非礼义者也。然则国乱将弗治与¹？曰：国乱而治之者，非案²〔3〕乱而治之之谓也。去乱而被之以治。人汙³而修之者，非案汙而修之之谓也，去汙而易之以修。故去乱而非治乱也，去汙而非修汙也。治之为名，犹曰君子为治而不为乱，为修而不为汙也。

## 【校】

1. 与，同"欤"。
2. 案，同"按"。
3. 汙，同"污"。

## 【注释】

〔1〕治治：第一个"治"为动词，治理，管理的意思；后一个"治"为名词，指经治理之后，国家、社会在管理方面所达到的稳定、发展的状态。荀子认为国家、社会经过治理之后，达到礼义的要求，就是治，否则就是乱。

〔2〕治乱：同上。"治"字为动词。"乱"指经治理后，社会仍不能按礼义的要求运转，而是乱象丛生，不稳定，不能正常发展。

〔3〕案：根据，遵循，按照。

## 【译文】

君子治理国家目的在于达到天下大治，社会稳定、发展，而不是通过治理反而使国家混乱，社会停滞不前。为什么这样讲呢？因为遵循和落实礼义就是治，不遵循不落实礼义就是乱。所以，君子就是掌握和推行礼义的人，而不是掌握和推行违背礼义事务的人。但是，这样说来，如果国家出现了不推行、不遵循礼义即混乱的局面时，就不去治理了吗？回答是：对于国家因违背礼义而混乱的治理，不是按照造成混乱即违背礼义的那一套去治理，而是把混乱及其原因去掉，而换成符合礼义的一套举措。就像人的外表或品行被污染之后而去整修时，不是按污染的部分去整修，而是把污染彻底去掉，而换成整洁美好的东西。所以，简单地去掉乱象，还不等于治理乱象，简单地去掉污浊还不等于修治污浊。"治"所以称为"治"，就是说，君子要通过治理以达到天下大治、社会稳定发展，而不是使社会继续为乱；使人修治美好，而不污秽浑浊。

## 【绎旨】

本章主旨在于说明君子的社会责任，在于"治治"而非"治乱"，并指出所谓"治治"就是把握和推行礼义。这对于君子的修身处世是有重要意义的。

## 【名言嘉句】

①君子治治，非治乱也。
②治之为名，君子为治而不为乱，为修而不为汙也。

## 【原文】

君子絜¹其辩而同焉者合矣，善其言而类焉者应矣〔1〕。故马鸣而马应之²，非知³

也，其執⁴然也。故新浴者振其衣，新沐者弹其冠，人之情也。其谁能以己之灂灂⁽²⁾，受人之搣搣⁽³⁾者哉！

## 【校】

1.君子絜其辩而同焉者合矣，《韩诗外传》引作："君子洁其身而同者合焉。"絜，同"洁"。

2.马鸣而马应之，《韩诗外传》"马鸣而马应之"六字下有"牛鸣而牛应之"一句。

3.知，同"智"。

4.執，同"势"。

## 【注释】

〔1〕类焉者应矣：同类的人就会响应。

〔2〕灂灂（jiào jiào）：洁白、清白，或解作"明察"。

〔3〕搣搣（huòhuò）：污黑，玷污。一作"迷惑"。

## 【译文】

君子使自己的身心廉洁无私，志同道合的人就会聚拢而来；完善自己的主张，同类的人就会响应。所以，马鸣叫，其他的马就应声。牛鸣叫，其他的牛就会应声。这并不是它们有智慧，而是形势使然。所以，刚洗完澡的人，穿衣时要抖一下衣上的灰尘；刚洗完头的人，戴帽子时要弹一下帽上的灰尘，这也是人之常情。谁能够以自己的洁白而受他人的玷污呢？

## 【绎旨】

本章主旨是君子应保持自身的洁白无瑕，这样就会受到正直的群众的拥戴。

## 【名言嘉句】

故新浴者振其衣，新沐者弹其冠，人之情也。其谁能以己之灂灂，受人之搣搣者哉！

## 【原文】

君子养心莫善于诚⁽¹⁾，致诚则无它事矣。惟仁之为守，惟义之为行。诚心守仁则形⁽²⁾，形则神⁽³⁾，神则能化⁽⁴⁾矣。诚心行义则理，理则明，明则能变矣⁽⁵⁾。变化代兴⁽⁶⁾，谓之天德⁽⁷⁾。天不言而人推高焉，地不言而人推厚焉，四时不言而百姓期焉。⁽⁸⁾夫此有常，以至其诚者也⁽⁹⁾。君子至德，嘿¹然而喻，未施而亲，不怒而威：夫此顺命，以慎其独者也。善之为道者，不诚则不独⁽¹⁰⁾，不独则不形，不形则虽作于心，见于色，出于言，民犹若未从也；虽从必疑。

天地为大矣，不诚则不能化万物⁽¹¹⁾；圣人为知矣，不诚则不能化万民⁽¹²⁾；父子为亲矣，不诚则疏；君上为尊矣，不诚则卑。

夫诚者，君子之所守也，而政事之本也。唯所居以其类至〔13〕，操之则得之，舍之则失之。操而得之则轻〔14〕，轻则独行，独行而不舍则济矣。济而材尽，长迁而不反²其初则化矣。

【校】

　　1. 嘿，同"默"。

　　2. 反，同"返"。

【注释】

　　〔1〕诚：儒家学说的基本概念之一。"诚"是人的德性。诚即真诚、诚实或笃实，无欺瞒、诡诈之心。

　　〔2〕形：外在的行为表现，文中指在言行上表现出仁爱。

　　〔3〕神：《荀子·儒效》曰："尽善挟治之谓神。"即一切皆达到善，各方面皆达到治的标准，就是神，神有超凡脱俗，出人意料之意。

　　〔4〕化：指由低向高的一种发展变化。此处指诚心守仁，最终必能感化他人感化整个社会。

　　〔5〕诚心行义则理，理则明，明则能变矣：诚心践行大义就会通达事理，通达事理处世就会明察不糊涂，明察不糊涂就会向好的方面转化。

　　〔6〕变化代兴：变与化相互交替。变是事物发展中较明显的在短时间内较显著的发展，化是渐进式的在短时间内不显著的改变。

　　〔7〕天德：上天之德，即自然规律。

　　〔8〕天不言而人推高焉，地不言而人推厚焉，四时不言而百姓期焉：此条本于《论语·阳货》，《论语》原文作："天何言哉？四时行焉，百物生焉，天何言哉？"全句意为：上天不用讲话，而人们就推崇它的高远，大地不用讲话，而人们就推崇它的深厚。春、夏、秋、冬不用讲话，百姓都知道它变化的日期。天高地厚，语出《诗·小雅·正月》。其文曰："谓天盖高，不敢不局；谓地盖厚，不敢不脊。"

　　〔9〕夫此有常，以至其诚者也：以上所说的变化代兴，四时交替，天高地厚等总是有常规进行，也达到了它的诚。这里说的"有常"本是自然现象，而"诚"与"不诚"是人类社会的现象，而荀子把"天"之"有常"归结为诚，这就混淆了自然界与人类社会的界限，这是荀子思想的局限性。

　　〔10〕不独：这里指不能慎其独。

　　〔11〕化万物：即孕育、发展万物。

　　〔12〕化万民：即教化万民。

　　〔13〕唯所居以其类至：只有保持诚，其同类就会聚合而至。

〔14〕轻：容易，轻易可得。

## 【译文】

君子修养身心没有比诚更好的了。如果达到了诚，就不会有其他问题发生了。只要能以仁德为操守，以大义为践行。诚心坚守仁德就会体现在外表之上，这样就会超凡脱俗（即一切都达到善，各方面都会达到治的标准），超凡脱俗之后就会感化民众。诚心践行大义就会通达事理，通达事理之后处世就会明察，明察之后就会向好的方向发展。显著的发展和渐进式的变化，交替进行，这就是上天之德。上天不用讲话，而人们就推崇它的高远，大地不用讲话，而人们就推崇它的深厚，春、夏、秋、冬不用讲话，百姓都知道它变化的日期。这种常规所以形成，就是因为上天达到了诚的标准。君子达到最高的德行，虽然不讲话，但大家也都明白；未曾施予恩惠，人们即感到亲切；不曾发怒，但人们都感到他的威严。这是因为它顺从了天道，并能做到慎独的原因。善作为一种修养的原则，如果不能诚心诚意，就不能做到慎独；不能慎独，就不能表现出仁德。不能表现出仁德，虽然发自内心，表现于脸色上，也有这方面的言论，但老百姓仍然不会顺从他；即使顺从了，也一定会怀疑。

天与地算是大的了，但如果不真诚，就不能化育万物；圣人可以说是最有智慧的了，如果不真诚，就不能感化万民；父子虽有血缘亲情，但如果不真诚，就会疏远；君上是最尊贵的，但如果不真诚，就会受到鄙视。

诚这种美德，是君子用来做操守的，是政治事务的根本。只有坚守于诚，才会引来同类人的归依；坚守诚，就会得到同类人的拥护；失掉诚，就会失去同类人的拥护。保持诚，就会得到同类人，那么，感化他们也容易了；感化他们容易，就可以推广慎独的作风；慎独作风不停止，人们就会养成真诚的品德。养成真诚的品德，其才能才会得到完全发挥，这样一来，人们才会长期保持真诚而不回到最初的本性（恶），人们就完全被感化了。

## 【绎旨】

本章集中论述了"诚"对于修养身心的重要意义。为后世儒家论述诚的作用提供了一个理论基点。应该说，《大学》《中庸》等关于"诚""慎独"等概念的论证、开发都是受本文影响的结果。但在论述中，荀子把自然现象、自然规律，也说成是上天"诚"的结果，这就混淆了人类与自然的界限，这是历史局限的结果。

## 【名言嘉句】

①君子养心莫善于诚，致诚则无它事矣。

②惟仁之为守，惟义之为行。

③圣人为知矣，不诚则不能化万民；父子为亲矣，不诚则疏；君上为尊矣，不诚则卑。

④夫诚者，君子之所守也，而政事之本也。

## 【原文】

君子位尊而志恭[1]，心小而道大[2]；所听视者近而所闻见者远。是何邪？则操术[3]然也。故千人万人之情，一人之情也。天地始者，今日是也。百王之道，后王是也[4]。君子审后王之道，而论百王之前，若端拜¹而议[5]。推礼义之统[6]，分[7]是非之分，总天下之要[8]，治海内之众，若使一人。故操弥约[9]而事弥大。五寸之矩[10]，尽天下之方也。故君子不下室堂而海内之情举积此者，则操术然也。

## 【校】

1.端拜，北大本据文义改作"端拱"，是。唐杨倞注为："端拱。"

## 【注释】

〔1〕君子位尊而志恭：所处位置尊贵而心志谦志。

〔2〕心小而道大：心的本身不大，不过是方寸之地，而处世的方法、手段和思量却很大。

〔3〕操术：处理世事的方法。

〔4〕百王之道，后王是也：百王指昔日的君王，后王指当今之王，荀子理想的当政者。道，指治国方略。

后王，学术界对"后王"的解释有如下几种：一是，"后王"即周文王、周武王。清人刘台拱首创此说，王念孙、冯友兰、郭沫若、杜国庠等以为是。二是，廖名春认为指的是周文王、周武王之后，当今之王以前的周代贤王。三是，"后王，近时之王也"，司马迁、杨倞持此说。四是，后王即有位或无位的圣人、王或素王，是一位虚拟的期待中的将来能够王天下者。此说源自章太炎，后经梁启雄阐发，也颇具影响力。

〔5〕若端拜而议：好像端臂拱手，从容不迫，进行议论。

〔6〕统：纲领，大统。

〔7〕分：分界，界限。

〔8〕要：要领，最重要之点。

〔9〕弥约：越发简单。

〔10〕五寸之矩：五寸长的矩尺。矩尺是用来画和量直角的工具。

## 【译文】

君子位置尊贵而心志谦恭；其心不过是方寸之地，其处世的方法、手段和有关认识却很大。其所亲眼看到亲耳听到的很近，但其所了解的却很远。这是什么原因呢？这是掌握了处理世事的方法才使之这样的。所以（在正确方法指导下来看），千万人的思想感情，也就是一个人的感情；天地的开始，也就和今天一样；历史上各位王者的治国方略，也就是当今君王的治国方略。君子审察论证后王的治国之道与先前的各位王者的治国之道相比较，就像端拱而议一样从容不迫。推究礼义的纲领，分清是非的界限，总揽天下的要领，治理海内的民众，就像指使一个人一样。所以，处事方法越简略而能管控的事务越大。五寸长的矩尺，可以量尽天下的方形。所以，君子能不下自己所居住的堂屋却把全天下的情况积聚于此，就是靠的恰当的处世方法才做到的。

## 【绎旨】

本章主要论述了"操术"即把握恰当的处事方法的重要性。方法恰当了可"以一持万""治海内之众，若使一人。"方法不恰当，那就会一事无成。

本章为强调"操术"的作用，有些地方又有言之过甚的缺点，如："天地始者，今日是也。百王之道，后王是也。"在论述上都有这一缺点，今日之宇宙与天地之始时的宇宙，有许多共同之处，但毕竟多少亿年过去了，今日与天地之始时已发生了很大变化。百王之道亦与后王之道亦有许多不同。因此，荀子在这一问题上的论证不够严密。读者应注意这一点。

## 【名言嘉句】

故君子不下室堂而海内之情举积此者，则操术然也。

## 【原文】

有通士者，有公士者，有直士者，有悫士者，有小人者。上则能尊君，下则能爱民，物至而应，事起而辨[1]，若是则可谓通士矣。不下比以闇[1]上[2]，不上同以疾[2]下[3]，分争于中[4]，不以私害之，若是则可谓公士矣。身之所长，上虽不知，不以悖君[5]；身之所短，上虽不知，不以取赏；长短不饰，以情自竭[3][6]，若是则可谓直士矣。庸言必信之[7]，庸行必慎之，畏法流俗[8]而不敢以其所独甚[4][9]，若是则可谓悫士矣。言无常信，行无常贞，唯利所在，无所不倾，若是，则可谓小人矣。

## 【校】

1.闇，通"暗"。

2.疾，同"嫉"。

3.竭，同"揭"。

4.甚，通"是"。

## 【注释】

〔1〕辨：治理，处理。

〔2〕不下比以闇上：比，朋比，相互勾结。闇上，蒙蔽上级。全句意为：不互相勾结下面的人，以蒙蔽上级。

〔3〕不上同以疾下：疾，残害。全句意为：不迎合上面的人，以残害下面的人。

〔4〕分争于中：在工作中发生分歧争论。

〔5〕悖君：埋怨，怨恨。

〔6〕以情自竭：毫无保留地把自己的实际情况全部展示出来。

〔7〕庸言必信之：庸，平常。全句意为：平常的言论也一定要诚实可信。

〔8〕畏法流俗：害怕效法流行的习俗。

〔9〕甚：一说通"耽"，特爱好。

## 【译文】

有通达之士，有公正之士，有正直之士，有诚实谨慎之士，有无耻小人。对上能尊重君主，对下能爱抚民众，事务来了能应对，事故发生了能处理，像这样的就可以说是通达之士了。不互相勾结下面的人以蒙蔽上面的人，也不迎合上面的人以残害下面的人，在工作中发生了纷争，不因个人私愤而陷害他人，像这样，就可以说是公正之士了。自身的长处，君上不知道，不会因此而怨恨君主；自身的短处，君上虽然不知，也不因此而投机取赏；对长处短处皆不掩饰，把实际情况，毫无保留地展示出来，像这样，就可以称为正直之士了。平常说的话一定要讲诚信，平常的行为一定要慎重，害怕去效法流行的习俗，不敢自以为是，像这样，可以说是诚实谨慎之士了。如果说话经常不守信，行为经常无操守，只要有利可图，就无不倾力去争取，这样的就可以说是小人了。

## 【绎旨】

本章主要是对士人中各种不同类型的分析界定，这既可帮助人们认识当时知识阶层的状况，又对士人本身的修养是一个鞭策。

## 【名言嘉句】

身之所长，上虽不知，不以悖君；身之所短，上虽不知，不以取赏；长短不饰，以情自竭，若是则可谓直士矣。

## 【原文】

公[1]生明，偏[2]生闇，端悫生通，诈伪生塞，诚信生神[3]，夸诞生惑[4]。此六生者，君子慎之，而禹、桀所以分也。

欲恶取舍之权[5]：见其可欲也，则必前后虑其可恶也者；见其可利也，则必前后虑其可害也者；而兼权之，孰¹计之[6]，然后定其欲恶取舍。如是，则常不失陷矣。凡人之患，偏伤之也[7]。见其可欲也，则不虑其可恶也者；见其可利也，则不虑其可害也者。是以动则必陷，为则必辱，是偏伤之患也。[8]

## 【校】

1.孰，同"熟"。

## 【注释】

〔1〕公：公正无私。

〔2〕偏：偏狭自私。

〔3〕神：神明，超凡脱俗，异乎寻常。

〔4〕惑：迷惑不明。

〔5〕欲恶取舍之权：欲求，厌恶，采取，放弃的标准。权，本指称，此处指权衡，即反复据量斟酌。全句意为：欲求，厌恶，采取，放弃的权衡标准。

〔6〕而兼权之，孰计之：反复权衡，深思熟虑。

〔7〕凡人之患，偏伤之也：大凡人的祸患，是由片面性造成的。本句是对前面所说的"偏生闇"的进一步引申。

〔8〕偏伤之患：片面性的祸患。荀子指出了克服"偏伤"的方法是：不仅要用全面的观点认识事物，还要注重兼权之道。

## 【译文】

公正就会产生廉明，偏私就会产生愚昧；端正诚谨会通达，欺诈虚伪就会闭塞；诚信无欺就会超凡脱俗；异于常人，虚夸荒诞就会迷惑不明。这六种情况是君子必须慎重对待的，而大禹和夏桀也由此而区分。

欲求，厌恶，采取，放弃的权衡标准是：看到它可以为我所用，就必须前前后后考虑一下它可恶的一面；看到它有利可图，那就必须前前后后考虑它有可能造成危害的一面。反复权衡，深思熟虑，然后才能决定是求取还是厌恶，是摄取还是舍弃。如果能做到这一点，就会经常避免失误。大凡人的祸患，都是由片面造成的。看到它可以收取，就不考虑它可恶的一面；看到它有利的一面，就不顾它可能造成危害的一面。所以，在这种情况下，一行动就造成失误，一有作为就受到耻辱，这都是片面性造成的祸患啊！

## 【绎旨】

本章的主旨有两点：一是，"公生明，偏生闇，端悫生通，诈伪生塞，诚信生神，夸诞生惑"，这是古今至理名言，为君子者应牢记不忘。二是，欲恶取舍的权衡，必须坚持辩证法的观点，看到问题的两个方面，不可根据一点、一面就下结论。荀子认为："凡人之患，偏伤之也。"这是十分正确的。

## 【名言嘉句】

①公生明，偏生闇。

②凡人之患，偏伤之也。

## 【原文】

人之所恶者，吾亦恶之。夫富贵者，则类傲之〔1〕；夫贫贱者，则求柔之〔2〕。是非仁人之情也，是奸人将以盗名于晻¹世〔3〕者也，险莫大焉。故曰：盗名不如盗货。田仲、史鰌〔4〕不如盗也。

## 【校】

1. 晻，通"暗"。

## 【注释】

〔1〕类傲之：类，都，皆。全句意为：统统都蔑视之。

〔2〕求柔之：力求委屈相就。

〔3〕晻世：乱世。

〔4〕田仲、史鰌：田仲，又称陈仲子，战国时期齐国人。其兄在齐国为官，他认为兄之禄为不义之禄，兄之邑为不义之食，故离兄独居，不受兄之接济，靠种菜织草鞋为生，因而得到清高廉洁之名。史鰌（qiū），春秋时期卫国大夫，名鳅，字子鱼。生前劝卫灵公用贤人蘧伯玉，罢弥子瑕，卫灵公不听。死后以尸谏卫灵公。卫灵公接受其建议，事见《家语》和《韩诗外传》。史鰌的行为得到孔子的肯定，此处荀子认为二者还不如盗，这种认识值得商榷。

## 【译文】

人们所厌恶的，我也同样厌恶。对于富贵的人，统统予以蔑视。对于贫困卑贱的人力求委屈相就。这不是仁人的情怀，而是奸人在乱世中欺世盗名的做法，没有比这用心再险恶的了。所以说："盗取名声还不如盗取货物。"田仲、史鰌一类盗名者还不如一般的强盗。

## 【绎旨】

本章中荀子再次强调处世必须用辩证法的观点，不要简单地一类相推。如对富人一律蔑视，对于穷人一律屈就。在荀子看来，简单地以类相推，容易犯欺世盗名的错误。

当然，荀子对田仲、史鰌的完全否定也是不当的。

## 【名言嘉句】

盗名不如盗货。

# 荣辱篇第四

## 【导读】

本篇以"荣辱"二字为中心，阐述了"人生在世何为荣？何为辱？如何才能获取荣耀？如何就会遭受耻辱？"等一系列问题，强调只有遵循"先王之道"，仁义之统，学习儒家经典并践行，做到先义后利，才会获取荣耀，避免耻辱。故本篇以"荣辱"为题。

全篇可分为十二章。

第一章至第四章，强调为人必须加强修养，以善待人，坚守礼义，不忘国家民族利益的大局，才有可能赢得荣耀，避免耻辱。

第五章，强调必须发扬士君子之勇，义之所在，不倾于权，不顾其利……

第六章，强调处世必须早做打算和必须有自知之明，这样才能获荣避耻。

第七章，阐述荣与辱的根本区别和安危利害的一般情况，明确提出"先义而后利者荣，先利而后义者辱"的论断。

第八章，主要说明了自天子以至于庶人能够各司其事，各得其宜的缘由，也就是获取"荣"的原因。

第九至十章，说明获荣遭辱都不是先天因素造成的，而是后天个人的行为造成的。即使像尧、禹那样的明王圣君也是"起于变故，成乎修修之为，待尽而后备者也"。因而强调后天的学习修养，特别是应以先王之道、仁义之统教化民众。

第十一章，由一般人想享受而无条件，因而只能节俭的事实和少数人因浪费而冻饿而死的事实，引导到只有学习信奉和践行先王之道、仁义之统、《诗》《书》《礼》《乐》的义理，才能改变自己的命运。

第十二章，阐述"欲不可纵"和必须"仁人在上"，以礼义治国的必要性。

## 【原文】

憍泄[1]〔1〕者，人之殃也；恭俭者，偋[2]五兵[2]也。虽有戈矛之刺，不如恭俭之利也。故与人善言，煖[3]于布帛；伤人之[4]言，深于矛戟。故薄薄[5]之地[3]，不得履之，非地不安也。危足无所履者[4]，凡在言也[5]。巨涂则让[6][6]，小涂则殆，虽欲不谨，若云不使[7]。

## 【校】

1. 憍泄，憍，通"骄"。泄，同"襄"，一说通"媒（xiè）"。

2. 偋，同"屏"。

3. 煖，同"暖"。

4. 之，《艺文类聚》《太平御览》引作："以。"

5. 薄，通"溥"。

6. 巨涂则让，涂，同"途"。让，通"攘"。

## 【注释】

〔1〕憍泄：憍，骄横。泄，亲近而不庄重，轻慢。全句意为：骄傲自大，轻慢随便。

〔2〕偋五兵：偋，排除，抵挡。五兵，指五种兵器：刀、剑、矛、戟、箭或矛、钺、戈、盾、箭等，泛指兵器。全句意为：排除五种杀身之祸。

〔3〕薄薄之地：薄薄，宽阔，广大之意。全句意为：广大的土地上。

〔4〕危足无所履者：危足，侧足。全句意为：连侧着足，站立都没有地方，即在社会上无立足之地。

〔5〕凡在言也：全都是因为他曾以言伤人。

〔6〕巨涂则让：让，拥挤。全句意为：大路上，人来人往，拥挤不堪。

〔7〕若云不使：好像是说不能使之不谨慎。

## 【译文】

骄傲自大，轻慢随便，是为人的灾祸。恭敬谨慎，处事小心，可以屏除杀身之祸。虽然有戈矛的尖刺，也不如为人恭敬谨慎，处事小心的厉害。所以，与人话语能包含善意，比穿上布帛之衣还要温暖；言语伤人，比矛戟所刺受伤更深。所以，广大的土地上无立足之地，不是因为地面不平稳；即使侧着足也无站立之处，全是由于言语不善所致。大路拥挤不堪，小路偏远而危险，虽想不谨慎，也无法做到。

## 【绎旨】

本章主要是说，人能否立足于世，主要看个人的言行作为。如为人娇媒，则致祸殃。为人恭俭，则可免除杀身之祸。如言语不善，则伤人深于矛、戟，使自己无立足之地，等等。这些都警示人们必须加强个人修养，以善处世，这样才可能赢得荣誉。

## 【名言嘉句】

①虽有戈矛之刺，不如恭俭之利也。

②故与人善言，煖于布帛；伤人之言，深于矛戟。

③危足无所履者，凡在言也。

## 【原文】

快快而亡〔1〕者，怒也；察察而残者，忮也〔2〕；博而穷者，訾也〔3〕；清之而俞¹浊者，口也；豢之而俞瘠者，交也〔4〕；辩而不说者，争〔5〕也；直立而不见知者，胜〔6〕也；廉而不见贵者，刿〔7〕也；勇而不见惮者，贪²也；信而不见敬者，好剸³〔8〕行也。此小人之所务，而君子之所不为也。

## 【校】

1.俞，同"愈"。

2.贪，北大本作"贫"，误。

3.剸，同"专"。

## 【注释】

〔1〕快快而亡：逞一时之快而肆意妄为，因而灭亡。

〔2〕察察而残者，忮也：处事明察，对他人严苛，而致残者，是因为有忌恨之心。

〔3〕博而穷者，訾也：穷，困窘。訾（zī），诋毁，污蔑。全句意为：知识渊博而处境困窘的，是因为诋毁他人。

〔4〕豢之而俞瘠者，交也：豢，喂养，指以酒肉交友。瘠，瘦，引申为感情淡薄。交，指交友原则。全句意为：以酒肉招待朋友，反而感情愈益淡薄，这都是因为交友的原则不对。

〔5〕争：不愿相让。

〔6〕胜：争强好胜。

〔7〕刿（guì）：刺伤，伤害。

〔8〕剸：独断专行。

## 【译文】

逞一时之快而肆意妄为，因而造成灭亡，是因为只注重发泄怒气而不顾及其他；处事明察，对他人严苛而受到残害的，是因为忌恨他人；知识渊博而困窘的，是因为诋毁他人；本来清白的声誉反而越来越污浊者，都是因为言语过当，失去信任；以酒肉招待朋友，反而感情愈益淡薄，这都是因为交友的原则不对；经过辩论反而不能说服他人，是因为自己不能相让；立身正直而得不到他人了解，是因为自己争强好胜；廉洁而得不到尊重，是因为曾刺伤他人；勇敢而得不到敬畏，是因为自己有贪欲；恪守信用而得不到尊敬，是因为自己独断专行。以上这些都是小人好做的，而君子是不这样做的。

## 【绎旨】

本章列举了多项小人所务而君子不为的社会现象，分析了它的危害，其意在于告诫人们，必须加强自身修养，避免类似问题的发生。同时也告诫人们，处世必须看到问题两方面：在处于顺境时，必须考虑防止逆境的出现。

## 【名言嘉句】

快快而亡者，怒也；察察而残者，忮也；博而穷者，訾也；清之而俞浊者，口也；豢之而俞瘠者，交也；辩而不说者，争也；直立而不见知者，胜也；廉而不见贵者，刿也；勇而不见惮者，贪也；信而不见敬者，好剸行也。

## 【原文】

斗者，忘其身者也，忘其亲者也，忘其君者也。[1]行其少顷之怒而丧终身之躯，然且为之，是忘其身也；室家立残，亲戚不免乎刑戮，然且为之，是忘其亲也；君上之所恶也，刑法之所大禁也，然且为之，是忘其君也。忧忘其身[2]，内忘其亲，上忘其君，是刑法之所不舍[3]也，圣王之所不畜[4]也。乳彘触虎¹[5]，乳狗²不远遊，不忘其亲也。人也，忧³忘其身，内忘其亲，上忘其君，则是人也而曾狗彘之不若也。

## 【校】

1. 乳彘触虎，北大本作"乳彘不触虎"。
2. 狗，同"狗"。
3. 忧，北大本作"下"。

## 【注释】

〔1〕斗者，忘其身者也，忘其亲者也，忘其君者也：此条本于《论语·颜渊》，《论语》原文作："一朝之忿，忘其身，以及其亲，非惑与？"斗者，指当时社会上一些为私利而争斗的人，如部分游侠。后指不顾国家人民利益而只为个人名誉地位大搞无原则纠纷的人，如"朋党之争"，亦属此类。有人释为"斗殴"，似为不妥。

〔2〕忧忘其身：一说"忧"应作"下"，"下忘其身"与"上忘其君"相对应。（"忧"，繁体字为"憂"。）所以，替代了"下"字。其原因有各种说法。

〔3〕不舍：不许存在。

〔4〕不畜：不保留，不收容。

〔5〕乳彘触虎：正在哺育幼崽的母猪，为保护自己的后代，可以不怕老虎。一说此句应为"乳彘不触虎"，言哺育期的母猪为保护后代，不愿惹是生非，而是不去进攻老虎。后一种说法似乎不通，因为非哺育期的母猪，也不触虎。

## 【译文】

喜欢为私利而斗的人，是忘记自身安危的人，是忘记了亲属生命的人，是忘记自己君主的人。发泄他一时的愤怒，就会丧失终身的躯体，但他仍然要那样做，这就是忘记自己的安危；他的家庭立刻会受到摧残，亲戚也无法避免刑杀，但他仍然要那样做，这就是忘记亲属的人；他所做的是君上反对的，是国家刑法严厉禁止的，但他仍然要那样做，这就是忘记君上的人。对下，忘记了自身；对内，忘记了亲属；对上，忘记了君上；这是刑法所不容许存在的，圣王明君也不保留的。正在哺乳的母猪会为了自己的幼崽而去抵抗老虎的侵犯，正在哺乳的狗不会离开自己的幼崽而到远处去，这都是不忘记亲属的事例。作为一个人，如果下忘其身，内忘亲属，上忘君上。那末，这样的人恐怕连猪狗都不如了。

## 【绎旨】

本章主旨意在说明为私利而纷争的"斗者"，下忘其身，内忘亲属，上忘君上，是一群狗彘不如的人。士人应以此为诫。

## 【名言嘉句】

忧忘其身，内忘其亲，上忘其君，则是人也而曾猶彘之不若也。

## 【原文】

凡斗者，必自以为是而以人为非也。己诚是也，人诚非也，则是己君子而人小人也，以君子与小人相贼害[1]也。忧以忘其身，内以忘其亲，上以忘其君，岂不过甚矣哉！是人也，所谓"以狐父之戈钃牛矢[1][2]也"。将以为智邪？则愚莫大焉。将以为利邪？则害莫大焉。将以为荣邪？则辱莫大焉。将以为安邪？则危莫大焉。人之有斗，何哉？我欲属之狂惑疾病邪[3]，则不可，圣王又诛之。我欲属之鸟鼠禽兽邪，则不可，其形体又人，而好恶多同。人之斗，何哉？我甚丑之。

## 【校】

1. 矢，同"屎"。

## 【注释】

〔1〕贼害：伤害、残害。
〔2〕以狐父之戈钃（zhú）牛矢：狐父，古地名（今江苏砀山附近），其地产名戈。"以狐父之戈钃牛矢"，比喻以贵喻贱之意。钃，砍、刺之意。
〔3〕我欲属之狂惑疾病邪：我想把他们归类为精神错乱一类病中。

## 【译文】

凡因为私利而争斗者，一定是认为自己对而别人不对。自己确实正确，而他人确实不正确，也就是自己是君子而他人是小人，这是一场君子与小人相互残害的斗争。对下，忘记了自身；对内，忘记了亲属；对上，忘记了君上；这难道不是太过分了吗？这样的人，就是所谓"以狐父之戈钃牛矢"（以名贵的戈去插牛屎，以贵用贱，以大用小之意）。如果认为这是明智，而实际上没有比这更愚蠢的了；如果认为这样有利，而实际上害处没有比这更大的了；如果认为这是荣耀，而实际上没有比这更耻辱的了；如果认为这是平安，而危险没有比这更大的了。人们之间为什么要这样相互争斗呢？我想把这种情况归类为精神狂乱之疾，但又不行，因为圣君明王要诛罚他们；我想把他们归类为鸟鼠禽兽，但又不行，因为他们的形体为人，与一般的好恶又有许多相同。人们中有这种争斗，究竟为什么呢？我认为这是很丑恶的。

## 【绎旨】

在本章中，荀子对那些抛开礼义原则，抛开国家民族利益而为个人利益而争斗不休的人，表示了极大的卑视。这告诫人们士人要坚守礼义，坚持国家民族利益的大局，切不可陷入这种私斗之中。

## 【名言嘉句】

①忧以忘其身，内以忘其亲，上以忘其君，岂不过甚矣哉！

②人之有斗，何哉？我甚丑之。

## 【原文】

有狗彘之勇[1]者，有贾盗之勇[2]者，有小人[3]之勇者，有士君子[4]之勇者：争饮食，无廉耻¹，不知是非，不辟²死伤[5]，不畏众彊³，恈恈然唯利饮食之见⁴，是狗⁵彘之勇也。为事利，争货财，无辞让，果敢而振⁶，猛贪而戾[6]，恈恈然[7]唯利之见，是贾盗之勇也。轻死而暴，是小人之勇也。义之所在，不倾于权，不顾其利，举国而与之不为改视，重死持义而不桡⁷[8]，是士君子之勇也。

## 【校】

1. 恥，同"耻"。

2. 辟，通"避"。

3. 彊，同"强"。

4. 恈恈然唯利饮食之见，"利"字衍，当删。

5. 狥，同"狗"。

6. 振，北大本作"很"。

7. 重死持义而不桡，北大本作"重死而持义不桡"。桡，同"挠"。

## 【注释】

〔1〕狗彘之勇：指狗与猪为拼抢食物表现出的勇敢。严格来说，这只是动物的一种本能，而不属于人类道德规范之一的"勇"。

〔2〕贾盗之勇：贾（gǔ），商人。中国古代重农抑商，以商人贸易获利为不义之财。盗，盗贼。盗靠非正当手段获利，故将贾盗之勇归为同类，实属不当。

〔3〕小人：与"君子"相对而言，在道德上有错谬者。但因古今道德标准不同，

荀子所谓小人，未必完全错误。

〔4〕士君子：何为士君子？《家语》及《论语》未做明确解释。孔子与其弟子在讨论时，曾提出这一概念。如《荀子·子道》记载，孔子要弟子回答"智者若何，仁者若何"这一问题时，对子路的回答，孔子称其为"可谓士矣"。对子贡的回答，孔子称其为"可谓士君子矣"。对颜回的回答，孔子称其为"可谓明君子矣"。此段史料最早见于《家语·三恕第九》，后见于《荀子·子道》及其他先秦文献。由此可见，"士君子"是高于"士"，而低于"君子"档次的士人。这种区分主要是根据其道德操行和知识水平而进行的。（可参阅王春华《颜回与颜氏家族文化研究》.九州出版社 2017 年版，第 75 页）

〔5〕不辟死伤：不顾及死伤。

〔6〕果敢而振，猛贪而戾：果断勇敢而贸然行动，凶猛贪婪而暴戾。

〔7〕恈恈然：贪欲的样子。

〔8〕桡：屈服，屈从。

## 【译文】

有狗猪一类的勇敢，有商贾、盗贼的勇敢，有小人的勇敢，有士君子的勇敢。只知争夺吃喝的东西，毫无廉耻，不知道什么为是什么为非，不顾及死伤，不畏惧其他力量的强大，一副贪欲的丑态，只看见好吃好喝的东西，这是猪狗的勇敢。做事唯利是图，争夺财货，毫无辞让之心，果断勇敢而贸然行动，凶猛贪婪而暴戾，一副贪婪的丑态，只看到一点利益，这是商贾、强盗的勇敢。不在乎死亡而又十分暴虐，是小人的勇敢。为了坚守大义，不向权势屈服，不顾及个人利益，即使把整个国家都给他也不会改变自己的观点，十分重生死坚持正义而屈服，这是士君子的勇敢。

## 【绎旨】

本章论证了四种不同的勇敢，即"狗彘之勇，贾盗之勇，小人之勇，士君子之勇"。批判了"狗彘之勇，贾盗之勇，小人之勇"，肯定和赞扬了"士君子之勇"，其意在于鼓励人们坚持和践行"士君子之勇"。

本章可商榷之处有两点：一是，不该把"狗彘之勇"与"贾盗之勇，小人之勇，士君子之勇"并列。因为"勇"作为一种道德规范，是人的行为，而把猪狗等的动物本能，亦说成是"勇"，这就混淆了人与动物的界限。用动物界的规律来推论人类社会的规律是不恰当的。荀子此论，表现了他的历史局限性。二是，"贾盗之勇"的提法，亦不恰当。贾中确有恶人，但按商业的内在规律而经营，并取得利益者，应是合理的。不能把商贾的合法经营，统统比作强盗的谋利。

## 【名言嘉句】

义之所在，不倾于权，不顾其利，举国而与之不为改视，重死持义而不桡，是士君子之勇也。

**【原文】**

鯈¹鮲[1]者，浮阳之鱼[2]也，肰²于沙[3]而思水，则无逮[4]矣。挂³于患而欲谨[5]，则无益矣。自知者不怨人[6]，知命者不怨天[7]，怨人者穷，怨天者无志⁴[8]。失之己，反之人，岂不迂乎哉！

**【校】**

1. 鯈，古同"鲦"。

2. 肰，同"陡"。

3. 挂，同"絓"。

4. 志，古通"识"。

**【注释】**

〔1〕鯈（tiáo）、鮲（qiáo）：两种淡水鱼，生活于淡水的中上层。

〔2〕浮阳之鱼：喜欢活动于水面，接受阳光的照射。

〔3〕肰（qū）于沙：肰，遮拦。全句意为：受阻于沙，即搁浅于沙滩之上。

〔4〕无逮：来不及了。

〔5〕挂于患而欲谨：挂，牵扯住，陷于其中。全句意为：牵扯于祸患之后，才想起谨慎来。

〔6〕自知者不怨人：知，同"智"。自知者，指处事有自知之明的人。全句意为：有自知之明的人，不怨恨他人。

〔7〕知命者不怨天：能知晓命运的人，有问题不怨恨天。所谓命，就是个人面临客观形势和机遇，对个人而言，很难完全知晓和把握。所谓"知命"，只是大体上言之，一个人能大体上看出客观形势和把握机遇就不错了。荀子对"天""命"等的理解与今人有不同之处，但在理解时不必过于拘泥。

〔8〕怨人者穷，怨天者无志：遇到问题就怨恨他人，这种人缺乏自主能力，因而易于陷入困境。遇事怨恨天的人，没有见识，因为，同在一个天下，为什么有人成功，有人失败，因而，主要原因还在于个人主观努力的程度如何（包括个人的素质、知识结构、水平等）。

"自知者不怨人，知命者不怨天，怨人者穷，怨天者无志"，此条本于《论语·宪问》，《论语》原文作："不怨天，不尤人。"

**【译文】**

鲦鱼和鮲鱼，都是喜欢浮在水面上接受阳光的淡水鱼。如果他们搁浅在沙滩上后，才想得到水，那就来不及了。因此想到人，在已被牵扯到祸患之中时，才想到处事要谨慎，那也没有什么用处了。有自知之明的人遇到问题时，不会怨恨他人；知晓命运的人遇到问题时，不会怨恨天。怨恨他人的人，因缺乏自主能力，容易陷入困境。遇到问题，怨恨天的人，缺乏见识。由于自己的原因造成了失败，反而归咎于别人，这样难道不是太离谱了吗？

## 【绎旨】

本章主旨有两点：一是，人们在处世时，必须早做打算。孔子说："凡事预则立，不预则废。"（《家语·哀公问政第十七》）这是十分正确的，正如本章所言，不能在已被牵扯到祸患之中时，才想到处事要谨慎。二是，人在处世中，要有自知之明，既要知天，也要知人。出了问题后，不要怨天尤人，"失之己，反之人，岂不迂乎哉！"

## 【名言嘉句】

失之己，反之人，岂不迂乎哉！

## 【原文】

荣辱之大分，安危利害之常体〔1〕；先义而后利者荣，先利而后义者辱；荣者常通，辱者常穷；通者常制人，穷者常制于人〔2〕：是荣辱之大分也。

材愨¹者常安利，荡悍者常危害〔3〕；安利者常乐易，危害者常忧险〔4〕；乐易者常寿长，忧险者常夭折〔5〕：是安危利害之常体也。

## 【校】

1. 材愨，材，北大本作"朴"。愨，同"悫"。

## 【注释】

〔1〕荣辱之大分，安危利害之常体：荣与辱的根本区别，安危利害的通常情况。

〔2〕先义而后利者荣，先利而后义者辱；荣者常通，辱者常穷；通者常制人，穷者常制于人：利，分为"私利"与"公利"。私利如个人的俸禄、收入等。如《论语·尧曰》载，子曰："因民之利而利之。"其中"民之利"就是公利。又如在《孟子·梁惠王上》中，孟子所主张的给农民以"五亩之宅""百亩之田"以为"恒产"，虽在个体农民为私利，但在主张者孟子却为公利。荀子认为只有"以义制利"，国家才会平治，社会才会安定。

张岱年曾说："所谓利，即是能维持或增进人之生活者，亦即能满足人之生活需要者。"（张岱年《中国哲学大纲》.中国社会科学出版社1982年版，第386页）

〔3〕材愨者常安利，荡悍者常危害：愨，诚实，恭谨。荡悍，放荡，凶悍。全句意为：材质诚实可靠的通常会安全顺利，放荡凶悍的通常会遇到危险和伤害。

〔4〕安利者常乐易，危害者常忧险：安全顺利就会快乐而易于成功，危险而受伤害就会经常担忧危险。

〔5〕乐易者常寿长，忧险者常夭折：快乐而易于成功的人通常会长寿，担忧危险的人通常会夭折。

## 【译文】

荣和辱的根本区别，安危利害的一般情况是：先弘扬大义而后才追求利益的，会获取光荣；先攫取利益而后才讲求大义的，会受到耻辱。获取光荣的通常会处处通达，受到耻辱的通常会处于困窘之中。通达的人通常会处于统治他人的地位，困窘的人通常会受他人的统治。这就是光荣和耻辱的根本区别。

材质诚实可靠的通常会安全顺利，放荡凶悍的通常会遇到危险和伤害。安全顺利的通常会快乐而易于成功，受到危险伤害的通常会担忧危险。快乐而易于成功的人一般会长寿，担忧危险的人往往会夭折。这就是安危利害的一般情况。

## 【绎旨】

本章主要阐述了荣与辱的根本区别和安危利害的一般情况。其中特别强调："先义而后利者荣，先利而后义者辱。"这对提升人们的道德情操水平是有长远的重要意义的。

## 【名言嘉句】

先义而后利者荣，先利而后义者辱。

## 【原文】

夫天生蒸民，有所以取之。〔1〕志意致修，德行致厚，智虑致明，是天子之所以取天下也。〔2〕政令法，举措时〔3〕，听断公，上则能顺天子之命，下则能保百姓，是诸侯之所以取国家〔4〕也。志行修，临官治，上则能顺上，下则能保其职，是士大夫之所以取田邑〔5〕也。循法则、度量、刑辟、图籍，不知其义，谨守其数，慎不敢损益也。父子相传，以持¹王公，是故三代虽亡，治法犹存，是官人百吏之所以取禄秩也。孝弟²原³慤，轴录⁴疾力，〔6〕以敦比⁵〔7〕其事业，而不敢怠傲，是庶人之所以取煖衣饱食〔8〕，长生久视，以免于刑戮也。饰邪说，文奸言，为倚⁶事，〔9〕陶⁷诞突盗，惕⁸悍憍⁹暴，〔10〕以偷生反侧〔11〕于乱世之间，是奸人之所以取危辱死刑也。其虑之不深，其择之不谨，其定取舍楛僈〔12〕，是其所以危也。

## 【校】

1. 持，同"侍"。

2. 弟，同"悌"。

3. 原，同"愿"。

4. 轴录，轴，通"劬（qú）"。录，通"碌"。

5. 比，通"庀"。

6. 倚，同"奇"。

7. 陶，通"谣"。

8. 惕，通"荡"。

9. 憍，同"骄"。

## 【注释】

〔1〕夫天生蒸民，有所以取之：蒸民，众人。全句意为：上天造就了众人，他们各有取得自己地位的因由。

〔2〕志意致修，德行致厚，智虑致明，是天子之所以取天下也：思想志愿极为美好，德行极为醇厚，智慧思虑极为英明，这是天子所以能取得天下的因由。

〔3〕政令法，举措时：政令合乎法度，举措合乎时宜。

〔4〕国家：指诸侯的封国。

〔5〕田邑：即采邑，大夫的封地。

〔6〕孝弟原悫，軥录疾力：原，诚实。全句意为：孝顺父母，敬事兄长，诚实谨慎，勤劳勉力。

〔7〕敦比：治理、经营。

〔8〕煖衣饱食：语出《墨子·天志中》。其文曰："百姓皆得暖衣饱食。"全句意为：穿暖吃饱。

〔9〕饰邪说，文奸言，为倚事：饰异端邪说，掩遮奸诈之言，做怪异的事。

〔10〕陶诞突盗，惕悍憍暴：陶诞，诽谤夸诞。清王先谦《荀子集解》云："郝懿行曰：陶，古读如谣。谣者，毁也。陶诞即谣诞。谓好毁谤夸诞也。"突盗，凶暴强横。全句意为：好毁谤夸诞，凶恶强横，放荡傲慢，骄傲残暴。

〔11〕偷生反侧：苟且活命而不安分。

〔12〕楛僈：楛，粗糙，不坚固。僈，懈怠，不经心。楛僈即粗略、轻率，不经心。

## 【译文】

上天造就了众生，都各有取得自己地位的缘由。思想志愿美好，德行醇厚，智慧英明，这是天子所以取得天下的缘由。政令合于法度，举措合乎时宜，听讼断狱公正，对上能顺从天子的命令，对下能保护老百姓，这是诸侯所以获得封国的缘由。心志德行端正，担任官职称职，对上能顺从，对下能把自己职责范围内的事做好，这是士大夫之所以能够取得采邑的缘由。遵循有关法则，度量标准，刑法律令，户籍图册处理公务。虽然不能了解它的作用意义，但仍然认真地遵守其处事范围，十分小心地不敢随意减少或增加，这样父子相传，以效力于王公大臣。所以，夏、商、周三代虽然已经灭亡了，但其法律制度仍然存在，这是一般官吏取得俸禄的缘由。孝顺父母、敬事兄长，诚实谨慎，勤劳勉力，以治理好自己的事业，而不敢怠慢骄傲，这是一般老百姓能够获取穿暖吃饱，健壮长寿，而免于刑杀的缘由。粉饰异端邪说，掩盖奸诈之言，做出怪异之事，好毁谤夸诞，凶恶强横，放荡傲慢，骄傲残暴，苟且活命而不安分，这是奸诈之徒之所以取得危险、耻辱、死亡、刑罚的缘由。他们考虑问题不深刻，选择不够谨慎，决定取舍时轻率而漫不经心，这就是他们落到危亡境地的原因。

## 【绎旨】

本章比较具体地说明了自天子以至庶人，所以能各得其事，各得其所的原因，也就是能获取"荣"的缘由；同时也指出了"奸人"所以取危辱死刑的因由。从而告诫世人，要走正道，而勿陷入奸邪之道。

## 【名言嘉句】

夫天生蒸民，有所以取之。

## 【原文】

材性知¹能，君子小人一也。[1] 好荣恶辱，好利恶害，是君子小人之所同也。若其所以求之之道则异矣。[2] 小人也者，疾为诞[3]而欲人之信己也，疾为诈[4]而欲人之亲己也，禽兽之行而欲人之善己也。虑之难知也，行之难安也，持之难立也[5]，成则必不得其所好[6]，必遇其所恶焉。故君子者，信矣，而亦欲人之信己也[7]；忠矣，而亦欲人之亲己也；修正治辨[8]矣，而亦欲人之善己也。虑之易知也，行之易安也，持之易立也，[9]成则必得其所好，必不遇其所恶焉。是故穷则不隐，通则大明，身死而名弥白。[10] 小人莫不延颈举踵而愿曰："知虑材性，固有以贤人矣。[11]" 夫不知其与己无以异也。则君子注错[12]之当，而小人注错之过也。故孰察小人之知能，足以知其有余，可以为君子之所为也。譬之越人安越，楚人安楚，君子安雅²[13]。是非知能材性然也，是注错习俗之节异也。[14] 仁义德行，常安之术也，然而未必不危也；汙僈³突盗[15]，常危之术也，然而未必不安也。故君子道其常，而小人道其怪。

## 【校】

1. 知，同"智"。
2. 雅，古通"夏"。
3. 僈，同"漫"。

## 【注释】

〔1〕材性知能，君子小人一也：资材的本性、智慧、能力，君子小人是一样的。荀子在这里说的是人的生物的资质，而非社会的资质。生物的资质由自然界决定，而社会的资质是在后天的社会生活中形成的。

〔2〕若其所以求之之道则异矣：至于他们追求荣、辱、利害的道路就不同了。

〔3〕疾为诞：极力去做荒诞之事。

〔4〕疾为诈：极力去做奸诈之事。

〔5〕虑之难知也，行之难安也，持之难立也：考虑的问题难以理解，行动起来很

难说是稳妥的，坚持某种理论或事务，很难成立。

〔6〕成则必不得其所好：成，最终，结果。全句意为：最终必然会得不到他所希望的荣誉和利益。

〔7〕故君子者，信矣，而亦欲人之信己也：所以，君子以诚信待人处事，也希望别人相信自己。

〔8〕修正治辨：本人正直善良，而且对各种事情处理得当。

〔9〕虑之易知也，行之易安也，持之易立也：所考虑的问题难以理解，行动起来容易安定，坚持的主张容易成立。

〔10〕是故穷则不隐，通则大明，身死而名弥白：所以，困窘时其名声不会被埋没，通达时名声大振，身死之后名声更加显耀。

〔11〕知虑材性，固有以贤人矣：贤人，即贤于他人。全句意为：智慧、思虑问题的能力，才能，本性，本来就超过一般人。

〔12〕注错：眼光所注重的，即观察、鉴别和实际处理。

〔13〕安雅：指中原地区。

〔14〕是非知能材性然也，是注错习俗之节异也：这不是智慧、才能、资质、本性使他们这样，而是观察、鉴别和处置以及对习俗的节制之不同造成的。这表明了人性的可变性与后天作为、环境有关。这显然与孔子的"性相近也，习相远也"是相一致的。可见性既无善亦无恶之分。

〔15〕汙僈突盗：污浊放纵，凌突不顺，营私冒失。

## 【译文】

就资材的本性、智慧、能力而论，君子与小人是一样的。喜欢光荣，厌恶耻辱，喜好利益，厌恶祸害，这是君子与小人相同的。但如果说到求取的方法，则是不同的。小人极力做出荒诞之事却要别人相信自己，极力做出奸诈之事却要别人亲近自己，做出禽兽之行却要别人善待自己。他们的思虑难以理解，行为难以安定，所持的主张难以成立。其结果必然得不到所希望的荣耀与利益，而必然得到他所厌恶的耻辱与伤害。所以，君子讲诚信，也希望别人相信自己；为人忠诚，也希望别人亲近自己；自己正直善良，也希望别人善待自己。所思虑的易于为人理解，行动容易安定，所持的主张容易成立。最终一定会得到他们所希望的荣耀与利益，一定不会遇到他所厌恶的耻辱、祸害；君子的名声困窘时不会被埋没，通达时会名声大振，身死后名声更加显耀。小人对此无不延颈举踵而美慕的。他们说："他们的智慧、思维能力、才能、本性，本来就比一般人强啊！"实际上，他们不知道在这方面，那些人与自己并没有什么差别。只不过是君子对于问题的观察、鉴别和处置得当，而小人对于问题的观察、鉴别和处置不得当而已。所以，详细考察小人的智慧、才能，完全可以看出，他们有余力，可以做到君子所做的一切。譬如，越人安居于越国，楚人安居于楚国，君子安居于中原地区一样，这不是智慧、才能、资质、本性使他们这样，而是观察、鉴别和处置以及对习俗的节制之不同造成的。

仁义道德，是使人经常安居的措施，然而不一定不会遇到危险；污秽卑劣，凌突不顺，冒失营私等恶德，是造成人经常处于危险中的手段，然而不一定不安全。所以，君子遵循常轨，而小人却走歪门邪道。

## 【绎旨】

本章主要是说，就人的生物性的"材性知能"而论，"君子"与"小人"是一样的。之所以有"君子"与"小人"之分，是后天的"注错"不同造成的。这与荀子的"人之性恶"的说法似乎不一致，而与"其善者伪也"的说法又有部分的一致。

本章还认为"好荣恶辱，好利恶害，是君子小人之所同也"，应该说，此论不确。道德上的君子与小人，在处世中，其主观动机是不相同的。如舜希望的荣、利与桀希望的荣、利，显然是不同的。

以上问题，读者在阅读时应注意。

## 【名言嘉句】

①仁义德行，常安之术也，然而未必不危也．

②君子道其常，而小人道其怪。

## 【原文】

凡人有所一同：饥而欲食，寒而欲煖，劳而欲息，好利而恶害，是人之所生而有也，是无待而然者也，是禹、桀[1]之所同也。目辨白黑美恶，耳辨音声清浊，口辨酸鹹甘苦，鼻辨芬芳腥臊，骨体肤理辨寒暑疾养 1[2]，是又人之所生而有也 2，是无待而然者也，是禹、桀之所同也。

可以为尧、禹，可以为桀、跖[3]，可以为工匠，可以为农贾，在执 3 注错习俗之所积耳，是又人之所生而有也，是无待而然者也，是禹、桀之所同也 4。为尧、禹则常安荣，为桀、跖则常危辱；为尧、禹则常愉佚 5，为工匠农贾则常烦劳。然而人力为此，而寡为彼，何也？曰：陋也[4]。尧、禹者，非生而具者也，夫起于变故，成乎修修之为 6[5]，待尽而后备者也[6]。

人之生 7 固小人，无师无法则唯利之见耳。[7]人之生固小人，又以遇乱世，得乱俗，是以小重小也，以乱得乱也[8]。君子非得执 8 以临之[9]，则无由得开内 9 焉[10]。

今是人之口腹，安知礼义？安知辞让？安知廉耻 10 隅积[11]？亦呻吟而噍 11，鄉 12 鄉而饱[12]已矣。人无师无法，则其心正其口腹也[13]。

今使人生而未尝睹刍豢稻粱[14]也，惟菽藿糟糠[15]之为睹，则以至足为在此也，俄而粲 13 然有秉刍豢稻粱而至者，则瞯（xuè）然视之曰："此何怪也？"彼臭之而无嗛于鼻 14，尝之而甘于口，食之而安于体，则莫不弃此而取彼矣。

今以夫先王之道，仁义之统，以相群居，以相持养，以相藩饰，以相安固邪。以夫桀、跖之道，是其为相县<sup>15</sup>也，几直夫刍豢稻粱之县糟糠尔哉！然而人力为此而寡为彼，何也？曰：陋也。陋也者，天下之公患也，人之大殃大害也。

故曰：仁者好告示人。告之示之，靡之儇之，鈆<sup>16</sup>之重之<sup>[16]</sup>，则夫塞者俄且通也，陋者俄且僴<sup>[17]</sup>也，愚者俄且知也。是若不行，则汤<sup>[18]</sup>、武在上曷益？桀、纣在上曷损？汤、武存则天下从而治，桀、纣存则天下从而乱。如是者，岂非人之情固可与如此，可与如彼也哉！

## 【校】

1. 养，同"痒"。

2. 是又人之所生而有也，原文"所"字下有"常"字，一说"常"字衍，删。

3. 埶，同"势"。

4. 是又人之所生而有也，是无待而然者也，是禹、桀之所同也，一说此句为衍文。

5. 佚，同"逸"。

6. 修修之为，一说"修之"为衍文。

7. 生，同"性"。

8. 埶，同"势"。

9. 内，同"纳"。

10. 恥，同"耻"。

11. 亦咁咁而嚼，咁咁（rán），同"呻呻"。嚼（jiào），同"嚼"。

12. 鄉，同"芗"。

13. 粲，同"灿"。

14. 彼臭之而无嗛于鼻，臭，古"嗅"字。一说"无"字衍。嗛（qiè），通"慊"，满足。

15. 县，同"悬"。

16. 鈆，同"沿"。

## 【注释】

〔1〕禹、桀：禹，指"大禹"，通过"禅让"的形式，从大舜手中得到国家政权，继承了尧、舜的政策和美德。桀，夏朝最后一代国君，名履癸。因统治暴虐，故被称为"桀"（凶暴之意）。

〔2〕寒暑疾养：冷热病痛。

〔3〕跖：传为春秋时贤人柳下惠之弟。《庄子》有《盗跖》篇，其中所记跖的事迹，未必可靠。因传说跖曾率众反抗，故被称为"盗跖"。此处，荀子把跖与"桀"相提并论，应该有其理由。

〔4〕陋也：见识浅陋。

〔5〕起于变故，成乎修修之为：（尧、禹之所以称为德行高尚的人）是因为他们经历了各种磨难，经过长期修养锻炼，才成功的。

〔6〕待尽而后备者也：直到把原来的劣性全部磨灭干净，才具备了高尚的德行。

〔7〕人之生固小人，无师无法则唯利之见耳：人生下来本来就是小人（指道德卑劣者），如果不从师受教，不学习和遵守礼法，就只看见利益了。

〔8〕小重小也，以乱得乱也：以小人的卑劣本性又加上乱世造成的卑劣习俗，以违反礼法的胡乱作为又加上乱世带来的不遵礼法。

〔9〕君子非得执（势）以临之：君子如果不利用有利的形势以对待这种情况。势，此处指权势，或某种教化的势头，总之是有利于教化的形势。

〔10〕则无由得开内焉：就没有办法使之开阔思想接纳礼法教育。

〔11〕廉耻隅积：廉洁，耻辱，一个角落（局部），众多（全局）。即廉与耻关系，局部与整体的关系。

〔12〕咄咄而嚼，乡乡而饱：咄咄，咀嚼的样子。乡乡，吃得香的样子。全句意为：大口大口地咀嚼，赶紧填饱肚子。

〔13〕则其心正其口腹也：其心正像其口腹一样，只知吃饱了不饿，哪管什么礼义廉耻。

〔14〕刍豢稻粱：刍豢，指家养的牛羊猪狗等牲畜。稻粱，指大米、小米，比较高级的食料。粱，指比较精细的小米。全句指高级的饭菜。

〔15〕菽藿糟糠：菽，豆类。藿，豆叶。糟，酒糟，酒渣。糠，米之外壳。全句指下等饭菜。

〔16〕靡之儇（xuān）之，铅之重之：靡，服从。儇（xuān），逐渐积成。铅，通"沿"，遵循。重，重复，重申。全句意为：使之服从，使之积成，使之遵循，使之重申。

〔17〕陋者俄且僴（xiàn）：僴，《荀子·修身》曰："多见曰闲。"指知识广博，胸襟开阔。全句意为：浅陋者很快就会知识丰富，眼界开阔了。

〔18〕汤：商汤是商朝的建立者。《史记·殷本纪》记商汤在征伐葛伯时说的话："予有言：人视水见形，视民知治。"即是说，只有听取民众的反映，才能知道国家是否达到大治。《尚书·盘庚》亦谈到商先王重视和爱护民众的事，此亦可作为商汤具有重民思想的佐证。又，《史记·殷本纪》引《汤诰》曰："维三月，王自至于东郊。告诸侯群后：'毋不有功于民，勤力乃事。予乃大罚殛女，毋予怨。'曰：'古禹、皋陶久劳于外，其有功于民，民乃有安。'"这里是商汤告诫各路诸侯首领，必须像大禹和皋陶那样勤于政事，有功于民，否则即会受到惩罚。

《史记·殷本纪》还记载：有一天，商汤外出见有人四面张网捕捉禽兽，并祝愿说："自天下四方皆入吾网。"商汤见状后，就说："嘻，尽之矣！"意思是这样搞会把禽兽都捕尽了，太严苛了。于是去掉三面的围网，并祝愿说："用左，左。欲右，右。不用命，乃入吾网。"意思是，想向左跑，就向左跑；想向右跑，就向右跑。不用按具体的要求，部分进入网中即可。这里体现的商汤的思想就是对民众的管理之网不可过严过密，要给他留有一定的自由。实际上，这也就是后世所说的"德治"的一种形式，故"诸侯闻之，曰：'汤德至矣! 及禽兽。'"

## 【译文】

大凡人都有一个共同点：饥饿了就想吃饭，寒冷了就想穿得暖一些，劳累了就想休息，喜欢得利而厌恶有害，这是人所生下来就具有的，是不需要有什么条件就这样的，是大禹和夏桀所共同的。眼睛分辨白色的、黑色的、美的、丑的，耳朵分辨声音的清澈与浑浊，口辨别味道的酸、咸、甘、苦，鼻子辨别气味的芳香腥臊，身体皮肤辨别冷热病痛，这又是人通常生下来就有的机能，不需要有什么条件就会这样，是大禹和夏桀所共同的。人们可以凭借这些成为尧、禹一样的圣君明主，也可以成为夏桀、盗跖一样的暴君暴徒，还可以成为工匠，成为农民、商贾一类的人，这一点只在于他们观察、鉴别、处置问题的能力以及习惯所积累的不同罢了。这是人生下来就有的又一特点，是不需要什么条件就这样的。

成为尧、禹一样的明王圣君，就会经常处于安富尊荣之中，成为桀、跖一类的暴君暴徒就会经常处于危险、耻辱之中。成为尧、禹一类的人会经常快乐安逸，成为工匠农贾就会经常愁烦劳作。然而，人们都极力去做工匠农贾一类人从而劳烦忧愁，而很少去做尧、禹一类的人而享受快乐安逸，这是为什么呢? 原因就是：知识浅陋。尧、禹一类人，并不是生下来就具有那种条件，他们经历了千难万苦，结果长期磨炼，去掉了原来一般人的本性而具备了圣人的条件。

人生下来原本就是小人（道德卑劣者），如果没有老师的教诲，没有礼法的约束，则只能满眼看到利益。人生下来原本就是小人，如果再遇到乱世，受到混乱世俗的影响，就会在小人卑劣本性的基础上又加上乱世造成的卑劣习俗，以乱世违反礼法的行为又加上乱世带来的不遵礼法。君子如果不利用有利的形势以对待这种状况，就没有办法使之开阔思想以接纳礼法教育。

现在的人只知道填饱自己的口和肚子，哪里还知道礼义? 哪里还知道辞让? 哪里还知道廉洁耻辱及局部与整体的关系? 也不过是大口大口地咀嚼，赶紧填饱肚子享受其快乐而已。人如果没有老师的教诲，没有礼法的约束，那末，他的心灵正像他的口腹一样（只知道填饱而已）。

假如人生下来从未见过牛羊猪狗的肥肉和大米小米等细粮，只见过豆粒豆叶及糟糠等粗食，就会认为最美的食物就在这里了。不久有人公开拿来家畜的肥肉和大米小米等，他们会十分惊奇地看着说："这是什么怪东西呀?"品尝之后，口中感到很美，吃完感到身体很舒服，这样没有不舍弃豆类及糟糠而去获取畜肉和大米小米的。

现在是采用先王之道（指古代圣君明王治天下的主张、策略、措施）和仁义的一套系统，来协调众人的生活保养，以使众人得到装饰美化，以使众人得到安定稳固?

还是用桀、跖的一套暴虐杀戮的主张、办法？这两种主张、办法是大相悬殊的，而其悬殊难道仅在于家畜肥肉大米小米一类美食与糟糠的悬殊吗？但是，人们却努力做到这一点（桀、跖的一套），而很少去效法那一点（先王之道），这是为什么呢？回答是：浅陋无知。浅陋无知，是天下人共同的祸患，人们的大灾难大祸患。

所以说：有仁德的人喜欢把道理告诉给人们，并给以示范。告诉人们并给以示范，使他们顺从，使他们逐渐养成习惯，使他们遵循此道，向他们反复申诫。这样一来，那么那些思想闭塞的人很快就会开通，思想浅陋的人其胸襟很快就会开阔，愚蠢的人很快变得明智。如果不这样做，商汤、周武王处于上位有什么益处？夏桀、商纣处于上位又有什么害处？商汤、周武王在世，天下就会治理好；夏桀、商纣在世，天下就会大乱。出现这种情况，难道不是因为人们的性情本来就是既可以这样也可以那样吗？

## 【绎旨】

本章继续讨论荣辱问题。主要阐述了三个问题：

一、人的"饥而欲食，寒而欲煖，劳而欲息，好利而恶害"等物质需求是一种正当的要求，是人生而有之，无待而然的，是禹、桀所同有的。这就肯定了人对于物质利益需求的合理性。这比之孔子是一大进步。孔子把"利与义"分属于小人与君子两种不同的人，是不对的。

二、提出尧、禹一类的明王圣君并非天生成的，而是"夫起于变故，成乎修修之为，待尽而后备者也"。这比之孔子也是一个进步。孔子虽然不承认自己是生而知之的圣人，但他承认有"生而知之者"，认为尧、舜、禹、文、武、周公就是这一类圣人。而荀子明确指出那些"饥而欲食，寒而欲煖，劳而欲息，好利而恶害"的人，他们"可以为尧、禹，可以为桀、跖，可以为工匠，可以为农贾"，只不过是所遇习俗所积累的不同而已。这就打破了长期以来对于尧、舜、禹等人的迷信。

三、主张以"先王之道，仁义之统"教化民众，反对只知"口腹"，不知礼义的情况。并指出必须以仁义之道向群众"告之示之，靡之儇之，铙之重之"，改变群众浅陋无知的状况，这一点不仅在当时有重要意义，而且对今天人们做好宣传教育工作也是有启发与借鉴意义的。

本章也显示了荀子思想中的一些历史局限性。如谓多数未能成为尧、舜、禹一类的人，是因为"陋"，即知识浅陋。实际上这是一个很复杂的问题，有多方面的原因，很难用一个字说清楚。

## 【名言嘉句】

①饥而欲食，寒而欲煖，劳而欲息，好利而恶害，是人之所生而有也，是无待而然者也，是禹、桀之所同也。

②尧、禹者，非生而具者也，夫起于变故，成乎修修之为，待尽而后备者也。

## 【原文】

人之情，食欲有刍豢，衣欲有文绣[1]，行欲有舆马[2]，又欲夫余财蓄积之富也；然而穷年累世[3]不知足¹，是人之情也。

今人之生也，方知畜鸡狗猪彘，又畜牛羊，然而食不敢有酒肉；余刀布[4]，有囷窌 [qūn jiào][5]，然而衣不敢有丝帛；约者有箧箓[6]之藏，然而行不敢有舆马。是何也？非不欲也，几不长虑顾后而恐无以继之故也²。于是又节用御欲[7]，收敛³蓄藏以继之也，是于己长虑顾后，几⁴不甚善矣哉！今夫偷生浅知[8]之属，曾此而不知也，粮食大⁵侈，不顾其后，俄则屈安⁶穷矣[9]。是其所以不免于冻饿，操瓢囊为沟壑中瘠者[10]也。况夫先王之道，仁义之统，《诗》《书》《礼》《乐》之分[11]乎。彼固天下之大虑[12]也，将为天下生民之属长虑顾后而保万世[13]也。其沕⁷长矣，其温⁸厚矣，其功盛姚⁹远[14]矣，非孰修为之君子¹⁰[15]，莫之能知也。故曰：短绠[16]不可以汲深井之泉，知不几[17]者不可与及圣人之言。夫《诗》《书》《礼》《乐》之分，固非庸人之所知也。故曰：一之而可再也，有之而可久也，广之而可通也，虑之而可安也，反鈆¹¹察[18]之而俞¹²可好也。以治情则利，以为名则荣，以群则和，以独则足乐，意者其是邪？

## 【校】

1. 不知足，原作"不知不足"，据上下文意删"足"上"不"字。

2. 也，同"邪"。

3. 歛，古同"敛"。

4. 几，读为 (qǐ)。

5. 大，同"太"。

6. 安，同"穷"。

7. 沕，同"流"。

8. 温，通"蕴"。

9. 姚，通"遥"。

10. 非孰修为之君子，北大本"非"字下有"顺"字。孰，同"熟"。

11. 鈆，通"沿"。

12. 俞，同"愈"。

## 【注释】

〔1〕文绣：绣有彩色花纹的衣服。

〔2〕舆马：车马。

〔3〕穷年累世：从头至尾一整年，以至世世代代。

〔4〕刀布：春秋战国时期通行的金属货币的名称。布币，其基本形状如当时的生产工具"耒"的头部，刀币如"刀"。

〔5〕囷窖（qūn jiào）：囷，谷仓。窖，地窖。

〔6〕筐箧：筐，用竹或其细树条编织而成，盛物之用。箧（qiè），小箱子，收藏之用。

〔7〕节用御欲：节约用度，控制欲望。

〔8〕偷生浅知：苟且偷生，对世事知之不深。

〔9〕俄则屈（jué）安穷矣：屈，竭、尽之意。安穷，只好受穷困的煎熬。全句意为：很快把粮食用尽，只好受贫困的煎熬。

〔10〕操瓢囊为沟壑中瘠者：拿着讨饭工具成为沟壑中的饿死者。

〔11〕《诗》《书》《礼》《乐》之分：分，杨倞注曰："分，制也。"制，即制度、制义、道义、义理。

〔12〕天下之大虑：虑，思虑，谋划，天下的大规划。

〔13〕长虑顾后而保万世：长远的考虑，照顾到以后的利益，而保持万世子孙的利益。

〔14〕姚远：即遥远。

〔15〕孰修为之君子：修为，研究与践行。全句意为：熟悉、深入研究与践行（《诗》《书》《礼》《乐》）的君子。

〔16〕短绠：短的汲水用的井绳。

〔17〕知不几者：几，隐微，微明，深奥。全句意为：认识如果达不到精微而明。

〔18〕鈆察：顺着观察，明察。

## 【译文】

人之常情，是吃东西希望有美味佳肴，穿衣服希望有绣的花纹，走路要有车马，还希望家中有多余的财富积蓄。但是实际情况却是一年到头而且世世代代都没见过富足，这是人们生活的一般状况。

现在人们的生活，只知道喂养鸡狗猪，又养牛养羊，但是吃饭时还是不敢有酒肉。虽然余下一些钱币，也有仓廪积蓄，但是穿衣仍然不敢有丝帛。节约的人家有一筐一箱的积蓄，但出行时仍然不敢乘车马。这是为什么呢？不是不想那样做，难道不是因为做了长远打算，顾及到以后的生活，而恐怕无以为继吗？这样一来，他们又控制自己的欲望，收集财物以为继续生活做准备，这样为了自己的长远打算顾及以后生活的做法难道不是很好的吗？现在的那些只知苟且偷生而对生活的艰难了解不深的人，竟对这些道理都不懂；他们对粮食过分浪费，不顾以后的生活，很快把粮食用尽只好过贫穷生活。这样他们不免于挨冻受饿，只能手持破瓢布袋去讨饭而转死于山沟之中。

他们对生活的道理都知之不深，何况是先王之道，仁义的系统，《诗》《书》《礼》《乐》所蕴含的义理呢？这些本来就是治理天下的宏图远略，所以完全能够为天下一般的民众做长远打算而顾及后代，并保持万世子孙的福祉。它的流传已经很长了，它的蕴积是十分丰厚的，它的盛功早就存在了。如果不反复学习、研究、践行，君子是不了解它的。所以说：短井绳不可以用来汲取深井中的水的。认识如果达不到精微而明，是不可能接触并了解圣人之言的。《诗》《书》《礼》《乐》的义理，本来就不是平常人所能知道的。所以说：了解其一，就可以了解其二；掌握了它，就可以长期拥有；广泛掌握，就可以处事通达；经常思虑它的各种义理，就可以使社会安定；反复考察，就可以越来越好。用来节制感情，就会得到好处；用来争取名誉，就会得到荣耀；用来约束自己，就会感到心满意足。想一想难道不是这样吗？

## 【绎旨】

本章通过列举一般人想享受好的生活，但无条件，只好被迫节俭的事实和少数穷人因浪费而冻饿而死的事实，说明只有信奉并认真理解先王之道、仁义之统和《诗》《书》《礼》《乐》的义理，才能改变自己的命运。

## 【名言嘉句】

故曰：短绠不可以汲深井之泉，知不几者不可与及圣人之言。

## 【原文】

夫贵为天子，富有天下，是人情之所同欲也；然则从 [1] 人之欲 [1] 则埶 [2] 不能容，物不能赡也。故先王案为之 [2]，制礼义以分之 [3]，使有贵贱之等，长幼之差，知愚、能不能之分，皆使人载其事 [4] 而各得其宜，然后使慤 [3] 禄多少厚薄之称，是夫群居和一之道也 [5]。

故仁人在上，则农以力尽田 [6]，贾以察尽财，百工以巧尽械器，士大夫以上至于公侯，莫不以仁厚知能尽官职，夫是之谓至平。故或禄天下 [7] 而不自以为多，或监门、御旅 [4]、抱关、击柝而不自以为寡。故曰："斩 [5] 而齐，枉而顺，不同而一。" [8] 夫是之谓人伦。《诗》曰："受小共大共 [6]，为下国骏蒙。" [9] 此之谓也。

## 【校】

1. 从，同"纵"。
2. 埶，同"势"。
3. 慤，当作"彀"。慤，同"憝"。
4. 旅，读为（yà）。
5. 斩，通"儳"。
6. 共，通"拱"，法度。

## 【注释】

〔1〕从人之欲：放纵人们的欲望。
〔2〕案为之："案"字有二解：一是，作"按照、依照"解。一是，作"于是，就"解。

〔3〕制礼义以分之：制定礼义加以区分（区别）。《荀子·礼论》曰："人生而有欲，欲而不得，则不能无求；求而无度量分界，则不能不争。争则乱，乱则穷。"《荀子·王制》曰："欲恶同，物不能澹则必争，争则必乱。"《荀子·荣辱》曰："夫贵为天子，富有天下，是人情之所同欲也；然则从人之欲则埶不能容，物不能赡也。"这也就是说，荀子认为放纵欲望必然引起社会的动乱，而防止这种动乱的办法是：按照礼义，把人们划分为不同的等级名分，使人人有自己的职位俸禄，各有其职，各行其是，各得其利。可以看出，"分"思想是构建和谐社会的宝贵思想资源。

〔4〕使人载其事：载，任。全句意为：使人们各任其事。

〔5〕愨（觳）禄多少厚薄之称，是夫群居和一之道也：这里的"觳禄"也包括某些社会福祉。荀子在这里强调的就是对社会福祉等待遇要强化管理，区分为不同等级，做到合理公平，使人人各得其宜。和，《易经》"兑"卦初九爻辞曰："和兑，吉。"和悦，"吉"之义。全句意为：俸禄的多少应与才能的厚薄相称，这就是人们群居在一起时谐和一致的办法。

"夫贵为天子，富有天下，是人情之所同欲也；然则从人之欲则埶不能容，物不能赡也。故先王案为之，制礼义以分之……是夫群居和一之道也。"这一段大体上说明了在"以义制利"的原则下，"均遍而不偏"的大体状况，即：根据人的贵贱、长幼、智愚与能力大小分为不同的等次，使他们都从事一定的职业而各得其宜。然后根据各人的政治、经济地位分配与之实际情况相称的物质利益，使他们时谐相处，同心同德。应该说，这就是荀子开出的"以义制利""均遍而不偏"的方剂。

1990 年 12 月，日本社会学界在东京召开"东亚社会研究国际研讨会"。会上，费孝通提出："各美其美，美人之美，美美与共，天下大同。"这是对儒家和谐思想的进一步诠释，也可以说是荀子"群居和一"思想的现代性表述。"和"是社会治理的基础，"一"是社会治理的高级阶段。

大同，《家语·礼运》《礼记·礼运》都有对"大同"的描述。"大同"一是指"天下为公"，儒家的大同理想；一是指《礼记·礼运》"天下为家"的"小康"和"连不相及、动不相害"的"大顺"理想。

〔6〕则农以力尽田：农民把力量全部用到种地上。游唤民据"故仁人在上，则农以力尽田，贾以察尽财，百工以巧尽械器，士大夫以上至于公侯，莫不以仁厚知能尽官职，夫是之谓至平"得出：荀子认为"仁君在位，官吏、百姓自然各守其位，各尽其职，天下就可出现太平盛世。"（游唤民《先秦民本思想》，湖南师范大学出版社 1991 年版，第 140 页）

〔7〕禄天下：即"以天下为禄"，只有天才能如此。

〔8〕故曰斩而齐，枉而顺，不同而一：斩，丧服不缝下边，故参差不齐。全句意为：所以说，参差不齐才能整齐，枉曲不顺才能归于和顺，有了不同才能统一。

〔9〕受小共大共，为下国骏蒙：语出《诗·商颂·长发》。共，法度，大小各有法

度。蒙，《十三经注疏》本作"厖"。骏蒙，庇护之意。全句意为：接受小法大法，施庇护于下国诸侯。

## 【译文】

地位尊贵成为天子，拥有天下财富，这是人心共同企望的。但是，如果放纵人们的欲望让人人都成为天子，这种形势是不能容许出现的，因为从物资是无法满足需要的。所以，古代明王圣君根据这种情况，而制定了礼义而加以区分。使人们有高贵低贱的不同等级，长和幼的不同差别，聪明和愚蠢、能与不能等的区别，使人们都各任其事而各得到合适的地位，然后使俸禄的多少与其才能的高低相称。这就是人们群居在一起时谐和一致的办法。

所以，仁人处在上位（指君位）时，农民就会尽心尽力种田，商贾会观察行情尽心尽力理财，百工就会运用技巧尽心尽力搞好机械，士大夫以至于王公诸侯，没有不用仁德宽厚智慧才能尽职尽责的，这就叫作至平之世。所以，有的人以天下之财为自己的俸禄并不以为多，有的人做门卫、迎宾、守关、巡更而自己却不以为俸禄少。所以说："有参差不齐才会变为整齐，枉曲不顺才会变为和顺，有了不同才会统一。"这就是人世的伦理。《诗》曰："受小共大共，为下国骏蒙。"（《诗》上说："接受小法大法，施庇护于下国诸侯。"）就是说的这种情况。

## 【绎旨】

本章主要阐述了两点主张：一是，人的欲望不可放纵，必须以礼仪制约之。二是，只有"仁人在上"，才能使天下各尽气力，各得其宜，不同而一。

## 【名言嘉句】

①然则从人之欲则埶（势）不能容，物不能赡也。

②斩而齐，枉而顺，不同而一。

# 非相篇第五

**【导读】**

本篇第一部分从理论与事实两方面集中论述了"相人"之术是不可信的，说明人的外形的高矮大小、面相的美丑善恶与人的吉凶祸福没有必然的联系。作者对"相人"之术表示了明确的非议和否定态度，故以"非相"为篇名。

全篇可分为七章。

第一章，主要是从理论上说明"相人"之术不值得相信。

第二章，列举了从尧、舜开始到战国时期的若干具体人物，说明人的吉凶祸福、仕途的升迁与其面相的善恶美丑没有必然的联系，从而用事实否定了"相人"之术。

第三章，提出了人生修养中必须注意的"三吉祥"和"三不穷"。

第四章，阐述了三方面的问题：一是，人与动物的区别。荀子认为：人之所以为人，就是因为人有"辩"，即区分事物界限的能力；二是，阐述了人的等级名分、礼、圣王和法后王等问题。三是，提出了若干思想方法问题，其中提出的"欲观千岁则数今日"的方法，是具有重要意义的。

第五章，主要是为了反驳"古今异情，其所以治乱者异道"的观点，而论述了"以道观尽，古今一度也"的论断，强调古今联系，认为"古今一度"。这是荀子政治思想和哲学思想的重要方面。

第六章共分三节。第一节阐述了讲解宣传先王之道，礼义学说的语言之重要性。第二、三节阐述游说的艺术问题，包括态度、语言、心态的把握等。本章也阐述了修身方面的一些要求。

第七章阐述了关于"辩"的有关问题。如辩的内容，辩的意义，辩的方法步骤及辩的种类等做了说明。

廖名春认为《非相》篇作于荀子晚年居兰陵之时。司马迁《太史公自序》云："韩非拘秦，《说难》《孤愤》。"韩非死于公元前233年。荀子居兰陵二十年左右，《非相》应是他前十年之作。《太平寰宇记》卷二十三引《十三州志》云："兰陵，故鲁之次室邑也，其后楚取之，改为兰陵县，汉因之。"（乐史《太平寰宇记》卷二十三.中华书局2007年版，第485页）汪中《荀卿子通论》云："盖自七十子之徒既殁，汉诸儒未兴，中更战国、暴秦之乱，六艺之传赖以不绝者，荀卿也。周公作之，孔子述之，荀卿子传之，其揆一也。"（王先谦《荀子集解》考证下，第22页）

## 【原文】

相人[1]，古之人无有也，学者不道也。古者有姑布子卿[2]，今之世梁有唐举[3]，相人之形状颜色而知其吉凶、妖祥，世俗称之。古之人无有也，学者不道也。故相形不如论心，论心不如择术[4]。形不胜心，心不胜术。术正而心顺之，则形相虽恶而心术善，无害为君子也；形相虽善而心术恶，无害为小人也。君子之谓吉，小人之谓凶。故长短、小大、善恶形相，非吉凶也。古之人无有也，学者不道也。

## 【注释】

〔1〕相人：根据人的面相、骨相推断其吉凶祸福的人。

〔2〕姑布子卿：春秋时期郑国人，以善相闻名，时有叔服相公孙敖子，马上相商臣，师旷相太子晋等。以姑布子卿最为著名。《史记·赵世家》（《史记》卷四十三）记有赵简子请姑布子卿遍相其诸子之事。他认为贱妾所生之子毋恤最贤，后得嗣位，即赵襄子。据《韩诗外传》称，姑布子卿亦曾为孔子及其弟子相面。

〔3〕梁有唐举：梁，即魏国，因战国中期魏迁都大梁（今河南开封），故称为梁。唐举，战国时相士，曾为李兑（赵惠文王时相国）、蔡泽（曾代范雎为秦相）看相（见《史记·范唯蔡泽传》）。李兑在赵专权是在公元前295年以后，蔡泽继范雎为秦相是在前255年左右。

〔4〕故相形不如论心，论心不如择术：观察人的外形不如考察他的思想，考察他的思想不如看他处世的方术。

## 【译文】

依照人的面相、骨相推测判断人的吉凶祸福，这种职业，古代是没有的，学者也不去研究这方面的问题。春秋时期有个姑布子卿，现在梁国有唐举，能通过观察人的外形、面色而推断其吉凶祸福，世俗予以称赞。古代的人中没有这种人，学者们也不去研究论证。所以，观察人的外貌身形不如观察他的思想，观察思想不如鉴别他立身处世的方术。形貌不如思想重要，思想不如立身处世的方术重要。方术正确，思想又能遵循它，那么，形相虽然丑恶但思想和处世方术善良，就不会妨碍成为君子。反之，形相虽好但思想及处世的方术不好，那就不会妨碍成为小人。君子说是吉利，小人就说是凶残。所以，人的高矮、小大、外貌的凶恶与善良，都与吉凶无关。对于相面相骨之事，古代人没有，当时的学者对此不研究论证。

## 【绎旨】

本章主要是从理论上说明"相人"之术不值得相信，人的外形的长短、大小、善恶等与吉凶祸福没有必然的联系。

## 【名言嘉句】

故相形不如论心，论心不如择术。

## 【原文】

盖帝尧长，帝舜短；文王长，周公短[1]；仲尼长，子弓短[2]。昔者卫灵公有臣曰公孙吕，身长七尺，面长三尺，焉¹广三寸[3]，鼻目耳具，而名动天下。楚之孙叔敖，期思之鄙人也[4]，突秃长左[5]，轩较之下[6]，而以楚霸。叶公子高[7]，微小短瘠，行若将不胜其衣。然白公之乱[8]也，令尹子西、司马子期[9]皆死焉；叶公子高入据楚，诛白公，定楚国，如反手尔，仁义功名善²于后世。故事³不揣长，不揳⁴大，不权轻重，亦将志乎尔。[10]长短小大⁵，美恶形相，岂论也哉![11]

且徐偃王[12]之状，目可瞻焉⁶[13]；仲尼之状，面如蒙倛⁷[14]；周公之状，身如断菑[15]；皋陶[16]之状，色如削瓜[17]；闳夭之状，面无见肤[18]；傅说[19]之状，身如植鳍；伊尹[20]之状，面无须麋⁸。禹跳，汤偏。[21]尧、舜参牟⁹子[22]。从者将论志意，比类文学邪? 直将差长短，辨美恶，而相欺傲邪?

古者桀、纣长巨姣美[23]，天下之杰也，筋力越劲，百人之敌也。然而身死国亡，为天下大僇¹⁰，后世言恶则必稽焉[24]。是非容貌之患也，闻见之不众，论议之卑尔。今世俗之乱君[25]，乡曲之儇子[26]，莫不美丽姚冶，奇衣妇饰，血气态度拟于女子；妇人莫不愿得以为夫，处女莫不愿得以为士，弃其亲家而欲奔之者，比肩并起。然而中君[27]羞以为臣，中父羞以为子，中兄羞以为弟，中人羞以为友，俄则束乎有司而戮乎大市，莫不呼天啼哭，苦伤其今而后悔其始。是非容貌之患也，闻见之不众，论议之卑尔! 然则从者将孰可也?

## 【校】

1. 焉，通"颜"。

2. 善，北大本作"著"。

3. 事，一说通"士"。

4. 揳，通"絜"。

5. 小大，北大本作"大小"。

6. 焉，原作"馬"，误。元刻本作"焉"，改。

7. 蒙倛，一说作"彭蜞"。

8. 麋，同"眉"。

9. 参牟，参，同"叁"。牟，同"眸"。

10. 僇，通"戮"。

# 【注释】

〔1〕帝尧长，帝舜短，文王长，周公短：此指身材的高矮，他们皆为一代圣君明王，而身材有高矮，可见人的思想智慧、治国才能、方略等与其外形无关。

〔2〕仲尼长，子弓短：仲尼身材高大，子弓矮小。子弓即仲弓，即冉雍，春秋末年鲁国人，小孔子二十九岁。《论语·先进》曰："德行：颜渊，闵子骞，冉伯牛，仲弓。"子弓以德行著称，为孔门四科十哲之一。又，《论语·雍也》载："子曰：'雍也可使南面。'"子弓曾任季氏家臣，为人度量宽宏。荀子即出于仲弓一系。清人汪中以为："子弓为仲弓，犹子路之为季路，知荀卿之学实出于子夏仲弓也。"但荀子所尊崇的在孔门弟子中只有仲弓。

问题在于子弓是否就是仲弓。此事学术界尚有争议。郭沫若认为仲弓、子弓二者并非一人。李启谦认为二人就是一人，故荀子出于孔子嫡传弟子仲弓一系。这一问题尚应进一步探讨。

〔3〕焉广三寸：即额头广三寸。

〔4〕楚之孙叔敖，期思之鄙人也：公孙敖，楚国名相，以清廉著称。期思，楚国邑名，其地在今河南省固始县西北。鄙人，乡村之人。

〔5〕突秃长左：头发短而少，左手长于右手。

〔6〕轩较之下：轩，古代一种带有帷幕的车子，供卿大夫乘坐。较，车厢两旁板上的横木。轩较之下，言公孙敖身材矮小，站起来没有轩车的横木高。

〔7〕叶（shè）公子高：楚国人，名沈诸梁，封于叶县（今属河南），故称叶公。又，楚国之县令、县长称为"公"，故子高应为叶邑（县）之长。

〔8〕白公之乱：白公，名胜。楚平王之孙，太子建之子，本应继位为王。但因平王与太子之间的矛盾，使太子流亡在外，白胜亦失去继位机会。曾随伍子胥至吴，后被召回，任巢大夫，号白公。楚惠王十年（前479年），起兵攻入楚都，杀令尹子西（斗宜申）、子期（子綦）等人，控制楚都，后被叶公（子高，楚大臣左司马沈尹戍之子）打败，自缢而死，史称"白公之乱"。事见《左传·哀公十六年》。"白公之乱"带有政治革命的性质，白公在楚国曾学习齐国田氏"大斗斛以出，轻斤两以内"的办法，争取民众，应是新兴地主阶级的夺权斗争。

〔9〕令尹子西、司马子期：令尹，楚国不称"相"，而称"令尹"。司马，掌军队之官。子西为平王之长庶子，子期为平王之子。

〔10〕故事不揣长，不揳（xiē）大，不权轻重，亦将志乎尔：揣，测，度。揳，约摸，估计。全句意为：对于士人不要去看其高矮，大小，轻重，而要看其志气如何。

〔11〕长短小大，美恶形相，岂论也哉：士人的高矮，大小外形的美丑，难道值得去评价讨论吗？

〔12〕徐偃王：西周穆王（公元前976年——前922年）时期，徐夷族的首领。据

《后汉书·东夷传》曰，徐夷曾率九夷以伐周，穆王畏其势力，乃分东方诸侯，命徐偃王王之。当时徐夷有"地方五百里"。徐偃王行仁义之道，陆地而朝者"三十有六国"。后来，周穆王又命楚文王攻伐徐夷，后徐夷败，北迁至今徐州一带。其事见于《竹书纪年》《后汉书》《尸子》《博物志》《路史》诸书。《尸子》曰："徐偃王有筋而无骨。"《博物志》曰："徐君宫人有娠而生卵，以为不祥，弃之水滨。孤独母有犬鹄苍，猎于水滨，得所弃卵，衔以来归。孤独母以为异，覆暖之，遂孵成儿。生时正偃，故以为名。"

〔13〕目可瞻焉：眼睛可以看到自己的额头。

〔14〕蒙倛：古代巫术驱鬼时所戴的面具，其形状令人恐怖。

〔15〕身如断菑（zī）：菑，直立的枯树。身体就像折断的枯树一样。

〔16〕皋陶：传为东夷族的领袖之一，舜时主管刑法。

〔17〕色如削瓜：面色如同削去皮的瓜一样青绿。

〔18〕闳夭之状，面无见肤：闳夭，周文王的大臣。纣王囚文王于羑里时，闳夭设计以美女名马送给纣王，纣王释放了文王，又辅佐武王灭纣。但他相貌欠佳，满脸胡须，不见皮肤。

〔19〕傅说：商王武丁时的大臣。传说他"身如植鳍"，即背上像长了鱼鳍。

〔20〕伊尹：商汤的大臣，辅佐商汤灭夏。

〔21〕禹跳，汤偏：禹、汤皆为瘸腿。

〔22〕尧、舜参牟子：牟，瞳仁。参，庞朴《说"参"》云："……人们发现，三和它的派生关系，有时是三个实数，如上述各例所示。也有的时候，'三'却不在'二'外独立自在，而是依存于'二'中；当人们说到三件物事时，第三者未必真实出场，那'二'便充当了'三'的代表。例如，有一种天文仪器叫'参表'。有个地方以它为例说：上惠其道，下敦其业，上下相希，若望参表，则邪者可知也。（《管子·君臣上》）这种"参表"，不是三根表，而是两根表，外加所望的太阳在内，三点成线，故而有了'参'。…… 看来'参牟子'应该像上述'参表'一样，实际上还是两眸子，第三者是虚的。杨倞的注解说：'参牟子，谓有二瞳之相参也。《史记》曰："舜目重瞳"，重瞳盖尧亦然。'杨倞把'参牟子'和'重瞳'统一起来，读参为 cān，也许是对的。但还有另一种理解的办法，即'参牟子'指有一颗存于两眼之中而并非实在的第三只慧眼，正如'重瞳'可以意味着洞察一切而不必真是复眼一样；将两者都做现实主义的解释。这样的'参'，是否更符合原意一些呢？"（庞朴《说"参"》. 中国社会科学，1981 年 9 月 10 日）类似的还有："禹耳参漏"（《淮南子·修务训》）。

尧、舜皆三个瞳仁。此处只是说他们外形怪异，但不影响他们的美德功业。

〔23〕长巨姣美：身材魁梧，面貌姣好。

〔24〕后世言恶则必稽焉：后世人谈到坏事时一定要拿纣王做对照、参考。

〔25〕世俗之乱君：一说"君"，当作"民"。

〔26〕乡曲之儇（xuān）子：儇，轻薄，放浪。乡里的轻薄少年。

〔27〕中君：一般的君王。

## 【译文】

帝尧身材高大，帝舜身材矮小；周文王高大，周公矮小；孔子身材高大，子弓矮小。从前，卫灵公有臣子叫公孙吕，身高七尺，面脸就有三尺长，而额头只有三寸宽，鼻子、耳朵都具备，他名声震动天下。楚国的孙叔敖，是期思地方的一般人，头发短而少，左手长于右手，身体还没有轩车的两边的横木高，但他却使楚国称霸诸侯。叶公子高，矮小瘦弱，走路时好像连自己的衣服都撑不起来，但在白公率军攻入楚都时，令尹子西、司马子期都被杀死，而叶公子高却率军入楚都，杀白公，安定了楚国。此事在他做来易如反掌，其仁义功名被后世称赞。故对士人，不可以测量其长短，不估计其大小，不权衡其轻重，而只看其志气如何。身材的高矮、胖瘦，形相的美好与丑，难道值得去讨论吗？

据说徐偃王的形状，其目可以看到自己的额头。孔子的脸就像驱鬼的术士所戴的面具一样令人可怕。周公的身体就像折断的枯树一样。皋陶的脸色就像削去皮的瓜一样青绿。闳天满脸胡须，看不见皮肤。傅说的形状，就像身插鱼鳍一样。伊尹的形状，没有眉毛胡须。禹走路一瘸一拐。汤走起来，向一边偏去。尧、舜都是三个瞳仁（有一只眼睛是双瞳孔）。相信相术的人，是要讨论他们的思想志向，比较学问的高低呢？还是只论其身材的高矮，分辨外貌的美恶，而互相欺骗、互相傲视呢？

古时候桀和纣都身材高大，容貌姣好，在这方面，可谓天下之杰。他们敏捷有力，一人可抵百人。然而其本人死于非命，所统治的国家被灭亡，成为天下的奇耻大辱，后人论及残暴恶劣时，一定要拿他们做例证。这并不是他们容貌造成的祸患啊！而是因为他们孤陋寡闻，所讨论的问题都不高明才造成的。

现在世俗中的犯上作乱者，乡村中那些轻薄少年，没有不美丽妖冶，穿奇装异服，像妇女那样打扮自己，气质姿态像女子一样。妇女没有不想以他为丈夫的，姑娘没有不想以他为未婚夫的。那些想抛弃亲人、家庭而私奔他们的人，真是并肩而起。但是对于这种人，一般国君羞于以他们为臣子，一般的父亲羞于以他们为儿子，一般的兄长羞于以他们为弟弟，一般人羞于以他们为朋友。不用很久，他们就会被官府逮捕而在闹市中处死。他们没有不呼天喊地，因今天的遭遇而痛苦，而后悔当初的作为。这不是容貌造成的祸患，而是因为孤陋寡闻，见识低下才造成的。但是，那些相信相术的人将会认可哪一种观点呢？

## 【绎旨】

本章通过列举若干事例，从圣君明王到最下层的群众，说明人的相貌体形的好坏、美丑，与其命运、功业无关，也与他们对国家的贡献无关。

本章值得商榷之处是：最后一节说明乡曲之僬子，因为"美丽姚冶，奇衣妇饰，血气态度拟于女子"，因而引起女性的向往，"莫不愿得以为夫""莫不愿得以为士""弃其亲家而欲奔之者，比肩并起"。然而"俄则束乎有司而戮乎大市"云云，实在有点言之过甚，故未必合乎实际。若果有此事，"有司"之官，也太草菅人命了吧！荀子对之不应采取欣赏的态度，而应加以抨击。另外，文中所述若干历史人物之形象也未必合乎实际，而有夸张之嫌，读者阅读时应注意辨别。

## 【名言嘉句】

长短小大，美恶形相，岂论也哉！

## 【原文】

人有三不祥：幼而不肯事长，贱而不肯事贵，不肖而不肯事贤，是人之三不祥也。人有三必穷：为上则不能爱下，为下则好非其上，是人之一必穷也；乡¹则不若⁽¹⁾，偝²则谩之⁽²⁾，是人之二必穷也；知³行浅薄，曲直有以相县⁴矣⁽³⁾，然而仁人不能推，知士不能明⁽⁴⁾，是人之三必穷也。人有此三数行者，以为上则必危，为下则必灭。《诗》曰："雨雪瀌瀌，宴⁵然聿消。莫肯下隧⁶，式居屡骄⁽⁵⁾。"此之谓也。

## 【校】

1. 乡：通"向"。

2. 偝，古同"背"。

3. 知，同"智"。

4. 县，同"悬"。

5. 宴，通"曣"

6. 隧，通"墜"。

## 【注释】

〔1〕乡则不若：若，顺。全句意为：当面不顺从。

〔2〕偝（bèi）则谩之：谩，漫骂，诋毁。全句意为：背后又诋毁他人。

〔3〕知行浅薄，曲直有以相县矣曲直：曲直，指无能力与有能力，无才与有才，不正与正等。全句意为：知识德行浅陋薄弱，无才与有才相悬殊。

〔4〕仁人不能推，知士不能明：对有仁德之人不能推崇，对有知识之士（或译作：有智慧的人。）不能尊重。

〔5〕雨雪瀌瀌（biāo），宴然聿消。莫肯下隧，式居屡骄：语出《诗·小雅·角弓》。今本作："雨雪瀌瀌，见晛曰消，莫肯下遗，式居娄骄。"瀌瀌，雪下得很大的样子。宴然聿消，太阳出来一照，雪就消融了。莫肯下隧，不肯自己引退，或译作："不肯自己和顺。"式居屡骄，在位经常骄傲。全句意为：大雪纷纷满天飘，太阳出来就会消。不肯自己把位引退，还在那里要骄傲。

## 【译文】

人有三件不吉祥的事：年轻的不肯奉侍年长的，卑贱的不肯奉侍高贵的，不好的不肯奉侍贤良的，这是人生的三种不吉利的事。人生有三种必然陷入困境的事：处于上位而不能关爱处于下位的，处于下位而好非议自己的上司，这是人生的第一个必遭困窘的事；当面不顺从，背后又毁谤他人，这是人生的第二个必遭困窘的事；知识德行都很浅薄，无才与有才，无能力与有能力，不正与正直相悬殊明显，但对仁人不推崇，对有智慧的人不能尊重，这是人生的第三个必遭困窘的事。人如果有以上所说的"三不祥""三必穷"等不当行为，如果处上位必定会遭到危机，处下位一定会灭亡。《诗》曰："雨雪瀌瀌（biāo），宴然聿消。莫肯下隧，式居屡骄。"（《诗》上说："大雪纷纷满天飘，太阳出来就会消。不肯自己把位引退，还在那里要骄傲。"）就是说的这种情况。

## 【绎旨】

本章指出人生有"三不祥""三必穷"，意在告诫人士人要注意克服这几种缺点，不要重犯类似的错误。这对人生修养是有重要意义的。由于荀子所处社会历史及环境的作用，提出"贱而不肯事贵"的问题，此句应汲取其积极含义，做出正确理解。

## 【名言嘉句】

人有三不祥：幼而不肯事长，贱而不肯事贵，不肖而不肯事贤，是人之三不祥也。人有三必穷：为上则不能爱下，为下则好非其上，是人之一必穷也；乡则不若，偝则谩之，是人之二必穷也；知行浅薄，曲直有以相县矣，然而仁人不能推，知士不能明，是人之三必穷也。

## 【原文】

人之所以为人者，何已¹也⁽¹⁾？曰：以其有辨也⁽²⁾。饥而欲食，寒而欲暖煖，劳而欲息，好利而恶害，是人之所生而有也，是无待而然者也，是禹、桀之所同也。然则人之所以为人者，非特以二足而无毛也，以其有辨也。今夫狌狌形笑²⁽³⁾亦二足而毛也，然而君子啜其羹，食其胾⁽⁴⁾。故人之所以为人者，非特以其二足而无毛也，以其有辨也。夫禽兽有父子而无父子之亲，有牝牡⁽⁵⁾而无男女之别，故人道莫不有辨。辨莫大于分⁽⁶⁾，分莫大于礼⁽⁷⁾，礼莫大于圣王⁽⁸⁾。圣王有百，吾孰法焉？故曰：文久而息，节族³久而绝⁽⁹⁾，守法数之有司极礼而褫⁴⁽¹⁰⁾。故曰：欲观圣王之迹，则于其粲然者矣，后王⁽¹¹⁾是也。彼后王者，天下之君也，舍后王而道上古，譬之是犹舍己之君而事人之君也。故曰：欲观千岁则数今日，欲知亿万则审一二；欲知上世则审周道，欲知周道则审其人所贵君子。故曰：以近知远⁽¹²⁾，以一知万⁽¹³⁾，以微知明⁽¹⁴⁾，此之谓也。

**【校】**

1. 已：同"以"。

2. 狌狌形笑，狌狌，古同"猩猩"。笑，疑为讹字，正字作"状"。

3. 族，通"奏"。

4. 守法数之有司极礼而褫（chǐ），一说"礼"字衍。

**【注释】**

〔1〕何已也：已，同"以"。何已也，这是什么原因。

〔2〕以其有辨也：有辨，指区分不同事物的思辨能力，在当时这也就是指等级差别。

〔3〕狌狌形笑：狌，同猩。笑，似。全句意为：猩猩的外形与人相似。

〔4〕啜其羹，食其胾（zì）：胾，切成大块的肉。全句意为：喝它的肉汤，吃他的肉块。

〔5〕牝（pìn）牡：牝，雌性。牡，雄性。

〔6〕辨莫大于分：辨，就是区别、区分。分，就是亲疏上下之分，以此为基础就发展为礼仪。郭沫若说："荀子所说的分，不仅限于分工，它已经是由分工而分职而定分，在社会上是农农、士士、工工、商商；在家族中是父父、子子、兄兄、弟弟，在国家是君君臣臣，要个人遵守自己的岗位，遵循着一定的秩序，而通为合作。"（郭沫若《十批判书·荀子的批判》. 东方出版社 2003 年版，第 209 页）

辨莫大于分，辨别区分不同事物的界限最重要的是弄清和把握人的名分。名分，指人所处的一定社会地位及相应的待遇、权利、社会关系等。在封建社会中，名分与等级制度紧密相连，并体现了等级制度的属性和特点。

荀子又指出："群"是人的本能和原生就有的。人只有"群"，才能合在一起战胜自然物，创造人类的社会生活。既然离不开群，就很容易发生纷争，而"救患除祸，则莫若明分使群矣。"人必须依靠群体合作，才能认识、利用和改造自然，解决人的生存和发展问题，但群内又必须有一定的秩序，使之各安其位，这就是分。"明分使群"是人类社会发展到一定阶段的产物，是为了保护社会正常秩序、防止人争乱的需要而形成的。"明分"是"使群"的前提。许多社会学家称荀子为"中国第一位社会学者"（卫惠林《社会学》，正中书局 1964 年，第 7 页）。

〔7〕分莫大于礼：礼，钱穆说："中国文化说到底，可以归纳为一个字'礼'。"（彭林《为什么我们要讲"礼"》，《解放日报》，2012 年 10 月 27 日，第 8 版）邹昌林说："从本质上来说，所谓儒学不过是中国礼文化的价值体现者。"（邹昌林《中国礼文化》（自序）. 社会科学文献出版社 2000 年版，第 19 页）礼是外在的价值规范。全句意为：人的名分没有比礼更重要的。礼是全社会所有成员必须遵循的具有公共性、实用性和可操作性的道德规范。

〔8〕礼莫大于圣王：礼没有比圣王更重要的。因为"礼"是圣王根据治国的需要而制定出来的。"礼"作为一种精神产品，最早应是由民间的实践产生萌发，后经专家学者整理，最后由圣王修订、定型而推行。（如果没有圣王，礼不会推广到全社会。）如历史上著名的周公制礼作乐等，就是如此。

荀子的"辨莫大于分，分莫大于礼，礼莫大于圣王"对后世影响深远，宋司马光《资治通鉴》开篇就有："天子之职莫大于礼，礼莫大于分，分莫大于名。"

〔9〕文久而息，节族久而绝：文，指礼法制度。节族，指乐的节奏。礼法制度久远了就会熄灭，音乐的节奏时间长了，也会失传、流失。

〔10〕守法数之有司极礼而褫（chǐ）：主管礼法制度的部门一度使礼的推行与遵守达到顶峰，以后就逐渐废弛了。极礼而褫，极，达到顶点。褫，剥去衣服，此处为废弛、丧失之意。全句意为：把礼的信奉与遵守推向顶点，然后即逐渐废弛。这是一种文化现象，也是文化发展的一种规律，符合事物发展波浪式前进的总体规律。

〔11〕后王：一种观点认为，与尧、舜、禹、文、武等先王相对而言，指周代开创之君后的守成之王，主要有周公、成王、康王等有建树的周王，后文说"欲知上世则审周道，欲知周道则审其人所贵君子"，可证。另外一种观点认为，周公等人离荀子所处的战国时代也已经有七、八百年的历史了，所以荀子的"后王"不可能仅指周朝的守成之君。后文又说："彼后王者，天下之君也。""欲观千岁则数今日"，可见荀子的"后王"是指当代统治天下的周天子。第三种观点认为，至战国时代，周天子名位虽在，但实际上已经赶不上一个小国诸侯，所以荀子不可能把统一天下的重任寄托于衰微日甚的周天子身上，因此，荀子的后王应是指处于当世又有能力有希望统一天下的新君王。

〔12〕以近知远：以对近处的已经认识和把握的事物为起点去认识离自己更远更大的事物。这种方法是一种由此及彼的逻辑推理过程。

〔13〕以一知万：由对"一"的理解把握，推知对"万"这个多数的理解把握，这也是一个由个别到一般的推理过程。

〔14〕以微知明：由对微小的或隐微的事物理解把握推知对明显的大的事物的理解把握。这也是一种由此及彼的推理过程。

## 【译文】

人之所以成为人，这是为什么呢？回答是：因为人有区分事物不同界限的能力。饥饿了想吃东西，感到寒冷时想取暖，劳累了想休息，喜欢利益而厌恶伤害，这是人生来就有的欲望，是不用什么条件就这样的，是大禹和夏桀共同具有。但是，人之所以成为人，不只是因为人两只脚站立而且身上无长毛，而是因为人辨别是非，区分不同事物。现在猩猩与人的外形有相似之处，也是两只脚站立但有点毛，但是君子却喝它的肉汤，吃它切成大块的肉。所以，人之所以成为人，主要不是因为两脚站立并且无毛，而是因为人能区分不同事物，掌握各种事物的不同界限。说到禽兽，他们也有父子，但没有父慈子孝那种亲情，有雌雄的不同但而没有男女之间的伦理界限。所以，人世间的规则就是任何事物都有自己的界限，必须加以区分。

辨别区分不同事物的界限没有比弄清人的等级名分最重要的了。人的等级名分没有比遵循礼仪更重要的了。但是，圣王有上百位，我应该效法哪一位呢？过去常说：礼法制度年代久远了就会湮灭，乐的节奏时间长了也会失传、消失。主管礼法的部门曾一度使礼的遵奉与推行达到顶峰，之后就逐渐废弛了。所以说，要观察圣王的事迹，就应该去找那些事迹鲜明突出的，这就是后王。后王，就是统一天下的君王。如果离开后王而去谈论上古之事，那就像抛弃自己的国君而去侍奉他国之君一样。所以说：要想考察千年的历史，就应首先考察今天的情况；要想知道亿万这样的多数大数，就必须首先考察一、二这样的小数；要想知道上一个历史时代的治国情况，就必须先考察周朝的治国情况；要想考察周朝的治国情况，就应该考察他们所尊敬爱戴的君子。所以说："以近知远，以一知万，以微知明。"说的就是这种情况。

## 【绎旨】

本章共两节。第一节主要论述了人与动物的区别，这就是人"有辨"，即人能区分不同事物的界限，人有礼仪。第二节，提出了人的等级名分、礼、圣王和法后王等问题，并由此提出了"以近知远，以一知万，以微知明"等逻辑推理方法。这一节涉及的问题较多，值得认真阅读。

其中提出的"欲观千岁则数今日"，这是观察和处理问题的重要方法。马克思在《政治经济学批判导言》中指出："资产阶级社会是最发达的和最多样性的历史的生产组织。因此，那些表现它的各种关系的范畴以及对于它的结构理解，同时也能使我们透视一切已经覆灭的社会形式的结构和生产关系。""人体解剖对于猴体解剖是一把钥匙。反过来说，低等动物身上表露的高等动物的征兆，只有在高等动物本身已被认识之后才能理解。因此，资产阶级经济为古代经济等等提供了钥匙。"（《马克思恩格斯选集》第二卷《政治经济学批判导言》.人民出版社 2012 年 9 月第 3 版，第 706 页）应该说，荀子的这种"欲观千岁则数今日"的方法，就是马克思在这里论述的研究方法的雏形或萌芽。这一点更彰显了荀子思想的理论意义。

## 【名言嘉句】

①故人之所以为人者，非特以其二足而无毛也，以其有辨也。
②欲观千岁则数今日，欲知亿万则审一二。

## 【原文】

夫妄人[1]曰："古今异情，其所以治乱者异道。"而众人惑焉。彼众人者，愚而无说，陋而无度[2]者也。其所见焉，犹可欺也，而况于千世之传也[3]！妄人者，门庭之间〔4〕，犹可诬欺也²，而况于千世之上乎！圣人何以不欺³？曰：圣人者，以己度者也〔5〕。故以人度人，以情度情，以类度类，以说度功〔6〕，以道观尽〔7〕，古今一度也⁴。类不悖〔8〕，虽久同理，故乡⁵乎邪曲而不迷，观乎杂物而不惑〔9〕，以此度之。五帝之外无传人〔10〕，非无贤人也，久故也。五帝之中无传政，非无善政也，久故也。禹、汤有传政而不若周之察〔11〕也，非无善政也，久故也。传者久则论略，近则论详。略则举大，详则举小。愚者闻其略而不知其详，闻其详而不知其大也⁶。是以文久而灭，节族久而绝。

## 【校】

1. 其以治乱者异道，《韩诗外传》引作："其所以治乱者异道。"

2. 犹可诬欺也，《韩诗外传》引作："犹诬欺也。"

3. 圣人何以不欺，《韩诗外传》引作："圣人何以不可欺。"

4. 古今一也，原作"古今一度也"。《韩诗外传》引作："古今一也。"王念孙曰："'古今一度也'当作'古今一也'。""度"字衍，删。

5. 乡，通"向"。

6. 愚者闻其略而不知其详，闻其详而不知其大也，《韩诗外传》引作："故愚者闻其大不知其细，闻其细不知其大。"闻其详而不知其大也，详，当作"小"。

## 【注释】

〔1〕妄人：本指无知而又敢于胡言乱语的人。荀子在本章中谓"妄人"所说"古今异情，其所以治乱者异道"为妄，似乎不公正。应该说这里的论断是正确的。"因为古今国情不同，所以治理国家的方略也与今不同"，这种论断并没有什么错误。荀子为什么谓之为"妄人"之言呢？主要原因就是它与荀子所说的"故以人度人，以情度情，以类度类，以说度功，以道观尽，古今一度也"是相抵牾的。

〔2〕愚而无说，陋而无度者：因愚蠢而不能辩说，因浅陋而不能忖度。

〔3〕况于千世之传也：何况于千世之前的传闻呢？

〔4〕门庭之间：大门与庭院之间，比喻相距很近，就在身边。

〔5〕圣人者，以己度者也：圣人，《论语·泰伯》曰："大哉，尧之为君也！巍巍乎！唯天为大，唯尧则之。"可见孔子心中的圣人，就是指古代的明王圣君，如尧、舜、禹、汤、文、武、周公等。全句意为：圣人，能用自己的知识、经验、规律性的认识去忖度，而不是人云亦云，随波逐流。

〔6〕以说度功：以有关记载和传说去忖度前人的功业。

〔7〕以道观尽：用道观察一切事物。道指关于事物发展的一般规律，或关于事物发展的一般认识，或关于事物发展的总体法则等。

〔8〕类不悖：只要在类别上不相违背，即只要属于同类事物。

〔9〕乡乎邪曲而不迷，观乎杂物而不惑：乡，面临，面向。全句意为：面临邪说歪理而不迷乱，看到杂乱无章的事物亦不疑惑。

〔10〕五帝之外无传人：五帝，指黄帝、颛（zhuān）顼（xū）、帝喾（kù）、尧、舜五人。另外，还有多种说法：一是，庖牺、神农、黄帝、尧、舜。二是，太昊、炎帝、黄帝、少昊、颛顼。三是，黄帝、少昊、颛顼、帝喾、尧。四是，少昊、颛顼、帝喾、尧、舜。五是，黄帝（轩辕）、青帝（伏羲）、赤帝又叫炎帝（神农）、白帝（少昊）、黑帝（颛顼）（五方上帝）。除此之外，指在五帝以前和五帝同时代除五帝之外的范围。

〔11〕不若周之察：不若周政的详细明白。

## 【译文】

有无知而好胡言乱语的人说："古代和今天的情况不一样，所用用来治理国家的方略也不相同。"对此，众人感到迷惑不明。这些人都是愚昧而不能辩说，浅陋而不能思考忖度的人。他们亲眼看到的，往往都容易受欺骗，何况是千世之前的传闻呢！无知而又善于胡言乱语的人，对发生在门庭之间的事都能无中生有欺骗他人，何况是千世之前的事呢？圣人为什么不欺骗人？这是因为：圣人是根据自己掌握的知识、经验、规律性认识去进行忖度。所以能够用现当代人的思维去忖度古代的人，用现当代的有关情况去忖度古代的类似情况，以现当代的某类事物去忖度古代的同类事物，用有关记载和传说去估量古代人的功业，用关于事物发展的一般认识去观察一切事物，可以看出，古今是大体上一样的。只要同类事物而非不同类事物，虽然相隔久远，但其道理是相同的。所以面临邪说歪理不会迷乱不明，看到杂乱无章的事物也不会迷惑不清，这是因为按照这样的方法去忖度的。

五帝之前及其同一时代没有流传下来其他圣贤之士，这并不是因为没有其他贤人，而是因为时间太久了的缘故。五帝之中，也没有流传下来好的治国方略，这并不是因为他们没有好的治国方略，而是因为时代久远的缘故。大禹和商汤虽然有传下来的治国方略，但不如周朝的详尽明白。不是他们没有好的治国方略，而是因为时代久远的缘故。流传时间久了其论述就会简略，离我们近的就会论述详细。简略的只能举出大概，详尽的就可以列举出细小的情节。愚蠢的人只听说其大略而不知其详细内容，只听说其中的细节而不知其大概。所以，礼义文章时间久了就会失传，音乐节奏时间久了就会湮灭。

## 【绎旨】

本章主要是为了反驳"古今异情，其所以治乱者异道"的观点，而论述了"以道观尽，古今一度也"的观点，这与荀子在《非十二子》《天论》等篇中提出的"宗原"和"道贯"等思想是一致的。这种强调古今联系，"古今一度"的思想，是荀子政治思想和哲学思想的一个重要方面。这与孔子的"其或继周者，虽百世可知也"（《论语·为政》）的认识是一脉相承的。不过，荀子是由今上溯至古代，孔子则是由今推论至后代，而认为古今一致的思想都是相同的。当然，这种思想有其不科学之处，这是毋庸讳言的。

## 【名言嘉句】

①类不悖，虽久同理。

②传者久则论略，近则论详。略则举大，详则举小。

## 【原文】

凡言不合先王，不顺礼义，谓之奸言，虽辩[1]，君子不听。法先王，顺礼义，党学者[2]，然而不好言，不乐言[3]，则必非诚士[4]也。故君子之于言也，志好之，行安之，乐言之。故君子必辩。

凡人莫不好言其所善[5]，而君子为甚。故赠人以言，重于金石珠玉；观人以言[1][6]，美于黼黻文章[7]；听人以言[8]，乐于钟鼓琴瑟。故君子之于言无厌。鄙夫[9]反是，好其实，不恤其文[10]，是以终身不免埤汙[2]俗[11]。故《易》曰："括囊，无咎无誉。"[12]腐儒之谓也。

凡说之难[13]，以至高遇至卑，以至治接至乱[14]。未可直至也，远举则病缪[3]，近世则病傭[4]。[15]善者于是闲[5]也，亦必远举而不缪，近世而不傭，与时迁徙，与世偃仰[16]，缓急嬴绌[6]，府[7]然若渠匽[8]栝之于己也[18]，曲得所谓焉[19]，然而不折伤。故君子之度己则以绳，接人则用抴。[20]度己以绳，故足以为天下法则矣。接人用抴[9]，故能宽容，因求[10][21]以成天下之大事矣。故君子贤而能容罢[11][22]，知而能容愚，博而能容浅，粹而能容杂，夫是之谓兼术。《诗》曰："徐方既同，天子之功。[23]"此之谓也。

谈说之术：矜庄以莅之，端诚以处之，坚彊以持之，分别以明之，譬称以喻之[12]，欣驩芬薌[13]以送之，宝之，珍之，贵之，神之。如是则说常无不受。虽不说[14]人，人莫不贵。夫是之谓能贵其所贵。传曰："唯君子为能贵其所贵。"此之谓也。

## 【校】

1. 观人以言，一说"观"应作"劝"。《艺文类聚》引作："劝人以言。"

2. 汙，同"污"。傭，通"庸"。

3. 缪，通"谬"。

4. 傭，通"庸"。

5. 闲，同"间"。

6. 嬴绌，嬴，通"赢"。绌，通"黜"。

7. 府，通"俯"。

8. 匽，通"堰"。

9. 扡，同"楫"。

10. 求，北大本作"众"。

11. 罢，古同"疲"。

12. 分别以明之，譬称以喻之，《韩诗外传》引作："譬称以喻之，分别以明之。"

13. 欣驩芬薌驩，驩，通"欢"。薌，同"香"。

14. 说，同"悦"。使人喜欢。

## 【注释】

〔1〕虽辩：虽善于辩论，讲得很有条理。

〔2〕党学者：党，亲近，亲族。全句意为：亲近学者。

〔3〕不好言，不乐言：不喜欢讲论、宣传，不乐意讲论、宣传先王之道（礼义道德）。

〔4〕诚士：坚守王道礼义之士。

〔5〕凡人莫不好言其所善：凡是人没有不喜欢理论和宣传他所崇尚的人和事的。

〔6〕观人以言：即以言使人观之，或以言示于他人。

〔7〕黼黻（fǔ fú）文章：黼，黑白相间的花纹。黻，为青黑相间的花纹。全句意为：古代朝服上所绣的花纹。

〔8〕听人以言：即以言使人听之。

〔9〕鄙夫：文化上的无知粗劣之辈。

〔10〕不恤其文：不顾及文采。

〔11〕埤汙慵俗：埤，低下。全句意为：卑贱平庸不高雅。

〔12〕《易》曰"括囊，无咎无誉"：语见《易·坤》之六四的爻辞，意思是扎起囊袋来，既无过错，也无值得称赞之处。荀子引此以指"鄙夫"。

〔13〕凡说之难：说（shuì），游说。全句意为：凡游说难处在于……。

〔14〕以至高遇至卑，以至治接至乱：最高尚的思想理论遭遇最卑劣的认识基础，最好的治世之道接触到最混乱的社会现实。

〔15〕远举则病缪，近世则病佣：病，缺陷。全句意为：举远古的事例，其缺陷在于容易出现错误，举近世的事例缺陷在于庸俗。

〔16〕与时迁徙，与世偃仰：因时间的变化而变化，与世事的起伏而起伏。

〔17〕缓急赢绌：慢快余缺（多少）。游说时说话或快或慢或多或少。

〔18〕府然若渠匽檃栝之于己也：府，包容之意。匽，贮水的池子。檃栝（kuò），矫正竹木弯曲的工具。全句意为：就像渠匽控制容纳流水，檃栝矫正竹木一样来控制自己。

〔19〕曲得所谓焉：委婉曲折地把自己的主张说给对方。

〔20〕故君子之度己则以绳，接人则用扡（yè）：绳，指墨绳、准绳。扡，短浆，

船夫有时用以接人登船，使人感到方便。全句意为：君子对自己要以绳墨严格要求，对他人要像船夫待客一样热情接待。

〔21〕因求：求，杨倞注为"众"。即因为众人的支持。

〔22〕贤而能容罢：罢（pí），指品德才能不好者。

〔23〕徐方既同，天子之功：语出《诗·大雅·常武》。徐方，即徐夷所建之邦国，在今鲁南、苏北、皖北一带。全句意为："徐国已经归顺了，这是天子的功劳。"

# 【译文】

凡言论（包括文章）不符合先王之道，不顺从礼义的原则，就叫作奸言。虽然善于辩论，说得头头是道，但君子是不会听从的。效法先王，顺从礼义，亲近学者，但如果不喜欢讲论宣传，不乐于讲论宣传，那也不算能够坚守王道礼义之士。所以，君子对于那些讲论先王之道、仁义道德的学说应从心中爱护它，行动上遵循它，并且乐于为之讲论宣扬。所以，君子必须善于辩论理。

凡是人没有不喜欢谈论他所崇尚的东西的，而君子更是这样。所以，赠给人家有意义的语言，比金石珠玉还要好；把名言嘉句展示于人，那比使之观看朝服上的花纹还要好；让人听到善言美言，比欣赏钟鼓琴瑟的演奏还要快乐。所以，君子对于宣讲善言美语是不会厌烦的。而那些粗鄙的俗人却与此相反，他们只喜欢干巴巴的事实，不知道以文采修饰，所以，他们终身无法免除卑劣庸俗。《易经》曰："括囊，无咎无誉。"（《易经》说："扎起囊袋来，既无过错，也无声誉。"）这就是说的这些迂腐的儒生。

凡是游说，其难处在于以最高尚的思想理论遭遇到了最卑劣的认识基础，以最好的治国方略接触最混乱的社会现实，这是无法取得应有的效果的。举出远古的事例其缺陷是容易发生谬误，举近世的事例则容易陷入庸俗。能够随时间的变化而变化，随世事的起伏而起伏。游说时说话或快或慢，或多或少，就像渠匽控制容纳流水，隐栝矫正竹木一样来控制自己，委婉曲折地把自己的见解说出来，而不伤害对方。所以，君子对自己要以绳墨严格要求，对他人要像船夫待客一样热情接待。要求自己以绳墨，所以完全能够成为天下人的表率。对待他人，像船夫一样以短桨帮助，所以能做到宽容，这样就依靠众人的力量以成就天下的大事。所以，君子本人贤能但能容纳品行驳杂之辈，这就叫作"兼容并包之术"。《诗》曰："徐方既同，天子之功。"（《诗》上说："徐国已经归顺于我，这是天子的功劳。"）就是说的这种情况。

游说之术的基本要求是：用严肃庄重的态度面对，用端正诚挚的心去对待，对自己的见解主张要坚持下去，要分别不同情况进行分析，要运用比喻进行说明，要热情、和颜悦色，像送给他人鲜花一样，对自己所讲的要宝贵、珍视、尊重、崇信，这样一来，你所说的常常没有不被接受的。虽然不用故意去讨好，但听着没有不尊重的。这就叫作使贵重的东西得到应有的重视。古书上说："只有君子能够使贵重的东西得到它应有的重视。"就是说的这种情况。

## 【绎旨】

本章包括三节。第一节主要论述讲解和宣传先王之道、礼义学说的语言的重要性。君子对于这类语言，必须"志好之，行安之，乐言之。"这类语言重于金石珠玉，美于黼黻文章，乐于钟鼓琴瑟。所以，君子必须重视，必须"无厌"。

第二至第三节，主要是讨论"游说"的艺术问题。包括态度、语言、心理状态的把握等。这其中也有若干要求，如"度己则以绳，接人则用抴"等，对于修身处世也具有普遍性的意义，值得重视。

## 【名言嘉句】

①故君子之于言也，志好之，行安之，乐言之。

②故赠人以言，重于金石珠玉；观人以言，美于黼黻文章；听人以言，乐于钟鼓琴瑟。

③故君子之度己则以绳，接人则用抴。

④故君子贤而能容罢，知而能容愚，博而能容浅，粹而能容杂，夫是之谓兼术。

## 【原文】

君子必辩。凡人莫不好言其所善，而君子为甚焉。是以小人辩言险而君子辩言仁[1]也。言而非仁之中[2]也，则其言不若其默也，其辩不若其呐¹[3]也。言而仁之中也，则好言者上矣，不好言者下也。故仁言大矣。起于上所以道²于下，正³令是也[4]；起于下所以忠于上，谋⁴救[5]是也。故君子之行仁也无厌。志好之，行安之，乐言之。故言君子必辩。小辩不如见⁵端，见端不如见本分⁶。[6]小辩而察，见端而明，本分而理[7]，圣人士君子之分具矣。有小人之辩者，有士君子之辩者，有圣人之辩者。不先虑，不早谋，发之而当，成文而类，居⁷错迁徙[8]，应变不穷，是圣人之辩者也。先虑之，早谋之，斯须之言而足听，文而致实，博而党⁸正[9]，是士君子之辩者也。听其言则辞辩而无统[10]，用其身则多诈而无功，上不足以顺明王，下不足以和齐百姓，然而口舌之均⁹，噡¹⁰唯则节[11]，足以为奇伟偃却¹¹[12]之属，夫是之谓奸人之雄。圣王起，所以先诛也，然后盗贼次之。盗贼得变，此不得变也。

## 【校】

1. 呐（nè），古同"讷"。

2. 道，通"导"。

3. 正，北大本作"政"。

4. 谋，北大本作"谏"。

5. 见，同"现"。

6. 见端不如见本分，疑后一"见"字衍。

7. 居，通"举"。

8. 党，通"谠"。

9. 均，同"匀"。

10. 嚪（zhān），同"谵"。

11. 偃却：同"偃蹇"。

## 【注释】

〔1〕小人辩言险而君子辩言仁：仁，是内在的道德依据。礼通过"仁"发挥其作用。全句意为：小人的辩论是宣扬险恶而君子辩论是宣传仁德。

〔2〕言而非仁之中：所说的如果不符合仁的要求。

〔3〕其辩不若其呐也：他的能言善辩还不如木讷难言。

〔4〕起于上所以道于下，正令是也：道，传导。全句意为：由上发起而传导到下层的，是政令。

〔5〕谋救：建议劝谏。救，救止，劝说。

〔6〕小辩不如见端，见端不如见本分：见，显示，揭示。全句意为：从小处辩论不如揭示其头绪；揭示头绪不如其本来的名分。

〔7〕本分而理：揭示出本来的名分，就会达到治理的效果。

〔8〕成文而类，居错迁徙：成文，出口成章，富有文采。类，类别，合乎规范。迁徙，变化，改换话题。全句意为：（圣人）能出口成章，富有文采，合乎规范，措辞和改换话题。

〔10〕辞辩而无统：言辞虽善于辩驳但无系统。

〔11〕口舌之均，嚪唯则节：嚪，话多。唯，唯诺。全句意为：说话强调得当，快慢均匀，因而动听或夸夸其谈，或唯唯诺诺。

〔12〕偃却：高耸，转义为高傲。

## 【译文】

君子一定是善于辩说道理的。凡是人没有不喜欢谈论他所推崇的事情，君子更是如此。所以小人的辩论是宣扬险恶，君子的辩论是宣扬仁德。如果所谈的不是符合"仁"的要求，那么他发表言论还不如保持沉默，他的能言善辩还不如木讷难言。如果所谈符合仁的标准，那么喜欢言谈的人就是上等人，不喜欢言谈的人就是下等人。所以讲说宣传仁道是很重要的。由君上发起而推导于下层的，就是政令。发起于下层而用来对上表示衷心的，是建议和谏言。所以君子践行仁道是从来没有厌倦的。心中喜爱它，行动上遵循它，言语上乐于谈论它。所以君子一定善于辩论宣传。辩论细节不如发现和揭示头绪，发现和揭示头绪不如揭示本来的名分。从小处辩论可以考察细节，发现并揭示头绪可以使事物更明了，发现并揭示本来的名分，就会达到治理的效果。

这样圣人、士君子的名分就具备了。

有小人的辩论，有士君子的辩论，有圣人的辩论。不用事先考虑，不用早早谋划，发表出来就很恰当，出口成章，富有文采，又合乎规范，措辞变化，应对无穷，这是圣人的辩论。事先考虑，早早谋划，片刻的发言值得听取，言辞有文采而又信实，渊博而正直，这是士君子的辩论。听其发言虽善于辩论但理论上无系统，如果用其做事则欺诈颇多而无实际功效，对上不足以顺应明王，对下不足以谐和整齐老百姓，但是他说话语调得当，快慢均匀，或夸夸其谈，或唯唯诺诺，皆有节制，十分动听，这种人足足可以成为自吹自擂、高傲自大之徒，这就是奸人之雄。圣王出现，就会首先诛杀这种人，然后才会去诛杀盗贼。因为盗贼还可以改变，这种人是不能变好的。

## 【绎旨】

本章主要是围绕"辩"而展开的。首先提出了"君子必辩"，君子好辩的问题。为什么如此呢？荀子没有直接回答，而是在以下的论述中逐渐予以说明。这就是通过辩的内容，即"君子辩言仁也"；"言仁"的重要意义，即"故仁言大矣"等；"言仁"必须与"行仁"相结合，即"故君子之行仁也无厌。志好之，行安之，乐言之"等来说明为什么"君子必辩"的问题。实际上是说明了君子"辩"的内容、意义及方法等问题。从而彰显了君子辩说"仁"，宣传"仁"的历史责任，这对为君子者无疑是一种鞭策。

以下，又阐述了辩的种类，即小人之辩，士君子之辩，圣人之辩。对每种"辩"的特点做了分析说明，特别是提出了"小人之辩"的危害。这是对士人修身的警励，是应该注意分辨与防止的。

## 【名言嘉句】

①是以小人辩言险而君子辩言仁也。言而非仁之中也，则其言不若其默也，其辩不若其呐也。

②故君子之行仁也无厌。志好之，行安之，乐言之。

# 非十二子篇第六

**【导读】**

由于本篇第一章的主要内容是对它嚣、魏牟、陈仲、史鳅、墨翟、宋钘、慎到、田骈、惠施、邓析、子思、孟轲"十二子"的批评。故以"非十二子"为篇名。

全篇分为五章。

第一章，主要是对"十二子"的批评。显示了战国后期思想和学术综合的趋势。

第二章，是荀子为统一国家（天下）、统一制度，达到天下大治，概括地提出的大政方针。

第三章，论述为实现"一天下"的目标，君子应如何加强修养的问题。

第四章，专论出仕为官者和未出仕的处士的修养问题，并批评了后世之为官者和处士的唯利唯权之嗜的丑态。

第五章，承接第三章的内容，进一步阐述君子在修养及处世中能做什么，不能做什么，以给君子以警励。同时阐述了君子在仪容方面的要求并批评了不注意仪容的若干怪异之态。

**【原文】**

假今之世[1]，饰邪说，文奸言[2]，以枭¹乱天下，矞²宇³嵬琐[3]，使天下混然不知是非治乱之所存者有人矣。

纵情性，安恣睢[4]，禽兽行，不足以合文通治[5]；然而其持之有故，其言之成理，足以欺惑愚众。是它嚣、魏牟[6]也。

忍情性，綦谿利⁴跂⁵[7]，苟以分异人为高[8]，不足以合大众、明大分[9]；然而其持之有故，其言之成理，足以欺惑愚众。是陈仲、史鳅[10]也。

不知壹天下，建国家之权称[11]，上⁶功用[12]、大俭约而僈差等[13]，曾不足以容辨异、县⁷君臣[14]；然而其持之有故，其言之成理，足以欺惑愚众。是墨翟、宋钘[15]也。

尚法而无法[16]，下修而好作[17]，上则取听于上，下则取从于俗，终日言成文典，反紃⁸察[18]之，则偶然无所归宿[19]，不可以经国定分[20]；然而其持之有故，其言之成理，足以欺惑愚众。是慎到、田骈[21]也。

不法先王，不是礼义[22]，而好治怪说，玩琦辞[23]，甚察而不惠[24]，辩而无用，多事而寡功，不可以为治纲纪；然而其持之有故，其言之成理，足以欺惑愚众；是惠施、邓析[25]也。

略法先王而不知其统，然而犹⁹材剧志大[26]，闻见杂博。案¹⁰往旧造说[27]，谓之五行[28]，甚僻违而无类[29]，幽隐而无说[30]，闭约而无解[31]。案饰其辞而祇敬之[32]曰：此真先君子之言也。子思唱之，孟轲和之，世俗之沟¹¹犹¹²瞀儒[33]，嚾嚾然不知其所非也，遂受而传之，以为仲尼、子弓¹³为兹¹⁴厚于后世，是则子思、孟轲[34]之罪也。

## 【校】

1. 臬，通"淯"，借为"挠"。

2. 矞（jué），通"譎"。

3. 宇，通"訏（xū）"。

4. 利，通"离"。

5. 跂，通"企"。

6. 上，通"尚"。

7. 县，同"悬"。

8. 紃（xún），同"循"。

9. 然而犹，原作"犹然而"，据宋本改。

10. 案，同"按"。

11. 沟，通"怐（kòu）"。

12. 犹，疑衍。

13. 子弓，原作"子游"，北大本据文义改作"子弓"，是。

14. 兹，同"兹"。

## 【注释】

〔1〕假今之世：假，《古今虚字集释》曰："假，犹当也。"又，《方言》云："假，至也。"故"假今之世"，可释为"当今之世"。假，又可作"借"解，故亦可释为"借今之世"。即言借今天下大乱之世，如何如何……。亦可通。

〔2〕文奸言：文，美化，修饰。全句意为：美化奸言。

〔3〕矞宇嵬琐：矞宇即谲訏，欺诈夸大。嵬琐，鄙陋庸俗。

〔4〕恣睢：任意胡为。

〔5〕合文通治：合乎礼义，通晓治道或与国家治理合拍。

〔6〕它嚣、魏牟：它嚣，事迹不详。《韩诗外传》卷四作"范睢"，或曰为环渊。

金德建疑"它嚣"当是"范睢"之误（说见金德建《先秦诸子杂考》.中州书画社 1982 年版，第 176 页）。

魏牟，即魏公子牟，道家代表人物，《汉书·艺文志》有《公子牟》四篇。

〔7〕綦谿利跂：綦，极。谿，山溪。跂，踮起脚后跟。利跂，离世独行之意。

〔8〕苟以分异人为高：不合礼义地以与众不同、标新立异为高。

〔9〕明大分：明白大的名分。

〔10〕陈仲、史鳅：陈仲，又名田仲，又称陈仲子，战国时齐国人。因其兄在齐国食禄万钟而不合道义。故陈仲离开齐国而居于楚国，楚王想以他为相，他拒绝而与妻子隐居，靠织草鞋灌园为生，因而得到清高廉洁之名。史鳅（qiū）：字子鱼，春秋时卫国大夫，曾以"尸谏"卫灵公知名，受到孔子的肯定。

〔11〕权称：权，称（秤）锤，衡量轻重的工具。全句意为：国家衡量轻重的量器，只能是礼义法度。

〔12〕上功用：崇尚实际的功业与功用。

〔13〕大俭约而僈差等：大，重视，使之处重要地位。僈，轻慢，轻视。差等，等级制度。全句意为：重视俭朴节约，而轻视建立不同等次的差别。

〔14〕曾不足以容辨异、县君臣：曾，甚至。辨异，差别，区别。全句意为：甚至不允许差别的存在和君臣间的悬殊。

〔15〕墨翟、宋钘（jiān）：墨翟，墨子（公元前 478——前 392 年），战国初期鲁国人，墨家学派的创始人。有《墨子》一书，保存了其主要思想。主张"兼爱""非攻""尚贤""尚同"，反对原有的等级制度，主张"官无常贵，民无常贱"等，反对儒家的礼乐厚葬等。宋钘（约公元前 370—前 291 年），又称"宋牼（kēng）"，战国中期宋国人，宋尹学派创始人及代表人物。主张"见侮不辱""禁攻寝兵""欲固寡，五升之饭足矣"等。为道家之属。

〔16〕尚法而无法：崇尚法制而没有成文法规。

〔17〕下修而好作：修，智贤之士。《荀子·解蔽》曰："慎子蔽于法而不知贤。"全句意为：不重视贤人而喜欢另创法律。

〔18〕紃察：紃，顺着。紃察，沿其发展而考察之。

〔19〕偄（tì）然无所归宿：偄，远离的样子，突出第，特殊地。此处取"远离的样子"。全句意为：远离主题而没有落脚点。

〔20〕经国定分：管理国家，确定名分。

〔21〕慎到、田骈：慎到（公元前 395 年——315 年）。战国中期法家代表人物，赵国邯郸（今属河北省）人。主张法治，并强调"势力"的作用，认为只有"权重位尊"，才能使"令行禁止"。他强调"法""势"，但否认"尚贤使能"，故受到荀子的批评。他曾为齐国稷下学士之一。《汉书·艺文志》有《慎子》四十二篇，今存辑本七篇。《史记》有"慎到著《十二论》"。《慎子》现存《威德》《因循》《民杂》《德立》《君人》五

篇，《群书治要》有《知忠》《君臣》两篇。清钱熙祚合编为七篇，刻入《守山阁丛书》。近代出土慎到佚篇《慎子曰恭俭》。田骈，又称陈骈，战国时期齐国人，与田齐宗室出于同姓。是稷下学宫中最具有影响的学者之一。他本学黄老，与慎到齐名。亦曾游稷下，属道家。《汉书·艺文志》道家类有《田子》二十五篇，今佚。

〔22〕不是礼义：不遵奉礼义。

荀子提出既法先王又法后王的思想。荀子以孔子、仲弓的真正继承人自居，他要"上则法舜、禹之制，下则法仲尼、子弓之义"，批评那种"不法先王，不是礼义"和"略法先王，而不知其统"的人是"欺惑愚众"（《荀子·非十二子》），是历史的罪人。但荀子又看到王道是自伏羲以来就存在的，由于时代久远，使古圣王的道消融在历史中，变得模糊不清楚了。所以荀子又提出"法后王"的主张，《荀子王制》曰："王者之制。""法不贰后王。""法贰后王，谓之不雅。"《荀子·成相》又曰"至治之极复后王"，即是说治国最好的办法是先王之道与法后王结合。

〔23〕玩琦辞：玩弄奇异辞语。

〔24〕甚察而不惠：察，细察，明察。惠，功用，时效。全句意为：虽然非常细察，但没有什么实际效果。

〔25〕惠施、邓析：惠施（公元前370—前318年），战国中期宋国人，名家主要代表人物。提出"合同异""万物毕同毕异""天与地卑，山与泽平"等一系列命题，具有辩证法的因素。为庄子的友人，其事迹见于《庄子》《荀子》《韩非子》《吕氏春秋》等著作之中。邓析（公元前545年——前501年），春秋时期郑国人，刑名学家。曾作"竹刑"，亦为早期法家的代表人物。其主要思想是"不法先王，不是礼义"。

〔26〕略法先王而不知其统，然而犹材剧志大：略法，表面上形式地去仿效先王治国的传统政策，实际上并没有真正继承与实行。然而犹，好像是的样子。剧，巨。材剧志大，才多而志达。

《韩非子·诡使》云："社稷之所立者，安静也。"韩非子认为社会的稳定，最重要的是政策的继承与稳定。

〔27〕案往旧造说：按照以往旧的说法，臆造新说。

〔28〕五行：一说即"五常"：仁、义、礼、智、信。一说指长沙马王堆汉墓帛书《五行》及郭店楚墓竹简《五行》篇，当为：仁、义、礼、智、圣。（庞朴《思孟五行新考》，《文史》第7辑，中华书局，1979年12月）一说为仁、义、礼、智、诚。（郭沫若《儒家八派的批判》，载《十批判书》，中国华侨出版社2008年版，第96—97页）

荀子批评思、孟的原因可能是：子思把"圣""智"列入德目，而"圣""智"在孔子时代并非儒家德目。

〔29〕甚僻违而无类：很少邪辟不合乎礼法。

〔30〕幽隐而无说：幽深隐蔽说不出理由。

〔31〕闭约而无解：晦涩难明无法理解。

〔32〕案饰其辞而祗敬之：于是修饰他们的言辞而十分恭敬。

〔33〕沟犹瞀（mào）儒：沟，恟愗或作恟瞀，愚昧。犹，衍文。全句意为：是愚昧的儒生。

〔34〕子思、孟轲：子思（公元前483年——前402年），姓孔名伋，孔子之孙，孔鲤之子，儒家代表人物之一。北宋徽宗年间，子思被追封为"沂水侯"。元文宗至顺元年（公元1330年），又被追封为"述圣公"。后人尊称"述圣"。孟轲（公元前372—前289年），战国中期邹国人。子思的再传弟子。孔子之后，儒家最重要的代表人物之一，为"儒家八派"之"孟氏之儒"的开创者，也是"孔孟之道"孔子之外的另一个代表人物。有《孟子》一书传世，自宋代开始，为"四书"之一，影响广泛。后世追封孟子为"亚圣公"，尊称为"亚圣"。

关于荀子非子思、孟轲，王先谦《荀子集解》"考证上"引王应麟《困学纪闻》云："《荀卿·非十二子》，《韩诗外传》四引之，止云十子，而无子思、孟子。愚谓荀卿非子思、孟子，盖其门人如韩非、李斯之流托其师说以毁圣贤，当以韩诗为正。"

## 【译文】

当今世间，美化邪说，修饰奸言，以扰乱天下，用那些欺诈夸大、鄙陋庸俗的言论，使天下人浑浊纷乱而不知是非治乱的标准是什么，这是大有人在的。

放纵自己的性情，任意胡作非为而又心安理得，行为如同禽兽，完全符合礼义和国家的治理原则，但他们立论有所根据，论证能言之成理，因而完全能够欺骗迷惑愚弄群众。这是它嚣、魏牟一类人的行为。

压抑正常的人性，离世独行，不合礼义地以与众不同、标新立异为高，完全不能与大众合群，明白礼义之分。但是，他们立论有根据，论证也言之成理，完全可以欺骗迷惑愚弄群众。这是陈仲、史鰌一类人的行为。

不知道统一天下，建立国家所依据的礼义法度，只崇尚实用，重视俭朴节约，而轻视建立不同等次的差别，甚至完全不允许人与人间有不同和差异的出现，君臣之间有悬殊存在。但是，他们的立论有根据，论证也言之成理，足足能够欺骗迷惑愚弄群众。这是墨翟、宋钘一类人的行为。

崇尚法制但却没有成文法规，轻视贤人而又好自己创作。上则听从君主，下则依从世俗，整日说成文法典的事，等到反复考察时，却又远离法治而没有落脚点，这种情况是不可以经略国家，定制名分；但是他们立论好像也有根据，论述也言之成理，完全能够欺骗迷惑愚弄群众。这是慎到、田骈一类人的行为。

不效法先王，不遵奉礼义，而喜欢研治怪僻邪说，玩弄奇异之辞，虽说得好听但无用处，费很多事而很少有功业，这种情况是不可以作为治国的纲纪的；但是他们立论有根据，论证也言之成理，足足能够欺骗迷惑愚弄群众。这是惠施、邓析一类人的行为。

粗略地效法先王而不知道其系统,但是他们还自认为才多志大,闻见杂而渊博。按照以往旧的说法臆造新说,称之为"五行"。很是邪僻而不合礼法,幽深隐蔽讲不出理由,晦涩难明无法理解。于是,修饰他们的一套而恭敬地说:"这些可真是先圣孔子的言论啊!"子思首先这样倡导,孟轲在后面附和。世间那些愚蠢的儒生们也跟着喧叫起哄而不知道这是错误的,于是信以为真而加以传播,还以为这是孔子、子弓为厚待后世人而专门这样做的呢!这就是子思、孟轲的罪过啊!

## 【绎旨】

本章是荀子对十二子,即它嚣、魏牟、陈仲、史鰌、墨翟、宋钘、慎到、田骈、惠施、邓析、子思、孟轲的批评,十二子各在一定的历史范围内产生了自己的影响。其中孟轲、子思在儒学方面影响较大。墨翟则是墨家的创始人,在历史上影响亦较大。慎到、邓析在法治和中央集权理论方面为后人提供了有益的借鉴。魏牟、宋钘、田骈为道家之属,惠施为名家代表。陈仲、史鰌算不上是思想家,但在道德方面亦有值得称道之处。

荀子的批评虽然未必完全恰当,但它表现了一种思想上学术上综合的趋势,他试图从对各家的分析综合中提出一种新的理论,为建立统一的中央集权的封建王朝服务,这是应该予以肯定的。

## 【原文】

若夫总方略,齐言行,壹统类,而群天下之英杰[1],而告之以大¹古,教之以至顺[2],奥窔之间,簟席之上,[3]敛然[4]圣王之文章具焉,佛²然[5]平世之俗起焉,六说者不能入也,十二子者不能亲也。无置锥之地,而王公不能与之争名;在一大夫之位,则一君不能独畜,一国不能独容;成³名况⁴乎诸侯[6],莫不愿以为臣。是圣人之不得埶⁵者也,仲尼、子弓[7]是也。

一天下,财⁶万物,长养人民,兼利天下[8],通达之属,莫不从服,六说者立息,十二子者迁化,则圣人之得埶者,舜、禹是也。

今夫仁人也,将何务哉?上则法舜、禹之制,下则法仲尼、子弓之义,以务息十二子之说。如是则天下之害除,仁人之事毕,圣王之跡著矣。

## 【校】

1.大,同"太"。

2.佛,同"勃"。

3.成,通"盛"。

4.况,通"皇"。

5.埶,同"势"。

6.财,通"裁"。

7. 埶，同"势"。

## 【注释】

〔1〕若夫总方略，齐言行，壹统类，而群天下之英杰：至于说到总括治国的大政策略，整齐人们的言行，统一治国的纲纪，而汇集天下的英雄豪杰。

〔2〕而告之以大古，教之以至顺：告诉他们上古时期圣君明王的业绩，教他们学习最好的治国理论。

〔3〕奥窔（yào）之间，簟（diàn）席之上：奥，屋子的西南角。窔，屋子的东南角。此处以奥窔代表厅堂。簟席，竹席。簟席之上，即坐席之上。

〔4〕敛然：集中，集聚之意。

〔5〕佛然：兴起的样子。

〔6〕成名况乎诸侯：盛名比诸侯还要美。

〔7〕子弓：一说即孔门十哲之一的仲弓（冉雍，春秋末年鲁国人，孔门弟子，小孔子29岁。曾任季氏家臣，为人度量宽宏，后世受到荀子一派的高度尊崇。）一说，馯臂子弓。

〔8〕一天下，财万物，长养人民，兼利天下：财，管理，利用。财万物，管理万物。全句意为：统一天下，管理利用各种财物，养育人民，使天下之人皆得到利益。

荀子生当战国末期，百家争鸣已近于尾声，而政治、经济的发展又都显示了统一的大趋势。荀子生当其时，他要承担起综合各家思想的任务，以从思想理论上，为国家民族的统一廓清道路。在这里，荀子提出要"总方略，齐言行，壹统类，而群天下之英杰，而告之以大古，教之以至顺"，以与"一天下，财万物，长养人民，兼利天下"的政治经济统一相配合，也就是要用思想文化的统一来与政治经济的统一相配合，并为之扫除各种障碍。

## 【译文】

至于总括治理国家的大政、策略，整齐人们的言行，统一治国的纲纪法度，汇集天下的英雄豪杰，告诉他们上古时期圣君明王的业绩，教他们学习最好的治国理论。那么，在厅堂之内，坐席之上，圣王的礼义制度就会聚集而备，太平盛世的风俗就会勃然兴起。以上六种学说是不能进入这一厅堂的。它嚣、魏牟等十二位先生也不能靠近这一讲席。

有些先王虽然穷得无立锥之地，但是诸侯王和已有公爵的人却不能与他们比名声的高低。他们虽然只有大夫的职位，但是一个国君却不能单独供奉他们，一个国家也无法单独容纳他们。他们的盛名比诸侯还要美，各国没有不愿以他们为臣子的。这些人就是圣人中未有得到权势的人啊！仲尼、子弓就是这样的人。

统一天下，管理利用各种财物，养育人民，使天下之人皆得到利益，凡交通所达到的地方没有不顺从佩服的，上述六种学说立刻停息，十二先生立刻放弃原来的主张。这就是圣人中得到权势的，舜、禹就是这样的人。

现在仁人应该怎么做呢？向上就要效法舜、禹的典章制度，向下就要效法仲尼、子弓的礼义原则，同时务必停息以上十二位先生的学说。这样一来，天下的祸害就会消除，仁人的事业就会完成，圣人治理下的迹象就会变得显著了。

## 【绎旨】

本章概括提出了统一国家、统一制度，达到天下大治的方针原则，这就是：一是，"六说者立息，十二子者迁化"。二是，上则法舜、禹之制，下则法仲尼、子弓之义。三是，齐言行（统一舆论行动）；壹统类（统一制度）；群天下之英杰（团结依靠天下的贤人）；一天下，财万物（统一财政）；长养人民，兼利天下（改善人民群众的生活，使人们得到物质利益）。荀子这些主张是具有重要的理论意义与实践意义的。

## 【名言嘉句】

上则法舜、禹之制，下则法仲尼、子弓之义，以务息十二子之说。如是则天下之害除，仁人之事毕，圣王之跡著矣。

## 【原文】

信信[1]，信也；疑疑[2]，亦信也。贵贤，仁也；贱不肖，亦仁也。言而当，知[1]也；默而当[3]，亦知也。故知默犹知言也。[4]故多言而类[5]，圣人也；少言而法，君子也；多少[2]无法而流湎然[6]，虽辩，小人也。故劳力而不当民务[7]，谓之奸事；劳知而不律先王，谓之奸心；辩说譬谕、齐给便利[8]，而不顺礼义，谓之奸说。此三奸者，圣王之所禁。知而险，贼而神[9]，为[3]诈而巧，言无用而辩[10]，辩不惠[4]而察[11]，治之大殃也。行辟[5]而坚，饰非而好，玩奸而泽，言辩而逆[12]，古之大禁也。知而无法，勇而无惮，察辩而操僻，淫大而用之[6][13]，好奸而与众，利足而迷[14]，负石而坠[15]，是天下之所弃也。

兼服天下之心：高上尊贵，不以骄人；聪明圣知[7][16]，不以穷人[17]；齐给速通[18]，不争[8]先人；刚毅勇敢，不以伤人。不知则问，不能则学，虽能必让，然后为德。遇君则修臣下之义，遇乡则修长幼之义，遇长则修子弟之义，遇友则修礼节辞让之义，遇贱而少者则修告导宽容之义。[19]无不爱也，无不敬也，无与人争也，恢然如天地之苞[9]万物，如是则贤者贵之，不肖者亲之。如是而不服者，则可谓訞[10]怪狡猾之人矣，虽则子弟之中，刑及之而宜。《诗》云："匪上帝不时，殷不用旧。虽无老成人，尚有典刑。曾是莫听，大命以倾。"[20]此之谓也。

## 【校】

1. 知，同"智"。

2. 多少，《荀子·大略》作"言"。

3. 为，同"伪"。

4. 不惠，《荀子·天论》有"无用之辩，不急之察，弃而不治。"

5. 辟，通"僻"。

6. 淫大而用之：大，通"汰"。之，当作"乏"。

7. 知，同"智"。

8. 争，当作"以"。

9. 苞，同"包"。

10. 訞，同"妖"。

## 【注释】

〔1〕信信：相信那些诚实可信的。

〔2〕疑疑：怀疑那些值得怀疑的。

〔3〕默而当：运用沉默状态恰当。

〔4〕故知默犹知言也：所以，懂得何时沉默不语，也就是懂得何时讲话回答。

〔5〕多言而类：说话虽多，但合乎礼义。类，统类，礼义。

〔6〕多少无法而流湎然：多少，指讲话或多或少。流湎然，放纵无法的样子。全句意为：讲话或多或少都不合乎礼法而沉溺于放纵之中。

〔7〕劳力而不当民务：费尽力气而不合于民众事务的要求。

〔8〕齐给便利：言辞敏捷。

〔9〕知而险，贼而神：诡计多端，十分阴险。为人狠毒，变幻莫测。

〔10〕言无用而辩：说话无实际用处但善于狡辩。

〔11〕辩不惠而察：辩论不会给人带来利益但非常细察。

〔12〕行辟而坚，饰非而好，玩奸而泽，言辩而逆：行为怪癖而固执，掩饰错误而巧妙，玩弄奸计而油滑，虽善辩论但违背常理。

〔13〕知而无法，勇而无惮，察辩而操僻，淫大而用之：有智慧而不守礼法勇敢而肆无忌惮，明察善辩但操行邪僻，过于奢侈而用度匮乏。

〔14〕好奸而与众，利足而迷："利足"可释为"走捷径"。全句意为：喜好玩弄奸计而又搜罗众多党羽，集聚过多财富而陷入迷途。

〔15〕负石而坠：《荀子·不苟》曰："故怀负石而赴河，是行之难为者也，而申徒狄能之。然而君子不贵者，非礼义之中也。"又，释为："窃取重位而跌入深渊。"

〔16〕聪明圣知：圣，特殊的，一般人不能企及的。全句意为：聪明而又特别有智慧。

〔17〕不以穷人：不能以此窘迫他人。

〔18〕齐给速通：口才流利，反应敏捷。

〔19〕遇君则修臣下之义，遇乡则修长幼之义，遇长则修子弟之义，遇友则修礼节辞让之义，遇贱而少者则修告导宽容之义：遇乡，遇到乡党（即故乡之人）。全句意为：遇到君主就要践行臣下的礼义。遇到乡党就要践行尊长爱幼的礼义。遇到年长者就要践行儿子弟弟的礼义。遇到朋友就要践行礼节辞让的礼义。遇到地位低下而又年轻者就要践行告诫劝导宽容的礼义。

〔20〕匪上帝不时，殷不用旧。虽无老成人，尚有典刑。曾是莫听，大命以倾：语出《诗·大雅·荡》。全句意为：并非上帝不善良，殷朝不用旧典章。虽无元老可依傍，尚有典型为榜样，可惜尔等不听劝，国之大命瞬间亡。

## 【译文】

相信那些诚实可信的，这就是信。怀疑那些值得怀疑的，也是信。尊崇贤人，这是仁。卑视不良之徒，这也是仁。说话恰当，这是智慧的。沉默得当，也是智慧。所以，懂得何时沉默，也就是懂得何时讲话回答。尚有，讲的话多而又合于礼义，这是圣人；讲话少但合于法度，这是君子；讲话无论多少皆不合乎礼法而沉溺于放纵之中，虽善于辩论，仍然是小人。所以，费尽力气而不合乎民众事务的要求，这叫奸事；费尽心智而不遵奉先王的法度，就叫奸心；辩论演说，运用譬如，言辞敏捷，但是不顺从礼义，就叫奸说。这三种奸邪之事，是圣王所禁止的。

为人头脑聪明但心地险恶，狠毒而变幻莫测，奸诈而巧妙，说话无实际用处但善于狡辩，辩论不会给人实惠但很细察，这些都是治理国家的大危害。行为怪僻而又固执，掩饰错误而又巧妙，玩弄奸计而又奸滑，能言善辩但不合礼义，这些都是古代坚决禁止的。聪明而无法度，勇敢而肆无忌惮，明察善辩但操行邪僻，过于奢侈而用度匮乏，喜欢奸邪而搜罗众多党羽，集聚过多财富而又陷入迷途，像申徒狄那样抱石投河一类的行为，是天下人都要抛弃的。

使天下人心都心悦诚服的办法是：虽处高上尊贵之位，但不以此傲视他人。虽头脑聪明特别有智慧，但不以此困窘他人。虽口才流利，反应敏捷，但不以此抢先压人。虽刚毅勇敢，但不以此伤害他人。不知道的知识，就要向他人请教。不会做的事，就要进行学习。虽然有能力，但一定要谦让。这样才算合乎有关道德规范。遇到君主就要践行臣下的礼义。遇到乡党就要践行尊长爱幼的礼义。遇到年长者就要践行儿子弟弟的礼义。遇到朋友就要践行礼节辞让的礼义。遇到地位低下而又年轻者就要践行告诫劝导宽容的礼义。无所不爱，无所不敬，不与他人争长论短，心胸宽广得如同天地能够包容万物。这样一来，贤良之人就会尊崇你，不善之徒也会亲近你。做到这样之后，如果还有不信服你的，那就可以说是妖怪狡猾之徒了。这样的人虽然是在你的弟子之中，给予刑罚也是应该的。《诗》曰："匪上帝不时，殷不用旧。虽无老成人，尚有典刑。曾是莫听，大命以倾。"（《诗》上说："并非上帝不善良，殷朝不用旧典章。虽无元老可依傍，尚有典型为榜样，可惜尔等不听劝，国之大命瞬间亡。"）就是说的这种情况。

## 【绎旨】

本章主要论述了为实现"一天下"的目标，君子应该如何进一步加强修养的问题，第一节主要阐述了正反两方面的例证，说明君子在修养中应做到什么，禁止什么，这对每一位士人都是有益的。第二节主要是阐述为君子者应如何做到使天下人心悦诚服的问题。本节最后指出那些"訞怪狡猾之人""虽则子弟之中，刑及之而宜。"这说明荀子已认识到单纯凭教化之功是不可能完全解决一切问题的。这与荀子"隆礼重法"的思想是一致的。

## 【名言嘉句】

①高上尊贵，不以骄人；聪明圣知，不以穷人；齐给速通，不争先人；刚毅勇敢，不以伤人。

②不知则问，不能则学，虽能必让，然后为德。

## 【原文】

古之所谓士仕¹⁽¹⁾者，厚敦者也，合群者也，乐富贵²者也，乐分施者也⁽²⁾，远罪过⁽³⁾者也，务事理者⁽⁴⁾也，羞独富⁽⁵⁾者也。今之所谓士仕者，汙³漫⁽⁶⁾者也，贼乱⁽⁷⁾者也，恣睢⁽⁸⁾者也，贪利者也，触抵者⁽⁹⁾也，无礼义而唯权执⁴之嗜者⁽¹⁰⁾也。古之所谓处士⁽¹¹⁾者，德盛者也，能静者也，修正者也，知命者也，箸⁵是者⁽¹²⁾也。今之所谓处士者，无能而云能者也，无知而云知者也，利心无足而佯无欲者也，行伪⁶险秽而强高言谨悫者也，以不俗为俗，离纵⁷而跂訾⁸者⁽¹³⁾也。

## 【校】

1. 士仕，王念孙云当作"仕士"，下同。
2. 富贵，北大本作"可贵"。
3. 汙，同"污"。
4. 执，同"势"。
5. 箸，同"著"。
6. 伪，同"为"。
7. 纵，同"踪"。
8. 訾，通"趾"。

## 【注释】

〔1〕士仕：即出仕之人。
〔2〕乐分施者也：乐于把恩惠分施给他人。
〔3〕远罪过：离犯罪过很远，即不会犯罪。
〔4〕务事理者也：一定按事理处理问题。

〔5〕羞独富：以自己发财致富而不能顾及他人为羞。

〔6〕汙漫：污秽卑鄙，不清廉。

〔7〕贼乱者：破坏捣乱。

〔8〕恣睢：恣睢放荡。

〔9〕触抵者：触犯法令的人。

〔10〕无礼义而唯权埶（势）之嗜者：不遵守礼义而只贪求权势。

〔11〕处士：隐于民间而不愿为官的人。

〔12〕箸是者：彰明正道之人。

〔13〕离纵而跂訾者：离纵，指离开人间纵迹，即脱离正道之意。而跂訾（zī）者：抬起脚后跟，只脚尖着地，显示自己与众不同。

## 【译文】

古代所谓出仕为官的人，为人忠厚老实，能与众人和谐相处，安于富贵，乐于把恩惠施舍给他人，能远离犯罪和过错，处事一定按照正常的事理，以自己单独富有为羞耻。今天那些为官的人，为人污秽卑鄙，破坏捣乱，恣肆放荡，贪图财利，触犯法律，不遵奉礼义而只贪求权势。

古代的所谓处士，为人道德高尚，清静寡欲、修身求正，安命守常，能彰明正道。当今所谓处士，没有什么才能却自吹很有才能，没有什么智慧却说有智慧，贪利之心没有满足却装出一副没有一定欲望的样子，为人虚伪、阴险、污秽不堪却有硬吹自己谨慎老实，以违反世俗常理为自己的风俗，离开正道，以显示自己与众不同。

## 【绎旨】

本章主要内容有两方面，一是，把古今出仕为官者的道德言行做了比较，总之是古优于今；二是，把出仕为官的士人做了比较，也是古优于今。其意在于批评告诫今之为官者与尚为处士者，为实现"一天下"的目标，必须强化道德修养，以礼义约束自己的言行，只有这样，才可能有一番建树。

## 【名言嘉句】

古之所谓士仕者，厚敦者也，合群者也，乐富贵者也，乐分施者也，远罪过者也，务事理者也，羞独富者也。

## 【原文】

士君子之所能不能为：君子能为可贵，不能使人必贵己；能为可信，而不能使人必信己；能为可用，而不能使人必用己。〔1〕故君子耻不修，不耻见汙¹；耻不信，不耻不信；耻不能，不耻不见用。是以不诱于誉，不恐于诽，率道而行〔2〕，端然正己，不为物倾侧〔3〕，夫是之谓诚君子。《诗》云："温温恭人，维德之基。〔4〕"此之谓也。

士君子之容<sup>[5]</sup>：其冠进<sup>[6]</sup>，其衣逢<sup>[7]</sup>，其容良，俨然，壮<sup>2</sup>然，祺然，蕼<sup>3</sup>然，恢恢然，广广然，昭昭然，荡荡然<sup>[8]</sup>，是父兄之容也。其冠进<sup>4</sup>，其衣逢，其容悫；俭然，恀然，辅然，端然，訾然，洞然，缀缀然，瞀瞀然<sup>[9]</sup>，是子弟之容也。

吾语汝学者之嵬<sup>[10]</sup>容：其冠絻<sup>5</sup><sup>[11]</sup>，其缨禁<sup>6</sup>缓<sup>[12]</sup>，其容简连<sup>[13]</sup>；填填然<sup>[14]</sup>，狄狄然<sup>[15]</sup>，莫莫然<sup>[16]</sup>，瞡瞡然<sup>[17]</sup>；瞿瞿然<sup>[18]</sup>，尽尽然<sup>[19]</sup>，盱盱然<sup>[20]</sup>；酒食声色之中则瞒瞒然<sup>[21]</sup>，瞑瞑然<sup>[22]</sup>；礼节之中则疾疾然<sup>[23]</sup>，訾<sup>7</sup>訾然<sup>[24]</sup>；劳苦事业之中则儢儢然<sup>[25]</sup>，离离然<sup>[26]</sup>，偷儒<sup>8</sup><sup>[27]</sup>而罔，无廉耻而忍謑詢<sup>[28]</sup>。是学者之嵬也。

弟佗<sup>[29]</sup>其冠，神襌<sup>9</sup><sup>[30]</sup>其辞，禹行而舜趋<sup>[31]</sup>，是子张<sup>[32]</sup>氏之贱儒也。正其衣冠，齐其颜色<sup>[33]</sup>，嗛<sup>10</sup>然<sup>[34]</sup>而终日不言，是子夏<sup>[35]</sup>氏之贱儒也。偷儒惮事<sup>[36]</sup>，无廉耻而耆<sup>11</sup>饮食，必曰"君子固不用力"，是子游<sup>[37]</sup>氏之贱儒也。彼君子则不然。佚<sup>12</sup>而不惰<sup>[38]</sup>，劳而不僈<sup>13</sup>，宗原应变<sup>[39]</sup>，曲得其宜<sup>[40]</sup>，如是，然后圣人也。

## 【校】

1. 汙，同"污"。

2. 壮，同"庄"。

3. 蕼，同"肆"。

4. 进，通"峻"。

5. 絻，当作"俛"。

6. 禁，通"紟"。

7. 訾，通"孳"。

8. 儒，通"懦"。

9. 神襌，通"冲淡"。

10. 嗛，同"谦"。

11. 耆：通"嗜"。

12. 佚，同"逸"。

13. 僈，通"慢"。

## 【注释】

〔1〕士君子之所能不能为：所能不能为，即所能为与不能为，能够做到的，不能够做到的。

"君子能为可贵，不能使人必贵己；能为可信，而不能使人必信己；能为可用，而不能使人必用己"，此条本于《论语·里仁》，《论语》原文作："不患无位，患所以立。不患莫己知，求为可知也。"

〔2〕不诱于誉，不恐于诽，率道而行：不被名誉所诱惑，不恐惧诽谤，遵循正道而践行。

〔3〕不为物倾侧：不为外界事物而动摇。

〔4〕温温恭人，维德之基：语出《诗·大雅·抑》。全句意为：温和谦恭之人，乃是道德的基础。

〔5〕士君子之容：士君子应有的仪容。

〔6〕其冠进：进，高大，前倾。帽子高大前倾。

〔7〕其衣逢：逢，宽大。其衣宽大。

〔8〕俨然，壮然，祺然，薛然，恢恢然，广广然，昭昭然，荡荡然：端庄的样子，伟岸之态，安泰之态，宽舒之态，心胸广宽之态，豁达之态，光明磊落之态，坦荡之态。

〔9〕俭然，侈（chǐ）然，辅然，端然，訾然，洞然，缀缀然，瞀瞀然：谦虚之态，柔顺之态，亲切之态，端正之态，文弱之态，诚敬之态，随和之态，恭谨之态。

〔10〕觊：当作"傀"，怪异。

〔11〕其冠絻：絻，低俯。

〔12〕其缨禁缓：禁，襟带。全句意为：他们的缨带未系紧，显得松弛。

〔13〕简连：倨傲怠慢。

〔14〕填填然：迟滞之态。

〔15〕狄狄然：跳来跳去，浮躁慌张之态。

〔16〕莫莫然：冷漠之态。

〔17〕瞡（guī）瞡然：浅薄孤陋之态。

〔18〕瞿瞿然：左顾右盼，神情不安之态。

〔19〕尽尽然：封闭沮丧之态。

〔20〕盱盱（xū）然：张目而视之态。

〔21〕瞒瞒然：闭目之态。

〔22〕瞑瞑然：昏迷之态。

〔23〕疾疾然：憎恶之态。

〔24〕訾訾然：诋毁之态。

〔25〕儢儢然：力不从心，懒散之态。

〔26〕离离然：虚脱之态。

〔27〕偷儒：苟且怠惰。

〔28〕謑詢（xǐgòu）：辱骂。

〔29〕弟（tuí）佗：歪斜，一说"颓唐"之意。

〔30〕神禫其辞：说话平淡无味。

〔31〕禹行而舜趋：舜跛（bǒ）足，走路慢，舜在其父面前总是低头快走，此处取快行之意。

〔32〕子张：姓颛孙，名师，字子张，孔子著名弟子之一，小孔子四十八岁，春秋

末年陈国人。为孔子"四友"之三，孔子曾称："自吾得师也，前有辉，后有光。"（《尚书大传》）子张氏之儒为孔子之后儒家八派之一。《论语》中涉及到子张的语录有二十条，大多数是子张与孔子间的问答，亦有数条是子张本人的见解，如《论语·子张》载，子张曰："士见危致命，见得思义，祭思敬，丧思哀，其可已矣。"子夏之门人问交於子张。子张曰："子夏云何？"对曰："子夏曰：'可者与之，其不可者拒之。'"子张曰："异乎吾所闻：君子尊贤而容众，嘉善而矜不能。我之大贤与，於人何所不容？我之不贤与，人将拒我，如之何其拒人也？"子张曰："执德不弘，信道不笃，焉能为有？焉能为亡？"等等。孔子曰："师之庄，贤于丘也。"（《说苑·杂言》）

〔33〕齐其颜色：表情庄重。

〔34〕嗛然：谦虚的样子。

〔35〕子夏：姓卜，名商，字子夏。春秋末年卫国人，一说晋国人。少孔子四十四岁。为孔门十哲之一。子夏娴习于《诗》，能够精通诗意，以文学（文学，范宁曰：'文学，谓善先王典文。'"）著称。子夏氏之儒为孔子之后儒家八派之一。著名的语录："仕而优则学，学而优则仕。"即出于子夏之口。

〔36〕偷儒惮事：偷懒懦弱，胆小怕事。

〔37〕子游：姓言，名偃，字子游，春秋末年吴国人，一说鲁国人。小孔子三十五岁（一说三十八岁），长于文学，为孔门四科十哲之一。子游氏之儒为孔子之后儒家八派之一。子游曾曰："吾友张也为难能也。然而未仁。"（《论语》原编《子张第十九》，《论语新编新释》4.3.1.29）这是子游对子张的评价。弟子间的相互品评也是孔子教导弟子为人处世的一个方面。一方面，子游批评子张没有达到"仁"。如《孔子家语》王肃注曰："子张不务立仁义之行，故子游激之以为未仁也。"另一方面，子游赞美子张容貌堂伟，难为人所及。"然而未仁"是子游得出的结论。

〔38〕佚而不惰：虽追求安逸但不懒惰。

〔39〕宗原应变：宗原，就是效法先王的治国之道，继承传统的优良政策。应变，就是适应变化的形势，注意政策的变革。全句意为：遵奉和坚守礼法原则，根据变化而采取新的措施，这是荀子政治思想和哲学思想的重要内容之一。荀子提出"宗原应变"，以处理好政策的继承与变革问题。

〔40〕曲得其宜：委曲变通，达到合适的结果。

"宗原应变，曲得其宜，如是然后圣人也。"可以看出荀子的"应变"思想是与其"法后王"的思想是一致的。

## 【译文】

士君子所能做的、不能做的：君子能够使自己品德高尚，因而受人尊重，但是不能够一定使人尊敬自己。能够做到诚实可信，但是不能够使人一定相信自己。能够做到使自己成为可用之才，但是不能够使人一定任用自己。所以，君子以不修习品学为耻，而不以被人侮辱为耻。以不诚信为耻，而不以被人不相信为耻。以自己没有才能为耻，不以不被人任用为耻。因此，君子不被名誉所诱惑，不恐惧被诽谤，遵循仁义之道而践行，严肃地端正自己的言行，不为外物所动摇、倾倒，这样才可以称得上诚实的君子。《诗》曰："温温恭人，维德之基。"（《诗》上说："多么宽厚谦恭的人啊，这是道德的基础。"）就是说的这种情况啊！

士君子应有的仪容：帽子高大向前倾，衣服宽大，面容和善可亲，显示出端庄、伟岸、安泰、舒适、心胸宽广、气度恢弘、光明磊落、坦荡无私，这是为父为兄者的尊容。帽子高大向前，衣服宽舒，容貌诚实憨厚，显示出谦虚、柔顺、亲切、端正、文弱、诚敬、随和恭谨之态，这是为子为弟者的仪容。

我告诉当今有些学者的怪异形象：其帽子低俯，缨带松弛。其容颜居傲怠慢，有时显示出一副迟滞之态，有时显示出浮躁、冷漠，有时又显得浅薄、不安，有时有显沮丧，有时还会张目而视。在喝酒吃饭、欣赏歌舞时，又闭起双眼，显出昏迷之态；在交往礼节之中，则心怀怨愤，口吐诋毁之言；在劳苦事业中，则不耐劳苦，懒惰无力，以苟且怠惰而了事，毫无廉耻而能忍受他人的辱骂，这些就是某些学者的怪异之态。

帽子又歪又低，说话淡薄无味，模仿禹的跛行和舜的低头快走，这是子张氏一伙贱儒这样的形象。端正自己的衣冠，面色庄重，装出一副谦虚的姿态又终日不说话，这是子夏氏一伙贱儒的形象。偷懒懦弱，胆小怕事，不知廉耻而贪好吃喝，总是说："君子本来就不用体力劳动的嘛！"这是子游氏一伙贱儒的形象。

那些君子就不是这样，他们虽追求安逸但不懒惰，即使劳苦也不懈怠，能坚守和奉行礼义原则又能及时应对新的变化，能委屈变道而达到合适的结果，这样之后，有可能成为圣人。

## 【绎旨】

本章主要有三方面的内容：一是，阐述士君子能够做到的事和不能做到的事，以给士人处世时提供参考和警励，对不能做到的不要勉强去追求。二是，阐述士君子应有的仪容，这又包括为父为兄者和为子为弟者两个层次。三是，批评当时某些学者的怪异之态，并对子张氏之儒、子夏氏之儒、子游氏之儒提出了批评。

需要注意的是：无论是前面对"非十二子"的批评还是本章对"子张氏之儒、子夏氏之儒、子游氏之儒"三个儒家学派的批评，都是具有一定的片面性的，这需要正确对待。

# 仲尼篇第七

【导读】

　　本篇因第一章首句为"仲尼之门人，五尺之竖子，言羞称乎五伯"，故以"仲尼"为篇题。

　　全篇可分为四章。

　　第一章，主要是对春秋"五伯"（五霸）的代表人物齐桓公的评价。荀子肯定了他不记个人私怨而重用贤人管仲的重大举措，也批评了他不重教化，不修礼义，以诈取胜的缺陷。最后以"小人之杰也"作结。

　　第二章，是荀子告诫新的为王者，应效法历史上周文王等圣君明王，坚持正确的治国之道，以便创造条件统一天下。

　　第三、四章，是荀子为出仕为官者如何保住职位，不被撤职查办提供的措施，其中有若干关于个人的修养问题，值得重视与借鉴。

　　另一方面，本篇也表现了荀子思想上的局限性，这是在阅读时应注意分析的。

【原文】

　　仲尼之门人 1〔1〕，五尺之竖子〔2〕，言羞称乎五伯 2〔3〕。是何也？曰：然。彼诚可羞称也。齐桓，五伯之盛者也，前事则杀兄而争国〔4〕；内行则姑、姊、妹之不嫁者七人，闺门之内，般乐奢汰〔5〕，以齐之分奉之而不足〔6〕；外事则诈邾，袭莒〔7〕，并国三十五。其事行也若是其险汙 3 淫汰 4 也。彼固曷足称乎大君子之门〔8〕哉！

　　若是而不亡，乃霸，何也？曰：於乎〔9〕！夫齐桓公有天下之大节〔10〕焉，夫孰能亡之？倓然〔11〕见管仲之能足以託 5 国也，是天下之大知 6〔12〕也。安忘其怒，出忘其雠 7〔13〕，遂立以为仲父〔14〕，是天下之大决 8 也。立以为仲父，而贵戚莫之敢妬 9 也；与之高、国〔15〕之位，而本朝之臣莫之敢恶也；与之书社三百〔16〕，而富人莫之敢距 10 也。贵贱长少，秩秩焉〔17〕莫不从桓公而贵敬之，是天下之大节也。诸侯有一节如是，则莫之能亡也；桓公兼此数节者而尽有之，夫又何可亡也？其霸也，宜哉！非幸 11 也，数也〔18〕。

　　然而仲尼之门人 12，五尺之竖子，言羞称五伯，是何也？曰：然。彼非本政教也[19]，非致[13]隆高也[20]，非綦文理也[21]，非服人之心也。乡[14]方略，审劳佚[15]，畜积修斗[16]而能颠倒其敌者也[22]。诈心以胜[23]矣。彼以让饰争，依乎仁而蹈利[24]者也，小人之杰也，彼固曷足称乎大君子之门哉！

## 【校】

1.人，疑衍。

2.伯，通"霸"。

3.汙，同"污"。

4.汏，通"泰"。

5.託，同"托"。

6.知，同"智"。

7.讎，同"仇"。

8.决，同"决"。

9.妬，同"妒"。

10.距，古同"拒"。

11.幸，通"侥"。

12.人，疑衍。

13.致，通"至"。

14.乡，通"向"。

15.佚，同"逸"。

16.斗，同"斗"。

## 【注释】

〔1〕门人：主要指孔门弟子，也包括孔子身边的一些人。

〔2〕五尺之竖子：即五尺高的小孩子。指孔门弟子中之最年幼者或周围的其他年幼者。

〔3〕五伯：即五霸。一说指齐桓公、晋文公、楚庄王、宋襄公、秦穆公。一说指齐桓公、晋文公、楚庄王、吴王阖闾、越王勾践。在这里，荀子指的是："齐桓公、晋文公、楚庄王、吴王阖闾、越王勾践。"

〔4〕前事则杀兄而争国：称霸前曾为夺取君位而逼迫鲁国，杀死其兄公子纠。

〔5〕般（pán）乐奢汏：般乐，过分玩乐。奢汏，奢侈。

〔6〕以齐之分奉之而不足：齐之分，齐国收入的一半。全句意为：以齐国收入的一半供奉齐桓公的家庭生活还不够。

〔7〕诈邾（zhū），袭莒：邾，古国名，又称邹，占有今山东费、邹、滕、济宁、金乡等县地，为颛顼后裔首封而建。始为曹姓，为鲁国附庸，后邾武公次子友为颜氏之

祖。莒，周初受封的东夷族古国。其族原在今山东费县一带，后东迁，周初建都计今（山东胶县西南），春秋初年迁入莒（今山东莒县）。有山东安丘、诸城、沂水、沂南、莒、日照等县地。齐桓公曾与管仲相谋攻莒之事。

〔8〕大君子之门：指孔子之门。

〔9〕於乎：读曰"呜呼"。

〔10〕天下之大节焉：指统一天下和治理天下的重要措施，此处主要指其善用贤人。

〔11〕倓（tán）然：平静而不怀疑之态。

〔12〕天下之大知也：天下最大的聪明才智。

〔13〕出忘其雠：指管仲原在公子纠门下，在与齐桓公争夺君位时，曾以箭射中齐桓公的带钩。

〔14〕仲父：第二个父亲，古代称父亲之大弟为仲父。

〔15〕高、国：齐国贵族高氏、国氏，世代为上卿。

〔16〕书社三百：社，指当时社会的基层组织，每二十五户为一社。书社是指以社为单位的户口数和土地数。

〔17〕秩秩焉：完全按次序而行，井然有序。

〔18〕非幸也，数也：数，指由管仲本人的作为和齐桓公采取各种措施而促成的客观形势。全句意为：不是侥幸，而是由客观形势决定的。

〔19〕彼非本政教也：他们不是以政治教化为本。

〔20〕非致隆高也：不是追求达到礼义的崇高境界。

〔21〕非綦文理也：不是完全合乎礼义的要求。

〔22〕乡方略，审劳佚，畜积修斗而能颠倒其敌者也：重视方略，注重安排劳逸，蓄积财物，修理战斗器械和练习战斗技法，打败敌人。

〔23〕诈心以胜矣：运用狡诈的心计取胜。

〔24〕彼以让饰争，依乎仁而蹈利：用礼让掩饰争霸，以仁义的名义去夺取利益。

## 【译文】

孔子的弟子中，连五尺高的小孩子在言语中也以称道"五伯（五霸）"为羞耻，这是为什么呢？回答说：是的。他们的确是应该以称道"五伯"为羞耻的。齐桓公是"五伯"之中最有影响的，他在争霸前，为争夺君位，曾逼鲁国杀死自己的兄长公子纠。在家内有姑姑、姐姐、妹妹七人不出嫁，内宫之内，大肆作乐，极为奢侈，用齐国每年收入的一半来供其家庭挥霍，尚嫌不足。对外则欺诈邾国，袭击莒国，吞并了三十五个小国。其行事完全是阴险、污浊、淫荡、奢汰。他本来的这一套作为怎么会在伟大的孔子门下得到称道呢？

虽然如此，但是他却没有灭亡，而且首先称霸，这是为什么呢？回答说："呜呼！齐桓公具有统一天下和治理天下的重要措施，谁能使之灭亡呢？他十分冷静，毫不怀疑管仲的治国才能，认为完全可以把治国的重任托付给他，这是天下最大的智慧。他夺取君位后就忘记了管仲辅佐公子纠给他带来的愤怒，脱离险境后就忘记了他与管仲之间的仇恨，于是把管仲立为"仲父"，这是天下重大的决断。

把管仲尊为"仲父"，齐国君主的尊贵亲戚，没有人敢嫉妒；给管仲高氏、国氏一样的地位，没有敢表示不满的；给管仲"三百社"的人口土地，富人们没有敢表示反对的。无论尊贵的、卑贱的，还是年长的、年幼的，都按照次序、井然有序地跟从桓公对管仲表示尊重，这些都是治理天下的重要措施。诸侯如果有一条这样的措施，就没有人会灭亡；而桓公兼有这几条的全部内容，那么又怎能灭亡呢？其称霸是应该的。并不是侥幸，而是他通过一系列措施所促成的客观形势决定的。

但是，仲尼的门人弟子中，连五尺高的小孩子都以称道五霸为羞耻，这是为什么呢？

回答说：是的。他们没有把政治教化作为治国的根本，没有达到礼义的最高境界，没有健全礼义制度，没有使人心悦诚服。他们只是重视方法策略，使民众有劳有逸，蓄积财物，修理战斗器械，练习格斗技术以便打败敌人，以诡诈之心取得胜利。他们以礼让掩饰争夺，打着"仁"的旗号而去谋取利益，他们只能算小人中的杰出人物，他们本来的这一套怎么值得称道于伟大的孔子之门呢？"

## 【绎旨】

本章主要是荀子对五霸代表人物齐桓公的评价。荀子肯定了他不记私人恩怨而敢于重用贤人管仲的重大举措，也站在儒家立场上批评了他不重教化，不修礼义，以诈取胜的不足之处。最后以"小人之杰也"作结。对于管仲与齐桓公，孔子更多地肯定了管仲辅佐齐桓公"九合诸侯""一匡天下"的功绩。肯定管仲为仁人，但又批评他"管仲之器小哉！"对齐桓公，曾谓"晋文公谲而不正，齐桓公正而不谲"。肯定了他"尊王攘夷"的功绩。荀子对齐桓公的评价与孔子的评价有联系又有不同。

## 【名言嘉句】

俭然见管仲之能足以託国也，是天下之大知也。安忘其怒，出忘其雠，遂立以为仲父，是天下之大决也。

## 【原文】

彼王者[1]则不然。致贤[2]而能以救不肖，致彊¹而能以宽弱，战必能殆之[3]而羞与之鬭²，委³然[4]成文以示之天下，而暴国安自化矣[5]。有灾⁴缪⁵者[6]然后诛之。故圣王之诛也，綦省[7]矣。文王诛四，武王诛二[8]，周公卒业，至于成王，则安以无诛⁶矣。故道岂不行矣哉！文王载[9]百里地而天下一⁷；桀纣舍之，厚于有天下之埶⁸而不得以匹夫老[10]。故善用之，则百里之国足以独立矣；不善用之，则楚六千里而为雠人役[11]。故人主不务得道[12]而广有其埶⁹，是其所以危也。

**【校】**

1.彊，同"强"。

2.鬭，同"斗"。

3.委，通"緌"。

4.災，同"灾"。

5.繆，同"谬"。

6.无诛，北大注曰："原作'无以诛'，据《大略》篇改。"

7.文王载百里地而天下一，北大本断句："文王载之，百里地而天下一。"并注曰："之，指'道'，原脱，据文义补。"

8.埶，同"势"。

9.埶，同"势"。

**【注释】**

〔1〕王者：荀子理想的能够统一天下的人物。

〔2〕致贤：致，尽，极。极其贤能。

〔3〕能殆之：能使完全失败。

〔4〕委然：有文采的样子。

〔5〕暴国安自化矣：暴虐的国家自然转变。

〔6〕有灾缪者：有危害行为和错误的国家。

〔7〕綦省：极省，很少。

〔8〕文王诛四，武王诛二：指周文王曾灭密、阮、共、崇四国。周武王灭商和奄国。（奄是商末周初山东曲阜之东的一个小国，其都为山东曲阜。周成王初年，随同武庚和东方的夷族起兵反周，被周公诛灭。）

〔9〕文王载：即文王实行了正确的治国之道。或释"载"为"依靠"，亦可。

〔10〕不得以匹夫老：不能够以一个普通的人终老。

〔11〕为雠人役：雠人，同"仇人"，指秦国。楚怀王客死于秦，其子襄王又被秦控制。公元前296年，楚怀王死。全句意为：被仇人所役使（公元前272——前263年）。

〔12〕不务得道：不致力于掌握治国之道。

**【译文】**

那些能够统一天下的圣王就不是这样。他们本身极为贤能而又能救助不贤的国君，本身很强大而又能够宽容那些弱者，作战一定能完全战败敌人但又羞于与之争斗，制定出文采斐然的文告昭示于天下，使那些暴虐的国家自然地发生了转化，只对那些危害他人，有错误者进行诛杀。所以，圣王的诛杀是很少的。周文王不过消灭了密、阮、共、崇四国，周武王灭商和奄国，周公完成了建国大业。至于后继的成王，则因国家安定，就没有诛杀了。所以，这样一来，治国的正确道路（礼义之道）难道不再推行了吗？文王实行了正确的治国之道，依靠原来仅有的百里土地而实行了天下统一。而桀、纣舍弃了正确的治国之道，认为自己已掌握天下大势，因而力量雄厚，但其结果是，连像一个普通人那样正常寿终也没做到。所以，善于把握运用正确的治国之道，即使仅有百里土地的小国也完全能够独立于世；如果不去把握运用正确的治国之道，即使是楚国那样占有六千里土地的国家，也只能为仇人役使。所以，为君为王者不集中精力去把握正确的治国之道（礼义之道），而只是扩大自己的势力，这就是他危亡的原因啊！

## 【绎旨】

本章主要是告诫新的为王者，应效法历史上的周文王、周武王等圣君明王，积极学习、研究和把握正确的治国之道，以便时机成熟时，统一天下。

## 【名言嘉句】

故善用之，则百里之国足以独立矣；不善用之，则楚六千里而为雠人役。

## 【原文】

持宠处位终身不厌之术：主尊贵之，则恭敬而僔[1]〔1〕；主信爱之，则谨慎而嗛[2]〔2〕；主专任之，则拘守而详〔3〕；主安近之，则慎比而不邪〔4〕；主疏远之，则全一而不倍[3]〔5〕；主损绌[4]之，则恐惧而不怨。贵而不为夸，信而不处谦[5]，任重而不敢专。〔6〕财利至则善而不及也，必将尽辞让之义然后受。〔7〕福事至则和而理，祸事至则静而理。富则施广，贫则用节。〔8〕可贵可贱也，可富可贫也，可杀而不可使为奸也：是持宠处位终身不厌之术也。虽在贫穷，徒处之埶[6]〔9〕，亦取象于是矣。夫是之谓吉人。《诗》云："媚兹一人，应侯顺德，永言孝思，昭哉嗣服。"〔10〕此之谓也。

求善处大重〔11〕，理[7]任大事〔12〕，擅宠于万乘之国〔13〕，必无后患之术，莫若好同之〔14〕，援贤博施，除怨而无妨害人。能耐[8]任之〔15〕，则慎行此道也。能而不耐任，且恐失宠，则莫若早同之，推贤让能，而安随其后。如是，有宠则必荣[9]，失宠则必无罪。是事君者之宝而必无后患之术也。故知者之举事也，满则虑嗛[10]〔16〕，平则虑险〔17〕，安则虑危〔18〕，曲重其豫[11]〔19〕，犹恐及其祸[12]，是以百举而不陷也。

孔子曰："巧而好度必节〔20〕，勇而好同必胜〔21〕，知而好谦必贤〔22〕。"此之谓也。愚者反是：处重擅权，则好专事而妒贤能，抑有功而挤有罪〔23〕，志骄盈而轻旧怨，以泆[13]啬而不行施，道乎上为重〔24〕，招权于下，以妨害人。虽欲无危，得乎哉！是以位尊则必危，任重则必废，擅宠则必辱，可立而待也，可炊而竢[14]也。是何也？则堕之者众而持之者寡矣〔25〕。

## 【校】

1. 僔，通"撙"。

2. 嗛，通"谦"。

3. 倍，通"背"。

4. 绌，通"黜"。

5. 谦，通"嫌"。

6. 埶，同"势"。

7. 理，北大本注曰：理字衍，据文义删。

8. 耐，通"能"。

9. 荣，原误作"乐"，改。

10. 嗛，通"歉"。

11. 豫，通"预"。

12. 祇，同"祸"。

13. 丢，同"吝"。

14. 偆，同"竟"。

另外，"孔子曰：'巧而好度必节，勇而好同必胜，知而好谦必贤。'此之谓也……是何也？则堕之者众而持之者寡矣。"此段文字亦见于《家语·六本第十五》。其文如下，孔子曰："巧而好度必攻，勇而好问必胜，智而好谋必成。以愚者反之。是以非其人，告之弗听。非其地，树之弗生。得其人，如聚砂而雨之；非其人，如会聋而鼓之。夫处重擅宠，专事妒贤，愚者之情也。位高则危，任重则崩，可立而待。"

相较之下，可以看出《家语》中"问"字正是《荀子》中"同"的讹字，形近而讹。

"好同"的意思是能够和周围的人和谐相处。但后句"夫处重擅宠，专事妒贤，愚者之情也。"与"好同"意义相反。可见，《荀子》的材料要晚于《家语》。

## 【注释】

〔1〕傅：谦逊。

〔2〕嗛：谦虚。

〔3〕拘守而详：谨慎坚守而详细掌握有关情况。

〔4〕慎比而不邪：谨慎地接近顺从而不去搞谄媚一类歪门邪道。

〔5〕全一而不倍：完全地，一心一意不背叛君主。

〔6〕贵而不为夸，信而不处谦，任重而不敢专：地位尊贵不大搞奢侈浮夸，受到君主信任时不给他人留下嫌隙，职权重大但不敢自我专断。

〔7〕财利至则善而不及也，必将尽辞让之义然后受：当财利到来时但是总觉得功绩还达不到，应该尽量进行辞让，然后才能接受。

〔8〕富则施广，贫则用节：富有就广泛施惠，贫穷就要节俭用度。

〔9〕虽在贫穷徒处之埶（势）：徒，徒刑，独处，孤独。全句意为：虽然处在贫穷孤独无援的时候。

〔10〕媚兹一人，应侯顺德，永言孝思，昭哉嗣服：语出《诗·大雅·下武》。全句意为："天下爱戴戴武王一人，臣下应发扬顺应王的德行，永远保持孝亲之心，要将祖业发扬光大。"荀子引用此诗是告诫为臣子者应像子孙孝敬父母一样，忠于君上。

〔11〕求善处大重：善于处于高级职位。

〔12〕理任大事：顺利掌握重大权力。

〔13〕擅（shàn）宠于万乘（chéng）之国：四匹马一辆兵车，为"一乘"。万乘之国指有一万辆这样兵车的国家。刘向《战国策·序》记载，战国末期，韩、赵、魏（梁）、燕、齐、楚、秦七国为万乘之国。而宋、卫、中山以及东周、西周则为千乘之国。擅宠，独自拥有国君的崇信。擅，独断独行，专权。

〔14〕莫若好同之：没有比与众位贤人同心协力更好的了。

〔15〕能耐任之：能耐，能力。全句意为：如果自己的能力能够担任此项职务。

〔16〕满则虑嗛：圆满了就要考虑如何做到谦让的问题。

〔17〕平则虑险：风平浪静时考虑到有可能出现险情。

〔18〕安则虑危：平安无事时要考虑到突发的危急事件。

〔19〕曲重其豫：豫，预见、预防。全句意为：周全地考虑如何重视"预则立，不预则废"的问题。

〔20〕巧而好度必节：处事灵巧，但又重视法度，就一定会有节制。

〔21〕勇而好同必胜：为人勇敢而又喜欢与众人协同一致，必然会取得胜利。

〔22〕知而好谦必贤：聪明而又为人谦虚，一定会成为贤人。

孔子曰"巧而好度必节，勇而好同必胜，知而好谦必贤"：《家语·六本》作："孔子曰：'巧而好度必攻，勇而好问必胜，智而好谋必成。'"

从《劝学》到《赋》前二十六篇中，有四篇是直接引用孔子语作为论事说理的依据（一共有五条），而无任何相关记事。这五条"孔子语"并不见于今本《论语》，也不曾见于同时期的其他文献。这五条很像孔子的语气，所以被后人收入《孔子集语》。传世本有：一是，宋薛据辑（两卷本）。二是，清孙星衍辑（十七卷本）。薛据辑本被收入《四库全书》，孙星衍辑本被收入《续修四库全书》。以孙星衍辑本为优。"孔子曰：巧而好度必节，勇而好同必胜，知而好谦必贤"是其中的一条。

〔23〕抑有功而挤有罪：抑制有功之士而排挤打击犯过错误的人。

〔24〕道乎上为重：处事之道以尊上为重。

〔25〕堕之者众而持之者寡矣：反对他的人、往下拉他的人多，而扶持他的人少。

## 【译文】

保持君主的宠信，守住官位，终身不被人厌弃的方法是：君主尊敬重视你，就要保持恭敬而谦逊的态度；君主信任爱护你，就要保持谨慎而谦虚的态度；君主专门任用你负责一项工作，就要小心坚守而详细掌握有关情况；君主亲近你，就要谨慎接近和顺从君主而不要搞谄媚一类邪行；君主疏远你，就要完全地一心一意向着君主；君主贬退你，就要虽感到恐惧但没有怨言。财利来到你面前但你的功绩并不够，这时一定要尽量辞让然后再接受。福事来临时，要保持各方面的和谐而去处理。祸事来临时，要冷静而不加声张地去处理。富裕了就广施恩惠，贫穷了就节俭用度。可以处于尊贵地位，也可处贫贱的地位；既可以处富有的地位，也可以处贫穷的地位，但是即使可杀，也不可以去做奸邪之事。这就是保持宠信和职位，终身不被人厌恶的方法。即使处于贫穷孤立无援的形势下，也要坚持这种去做。这样就是大吉之人。《诗》曰："媚兹一人，应侯顺德，永言孝思，昭哉嗣服。"（《诗》上说："天下爱戴武王一人，臣下要发扬顺应王的德行。永远保持孝亲之心，要将祖业发扬光大。"）就是说的这种情况。

寻求善于担任高级职务位，顺利掌握大权，独自拥有万乘之国国君的宠信，一定不会发生后患的办法：没有比之与众位贤人同心协力更好的了，要想提携贤人广泛施行恩惠，除掉别人的怨恨而不妨害别人。如果有能力能够担任此职，就谨慎地践行以上这种方法。如果能力不能够胜任，又害怕失去宠信，也就没有比及与众位贤人同心协力的好，推荐贤人，让能者任职，自己心甘情愿地随在他们后面。这样一来，有了宠信就一定会取得荣耀，失去宠信也没有什么罪过。这是侍奉君主的法宝和一定不会有后患的方法。所以，聪明人处理问题，圆满时就会考虑如何谦虚，风平浪静时就会考虑如何防备风险，平安时就会考虑防范危急事件突出的问题，全面重视"预则立，不预则废"的问题，这样还会害怕遇到祸患，所以，各种举动，才不会陷入危难。孔子说："灵巧而守法度就一定会有节制；勇敢而能与众人协同就一定会胜利；知识渊博而又谦虚一定会有好品行。"就是说的这种情况。

愚蠢的人与此相反：处于重位独揽大权，就喜欢独断专行而妒贤害能，压制有功的人排挤打击犯过错误的人，志气骄傲自满而轻忽旧有的怨恨，为人吝啬不愿施行恩惠，处事之道以看君上的脸色为重，对下招揽权力，以去妨害他人。这样虽然想无危险，怎么能做到呢？所以，这种人职位高一定会有危险，权位重一定会被罢免，把持君上的宠信就必然会受到君上的耻辱，此种结局可以马上就出现，一顿饭的时间就可以完事。为什么呢？往下拉他的人多而扶持他的人很少啊！

## 【绎旨】

本章是荀子为出仕为官者如何保住职位，不被撤职查办，提供的两种办法。这其中有些与思想修养有关，如主张谨慎、谦虚、所得财利应当与功德相符合，不符合则尽辞让之义，反对妒贤害能等都是有益的。有些处世方法也值得借鉴。如满则虑嗛，平则虑险，安则虑危，曲重其豫，犹恐及其既（祸）等。

另一方面，由于荀子处于我国封建专制主义正在兴起的时期，他对封建专制主义的体现者——君主的认识过于理想化，认为他就是真理的代表，一切应该以他为衡量是非的标准。因而本章只强调了为政者应该尊君、顺君，以得君宠为荣耀和成功，而没有强调为政者应重民爱民，追求真理。这是历史局限性的表现。

## 【名言嘉句】

①可贵可贱也，可富可贫也，可杀而不可使为奸也。

②故知者之举事也，满则虑嗛，平则虑险，安则虑危，曲重其豫，犹恐及其祸，是以百举而不陷也。

## 【原文】

天下之行术[1]，以事君则必通，以为仁¹则必圣[2]，立隆而勿贰[3]也。然后恭敬以先之，忠信以统之，慎谨以行之，端悫以守之，顿穷则从之疾力以申重之²[4]。君虽不知，无怨疾之心；功虽甚大，无伐德[5]之色；省求多功，爱敬不勌³；如是，则常无不顺矣。以事君则必通，以为仁则必圣，夫之谓天下之行术。

少事长，贱事贵，不肖事贤，是天下之通义也。有人也，执⁴不在人上，而羞为人下，是奸人之心也。志不免乎奸心，行不免乎奸道，而求有君子圣人之名，辟⁵之是犹伏而咶⁶天[6]，救经而引其足也。说必不行矣，俞⁷务而俞远。故君子时诎则诎⁸，时伸则伸也[7]。

## 【校】

1. 仁，通"人"。

2. 顿穷则从之疾力以申重之，元刻本无"从之"二字。

3. 勌，同"倦"。

4. 执，同"势"。

5. 辟，通"譬"。

6. 咶（shì），古同"舐"。

7. 俞，同"愈"。

8. 诎，通"屈"。

## 【注释】

〔1〕天下之行术：在全天下处处都能行得通的办法。

〔2〕以为仁则必圣：有二解：一是，"仁"指仁德。用这种办法去践行仁德，就必然达到圣的程度。圣，指最高水平的智慧道德或技艺。《尚书·洪范》"聪作谋，睿作圣。"《传》曰："于事无不通谓之圣。"《抱朴子·辨问》曰："世人以人所尤长，众所不及者，便谓之圣。"二是，即用此办法去做人，就会成为圣人。

〔3〕立隆而勿贰：隆，丰厚，使之丰厚而勿三心二意，谨慎遵奉"天下之行术"之意。

〔4〕顿穷则从之疾力以申重之：在外境困窘时要顺从它，并努力反复强调它。

〔5〕伐德：自己夸耀自己的功德，自吹自擂。

〔6〕犹伏而咶天：犹，繁体作"猶"，古代一种动物，似猴而足短。咶，舔。全句意为：犹伏在地上想要舔到天，这是不可能的。

〔7〕故君子时诎则诎，时伸则伸也：此条本于《论语·述而》，《论语》原文作："用之则行，舍之则藏，唯我与尔有是夫。"全句意为：所以，君子应该根据新的变化而作为，能屈则屈，能伸则伸。

## 【译文】

全天下处处能行得通的办法，用以奉侍君主就一定会通达，用它来践行仁德，就必然会达到"圣"的程度。要使之丰厚而勿三心二意。然后用恭敬的态度把它放在首要的地位，用忠信的诚意去统率它，谨慎的态度去践行它，诚实的态度去坚守它，困顿穷窘之时要顺从它，并努力反复强调它。这样的话，君主虽然不了解自己，也没有怨恨之心。功德虽然很大，但没有自我吹嘘之色。少提要求，多立功劳，这样就会得到君主的不断宠爱、尊重。这样一来就会经常没有不顺之处。以上这种办法，用来奉侍君主就一定会通达无阻，用以践行仁德，就必须达到最高境界，这就叫作全天下都能行得通的办法。

年少的事奉年长的，卑贱的事奉尊贵的，不贤能的侍奉贤能的，这是天下都通行的道理。有的人，地位不在别人之上，但是以在人下为羞耻，这是奸人的想法。其思想脱离不了奸诈，行动上也免不了奸邪的行为，而要想得到圣人的名声，这就好像犹伏在地上而要舔到天一样，又像抢救上吊的人而去拉他的脚一样，这是一定行不通的，越这样做离想得到的结果越远。所以，君子应该根据新的变化而作为，能屈则屈，能伸则伸。

## 【绎旨】

本章承接第三章而来，荀子继续为出仕为官者提供立身处世，立于不败之地的方法：一是，奉行"天下之行术"。二是，要根据形势的变化，能屈则屈，能伸则伸。不要脱离实际，做非分之想。这其中有若干认识，是值得今人借鉴的。由于时代的局限，荀子提出了"贱事贵""不肖事贤"等观念。今天看来，"奉事"即服务，人人都要服务他人，"服务"者，既非"贱"，亦非"不肖"。而人与人之间在政治上是平等的，显然，荀子的观念不适合当今的时代。

## 【名言嘉句】

①君虽不知，无怨疾之心；功虽甚大，无伐德之色；省求多功，爱敬不勃；如是，则常无不顺矣。

②故君子时诎则诎，时伸则伸也。

# 儒效篇第八

## 【导读】

因本篇首章首句为"大儒之效"四字，以下全篇又围绕"儒"在社会历史发展中的社会功用，即"儒效"展开论述，故本篇命名为"儒效"。

全篇共分十章。

第一章，以周公的事迹为实例，阐述了大儒在社会历史发展中的作用。

第二章，通过对秦昭王疑问的回答，进一步说明儒者对社会发展的推动作用。

第三章，主要内容有两点：一是说明先王之道就是圣人之道。二是说明君子只能在一定范围内发挥作用。

第四章，阐述理（礼义）对于"事行"与"知说"的规范作用。

第五章，强调学习对于人生发展的意义，同时强调修德、积德和以德授官的重要作用。本章也彰显了荀子反对"生而知之"的进步思想。他认为尧、舜、禹等圣君并非天生而成，"混然涂之人"通过学习也可与之并列。

第六章，阐述了四种人，即民、劲士、笃厚君子、圣人的主要特征。强调要坚守圣人之道——执神而固。什么是神？荀子认为："尽善挟治之谓神。"（最完美最周到的治国方略）。

第七章，主要是阐述大儒的特征。先以周公为例，说明周公并非一味地"谦恭""俭约""警戒"，而是能"与时迁徙，与世偃仰，千举万变，其道一也"。

第八章，主要从理论上阐述俗人、俗儒、雅儒、大儒各自的特征和各自的作用。

第九章，主要阐述了"行""师法"和"积（积累）"对于学习、人生和处世的意义，再次强调"涂之人百姓，积善而全尽谓之圣人。"

第十章，阐述众人、小儒、大儒在道德和才能上的差别，强调"礼"的衡量作用。告诫人们要注意自己言论、行为的界限与标准。

## 【原文】

大儒之效[1]：武王崩[2]，成王幼[3]，周公屏成王[4]而及武王以属天下[5]，恶天下之倍[1]周也。履天子之籍[6]，听天下之断，偃然如固有之，而天下不称贪焉。杀管叔<sup>[7]</sup>，虚<sup>2</sup>殷国，而天下不称戾<sup>[8]</sup>焉。兼制天下，立七十一国，姬姓独居五十三人，而天下不称偏焉。教诲开导成王，使谕于道，而能揜<sup>3</sup>迹<sup>[9]</sup>于文武。周公归周，反籍于成王<sup>[10]</sup>，而天下不辍事周；然而周公北面而朝之。天子也者，不可以少当也<sup>[11]</sup>，不可以假摄为也。能则天下归之，不能则天下去之，是以周公屏成王而及武王以属天下，恶天下之离周也。成王冠，成人<sup>[12]</sup>，周公归周反籍焉，明不灭主之义也。周公无天下矣。乡<sup>4</sup>有天下<sup>[13]</sup>，今无天下，非擅<sup>5</sup>也<sup>[14]</sup>；成王乡无天下，今有天下，非夺也；变埶<sup>6</sup>次序节然也<sup>[15]</sup>。故以枝代主而非越也<sup>[16]</sup>；以弟诛兄而非暴也；君臣易位而非不顺也。因天下之和<sup>[17]</sup>，遂文、武之业<sup>[18]</sup>，明枝主之义<sup>[19]</sup>，抑亦变化矣，天下厌然<sup>[20]</sup>犹一也。非圣人莫之能为。夫是之谓大儒之效。

## 【校】

1. 倍，通"背"。
2. 虚，同"墟"。
3. 揜，同"掩"。但《说文》云："揜，覆也。掩，敛也。"可知"揜""掩"为二字。
4. 乡，通"向"。
5. 擅，通"禅"。
6. 埶，同"势"。

## 【注释】

〔1〕效：效用，功能，功用。

〔2〕武王崩：周武王姬发，在伐纣后第二年去世。崩，古代君主、诸侯之死，称"崩"。

〔3〕成王幼：当时，周武王之子成王尚在襁褓之中。

〔4〕周公屏成王：周公，名旦，武王同母弟，是西周初年最有影响的思想家、政治家、军事家。他的哲学和政治思想主要内容有敬天保民，明德慎罚和尚贤举贤等。周公曾制礼作乐，对周朝制度建设贡献极大。屏，屏藩，保护，庇护。全句意为：因为庇护成王……。

〔5〕及武王以属天下：及，古代王室父亲死了儿子继位，成王"父死子继"。哥哥死了，弟弟继位，称为"兄终弟及"。全句意为：周公继承武王的王位而统治天下。

〔6〕履天子之籍：履，践履，登上。籍，籍位。全句意为：登上天子之位。

〔7〕杀管叔：周初灭纣之后，封纣王的儿子武庚于殷，又封武王之弟管叔、蔡叔、霍叔于武庚周围，以监视武庚，史称"三监"。后因周公摄政，"三监"不服，管叔、蔡叔、霍叔等与武庚勾结，联合反叛。周公闻讯，率军东征，管叔抗拒，只好将其处死。

〔8〕戾：残暴。

〔9〕掩迹：继承功业。

〔10〕周公归周，反籍于成王：据《尚书·金藤》记载，周公为躲避管叔的流言蜚语，曾离开京城，到雒阳居住二年，等成王理解真相后，又回到京城，归还王位于成王。一说"周公归周"即周公把周朝的天下，归于成王。

〔11〕天子也者，不可以少当也：天子这种职位，不能够以幼弱之年少者担任的。

〔12〕成王冠，成人：成王举行冠礼之后，已是成年人。古代男子二十岁，举行加冠礼，以表示成为成人。

〔13〕乡有天下：过去（以前）有天下。

〔14〕非擅也：这不是禅让（让位）。

〔15〕变执（势）次序节然也：这是君权改变的法定次序节制而如此的。

〔16〕故以枝代主而非越也：用旁支（庶子）的身份代替主枝（嫡长子）执政而不算作僭越。

〔17〕因天下之和：凭借天下的和谐。

〔18〕遂文、武之业：完成了文王、武王的大业。

文王，周文王。《尚书·无逸》曰："文王卑服，即康功田功。"这是说，周文王认真继承并执行重农政策。"怀保小民，惠鲜鳏寡"，这说明周文王关怀爱护人民群众。"自朝至于日中昃，不遑暇食""不敢盘于游田"，意即周文王勤于政事，为国家废寝忘食，放弃游乐。又，实行"罪人不孥"（《孟子·梁惠王下》）的政策，这些言行表明周文王具有勤于政事，重民爱民，不滥杀无辜的政治思想和道德。

武王，周武王姬发。

〔19〕明枝主之义：彰明支庶与宗主（嫡长子）之间的伦理原则。

〔20〕厌然：安然。

## 【译文】

关于大儒对社会历史发展的作用：周武王逝世，其子成王年幼，周公为庇护成王而继承了武王的王位以统治天下，这是因为他害怕天下人会背叛周朝。他登上天子的位置，聆听并决断天下大政，十分安然，就如同本来就应该如此一样，而天下人也不说他贪权。后来又杀死管叔，使原来的殷国一片废墟，天下的人并不说他残暴。他全面控制天下，分封七十一国，而其中的姬姓就有五十三国，但天下的人并没有说他偏私。他教诲开导年幼的成王，使他明白什么是正确的治国之道，因而能够沿着文王、武王的足迹前进。周公后来回到京城，把王位归还于成王，天下诸侯没有停止奉事周朝，然后周公以臣子之礼朝见成王。天子的职务，是不可以由年幼之人来担当，也不可以由他人摄政代理。能担当此位的人，天下的人就会归顺他；不能担当此位的，天下人就会背离而去。所以，周公为庇护成王而继承了武王之位以统治天下，怕的是天下背离周室。成王举行冠礼之后，已是成年人，周公回到京师而把王位归还给成王，以彰明不抛弃嫡长子继位的原则。周公就不再具有统治天下的权力了。过去他拥有天下，现在没有了，这不是禅让。成王原来没有天下，现在有了天下，这不是篡夺。这是根据嫡长子继位的次序控制此事而使之如此。所以，过去以庶子代替嫡长子不是僭越，以弟弟的身份（指周公）诛杀兄长（管叔）不是残暴，君臣之间调换了位置，不是不顺。凭借天下人的和谐，完成文王、武王的大业，彰明了支庶和宗主（嫡长子）之间的伦理原则。虽然经历了这样的变化，但天下却安然如同以前一样。这样的情况不是圣人是没有人能做到的。这就是大儒在社会历史中的重要作用。

## 【绎旨】

本章主要内容是以周公的事迹为实例，说明"大儒"对社会历史发展的重要作用。周武王在伐纣之后不久死去，子成王尚在襁褓之中。当初，初建的周朝正面临着"主幼国疑"的局面。周公排除各种干扰，大胆地实行了摄政，稳定了局面，但这又引起了管叔、蔡叔等的不满，他们一方面散布流言，说："公将不利于孺子。"为此，周公只好避居东都二年。另一方面，管叔、蔡叔又与武庚发动叛乱。在这种情况下，周公只好东征平叛，并取得了胜利。待成王弄清真相后，又迎回周公。

周公在处理周初一系列重大问题包括与成王的关系等，都是正确的，无可非议的。他在成王成人后，又北面称臣，还政于成王，更表现了他的高风亮节。

周公是儒学道统中的重要人物，是孔子最敬重的人物之一。荀子把他当作大儒的典型，亦表现了敬仰之情。

## 【名言嘉句】

天子也者，不可以少当也，不可以假摄为也；能则天下归之，不能则天下去之。

## 【原文】

秦昭王[1]问孙卿子曰："儒无益于人之国？"孙卿子曰："儒者法先王，隆礼义，谨乎臣子而致贵其上者也[2]。人主用之，则埶¹在本朝而宜[3]；不用，则退编百姓而悫；必为顺下矣。虽穷困冻餧²，必不以邪道为贪。无置锥之地，而明于持社稷之大义[4]。呜呼³[5]而莫之能应，然而通乎财⁴万物，养百姓之经纪。埶⁵在人上，则王公之材也；在人下，则社稷之臣，国君之宝也；虽隐于穷阎漏⁶屋[6]，人莫不贵之，道诚存也⁷[7]。仲尼将为司寇，沈犹氏不敢朝饮其羊，公慎氏出其妻，慎溃氏踰⁸境而徙，鲁之粥⁹牛马者不豫贾¹⁰，必蚤¹¹正以待之也。[8]居于阙党[9]，阙党之子弟罔不¹²分[10]，有亲者取多，孝弟¹³以化之也。儒者在本朝则美政，在下位则美俗。儒之为人下如是矣。"

王曰："然则其为人上何如？"孙卿曰："其为人上也，广大矣[11]！志意定乎内[12]，礼节修乎朝，法则度量正乎官[13]，忠信爱利形乎下。行一不义，杀一无罪，而得天下，不为也。此君义信乎人矣，通于四海，则天下应之如讙[14]。是何也？则贵名白[15]而天下治也。故近者歌讴而乐之，远者竭蹶而趋之[16]，四海之内若一家，通达之属莫不从服。夫是之谓人师。《诗》曰：'自西自东，自南自北，无思不服。'[17]此之谓也。夫其为人下也如彼，其为人上也如此，何谓其无益于人之国也！"昭王曰："善！"

## 【校】

1. 埶，同"势"。

2. 餧，同"馁"。

3. 呜呼，当作"噭（jiào）呼"。

4. 财，通"裁"。

5. 埶，同"势"。

6. 阎漏，阎，通"巷"。漏，通"陋"。

7. 人莫不贵之，道诚存也，王先谦《群书治要》作："人莫不贵，贵道诚存也。"疑"之"字误。

8. 踰，同"逾"。

9. 粥，同"鬻"。

10. 贾，同"价"。

11. 必蚤，必，通"毕"。蚤，通"早"。

12. 不，同"罘（fú）"。

13. 弟，同"悌"。

另外，"仲尼将为司寇，沈犹氏不敢朝饮其羊，公慎氏出其妻，慎溃氏踰境而徙，鲁之粥牛马者不豫贾，必蚤正以待之也。居于阙党，阙党之子弟罔不分，有亲者取多，孝弟以化之也。"此段文字亦见于《家语·相鲁第一》。其文如下：

初，鲁之贩羊有沈犹氏者，常朝饮其羊以诈市人。有公慎氏者，妻淫不制。有慎溃氏，奢侈踰法。鲁之鬻六畜者，饰之以储价。及孔子之为政也，则沈犹氏不敢朝饮其羊，公慎氏出其妻，慎溃氏越境而徙。三月，则鬻牛马者不储价，卖羊豚者不加饰。男女行者别其涂，道不拾遗，男尚忠信，女尚贞顺。四方客至於邑，不求有司，皆如归焉。

对勘两文，可以看出《家语》所记事件具体、详细，而《荀子》之文则似节录。表明《家语》材料更为原始。

## 【注释】

〔1〕秦昭王：秦昭王（公元前324年——前251），即秦昭襄王，名稷，公元前306年——前251年在位。秦昭王是秦惠文王之子，秦武王之弟。曾用魏冉、范雎为相，

白起为将，在长平大败赵军，奠定了秦统一全国的基础。

〔2〕谨乎臣子而致贵其上者也：谨慎地遵从臣子之道而对在上位者致以富贵。

〔3〕人主用之，则执（势）在本朝而宜：君主如果任用，他就在本朝做官而适合时宜地处理有关政务，即做一个各方面称职的官员。

〔4〕明于持社稷之大义：懂得维护国家利益的大原则。

〔5〕鸣呼：大声疾呼。

〔6〕穷阎漏屋：穷巷漏室。

〔7〕人莫不贵之，道诚存也：人们没有不尊敬他们的，因为治国之道确实在他们手中。

〔8〕沈犹氏不敢朝饮其羊，公慎氏出其妻，慎溃氏踰境而徙，鲁之粥牛马者不豫贾，必蚤正以待之也：此段内容又见《家语·相鲁第一》。朝饮其羊，即早晨让羊饮水，以增加其重量，借以欺骗买主；公慎氏出妻，因其妻"淫不制"；慎溃氏因"奢侈逾制"，故逃走。豫，诳人。听到孔子欲加整顿后，故不敢再以虚价诳骗消费者。

〔9〕阙党：即阙里，地名，在今曲阜市内，孔子旧居。

〔10〕罔不分：即分配渔猎所得。罔，通"网"，渔网。不，即"罘"，捕兽的工具。

〔11〕其为人上也，广大矣：他们做众人之上做了官，其作用是很大的。

〔12〕志意定乎内：内心有坚定的意志。

〔13〕法则度量正乎官：用法则、度、量纠正官府内部的错谬之处。

〔14〕则天下应之如谨：天下以欢呼相应对。

〔15〕贵名白：高贵的名声显赫。

〔16〕竭蹷而趋之：竭尽全力向前赶。

〔17〕自西自东，自南自北，无思不服：语出《诗·大雅·文王有声》。全句意为：从西到东，从南到北，没有不顺从不佩服的。

## 【译文】

秦昭王问荀子："儒者对治理国家是没有益处的吧？"荀子回答说："儒者效法先王之道，推崇礼义，谨守臣子之道而尊重他的君上。如果君主任用他们，他们就在本朝做官而做与本朝相适宜的事情；如果不用他们，就会退而成为老百姓中的一员，而又诚实可亲，一定会成为十分顺从的下属。虽然因穷困而挨饿挨冻，但也一定不会走上贪占的邪道。即使没有立锥之地，但仍会坚持忠于国家的大义。他们大声疾呼而无人响应，但他们通晓管理万物，养护老百姓的纲领法纪。如果取得在一般人之上的地位，他们就有王公一样的素质和才能；如果在一般人之下，他们就是忠于国家的臣子，是国君的宝贝。即使隐居于穷巷陋屋，也没有不尊重他们的，因为治国之道仍掌握在他们手中。例如，当年孔子将要任鲁国的司寇之职时，沈犹氏不敢早起向羊肚子里灌水，公慎氏休掉淫乱的妻子，慎溃氏因奢侈无度吓得越境而逃，鲁国贩卖牛马的不敢再以价诓骗。他们必会早早改正以等待孔子的上任。孔子居于家乡阙里，阙里的青年子弟们分配渔猎所得，有父母的多分一些，这是用孝弟（悌）之义感化了他们才做到的。儒者在朝中做官就会使朝政美好；在地方上做官就会使风俗淳美。儒者在人下时就是这样啊！

秦昭王问："如果儒者在一般人之上会怎样呢？"荀子说："如果在一般人之上，其作用是十分广大的。他们坚定的意志主张形成于内心，礼义节操推广到朝廷之上，用法则度、量纠正官府中的有关错误，使忠实、诚信、关爱、利人的风尚在群众中蔚然成风。即使有一点不义的行为，杀了一个无罪的人，而得到天下，儒者也是不会去做的。这种为君者的大义得到人们普遍相信，传播到全天下，那么天下人就会用一片欢呼来响应。这是为什么呢？就因为高贵的名声显赫而使天下得到了治理。所以，附近的人歌颂他并感到十分快乐，远方的人竭力奔走而投靠他。四海之内好像是一家，舟车所至没有不顺服的，这也就是人们的导师。《诗》曰："自西自东，自南自北，无思不服。"（《诗》上说："从西到东，从南到北，没有不顺从不佩服的。"）就是说的这种情况。儒者在人之下是那样，在人之上是这样，怎么能说他们对于治理国家没有帮助呢？"秦昭王说："好啊！"

## 【绎旨】

本章内容是荀子对秦昭王提出的"儒无益于人之国？"和"然则其为人上何如？"两个问题的回答，通过回答阐明了儒者在社会历史发展中的重大作用。

## 【名言嘉句】

①虽穷困冻馁，必不以邪道为贪。无置锥之地，而明于持社稷之大义。

②行一不义，杀一无罪，而得天下，不为也。

## 【原文】

先王之道，仁¹之隆也[1]，比中而行之[2]。曷²谓中？曰：礼义是也。道者，非天之道，非地之道，人之所以道也，君子之所道³也。君子之所谓贤者，非能徧⁴能人之所能之谓也[3]；君子之所谓知⁵者，非能徧知人之所知之谓也；君子之所谓辩者，非能徧辩人之所辩之谓也；君子之所谓察者，非能徧察人之所察之谓也；有所正⁶矣[4]。相高下，视墝肥，序五种[5]，君子不如农人；通货财，相美恶，辩贵贱，君子不如贾人；设规矩，陈绳墨，便⁷备用[6]，君子不如工人；不恤⁸是非，然不然之情[7]，以相荐⁹撙[8]，以相耻⁰怍[9]，君子不若惠施、邓析。若夫谲¹¹德而定次[10]，量能而授官，使贤不肖皆得其位，能不能皆得其官，万物得其宜，事变得其应，慎、墨不得进其谈，惠施、邓析不敢窜其察，言必当理，事必当务，是然后君子之所长也。

## 【校】

1. 仁，一说作"人"。

2. 曷，同"何"。

3. 道，同"导"。

4. 徧，同"遍"。下同。

5. 知，同"智"。

6. 正，当作"止"。

7. 便，通"辩"。

8. 卹，同"恤"。

9. 荐，通"践"。

10. 恥，同"耻"。

11. 譎，当作"讁（通'决'）"。

## 【注释】

〔1〕仁之隆也：是仁的最高体现。

〔2〕比中而行之：比，按照，顺从。中，中道，不偏不倚。荀子在下文释"中"为"礼义"。全句意为：按照礼义之道而行之。

"先王之道，仁之隆也，比中而行之。曷谓中？曰：礼义是也。"在这里，荀子认为王道的核心就是"礼义"。

〔3〕非能徧能人之所能之谓也：不是指他能够把有能人能做到的都会做。（以下还有三句与此句式相同）

〔4〕有所正矣：正，限度，范围。即言君子的才能是有一定限度，一定范围的。

〔5〕五种：五种作物，即稷、黍、豆、麦、麻。

〔6〕便备用：便于器物之用或制。便，使之便利。一说"便"同"辦（办）"，制作之意。

〔7〕不卹是非，然不然之情：不顾对错，是这样不是这样的实际情况。

〔8〕荐撙：荐，践踏。撙，压抑，欺侮。

〔9〕恥怍：羞辱。

〔10〕譎德：譎，比较，判断之意。全句意为：根据德行情况，决定其任官次序。

## 【译文】

先王之道，是"仁"的最高境界，是按照中道而推行的。什么叫作中道呢？回答说：中道就是礼义的原则。中道不是天的运行之道，也不是地的厚重之道，而是人们遵循发展的道路，是君子提倡的法则。

君子所说的贤人，不是指能够把所有能人能做的事都会做的人；君子所说的有智慧的人，也不是指能够了解一切有智慧的人所能了解的事情的人；君子所说的善于辩论的人，也不是指能够辨明所有善于辩论的人所能辨明的事情的人；君子所说的善于明察的人，也不是指能够明辨一切善于明察的人所能够明察的事情的人。这些都是有一定界限的。观察分析地势的高低，根据土地瘠薄肥沃，安排稷、黍、豆、麦、麻等作物的种植，君子不如农民；使货币财物流通，观察货物的优劣，辨别价格的贵贱，君子不如商人；使用圆规矩尺，划设墨线，制作各种器用，君子不如工人；不顾对错，是与不是的情实，相互践踏、压抑和羞辱，君子赶不上惠施、邓析一类人。但是，如果判定德行情况，决定任官的次序，根据才能高低而授官职，使贤与不贤都得到合适的职务，有才能与才能低的人都得到合适的职务，各种事物都能安置到应得的位置上，各种变化都得到应有的回应，那么，慎到、墨翟没有资格提出他们的意见，惠施、邓析也无法把他们考察的结果拿出来混淆是非。言论一定适合道理，事情一定办得符合本来的要求，这些才是君子的长处啊！

## 【绎旨】

本章主要阐述了两点：一是，先王之道就是当今的礼义之道，也就是中道。礼义之道就是人间发展的正确道路，也就是君子所提倡和坚持的治国之道。二是，君子并非无所不能，而是有所"正（止）"。即只能在一定范围内发挥自己的作用。这个范围就是决定一些人德行的高低，量能而授官，使人各得其宜，物各得其用，事变得其宜。应该说，这种认识是符合唯物主义认识论的，因而，也是符合社会历史发展的实际情况的。它对于扫除认识论范畴内的唯心主义是有重要作用的。

## 【名言嘉句】

君子之所谓贤者，非能徧能人之所能之谓也；君子之所谓知者，非能徧知人之所知之谓也；君子之所谓辩者，非能徧辩人之所辩之谓也；君子之所谓察者，非能徧察人之所察之谓也；有所正矣。

## 【原文】

凡事行，有益于理者立之[1]，无益于理¹者废之，夫是之谓中事[2]。凡知说，有益于理者为之，无益于理者舍之，夫是之谓中说[3]。事行失中，谓之奸事；知说失中，谓之奸道。奸事、奸道，治世之所弃，而乱世之所从服也。

若夫充虚之相施²易也[4]，坚白、同异之分隔也[5]，是聪耳之所不能听也，明目之所不能见也，辩士之所不能言也，虽有圣人之知，未能偻指[6]也。不知，无害为君子；知之，无损为小人。工匠不知，无害为巧；君子不知，无害为治。王公好之则乱法，百姓好之则乱事。而狂惑戆陋[7]之人，乃始率其群徒，辩其谈说，明其辟³称[8]，老身长子[9]，不知恶也。夫是之谓上愚[10]，曾不如相鸡狗之可以为名也。《诗》曰："为鬼为蜮，则不可得，有靦面目，视人罔极。作此好歌，以极反侧。"[11]此之谓也。

**【校】**

1.理，一说当作"治"，唐人为避唐高宗李治讳改之，但本节下面还有"治世""为治"等词语，可见此说未必正确。

2.施，通"移"。

3.辟，通"譬"。

**【注释】**

〔1〕有益于理者立之：理，事理，道理。

〔2〕中事：合乎事理之事，正确的事。

〔3〕中说：合乎事理的学说、说法，正确的学说、说法。

〔4〕充虚之相施易也：实与虚之间相互施行转化。

〔5〕坚白、同异之分隔也：坚白，指战国时期名家公孙龙的重要命题"离坚白"，他以一块白色的石头为例，认为石头的坚硬和白色两种属性都是各自独立的，不能同时都是石头的属性。分隔，即指"离"。同异，指"合同异"。这是战国时期惠施的重要命题。他认为事物的"同"与"异"是相对的。从根本上来说，万物既是"毕同"，也是"毕异"。

〔6〕偻指：快速指明。

〔7〕狂惑戆（zhuàng）陋：狂妄糊涂而又愚蠢。

〔8〕辟称：譬如称说。

〔9〕老身长子：身子老了，儿子长大了，"终生"之意。

〔10〕上愚：最愚蠢。

〔11〕为鬼为蜮（yù），则不可得，有靦面目，视人罔极。作此好歌，以极反侧：语出《诗·小雅·何人斯》。全句意为：究竟是鬼还是蜮？现在看不清。虽然有脸有目，但无做人的标准。作这首好歌，以抨击你反复无常的丑态。

**【译文】**

凡做事和行动，有益于事理（即礼义）者就可以去做，无益于事理（即礼义）者就应该停止，这就叫作正确地做事。凡是知识学说，有益于事理的就使之成立并践行，无益于事理的就抛弃它，这就叫正确地对待学说。做事如果失去事理（即礼义）的依据，就叫奸事；知识学说如果失去事理（即礼义）的依据，就叫奸道。奸事、奸道是天下大治时所抛弃的，却是天下大乱时所依从的。

至于说到那虚之间相互施行转化，"离坚白""合同异"一类学说的分析，是耳朵灵敏的人所无法听懂的，目光明亮的人所看不见的，善于辩论的人也说不清楚的，即使有圣人一样的智慧，也是不能迅速指明的。这一类的知识学说不知道，不会妨碍成为君子。知道了也不会影响做小人。工匠不知道，不妨害他的巧妙制作；君子不知道，不妨害他治理好政事。如果王公喜爱这类学说，就会扰乱法度；老百姓喜爱这类学说，就会扰乱所从事的事务。只有那些狂妄糊涂愚蠢的人，才率领他们的门徒，辩论这类学说的内容，弄清这类学说的譬喻称说，浪费了终生的时间，而不知道它的危害。这样的人就是愚蠢之至的人，还不如学习相鸡相狗可以有点名气。《诗》曰："为鬼为蜮，则不可得，有靦面目，视人罔极。作此好歌，以极反侧。"（《诗》上说："究竟是鬼还是蜮？现在看不清。虽然有脸有目，但无作人的标准。作这首好歌，以抨击你反复无常的丑态。"）就是说的这种情况。

## 【绎旨】

本章主要是阐述"事行"与"知说"都必须以"事理"（即礼义）为依据，否则就是"奸事""奸道"。而"充虚之相施易也"和"离坚白""合同异"一类学说是无益于事理的，无论是一般人还是圣人都很难以很快的速度弄清讲明，所以对他们"知"与"不知"都无关乎实际事务。因而那些"率其群徒，辩其谈说，明其辟称，老身长子，不知恶也"之类人物，只能是"上愚"之徒。

上述荀子的论断有正确的部分，也有明显的片面性。认为任何"事行"与"知说"都必须以"事理"（即礼义）为依据，是正确的。但是指责研究探索"充虚之相施易也"和"离坚白""合同异"等理论者为"上愚"者，就具有很大的片面性，又讽刺他们还不如相鸡相狗之可以成名，这就言之过甚了。中国古代的思想家重视为百姓日用和国家兴衰之乱尽力，这是应该肯定的；但轻视理论探索，认为"不知，无害为君子；知之，无损为小人"，这就陷入了认识的片面性之中了。

## 【名言嘉句】

凡事行，有益于理者立之，无益于理者废之，夫是之谓中事。凡知说，有益于理者为之，无益于理者舍之，夫是之谓中说。

## 【原文】

我欲贱而贵，愚而智，贫而富，可乎？曰：其唯学乎[1]。彼学者[2]，行之，曰士也；敦慕焉，君子也；知之，圣人也。[3] 上为圣人，下为士、君子，孰禁我哉？乡<sup>1</sup>也，混然涂之人也[4]，俄而竝<sup>2</sup>乎尧、禹，岂不贱而贵矣哉！乡也，效门室之辨[5]，混然曾不能决<sup>3</sup>也，俄而原仁义，分是非，图<sup>4</sup>回天下于掌上而<sup>5</sup>辩白黑[6]，岂不愚而知矣哉！乡也，胥靡[7]之人，俄而治天下之大器[8]举在此，岂不贫而富矣哉！今有人于此，屑然藏千溢<sup>6</sup>之宝[9]，虽行贞[10]而食，人谓之富矣。彼宝也者，衣之不可衣也，食之不可食也，卖之不可偻售也，然而人谓之富，何也？岂不大富之器诚在此也？是杅杅亦富人已，岂不贫而富矣哉！

故君子无爵而贵，无禄而富，不言而信，不怒而威，穷处而荣，独居而乐，岂不至尊、至富、至重、至严之情举积此哉[11]！故曰：贵名不可以比周[12]争也，不可以夸诞有也，不可以执<sup>7</sup>重胁也，必将诚此然后就也<sup>〔13〕</sup>。争之则失<sup>〔14〕</sup>，让之则至；遵道则积，夸诞则虚。故君子务修其内而让之于外；务积德于身而处之以遵道。如是，则贵名起如日月，天下应之如雷霆。故曰：君子隐而显，微而明，辞让而胜。《诗》曰："鹤鸣于九皋，声闻于天。"<sup>〔15〕</sup>此之谓也。

鄙夫反是，比周而誉俞<sup>8</sup>少，鄙争而名俞辱，烦劳以求安利，其身俞危。《诗》曰："民之无良，相怨一方，受爵不让，至于己斯亡<sup>9</sup>。"<sup>〔16〕</sup>此之谓也。

故能小而事大，辟<sup>10</sup>之是犹力之少而任重也，舍粹<sup>11</sup>折无适也<sup>〔17〕</sup>。身不肖而诬贤，是犹伛伸<sup>12</sup>而好升高也，指其顶者愈众。故明主谲德而序位，所以为不乱也；忠臣诚能然后敢受职，所以为不穷也。分不乱于上<sup>〔18〕</sup>，能不穷于下，治辩<sup>13〔19〕</sup>之极也。《诗》曰："平平左右，亦是率从。"<sup>〔20〕</sup>是言上下之交不相乱也。

## 【校】

1.乡，通"向"。

2.竝，同"并"。

3.决，同"决"。

4.图，当作"圆"。

5.而，通"如"。

6.溢，通"镒"。

7.执，同"势"。

8.俞，同"愈"。

9.亡，通"忘"。

10.辟，通"譬"。

11.粹，通"碎"。

12.伸，北大本据文义改作"身"。

13.辩，通"辨"。

## 【注释】

〔1〕其唯学乎：（要想达到以上的目的），那么，只有通过学习的途径的了。

〔2〕彼学者：那些学习的人。

〔3〕行之，曰士也；敦慕焉，君子也；知之，圣人也：学习之后就去实践，这就可以成为士人；学习十分勤勉努力，就可以成为君子；能深刻理解，融会贯通，把握规律，这就是圣人。"敦慕焉，君子也；知之，圣人也。上为圣人，下为士、君子，孰禁我哉"是荀子思想中等级可变的观点。

〔4〕乡也，混然涂之人也：乡，过去，从前。涂之人，行路之人，普通人。全句意为：过去是浑头浑脑的普通人。

〔5〕乡也，效门室之辨：过去只知道考察分别门内室外礼义的区别。

〔6〕图回天下于掌上而辩白黑：图回，运转。白黑，是非。全句意为：运转天下事于手掌之上而辨明其是非。

〔7〕胥靡：空疏没有。

〔8〕治天下之大器：治理天下的大宝，即学识、才能与方略。

〔9〕屑然藏千溢之宝：屑然，细碎而多之态。溢，通"镒"。二十四曰镒，一说二十两。

〔10〕貣（tè）：乞求。

〔11〕此哉：此，指学习。

〔12〕比周：结党营私。

〔13〕必将诚此然后就也：必定是真正刻苦学习，然后才能达到。

〔14〕争之则失：对名誉地位一类相争就会失去。

〔15〕鹤鸣于九皋，声闻于天：语出《诗·小雅·鹤鸣》。九皋，《十三经注疏·诗》笺："皋，泽中水溢出为坎，自外数至九，喻深远也。"此句喻君子虽隐于民间，而其名声仍闻于天下。

〔16〕民之无良，相怨一方，受爵不让，至于己斯亡：语出《诗·小雅·角弓》。全句意为：民之品质不良，互相怨恨对方，受爵互不相让，自己的过错全遗忘。

〔17〕舍粹折无适也：折，折断。全句意为：除了碎骨折腰无其他出路。

〔18〕分不乱于上：在朝廷之上名分不混乱。

〔19〕治辩：治理区分，使之各安其位。

〔20〕平平左右，亦是率从：语出《诗·小雅·采菽》。全句意为：君主对左右的人，皆能公平对待，民众就会顺从。

## 【译文】

我想由卑贱变为尊贵，由愚蠢变为聪明，由贫穷变为富有，可以这样吗？回答说：只有通过学习才可以达到这一目的。那些学习的人，对所学知识去践行，就是士人；勤奋修习的，就成为君子；能精通所学知识的，就是圣人。向上可以成为圣人，向下也可成为士、君子，谁能够禁止我这样呢？过去，不过是浑浑噩噩的普通人，很快却可以与尧、禹齐名，这难道不是由卑贱变成高贵吗！过去只知道考察门内室外礼义的差别，遇事糊涂而做不出决断；但很快能推究礼义的根源，分辨是非，运转天下事于手掌之上而辨明其黑白。这难道不是由愚蠢变为聪明吗？过去，是一个空无所有之人，但很快治理天下的法宝都集中在这里了，这难道不是由贫穷变为富有吗？现在有人在这里零碎积攒了千镒的财宝，虽然他仍然行乞而食，人们仍然会说他很富有。他的那些财宝，要当衣穿不能当衣，要当饭吃又不能当饭，出卖的话又很难迅速卖出。但是人们仍然说他很富有，这是为什么呢？难道不是因为变为大富的法宝确实在他这里吗？

这样说来，那些掌握渊博学识的人也就是富人了，这难道不是由贫困而变为富有吗？

所以，君子虽然没有爵位却很尊贵，没有俸禄但却富有，不用辩论而受到信任，不用发怒而有威严，身处困窘环境中但仍荣耀，独居一处而仍感到快乐，这难道不是因为最尊贵、最富有、最庄重、最威严的情实都积聚在学习之中吗？所以说，尊贵的名声不可以通过结党营私争得，不可以通过虚伪欺诈、自我吹嘘赢得，不可以通过权势大威胁而得到，一定是实实在在地通过学习而后造就的。有意地去争夺，就会失掉，谦让反而会得到。遵循礼义之道则会积累而成，自吹自擂、虚夸其辞则会化为虚无。所以，君子务必要在内部融资修养，在公开场合则要谦虚礼让，一定要亲身去积德行善而以遵奉礼义之道为处事原则。这样一来，尊贵的名声就会像日月一样升起，天下人响应之声就像雷霆一样响亮。所以说，君子虽然隐居但名声仍很显赫，虽地位卑微但其光亮仍在照耀，遇事辞让但却能取得胜利。《诗》曰："鹤鸣于九皋，声闻于天。"（《诗》上说："仙鹤在沼泽里鸣叫，声音直冲云霄。"）说的就是这种情况。

那些鄙劣的人却与此相反，他们大搞拉帮结伙，但荣誉越来越少，用鄙劣的手段去争夺，但名声却越来越受到侮辱，通过令人厌烦的劳作以求得安定和好处，其处境却更加危险。《诗》曰："民之无良，相怨一方，受爵不让，至于己斯亡。"（《诗》上说："民之品质不良，互相怨恨对方，受爵互不相让，自己的过错全遗忘。"）就是说的这种情况。

所以，能力小却要承担大的事情，就像力量小而去挑重担一样，除了伤筋断骨之外而无他路。自己不好而妄称贤能，也就像驼背而总喜欢假装高于他人一样，指着他的头笑话他的人会更多。所以，圣明的君主根据德行安排不同的官位，这样就不会出现混乱；忠正的臣子按照实际能力而接受一定的职务，这样就不会出现困窘。名分在上层不混乱，按能授官，使有能力者不困窘于下，这就是治理国家，区分不同等次，使之各安其位的最高水平了。《诗》曰："平平左右，亦是率从。"（《诗》上说："君主对左右的人，皆能公平对待，民众就会顺从。"）这就是说，君上和臣下的交往不可以紊乱啊！

## 【绎旨】

本章主要有三层含义：一是，阐述了学习的重要性。通过学习使人"贱而贵，愚而智贫而富"，可以由"混然涂之人也"，很快成为可以与尧、禹并列的人。通过勤奋学习，作为渊博的学识，可以把"至尊""至富""至重""至严"全部集中到自己身上。当然做到这一点，实际上是很难的。二是，荀子强调学习虽然可以取得这样的成果，但君子必须加强自身的修养，以高尚的道德立身，以正确的方法处世。要求："故君子务修其内而让之于外；务积德于身而处之以遵道。"在修德方面，君子还必须坚持实事求是、量力而行的原则，不可"能小而事大""身不肖而诬贤"，否则只能自讨苦吃。三是，荀子在本章末提醒，为君者应"明主谲德（即按德行的不同差异）而序位""平平左右"，为臣者应"诚能然后敢受职"，使"分不乱于上，能不穷于下"，以达到"治辩"之极。

除了以上三层含义外，荀子还告诉了人们两点：一是，尧、禹一类圣君明王并非天生而成的，"混然涂之人"，通过学习也可以与之相列。二是，授官、做官、为人处世，以尊重事实，实事求是为好，不可"夸诞"，不可"能小而事大"，不可"身不肖而诬贤"等。这些都是有益的。

## 【名言嘉句】

①故君子务修其内而让之于外；务积德于身而处之以遵道。

②故明主谲德而序位，所以为不乱也；忠臣诚能然后敢受职，所以为不穷也。分不乱于上，能不穷于下，治辩之极也。

## 【原文】

以从俗为善[1]，以货财为宝，以养生为己至道[2]，是民德也。行法至¹坚，不以私欲乱所闻[3]。如是，则可谓劲士[4]矣。行法至坚，好修正其所闻，以桥饰²其情性[5]，其言多当矣，而未谕也[6]；其行多当矣，而未安也[7]；其知虑多当矣，而未周密也；上则能大其所隆[8]，下则能开道³不己若者[9]。如是，则可谓笃厚君子[10]矣。

修百王之法，若辨白黑；应当时之变，若数一二；行礼要⁴节而安之[11]，若生四枝⁵[12]；要时立功之巧[13]，若诏四时；平正⁶和民之善，亿万之众而博⁷若一人[14]。如是，则可谓圣人矣。

井井兮其有理也[15]，严严兮其能敬己也[16]，分分⁸兮其有终始也[17]，猒猒兮其能长久也[18]，乐乐⁹兮其执道不殆¹⁰也[19]，炤¹¹炤兮其用知之明也[20]，修修兮其用统类之行也¹²[21]，绥绥兮其有文章也[22]，熙熙兮其乐人之臧也[23]，隐隐兮其恐人之不当也[24]。如是，则可谓圣人矣。

此其道出乎一？[25]曷谓一？曰：执神而固[26]。曷谓神？曰：尽善挟¹³治之谓神，万物莫足以倾之之谓固。神固之谓圣人。[27]

圣人也者，道之管也[28]。天下之道管是矣[29]，百王之道一是矣[30]。故《诗》《书》《礼》《乐》之归是矣。《诗》言是其志也，《书》言是其事也，《礼》言是其行也，《乐》言是其和也，《春秋》言是其微也[31]。故《风》之所以为不逐者，取是以节之也[32]；《小雅》之所以为小雅¹⁴者，取是而文之也；《大雅》之所以为大雅¹⁵者，取是而光之也；《颂》之所以为至者，取是而通之也。天下之道毕是矣。乡是者臧，倍是者亡¹⁶。[33]乡是如不臧，倍是如不亡者，自古及今，未尝有也。

## 【校】

1.至，《韩诗外传》作"志"。

2. 桥饰，桥，通"矫"。饰，通"饬"。

3. 开道，同"开导"。

4. 要，通"约"。

5. 若生四枝，《韩诗外传》作"若运四枝"。枝，同"肢"。

6. 正，通"政"。

7. 博，当作"抟"。

8. 分分，当作"介介"。

9. 乐乐，一说作"落落"。

10. 殆，通"怠"。

11. 炤，同"照"。一说同"昭"。

12. 修修兮其用统类之行也，修修，通"条条"。用，疑衍。

13. 挟，同"浃"。

14. 小雅：《古逸丛书》影刻宋台州本无"雅"字。

15. 大雅：《古逸丛书》影刻宋台州本无"雅"字。

16. 乡是者臧，倍是者亡，乡，通"向"。倍，通"背"。

## 【注释】

〔1〕以从俗为善：以顺从世俗为美德。

〔2〕以养生为己至道：养生，指养育生命，吃饭穿衣；而不是指文人雅士的保养吐纳一类。至道，最根本的原则。全句意为：以养育生命，吃饱穿暖，这是老百姓的德行。

〔3〕行法至坚，不以私欲乱所闻：执行法度最坚决，不因为个人的欲望而扰乱所学到的道理。

〔4〕劲士：刚强有力之士。

〔5〕以桥饰其情性：桥饰，矫正，修饰。全句意为：以矫正、改变他的性情。

〔6〕其言多当矣，而未谕也：其言论大部分恰当，但还没有完全明白这其中的道理。

〔7〕而未安也：还没安稳妥当。

〔8〕大其所隆：推崇他所尊崇的人。

〔9〕开道不己若者：开导不如自己的人。

〔10〕笃厚君子：诚实厚道的君子。

〔11〕行礼要节而安之：践行礼义符合要求而安之若素。

〔12〕若生四枝：生，运动。全句意为：就像运动的四肢一样。

〔13〕要时立功之巧：按时势力的要求建立功勋的机巧。

〔14〕博若一人：聚集、团结得如同一人。

〔15〕井井兮其有理也：井然有序啊，那样整齐有理。

〔16〕严严兮其能敬己也：严格要求啊，他能严于律己。

〔17〕分分兮其有终始也：分，坚定之意。全句意为：坚定不移啊，他能有始有终。

〔18〕猒（yàn）猒兮其能长久也：猒，古同"厌"。安然，安静。全句意为：安静啊，他能长久存在。

〔19〕乐乐兮其执道不殆也：乐乐，怡然自得之状。一说，乐乐，坚定之意。执道不殆，执道而不懈怠。

〔20〕炤炤兮其用知之明也：光明照耀啊，运用智慧是那样高明。

〔21〕修修兮其用统类之行也：修修，行为端正之状。统类，即礼义纲纪。全句意为：端端正正啊，他实行的是礼义纲纪。

〔22〕绥绥兮其有文章也：绥绥，一说意为葳蕤，草木茂盛之状。一说意为安泰。全句意为：葳蕤之光辉啊，他的文采斐然。

〔23〕熙熙兮其乐人之臧也：温和快乐啊！乐人之善。

〔24〕隐隐兮其恐人之不当也：令人忧虑啊，他恐怕别人处事不当。

"井井兮其有理也，严严兮其能敬己也，分分兮其有终始也……如是，则可谓圣人矣。"这是对圣人之道之境界的赞美。

〔25〕此其道出乎一：这是因为他（圣人）的道术出于专一。

〔26〕执神而固：执，把握。神，指最完善最周到的治国方略。固，即不为任何事物所倾倒。全句意为：坚定地把握最完善最周到的治国方略而不为任何力量所倾倒。

〔27〕神固之谓圣人：能够把握最完善、最周到的治国方略而不为任何力量所倾倒的人，就是圣人。

〔28〕道之管也：道的枢要、总汇。

〔29〕天下之道管是矣：天下所有的"道管"（道的枢要、总汇）都集中到这里了。

〔30〕百王之道一是矣：百王之道也都集中于此了。

"百王之道一是矣。故《诗》《书》《礼》《乐》之归是矣。"郭店楚简亦有类似记载，《六德》曰："故夫夫、妇妇、父父、子子、君君、臣臣，六者各行其职而狱讼亡由作也。观诸《诗》《书》，则亦在矣；观诸《礼》《乐》，则亦在矣；观诸《易》《春秋》，则亦在矣。"

〔31〕《春秋》言是其微也：《春秋》说的是圣人之道的微言大义。

〔32〕故《风》之所以为不逐者，取是以节之也：逐，放荡，淫放。全句意为：《诗》中的《国风》之所以不放荡，是因为以道节控的原因。

〔33〕乡是者臧，倍是者亡：倍，背离。全句意为：趋向于这种道术的就有美好的结局，背离这种道术的就会灭亡。

## 【译文】

以顺从世俗为善举，以货物钱财为宝贝，以养育人生命、吃饱穿暖为自己最重要的原则，这是一般民众的德行。推行法度最为坚决，不因为个人的欲望而改变所学的知识。这样的人，就可以称之为强劲之士。推行法度最为坚决，喜欢改正自己原来的知识，同时矫正修饰自己的性情。其言论大多恰当，但是对有关道理尚未彻底弄清；其行为大多恰当，但是尚未安稳妥当；其智慧思虑大多恰当，但是尚未周密；对上能推崇自己所尊崇的人，对下能开导不如自己的人。这样的人，可以说是诚实敦厚的君子啊！

学习古今众位圣王的法度，就像辨别黑白一样清楚；应对当时发生的变化，就像数简单数字一二一样自如；践行礼义符合要求而安之若素，就像运转四肢一样容易；善于按时势的要求建立功勋，就像了解春夏秋冬四时的变化那样准确。平定政局使民众和谐，使亿万民众团结如一人。这样的人，就可以说是圣人了。

井然有序啊，那样整齐有理；庄重威严啊，他能严于律己；坚定不移啊，他能有始有终；安安静静啊，他能长久存在；怡然自得啊，他能执道而不懈怠；光明照耀啊，运用智慧是那样高明；端端正正啊，他实行的是礼义纲纪。葳蕤之光辉啊，他的文采斐然。温和快乐啊，他乐人之善。令人忧虑啊，他恐怕别人处事不当。这样的人，就可以说是圣人了。

圣人的道出于专一。什么叫作专一？回答说：就是坚定地把握住"神"而又十分牢固。什么叫神呢？回答说：最完美最周到的治理方略就叫"神"。万事万物没有能够使之倾倒的就叫"固"。能做到既"神"又"固"的就叫圣人。

圣人这种人物，就是各种道术的枢纽。天下所有道的枢纽都集中在这里了，所有圣君明王（先王和后王）的治国方略都集中在这里了。所以《诗》《书》《礼》《乐》也都归属到这里了。《诗》是圣人意志的表达，《书》是圣人处理政事的记录，《礼》是圣人行为的表述，《乐》彰明了圣人以和处世的理念，《春秋》表述了圣人的微言大义。所以，《国风》不淫荡，是因为受到圣人之道的节制；《小雅》之所以称为小雅，是因为用道进行了文饰；《大雅》之所以称为大雅，是因为道进行了发扬光大；《颂》之所以成为最好的篇章，是因为用道进行了融会贯通。天下之道全部都集中到这里了。趋向于道的社会有美好的结局，背离道的就会灭亡；趋向道而结局不好的，背离道而不灭亡的，不曾有这种情况。

## 【绎旨】

本章主要阐述了四层含义：一是，社会上的四种正面人物及其特征。这四种正面人物就是：民、劲士、笃厚君子、圣人。他们各有自己的特征。二是，圣人的主要特征。荀子除以赋的形式予以歌颂外，还指出圣人能做到"执神而固"，是"道之管也"。三是，六经除《易》外，其他《五经》与圣人之道的关系。四是，"乡道""背道"关系到思想文化的生死存亡。因而，必须坚守圣人之道。

本章中，荀子对"神"的解释，即"尽善挟治之谓神。"这是具有新意的，这就把宗教迷信从"神"的解释中驱除出去，对"神"的含义赋予了唯物主义的内容，这是思想史上的一大进步。

## 【名言嘉句】

尽善挟治之谓神，万物莫足以倾之之谓固。神固之谓圣人。

## 【原文】

客有道曰："孔子曰：'周公其盛乎[1]！身贵而愈恭，家富而愈俭，胜敌而愈戒。'"应之曰：是殆非周公之行[2]，非孔子之言也。武王崩，成王幼，周公屏成王而及武王，履天子之籍，负扆而坐 1[3]，诸侯趋走堂下。当是时也，夫又谁为恭矣哉[4]！兼制天下，立七十一国，姬姓独居五十三人焉；周之子孙，苟不狂惑者[5]，莫不为天下之显诸侯[6]，孰谓周公俭哉！

武王之诛纣也，行之日以兵忌[7]，东面而迎太岁[8]，至氾而氾 2[9]，至怀而坏[10]，至共头而山隧 3[11]。霍叔[12]惧曰："出三日而五灾至，无乃不可乎？"周公曰："刳比干而囚箕子[13]，飞廉、恶来[14]知政，夫又恶 4 有不可焉！"遂选马而进[15]，朝食于戚[16]，暮宿于百泉[17]，厌旦 5 于牧之野[18]。鼓之而纣卒易乡 6，遂乘殷人而诛纣[19]。

盖杀者非周人，因殷人也。故无首虏之获，无蹈难之赏。[20] 反 7 而定三革，偃五兵[21]，合天下，立声乐，于是《武》《象》起而《韶》《护》废[22]矣。四海之内，莫不变心易虑以化顺之。故外阖不闭，跨天下而无蕲 8[23]。当是时也，夫又谁为戒矣哉！

造父[24]者，天下之善御者也，无舆马则无所见其能。羿[25]者，天下之善射者也，无弓矢则无所见其巧。大儒者，善调一天下者[26]也，无百里之地则无所见其功。舆固马选[27]矣，而不能以至 9 远，一日而千里，则非造父也。弓调矢直矣，而不能射远中微[28]，则非羿也。用百里之地，而不能以调一天下，制强暴，则非大儒也。彼大儒者，虽隐于穷阎漏屋，无置锥之地，而王公不能与之争名；在一大夫之位，则一君不能独畜，一国不能独容，成名况乎诸侯，莫不愿得以为臣 10。用百里之地，而千里之国莫能与之争胜；笞棰 11 暴国[29]，齐一天下，而莫能倾也，是大儒之征也。

其言有类，其行有礼，其举事无悔，其持险应变曲当。与时迁徙，与世偃仰，千举万变，其道一也，是大儒之稽[30]也。其穷也，俗儒笑之；其通也英杰化之，嵬琐逃之，邪说畏之，众人媿 12 之。通则一天下，穷则独立贵名，天不能死，地不能埋，桀、跖之世不能汙 13，非大儒莫之能立，仲尼、子弓[31]是也。

## 【校】

1. 坐，当作"立"。

2. 汎，同"泛"。

3. 隧，通"坠"。

4. 恶，通"乌"。

5. 厌旦，当作"旦厌"。厌，读曰"压"。

6. 乡，通"向"。

7. 反，同"返"。

8. 蕲，通"圻"。

9. 至，通"致"。

10. "在一大夫之位，则一君不能独畜，一国不能独容，成名况乎诸侯，莫不愿得以为臣"，《韩诗外传》无此句。

11. 成名况乎诸侯，成，通"盛"。况，通"皇"。

12. 棰，同"捶"。

13. 魄，同"愧"。

14. 汙，同"污"。

## 【注释】

〔1〕周公其盛乎：周公是多么高尚伟大啊！

"孔子曰'周公其盛乎！身贵而愈恭，家富而愈俭，胜敌而愈戒'"，荀子认为非孔子语，但被孙星衍收入《孔子集语》。

〔2〕是殆非周公之行：殆，表揣度。全句意为：这恐怕不是周公的行为吧。

〔3〕负扆（yǐ）而坐：扆，古代宫殿中门和窗子之间的屏风。《礼记·曲礼下》曰："天子当依（扆）而立，诸侯北面而见天子曰觐。""天子当宁而立，诸公东面，诸侯西面，曰朝。"可知封建社会的早期，天子要站着接见诸侯等大臣。

〔4〕夫又谁为恭矣哉：他又为谁而恭敬呢？

〔5〕苟不狂惑者：如果不是患有精神病的。

〔6〕显诸侯：处于显要地位的诸侯。

〔7〕行之日以兵忌：忌，忌讳，一种迷信，认为某些时间不宜出兵，出兵则容易失败或对主帅有危害等。全句意为：出师之日是触犯忌讳的日子。

〔8〕东面而迎太岁：太岁，即木星，在天空运行有一定的方位。古人迷信，如果冲犯了这个方位，就会遭受灾祸。

〔9〕至汜而汎：汜（sì），当作"泛"，泛（fàn）水。全句意为：到达汜水时遇到河水上涨。

〔10〕至怀而坏：一说"坏"，指舟船毁坏。全句意为：到怀城时，城墙坍塌。

〔11〕至共头而山隧：到共头山时，遇到山崩。

〔12〕霍叔：周武王弟，名处，后来的"三监"之一。

〔13〕刳（kū）比干而囚箕子：刳，剖开。比干，纣王叔父（一说纣王庶兄），因多次进谏，被纣王剖心而死。箕子，亦纣王之叔，因常劝纣王勿行暴政，纣王欲杀之。箕子佯狂，而被囚。

〔14〕飞廉、恶来：皆纣王的佞臣。

〔15〕选马而进：选拔好的骑士组成先锋队而进攻。

〔16〕戚：地名，在今河南濮阳县北。

〔17〕百泉：地名，在今河南淇县。

〔18〕厌旦于牧之野：厌旦，靠近黎明时。牧，在河南淇县。

〔19〕遂乘殷人而诛纣：于是借殷朝民众的力量而诛杀了纣王。因殷朝的士兵、民众改变了作战方向，不是抵挡周军的进攻，而是改为进攻纣王，故有此种说法。

〔20〕故无首虏之获，无蹈难之赏：首虏之获，一般战争，战胜方要砍下已死去的敌方将士的头颅以记功，同时押回俘虏，这就叫作首虏之获。蹈难之赏，指战争结束后，要对冲锋陷阵，作战勇敢的将士进行赏赐，称蹈难之赏。伐纣战争，没有冲锋陷阵，殷军与民众已掉转作战方向，打败了纣王，所以也就没有蹈难之赏。

〔21〕反而定三革，偃五兵：三革，指犀、兕、牛三种动物的皮。定三革，即停止再用这种皮革制作盔甲。五兵，指刀、剑、矛、戟、矢五种兵器。偃，即安放，库存。

〔22〕《武》《象》起而《韶》《护》废：《武》《象》，周武王时的音乐。《韶》，舜时的音乐。《护》，商汤时的音乐。用周朝的新音乐，代替了旧王朝的音乐，表示改朝换代了。

孔子将礼乐并用，将乐作为治国的重要手段之一。《论语·卫灵公》载：颜渊问为邦。子曰："行夏之时，乘殷之辂，服周之冕，乐则《韶》《舞》。放郑声，远佞人。郑声淫，佞人殆。"孟子则将乐作为衡量社会安定与否的重要尺度，《孟子·梁惠王下》曰："王之好乐甚，则齐其庶几乎！"

〔23〕蕲：边界。

〔24〕造父：周穆王时人，因善驾车得穆王信任。

〔25〕羿：东夷族有穷氏之君，以善射闻名。传说曾射灭九日（九个太阳）。

〔26〕善调一天下：善于调整力量统一天下。

〔27〕舆固马选：车子坚固，马强健突出。

〔28〕射远中微：射向远处，击中微小目标。

〔29〕笞棰暴国：攻伐暴虐的国家。

〔30〕大儒之稽：稽，考察，考核，考核的标准。全句意为：这是大儒的考核标准。

〔31〕子弓：一说，杨倞、俞樾认为子弓是孔子的弟子仲弓；一说，郭沫若子弓是传《易》的楚人"馯（hàn）臂子弘"。我们同意杨倞、俞樾的观点。冉雍，字仲弓，

春秋末年鲁国人，孔门弟子。仔细考虑，应该说"子弓"一词是荀子对仲弓的敬称。子，其意为"先生""老师"，故"子弓"之意应是："我的先生（老师）。"

## 【译文】

有人这样说："孔子说：'周公是多么高尚伟大啊，地位越尊贵而态度越谦恭，家中越富有却越节俭，战胜敌人之后，反而更加戒备。'"对此回答说："这大概不是周公的行为，也不是孔子的语言吧。"周武王去世后，周成王年幼，周公为保护成王而直接继承武王，而登上天子之位，背靠屏风而站立，诸侯在朝堂之下疾走奔忙。在那个时候，他又对谁谦恭？兼并统一天下，封了七十一个国家，姬姓独占五十三个，周王室的子孙，只要不是疯癫迷乱的，没有不封为天下显贵的诸侯的。谁说周公俭约呢？

武王进军诛伐商纣时，出兵那天犯了忌讳，向东进兵，向东走正迎着太岁，至汜水时又遇到河水上涨，至怀城时，城墙坍塌，到了共山时，又遇到山崩。霍叔害怕，说："出兵三天而发生了五次灾祸，莫非不应该讨伐吗？"周公说："剖杀比干而囚禁箕子，飞廉、恶来等奸臣执政，他又有什么做不出来呢？"遂挑选先锋而进军，在戚地吃早饭，晚上在百泉宿营，临近晨旦时来到牧地的野外。在击鼓进军后，纣王的军队掉转矛头向纣王进攻于是凭借殷人的力量而诛杀了纣王。

由于杀死纣王的不是周军将士，而是凭借殷朝的将士和民众，所以没有举行向统帅贡献敌人的头颅和俘虏的仪式，也没有举行对冲锋陷阵者赏赐的仪式。回到周朝都城后宣布停止再用犀、兕、牛三种皮革制作盔甲，并把刀、剑、矛、戟、矢五种兵器藏于府库中。汇合天下诸侯，制定声乐，于是《武》《象》兴起，而《韶》《护》废除。四海之内，没有不改变思想认识变得顺从的。所以，当时院落的大门不用关闭，占有了全天下而没有疆界。在那时候，又会为谁而戒备呢？

造父是天下善于驾车的人，如果没有车马让他驾驶，那就无法看到他的才能。羿是天下善于射箭的人，如果没有弓箭也就无法看到他射箭的技巧。大儒是善于调整天下统一的人，如果连百里之地也没有，那就看不到他统一天下的功绩。如果车子坚固，马又健壮突出，却不能到达最远的地方，一日能行一千里路，那么驾驶的人就不是造父。弓很合适箭亦笔直，如果不能射中远方微小的目标，那射箭当然就不是羿了。如果有了百里之地，但不能调整力量统一天下，制止强暴，那就不是大儒了。那些大儒圣人隐居在穷困小巷的破屋之中，连插下锥子的土地也没有，但是王公大人却不能与他争夺名声。他们虽然只有大夫的职位，但是一国之君却不能单独蓄养他们，一个国家也不能单独容纳他们。其美名可与诸侯相比，各国没有不愿意以他们为臣的。他们虽然只有百里之地，但有千里之地的国家却没有人与之争胜。征伐暴虐的国家，统一天下，没有人能打败他，这就是大儒所具有的特征。

他们的言论符合法度，行为合乎礼义，举措处事没有错误。处理危难事故，应对变故，周全而恰当，能与时间的发展而发展，与世事的起伏而起伏，千种举措，万种变化，其原则是一致的，这就是大儒考核问题的标准。在他们困窘的时候，俗儒笑话他们；在他们通达的时候，英雄豪杰也顺从他们，猥琐无耻之辈逃离，贩卖邪说之人恐惧；一般人感到惭愧。他们通达时，就能统一天下。困窘时就卓然独立而使自己的名声更加尊贵。上天不能扼杀他们，大地也无法掩埋。桀、跖当政也无法使他们受到污损。不是大儒没有能够这样立身处世的，而孔子、子弓就是这样的人。

## 【绎旨】

本章包括两节，第一节的内容与第一章的内容有相似之处亦有不同。就相似之处而言，都是以周公为例，说明儒者对于社会历史的贡献。就不同之处而言，本章的主旨在于阐明"大儒"的特征。第一节以周公为例，说明周公并非是"谦恭""俭约""警戒"，而是为实现统一天下的目标，能够"与时迁徙，与世偃仰，千举万变，其道一也"的大儒，他排除各种干扰，推动伐纣战争取得胜利。在周武王死后，他采取一系列措施，巩固了新建的周王朝，使"四海之内，莫不变心易虑以化顺之"。周公的"其道一也"，就是统一天下和巩固新建的周王朝。至于个人的"谦恭""俭约""警戒"，倒在其次。第二节主要是从理论上阐述大儒的特征。由于荀子所处的时代正是由分裂走向统一的时代，所以荀子特别强调，"齐一天下"是大儒面临的历史使命，这一点是任何力量不能阻挡的。为完成这一目标，大儒必须做到"与时迁徙，与世偃仰，千举万变，其道一也"，这也就是大儒的特征。当然，为了完成"齐一天下"的使命，儒者也必须注重修身敦品，处理好各个方面的事务，不忘记"大儒之稽"。

## 【名言嘉句】

①笞棰暴国，齐一天下，而莫能倾也，是大儒之征也。其言有类，其行有礼，其举事无悔，其持险应变曲当。与时迁徙，与世偃仰，千举万变，其道一也，是大儒之稽也。

②通则一天下，穷则独立贵名，天不能死，地不能埋，桀、跖之世不能汙，非大儒莫之能立，仲尼、子弓是也。

## 【原文】

故有俗人者，有俗儒者，有雅儒者，有大儒者。不学问，无正义，以富利为隆[1]，是俗人者也。逢衣浅带[2]，解果¹其冠[3]，略法先王而足乱世术，缪学杂举²[4]，不知法后王而一制度，不知隆礼义而杀《诗》《书》[5]，其衣冠行伪³[6]已同于世俗矣，然而不知恶也；其言议谈说已无异于墨子矣，然而明不能别[7]；呼先王以欺愚者而求衣食焉，得委积足以掩⁴其口，则扬扬如也；随其长子[8]，事其便辟⁵，举⁶其上客，亿⁷然若终身之虏而不敢有他志，是俗儒者也。

法后王，一制度，隆礼义而杀《诗》《书》；其言行已有大法矣，然而明不能齐⁸[9]；法教之所不及，闻见之所未至，则知⁹不能类也；知之曰知之，不知曰不知[10]，内不自以诬，外不自以欺，以是尊贤畏法而不敢怠傲，是雅儒者也。

法先王<sup>10</sup>，统礼义，一制度；以浅持博〔11〕，以古持今<sup>11</sup>〔12〕，以一持万〔13〕；苟仁义之类也，虽在鸟兽之中，若别白黑，倚<sup>12</sup>物怪变，所未尝闻也，所未尝见也，卒<sup>13</sup>然起一方，则举统类而应之，无所儗怎<sup>14</sup>；张法而度之，则晻<sup>15</sup>然若合符节：是大儒者也。

故人主用俗人，则万乘之国亡；用俗儒，则万乘之国存；用雅儒，则千乘之国安；用大儒，则百里之地久，而后三年，天下为一〔14〕，诸侯为臣；用万乘之国则举错<sup>16</sup>而定，一朝而伯<sup>17</sup>〔15〕。

## 【校】

1. 解果，同"蟹堁（kè）"。

2. 缪学杂举，《韩诗外传》无"举"字。缪，通"谬"。

3. 伪，同"为"。

4. 捴，同"掩"。

5. 便辟，同"便嬖"。

6. 举，通"誉"。

7. 亿，原作"偯"。亿，同"偯"。

8. 齐，通"济"。

9. 知，同"智"。

10. 法先王，当作"法后王"。后王，指当世的王。

11. 以古持今，一说当作"以今持古"。

12. 倚，通"奇"。

13. 卒，通"猝"。

14. 儗怎，通"疑作"。

15. 晻，通"奄"。

16. 错，通"措"。

17. 伯，通"霸"。一说通"白"。

## 【注释】

〔1〕不学问，无正义，以富利为隆：隆，重要，最重要。全句意为：不学习请教他人，不坚持正义，以财富利益为最重要的事。

〔2〕逢衣浅带：逢，宽大。浅，一说"狭"，一说为宽带，但束之不紧，故曰"浅"。《韩诗外传》作"逢衣博带"。全句意为：穿着宽大的衣服，腰带束之不紧。

〔3〕解果其冠：解果，一说作"蟹螺"。杨倞注："蟹螺者宜禾，污邪者百车。蟹螺，盖高地也。"全句意为：高高的帽子。一说"解果"谓如木果之皮甲坼然也。

〔4〕缪学杂举：学说荒谬而杂乱。

〔5〕隆礼义而杀《诗》《书》：推崇礼义而减少《诗》《书》的影响。《诗》《书》皆为儒家经典，为孔子竭力提倡。孔子重仁，孟子重仁义，荀子更重礼义。"从重仁，到重仁义，再到重礼义，体现了儒家的道德重心由主观转向客观，由内在转到外在。"（周炽成《荀韩人性论与社会历史哲学》. 中山大学出版社 2009 年版，第 38 页）荀子主张"杀《诗》《书》"，把《诗》《书》降等对待，表现了他要以一种新的理念取代孔子的原典儒学。

〔6〕行伪：伪，同"为"，但"伪"更强调人的自觉性。

〔7〕然而明不能别：明，指聪明智慧。全句意为：但是他的智慧不能进行辨别区分。

〔8〕随其长子：即君主之太子，或诸侯之世子。

〔9〕然而明不能齐：但是他的聪明智慧不能够整齐言论整齐制度。

〔10〕知之曰知之，不知曰不知：此条本于《论语·为政》，《论语》原文作："由！诲女知之乎！知之为知之，不知为不知，是知也。"

〔11〕以浅持博：根据对浅近知识的内涵、规律、特点等的了解、把握去推导，了解和把握更渊博深邃知识的内涵、规律、特点。

〔12〕以古持今：根据对古代社会历史发展状况及规律的理解、把握，去了解、指导今天的社会发展。

〔13〕以一持万：根据对简单的一件事的理解、把握去推导对复杂的万件事的理解、把握。近代有的政治家称此为解剖麻雀的方法。麻雀虽小，五脏俱全。一个单位虽小，但蕴含者更多的一般单位的基本特征。所以，这是一种科学的思想方法和工作方法。

"法先王，统礼义，一制度；以浅持博，以古持今，以一持万……是大儒者也。"这可以看作荀子对自己的思想方法的总结。

〔14〕天下为一：荀子提出了"天下为一"的社会理想，即建立专制主义中央集权国家的理想，他的弟子李斯、韩非等积极推进这一理想的实现。这种统一天下的理想的实现，必然给民众带来巨大的社会福祉，它必定使民众脱离战国时期战争之苦而过上和平安定的生活。

〔15〕一朝而伯：一朝，即终有一天。

## 【译文】

所以，社会上有俗人，有俗儒，有雅儒，有大儒。不学习请教他人，不坚持正义，以发财致富，获取物质利益为最重要，这样的人就是俗人。穿着宽大的衣服，腰系宽松的带子，头戴高高的帽子，粗略地效法先王之道但又扰乱正常的治世方术，学说荒谬而杂乱，不知道效法后王而统一制度，不知道推崇礼义而降低《诗》《尚书》的影响，其穿、戴和行为已经与世俗相同，但是不知道以上这一套是可恶的。他们的言谈议论，已经与墨子没有区别，但其聪明智慧对儒墨的不同不能进行辨别；借称颂先王而欺骗愚昧的人而借以求取衣食，得到一点积蓄能够糊口的，就洋洋自得；跟随主人的长子，又侍奉主人的亲信，奉承主人的客人，对自己终身奴仆的身份安然自得，而不敢有其他想法，这就是俗儒。

效法后王而统一制度，推崇礼义而去减低《诗》《书》的影响；其言论、行为已经符合基本的法度，但是其聪明智慧还不能整齐统一人们的言论行动；对法律教化尚未普及之处，自己的所见所闻尚未达到之处，他的智慧还不能够触类旁通。知道就说知道，不知道就说不知，对内不自己欺骗自己，对外不欺骗他人，因此而尊重贤人、敬畏法度而不敢怠慢骄傲，这就是雅儒。

效法先王，以礼义为纲，统一制度，根据对浅近知识的理解、把握而推导出对更深邃知识的理解、把握，根据对古代历史的理解、把握，去了解、指导今天的社会发展，从对简单的一件事的理解、把握，去推导对更复杂的万件事的理解、把握。如果仁义之类的事，即使淹没在鸟兽之中，也像辨别黑白那样，辨认出来；对那些奇特的事物、怪异的变化，即使从来从没有听说过，从来没有看见过，如果突然地在某处发生，也会运用原定的处事纲领来应对，而不会有什么疑惑不定；同时运用有关法度来裁量，就会像符节相合一样完全恰当，这就是被称为大儒的人的作为。

所以，人主（君主）如果任用俗人，那么有万乘兵车的强大国家也会灭亡；如果任用俗儒，那么有万乘兵车的强国尚能存在；如果用雅儒，那么有千乘兵车的中等国家也会安然无事；用大儒，即使只有百里之地的国家，也会长久存在，三年之后，就会统一天下，各国诸侯变为臣下。如果任用大儒在拥有万乘兵车的强国执政，他只要开始实行有关措施、方略，那么很快就会定局，终有一天会称霸。

**【绎旨】**

本章阐述了俗人、俗儒、雅儒、大儒四种人各自的特点以及任用这四种人将会出现的结果。显然，荀子主张应任用大儒治国以尽快统一天下。这一点正表现了荀子的政治理想。

**【名言嘉句】**

以浅持博，以古持今，以一持万。

**【原文】**

不闻不若闻之，闻之不若见之，见之不若知之，知之不若行之，学至于行之而止矣[1]。行之，明也[2]；明之为圣人。圣人也者，本仁义，当是非[3]，齐言行，不失豪¹氂，无他道焉，已乎行之矣。故闻之而不见，虽博必谬；见之而不知，虽识必妄；知之而不行，虽敦必困[4]。不闻不见，则虽当，非仁也，其道百举而百陷[5]也。

故人无师无法而知²[6]则必为盗，勇则必为贼，云能[7]则必为乱，察则必为怪[8]，辩则必为诞[9]；人有师有法而知则速通，勇则速威，云能则速成，察则速尽，辩则速论<sup>3〔10〕</sup>。故有师法者，人之大宝也；无师法者，人之大殃也。

人无师法，则隆性<sup>4</sup>矣<sup>〔11〕</sup>；有师法，则隆积<sup>5〔12〕</sup>矣。而师法者，所得乎情<sup>6</sup>，非所受乎性。不足以独立而治。<sup>〔13〕</sup>性也者，吾所不能为也，然而可化也。<sup>〔14〕</sup>情也者<sup>7</sup>，非吾所有也，然而可为也。<sup>〔15〕</sup>注错习俗，所以化性也<sup>〔16〕</sup>；并一而不二<sup>〔17〕</sup>，所以成积<sup>8</sup>也。习俗移志，安久移质。<sup>〔18〕</sup>并一而不二，则通于神明，参于天地矣。

故积土而为山，积水而为海，旦暮积谓之岁，至高谓之天，至下谓之地，宇中六指谓之极<sup>〔19〕</sup>，涂<sup>9</sup>之人百姓<sup>〔20〕</sup>，积善而全尽谓之圣人。彼求之而后得，为之而后成，积之而后高，尽之而后圣。故圣人也者，人之所积也。人积耨耕<sup>〔21〕</sup>而为农夫，积斲<sup>10</sup>削而为工匠，积反<sup>11</sup>货<sup>〔22〕</sup>而为商贾，积礼义而为君子。工匠之子莫不继事，而都国之民安习其服<sup>〔23〕</sup>，居楚而楚，居越而越，居夏而夏，是非天性也，积靡使然也。<sup>〔24〕</sup>故人知谨注错，慎习俗，大积靡<sup>12〔25〕</sup>，则为君子矣。纵情性而不足问学，则为小人矣；为君子则常安荣矣，为小人则常危辱矣。凡人莫不欲安荣而恶危辱，故唯君子为能得其所好，小人则日徼<sup>13</sup>其所恶。《诗》曰："维此良人，弗求弗迪；唯彼忍心，是顾是复。民之贪乱，宁为荼毒。"<sup>〔26〕</sup>此之谓也。

## 【校】

1. 不失豪釐，豪，通"毫"。

2. 知，同"智"。

3. 论，通"伦"。

4. 性，一作"情"。

5. 积，一作"性"。

6. 所得乎情，王念孙认为"情"当作"积"。

7. 情也者，王念孙认为"情"当作"积"。

8. 积，疑当作"性"。

9. 涂，同"途"。

10. 斲，同"斫"。

11. 反，通"贩"。

12. 靡，通"摩"。

13. 徼，通"邀"。

## 【注释】

〔1〕学至于行之而止矣：学习进入到实行阶段就完成了。这是荀子对于学习的认识，荀子强调践行也是学习，这是正确的。但学习是一个由实践到认识，到再实践，再认识的过程。毛泽东在《实践论》中曾指出："实践，认识，再实践，再认识。""循环往复以至无穷，而实践和认识之每一循环的内容，都比较地进到了高一级的程度。"

当然，学习一般是从掌握他人取得的间接经验开始的，然后是实践，实践之后，在总结经验的基础上，再去学习理论知识，然后再去实践，这个过程循环往复，使人的认识逐步提高，一个人活到老学到老，就是这样的过程。

〔2〕行之，明也：只有去践行，才能真正对事理明白。

〔3〕本仁义，当是非：仁，殷周卜辞中就有"仁"字。《诗经·齐风·卢令》曰："其人美且仁。"《左传·成公九年》载，范文子曰："不背本，仁也；……仁以接事，信以守之，忠以成之，敏以行之，事虽大必济。"《国语·周语上》载，内史兴曰："且礼所以观忠、信、仁、义也。……仁所以行也……仁行则报……施三服义，仁也。"《说文》曰："仁，亲也，从人二。"仁，爱。郭店楚简的一万三千多个汉字中，大约有将近七十个"仁"字，这些"仁"字皆从心从身，作"䜌"。（庞朴《"仁"字臆断》，《寻根》，2001 年第 1 期）全句意为：以仁义为根本，恰当地评定是非。

〔4〕虽敦必困：虽然敦厚充实但却难以行通。

〔5〕百举而百陷：实行一百次就会失败一百次。

〔6〕无师无法而知：没有老师的教诲，不遵守法度而又头脑聪明。

〔7〕云能：有才能。

〔8〕察则必为怪：（无师无法）明察精审必定会乱发奇谈怪论。

〔9〕辩则必为诞：（无师无法）善于辩论就一定会言论荒诞。

〔10〕察则速尽，辩则速论：（有师有法）处事明察就会迅速弄清楚有关道理。善于辩论就会迅速做出判断。

〔11〕人无师法，则隆性矣：性，前人认为是人生来就有的本质特点。但人性包括生物性（自然界所赋予）与社会性（各种社会关系的总和）两个层面。人生来具有的只能是生物性，社会性是后天形成的。全句意为：人如果不接受师法的教化，就会任其本性而发展。

〔12〕隆积：推崇和重视知识的积累和道德修养的逐步增加。

〔13〕而师法者，所得乎情（积），非所受乎性。不足以独立而治：不足以独立而治，王念孙认为"不足以独立而治"七字上当有"性"字。全句意为：老师的教化和法度的管理作用是从后天的积累产生的，而不是从人的自然本性产生的，所以它不能够独立地进行完善。

〔14〕性也者，吾所不能为也，然而可化也：人的自然本性，我是无法造就的，但对于后天的社会性是可以培养教化的。

〔15〕情（积）也者，非吾所有也，然而可为也：知识的积累和道德修养的强化，不是我生来就有的，但是通过后天的努力是可以大有作为的。

〔16〕注错习俗，所以化性也：注，将液体如注灌入器皿。"错"之本义为：将金粉或金线置于器物沟槽中。习，模仿、练习。俗，风俗，习惯。全句意为：人的举措、习惯、风俗等，是用来逐渐改变人的社会性的。

〔17〕并一而不二：专心致志，不三心二意。

〔18〕习俗移志，安久移质：风俗习惯可以改变人的思想志向，长期安于某种生活状态中就可以改变人的素质。

〔19〕宇中六指谓之极：向空中六个方向（天、地、东、西、南、北）发展就是极。

〔20〕涂之人百姓：路上走的一般老百姓。

〔21〕耨（nòu）耕：锄草。

〔22〕反货：反，同"贩"。"反"本字，"贩"后起字。全句意为：贩卖货物。

〔23〕安习其服：安然地习惯其职业。

[24] 居楚而楚，居越而越，居夏而夏，是非天性也，积靡使然也：住在楚地的就成为楚国人，住在越地的就成为越国人，住在华夏的就成为华夏人。这不是天性，而是长期积累磨炼而成的。荀子在这里仍然讲性与环境有关，性无善恶之分。

〔25〕积靡：长期摩炼。

〔26〕维此良人，弗求弗迪；唯彼忍心，是顾是复。民之贪乱，宁为荼毒：语出《诗·大雅·桑柔》。全句意为：对于这些善良之士，不加任用；对于那些残忍之徒，却顾念任用。那些贪乱之徒，造成了人们的痛苦。

## 【译文】

没有听到，不如听到的；听到的，不如亲自看见的；亲自看见的，不如能够理解的；能够理解的，不如去践行。学习到达践行这一步就算完成了。践行，才能明白事理；明白事理，就可能成为圣人。圣人，这种人，以仁义为根本，善于判断是非，整齐言行，使之不差毫厘，没有其他门路，就是把知道的知识付诸践行而已。所以，只听说而不亲眼看见，即使十分广博，也必然会有谬误；虽然看见了，但不能够理解；虽然记住了这回事，但也一定会有虚妄；知道了而不去践行，即使可以丰富知识，但必然会陷入困窘。不去听取各种消息，不去观察各种事物，即使一时处事恰当，但也不是仁者之举，这种办法实行一百次会失败一百次。

所以，人如果没有老师的教化，没有法度的约束，头脑聪明的话，一定会成为盗；为人勇敢的话，一定会做贼；有才能的话，一定会作乱；明察的话一定会搞奇谈怪论；善于辩论的话，一定会言语荒诞。人如果有老师的教化，有法度的约束，头脑聪明的就会很快通达，为人勇敢的就会很快有威严，有才能就会迅速取得成功，明察的话就会很快弄清事理，善辩的话就会很快判明是非，得出结论。所以，有老师的教化，有法度的约束，是人生的重要宝藏；没有老师的教化，没有法度的约束，是人生的严重祸害。

人如果没有老师的教导，没有法度的约束，就会任性发展；如果有老师的教导和法度的约束，就会重视知识的积累和道德修养的强化；老师的教导和法度的约束，是从后天的积累产生的，而不是从人的自然本性产生的。所以，它不能独立地进行完善。

人的自然本性，我是无法造就的，但是对于人的社会性本性是可以培养教化的。知识和道德的培养积累，不是我们生来就有的，但是通过后天的努力是可以大有作为的。人的举措、风俗习惯是可以用来改变人的社会性的。如果专心致志，不三心二意，就可以得到丰富的积累，风俗习惯可以改变人的思想意志，长期安于某种生活状态就会改变人的素质。专心致志，不三心二意，就会达到最高智慧，把握事物发展的规律，其作用，就可以与天地相并列。

所以，积土可以成为高山，积水可以成为大海，一早一晚积累起来的就可以成为年。最高的是天，最低的是地，宇宙中向六个方向（天、地、东、西、南、北）延伸就是极。路上行走的老百姓，通过积累善行而达到尽善和全善的程度，就是圣人。这些都是通过追求而后得到的，通过实际去做而后取得成功，通过长期积累才变得高大，达到完全彻底才成为圣人。所以，圣人这种人物，是人的善行积累。人们积累耕地锄草等农业劳作才成为农夫，积累砍削等技艺才成为木匠，积累贩卖的行动与货物才会成为商贾，积累礼义及其践行就会成为君子。工匠的儿子没有不继承齐家中的事业的，而国都的人们却安然习惯于他们的职事。住在楚地的就成为楚国人，住在越地的就成为越国人，住在华夏的就成为华夏人。这不是天性，而是长期积累磨炼而成的。所以，人如果能知道谨慎地行动，慎重对待习惯风俗，加强积累磨炼，就会成为君子。如果放纵自己的性情，没有足够的学问，就会成为小人。做君子就会经常平安荣耀，做小人就经常遇到危险受辱。大凡人没有不想要平安荣耀而厌恶危险受辱的。所以，只有君子能够得到自己所喜爱的事，而小人只能每天招致他所厌恶的事。《诗》曰："维此良人，弗求弗迪；唯彼忍心，是顾是复。民之贪乱，宁为荼毒。"（《诗》上说："对于这些善良之士，不加任用；对于那些残忍之徒，却顾念任用。那些贪乱之徒，造成了人们的痛苦。"）就是说的这回事。

## 【绎旨】

本章主要有三个要点：一是，阐述践行对于学习的重要性。"知之不若行之，学至于行之而止矣。行之，明也；明之为圣人。"二是，阐述"师法"对于人成才的重要性。"故有师法者，人之大宝也；无师法者，人之大殃也。"三是，阐述"积"对于事物发展的重要意义。"积土而为山，积水而为海。""涂之人百姓，积善而全尽谓之圣人。"这样说也破除了对圣人的迷信。以上三点是有重要理论意义和实践意义的。荀子强调"行"对于学习的重要性，这是值得重视的；但他对于学习的整个过程没有做出全面的论述，没有看到学习是一个由实践到认识，再认识到实践，循环往复以至无穷的辩证过程。

荀子看到了事物发展过程中"积"即量变阶段的重要性，但没有认识到单纯的"积"即简单的量的增加并不能使一切事物发展变化。量的积累达到某一关节点即会发生根本性质的变化。这一点荀子在本章中未能说明，当然对此是勿须苛求的。

## 【名言嘉句】

①圣人也者，本仁义，当是非，齐言行，不失豪釐，无他道焉，已乎行之矣。

②故有师法者，人之大宝也；无师法者，人之大殃也。

③涂之人百姓，积善而全尽谓之圣人。

## 【原文】

人论¹〔1〕：志不免于曲私〔2〕，而冀人之以己为公也；行不免于汙²漫〔3〕，而冀人之以己为修也；其愚陋沟瞀³〔4〕，而冀人之以己为知也，是众人也。志忍私〔5〕，然后能公；行忍情性，然后能修；知而好问，然后能才；公修而才，可谓小儒矣。志安公，行安修，知通统类，如是则可谓大儒矣。大儒者，天子三公也；小儒者，诸侯、大夫、士也；众人者，工、农、商贾也。礼者，人主之所以为群臣寸、尺、寻、丈、检式〔6〕也。人伦尽矣。

君子言有坛宇〔7〕，行有防表〔8〕，道有一隆〔9〕。言道德⁴之求不下于安存〔10〕；言志意之求不下于士；言道德之求不二⁵后王〔11〕。道过三代谓之荡，法二后王谓之不雅。高之下之，小之臣⁶之，不外是矣。是君子之所以骋志意于坛宇宫廷也。故诸侯问政，不及安存则不告也。匹夫问学，不及为士则不教也。百家之说，不及后王则不听也。夫是之谓君子言有坛宇，行有防表也。

## 【校】

1.论，通"伦"。

2.汙，同"污"。

3.其愚陋沟瞀，其，北大本据文义改作"甚"。沟瞀，通"佝（kòu）愗（mào）"。

4.道德，当作"政治"。

5.二，通"贰"。

6.臣，当作"巨"。

## 【注释】

〔1〕人论：人的种类等级。

〔2〕曲私：自私自利。《韩非子·外储说左上》曰："挟自为心。""故人行事施予，以利之为心。"认为人天生就是自利的。《韩非子·六反》则云："用计算之心以相待。"

〔3〕汙漫：污秽卑鄙。

〔4〕愚陋沟瞀：瞀，精神昏乱，无知。

〔5〕志忍私：忍，抑制。全句意为：思想上能抑制私心。

〔6〕检式：检查衡量的标准。

〔7〕坛宇：界限、范围。

〔8〕防表：堤防、标志、标准。

〔9〕道有一隆：道术上有突出的一面。

〔10〕言道德之求不下于安存：谈论政治最起码的要求是安定国家。

〔11〕不二后王：不背离当代统一天下的君主。

## 【译文】

人的类别、等级：思想上脱离不了自私自利，却希望别人认为自己大公无私；行动上免不了污秽卑鄙，却希望别人认为自己善良美好；为人愚昧、浅陋无知，却希望别人认为自己智慧很高，这是一般人的思想状态。思想上能抑制自己感情用事和偏私的性格，然后才能变得美好善良；又聪明又不耻下问，然后才有可能成为有才之士。大公无私，善良美好又有才能，就可以称为小儒了。思想上安于公事，行动上习惯于善良美好，智慧上通晓掌握礼义纲纪，这样的人就可以称为大儒了。大儒可以担当天子手下的三公，小儒可以担任诸侯手下的大夫或士，一般人可充当做工匠、农夫、商贾等。礼，是君主用来衡量群臣或寸、或尺、或寻、或丈的标准。人的类别等级用礼来鉴定衡量就无所遗漏了。

君子说话有一定的界限、范围，行为有一定的标准，道术上有一定的专长。谈论政治时的要求不会低于国家的安定和正常发展，谈论思想上的要求不能低于"士"的标准，谈论道德上的要求，不能背离正在统一天下的君主。统一天下之道如果在时间上远于三代，那就是渺茫不明，法度背离当今正在统一天下的君主，就是不正确。所谈论的问题，无论是高的，低的，还是大的，小的，都不能超出这一范围。这就是君子在驰骋自己的意志时，不能超出一定的范围。所以，有诸侯问起政事，但不涉及到国家存在的安全问题，就不要告诉他；一般人问学习，如果涉及不到如何成为合格的士人的问题，就不教诲他；有人问起百家学说，如果涉及不到当今统一天下的君主，就连听也不要听。这就是所说的君子言有一定范围，行为有一定标准。

## 【绎旨】

本章共有两节。第一节，阐述人的类别与等级问题，除了具体阐述众人、小儒、大儒在道德才能上的差别外，还专门指出"礼"是人主衡量群臣短长的标准。第二节，重点阐述了君子言论的界限、范围、行为的标准等问题。

## 【名言嘉句】

①礼者，人主之所以为群臣寸、尺、寻、丈、检式也。人伦尽矣。

②君子言有坛宇，行有防表，道有一隆。

# 王制篇第九

**【导读】**

本篇主要内容是荀子对如何以王道治国的阐述。因阐述了王道治国的基本方针、政策和各种制度，故以"王制"为篇名。

全篇可分为十一章。

第一章，包括两节。主要阐述了"王者"（能够统一天下，建立封建国家的君主）治国听政的一般政策，如重用贤人，尊崇礼义，重视教化，处理好君主与群僚的关系等。这一章中特别提到"人治"的重要："治生乎君子，乱生乎小人。"

第二章，阐述治国必须重视等级名分的划定，只有使人们各安其位，各行其是，并相互制约，国家才会安定。

第三章，主要围绕"君与民"的关系展开，其中引用古语"君者，舟也；庶人者，水也。水则载舟，水则覆舟"，以说明君民之间的辩证关系，又引用孔子的话，说明取得民心的重要。

第四章，列举强道、霸道、王道三种政治方略各自要求的特点。表达了以"王道"治国的思想。

第五章，主要阐述王者治国的几点要求：1.对王者本人及其团队成员的基本要求。2.王者之制，即对王者治国的总体方略及各项制度的要求。3.王者之论，即对用人制度、赏罚制度等的要求。4.王者之法，即对各种经济制度的要求。

第六章，1.提出了以类行杂，以一行万的思想方法和工作方法。2.通过君子的作用，重申人治的重要。3.强调"礼义"是大本。

第七章，主要阐述：1.人的特点。2.礼义和名分对人类社会的作用。3.强调"群"的作用。4.强调"适时"的重要性，同时彰显了环保意识。

第八章，阐述天王及其下属以冢宰为首的部分官员的职责范围，表现了荀子建立统一的中央集权的国家的思想。

第九章，阐述王、霸、存、亡都是有一定的主观客观条件的。强调实行王道，统一天下的过程中，统治者的主观认识有很大作用，"制与在我，亡乎人"，即王、霸、存、亡的关键在于我自己，与他人无关。

第十章，主要是分别阐述了"具具而王"和"具具而霸"的比较具体的条件、步骤和做法。

第十一章，从"立身""事行""进退贵贱"和对待下属百姓的原则等方面，概括了王者、霸者、安存者、危殆者、灭亡者的不同。告诫为政者要懂得选择时机和条件，否则就会受制于人，或危殆灭亡。

## 【原文】

请问为政？曰：贤能不待次而举[1]，罢¹不能不待须而废[2]，元恶不待教而诛，中庸民不待政而化[3]。分[4]未定也，则有昭缪²[5]。虽王公士大夫之子孙，不能属[6]于礼义，则归之庶人。虽庶人之子孙也，积文学[7]，正身行，能属于礼义，则归之卿相士大夫。故奸言、奸说、奸事、奸能、遁逃反侧[8]之民，职而教之，须而待之[9]，勉之以庆赏，惩之以刑罚，安职则畜[10]，不安职则弃。五疾[11]，上收而养之，材³而事之，官施而衣食之，兼覆无遗。才行反时者[12]死无赦。夫是之谓天德，王者之政也。

听政之大分[13]：以善至者[14]待之以礼，以不善至者待之以刑。两者分别，则贤不肖不杂，是非不乱。贤不肖不杂，则英杰至。是非不乱，则国家治。若是，名声日闻，天下愿[15]，令行禁止，王者之事毕矣。

凡听，威严猛厉而不好假道[16]人，则下畏恐而不亲，周闭而不竭[17]。若是，则大事殆乎弛[18]，小事殆乎遂⁴[19]。和解调通，好假道人而无所凝止[20]之，则奸言并至，尝试之说锋⁵起。若是，则听大⁶事烦[21]，是又伤之也。故法而不议[22]，则法之所不至者必废；职而不通[23]，则职之所不及者必队⁷。故法而议，职而通，无隐谋，无遗善，而百事无过，非君子莫能。故公平者，职之衡[24]也；中和者，听之绳也[25]。其有法者以法行，无法者以类举[26]，听之尽也；偏党而无经[27]，听之辟⁸也。故有良法而乱者有之矣，有君子而乱者，自古及今，未尝闻也。传曰："治生乎君子，乱生乎小人。[28]"此之谓也。

## 【校】

1. 罢，通"疲"。
2. 缪，借为"穆"。
3. 材，通"才"。
4. 遂，通"坠"。
5. 锋，通"蜂"。
6. 大，同"太"。
7. 队，同"坠"。
8. 辟，通"僻"。

## 【注释】

〔1〕贤能不待次而举：待次，按照等次。全句意为：贤能之士不必用按照等次而任用。

〔2〕罢不能不待须而废：罢，指疲沓、偷惰、缺德者。须，须臾。全句意为：对疲沓、偷惰、无能之辈，不待片刻即可罢免。

〔3〕中庸民不待政而化：对一般民众不用行政手段而进行教化。

〔4〕分：等级名分。

〔5〕则有昭缪：（在等级名分未定时）就按昭穆之道确定等级尊卑。

〔6〕属（zhǔ）：善于，符合，归属。

〔7〕积文学：积累文化典章方面的知识。

〔8〕反侧：反复无常。

〔9〕须而待之：给予一定时间而等待。

〔10〕安职则畜：畜，畜才，任事。全句意为：安于职事就留用。

〔11〕五疾：指聋、哑、跛、断残、侏儒五种人。

〔12〕才行反时者：才能和行动反对时势的人。

〔13〕听政之大分：听，治理。分，原则，要领。

〔14〕以善至者：抱有善良目的而来的。

〔15〕天下愿：愿，仰慕。

〔16〕假道人：对人宽导、宽容。

〔17〕周闭而不竭：闭嘴而不愿把话说完。

〔18〕殆乎弛：殆，近乎。弛，松弛，废弛。全句意为：近乎松弛。

〔19〕遂：废弃。

〔20〕凝止：限制，界限。

〔21〕听大事烦：言听得过多，事务繁杂。

〔22〕法而不议：对法度不加以议论宣传。

〔23〕职而不通：各职权部门只知据守本职范围内的事，而不能相互沟通。

〔24〕职之衡：衡，量度。标准。全句意为：履行职务的标准。

〔25〕中和者，听之绳也：绳，准绳。全句意为：恰当适中和谐是听断政事的准绳。

〔26〕无法者以类举：没有明确的法律条文的用类（例）举的方法去处理。

〔27〕偏党而无经：偏袒于某一方面而不循寻原则。

〔28〕治生乎君子，乱生乎小人：天下安定，由君子的行为造成；天下大乱，由小人的胡作非为造成。

## 【译文】

请问怎样治理国家？回答说：贤能之士不必按照等次而任用，疲沓、偷惰、无德无才者不等须臾立即罢除，首恶分子不用再进行教化可直解处死，一般民众不依靠行政手段而进行教化。名分等级未确定时，就用宗庙的昭穆制度确定出等级。虽然是王公士大夫的子孙，如果不符合礼义的要求，也要归之于平民之中。虽然是平民的子孙，但能有文化典章方面的丰富知识，为人处世正直，能符合礼义的要求，也就可以归之于卿相士大夫之中。对于散布奸邪的言论，传播奸邪的学说，做了奸邪坏事，做奸邪事特别有能力以及逃跑又反复无常的人，要给一定的职事并借以进行教化，给予一定的时间等待他们改过自新，以庆赏劝勉，以刑罚惩处，安于职事即留用，不安于职事就弃之不用。对于五种残疾之人，由国家收留和养育，量才录用，官府拨款供给他们衣食，完全覆盖而无遗漏。对于那些以才能行动反对时务（统一天下）的处死不赦免。这就叫作"天德"，也就是圣王的政治。

听取意见处理政事的基本原则：对那些抱有善意并做了好事而来的，要待之以礼；那些抱有恶意并做了坏事而来的，要处之以刑。把这两者严格加以区分，就会使有德有才之人与无德无才的人不相混淆，是与非不相混淆。有德有才的人与无德无才的人不相混杂，英雄豪杰就会到来；是与非不相混淆，国家就能治理好。如果能做到这一点，美好的名声就会天天响起，天下之人就会向往羡慕，如果再能做到令行禁止，那么圣王统一天下的大业就会完成。

凡是听取意见处理政事的时候，如果威风很大，对人猛烈严厉，不喜欢宽容他人，那么下属官员就会畏惧而不愿亲近，密闭其口而不尽言，如果是这样，就会大事接近于废弛，小事接近于废弃。如果处事能随和变通，喜欢宽容他人无定止，那么奸邪之言就会一起到来，各种试探性的说法会蜂拥而起。如果是这样，需要听断的事务就会过多而繁杂，这对处理的事是一种伤害。所以，制定了法度如果不让群臣百官充分讨论、理解；那么法度所不能包括的事务必然会废弃。各种职能部门如果不能相互沟通（只是据守其职），那么有关职务所不能涉及的事务，必然会无人管理。所以，有法度，又要让群臣百官充分讨论、理解，各职能部门间相互沟通，没有隐匿而不公开的计谋，没有遗留不知的好主张好见解，做到各种事务无过错，如果不是君子没有人能做到这一点。所以，公平是履行职务的准则；恰当适中和谐是听断政事的准绳。有明确的法度条文规定的就按照执行，没有法度条文规定的用类推的方法处理，这样就能听断一切政事。偏袒一部分人而毫无原则，是听断政事的片面性（不公正）。所以，虽然制定了好的法度条文，但处理不好还是会产生混乱；但是，有坚持正道的君子而出现混乱的情况，从古到现在，还没听说过。古书上说："天下大治出现在君子那里，天下混乱出现在小人那里。"就是说的这种情况。

## 【绎旨】

本章包括两节，重要阐述了"王者"治国听政的一般原则：①重用贤人；严格区分贤与不肖。②尊崇礼义，不能属之礼义者，不论什么人，皆不得重用；属之礼义者，不论什么人，皆可重用。③重视教化的作用。④重视"法"，并要做到"法而议"。⑤人治思想。"治生乎君子，乱生乎小人"。⑥听政的准则与准绳。⑦处理好执政者与群僚的关系。

## 【名言嘉句】

①贤能不待次而举，罢不能不待须而废。

②虽王公士大夫之子孙，不能属于礼义，则归之庶人。虽庶人之子孙也，积文学，正身行，能属于礼义，则归之卿相士大夫。

③故公平者，职之衡也；中和者，听之绳也。

## 【原文】

分均则不偏[1]，埶¹齐则不壹[2]，众齐则不使[3]。有天有地而上下有差，明王始立而处国有制。夫两贵之不能相事，两贱之不能相使，是天数也。埶²位齐而欲恶同，物不能澹³[4]则必争，争则必乱，乱则穷矣。先王恶其乱也，故制礼义以分之，使有贫富贵贱之等，足以相兼临[5]者，是养天下之本也。《书》曰："维⁴齐非齐[6]。"此之谓也。

## 【校】

1. 埶，同"势"。

2. 埶，同"势"。

3. 澹，同"赡"。

4. 维，《尚书·吕刑》作"惟"。

## 【注释】

〔1〕分均则不偏：分，名分。《小尔雅》曰："偏，属也。"全句意为：名分均等则无法相统属。一说：偏，借为"辩"，治。言名分相当，即无法治理。

〔2〕埶（势）齐则不壹：权势齐同则无法统一。

〔3〕众齐则不使：大家相同就无法役使。

〔4〕澹：满足供应。

〔5〕兼临：制约。

〔6〕维齐非齐：语出《尚书·吕刑》。原意是说：断案判刑时，如果没有明确的法律条文，即通过与相近的案例比附而行之，或轻或重，要根据实际情况做出调整，故"维齐非齐"。此处荀子赋予新的含义，即言只有制定名分，使贫富贵贱各在不同的等级上，才能天下安定。也就是说，只有这种"不齐"，才能达到天下统一的大齐，这其中包含了一定的辩证法的思想。

## 【译文】

人的名分如果相同，就无法形成统属关系；权势相同，就无法统一；众人如果都一样，就无法役使。有了天，有了地，就产生了上下的差别，明王从登上王位之后，就建立了处理国事的制度。两个同样高贵的人不能相互侍奉，两个同样卑贱的人不能相互役使，这是天然形成的道理。权势地位相同，欲望与厌恶是相同的，但是财物是有限的，因而不能满足他们的需要，这就必然引起争夺。有争夺就会出现混乱，有混乱就会穷困。先王厌恶他们引起的混乱，所以制定了礼义来区分他们，使他们有贫富贵贱的不同。等级名分，这就足足能够使他们相互制约，这是养护天下、使天下安定有序的根本方法。《书》曰："维齐非齐。"（《尚书》说："要想维护天下安定统一，只有使天下等差有序才行。"）就是说的这种情况。

## 【绎旨】

本章主要是说要想统一天下，并使之安定，就必须制定等级名分，使各安其位并相互制约。否则，无法达到天下的统一与安定。荀子为了说明这一点，还力图从经济上找原因，提出"物不能澹则必争"的观点，应该承认，荀子在这一点上的认识是比较深刻的。

## 【名言嘉句】

埶（势）位齐而欲恶同，物不能澹则必争，争则必乱，乱则穷矣。

## 【原文】

马骇舆[1]，则君子不安舆；庶人骇政[2]，则君子不安位。马骇舆，则莫若静之；庶人骇政，则莫若惠之[3]。选贤良，举笃敬[4]，兴孝弟¹，收孤寡，补贫穷。如是，则庶人安政矣。庶人安政，然后君子安位。传曰："君者，舟也；庶人者，水也。水则载舟，水则覆舟。"[5]此之谓也。故君人者，欲安，则莫若平政爱民矣；欲荣，则莫若隆礼敬士矣；欲立功名，则莫若尚贤使能矣[6]，是君人者之大节也。三节者当，则其余莫不当矣。三节者不当，则其余虽曲当，犹将无益也。孔子曰："大节是也，小节是也，上君也；大节是也，小节一出焉，一入焉，中君也；大节非也，小节虽是也，吾无观其余矣。"[7]成侯、嗣公[8]，聚敛计数之君也，未及取²民[9]也。子产[10]，取民者也，未及为政也。管仲[11]，为政者也，未及修礼也。故修礼者王，为政者强，取民者安，聚敛者亡。故王者富民，霸者富士，仅存之国富大夫，亡国富筐箧，实府库。筐箧已富，府库已实，而百姓贫，夫是之谓上溢而下漏[12]，入不可以守，出不可以战，则倾覆灭亡可立而待也。故我聚之以亡，敌得之以强。聚敛者，召寇肥敌、亡国危身之道也，故明君不蹈也。

**【校】**

1. 弟，同"悌"。
2. 取，通"聚"。

**【注释】**

〔1〕马骇舆：马驾车时受到惊吓而狂奔。

〔2〕庶人骇政：一般老百姓因政府政策的不当而惊恐。

〔3〕则莫若惠之：不如给老百姓以实惠。

〔4〕举笃敬：举荐厚道谨敬之士。

〔5〕君者，舟也；庶人者，水也。水则载舟，水则覆舟：此亦见于《家语·五仪解第七》。

〔6〕故君人者，欲安，则莫若平政爱民矣；欲荣，则莫若隆礼敬士矣；欲立功名，则莫若尚贤使能矣：所以，统治天下的人，要想平安，就没有比事政治公平并爱护百姓更好的了；要想得到荣耀，就没有比崇尚礼义、尊敬士人更好的了；要想建功立业，就没有比尊重贤人、重用能者更好的了。在这里，荀子强调的是礼义对于治国修身的重要性。"平政爱民""收孤寡""补贫穷""使庶人安政"，这里特别提到扶贫问题，这体现了荀子的社会公平思想。

〔7〕孔子曰"大节是也，小节是也，上君也；大节是也，小节一出焉，一入焉，中君也；大节非也，小节虽是也，吾无观其余矣"：未见今本《论语》有载。可参阅《论语·微子》，《论语》原文作："大德不踰闲，小德出入可也。"

〔8〕成侯、嗣公：成侯（公元前371——前343年），战国时期卫国国君。《史记·卫康叔世家》曰："慎公四十二年卒，子声公训立。声公十一年卒，子成侯遬立。成侯十一年，公孙鞅入秦。二十九年，成侯卒，子平侯立。平侯八年卒，子嗣君立。"

嗣公，成侯之孙，二人以擅长搜刮民财著名。《太平御览》六二七正引"公"作"君"。

据《史记·六国年表》，卫嗣君立于周显王45年，立42年后卒。

〔9〕取民：取，通"聚"。全句意为：取得民心。

〔10〕子产：（？—前522年），即公孙侨，公孙成子。郑穆公之孙，子国之子，名侨，字子产，一字子美。郑简公十二年（前544）为卿，二十三年（前543）执政，实行改革，推动了社会发展，又认为"天道远，人道迩，非所及也"，表现了进步的观念。子产是孔子眼中，君子的典型，故多次予以赞扬。

〔11〕管仲：名夷吾，字仲，春秋时期齐国名相，曾帮助齐桓公"九合诸侯""一匡天下"。孔子对管仲既有批评也有赞扬。但以肯定、赞扬为主。可参阅《论语新编新释》4.3.1.2。

〔12〕上溢而下漏：统治者的财富多得往外流淌，下层民众穷得毫无积蓄。

## 【译文】

马驾车时受到惊吓而狂奔，君子就无法坐在车上；老百姓如果因政府的不当措施而惊恐，君子也就无法坐稳自己的宝座。马因驾车而惊恐，就不如使之安静下来；老百姓害怕政府的不当措施，就不如给老百姓以实惠。选用贤良，举荐厚道谨敬之士，大兴孝弟（悌）之风，收养孤寡无靠的人，补救贫穷困难的人，这样一来，老百姓就会安心过日子了。老百姓安顿了，君子的宝座也就坐稳了。古书上说："国君好比是舟，老百姓好比是水。水既载舟而行，也能把舟掀翻。"就是说的这种情况。

所以，统治天下的人，要想平安，就没有比使政治公平并爱护百姓更好的了；要想得到荣耀，就没有比崇尚礼义、尊敬士人更好的了；要想建功立业，就没有比尊重贤人、重用能者更好的了。这三个环节都是为君者的大节。这三个环节如果处理恰当，那么其余就没有不恰当的了。这三个环节如果处理不恰当，其余环节虽然周到恰当，那也将没有什么益处。孔子说："大节做得对，小节也做得对，这是上等的君主；大节做得对，小节有的过了头，有的不够，这是中等的君主；大节做错了，小节虽然做对了，我不用看其他的了，这是下等的君主了。"

卫国的成侯、嗣君都是善于聚敛、算计的君主，他们没有达到集聚民心的境界；郑子产是善于取得民心的君子，但没能够把政事处理好；管仲是善于处理政事的君子，但没有达到修明礼义的境界。所以，能够修明礼义的，就可以统一天下而称王；善于处理政事的，国家就会强大；能够集聚民心的，国家就会安定；只知聚敛钱财的，就会灭亡。所以，能统一天下的圣王，注重使民众富足；能称霸的君主注重使武士富足；勉强维持国家存在的君主注重于大夫以上官员的富足；即将灭亡的国家的君主使自己的筐箧皆满，府库充实。筐箧富足了，府库充实了，而老百姓则陷入贫困不堪，这就叫作统治者富得往外淌而老百姓却穷得毫无积蓄。这样的国家，对内不能防守，对外不能抵抗，其倾覆灭亡立等可取。所以，为君者自己聚敛只能灭亡，这些财货让敌人得去，即会变得强大。所以，聚敛的行为是招致敌寇，养肥敌人，灭亡国家，危害己身的一条死路，所以圣明的君主是不走这条路的。

## 【绎旨】

本章主要围绕"君"与"民"的关系展开论述。首先以"马骇舆"引出君民关系的议题。以"舟与水"关系说明，民可拥戴君主，亦可推翻君主的道理。因此，如何善待民众，是为君者面临的最根本问题。之前荀子提出"三节"，即"欲安，则莫若平政爱民矣；欲荣，则莫若隆礼敬士矣；欲立功名，则莫若尚贤使能矣。"并指出这"三节"都是为君的"大节"，即根本问题。以下引用孔子的论述和有关史实，说明取得民心，搞好政治，崇修礼义的重要。最后反复说明"取民者安，聚敛者亡"的道理。这一段无疑是为一切为政者提供一副清醒剂。

本章中荀子反复说明经济问题在治国中的重要作用，这也是值得注意的。

## 【名言嘉句】

①庶人骇政，则莫若惠之。

②传曰："君者，舟也；庶人者，水也。水则载舟，水则覆舟。"

③故君人者，欲安，则莫若平政爱民矣；欲荣，则莫若隆礼敬士矣；欲立功名，则莫若尚贤使能矣。

④聚敛者，召寇肥敌、亡国危身之道也，故明君不蹈也。

## 【原文】

王夺之人[1]，霸夺之与[2]，强夺之地[3]。夺之人者臣诸侯[4]，夺之与者友诸侯，夺之地者敌诸侯。臣诸侯者王，友诸侯者霸，敌诸侯者危。

用强者，人之城守，人之出战，而我以力胜之也，则伤人之民必甚矣。伤人之民甚，则人之民恶我必甚矣。人之民恶我甚，则日欲与我斗。人之城守，人之出战，而我以力胜之，则伤吾民必甚矣。伤吾民甚，则吾民之恶我必甚矣。吾民之恶我甚，则日不欲为我斗。人之民日欲与我斗，吾民日不欲为我斗，是强者之所以反弱也。

地来而民去，累多而功少[5]，虽守者益，所以守者损[6]，是大者之所以反削也。诸侯莫不怀交接怨[7]而不忘其敌，伺强大之间，承¹强大之敝²[8]，此强大之殆时也。

知强大者不务强也[9]，虑以王命[10]，全其力，凝其德。力全则诸侯不能弱也，德凝则诸侯不能削也，天下无王霸主，则常胜矣[11]，是知强道者也。

彼霸者不然[12]。辟田野，实仓廪，便³备用，案谨募选阅材伎之士，然后渐庆赏以先之，严刑罚以纠之。存亡继绝，卫弱禁暴，而无兼并之心，则诸侯亲之矣。修友敌之道[13]以敬接诸侯，则诸侯说⁴之[14]矣。所以亲之者，以不并也[15]；并之见⁵，则诸侯疏矣。所以说之者，以友敌也；臣之见，则诸侯离矣[16]。故明其不并之行，信其友敌之道，天下无王霸主，则常胜矣，是知霸道者也。闵王毁于五国，桓公劫于鲁庄[17]，无它故焉，非其道而虑之以王也。

彼王者不然，仁眇天下[18]，义眇天下，威眇天下。仁眇天下，故天下莫不亲也；义眇天下，故天下莫不贵也；威眇天下，故天下莫敢敌也。以不敌之威，辅服人之道，故不战而胜，不攻而得，甲兵不劳而天下服，是知王道者也。知此二⁶具[19]者，欲王而王，欲霸而霸，欲强而强矣。

## 【校】

1.承，通"乘"。

2.敝，通"弊"。

3.便，通"辩"。一说作"办"。

4.说，通"悦"。下同。

5.见，同"现"。

6. 二，当作"三"。

## 【注释】

〔1〕王夺之人：要称王于天下者，极力夺取人心。

〔2〕霸夺之与：要称霸于天下者，极力夺取友好国家。

〔3〕强夺之地：要称强于天下者，极力夺取他国的土地。

〔4〕臣诸侯：以诸侯为臣。

〔5〕地来而民去，累多而功少：虽然土地增加了，但民众却减少了；付出的很多，而建立的功业很少。

〔6〕虽守者益，所以守者损：虽守卫的土地有所增加，但用来守卫土地的民众却减少了。

〔7〕怀交接怨：怀念交好，接触联系那些对敌人怨恨的势力。

〔8〕伺强大之间，承强大之敝：伺察强大国家的间隙，趁其衰败之机。

〔9〕知强大者不务强也：真正了解如何才能强大的人不是一门心思地只考虑如何逞强显能。

〔10〕虑以王命：考虑在完成统一全国的历史使命的前提下，如何……。

〔11〕天下无王霸主，则常胜矣：天下如果没有明王或霸主，这种"知强大者"就会常胜不败。

〔12〕彼霸者不然：那些企图称霸的君主不是这样做。

〔13〕修友敌之道：修复实行与敌国建立平等、友好的关系。

〔14〕说之矣：说，通"悦"。

〔15〕以不并也：因为不进行兼并。

〔16〕臣之见，则诸侯离矣：如果企图沉浮诸侯的意图被发现（或表现出来），诸侯就会离去。

〔17〕闵王毁于五国，桓公劫于鲁庄：齐闵（或作"湣"）王被燕、赵、楚、魏、秦五国联兵打败。齐桓公五年（前681年）于柯地与鲁庄公会盟。鲁臣"曹沫（事见《史记·刺客列传》，《左传》《谷梁》并作'曹刿'）以匕首"劫齐桓公于坛上时，齐桓公欲杀曹沫，因管仲劝谏而罢。

〔18〕彼王者不然，仁眇天下：眇（miǎo），高远，遥远。全句意为：仁德高于天下。

〔19〕二（正字为"三"）具：具，作量词用。三具，三项，三者。

## 【译文】

要称王于天下的君主，极力夺取人心。要称霸于天下的君主，极力夺取友好国家。要称强于天下的君主，极力夺取他国的土地。夺取人心者以诸侯为臣，夺取友好国家者与诸侯结为盟友，夺取土地者成为诸侯的敌人。以诸侯为臣者会统一天下，以诸侯为友者会称霸天下，以诸侯为敌者就危险了。

称强于天下的君主，面对其他国家的城邑防守和出兵作战，以强力战胜他们，那么必然会使其他国家的民众受伤的很多。伤害他国民众很多，则他国民众对我方（称强者）就会十分厌恶痛恨。他国之民就一定严重厌恶痛恨我方，就会天天想和我方战斗。对他国的城邑防守和出兵作战，我方以强力战胜他们，也就一定会伤害我方很多民众。伤害我方很多民众，我方很多民众就一定严重厌恶痛恨我方。我方民众严重厌恶痛恨我方，就会每天都不愿意为我方战斗。他国民众天天想与我方战斗，而我方民众天天不想为我方战斗，这就是本来的强国为什么反而弱小了。

土地增加了，但民众减少了；费事多但功业少，虽然所守卫的土地有增加，但守卫者却减少了，这是强大者之所以反而削弱的原因。诸侯没有不怀念原来交好的国家和设法与其敌人怨恨的国家接触的，并且时时不忘他们的敌人，他们伺察强国的间隙，趁其衰败之机，以图一逞强。这正是强国的危殆时刻。

真正知道如何才能强大的君主，不是一门心思地考虑如何逞强显能，而是考虑统一天下的历史使命，然后集中和保全自己的力量，凝聚和巩固自己的德望。集中并保全力量，诸侯就不能削弱自己。德望得到凝聚和巩固，诸侯就无法减低自己的力量。如果天下没有能称王称霸的君主，就会处于常胜地位。这就是懂得如何使国家强大的君主。

那些想称霸的君主不是这样。他们开辟田地，让粮食充满仓廪。制办各种器用。谨慎地考察选拔身怀才技的人，然后加重奖赏来诱导他们，用严格的刑罚来督察他们。保存灭亡的封国，延续灭绝的世系，卫护弱小，禁止暴行，但是没有兼并其他国家的企图。这样诸侯就会亲近他。修复实行与敌人建立平等友好关系的方针政策，以用尊敬的态度接待诸侯，诸侯就会很高兴。所以亲近他，就是因为自己不兼并；如果兼并的企图显现出来，诸侯就会疏远。所以高兴，是因为对敌实行了平等友好的方针。如果以诸侯为臣的企图显现出来，诸侯就会脱离而去。所以，表明自己不兼并的行为原则，信守自己的对敌平等友好的方针，如果天下没有圣王霸主，那就会立于不败之地。这是懂得如何称霸之道的君主。

齐闵王被五国打败，齐桓公被鲁庄公劫持，这没有其他原因，就是因为他们实行的不是王道而却要称王而统一天下。

那些可能统一天下的为君主者就不是这样。他的仁德在天下最高，他的大义在天下最高，他的威严在天下最高。仁德为天下最高，所以天下没有不亲近他的。大义在天下最高，所以天下没有不尊崇他的。威严在天下最高，所以天下没有人敢与之为敌。以无人敢与之为敌的威严，去辅助令人佩服的仁义之道，所以不用作战就取得了胜利。土地物资人口，不用动用兵甲天下就归服了，这是懂得王道的君主啊！掌握了以上三条（指强道、王道、霸道）想当王就能够为王，想称霸就可以为霸，想强大就可以强大。

## 【绎旨】

本章主要论述了强道、王道、霸道三种政治方略各自的要求和特点，说明了三者之间的不同，表达了以王道治世的思想。

## 【名言嘉句】

彼王者不然，仁眇天下，义眇天下，威眇天下。仁眇天下，故天下莫不亲也；义眇天下，故天下莫不贵也；威眇天下，故天下莫敢敌也。

## 【原文】

王者之人[1]：饰[1]动以礼义[2]，听断以类[3]，明振毫末[4]，举措应变而不穷。夫是之谓有原[5]。是王者之人也。

王者之制[6]：道不过三代，法不贰后王。道过三代谓之荡[7]，法贰后王谓之不雅[8]。衣服有制，宫室有度，人徒[9]有数，丧祭械用皆有等宜[10]。声则凡非雅声者举废，色则凡非旧文[11]者举息，械用则凡非旧器者举毁，夫是之谓复古。是王者之制也。

王者之论[2][12]：无德不贵，无能不官，无功不赏，无罪不罚。朝无幸位，民无幸生[13]，尚贤使能，而等位不遗[14]；析[3]愿[4]禁悍[15]，而刑罚不过。百姓晓然皆知夫为善于家而取赏于朝也，为不善于幽而蒙刑于显也，夫是之谓定论。是王者之论也。

王者之法[5][16]：等赋[17]、政[6]事[18]，财[7]万物[19]，所以养万民也。田野什一[20]，关市几[8]而不征，山林泽梁，以时禁发而不税。相地而衰政[9][21]，理道之远近而致贡，通流财物粟米，无有滞留[10]，使相归[11]移也，四海之内若一家。故近者不隐其能，远者不疾其劳，无幽闲隐僻之国[22]，莫不趋使而安乐之，夫是之谓人师，是王者之法也。

北海则有走马吠犬焉[23]，然而中国[24]得而畜使之。南海则有羽翮、齿革、曾青、丹干[25]焉，然而中国得而财之。东海则有紫紶[26]、鱼盐焉，然而中国得而衣食之。西海则有皮革、文旄[27]焉，然而中国得而用之。故泽人足乎木，山人足乎鱼，农夫不斲削、不陶冶而足械用，工贾不耕田而足菽粟。故虎豹为猛矣，然君子剥而用之。故天之所覆，地之所载，莫不尽其美、致其用，上以饰贤良，下以养百姓而乐安之，夫是之谓大神[28]。《诗》曰："天作高山，大王荒之。彼作矣，文王康之。[29]"此之谓也。

## 【校】

1. 饰，通"饬"。

2. 论，通"伦"。

3. 析，《韩诗外传》"折"。"折"字是。

4. 愿，通"傆"。

5.法，原文无，据王念孙及文义补。

6.政，通"正"。

7.财，通"裁"。

8.几，通"讥"。

9.政，通"征"。

10.畱，同"留"。

11.归，通"馈"。

## 【注释】

〔1〕王者之人：指能够统一天下的人，既包括君主本人，也包括为之出谋划策决断要务的人，即领导团队的成员。

〔2〕饰动以礼义：饰，整顿、约束、检点。全句意为：以礼义整饬一切行为。

〔3〕听断以类：类，法令，政令。全句意为：以法令政令判断处理政事。

〔4〕明振毫末：聪明智慧使毫末振动，即明察秋毫之意。

〔5〕有原：原，根本，为政之本。全句意为：懂得为政的根本。

〔6〕王者之制：这里的制，包括两个方面：一是治理国家的总体原则；二是国家的各种具体法度和器物制度，如衣服、宫室、丧祭用器等。

〔7〕道过三代谓之荡：道，治国的总体原则。三代，指夏、商、周三代。全句意为：治国的总体原则只能参照夏、商、周三代的，如果寻求三代以上的，那是十分渺茫的。

〔8〕法贰后王谓之不雅：贰，背离、乖离。后王指近时的正在致力于国家统一的君主。不雅，不正。全句意为：法度如果背离近时的君主的政策就不正确了。

〔9〕人徒：各职事部门的人员。

〔10〕丧祭械用皆有等宜：丧葬祭祀的器具都能和等级相符合的规定。

〔11〕旧文：指符合礼制规定的彩绘文饰。

〔12〕王者之论：指统一天下的君主的用人方针及赏罚原则。

〔13〕朝无幸位，民无幸生：朝廷上没有不讲道德侥幸而得的官位，老百姓没有不务正业而得过且过的人。

〔14〕等位不遗：等级位置的授予没有错误。

〔15〕析愿禁悍：愿，狡诈。析愿即"折愿"。折愿，打击制裁狡诈之徒。禁悍，禁止凶暴之徒。

〔16〕王者之法：王者的法度，此处主要指封建国家的经济法度。

〔17〕等赋：按等级纳税，做到等级内赋税均平。

〔18〕政事：行政管理事务。

〔19〕财万物：管理利用万物。

〔20〕田野什一：按田亩征收十分之一的税。

〔21〕相地而衰（cuī）政：衰，不同的等级。"相地而衰政"是春秋时期齐桓公任用管仲实施的一项土地赋税改革，根据土地的好坏贫瘠征收不同的赋税。

"王者之法：等赋、政事，财万物，所以养万民也。田野什一，关市几而不征，山林泽梁，以时禁发而不税。相地而衰政，理道之远近而致贡，通流财物粟米，无有滞留，使相归移也，四海之内若一家。"在这里，荀子提出了赋税公平，长养万民，合理的经济制度，物资交流，全国一盘棋等经济建设和社会建设思想，表现了荀子丰富的社会福祉思想。

〔22〕无幽闲隐僻之国：无论是多么偏僻平静的邦国。

〔23〕北海则有走马吠犬焉：北海，泛指北方。走马，能跑的马。吠犬，能叫的犬。

〔24〕中国：当时指中原地区。

〔25〕羽翮（hé）、齿革、曾青、丹干：羽翮，羽毛。齿革，象牙，犀革。曾青，铜精（碳酸铜），可作绘画颜料。丹干，丹砂，朱砂。

〔26〕紫（chī）綌（xì）：紫，细麻布。綌，粗麻布。

〔27〕文旄：染上彩色的牦牛尾，可装饰于旗杆上。

〔28〕下以养百姓而乐安之，夫是之谓大神：养，养育。"爱民""养人""爱百姓""养百姓"，正表现了荀子的社会福祉思想。大神，《儒效》曰："尽善挟治之谓神。"大神即大治。

〔29〕天作高山，大王荒之。彼作矣，文王康之：语出《诗·周颂·天作》。全句意为：上天生成岐山，太王（古公亶父）开荒种植。岐山由太王开辟，文王赓续其业。今陕西省岐山县东北的箭括山，因山巅分开为两峰，故名岐山。

## 【译文】

对当代统一天下的明王及其领导团队成员的要求：以礼义整饬一切行动，能以法令政令判断处理各项政事，其聪明智慧应能振动毫末，应对各种变化其举措无穷。这也就是说，他们懂得为政的根本。这就是统一天下的明王的领导团队。

当代统一天下的明王治国的总体方略及若干具体制度：治国的总体方略，不能超出夏、商、周三代的范围。国家的法度不背离统一天下的明王（后王）。治国的总体方略超过了三代的范围就十分渺茫。法度背离当代统一天下的明王就是不正。各种服饰都有一定的制度，宫室都有一定法度，各职事部门的人负有一定数目。丧葬祭祀的器具都有与其等级相符合的规定。音乐，凡不是雅声范围的一律废除。色彩，凡是不符合原来礼规定的一律停用。各种器具，凡不是旧的器用的也全部毁弃。这就是叫"复古"。这就是明王的法度。

统一天下的明王的用人方针与赏罚制度：没有德行的不尊贵，没有才能的不能做官，没有功劳的不受赏赐，没有罪行的不受惩罚。朝廷上没有不讲道德侥幸而得的官位，民众中没有不务正业而得过且过的人。崇尚贤良而任用有才能的人，等级位置的授予没有过错。打击制裁狡诈，禁止凶暴。刑罚的施予不过头。老百姓都很清楚地知道在家做善事就会得到朝廷的赏赐。在暗处做了犯法的事就会在明显的地方受到刑罚，这是一定之规。这就是统一天下的明王的用人方针及赏罚制度。

当代统一天下的明王的几项制度：按不同等级纳税，行政管理事务，制裁利用万物，这是用来养育万民的几项措施。对田地实行什一之税。对关卡、市场只稽查而不征税，对山林、湖泊、渔场，按时令开放与关闭亦不纳税。根据土地的好坏抽取不同的农业税，区分道路的远近而缴纳贡物。使财物、粟米流通没有阻碍，使各地互通有无，四海之内好像一家一样。所以，近处的人们不隐藏自己的才能，远处的人们不怨恨各种劳苦，无论是多边远偏僻的邦国，没有不听从明王的使唤而感到快乐的。这就是人们的师表。以上就是明王的法度。

北方有跑得快的马、叫得响的犬，但是中原地区却能得到并畜养役使它。南方有美丽的羽毛、象牙、犀牛皮、铜精、朱砂，中原地区却能得到并以之为宝。东方有粗细麻布、鱼盐之利，中原地区却能得到并以之为衣食。西方有皮革、染色的牦牛尾，但是中原地区却能得到并使用它。（由于这种物资的流通），所以，生活在湖泊、沼泽地区的人却有足够的木材。生活在山区的人却有足够的鱼吃。农民不用去砍木头、去烧陶却有足够的器械用。工匠商人不用耕田却有足够的粮食吃。所以，虎豹虽然很凶猛，但是君子却能够剥其毛皮而用。所以，上天覆盖的，大地承载的，没有什么东西不把自己的长处充分表现出来，以发挥自己的功用。对上可以使贤良之士锦上添花，对下可以养育百姓使之安乐。这就是天下大治。《诗》曰："天作高山，大王荒之。彼作矣，文王康之。"（《诗》上说："上天生成岐山，太王（古公亶父）开荒种植。岐山由太王开辟，文王赓续其业。"）说的就是这个意思。

## 【绎旨】

本章主要阐述了王者治国的几点要求：一是，王者本人，即对明王领导团队成员的基本要求。二是，王者之制，即对明王治国的总体方略及各项制度的要求。三是，王者之论，即对明王的用人方针和赏罚制度的要求。四、王者之法，即对明王的几项经济制度的要求。包括赋税、货物的交换流通等。

## 【名言嘉句】

①饰动以礼义，听断以类，明振毫末，举措应变而不穷。夫是之谓有原。

②无德不贵，无能不官，无功不赏，无罪不罚。朝无幸位，民无幸生。

## 【原文】

以类行杂<sup>[1]</sup>，以一行万<sup>[2]</sup>，始则终，终则始，若环之无端也<sup>[3]</sup>，舍是而天下以衰矣。天地者，生之始也<sup>[4]</sup>；礼义者，治之始也；君子者，礼义之始也。为之，贯之，积重之，致好之者，君子之始也。故天地生君子，君子理天地。君子者，天地之参也，万物之摠¹也[5]，民之父母也。无君子，则天地不理，礼义无统，上无君师，下无父子，夫是之谓至乱。君臣、父子、兄弟、夫妇，始则终，终则始，与天地同理，与万世同久，夫是之谓大本。故丧祭、朝聘、师旅一也。贵贱、杀生、与夺一也。君君、臣臣、父父、子子、兄兄、弟弟一也[6]。农农、士士、工工、商商一也。

## 【校】

1. 摠，同"总"。

## 【注释】

〔1〕以类行杂：类，同一类事物中具有纲领、原则意义的因素，亦具有事物规律性的特点，可译为原则、纲领、规律性认识等。行，治理、贯穿。全句意为：用关于规律性的认识去贯穿、治理纷纭复杂的事物。

〔2〕以一行万：一，指礼义。全句意为：用礼义去贯穿治理万事万物。

〔3〕始则终，终则始，若环之无端也：开始就是终结，终结就是开始，好像圆环之没有开端与尽头一样。

〔4〕天地者，生之始也：始，本。全句意为：天生是生命的根本。

〔5〕君子者，天地之参也，万物之摠也：参，参赞。摠，同"总"。总领、总管。全句意为：君子是天地变化的参赞，万物的总管。

〔6〕君君、臣臣、父父、子子、兄兄、弟弟一也：此条本于《论语·颜渊》，《论语》原文作：孔子对曰："君君，臣臣，父父，子子。"

## 【译文】

用关于规律的认识去管理纷纭复杂的事物，用礼义去贯穿万种情状。开始就是终结，终结就是开始，像环子一样没有开端没有结尾。舍弃这种状况天下就要衰败。天地是生命的根本；礼义是天下大治的根本。君子是礼义的根本。修习礼义，贯彻礼义，积累更多的礼义知识，达到"好"的程度，这就是君子修养的开始。所以，天地生育了君子，君子又管理天地万物。君子是天地变化的参赞、万物的总管、老百姓的父母。如果没有君子，天地就得不到治理，礼义就没有统领者，上面没有君上和师长，下面没有父子之礼，这就叫作最乱。君臣、父子、兄弟、夫妻之间的伦理，开始与终结一样，终结与开始一样，它是与天地有上下的道理是一样的，它将与万世一样久长，这就叫作最大的根本。所以，丧葬、祭祀，朝见天子与诸侯之间的聘问，军队之中的礼义是一致的；贵与贱、处死与赦免、给予与剥夺之间，所遵守的礼义是一致的。君、臣、父、子、兄、弟各安其位，各司其职，各遵其仪，所遵守的礼义是一致的。农民、士人、工人、商贾各司其业，各尽其责，所遵守的礼义是一致的。

## 【绎旨】

本章要点有三项：一是，提出了以类行杂，以一行万的思想方法和工作方法。二是，重申人治的重要，君子是天地之参，万物之惣，民之父母。无君子，则天地不理，礼义无统。三是强调"礼义"是大本，只有遵循礼义，才能天下大治。

## 【名言嘉句】

①以类行杂，以一行万。

②无君子，则天地不理，礼义无统，上无君师，下无父子，夫是之谓至乱。

## 【原文】

水火有气[1]而无生，草木有生而无知[2]，禽兽有知而无义[3]，人有气、有生、有知，亦且有义，故最为天下贵也。力不若牛，走不若马，而牛马为用，何也？曰：人能群[4]，彼不能群也。人何以能群？曰：分。[5]分何以能行？曰：义。[6]故义以分则和，和则一[7]，一则多力，多力则强，强则胜物，故宫室可得而居也。故序四时，裁万物，兼利天下，无它故焉，得之分义也[8]。故人生不能无群，群而无分则争[9]，争则乱，乱则离，离则弱，弱则不能胜物，故宫室不可得而居也，不可少顷舍礼义之谓也。

能以事亲谓之孝，能以事兄谓之弟[1]，能以事上谓之顺，能以使下谓之君。君者，善群也。群道当[10]，则万物皆得其宜，六畜皆得其长，群生皆得其命。故养长时[11]，则六畜育；杀生时，则草木殖；政令时，则百姓一，贤良服。

圣王之制也，草木荣华滋硕之时[12]，则斧斤不入山林，不夭其生[13]，不绝其长也；鼋、鼍、鱼、鳖、鳅、鳝[14]孕别之时，罔罟、毒药不入泽，不夭其生，不绝其长也。春耕、夏耘、秋收、冬藏，四者不失时，故五谷不绝，而百姓有余食也；汙[2]池渊沼川泽谨其时禁，故鱼鳖优多，而百姓有余用也；斩伐养长不失其时，故山林不童[15]，而百姓有余材也。

圣王之用[16]也，上察于天，下错[3]于地，塞备天地之间，加施万物之上，微而明，短而长，狭而广，神明博大以至约。故曰：一与[4]一是为人者，谓之圣人[17]。

## 【校】

1. 弟，同"悌"。

2. 汙，同"污"。

3. 错，通"措"。

4. 与，通"举"。

## 【注释】

〔1〕气：我国古代一些思想家认为"气"是构成宇宙万物的最原始因素，一切都

是由"气"生成的，而不是由精神生成的。

〔2〕无知：没有感知。

〔3〕无义：没有礼义。

〔4〕人能群："群"是人类社会存在和发展的前提和基础。人能群居，有团体组织。

〔5〕人何以能群？曰分：分，名分，指自己所属的等级，所应有的权利、地位、义务等。"分"是人"群"的前提和基础。全句意为：人为什么能够群居而不乱呢？回答说：因为各人都有自己的名分。

〔6〕分何以能行？曰义：名分为什么能人人遵守而能行得通？回答说：是因为有礼义规范，使人人遵守，各安其位，各司其事。

〔7〕故义以分则和，和则一：分，读（fèn），名分。一，指齐心协力。全句意为：所以用礼义来区分规定人的名分就会和谐相处，和谐相处就会齐心协力。

〔8〕得之分义也：是从名分和确定名分的礼义中得到的。

〔9〕群而无分则争：群聚而没有名分的区分就会发生争斗。

"故人生不能无群，群而无分则争，争则乱，乱则离，……不可少顷舍礼义之谓也。"这是荀子在讲礼的功用。

〔10〕君者，善群也。群道当，则万物皆得其宜，六畜皆得其长，群生皆得其命：群道当，群聚的原则得当。全句意为：君是善于组织和领导群体的人，掌握等级名分制度，这就是"群道当"。"群道当"，天下就会太平，"群生皆得其命"。

〔11〕养长时：时，适时。全句意为：养育生长的时间适当。

〔12〕草木荣华滋硕之时：草木开花结果之时。

〔13〕不夭其生：不摧残它的生长。

〔14〕鼋、鼍、鱼、鳖、鳅、鳣：鼋，大鳖。鼍，扬子鳄。鳅，一作"鳅"。泥鳅之类。鳣，鳝鱼。

〔15〕山林不童：童，光秃之意。全句意为：山林不光秃。这是荀子的环保思想。环境保护、优化，是社会成员的共同福祉。

〔16〕圣王之用：圣明帝王的作用。

〔17〕一与一是为人者，谓之圣人：前一个"一"指礼义，后一个"一"指一切事物。全句意为：用礼义的总原则来统率一切事物的人，就叫"圣人"。

## 【译文】

水与火都有气但没有生命，草与木有生命但没有知觉，禽兽有知觉但没有礼义。只有人有气、有生命、有知觉，也有礼义，所以人是天底下最尊贵的。人的力量不如牛大，跑得不如马快，但牛马都为人所役使，这是为什么呢？回答说：这是因为人能结合成群，而它们是不能结合成群的。人为什么能结合成群呢？回答说：因为人有相区别的名分。那么，名分为什么能推行呢？回答说：因为人有礼义规范，使人人遵守，各安其位。所以，由礼义区分规定人的名分就会和谐相处，和谐则会同心协力。同心协力，就会有许多力量。力量多就强大，强大就会战胜其他事物，这样人们就会居于宫室之中，安居无忧。所以，顺从四时之序而活动，制裁万物，使天下皆得其利，这没有其他原因，都是从礼义和名分那里得来的。

所以，人生在世也不能脱离群体，群体之内如果没有名分，就会争斗，争夺就会混乱，混乱就会离散，离散就会削弱，削弱就不能战胜其他事物。所以，就不能再安居于宫室之中了，这就是说人们在片刻之间离开礼义也是不行的。

能侍奉双亲就叫孝，能事奉兄长就叫悌，能侍奉君上就叫顺，能够使用臣下就叫君。君就是善于组织和领导群体的人。组织和领导群体的原则恰当，那么，万事万物都会得到其应有的位置和权利，六畜都会得到应有的生长发育，各种生物都会得到延续生命的机会。所以，养护生长适时，六畜就繁育；砍伐培育草木适时，草木就会繁殖茂盛；政令适时，老百姓就会齐心一致，贤良之士就会服从。

古代帝王的制度是：草木开花结果之时，砍伐树木的斧子不准进入山林作业，不准伤害草木的生命，不准断绝草木的生长。鼋、鼍、鱼、鳖、鳅、鳝等各种水中动物怀孕产卵之时，各种鱼网、毒药不准撒入水中，这是为了不摧残它们的生命，不杜绝他们的生长。春天的耕种、夏天的耘锄、秋天的收获、冬天的贮藏；这四件事不错过时机，五谷不绝收，老百姓才会有余粮。水汪、池塘、深渊、沼泽、河流、湖泊，严守季节禁令，鱼、鳖充分，老百姓才会有多余的财用。斩除砍伐、养育、生长不失掉时机，所以，山林才会不秃，老百姓才会有多余的木材。

圣王的作用是：向上考察天的运行，向下在大地上采取各种治理措施，其作用充满在天地之间，施加在各种事物之上。这种作用，微小而显著，短暂而又长久，狭小而又广大，其智慧博大却又最简约。所以说：用礼义这个总原则来处理一切事务的人，就是圣人。

## 【绎旨】

本章文字不多，但内容丰富，主要阐述了这样几点：一是，人与其他生物及无生命者相比，其特点是有气、有生、有知，亦且有义。二是，礼义和名分对人类社会的作用。荀子认为，人因礼义规范而产生名分，因有名分即可群居。因有群体即可战胜一切，而向前发展。人类不可少顷舍礼义，"一与一是为人者，谓之圣人。"三是，君主是善群者，群道当，则万物皆得其宜。荀子认为在群道中，"适时"是十分重要的。四是，由论述"适时"的重要性，同时彰显了时代的环保意识。

## 【名言嘉句】

①故序四时，裁万物，兼利天下，无它故焉，得之分义也。

②君者，善群也。群道当，则万物皆得其宜，六畜皆得其长，群生皆得其命。

③故养长时，则六畜育；杀生时，则草木殖；政令时，则百姓一，贤良服。

## 【原文】

序¹官[1]：宰爵[2]知宾客、祭祀、飨食、牺牲之牢数，司徒[3]知百宗、城郭、立器之数，司马[4]知师旅、甲兵、乘白²[5]之数。

修宪命，审诗商³，禁淫声，以时顺修[6]，使夷俗邪音不敢乱雅，大⁴师[7]之事也。

修隄⁵梁，通沟浍，行水潦⁶，安水臧，以时决塞，岁虽凶败水旱，使民有所耘艾⁷[8]，司空[9]之事也。

相高下，视肥墝⁸，序五种，省农功，谨蓄藏，以时顺修，使农夫朴力而寡能⁹[10]，治田[11]之事也。

修火宪[12]，养山林、薮泽、草木、鱼鳖、百索¹⁰[13]，以时禁发，使国家足用，而财物不屈，虞师[14]之事也。

顺州里[15]，定廛宅[16]，养六畜，闲[17]树艺，劝教化，趋孝弟¹¹，以时顺修，使百姓顺命，安乐处乡，乡师[18]之事也。

论百工，审时事，辨功苦，尚完利，便备用，使雕琢文采不敢专造于家，工师[19]之事也相阴阳，占祲[20]兆，钻龟陈卦[21]，主攘择五卜¹²[22]，知其吉凶妖祥，伛巫跛击¹³之事[23]也。

修采¹⁴[24]清¹⁵，易道路，谨盗贼，平室律¹⁶[25]，以时顺修，使宾旅安而货财通，治市[26]之事也。

抃急禁悍，防淫除邪，戮之以五刑，使暴悍以变，奸邪不作，司寇[27]之事也。

本政教，正法则，兼听而时稽之，度其功劳，论其庆赏，以时慎修，使百吏免¹⁷尽，而众庶不偷，冢宰[28]之事也。

论礼乐，正身行，广教化，美风俗，兼覆而调一之，辟公[29]之事也。

全道德，致隆高，綦文理，一天下，振毫末，使天下莫不顺比从服，天王[30]之事也。故政事乱，则冢宰之罪也；国家失俗，则辟公之过也。天下不一，诸侯俗反[31]，则天王非其人也。

## 【校】

1. 序，同"叙"。

2. 白，通"伯"。

3. 商，通"章"。

4. 大，同"太"。

5. 隄，同"堤"。

6. 潦，通"涝"。

7. 艾（yì），同"刈"。

8. 墝（qiāo），同"硗"。

9. 能，当作"罢"。罢，通"疲"。

10. 索，当作"素"，同"蔬"。

11. 趋孝弟，趋，通"促"。弟，同"悌"。

12. 主攘择五卜，攘择，通"禳释"。五卜，杨倞注："五卜，《洪范》所谓曰雨、曰霁、曰蒙、曰驿、曰尅，言兆之形也。"

13. 击，通"觋(xí)"，男巫。

14. 採，同"采"。一说通"垛"。

15. 清，同"圊"，厕所。

16. 平室律，室(zhì)，契约。

17. 免，同"勉"。

## 【注释】

〔1〕序官：叙述各种官的职责权限。

〔2〕宰爵：官名，主管接待宾客、祭祀时供应祭品和宰杀牲畜等事务。

〔3〕司徒：为周朝六卿之一，主管民政等事务，包括宗族、城郭、陈设器械等事务。

〔4〕司马：六卿之一，掌国家军事。

〔5〕乘白：乘，指军队中的车马。白，通"伯"，周代军队编制，百人为伯，设伯长。乘白，即车马与士卒。

〔6〕修宪命，审诗商，禁淫声，以时顺修：商，章。全句意为：修订教化方面的法令文告，审核诗章，禁断淫邪，按时整饬。

〔7〕大师：即太师，乐师之长。

〔8〕艾：收割庄稼。

〔9〕司空：六卿之一，主管水土及工程建设事务。

〔10〕朴力而寡能：这句意思有二：一是全心于农业而少疲劳。二是全心于农业而少其他技能，以安心于农业。

〔11〕治田：官名，又称司田。

〔12〕修火宪：修订防火的法令。

〔13〕百索：各种蔬菜。

〔14〕虞师：管理山林湖泊的官。

〔15〕顺州里：使州里协调。据《周礼》称，周代二十五家为里，五百家为党，二千五百家为州。里、党、州皆乡村单位。

〔16〕定廛宅：廛，室内店铺。宅，居民所居之所。廛宅，统指住所。

〔17〕闲：习，熟悉之意。

〔18〕乡师：周代地方官，主管乡内的教化和政事。

〔19〕工师：周代主管手工业事务及工匠的官。

〔20〕祲（jìn）：迷信人称不详之气，由阴阳相侵形成。

〔21〕钻龟陈卦：钻龟，古人占卜时，先把龟甲钻孔，然后放火上烤，根据裂纹来判断吉凶。陈卦，算卦。

〔22〕主攘择五卜：《尚书·洪范》曰："七、稽疑：择建立卜筮人，乃命卜筮，曰雨，曰霁，曰蒙，曰驿，曰克，曰贞，曰悔，凡七。卜五，占用二，衍忒。"五卜即占卜时出现的五种兆形，即雨（雨天）、霁（晴天）、蒙（阴天）、驿（半阴半晴）、剋（各种卦象相互交错）。"筮"出现时间较晚，向有"筮短龟长"之说。筮是一种用蓍草为工具根据揲蓍数列进行占验的方法。全句意为：主管攘除不详，选择吉祥，五卜之术。

〔23〕伛巫跛击之事：古代求神占卜时，男称觋，女称巫。《说文》曰："觋，能斋肃事神明也。在男曰觋，在女曰巫。""巫，祝也。女能事无形似舞降神者也。象人两袖舞形。"广义上的巫，指所有祭祀、祝祷、占卜、治病（驱除瘟疫）等活动的负责者，包括卜、祝、巫、史等专业职官。《说文》曰："祝，祭主赞词者。"《说文》曰："史，记事者也。从右持中；中，正也。"《礼记·玉藻》曰："动则左史记之，言则右史书之。"伛，驼背。跛，瘸腿。

〔24〕埰，坟墓。

〔25〕平室律：室，当作"质"。质律，买卖双方交易时，买方抵押给卖方的代金券。一说质律即评定物价的文书。全句意为：平定物价。

〔26〕治市：官名，又称司市。

〔27〕司寇：六卿之一，主管司法的官。

〔28〕冢宰：冢宰为《周礼》天官之属，为六卿之一，为天子的辅佐，其职相当于后世的宰相。

〔29〕辟公：诸侯王。

〔30〕天王：荀子理想的能够统一天下而又德行高尚的圣君明王。

〔31〕俗反：俗，通"欲"。俗反即欲反。

"全道德，致隆高，綦文理，一天下，振毫末，使天下莫不顺比从服，天王之事也。故政事乱，则冢宰之罪也；国家失俗，则辟公之过也。天下不一，诸侯俗反，则天王非其人也。"廖名春据此段推断《王制》篇的写作下限一定在公元前256年以前。

## 【译文】

叙述各种官职的职责权限：宰爵主管接待宾客、祭祀时供应祭品和宰杀牲畜的数量等事务（当时牛、羊、豕三牲各一称为一宰）。司徒主管各个宗族及城郭修建、器械陈设等事务。司马主管军队、铠甲、兵器和车马士兵的数量等事务。

修订教化方面的法令文告，审核诗章，禁止淫邪之声，按时整饬，使边远地区夷人的低俗、邪僻之音不敢扰乱雅乐，这是太师（乐师之长）的责任。

修建堤坝，贯通沟渠，疏引水涝，建立蓄水池，适时开放与堵塞。年岁虽然不好，水灾旱灾相连，但使老百姓仍有所收获，这是司空的职责。

观察地势的高低，看土壤的肥瘠程度，安排黍、稷、稻、麦、麻的种植，检查农事的成效，谨慎搞好储藏，按照时势的需要去整治，使农民全力于农事而很少有疲惫之态，这是治田的职责。

修订防火的教令，养护好山林、沼泽湿地、大片草木、鱼鳖及各种蔬草，按时节的需要禁止或开发，使国家有足够用度，而财物不缺少，这是虞师的职责。

治理好乡村中的州里等基层单位，划定市廛与民宅的区域，养殖六畜，熟习种植的技艺，劝勉人们接受教化，敦促人们形成孝悌之风。根据时势的需要整顿风气，使老百姓服从上司的命令，快乐的安居于乡中，这是乡师的职责。

评论各个工匠的优劣，考察各个时段的需要完成的任务，辨别产品的优劣，提倡完好坚固，使各种设备便于使用，有雕琢花纹的作品不敢在家私造，这是工师的职责。

观察阴阳二气的变化，视云气推测吉凶，钻灼龟甲，推演卦象，主管攘除灾害和选择吉事和占雨（雨天）、霁（晴天）、蒙（阴天）、驿（半阴半晴）、刻（各种卦象相互交错）五种兆形，推测其吉凶祸福，这是驼背女巫与瘸腿男觋的职责。

修建坟墓、厕所，开通整修道路，严防盗贼，平定物价，按时整饬，使宾旅安全，钱财货物顺利交易，这是治市的职责。

制裁狡黠，打击凶悍，防止淫荡，清除邪恶，对犯罪者分别情况处以五刑，使强暴凶悍者发生转变，奸邪之徒不敢胡作非为，这是司寇的职责。

以政治教化为本，端正各项法则，多方面听取意见，经常检查，计算大小官员的功劳，评定他们的赏赐，按时势的发展要求他们谨慎修养，使所有官吏勤勉尽职，而一般民众亦不苟且偷惰，这是冢宰的职责。

评论礼乐的得失，端正人们的行为，推广教化，使风俗淳美，惠及天下百姓而使之协调一致，这是诸侯王的职责。

使道德完全，礼义受到推崇，礼法完美，天下统一，虽毫发之末亦受到振动，使天下之人莫不顺从、亲近、敬服，这是天王的职责。

所以，政事如果混乱，这是冢宰的罪过；全国风俗败坏，这是诸侯王的过错；天下不能统一，诸侯都要反叛，这是因为天王不是合适的人选。

## 【绎旨】

本章主要阐述天王及其下属以冢宰为首的部分官员及职事人员的职责范围，表现了荀子统一全国，建立中央集权制国家的政治理想。荀子认为，从天王起至最下层的官吏都应该各负其责，不能履行职责的应追究责任，这是一种进步的思想。

## 【名言嘉句】

故政事乱，则冢宰之罪也；国家失俗，则辟公之过也。天下不一，诸侯俗（欲）

反，则天王非其人也。

## 【原文】

具具而王[1]，具具而霸，具具而存，具具而亡。用[2]万乘之国者，威强之所以立也，名声之所以美也，敌人之所以屈也，国之所以安危臧否也[3]，制与¹在此，亡²乎人[4]。王、霸、安存、危殆、灭亡，制与在我，亡乎人。夫威强未足以殆邻敌也，名声未足以县³[5]天下也，则是国未能独立也，岂渠⁴[6]得免夫累乎！天下胁于暴国，而党⁵为吾所不欲于是者，日与桀同事同行，无害为尧，是非功名之所就也，非存亡安危之所堕也。功名之所就，存亡安危之所堕⁶，必将于愉殷赤心之所[7]。诚以其国为王者之所亦王，以其国为危殆灭亡之所亦危殆灭亡。

## 【校】

1. 与，通"举"。

2. 亡，通"无"。

3. 县，同"悬"。

4. 渠，通"讵"。

5. 党，通"倘"。

6. 堕，通"随"。

## 【注释】

〔1〕具具而王：第一个"具"是动词，具备的意思。第二个"具"是名词，条件。全句意为：具备了称王的条件就能称王。以下三个分句，结构与此相同。

〔2〕用：治，治理。

〔3〕国之所以安危臧否也：臧，好事。否（pǐ），坏事。全句意为：国家之所以出现了不同状况，或安定、或危殆、或有好事，或有坏事。

荀子的主旨在于转危为安，转坏为好。

〔4〕制与在此，亡乎人：制，方法，关键。亡，不，无。全句意为：其关键都在这里，而不在人家。

〔5〕县：悬挂，悬系。

〔6〕岂渠：怎么。

〔7〕必将于愉殷赤心之所：愉殷，指国家强盛。全句意为：一定将会表现在为国家强盛的赤心所在之处。

## 【译文】

只要具备了称王的条件就能称王，只要具备了称霸的条件就可以称霸，只要具备了存在的条件就会存在，只要具备了灭亡的条件就会灭亡。治理万乘之国的君主，威

严强势之所以确立起来，名声之所以美好，敌人之所以被屈服，国家之所以转危为安，
转坏为好，其关键就在于此，而不在他人。能够称王，能够称霸，或者能够安全存在，
或者危殆灭亡，其关键就在自己，而不在于他人。威严强势不能够使相邻的敌国濒于
灭亡，名声还没有能够完全在天下炫耀，这表明自己的国家还没有能够独立于世，在
这种情况下，怎么能够免除忧患呢？如果天下被暴虐之国胁迫，倘若自己不想这种状
况存在，就是每天都与夏桀一类人物一起办事一起行动，那也不影响将来成为尧一样
的圣君。这不是建立功勋取得名望的时机，也不是国家的安危存亡能够相随发生的时
候。建立功勋取得名望的完成，国家的存亡安危的相随发生，一定会在你为国家强盛
而秉持赤心之处。如果是真诚地要把自己的国家变成实行王道之政；那么，你的国家
也就会统一天下；如果把自己的国家变成危弱而即将灭亡之处，那也就会很快衰弱
灭亡。

## 【绎旨】

　　本章主要阐述了两点认识：一是，国家的王、霸、存、亡都是有一定的主观客观
条件的。此即所谓"具具而王，具具而霸，具具而存，具具而亡"。荀子指出此点，对
于正确认识当时的形势具有重要意义。二是，在实行王道，统一天下的过程中，统治
者的主观认识有很大作用。"制与在我，亡乎人。""功名之所就，存亡安危之所堕，必
将于愉殷赤心之所。"就是说的这个问题。这一点也很重要。

## 【名言嘉句】

　　①具具而王，具具而霸，具具而存，具具而亡。
　　②功名之所就，存亡安危之所堕，必将于愉殷赤心之所。诚以其国为王者之所亦
王，以其国为危殆灭亡之所亦危殆灭亡。

## 【原文】

　　殷之日[1]，案¹以中立，无有所偏而为纵横之事[2]，偃然[3]案²兵无动，以观夫
暴国之相卒³[4]也。案平政教，审节奏，砥砺百姓[5]，为是之日，而兵剸⁴天下[6]之
劲矣；案修仁义，伉⁵隆高[7]，正法则，选贤良，养百姓，为是之日，而名声剸天下
之美矣。

　　权者重之，兵者劲之，名声者美之。夫尧舜者一天下也，不能加毫末于是矣。权
谋倾覆之人退[8]，则贤良知⁶圣之士案自进矣。刑政平，百姓和，国俗节，则兵劲城
固，敌国案自诎矣。务本事，积财物，而勿忘⁷栖迟薛⁸越[9]也，是使群臣百姓皆以
制度行，则财物积，国家案自富矣。三者体[10]此而天下服，暴国之君案自不能用其兵
矣。何则？彼无与至也。彼其所与至者，必其民也，其民之亲我也欢若父母，好我芳
若芝蘭；反顾其上则若灼黥[11]，若仇讎。彼人之情性也，虽桀、跖，岂有肯为其所恶，
贼其所好者哉！彼以⁹夺矣。

故古之人有以一国取天下者，非往行之也〔12〕，修政其所莫不愿，如是而可以诛暴禁悍矣。故周公南征而北国怨，曰："何独不来也！"东征而西国怨，曰："何独后我也！"孰能有与是斗者与¹⁰〔13〕？安以其国为是者王。

殷之日，安以静兵息民，慈爱百姓，辟田野，实仓廪，便备用，安谨募选阅材伎之士；然后渐赏庆以先之，严刑罚以防之，择士之知事者使相率贯也〔14〕，是以厌然〔15〕畜积修饰，而物用之足也。

兵革器械者，彼将日日暴露毁折之中原〔16〕，我今将修饰之，拊循〔17〕之，掩盖之于府库。货财粟米者，彼将日日栖迟薛¹¹越之中野，我今将畜¹²积并聚之于仓廪。材伎股肱健勇爪牙之士，彼将日日挫顿〔18〕竭之于仇敌，我今将来致之，并阅之，砥砺之于朝廷。如是，则彼日积敝，我日积完〔19〕；彼日积贫，我日积富；彼日积劳，我日积佚¹³。君臣上下之间者，彼将厉厉焉日相离疾也，我今将顿顿¹⁴焉日日相亲爱也，以是待其敝。安以其国为是者霸。

## 【校】

1. 案，同"案"。

2. 案，同"按"。

3. 卒，通"捽（zuó）"。以观夫暴国之相卒也，疑"以观夫暴国之相卒也"八字下脱"为是之日而权剸天下之重矣"十二字。

4. 剸，通"专"。而兵剸天下之劲矣，"之"字原脱，当补。

5. 仇，通"尤"。

6. 知，同"智"。

7. 忘，同"妄"。

8. 薛，通"屑"。

9. 以，通"已"。

10. 孰能有与是斗者与，后"与"字，通"欤"。

11. 薛，同"薛"。

12. 畜，同"蓄"。

13. 佚，同"逸"。

14. 顿，通"敦"。

## 【注释】

〔1〕殷之日：国家强盛之日。

〔2〕无有所偏而为纵横之事：合纵连横是战国时期各国间斗争的策略。起初，合纵是"合众弱一攻一强"，连横是"事一强以攻众弱"。秦赵长平之战后，六国力量削弱，合纵成为六国并力抗强的策略，连横成为六国分别与秦国联合的策略。全句意为：

不要有所偏倚，或参予合纵，或参予连横。

〔3〕偃然：止息的样子。

〔4〕相卒：相搏击。

〔5〕案平政教，审节奏，砥砺百姓：按平常的姿态搞好政治教化，审察督促礼节制度的实行，训练老百姓。

〔6〕兵劲天下：劲，独。全句意为：兵力独强于天下。

〔7〕优隆高：达到崇高的标准。

〔8〕夫尧舜者一天下也，不能加毫末于是矣。权谋倾覆之人退："夫尧舜者一天下也"本于《论语·泰伯》，《论语》原文作："大哉，尧之为君也！巍巍乎！唯天为大，唯尧则之。荡荡乎，民无能名焉。"权谋倾覆之人退，指搞权术阴谋，制造颠覆事件的人，退出政坛。

〔9〕勿忘栖迟薛越：栖迟，犹弃置。越，离，散。忘，同"妄"。全句意为：不要随意浪费糟蹋财物。

〔10〕体：体验，践行。

〔11〕灼黥：灼，烧灼。黥（qíng），即墨刑，在面额上刺字，然后将墨涂在刺纹中，终生无法去掉。

〔12〕非往行之也：不是必须亲自前往。

〔13〕孰能有与是斗者与：有谁能够与这样的人争斗呢？

〔14〕择士之知事者使相率贯也：率贯，统率。全句意为：选择士人中的通晓事理的人使之为统率。

〔15〕厌然：物资充足之状。

〔16〕中原：此指原野。

〔17〕拊循：安抚，引义为爱护。

〔18〕挫顿：挫折损伤。

〔19〕彼日积敝，我日积完：彼方积累的衰败与日俱增，我方积累的完美坚固与日俱增。

## 【译文】

国家殷盛之时，要坚持中立，不要有所偏依去干那些合纵连横的事。要平静地按兵不动，观察那些暴虐的国家相互搏击。按照平常的姿态进行政治教化，审察督促礼节制度的落实，训练老百姓。能这样做的那一天，兵力独强于天下的态势正十分强劲。安然地奉行仁义之道，达到崇高的标准，端正法度准则，选用贤良，养育百姓，能够做到这些的那一天，就会独占天下的好名声。

权势举足轻重，军队强劲威武，名声十分美好。就是尧、舜那样能统一天下的圣君明王，也不能再比这种状况更好丝毫。

善于玩弄权术搞颠覆的人被斥退，那么品德优良、智慧超群之士就会自动前来。刑法政务公平，百姓和谐，国家的风俗提倡节俭，就会军队强劲、城池坚固，故国就会自己屈服。努力搞好农业、积聚财物，不要随意浪费糟蹋财物，这三方面认真实行，天下就会顺服，暴虐国家的君主自然地不敢用兵了。为什么呢？因为已经没有人再愿意跟随他前来了。愿意跟随他前来的，一定是他的民众。他那些民众与我们相亲相爱，就像与其父母相亲相爱一样高兴，喜欢我们的喜好，就像喜欢芝兰一样。而回过头去看他们的君上，就像看到了施行墨刑的刽子手一样，像见到了仇敌一样。人的性情，即使像夏桀、盗跖那样的恶人，哪里有肯为自己所厌恶的人去残害自己所喜欢的人呢？他们已经被争取过来了。

所以，古代的人有能够以一国之地而取得天下的，并不是一定要前去具体占领，而是在自己国内修明政治，结果是没有不仰慕他的，这样就可以诛灭暴虐，禁止凶悍。所以，周公南征时，北方国家都埋怨，说："为什么独独不来我们这里呢？"东征时，西方国家埋怨，说："为什么单单把我们放到后面呢？"谁能与这样的人争斗呢？平稳地把国家治理成这样的，就能够统一天下而称王。

国家强盛之日，应停止军事活动，让民众休养生息，要爱护百姓，开辟田野，充实仓廪，改进器具以便于到时使用。安全谨慎地招募、考察、选拔、接纳有特长技能的人士。然后逐渐用赏赐来诱导他们。用严格的刑罚来防范他们，选拔士人中明白事理的人管理统率他们并相互监督，这样，他们就会感到满足，然后安心积蓄财物、修理器械，修饰身心，这样就会做到物资器用的充足。

对兵革器械，有些国家把他们天天放在野外，暴露在风吹日晒之中，不断毁坏。而我们现在就要修理、装饰，好好爱护，放到府库中，掩盖好，收藏好。对粮食财物之类，有些国家放置、分散于原野之中，我们将其收藏到仓廪中蓄积起来。那些有特殊才技而又身强力壮、擅长格斗的武士，有些国家使他们天天与仇敌斗争而受到损伤消竭，现在我们要把他们召集来，并予以考察，使他们为朝廷的事业受锻炼。这样一来，那些国家就会随着时日的发展越来越衰败，而我们就会随着时日的发展越来越完善坚强；他们会随着时日的发展，越来越贫困，而我们会越来越富有；他们会随着时日的发展，越来越劳苦，我们则会越来越安逸。君臣上下之间的关系，他们将会彼此更加憎恶，一天天相互疏远；而我们将会相互以诚相待，一天天更加亲近。以这种状态等待其国的衰败。平稳地把国家治理成这样的就能够称霸。

## 【绎旨】

本章共两节。主要内容是分别阐述了"具具而王"和"具具而霸"的比较具体的条件或说是步骤、做法。

第一节阐述了能够统一天下而称王的条件，这就是必须有正确的外交和内政方针。外交方面，首先必须慎重对待当时正在进行的合纵连横策略，要保持中立，按兵不动，坐山观虎斗，以消耗他国的实力。其次是要争取他国民众，这就需要修明内政，使他国民众皆向往不已。在内政方面，要修仁义，优隆高，正法则，选贤良，养百姓，还要发展经济，积累财富，使"兵者劲之""兵劲天下"等等。

第二节论述了能够称霸的内政外交条件。

荀子的这些论述，对于统一天下，建立中央集权的封建国家是有重要的启发意义的。

### 【名言嘉句】

刑政平，百姓和，国俗节，则兵劲城固，敌国案自诎矣。

### 【原文】

立身则从佣¹俗〔1〕，事行则遵佣故，进退贵贱〔2〕则举佣士，之所以接下之人百姓者〔3〕，则庸宽惠〔4〕，如是者则安存。

立身则轻楛〔5〕，事行则蠲疑〔6〕，进退贵贱则举伎倪²〔7〕，之所以接下之人百姓者，则好取侵夺，如是者危殆。

立身则憍³〔8〕暴，事行则倾覆〔9〕，进退贵贱则举幽险诈故〔10〕，之所以接下之人百姓者，则好用其死力矣而慢其功劳，好用其籍敛〔11〕矣而忘其本务，如是者灭亡。

此五等者，不可不善择也，王、霸、安存、危殆、灭亡之具也。善择者制人，不善择者人制之。善择之者王，不善择之者亡。夫王者之与亡者，制人之与人制之也，是其为相县⁴〔12〕也亦远矣。

### 【校】

1. 佣，通"庸"。

2. 倪，通"兑"。一说通"锐"。

3. 憍，同"骄"。

4. 县，同"悬"。

### 【注释】

〔1〕佣俗：佣，平常的，一般的。佣俗，一般习俗。

〔2〕进退贵贱：指用人仕官。

〔3〕之所以接下之人百姓者：他用来对待下面的百姓的态度和方针是……

〔4〕则庸宽惠：庸，同"用"。全句意为：就以宽惠相待。

〔5〕轻楛：轻率，恶劣。

〔6〕蠲疑：蠲，明察。蠲疑，明察而好狐疑。

〔7〕伎倪：善于花言巧语的人。

〔8〕倾覆：反复无常。

〔9〕幽险诈故：阴险奸诈。

〔10〕籍敛：按籍收税，此可作搜刮之意。

〔11〕相县：相悬殊。

## 【译文】

立身做人能服从一般的风俗，行事能遵守一般的习惯，提拔、贬退官员，能举用一般士人。用来对待下层百姓的原则是给予宽容和恩惠，这样的君上就会平安生存。

立身做人轻率恶劣，行事明察而多狐疑，提拔、贬退官员时，举用花言巧语的人，用来对待下层百姓的原则是喜欢侵夺他们，这样的君上是十分危险的。

立身做人骄傲暴虐，行事则反复无常，提拔、贬退官员时，举用阴险奸诈之徒，用来对待下层百姓的原则是，喜欢他们拼死卖力而轻视他们的功劳，喜欢搜刮他们而忘记了他们的本务——农业生产，这样的君上只能是灭亡。

以上这五等为君者，不可以不认真选择的。上面所说就是称王、称霸、安全存在、面临垮台、灭亡的条件。善于选择的能够制约他人，不善于选择的被他人所制约。善于选择时机条件的就能称王，不善于选择条件的会灭亡。能称王者与遭受灭亡者、制约他人者与被他人制约者，他们的悬殊也的确是很远啊！

## 【绎旨】

本章在阐述为王者、为霸者的特点之后，从"立身""事行""进退贵贱"、对待下属百姓的原则等方面，概括了安存者、危殆者及灭亡者的不同。告诫为政者，必须学会选择时机和条件，否则就会受制于人，或走上危亡的道路。

荀子此论是具有普遍意义的。人生在世，总要面临几个关口的选择。只有选择对了，才能达到理想的境界。

## 【名言嘉句】

善择者制人，不善择者人制之。善择之者王，不善择之者亡。

# 富国篇第十

**【导读】**

　　本篇围绕如何使国家富强，以获得统一天下的基础展开论述，荀子提出了一系列使国家富强的方针、措施。如明分使群，节用裕民，节用以礼，裕民以政，轻田野之税，发展生产，无夺农时；为君者要有"仁人之善"，不可夺人之财，夺人之食；冲破小生产者"节俭"的束缚，看到社会消费的作用，处理好君民关系，注重养民、爱民，开源节流，做到君民同富；处理好对外关系，立足于内部发展，等等。由于全篇的中心是如何"富国"，故以"富国"为篇题。

　　全篇可分为十章。

　　第一章，阐述"名分使群"的重要意义和富国的必要性。

　　第二章，提出足国之道在于"节用裕民"和"以政裕民"。

　　第三章，阐述了为君者与民众的关系，重点说明有仁道的君主的重要作用。

　　第四章，批评现实中一些君主的横征暴敛、胡作非为，这样不但不能富国，反而使国家面临危机。

　　第五章，指出"兼足天下之道在名分"，同时批评了墨子的"节用""非乐"等主张。

　　第六章，阐明君主拥有一定财富是管理国家和统一天下的需要，进一步批评了墨子的主张。

　　第七章，探讨如何才能做到以正道养民、爱民，提出"事成功立，上下俱富"的原则。

　　第八章，把君与民的关系归结为利益关系，又将其划分为三种类型，这是有参考价值的。

　　第九章，主要提出了一个国家治乱臧否的几点标志，又阐述了国家强弱贫富的表征。这些标志和表征，其正面内容就是治国、富国的措施。

　　第十章，阐述如何通过一系列内政外交措施，使国家富足强大，避免各种战争，并使"强暴之国事我"。

## 【原文】

万物同宇而异体[1]，无宜而有用为¹人[2]，数也[3]。人伦[4]并处，同求而异道，同欲而异知²，生也³。[5]

皆有可也，知愚同；所可异也，知愚分。[6]执⁴同而知异，行私而无祸[7]，纵欲而不穷[8]，则民心奋而不可说也[9]。如是，则知者未得治也[10]；知者未得治，则功名未成也；功名未成，则群众⁵未县⁶也[11]；群众未县，则君臣未立也。无君以制臣，无上以制下，天下害生纵欲。欲恶同物，欲多而物寡，寡则必争矣。故百技所成，所以养一人也。[12]而能不能兼技，人不能兼官。[13]离居不相待⁷则穷，群居而无分则争[14]。穷者，患也；争者，祸也。救患除祸，则莫若明分使群[15]矣。强胁弱也，知惧愚也，民下违上，少陵长，不以德为政。如是，则老弱有失养之忧，而壮者有分争之祸[16]矣。事业所恶也，功利所好也，职业无分。[17]如是，则人有树事之患[18]，而有争功之祸矣。男女之合，夫妇之分，婚姻、娉内⁸、送逆无礼[19]。如是，则人有失合之忧[20]，而有争色之祸矣。故知者为之分也。

## 【校】

1. 为，通"于"。
2. 知，同"智"。
3. 生，同"性"。
4. 执，同"势"。
5. 众，同"众"。
6. 县，同"悬"。
7. 待，通"持"，扶持。
8. 娉内，通"聘纳"。

## 【注释】

〔1〕万物同宇而异体：万物同处于一个宇宙之中而形体各不相同。

〔2〕无宜而有用为人：虽然没有固定的方式但对人都是有用的。

〔3〕数也：这是自然的过程。

〔4〕人伦：伦，类。人伦，各种不同的人。

〔5〕同求而异道，同欲而异知，生也：有大体相同的要求，但解决的方式不同；有大体相同的欲望，但解决的思路不同，这是人性的差别决定的。

〔6〕皆有可也，知愚同；所可异也，知愚分：人们对事物的认识都有自认为值得肯定之处，这一点无论智愚都是一样的。但自认为值得肯定的认识并不相同，这一点上又分出智慧与愚蠢的不同。

〔7〕行私而无祸：办私事而未遇到祸患（指未受到阻拦、处理）。

〔8〕纵欲而不穷：放纵欲望，因无人阻拦，所以没有结束的时候。

〔9〕民心奋而不可说也：人们都起来纵欲、行私，因而无法再说服他们了。

〔10〕知者未得治也：有智慧的人没有得到执政治理的机会。

〔11〕群衆未县也：县，转义为分出上下、差等。全句意为：群众因未得到治理，故未能分出上下、尊卑不同的差等。

〔12〕故百技所成，所以养一人也：所以，各种技艺取得的成果，都用来养育一个人。即，一个人每天的吃穿用度，实际上要很多人共同劳动才能供养，所以为人必须懂得节俭、感恩、惜物。

〔13〕而能不能兼技，人不能兼官：而人的能力是不能同时兼有其他技艺的，人也不能同时兼管其他更多的事务。

〔14〕离居不相待则穷，群居而无分则争：人如果脱离其他人，不相互帮助就会无法生活，群居而没有等级名分使之各安其位，就会发生争斗。

〔15〕明分使群：明确等级上下和名分的高低，使之共同组成一个社会。

〔16〕分争之祸：分离争夺一类的祸患。

〔17〕事业所恶也，功利所好也，职业无分：对出力的事都厌恶，对有功有利的事都很喜欢，对职业又没有明确的分工。

〔18〕树事之患：为建立某种事业反而遇到祸患。

〔19〕送逆无礼：送女出嫁，迎接新妇皆不遵礼义。

〔20〕人有失合之忧：人们会有失去合理婚配的忧患。

## 【译文】

万物同处一个宇宙之中，但形体各不相同；它们虽然没有固定的方式，但对人都是有用的。这是自然的道理。各种不同的人共同相处，他们有大体相同的要求，但解决的方式却不相同；有大体相同的欲望，但解决的思路不相同，这是人性的差别决定的。

人们对事物的认识自认为有值得肯定之处，这一点是智者愚者都相同；但他们自认为值得肯定的认识并不相同，这一点把智者和愚者区分开了。地位相同，但智慧不同，谋取私利受到惩罚，放纵私欲而未受到阻拦，这样就会使群众的私心被激发起来而无法说服他们。这样就是因为智者未得到治理天下的机会；他们未得到治理的机会，也就是功业和名声未能成功。功业和名声未能成功，也就是群众未能分出尊卑上下，不同差等；群众处于这种状态，也就是君臣关系未能确立。没有君主制约臣下，没有上宪统治群下，天下就会因纵欲而产生各种危害。对某种物品，人们有时需要有时厌恶，但想要的愿望多，而物品缺少，因物品少就会发生争夺。一个人的吃穿用度，实际需要许多人的技艺成果才能满足。而人的能力又不能兼有各种技艺，也不能兼管各种事物。（所以，社会上是需要的物品多，而生产出来的少。）人如果脱离生活的群体，而独自生活，就会遇到各种困难。群居如果没有等级名分，就会发生争斗。贫穷是祸患，要消除这些祸患，没有比能明确他们的等级名分，使之组成社会群体更好的了。强势的胁迫弱者，有智慧的害怕愚蠢者的盲动，老百姓以下级违抗上级，年少者欺凌年长者，这些都是不以德为政的结果。这样，老弱者就会有失去养育的担忧，而年壮者就会有分裂争斗之祸。对出力的事都厌恶，对有功有利的事都喜欢，职业又没有明确分工，这样一来，人们就会有为建立某种事业反而遭遇患难的情况，同时也会有为争夺功劳而出现的灾祸。男女的结合，夫妇的区别，婚姻、聘纳、送嫁迎娶都不按礼仪进行。这样，人们就会有无法结婚的忧虑，也会发生争夺女色之祸。所以，智者为人们确立了等级名分。

## 【绎旨】

本章主要内容有两点：一是，阐述了在社会管理中，"明分使群"（即确定每个社会成员的等级名分，使之共同组成社会群体）的必要性和重要意义。荀子从自然界的特点说到人类社会的特点，指出人类是"同欲同求"，但又"异道异知"，这就容易发生纷争。而且社会现实是"欲多而物寡"，因而"欲不可纵"，必须进行管理。另一方面是，人是群居者，"离居不相待则穷"，但是"群居而无分则争"。还有，社会管理中的若干问题如婚姻等。鉴于以上原因，荀子认为社会管理的基本模式是："明分使群。"既要群居又要有明确的等级名分，当然这是对前代社会管理经验的总结。二是，本篇以"富国"为题，为何要"富国"？本章提出"欲多而物寡，寡则必争"。要避免人们相互争夺，除礼义教化外，就必须发展生产，节约开支，增加财富，改变物质状况。对此，本章虽未展开论述，但已为下面论述做了铺垫。

## 【名言嘉句】

①欲恶同物，欲多而物寡，寡则必争矣。

②救患除祸，则莫若明分使群矣。

## 【原文】

足国之道〔1〕：节用裕民〔2〕，而善臧¹其余。节用以礼，裕民以政〔3〕。彼裕民，故多余。裕民则民富，民富则田肥以易〔4〕，田肥以易则出实百倍。上以法取焉，而下以礼节用之，余若丘山，不时焚烧，无所臧之〔5〕。夫君子奚患乎无余？

故知节用裕民，则必有仁圣贤良之名，而且有富厚丘山之积矣。此无他故焉，生于节用裕民也。不知节用裕民则民贫，民贫则田瘠以秽〔6〕，田瘠以秽则出实不半。上虽好取侵夺，犹将寡获也。而或以无礼节用之，则必有贪利纠譑²〔7〕之名，而且有空虚穷乏之实矣。此无他故焉，不知节用裕民也。《康诰》曰："弘覆乎天，若德裕乃身。"〔8〕此之谓也。

礼者，贵贱有等，长幼有差，贫富轻重皆有称者也〔9〕。故天子袾裷³衣冕〔10〕，诸侯玄裷[11]衣冕，大夫裨[12]冕，士皮弁[13]服。德必称位，位必称禄，禄必称用。由士以上则必以礼乐节之，众庶百姓则必以法数制之。[14]

量地而立国[15]，计利而畜民[16]，度人力而授事[17]，使民必胜事，事必出利，利足以生民，皆使衣食百用出入相揜⁴[18]，必时臧余，谓之称数[19]。故自天子通于庶人，事无大小多少，由是推之。故曰："朝无幸位，民无幸生。"此之谓也。

轻田野之赋，平关市之征，省商贾之数，罕兴力役，无夺农时，如是则国富矣。夫是之谓以政裕民。[20]

## 【校】

1. 臧，同"藏"。

2. 譑（jiǎo），通"挢"，取。

3. 袾裷，通"朱衮"。裷，龙袍。

4. 揜，通"掩"。

## 【注释】

〔1〕足国之道：使国家富足的方法。

〔2〕节用裕民：节约用度，而使民众富裕。

〔3〕节用以礼，裕民以政：依靠礼的有关条文来实行节约用度。"节用以礼"就会"余若丘山"，这样可减少民众负担，而使之富裕。裕民以政，用政府的行政措施使民众富裕。"裕民以政"就是用政策法令减少民众负担，让民众富裕。

〔4〕田肥以易：易，治理，整治。全句意为：田中多施肥并精心整治。

〔5〕不时焚烧，无所臧之：即使说不定什么时候遭遇火灾，被烧毁了，但所余仍然很多，多得无处可藏。（此种说法，颇为夸张。）

〔6〕民贫则田瘠以秽：老百姓贫困了，天地就会瘠薄而荒芜。

〔7〕贪利纠譑：对利益贪得无厌，抓住强取。

〔8〕此无他故焉，不知节用裕民也。《康诰》曰"弘覆乎天，若德裕乃身"："此无他故焉，不知节用裕民也"本于《论语·学而》，《论语》原文作："节用而爱人，使民以时。"

"弘覆乎天，若德裕乃身"，语出《尚书·康诰》。今本作："弘于天，若德裕乃身，不废在王命。"荀子原引之意是：上天覆盖万物，只要按照德的要求去做，就会使你富裕。

〔9〕贫富轻重皆有称者也：称（chèn），相称，相符合。全句意为：贫富贵贱都有与其身份相符合的规定。

〔10〕袾裷衣冕：红色的龙袍。

〔11〕玄裷：黑色的龙袍。

〔12〕裨：次一等的礼服。

〔13〕皮弁：白鹿皮做的帽子。

〔14〕由士以上则必以礼乐节之，众庶百姓则必以法数制之：士以上的贵族一定要用礼和乐来节制，一般庶人百姓必须以法度节制。可见，"分"的核心即是等级之分。

先秦时期，儒家尚"雅乐"。道家认为：儒家之"乐"为"乐之末"（说见《庄子·天道》）。《庄子·缮性》载："礼乐遍行，则天下乱矣。"法家则列"礼乐诗书"于"六虱"（说见《商君书·去强》："国强而不战，毒输于内，礼乐虱官生，必削；国遂战，毒输于敌国，无礼乐虱官，必强。)以抑乐。墨家则非"乐"。

〔14〕量地而立国：根据土地面积的大小而建立诸侯国。

〔15〕计利而畜民：计算地利所出而畜养人民。

〔16〕度人力而授事：根据人的能力而授予一定工作。

〔17〕使衣食百用出入相揜：使吃饭穿衣各种费用的支出与收入相抵消。

〔18〕称数：合乎法度。

〔19〕朝无幸位，民无幸生：朝廷上没有因侥幸而得位的不称职的官员，老百姓中没有得过且过不务正业的人。

〔20〕轻田野之赋，平关市之征，省商贾之数，罕兴力役，无夺农时，如是则国富矣。夫是之谓以政裕民：这是荀子提出的以政裕民的方法。《荀子·富国》曰："节用富民。""节用以礼，裕民以政。"这些措施虽然好，但并非万全之策，所以荀子又认为"兼足天下之道在名分"，即明确每个人的职务名分、重视社会分工，发展生产，而"使百姓无冻馁之患，则是圣君贤相之事也。"用今天的话来说，达到国富民富的目标，其责任在于当权者；应学习古人，使"事成功立，上下俱富"，使民众得到实际利益；同时为君者必须坚持忠信、调和、均辨的原则，遇事先正己后正人；还要处理好教化与诛罚的关系。利益关系，"利而后利之，不如利而不利者之利也。"（《富国》）国君不做"贪主""愚主"，才能使国家富强，民众富足。

## 【译文】

使国家富足的办法：节约用度而使老百姓富裕，而又善于贮藏剩余的财富。依靠礼的有关规定来实行节约用度，用行政措施使民众富裕。实行裕民政策，所以就会有多余的财富。实行裕民政策，民众就会富有。民众富有了，田地就会多施肥料而管理得好，这样一来，打的粮食就会是原来的一百倍。君上按法度取用，下面的人按礼的要求节约用度，剩余的就像丘山一样大，即有不慎某一时间焚烧了，但剩下的还很多，甚至无处可藏。在这种情况下，君子哪里还害怕没有节余呢？

所以，懂得节约用度，使民众富裕的办法，就一定会有仁爱、正义、圣明、贤良的名声，而且还会有丰富厚重的如同山的一样的积蓄。这没有什么其他原因，就是因为实行了节约用度而使民众富裕的办法带来的。如果不懂得这一办法，民众就会贫困；

民众贫困了，田地就会瘠薄、荒芜；田地瘠薄、荒芜，打的粮食还没有原来的一半。君上即使竭力敛取掠夺，也仍然是收获很少。或者不按礼的规定去紧缩用度，也一定会落一个贪得无厌、强取豪夺的恶名，并且还有空虚穷乏的实际情况在那里。造成这种状况，没有其他原因，就是因为不知道节约用度使民众富裕的办法。《康诰》曰："弘覆乎天，若德裕乃身。"（《康诰》说："上天覆盖万物，只要按照德的要求去做，就会使你富裕。"）就是说的这种情况啊。

礼，这种规范，它就是使贵与贱各有不同的等次，年长与年幼有一定的差别，贫富贵贱都有与其身份相符合的规定。所以，天子要穿红色的龙袍，戴礼帽；诸侯要穿黑色的龙袍，戴礼帽；大夫要穿次一等的礼服，戴礼帽；士人要戴白鹿皮的礼帽，穿素服。德行一定要与职位相称，职位一定要与俸禄相称，俸禄一定要与作用相称。士以上的贵族一定要用礼和乐来节制，一般庶人百姓必须以法度节制。

根据土地面积大小建立封国，计算地利所出来蓄养民众，根据人的能力授予一定的职事，使民众能够胜任所担负的职事，事情的完成一定要带来利益，这些利益足够有关民众生活之用，都能使穿衣吃饭，各种用度的支出与收入相抵，还一定要做到，及时把所节余的财货储存起来，这就叫合乎法度。所以，从天子到一般百姓，事情无论大小多少，都这样按礼的规定去办理。因此说："朝廷上没有因侥幸而得位不称职的官员，民间也没有得过且过不务正业的人。"就是说的这种情况。

减轻田地的税收，平抑关卡市价的赋税，减少商贾的数量，尽量少兴劳役，不要占夺农时，这样一来，国家就会富有。这就叫用政策的力量让民众富裕。

## 【绎旨】

本章主要是提出了"足国之道"（使国家富足的办法）。其内容有："节用裕民，而善臧其余。节用以礼，裕民以政。"还有"轻田野之赋，平关市之征，省商贾之数，罕兴力役，无夺农时"等。总起来就是"以政裕民"，即用政策的力量让民众富裕起来，这也就是富国之道。

## 【名言嘉句】

①节用以礼，裕民以政。
②礼者，贵贱有等，长幼有差，贫富轻重皆有称者也。
③朝无幸位，民无幸生。

## 【原文】

人之生不能无群，群而无分则争，争则乱，乱则穷矣。故无分者，人之大害也；有分者，天下之本利也[1]。而人君者，所以管分之枢要也[2]。故美之者，是美天下之本也[3]；安之者[4]，是安天下之本也；贵之者，是贵天下之本也。

古者先王分割而等异之也[5]，故使或美或恶[6]，或厚或薄[7]，或佚¹或乐，或劬或劳，非特以为淫泰夸丽之声[8]，将以明仁之文[9]，通仁之顺[10]也。故为之雕琢刻镂、黼黻文章[11]，使足以辨贵贱而已，不求其观；为之钟鼓管磬、琴瑟竽笙，使足以辨吉凶、合欢定和[12]而已，不求其余；为之宫室、臺²榭，使足以避燥湿³，养德、辨轻重而已，不求其外。《诗》曰："雕琢其章，金玉其相，亹亹我王，纲纪四方。"⁴[13]此之谓也。

若夫重色而衣之，重味而食之，重财物而制之，合天下而君之[14]，非特以为淫泰也，固以为王天下，治万变，材⁵万物，养万民，兼制天下者，为莫若仁人之善也夫[15]！

故其知虑足以治之，其仁厚足以安之，其德音足以化之，得之则治，失之则乱。百姓诚赖其知也，故相率而为之劳苦以务佚⁶之[16]，以养其知；诚美其厚也，故为之出死断亡以覆救之[17]，以养其厚也；诚美其德也，故为之雕琢、刻镂、黼黻、文章以藩⁷饰之，以养其德也。故仁人在上，百姓贵之如帝，亲之如父母，为之出死断亡而愉者，无它故焉，其所是焉诚美，其所得焉诚大，其所利焉诚多。《诗》曰："我任我辇，我车我牛，我行既集，盖⁸云归哉！"[18]此之谓也。

故曰：君子以德，小人以力。力者，德之役也[19]。百姓之力，待之而后功[20]；百姓之群，待之而后和；百姓之财，待之而后聚；百姓之埶⁹，待之而后安；百姓之寿，待之而后长；父子不得不亲，兄弟不得不顺，男女不得不欢。少者以长，老者以养。故曰："天地生之，圣人成之。"[21]此之谓也。

## 【校】

1. 佚，同"逸"。

2. 臺，同"台"。

3. 溼，同"湿"。

4. 《诗》曰"雕琢其章，金玉其相，亹亹（wěi）我王，纲纪四方"，今本《诗·大雅·棫朴》作："追琢其章，金玉其相，勉勉我王，纲纪四方。"

5. 材，通"裁"。

6. 佚，同"逸"。

7. 藩，通"繁"。

8. 盖，通"盍"。

9. 埶，同"势"。

## 【注释】

〔1〕有分者，天下之本利也：等级名分，这是天下最根本的利益所在。

〔2〕管分之枢要也：是掌管等级名分的关键。

〔3〕美之者，是美天下之本也：赞美人君，实际是赞美天下这一根本问题。

〔4〕安之者：维护人君者，使之不受伤害。

〔5〕先王分割而等异之也：先王把人群划分为不同的等级。

〔6〕或美或恶：其居处衣食有的美好，有的恶劣。

〔7〕或厚或薄：其俸禄或多或少。

〔8〕非特以为淫泰夸丽之声：不是专门追求过分淫荡、夸张、奢丽的声乐。

〔9〕明仁之文：以此将要彰明隆礼尊贤的礼乐制度。

〔10〕通仁之顺：贯彻隆礼尊贤等级次序。

〔11〕雕琢刻镂、黼黻（fǔ fú）文章：雕琢，指制玉。刻，指制作木制品。镂，指制作金银器。黼黻，指礼服上绣的黑白花纹和青黑花纹。文章，青与赤称文，赤与白称章。全句意为：制作玉石金木等器物及绘绣衣物服饰。

〔12〕合欢定和：和聚欢乐，保持和谐。

〔13〕雕琢其章，金玉其相，亹亹我王，纲纪四方：语出《诗·大雅·棫朴》。全句意为：雕琢出花纹，用金玉来制作质料，勤勉不倦的王啊，治理着四方。

〔14〕重色而衣之，重味而食之，重财物而制之，合天下而君之：各种颜色的衣服拿来穿，各种美味拿来吃，各种财务拿来用，合天下各国为一，由一人统治。

〔15〕为莫若仁人之善也夫：要想做到这样，没有比仁人更好的了。

〔16〕故相率而为之劳苦以务佚之：所以，相互率领为他去干劳苦的事，以使他安逸。

〔17〕故为之出死断亡以覆救之：所以为他出生入死，以救护他。

〔18〕我任我辇，我车我牛，我行既集，盖云归哉：语出《诗·小雅·黍苗》。全句意为："我自己拉着车，我自己套牛赶车，我们的任务已完成，应该说：可以回家了。"荀子此处引用此诗，以说明老百姓自觉自愿地侍奉君主。

〔19〕君子以德，小人以力。力者，德之役也：君子依靠美德，小人靠劳力。力气，要受道德的役使，即言劳力者要受有德之人的役使。"君子以德，小人以力"，这和孟子所说的"劳心者治人，劳力者治于人"是一致的。

〔20〕百姓之力，待之而后功：百姓的力量，要等待有德者的教化而后才能成功。以下几句的句式与内容与此句相似。

〔21〕天地生之，圣人成之：天地生育了人，圣人的教化成就了人。这是说，虽天地生育了人，但没有圣人的教化，是不能成材的。

## 【译文】

　　人要生存，不能没有群体，群体内部如果没有等级名分就会发生争斗，发生争斗就会带来混乱，混乱则会导致贫穷。所以，没有等级名分是人类的大灾难；有等级名分，是天下的根本利益。而人君就是掌管这种等级名分的关键。所以，那些赞美君主的，实际是赞美天下的根本利益；维护君主的，实际是维护天下的根本利益；尊崇君主的，实际是尊重天下的根本利益。

　　古代先王把人划分为不同的等级，使人们的处境有的美好，有的恶劣，物质待遇（后来的俸禄）有的丰厚，有的寡薄；生活上有的安逸快乐，有的劳苦不堪。并不是专门制作过分的淫荡、夸张、奢丽的声乐，这将是为了彰明隆礼尊贤的礼乐制度，贯彻隆礼尊贤的等级秩序。所以，为君上雕琢玉器，刻镂木器金银器，制作黼黻花纹，只是为了能够辨别贵贱而已，所以不求其美丽；制作钟、鼓、管、磬和琴、瑟、竽、笙等乐器，只是为了分辨吉凶，使聚合欢乐，安定和谐而已，所以，不求搞得更多；为之建立宫室、台榭，只是为了能够避免干燥、潮湿的侵害，怡养德性，分辨尊卑而已，并不求其外表的华丽。《诗》曰："雕琢其章，金玉其相，亹亹我王，纲纪四方。"（《诗》上说："雕琢出花纹，用金玉来制作质料，勤勉不倦的王啊，治理着四方。"）就是说的这种状况。

　　至于说到穿各种颜色的衣服，吃各种味道的食物，拿着各种财物来用，合天下各国为一国而进行统治，并不是专门为了奢侈无度。其原因是统一天下，治理各种变化，裁成万物，养育万民，管理全天下的事务，而要做到这一点，没有比仁人更好的了。

　　所以，他的智慧思虑，足以完全能够治理天下；他的仁爱、敦厚，完全能够使天下安定；他的美好的声誉，完全能够感化天下之人。所以，得到他，天下就会大治；失掉他，天下就会大乱。老百姓确实是需要依靠他的智慧而生存，所以他们相率而为这样的君主出力吃苦，以使之享受安逸，以便培养他的智慧；诚心诚意地赞美他的厚道，所以能为之出生入死以救护他，以培养他的敦厚；诚心诚意地赞美他的德行，所以要为他雕琢玉器，刻镂木器、金银器，绣制黼黻花纹，以予以盛饰，以培养他的美德。所以，仁人居于上位，老百姓就像尊崇天帝一样尊崇他们，就像亲近父母一样亲近他们。能够为他们出生入死而感到愉快，没有其他原因，就是因为他所肯定的的确美好，他所得到的的确很大，他所带来的利益的确很多。《诗》曰："我任我辇，我车我牛，我行既集，盖云归哉！"（《诗》上说："我自己拉着车，我自己套牛赶车，我们的任务已完成，应该说：可以回家了。"）就是说的这种情况。

　　所以说：君子依靠美德，小人靠劳力。以出力为生的人，要为有道德的君子役使。老百姓虽然有力量，但是必须在有德的君子教化之后，才能取得成功；老百姓的群体，只有待有德君子的教化之后，才能和谐；老百姓创造的财物，只有待有德君子的教化之后，才能汇聚到一起；老百姓的发展趋势，只有待有德君子的教化之后，才能安定；老百姓的寿命，只有待有德君子的教化之后，才能久长。父子之间得不到有德君子的教化，就不会亲热；兄弟之间得不到有德君子的教化，就不会和顺；男女之间得不到有德君子的教化，就不会欢乐。年少的人依靠有德君子的教化而成长，年老的人依靠有德君子的教化而怡养。所以说："天地生育了人，圣人的教化成就了人。"就是说的这种情形。

**【绎旨】**

本章主要是围绕为人君者与百姓的关系这一中心问题展开讨论，重点阐述了为人君者对社会历史发展的作用。荀子认为：等级名分是天下之本利，而人君者，就是管理这名分的枢要。所以，对人君的"美""安""贵"都是为了"天下之本利"，而不是为了人君个人。古代的先王制定等级名分，其目的是为了"明仁之文""通仁之顺"，即为了彰明仁道的礼文，贯彻仁道的秩序，推动整个社会的发展。

荀子指出，有仁道的人君，"其知虑足以治之，其仁厚足以安之，其德音足以化之"，这样的人君，"得之则治，失之则乱。"因此，他给百姓带来巨大的利益。老百姓是否能成功，甚至百姓的家庭伦理是否正常都与他有关。因此，老百姓为这样的人君当牛做马，甚至出生入死都是应该的。

荀子的以上论述，实际上也是他的理想，对之应予以辩证的分析。我们在承认人民群众创造历史的同时，承认个人在历史上的作用，若干圣君明王在自己的历史舞台上的确发挥过重要作用，他们的思想及实践的确曾给人民群众带来实际利益并推动了历史的发展，人民群众对他们也的确有一定程度的好感。"得之则治，失之则乱。"这句话，对于某些历史人物来讲，也是符合实际的。

但是，荀子在本章中，对百姓对为人君者的拥戴，亦有夸大不实之处，这是阅读时应该注意的。

**【名言嘉句】**

①人之生不能无群，群而无分则争，争则乱，乱则穷矣。

②天地生之，圣人成之。

**【原文】**

今之世而不然[1]：厚刀布之敛¹以夺之财[2]，重田野之税以夺之食，苛关市之征以难其事[3]。不然而已矣[4]，有²掎挈伺诈[5]，权谋倾覆，以相颠倒，以靡敝[6]之。百姓晓然皆知其汙³漫暴乱[7]而将大危亡也。是以臣或弑其君，下或杀其上，粥⁴其城，倍⁵其节，[8]而不死其事者[9]，无他故焉，人主自取之。《诗》曰："无言不雠，无德不报。[10]"此之谓也。

**【校】**

1. 敛，同"敛"。

2. 有，同"又"。

3. 汙，同"污"。

4. 粥，通"鬻"。

5. 倍，通"背"。

## 【注释】

〔1〕今之世而不然：现在的世道并不是上面说的那样。

〔2〕厚刀布之敛以夺之财：刀布，战国时期通行的金属货币。全句意为：加重货币的征收，以占夺民众的财富。

〔3〕苛关市之征以难其事：在关卡市场征收繁重的赋税以刁难货物的流通。

〔4〕不然而已矣：不是这样就行了（不仅如此）。

〔5〕有掎絜伺诈：又故意挑剔，伺机欺诈。

〔6〕靡敝：败坏。

〔7〕汙漫暴乱：卑污、狡诈、暴虐，胡作非为。

〔8〕粥其城，倍其节：粥，通"鬻"，出卖。倍，背叛，违背。全句意为：出卖城邑，违背节操。

〔9〕不死其事者：事，指国事，王事。全句意为：不为国为王而殉职。

〔10〕无言不雠，无德不报：语出《诗·大雅·抑》。全句意为：没有出言，不会得到回答；没有施德于人，不会得到回报。荀子借用此诗句，说明国家的混乱都是由君子自己造成的。

## 【译文】

现在的世道并不是像上面说的那样：加重货币的征收，以夺取民众的财富；加重土地的税收，以夺取民众的食粮；在关卡市场征收繁重的赋税，以阻拦货物的流通。但是，并非仅此而已。又故意挑剔，伺机欺诈；玩弄权术，排挤倾轧，互相颠覆，进行败坏。老百姓都清楚地知道他这样卑污、狡诈、暴虐，胡作非为，必将会给国家带来严重的危机，甚至濒临灭亡的边缘。所以，有的臣子想杀死君主，有的下级官员想杀死上司，有的出卖城池，背叛节操，不为国事殉职，出现这些事件并无其他的原因，这只能是人主咎由自取。《诗》曰："无言不雠，无德不报。"（《诗》上说："没有出言，不得到回答；没有施德于人，不得到回报。"）就是说的这种情况。

## 【绎旨】

上一章是荀子关于天下统一后，君与民关系的一种理想。

本章又回到现实中之中，眼前的实际情况是：君主横征暴敛，使国家濒临灭亡，有些臣下亦乘机作乱，这样不但无法富国，也使国家濒临危机。这一切都是人主咎由自取。

## 【名言嘉句】

是以臣或弑其君，下或杀其上，粥其城，倍其节，而不死其事者，无他故焉，人主自取之。

**【原文】**

兼足天下之道在明分[1]：掩地表畝[2]，刺中<sup>1</sup>殖穀[3]，多粪肥田，是农夫众<sup>2</sup>庶之事也。守时力民[4]，进事长功[5]，和齐百姓，使人不偷[6]，是将率<sup>3</sup>[7]之事也。高者不旱，下者不水，寒暑和节，而五谷以时孰<sup>4</sup>，是天之事也。若夫兼而覆之，兼而爱之，兼而制之[8]，岁虽凶败水旱，使百姓无冻餧<sup>5</sup>之患，则是圣君贤相之事也。

墨子之言，昭<sup>6</sup>昭然[9]为天下忧不足。夫不足，非天下之公患也，特墨子之私忧过计[10]也。今是土之生五谷也，人善治之，则畝数盆，一岁而再获<sup>7</sup>之。然后瓜桃枣李一本数以盆鼓[11]；然后荤菜百疏<sup>8</sup>以泽量[12]；然后六畜禽兽，一而剸<sup>9</sup>车[13]；鼋、鼍、鱼、鳖、鳅、鳣以时别，一而成群；然后飞鸟、凫、雁若烟海；然后昆虫万物生其间。可以相食养者，不可胜数也。

夫天地之生万物也，固有余足以食人矣[14]；麻葛茧丝、鸟兽之羽毛齿革也，固有余足以衣人矣。夫有余不足，非天下之公患也，特墨子之私忧过计也。

天下之公患，乱伤之也[15]。胡不尝试相与求乱之者谁也[16]？我以墨子之"非乐"也，则使天下乱；墨子之"节用"也，则使天下贫，非将堕<sup>10</sup>之也，说不免焉[17]。

墨子大有天下，小有一国，将蹙然衣麤<sup>11</sup>食恶[18]，忧戚而非乐。若是则瘠，瘠则不足欲，不足欲则赏不行[19]。墨子大有天下，小有一国，将少人徒，省官职，上<sup>12</sup>功劳苦[20]，与百姓均事业，齐功劳[21]。若是则不威，不威则罚不行。赏不行，则贤者不可得而进也；罚不行，则不肖者不可得而退也。贤者不可得而进也，不肖者不可得而退也，则能不能不可得而官也[22]。若是，则万物失宜，事变失应[23]，上失天时，下失地利，中失人和，天下敖<sup>13</sup>然，若烧若焦[24]，墨子虽为之衣褐带索[25]，嚵<sup>14</sup>菽饮水[26]，恶能足之乎？既以<sup>15</sup>伐其本，竭其原，而焦天下矣[27]！

**【校】**

1. 中，同"草"。

2. 衆，同"众"。

3. 率，通"帅"。

4. 孰，通"熟"。

5. 餧，同"馁"。

6. 昭，通"怊（chāo）"。

7. 获，通"穫"。

8. 疏，通"蔬"。

9. 剸，通"专"。

10. 堕，通"隳"。

11. 麤，同"粗"。

12. 上，通"尚"。

13. 敖，通"熬"。

14. 嚽（chuò），同"啜"。

15. 以，同"已"。

**【注释】**

〔1〕兼足天下之道在明分：使全天下都富足的办法是明确每个人的等级名分。

〔2〕掩地表畝：深翻土地，标明亩数。

〔3〕刺中殖穀：中，古"草"字。全句意为：铲除杂草，种植谷物。

〔4〕守时力民：遵守农时，役使民力。

〔5〕进事长功：促进农业生产，收获粮食。

〔6〕偷：苟且，得过且过，偷懒。

〔7〕将率：即将帅。将帅战时统兵，平时亦兼管民政。

〔8〕兼而覆之，兼而爱之，兼而制之：兼，同时具备多个方面。全句意为：同时覆盖（爱护）多个方面，兼而覆之（广泛覆盖）；同时爱护多个方面，即兼而爱之；同时管理多个方面，即兼而制之。

〔9〕昭昭然：即耿耿然，不安之态。

〔10〕私忧过计：个人的担忧，过分了。

〔11〕盆鼓：古代量器。六斗四升为䤾（fǔ）（釜），二䤾为盆。鼓，三十斤为钧，四钧为石，四石为鼓。

〔12〕以泽量：用池泽来量，犹言满满一池泽。

〔13〕一而剷车：每一种都有一车。

〔14〕以食（sì）人矣：以供给人食用。

〔15〕乱伤之也：是混乱造成的。

〔16〕胡不尝试相与求乱之者谁也：何不尝试着相互探求一下是谁造成的混乱呢？

〔17〕非将堕之也，说不免焉：堕，诋毁。全句意为：并不是要诋毁他，他的学说不可避免地造成这种结果。

〔18〕将蹙然衣麤食恶：将局促不安地穿粗布衣服，食用粗劣的食物。

〔19〕若是则瘠，瘠则不足欲，不足欲则赏不行：这样生活待遇就很菲薄，待遇菲薄就不满足人们的欲望，满足不了人们的欲望，赏赐就不能进行。

〔20〕上功劳苦：崇尚功业和劳苦。

〔21〕与百姓均事业，齐功劳：与老百姓共同分享事业的成功，获取一样大小的功劳。

〔22〕能不能不可得而官：有才能的和无才能的都不能得到官职。

〔23〕万物失宜，事变失应：各种事物失去了应有的位置而不知所措，发生变故时丧失了应对能力。

〔24〕天下敖然，若烧若焦：天下都处于煎熬之中，好像被烧灼焦枯一样。

〔25〕衣褐带索：穿粗布做的短衣，以草绳为腰带。

〔26〕嚼菽饮水：菽，豆类的总称。此处指粗饭。全句意为：吃粗饭喝白水。

〔27〕而焦天下矣：而使天下财物枯竭啊。

## 【译文】

使全天下都富足的部分在于明确每个人的名分。深翻土地，标明亩数，铲除杂草，种植谷物，多施粪肥，使田地肥沃，这是农民等一般群众应干的事。遵守农时，役使农民，促进农业发展，收获粮食，使百姓和谐和齐心，使人不懒惰，不得过且过，这是兼管民事的将帅们的职责。使高地的庄稼不受干旱的威胁，低处的庄稼不受水灾，寒冷与暑热的来临符合节气，而五谷按时成熟，这是全天下的大事。如果能够同时覆盖（保护）多个方面，同时爱惜多个方面，同时治理多个方面，年岁虽有水旱灾荒，老百姓也无挨冻受饿的忧患，这就是圣君贤相的职责。

墨子曾发表言论，十分不安地为天下担忧物资的不足。这不足实际上并不是天下的公患，只不过是墨子过分担忧而已。现在这些土地都能出产五谷，只要人好好治理，每亩就可产出数盆谷物，一年可以收获两次。除此之外，还有瓜、桃、枣、李等一棵树的产量可以用盆鼓来计算，还有辛辣之味的菜和一般蔬菜，可以用池塘计量；还有六畜禽兽等，每一种都可装一车；还有鼋、鼍、鱼、鳖、鳅、鳝等按时孕育，一种都可成群；还有飞鸟、兔、雁就像云海一样多；可以食用的昆虫等各种生物生于他们中。可以食而养育人者，真是不可胜数。

天地所生育的万物，本来足够人食用的并且有余：麻、葛、茧丝、鸟兽的羽毛、牙齿、皮革，本来是足够人穿用的而且有余。本来有余，现在被说成了不足。这不是天下的祸患，而只不过是墨子过分私自担忧罢了。

天下的公患是混乱带来的危害。为什么不尝试着相互探求一下到底是谁造成的混乱呢？我认为墨子的"非乐"主张，会使天下混乱；墨子的"节用"主张，会使天下贫困。这并不是诋毁他，他的学说不免使人得出这种结论。

墨子从大处说，他可以拥有天下；从小处说，他可拥有一个诸侯国。他在这些地方，将会局促不安地穿粗布衣服，吃恶劣的饭食，忧愁而不动用音乐。这样，就会待遇菲薄。待遇菲薄，就满足不了人们的欲望，如此就会无法进行奖赏。墨子从大处说可以拥有天下；从小处说可拥有一个诸侯国，他将会减少徒从，削减官职数量，崇尚功业和劳苦，与老百姓干同样的事，取得一样的功劳。如果这样，就没有什么威严。没有威严，赏罚就无法进行。赏罚不进行，贤良之士就不能得到提拔；惩罚不进行，不良之徒就无法被斥退。贤良之士不能够得到提拔，不良之徒不能够被斥退；那末，有能力的和没能力的都不能量才使用。如果这样，就会使各种事物失去其应有的位置，发生事变得不到及时回应。上面失去天时，下面失去地利，中间失去人和，天下就像被煎熬一样，好像被烧灼焦枯一样。在这种情况下，即使墨子身穿粗衣，腰束粗绳，吃粗粮喝白水，又怎么能够使天下富足呢？这是因为既然已经破坏了根本，竭尽了本原，而天下的财物也枯焦了。

## 【绎旨】

本章主要内容有两点：一是，荀子认为使天下富足的办法，就是明确每个人的等级名分。因为只有这样，才能使社会上的各种人，各有其位，各负其责。二是，批评了墨子的"为天下忧不足"和墨子的"非乐""节用"。

关于第一点，即荀子提出的"兼足天下之道在名分"，应该说这是有道理的。社会要有分工，每个人应有自己的位置、处所，每个人也应对自己的职业负责，这样也便于管理，这样就为"兼足天下"提供了一个实现的基础。

但是对于"名分"的作用不可绝对化，等级名分作为一种制度，其出现当然有其社会历史的深刻原因，其作用也是肯定的；但也有其历史的局限性。等级名分本身即有很大的不合理性，有时越是明确，越是强调，就会引起人民群众的反感，甚至反抗，其反作用就会越大，这一点是荀子没有看到的。

关于第二点，就是荀子对墨子主张的批评问题较多。墨子之言，"为天下忧不足"，这是有道理的。荀子的反驳着重于"资源的丰富"这一事实。但是，资源不经过劳动者的辛勤劳动就变不成财富，如，虽然"飞鸟""凫""雁若云海"，但没有恰当的工具，可能一只也逮不到，就只能望空兴叹了。所以，荀子在这里的批评，对劳动、技术等手段强调不够。

其次，荀子对墨子的"非乐""节用"的批评，是以消费可促进生产，推动经济发展这一认识为基础的，是有道理的，但也失之偏颇，无论是从内容上看，还是从逻辑上看，简单地说"非乐"，则"使天下乱"，"节用"则使"天下贫"，都使人感到言之过甚。当然，为了发展经济，冲破小生产者"节俭"的束缚是有必要的。掌握这其中的辩证法也是必需的。

## 【名言嘉句】

兼足天下之道在名分。

## 【原文】

故先王圣人为之不然[1]，知夫为人主上者，不美不饰之不足以一民[2]也，不富不厚之不足以管下也，不威不强之不足以禁暴胜悍也。故必将撞大钟，击鸣鼓，吹笙竽，弹琴瑟，以塞其耳[3]；必将錭琢刻镂，黼黻文章，以塞其目；必将刍豢稻粱[4]，五味芬芳，以塞其口。然后众[1][5]人徒，备[6]官职，渐[7]庆赏，严刑罚，以戒其心。使天下生民之属，皆知己之所愿欲之举在是于也[8]。故其赏行，皆知己之所畏恐之举在是于也，故其罚威。赏行罚威，则贤者可得而进也，不肖者可得而退也，能不能可得而官也。若是，则万物得宜，事变得应，上得天时，下得地利，中得人和，则财货浑浑如泉源〔9〕，汸²汸〔10〕如河海，暴暴〔11〕如丘山，不时焚烧，无所臧³之〔12〕。夫天下何患乎不足也？

故儒术诚行，则天下大⁴而富〔13〕，使有功，撞钟击鼓而和〔14〕。《诗》曰："钟鼓喤喤，管磬玱玱，降福穰穰，降福简简，威仪反反。既醉既饱，福禄来反。"〔15〕此之谓也。故墨术诚行，则天下尚俭而弥贫〔16〕，非斗而日争，劳苦顿萃⁵〔17〕而愈无功，愀然忧戚非乐而日不和〔18〕。《诗》曰："天方荐瘥，丧乱弘多，民言无嘉，憯莫惩嗟。"〔19〕此之谓也。

【校】

1. 衆，同"众"。
2. 汸，通"滂"。
3. 臧，同"藏"。
4. 大，通"泰"。
5. 萃，通"悴"。

【注释】

〔1〕故先王圣人为之不然：先王圣人在统一天下时不是像墨子那样做的。

〔2〕一民：统一民众。

〔3〕以塞其耳：用各种乐器的演奏充塞他的耳朵，以满足他听音乐的欲望。

〔4〕刍豢稻粱：草食曰刍，牛羊一类家畜。谷食曰豢，犬豕一类家畜。稻，指大米。粱，指小米。刍豢稻粱，合指美食。

〔5〕衆：动词，增加之意。

〔6〕备：完备。

〔7〕渐：加重。

〔8〕皆知己之所愿欲之举在是于也：举，全，都。全句意为：都知道自己所希望的东西全在这里了。

〔9〕财货浑浑如泉源：浑浑，本形容水势盛大之貌。如泉源，不枯竭之意。全句意为：盛多的财货像泉涌一样，不枯竭。

〔10〕汸汸：水势浩大。

〔11〕暴暴（bó bó）：突起。

〔12〕不时焚烧，无所臧之：虽然经常被火烧，但仍然很多，无处可藏。

〔13〕天下大而富：大，安定。全句意为：天下安定而富足。

〔14〕使有功，撞钟击鼓而和：使用民众而有功效，击起鼓点而和谐。撞钟击鼓，语出《墨子·非乐上》："撞巨钟，击鸣鼓。"

〔15〕钟鼓喤喤，管磬玱玱，降福穰穰，降福简简，威仪反反。既醉既饱，福禄来

反：语出《诗·周颂·执竞》。全句意为：钟鼓铿锵响，管磬声悠扬，神仙祈福，熙熙攘攘，场面盛大，威仪安详。酒醉饭饱，福禄永享。

〔16〕尚俭而弥贫：崇尚节俭而会更加贫困。

〔17〕劳苦顿萃：劳动十分辛苦，困顿憔悴。

〔18〕愀然忧戚非乐而日不和：担忧愁苦满而悲伤，非议音乐，反而天天不能和谐。

〔19〕天方荐瘥，丧乱弘多，民言无嘉，憯莫惩嗟：语出《诗·小雅·节南山》。全句意为：上天频频降灾殃，丧亡祸乱实在多。百姓怨恨无好话，怎么还不自惩罚？

## 【译文】

所以，先王和圣人就不是这样做的：他们知道作为处于上位的人主，不实行美化和修饰，就不能够去统一民众；物资不富有不丰厚就不能够管理下属；不威严不强大就不能够禁止暴虐战胜凶悍。所以，一定要撞响大钟，击打响鼓，吹奏笙竽，弹奏琴瑟，以满足他对声乐的需要；一定要雕琢玉器，刻镂木器金银器，制作黼黻花纹，以满足他眼观的需要；一定要用最美的肉和各种美味的菜肴，以满足他的食欲。之后，要扩充随员、人役，完备官职，加重奖赏，严格刑罚，以儆戒肇乱之心。使天下的民众一类人，都知道自己所希望拥有的全在这位君主的身上，所以，他的赏赐就会得到推行；都知道自己所畏惧的也全在这位君主的身上，所以，他的惩罚就十分有威严。在赏赐推行、惩罚威严的情况下，贤良之士就有机会得到提拔，不良之徒就会被斥退；有才能的和无才能的都可按照原则安排合适的职务。如做到这样，那么就会万事万物都各得其宜，发生变故也会得到应对。上得天时，下得地利，中得人和，财货就会像浩浩大水一样，源源不断，又像河海中滂沱的大水一样，又像凸起的高山一样，虽然说不定什么时候被焚烧了，但仍然多得无处可藏，这样一来，天下怎么会害怕物资不足呢？

所以，儒家的治国之术真正实行之后，就会天下安定而富有。使用百姓就会有功效。撞响大钟，击起鼓点而和谐。《诗》曰："钟鼓喤喤，管磬玱玱，降福穰穰，降福简简，威仪反反。既醉既饱，福禄来反。"（《诗》上说："钟鼓铿锵响，管磬声悠扬，神仙祈福，熙熙攘攘，场面盛大，威仪安详。酒醉饭饱，福禄永享。"）就是这个意思。

所以，墨子的主张如果真正实行了，天下越崇尚节俭就会越贫穷，虽非议争斗，但争斗天天都发生；虽然劳动辛苦，困顿憔悴，但却更加无功，担忧愁苦，满面悲伤，非议音乐，反而每天都不和谐。《诗》曰："天方荐瘥，丧乱弘多，民言无嘉，憯莫惩嗟。"（《诗》上说："上天频频降灾殃，丧亡祸乱实在多。百姓怨恨无好话，怎么还不自惩罚？"）就是说的这种状况。

## 【绎旨】

本章进一步批驳了墨子的主张，阐明人君拥有一定的财富（包括人力、物力和精神方面的）是管理国家和统一天下的需要，也是拉动经济发展的需要，这是有道理的。

但是本章在进一步反驳墨子的主张时，在论述中给人以虚夸不实之感。如谓"财货浑浑如泉源，汸汸如河海，暴暴如丘山，不时焚烧，无所臧之。夫天下何患乎不足也？"

另外，谓"故墨术诚行，则天下尚俭而弥贫"，"贫"的原因，不能归之于"尚俭"，这样说有点因果倒置，不合逻辑。因为之所以要"俭"，就是因为有"贫"这个因。总之，这一章有过多的儒墨论争的味道。

## 【名言嘉句】

赏行罚威，则贤者可得而进也，不肖者可得而退也，能不能可得而官也。

## 【原文】

垂事养民[1]，拊¹循[2]之，呪呕[3]之，冬日则为之饘粥，夏日则为之瓜麸，以偷取少顷之誉焉，是偷道也[4]。可以少顷得奸民之誉，然而非长久之道也。事必不就，功必不立，是奸治[5]者也。傮²然要时务民[6]，进事长功，轻非誉而恬失民[7]，事进矣，而百姓疾之，是又偷偏者也[8]。徙坏堕落，必反无功。故垂事养誉不可[9]，以遂功而忘民[10]亦不可，皆奸道也。

故古人为之不然，使民夏不宛暍[11]，冬不冻寒，急不伤力，缓不后时[12]，事成功立，上下俱富；而百姓皆爱其上，人归之如流水，亲之欢如父母，为之出死断亡而愉者，无它故焉，忠信、调和、均辨之至也[13]。

故君国长民者[14]，欲趋时遂功[15]，则和调累解，速乎急疾[16]；忠信均辨，说³乎庆赏[17]矣；必先修正其在我者，然后徐责其在人者，威乎刑罚[18]。三德者[19]诚乎上，则下应之如景⁴向⁵，虽欲无明达[20]，得乎哉！《书》曰："乃大明服，惟民其力懋，和而有疾。"[21]此之谓也。

故不教而诛，则刑繁而邪不胜；教而不诛，则奸民不惩；诛而不赏，则勤厉⁶之民不劝；诛赏而不类[22]，则下疑俗⁷俭⁸[23]而百姓不一。

故先王明礼义以壹之，致忠信以爱之，尚贤使能以次之，爵服庆赏以申重之，时其事[24]，轻其任[25]，以调齐之，潢然兼覆之，养长之[26]，如保赤子。若是，故奸邪不作，盗贼不起，而化善者劝勉矣。是何邪？则其道易，其塞固，其政令一，其防表明[27]。故曰："上一则下一矣，上二则下二矣。辟⁹之若中¹⁰木，枝叶必类本。"[28]此之谓也。

## 【校】

1. 拊，通"抚"。

2. 傮，通"嘈"。

3. 说，通"悦"。

4. 景，古同"影"。

5. 向，通"响"。

6. 厲，原误作"属"，改。

7. 俗，通"欲"。

8. 俭，通"险"。

9. 辟，通"譬"。

10. 屮，古"草"字。

## 【注释】

〔1〕垂事养民：从事于眼睛向下，养育民众的工作。

〔2〕拊循：安抚，慰问。

〔3〕呕（wā）呕：本是婴儿语声，此处借指怜爱百姓。

〔4〕冬日则为之饘粥，夏日则为之瓜麷，以偷取少顷之誉焉，是偷道也：饘粥，《礼记·檀弓》孔颖达疏云："厚曰饘，稀曰粥。"偷道，借用小恩小惠，获得民众短暂的拥护和声誉。这种做法和真正的爱民之道相比，只能是一种糊弄一时的苟且之道，故谓之偷道。

〔5〕奸治：不是按礼义法度的要求，治理国家，而是搞歪门邪道，干扰正常的以礼治国的方针。

〔6〕僓然要时务民：嘈杂地要民众按时去服劳役。

〔7〕进事长功，轻非誉而恬失民：不重视不好的声誉而无视失掉民心。

〔8〕是又偷偏者也：这又是一种不可去做的不正当的行为。

〔9〕故垂事养誉不可：所以，眼睛向下用小恩小惠邀取名誉的做法是不可行的。

〔10〕以遂功而忘民：为完成某种功业而忘记民众。

〔11〕宛暍（yē）：宛，郁结。暍，伤暑。今之中暑一类病症。

〔12〕缓不后时：迟缓时不耽误农时。

〔13〕均辨之至也：辨，通"辦（办）"。一说辨，通"遍"。均辨，即公平。均辨之至，即公平之意。全句意为：公平达到最高水平。

〔14〕君国长民者：即为君者。君国，即为国之君；长民，即为民之长。

〔15〕趋时遂功：顺从时势，完成功业。

〔16〕则和调累解，速乎急疾：用调和的方法解除积累的矛盾，要比急于求成的方法快。

〔17〕忠信均辨，说乎庆赏：辨，通"遍"。说，同"悦"。全句意为：忠信公平，比赏庆还要令人高兴。

〔18〕威乎刑罚：其威力比刑罚还要大。

〔19〕三德者：指以上三方面：和调累解，忠信均辨，先修正其在我者。

〔20〕明达：显赫通达。

〔21〕《书》曰："乃大明服，惟民其力懋，和而有疾。"今本《尚书》作："乃大明服，惟民其勒懋和，若有疾，惟民其毕弃咎。"原引文的意思是:(康叔)如果公正严明，即能令人信服，民众一定会勉力工作，既协调又迅速。

〔22〕诛赏而不类:惩罚和赏赐，不合乎法度，不恰当。

〔23〕下疑俗俭:下疑，指臣下疑惑。俗俭，有解二。一是，习俗险恶，意欲侥幸免罪，苟且获赏。二是，险恶的欲望。

〔24〕时其事:根据时事安排处理有关事项。

〔25〕轻其任:根据能力安排工作，使之胜任有余。

〔26〕养长之:养育使之成长。

〔27〕防表明:提防标记，此指礼仪制度。

〔28〕上一则下一矣，上二则下二矣。辟之若中木，枝叶必类本:这句说明君主对臣下具有决定性的影响，只有君主本人首先尊崇和践行礼义，臣下才能恪守礼义;如果连君主都不遵守礼义，那末，臣下也就会放任自流，弃礼义于脑后，荀子为此举出禹、汤本义务信而天下治，而桀、纣弃义背信而天下乱的例子，说明为君者以身作则、遵守礼义的重要。

## 【译文】

故意做出一副眼睛向下的姿态以养育民众，安抚慰问他们，像怜爱婴儿一样爱惜他们，冬天为他们熬稠粥，夏天为他们熬麦粥，送瓜果，这样来赚得一时的声誉，这是糊弄一时的苟且之道，只能够在短时间内得到一些奸诈之民的赞誉，但并非长久之计。其结果只能是，事情不能最后完成，功业不能最终建立，这是以奸道治国的办法。如果鼓噪不休地强迫民众完成任务，使事情有所发展，功业有所增长，不重视破坏声誉的言论并且无视失掉民心;这样一来，事情虽然有所发展，但老百姓却嫉恨你，这是一种不可去做的刻薄而不正当的行为，这种向坏处发展，道德堕落的做法，一定是反而无功。所以，故意做出眼睛向下，以获取养民声誉的做法是不可行的;以完成某种功业为目标而忘掉了民众，也是不行的，这两种做法都是违背礼义的奸邪之道。

所以，古人不是这样做的:为君者使用民力时，要努力做到夏季使民众不发生中暑一类疾病，冬天不挨饿受寒，有急事时不使民众体力受伤，进度迟缓时也不耽误农时，事情完成，建立功业后，使上下都能增加财富。这样一来，老百姓都爱戴他的君上，人们就像水往低处流一样归附于他，都像对父母一样与他亲近、欢乐，为他出生入死都感到高兴。这没有其他原因，就是因为他对民众忠信，调和，处事公平达到了极点。

所以，为国君和民众之长者(或译作:管理国家和民众者)，要想凭借时势完成功业，用调和的办法解决累积的矛盾，要比用急于求成的方法快;忠诚、信用和公平，比赏庆令人高兴;一定要先修改订正在于自己这方面的不当之处，然后再慢慢追究在于他人那方面的不当之处，这样比刑罚还要有威力。以上所说"和调累解，忠信均辨，先修正其在我者"这三种德行，如果君上的确具备，那么，下面就会如影随形，如响留声一样，即使想不显明地表达，也是不可能办到的。《书》曰："乃大明服，惟民其力懋，和而有疾。"（《尚书·康诰》说："（康叔）如果公正严明，即能令人信服，民众一定会勉力工作，既协调又迅速。"）就是说的这种情况。

所以，不先教化而立即惩罚，就会刑罚繁苛而邪恶却难以制服；只教化不进行惩罚，那么邪恶之民就会得不到惩罚；如果只惩罚而不赏赐有功者，那么勤劳奋勉的民众就得不到鼓励。诛罚与赏赐如果不合乎礼义法度，臣下就会疑惑不定，使习俗险恶，或侥幸免罪，或苟且获赏，老百姓也就不能团结一致。

所以，先王彰明礼义以团结一心；形成讲忠讲信的局面来爱护臣民；崇尚贤良让用有才能的人担任各级官吏，用爵位、服饰、庆赏反复表明对他们的激励。根据时势决定处理有关事项，根据能力安排工作，使之胜任有余，以调和整治。对民众普遍爱护，养育生长，就像保护婴儿一样。如果能这样，那么奸邪之人就不会起来作乱，盗贼就不会发生，改过从善的人就会更加努力。为什么呢？这是因为先王的治国之道平易（易于为民众理解接受），边疆巩固，政令统一，礼义准则明确。所以说："上面是一，下面也就会是一；上面是二，下面也就会是二。就像草木一样，枝叶一定是由根决定的。"就是说的这种情况。

## 【绎旨】

本章在前面两章批评墨子主张的基础上，进一步探讨如何才能真正做到以正道养民爱民，从而使"百姓皆爱其上，人归之如流水，亲之欢如父母，为之出死断亡而愉者"，也就是搞好君民两方面的关系。

荀子认为在养民方面，用小恩小惠，"以偷取少顷之誉"的做法是不行的；"以遂功而忘民"即只想到建功立业，而"要时务民"的做法也是不行的。荀子认为，应学习古人关心民众的同时，坚持"事成功立，上下俱富"的原则，使民众得到实际利益；同时为君者必须坚持调和、忠信、均辨的原则，遇事要先正己后正人；还要正确处理教化与诛罚的关系，不教而诛与教而不诛都不行，这些都是处理君民关系时必须注意的。

## 【名言嘉句】

故君国长民者，欲趋时遂功，则和调累解，速乎急疾；忠信均辨，说乎庆赏矣；必先修正其在我者，然后徐责其在人者，威乎刑罚。

## 【原文】

不利而利之，不如利而后利之之利也。[1] 不爱而用之，不如爱而后用之之功也。利而后利之，不如利而不利者之利也。[2] 爱而后用之，不如爱而不用者之功也。利而不利也，爱而不用也者，取天下者也。利而后利之，爱而后用之者，保社稷者也。不利而利之，不爱而用之者，危国家者也。

## 【注释】

〔1〕不利而利之，不如利而后利之之利也：不首先给民众利益而向民众索取利益，不如先给民众利益而后再向民众索取利益更为有利。

〔2〕利而后利之，不如利而不利者之利也：给民众利益后再向他们索取利益，不如给民众利益但不向他们索取利益更为有利。

## 【译文】

不首先给民众利益而向民众索取利益，不如先给民众利益而后再向民众索取利益更为有利。不先爱护民众，然后役使他们；不如先爱护他们，而后再役使他们，更容易取得功效。给民众一定利益后然后再向他们索取利益，不如只给利益，而不向他们索取利益更为有利。爱护民众之后，再使用他们；不如爱护之后，不再使用他们更有成效。给民众利益后，不再向他们索取利益，爱护民众之后，不再使用他们，这是夺取天下的基础。给民众利益后再索取利益，爱护民众后，再使用他们，这是保住社稷的基础。不给民众利益而又向他们索取利益，不爱护民众而还又使用他们，这是使国家危亡的做法。

## 【绎旨】

本章把君主与民众的关系，归结为给予利益与索取利益，爱护民众与役使民众的关系，这是深刻的。历史发展的过程，已经向人们表明，人类社会的各种关系，归根到底都是以经济关系为基础的。荀子在当时已大体上认识到这一点，这是令人佩服的。

本章所总结出的君民关系的几种类型，对后之为政者也具有重要的借鉴与参考价值。

## 【名言嘉句】

利而后利之，不如利而不利者之利也。爱而后用之，不如爱而不用者之功也。

## 【原文】

观国之治乱臧否，至于疆易¹而端已见²矣⁽¹⁾。其候缴支缭⁽²⁾，其竟³关之政尽察⁽³⁾，是乱国已⁴。入其境，其田畴秽，都邑露，是贪主已。观其朝廷，则其贵者不贤；观其官职，则其治者不能；观其便嬖⁽⁴⁾，则其信者不悫，是闇主已。凡主相臣下百吏之俗⁵⁽⁵⁾，其于货财取与计数也，须孰⁶尽察⁽⁶⁾；其礼义节奏也，芒轫僈楛⁽⁷⁾，是辱国⁽⁸⁾已。

其耕者乐田，其战士安难⁽⁹⁾，其百吏好法，其朝廷隆礼，其卿相调议⁽¹⁰⁾，是治国已。观其朝廷，则其贵者贤；观其官职，则其治者能；观其便嬖，则其信者悫，是明主已。凡主相臣下百吏之属，其于货财取与计数也，宽饶简易；其于礼义节奏也，陵谨尽察[11]，是荣国已。贤齐则其亲者先贵[12]，能齐则其故者先官[13]，其臣下百吏，汙⁷者皆化而修[14]，悍者皆化而愿，躁者皆化而愨，是明主之功已。

观国之强弱贫富有征：上不隆礼则兵弱，上不爱民则兵弱，已诺不信[15]则兵弱，庆赏不渐[16]则兵弱，将率不能则兵弱。

上好功则国贫，上好利则国贫，士大夫众则国贫，工商众则国贫[17]，无制数度量[18]则国贫。下贫则上贫，下富则上富。故田野县鄙[19]者，财之本也；垣窌仓廪[20]者，财之末也。百姓时和，事业得叙者，货之源也；等赋[21]府库者，货之流也。故明主必谨养其和，节其流，开其源，而时斟酌[22]焉。潢然[23]使天下必有余，而上不忧不足。如是，则上下俱富，交无所藏之[24]。是知国计之极也。故禹十年水，汤七年旱，而天下无菜色者[25]，十年之后，年谷复孰⁸，而陈积有余。是无它故焉，知本末源流之谓也。

故田野荒而仓廪实，百姓虚而府库满，夫是之谓国蹷[26]。伐其本，竭其源，而并之其末[27]，然而主相不知恶也，则其倾覆灭亡可立而待也。以国持之[28]，而不足以容其身，夫是之谓至贪，是愚主之极也。将以求富而丧其国，将以求利而危其身，古有万国，今有十数焉，是无它故焉，其所以失之一也[29]。君人者亦可以觉矣。百里之国，足以独立矣。

## 【校】

1. 易，通"场"。

2. 见，同"现"。

3. 竟，同"境"。

4. 已，同"矣"。

5. 俗，当作"属"。

6. 须，当作"顺"。须孰即"驯熟"。

7. 汙，同"污"。

8. 孰，同"熟"。

## 【注释】

〔1〕至于疆易而端已见矣：易，边界。端，头绪。全句意为：来到它的边境上就已经能够看出其头绪。

〔2〕其候缴支缭：候，哨兵。缴，巡视，检查。支缭，分散状态，来回查看。全句意为：其斥候（哨兵）来回巡察。

〔3〕其竟关之政尽察：关，关卡，关口。全句意为：边境关卡上反复详尽检查。

〔4〕便嬖：君主身边受宠幸的人，亲信。

〔5〕凡主相臣下百吏之俗：据下文"凡主相臣下百吏之属"可知，此处"俗"当作"属"。

〔6〕须孰尽察：缜密熟练，一切都十分清楚。

〔7〕芒轫僈楛：茫然昏暗，松散，怠慢，粗劣。

〔8〕辱国：受他人支配凌辱的国家。

〔9〕安难：安于困苦死难。

〔10〕调议：协调众人之议。

〔11〕陵谨尽察：严谨，对一切都明了。

〔12〕贤齐则其亲者先贵：贤良的程度一样，就先重用亲戚。

〔13〕能齐则其故者先官：能力相同，就优先任用资格深的故旧。

〔14〕汙者皆化而修：有污点的人皆因教化而修正错误，变为好人。

〔15〕已诺不信：自己的诺言不能信守。

〔16〕庆赏不渐：渐，逐步发展，加重。全句意为：庆赏不加重。

〔17〕工商众则国贫：手工业者与商人多，就会国贫。这是在重农抑商（农为本，商为末）思想指导下，认为脱离农业生产的人多了，粮食生产就会少。这是没有看到手工业商业对农业发展的促进作用以及对于整个经济发展的作用，而产生的一种片面认识。

〔18〕制数度量：一定的规定和限度。

〔19〕下贫则上贫，下富则上富。田野县鄙者："下贫则上贫，下富则上富"这和有若曰"百姓足，君孰与不足？百姓不足，君孰与足？"（《论语·颜渊》）是一致的。田野，泛指农业生产场所。县鄙，泛指乡村。周制虽有五百家为鄙，五鄙为县的说法，但并不十分确切。春秋战国时期，县最早大于郡，产生于列国的边鄙之地，是直接从事农业生产的地方。

〔20〕垣窌仓廪：各种仓库，筑墙藏谷，为垣。地窖为窌。谷仓称仓，米仓称廪。

〔21〕等赋：凡指按不同等级征收的赋。

〔22〕而时斟酌：经常考虑如何调整。

〔23〕潢然：大水到来之态。

〔24〕交无所藏之：上下都富足得无处可储藏粮食。

〔25〕而天下无菜色者：菜色，语出《礼记·王制》："虽有凶旱水溢，民无菜色。"全句意为：而这期间天下没有人有饥馑之色。

〔26〕国蹶：国家要跌倒，即灭亡之意。

〔27〕伐其本，竭其源，而并之其末：破坏广大田野的生产，破坏时世的安定，违背农时，把财货集聚到自己的仓库中。

〔28〕以国持之：以国家财富奉养一人。

〔29〕其所以失之一也：他们所以失掉国家，其道理是一样的。

## 【译文】

观察一个国家的治乱好坏，来到它的边境就可以看出头绪。其斥候（哨兵）来回巡察，其边境检查详尽严格，可以看出，这是一个政治混乱的国家。进入其境内，看到田畴荒芜，都邑破败，这证明这个国家的君主是一个贪婪之徒。观察其朝廷上情况，看到其所尊贵的人并非贤良之辈；看到官员任职情况，担任主管职务的却没有能力；看到国君的左右亲近的人，那些受宠信人却不诚实，这就是昏暗之主。凡是君主国相以及百官之属，他们对货币财物的敛取与赐与，计算起来，缜密熟练，一切都详细而清楚；而对于礼义制度等，却茫然昏暗，松散怠慢，粗劣无知，这是受他人凌辱的国家。

如果这个国家的农民乐于种好田地，战士安心于为国家解除困苦危难，其百官喜好法制，其朝廷崇崇礼义，其为相为卿者能协调众议，这样的国家就是治理得好的国家。观察其朝廷，就会看到其尊贵的人物都是贤良之人；其官吏队伍，立事者都是有才能的；观察国君亲近的人，其中受宠信的人都是诚实的，这是圣明的君主。凡是君主、国相、臣下百官等，他们对货币财物的获取与计数，要求宽容简便；而对于礼义的规范要求严谨、详细、明白。这是繁荣昌盛的国家。在这样的国家中，如果贤者各方面都一样，就先尊贵亲戚；能力相同，就先任命故旧为官。臣下百官中，原来有污点的人都能接受教化而变好；原来凶悍的人都接受教化变得谨慎善良；狡猾奸诈之徒接受教化变得诚实了，这是明主的功劳啊。

观察一个国家的强弱贫富是有征的：为君者如果不尊崇礼义，国家的兵力就衰弱；如果不爱护民众，兵力就会衰弱；如果自己的诺言不能信守，兵力就会衰弱；如果庆赏不逐步加重，兵力就会衰弱；领兵的将帅如果没有能力，兵力就会衰弱。

为君者好大喜功，国家就会贫穷；为君上喜欢获利，国家就会贫困；士大夫如果人数多了，国家就会贫困；手工业者商人数量多，国家就会贫困；国家对有关事务没有一定的规定和限度，就会贫困。下层贫困了，就会导致上层贫困；下层富有了，上层也就会富有。所以，开展农业生产的田野县鄙之地，是财富的根本；垣窌仓廪各种仓库，是财物的末节。老百姓经常和谐，事业得到发展，这是财货的本源；储存按等收取赋税的府库，是财货的支流。所以，明主一定会谨慎地养护百姓的"时和"，节制财货流动，开辟新的财源，并经常考虑这一问题。如果能使财货像发大水一样，使天下都有余，而君上不担心财富的不足。如果能那样，上层和下层就会都富有了，以致都富足得没有储藏财物的地方，这是把握国家经济大计的最高水平。所以，大禹时有十年的水灾，商汤有七年的旱灾，而这期间天下没有人有饥馑之色。十年之后，每年的谷物又按时丰收，而原来的陈年积存还有余，这种状况的出现没有其他的原因，这是为政者知道何为本何为末，何为源何为流的缘故。

所以，田野荒芜了而仓廪中却充满了粮食，老百姓家中空空如也，政府的库房中却满满的，这种状况就叫国家要灭亡了。攻伐国家的财富之本，竭尽财富的根源，把财货都集中到国家的府库之中，但是君主、相国仍不知形势的严峻，那么国家的倾覆灭亡很会很快到来。如果以国家的收入奉养一人，还不能够满足他的需要，那他就是最贪婪的人，是最愚蠢的君主。为了追求富有而丧失自己的国家，为了追求物质利益而使自己陷入了危难，古代有一万个国家，现在只有十几个了，这没有其他原因，他们所以消失，原因都是一样的。做国君的从这里应该觉悟到一点道理。当然只要搞得好，百里见方之地的小国，也是能够独立于世的。

## 【绎旨】

本章主要阐述了两个问题：一是怎样观察一个国家的治乱臧否。荀子提出了若干标准，如生产发展和城邑建设情况；对礼义法度的态度及推行情况；君主以至百官对货财取与计数情况；国内的教化情况等。搞得好，有成效，就是"治国""富国"，君主就是"明主"，否则，就是"乱国""贫国""贪主"，荀子所言是有道理的。二是阐述了观察一个国家强弱、贫富的表征。这些表征实际上也就是荀子的治国方针与举措。

关于"兵弱"，荀子指出有五点原因：即上不隆礼，上不爱民，上不守信，庆赏不渐，将率不能。要想变兵弱为兵强，必须从改变以上五点着手。

关于"国贫"，荀子亦列出五点原因。即上好功，上好利，士大夫众，工商众，无制数度量。要改变国贫，除从改变以上五点着手外，荀子指出，必须掌握经济发展中本末源流的关系。对于"贪主""愚主"，荀子特别指出他们认为追求个人的富与利，会带来"丧其国""危其身"的巨大危害，这是值得后世为政者认真注意的。

当然，限于当时的认识水平，对"国贫""兵弱"的原因，荀子所言未必完全正确。如认为"工商众则国贫"就是片面的认识，请读者阅读时注意。

## 【名言嘉句】

以国持之，而不足以容其身，夫是之谓至贪，是愚主之极也。

## 【原文】

凡攻人者，非以为名，则案以为利也；不然，则忿之也[1]。仁人之用国[2]，将修志意，正身行，伉隆高[3]，致忠信，期文理[4]。布衣紃屦之士[5]诚是，则虽在穷阎漏¹屋，而王公不能与之争名；以国载之，则天下莫之能隐匿也。若是则为名者不攻也。

将辟田野，实仓廪，便备用，上下一心，三军同力，与之远举极战则不可；境内之聚也；保固视可，午²其军[6]，取其将，若拨麷[7]。彼得之，不足以药伤补败[8]。彼爱其爪牙，畏其仇敌。若是，则为利者不攻也。

将修小大强弱之义以持慎之[9]，礼节将甚文，珪璧将甚硕，货赂将甚厚，所以说之者[10]，必将雅文辩慧之君子也。彼苟有人意焉[11]，夫谁能忿之？若是，则忿之者不攻也。

为名者否，为利者否，为忿者否，则国安于盘石³，寿于旗翼〔12〕。人皆乱，我独治；人皆危，我独安；人皆失丧之，我按〔13〕起而治之。故仁人之用国，非特将持其有而已也，又将兼人〔14〕。《诗》曰："淑人君子，其仪不忒；其仪不忒，正是四国。"〔15〕此之谓也。

持国之难易〔16〕：事强暴之国难，使强暴之国事我易。事之以货宝，则货宝单⁴而交不结〔17〕；约信盟誓，则约定而畔⁵无日〔18〕；割国之锱铢〔19〕以赂之，则割定而欲无厌。事之弥烦，其侵人愈甚，必至于资单国举〔20〕然后已。虽左尧而右舜，未有能以此道得免焉者也。譬之是犹使处女婴宝珠，佩宝玉，负戴黄金，而遇中山之盗〔21〕也，虽为之逢蒙视〔22〕，诎⁶要⁷桡腘〔23〕，君⁸卢屋妾〔24〕，由⁹将不足以免也。故非有一人之道也，直将巧繁拜请而畏事之〔25〕，则不足以持国安身。故明君不道也。必将修礼以齐朝，正法以齐官，平政以齐民；然后节奏齐于朝，百事齐于官，众庶齐于下。如是，则近者竞亲，远方致愿，上下一心，三军同力，名声足以暴炙之，威强足以捶笞之，拱揖指挥¹⁰，而强暴之国莫不趋使，譬之是犹乌获与焦侥〔26〕搏也。故曰："事强暴之国难，使强暴之国事我易。"此之谓也。

## 【校】

1. 漏，通"陋"。

2. 午，通"迕"。

3. 盘石，即"磐石"。

4. 单，通"殚"。

5. 畔，通"叛"。

6. 诎，同"屈"。

7. 要，同"腰"。

8. 君，当作"若"。

9. 由，同"犹"。

10. 挥，一作"麾"，二者通。

## 【注释】

〔1〕则忿之也：就是因为愤恨。

〔2〕仁人之用国：仁人对国家的治理。

〔3〕伉隆高：伉，同"亢"，尊崇，极致。隆高，有二解：一是，崇高的政治境界。二是，指礼义。

〔4〕期文理：当作"綦"。即建立完备礼义制度。

〔5〕布衣紃（xún）屦之士：紃，似绳的布带。屦（jù），古代的一种草鞋。

〔6〕午其军：午，同迕。两军相遇。

〔7〕麷（fēng）：煮熟炒干的麦子。

〔8〕药伤补败：医治因作战带来的创伤，补救损失。

〔9〕修小大强弱之义以持慎之：学习、研究和讲求正确处理大国小国、强国弱国之间关系的理论，以慎重的态度对待这个问题。

〔10〕所以说之者：所用来参加盟会游说的。

〔11〕彼苟有人意焉：他如果能通情达理，合乎人意。

〔12〕寿于旗翼：旗，读如"箕"。旗、翼，皆二十八星宿之一。言其寿如星宿。

〔13〕按：于是。

〔14〕又将兼人：还要兼服他人。

〔15〕淑人君子，其仪不忒；其仪不忒，正是四国：语出《诗·曹风·鳲鸠》。全句意为：善人君子，仪法上无错。仪法上无错，可做四周国家的楷模。

〔16〕持国之难易：保持国家正常运转的难和易。

〔17〕货宝单而交不结：单，用尽。全句意为：财货、宝物用尽之后正常的邦交仍然没有建立起来。

〔18〕约定而畔无日：盟约虽订立，但背叛却不一定在哪一天。

〔19〕割国之锱铢：锱、铢，皆古代重量单位。一两的二十四分之一为一铢，六铢为一锱。全句意为：把国家所有的钱财都被迫送给他们，即使一锱一铢，也不能留下。

〔20〕资单国举：竭尽资财，全国都送给他。

〔21〕中山之盗：春秋战国时期白狄某部所建之国，在今河北正定县一带。又，据《周礼》，中等的山亦称"中山"。后世寓言有《中山狼传》，此处"中山"，即为"山中"。

〔22〕逢蒙视：不敢正视。

〔23〕诎要桡腘：桡，弯曲。腘，膝后。全句意为：弯腰屈膝。

〔24〕君卢屋妾：家中的婢妾。

〔25〕故非有一人之道也，直将巧繁拜请而畏事之：一人之道，指上文的"仁人之用国"。繁，读曰"敏"。全句意为：所以如果没有上述仁人治国之道，只是用花言巧语，屈膝请求，十分小心地侍奉……。

〔26〕乌获与焦侥：乌获，战国时期秦国的大力士。焦侥，传说中的矮人，高三尺。

## 【译文】

凡是进攻其他国家的君主，不是为了赢得好的名声，就是为了谋取某种利益；如果不是这样，那就是为了发泄某种气愤。仁人主政的国家，将要修正和强化国家发展规划，端正君主及臣下的德行，尊崇礼义，达到忠诚守信，完备礼仪制度。穿布衣绳鞋的士人如果能做到这一点，那么他们虽然在穷巷陋屋，王公大人却不能与他们争夺名声；如果由他们执掌国政，那么他们的名声天下人是无法隐藏的。如果这样，那么无论赢得名声的人就不会来进攻了。

仁人执掌国政后，就要开辟田野，充实仓廪，制作各种器用，君臣与百姓同心，全军同心协力。在这种情况下，与远征苦战是不行的；如果与之聚兵境内，他们凭险固守，视情况而进攻，与敌军相遇而战，俘获其将领，就像拨弄炒熟的麦子一样容易。来进攻的一方即使有所得，也不够疗伤和弥补损失的。加之，他们又爱惜自己的部下，害怕自己的仇敌乘机来攻打，这样一来，那些为获取利益而来进攻的就不来进攻了。

仁人主持国政后，将坚持处理好小国大国之间及强国弱国之间的关系，以慎重对待这一问题，其礼节将会十分美好，会盟时圭璧等玉器将甚大，所送礼物将十分丰厚，所来游说的宾客，将是文雅得体，聪慧善辨的君子。他们通情达理，善解人意，在这种情况下，谁又能气愤呢？这样，那些因为发忿而进攻的也就不来进攻了。

为名而进攻的不来进攻了，为利而进攻的也不来进攻了，为忿而进攻的也不来进攻了，国家就会像磐石一样安定，像星宿一样长久。其他人都乱，我方独独治理得好；其他人都出现了危机，我方独独安定；其他人丧失了国家，我却开始更好地治理国家。所以，仁人的治理国家，不只是保存自己的国家就算了，而是又要兼服他人。《诗》曰："淑人君子，其仪不忒；其仪不忒，正是四国。"（《诗》上说：善人君子，仪法上无错。仪法上无错，可做四周国家的楷模。）就是说的这种情况。

保持国家正常运转的难与易：奉侍强大暴虐的国家难，使强大暴虐的国家侍奉我们容易。对强大暴虐的国家，奉送财货宝物，但有可能在财货宝物送尽之后，正常的邦交关系仍然没有建立起来；与他们约定信守共同的盟约誓言，那么有可能约定之后，说不定哪一天他们就背叛了；用上全国所有的钱财，甚至最后一点钱财也给他们，但送完之后他们的欲望仍然不满足。对他们奉事越是繁多，他们对我国的侵占就越大，这样一定会发展到资财殚尽以至于把整个国家都赔进去的地步。即使你身边左有尧右有舜一样的贤人，也没有能在这种情况下避免的。这就好像是年轻的女孩子头戴宝珠，身佩宝玉，又带有黄金，而遇到山中的强盗，虽然吓得不敢正视，弯腰屈膝，如同家里的婢妾一样，但仍然不能够免除祸灾。所以，如果没有仁人治国之道，只是用花言巧语，屈膝请求，十分小心地事侍强大暴虐的国家，就不能保持国家的存在和自身的安全。所以，明君不那样做的。一定要学习和践行礼义以整顿朝政，端正法纪以整顿官员队伍，使政治公平以整顿民众。然后礼义节文就会在朝政中整齐划一，各种事务的处理就会在官员中得到统一标准。所有老百姓就会在下层统一思想认识。这样一来，离得近的国家就会相互争着来亲近，离得远的国家就会表示向慕之情。上层的君主卿相乃至百官和下层的民众都会一心一意，左、中、右三军为同一目标而出力。我国名声足以威慑天下，武力强势足以打遍天下。我国君主拱手指挥，从容安定，而那些强大暴虐的国家没有不听从指使的，就好像是大力士乌获与矮人焦侥的搏斗一样。所以说："奉事那些强大暴虐的国家是很难的，而使他们奉事我国却是容易的。"就是说的这种情形。

## 【绎旨】

本章分为两节，主要是围绕"如何通过各种内政外交措施，使自己的国家富足强大"这一中心展开。

第一节主要是说，要想使"为名"而战者。"为利"而战者和为泄忿而战者，主动放弃战争，必须使"仁人之用国"，即仁人执国政，首先要制定正确的方针政策，即"修志意，正身行，伉隆高，致忠信，期文理。"同时，要重用"士人"。其次是在经济和军队等方面，如"辟田野，实仓廪，便备用，上下一心，三军同力"等。第三是正确处理与他国的关系，"将修小大强弱之义以持慎之"等。这样既可避免为名、为利、为忿而来的战争，达到"人皆乱我独治"的目的。

第二节主要是阐述如何对付强暴之国。对强暴之国一味妥协退让，贿赂屈膝，甚至任其宰割，是不行的。正确的方法是用仁人治国之道整顿内部，积聚力量；同时注意争取外部的力量，使自己的国力超过强暴之国，这样，"强暴之国莫不趋使"。

以上荀子所论，从总体上看是有道理的，对后世之为政者亦有重要借鉴意义。

## 【名言嘉句】

必将修礼以齐朝，正法以齐官，平政以齐民；然后节奏齐于朝，百事齐于官，众庶齐于下。

# 王霸篇第十一

**【导读】**

本章主要论述如何加强国家管理，以实现天下的统一（王），其中部分也谈到称霸问题，故以"王霸"为题。

第一章，围绕"义立而王，信立而霸，权谋立而亡"展开论述。重点强调"义立而王"。

第二章，论证"信立而霸"和"权谋立而亡"的问题。

第三章，论述治国主要是"何法之道，谁子之与"等问题。

第四章，论述治国与逸乐的关系，主张是先治其国然后再逸乐。

第五章，论述为人君工作的特点。

第六章，分析为统一天下，如何做到君臣遇合的问题。

第七章，论述治理好国家的条件：法治、佐贤、民愿、俗美。

第八章，论述治国过程中，确立正确的"隆正"和任用仁人为"要百事者"的重要性。

第九章，论述治国过程中，应如何处理若干具有对立性质的事务。

第十章，阐述君主要管理好国家，必须正确对待老百姓。

第十一章，列举数种危害国家的行为，指出其根源全在于君主的私利，意在告诫君主。

第十二章，阐述儒者治国的方针、措施，强调"隆礼重法"问题。

**【原文】**

国者，天下之制[1]利用也[(1)]；人主者，天下之利埶也[(2)]。得道以持之[(3)]，则大安也，大荣也，积美之源也[(4)]；不得道以持之，则大危也，大累也，有之不如无之。及其綦[(5)]也，索为匹夫不可得也，齐湣、宋献[(6)]是也。故人主，天下之利埶也，然而不能自安也，安之者必将道也[(7)]。故用国者，义立而王，信立而霸，权谋立而亡。三者，明主之所谨择也，仁人之所务白也[(8)]。

絜国[(9)]以呼礼义而无以害之，行一不义，杀一无罪，而得天下，仁者不为也，擽然扶持心、国[(10)]，且若是其固也。之所与为之者之人，则举义士也；之所以为布陈于国家刑法者，则举义法[11]也；主之所极然[12]帅群臣而首乡²[13]之者，则举义志[14]也。如是，则下仰上以义矣，是綦³定[15]也；綦定而国定，国定而天下定。

仲尼无置锥之地[16]，诚义乎志意，加义乎身行，箸之言语，济之日[17]，不隐乎天下，名垂乎后世。

今亦以天下之显诸侯诚义乎志意，加义乎法则度量，箸之以政事，案申重之以贵贱杀生，使袭然终始犹一也[18]。如是，则夫名声之部⁴发于天地之间也，岂不如日月雷霆然矣哉！故曰：以国齐义[19]，一日而白，汤、武是也。汤以亳，武王以鄗⁵[20]，皆百里之地也，天下为一，诸侯为臣，通达之属莫不从服，无它故焉，以义济矣。是所谓义立而王也。

## 【校】

1. 制，衍，当删。

2. 乡，同"向"。

3. 綦，当作"基"。

4. 部，通"勃"。

5. 鄗，同"镐"。

## 【注释】

〔1〕国者，天下之制利用也：利，利器，锋利。用，工具。全句意为：国家是全天下最有力的工具。

〔2〕天下之利埶也：天下最有权力地位。

〔3〕得道以持之：用正确的治国原则去掌握。

〔4〕积美之源也：积善（积累好事）的源泉。

〔5〕綦：极，极点。

〔6〕齐愍、宋献：齐愍即齐湣王（？——前284年），或作齐闵王，战国时齐君，田氏。

公元前300年——前289年在位，曾联合韩、魏战胜楚、秦、燕三国，与秦昭王并称东帝、西帝。后被五国联合围攻，燕将乐毅连下齐国七十余城。齐湣王逃至莒（今山东莒县），后被杀。宋献，又称宋康王，姓戴，名偃，战国时宋国君，夺位而立，曾灭滕，夺取楚的淮北地，后亡于齐。

〔7〕安之者必将道也：做国君要想地位安稳，必须执行正确的治国原则和方法。

〔8〕仁人之所务白也：是仁人一定要搞明白的。

〔9〕絜国：管理国家。

〔10〕擽然扶持心、国：坚定地用礼义来指导思想，管理国家。

〔11〕义法：符合礼义的法度。

〔12〕极然：极，意同"亟"。急切，迫切。

〔13〕首乡：首，头，面；或取其抽象意义，首先。

〔14〕义志：符合礼义的志向、理想。

〔15〕綦定：基础巩固。

〔16〕仲尼无置锥之地：置锥之地，语出《庄子·盗跖》："尧舜有天下，子孙无置锥之地。"全句意为：孔子当年连插锥子的地方也没有。

〔17〕济之日：成功之日。

〔18〕案申重之以贵贱杀生，使袭然终始犹一也：反复强调用义进行赏罚，并且始终如一，全部如此。

〔19〕以国齐义：把国家统一于义，即以义统一国家。

〔20〕亳、鄗：亳（bó），周朝前期的都城之一，在今河南商丘东南。鄗（hào），西周的都城，一作"镐"，在今陕西西安市西南。

## 【译文】

国家是天下最有力的利器，君主是天下处于最有权利地位的人。如果用正确的治国原则、方法去保持它的正常运转，就是十分安定，十分荣耀，是积累善事、好事的源泉。如果用不合乎礼义的原则、方法去指挥国家的运转，那就会有严重的危险，是严重的负担，在这种情况下它还不如没有。到最危机的时刻，国君想当一个最普通的老百姓也办不到。齐湣王和宋康献王就这样的人。所以，国君虽然是天下最有权势的人，但是不能保持自己的安全。要想保持自己的安全，就必须按照正确的治国之道去做。所以，从事国家治理的人，把义树立起来，并且一切都遵照它去做，那就会统一天下而王。把诚信树立起来，一切都遵照执行，就会取得霸主的地位。如果把权谋树立于高于一切的地位，一切都按权谋的要求去做，最后必然灭亡。这三点是贤明的君主所要慎重选择的，是仁人志士应该弄明白的。

治理国家要倡行礼义而不要有任何损害礼义的行为，即使做一件不义的事，杀害一个无罪的人而得到天下，有仁德的人是不会这样做的。要坚定地用礼义来指导思想和对国家的管理，而且要那样坚固执着。他所用来与他一起从事国家管理的人，全部都是坚守礼义的人士；他所用来分布和编纂国家刑法之中的，全部都是符合义的正确的法学原理。君主急切地带领群臣首先追求的，全部都是合乎义的志向、理想。这样一来，臣下和群众就会按义的要求敬仰君上。这就是根基得到了稳定。根基稳定国家就稳定。国家稳定了，夺取天下也会成为定局。

孔子当年连插锥子的地方也没有，但是他把义实实在在地融入自己的思想意志之中，把义落实到自己的行动上，又把义运用到自己语言之中，他的成功之日，天下无法隐瞒他的事迹，他的英名永垂后世。

现在也以天下显赫的诸侯把义实实在在地融入其思想意志之中，把义贯彻于法则、度、量之内，又把礼义运用到政事上，多次申明按义赏罚，并且做到始终如一。这样一来，其名声就会勃发于天地之间，难道不会像日月一样光明，雷霆一样响亮吗？所以说，用义来统一国家，一天就会名声显赫，商汤、周武就是这样的人。商汤所依据的亳，周武王所依据的鄗，都是百里见方之地，而最后统一了天下，诸侯成了臣属，凡人迹所至之处，没有不服从的。这没有其他原因，这是依据义取得的成功。这就是所谓依靠义而立国并由此而统一天下啊！

## 【绎旨】

本章主要是围绕"义立而王，信立而霸，权谋立而亡"三者展开论述，首先说明"义"对于立国、安身、名声和统一天下的巨大作用。告诫当时的诸侯要想统一天下，必须把握"义立而王"的原则。

## 【名言嘉句】

①故用国者，义立而王，信立而霸，权谋立而亡。

②仲尼无置锥之地，诚义乎志意，加义乎身行，箸之言语，济之日，不隐乎天下，名垂乎后世。

## 【原文】

德虽未至也[1]，义虽未济也，然而天下之理略奏矣[2]，刑赏已、诺[3]，信乎天下矣，臣下晓然皆知其可要也[4]。政令已陈，虽睹利败，不欺其民；约结已定，虽睹利败，不欺其与。如是，则兵劲城固，敌国畏之，国一綦明[5]，与国信之，虽在僻陋之国，威动天下，五伯[6]是也。

非本政教也，非致隆高也[7]，非綦文理[8]也，非服人之心也，乡方略，审劳佚，谨畜积，修战备，齺然上下相信[9]，而天下莫之敢当。故齐桓、晋文、楚庄、吴阖闾、越勾践，是皆僻陋之国也，威动天下，强殆中国，无它故焉，略信也。是所谓信立而霸也。

絜国以呼功利，不务张其义，齐其信[10]，唯利之求，内则不惮诈其民而求小利焉；外则不惮诈其与而求大利焉，内不修正其所以有，然常欲人之有[11]，如是，则臣下百姓莫不以诈心待其上矣。上诈其下，下诈其上，则是上下析也[12]，如是，则敌国轻之，与国疑之，权谋日行而国不免危削，綦之而亡[13]，齐闵、薛公[14]是也。

故用强齐，非以修礼义也，非以本政教也，非以一天下也，绵绵常以结引驰外为务。故强，南足以破楚，西足以诎秦，北足以败燕，中足以举宋。[15]及以燕、赵起而攻之[16]，若振槁然[17]，而身死国亡，为天下大戮，后世言恶则必稽焉[18]。是无它故焉，唯其不由礼义而由权谋也。三者，明主之所以谨择也，而仁人之所以务白也。善择者制人，不善择者人制之。

## 【注释】

〔1〕德虽未至也：为君者的道德虽然没有达到完善的境界。

〔2〕天下之理略奏矣：天下通行的公理已大体具备。

〔3〕刑赏已诺：已，不许，禁止。诺，许可，许诺。全句意为：刑赏的禁止与许诺。

〔4〕臣下晓然皆知其可要也：要，结交，结盟。全句意为：臣下都清楚地知道他是可以与之结交的。

〔5〕国一綦明：綦，立国根基。全句意为：国家上下一致，立国根基明确。

〔6〕五伯（霸）：指齐桓、晋文、楚庄、吴王阖闾、越王勾践。

〔7〕非致隆高也：不是推崇礼义，追求崇高的政治境界。

〔8〕非綦文理：没有健全礼义制度。

〔9〕齵然上下相信：像上牙下牙相互咬合那样互相依靠信任。

〔10〕絜国以呼功利，不务张其义，齐其信：呼，提倡。张，施行。齐，完备，完善。

〔11〕内不修正其所以有，然常欲人之有：对内不治理好自己具有的土地财货等资产，对外总是经常想占用人家的土地财货等资产。

〔12〕上下析也：上下分崩离析。

〔13〕綦之而亡：发展到极点就会灭亡。

〔14〕薛公：齐国贵族田文，号孟尝君，袭封其父田婴的爵位而封于薛（今山东滕县南），曾任齐闵王的相国。后任魏昭王相，曾合秦、赵、燕之兵共伐齐。

〔15〕故强，南足以破楚，西足以诎秦，北足以败燕，中足以举宋：秦闵王三年（公元前299年），与秦一起击败楚国。闵王十六年割楚之淮北地。闵王四年（前298年），与韩、魏共同攻秦，兵至函谷关。闵王为太子时，于齐宣王七年（前314年），齐乘燕内乱而攻燕，获胜。齐闵王十六年（前286年），齐攻灭宋国。

〔16〕及以燕、赵起而攻之：齐闵王十八年（前289年），燕、赵联合攻齐。公元前284年，五国合纵攻齐。

〔17〕若振槁然：好像振击枯木。

〔18〕后世言恶则必稽焉：谈到恶事时一定会以此为鉴戒。

另外，"不得道以持之，则大危也，大累也，有之不如无之。及其綦也，索为匹夫不可得也，齐愍、宋献是也。""上诈其下，下诈其上，则是上下析也，如是，则敌国轻之，与国疑之，权谋日行而国不免危削，綦之而亡，齐闵、薛公是也。故用强齐，非以修礼义也，非以本政教也，非以一天下也，绵绵常以结引驰外为务。故强，南足以破楚，西足以诎秦，北足以败燕，中足以举宋。及以燕、赵起而攻之，若振槁然，而身死国亡，为天下大戮，后世言恶则必稽焉。"廖名春据此推断，《王霸》篇的写作上限为公元前284年。

## 【译文】

为君者的道德虽然还没有达到完美的境界，大义虽然没有达到成功的地步，但是天下通行的公理，已经大体具备，刑罚和奖赏的禁止与许诺，已经为天下人所信任，臣下都清楚地知道他（指君主）是可以与之结交的。政令已宣布，虽然看到自己在此政令下有可能获利，也有可能遭受损失，但它不欺侮民众。盟约已经签定，虽然看到它对自己有利亦有损，但不欺骗结盟的国家。这样一来，就会兵势强劲，城防坚固，敌国畏惧，国家上下一致，根基明确，盟国信任。虽然处于偏僻落后的国家内，但其威力仍然能够震动天下。五伯（霸）（齐桓、晋文、楚庄、吴王阖闾、越王勾践）就是这样的人。

他们虽然还不是以政教为本，还不是如先王一样崇尚礼义，还没有完备的礼义制度，还不是使人心悦诚服，但他们能注重方针政略，注意民众的劳作与休息，谨慎收藏积累，修理战备，君臣上下像上下牙齿咬合一样互相依靠信任，所以天下没有人敢抵挡他们。所以，齐桓、晋文、楚庄、吴王阖闾、越王勾践，虽然皆处偏僻粗陋之地，但威力震动了天下，强势危及中原各国家，这没有其他原因，就是因为取得了信用啊！这就是所谓树立了信用就可以称霸啊！

管理国家只提倡功利，不用心施行正义，完备自己的信用，而是只求取利益。在国内，不惧怕以欺诈的手段对待民众，以求取小的利益；在国外，不惧怕以欺诈对待友好的盟国而求取大利。在国内，不好好保护发展自己具有的土地财货等物资，而总是想要别国的土地财货等。这样一来，其臣下百姓没有不以诡诈之心对待君上的。君主以诡诈对待臣下，臣下以诡诈对待君上，这样就造成了上下的分崩离析。这样，敌对的国家就会轻视你，同盟的国家也会怀疑你，每天都玩弄权术阴谋，国家就不可避免地出现危险和削弱的局面，发展到极点就会亡国，齐闵王、薛公（孟尝君）就是这样的人。

他们在强大的齐国执政，不是践行礼义，不以政治教化为根本，不是以统一天下为目的，而是经常派使者外出游说以勾结国外势力为目的。所以，强的时候，向南可以打败楚国，向西可以使秦屈服，向北可以打败燕国，在中部可以消灭宋国。但是，等到燕、赵联合起来进攻齐国时，却像打击枯木一样，齐闵王也落得身死国亡的结果，成为天下的奇耻大辱。后世的人们讲到恶人必以他亡鉴戒。这没有其他的原因，唯一的原因就是他不按礼义而按权术阴谋的一套去做。以上所说的三者（义立而王，信立而霸，权谋立而亡），是明主应该谨慎选择的，仁人应该务必弄明白的。善于从中选择的人能够制约别人，不善于从中选择的人被别人制约。

## 【绎旨】

本章继上章而来，主要论证分析了"信立而霸"和"权谋立而亡"两种情况，在分析"信立而霸"时以春秋五伯（霸）（齐桓、晋文、楚庄、吴王阖闾、越王勾践）为例；在分析"权谋立而亡"时，以齐闵王、薛公孟尝君之事为例。荀子一再告诫人们，对"义立而王""信立而霸""权谋立而亡"三者应该谨慎选择否则就会落到被动受制的地位。这是为君者及一切为政者都应该注意的。

## 【名言嘉句】

三者（义立而王，信立而霸，权谋立而亡），明主之所以谨择也，而仁人之所以务白也。善择者制人，不善择者人制之。

**【原文】**

国者，天下之大器也，重任也[1]，不可不善为择所而后错 1 之[2]，错险则危；不可不善为择道然后道之[3]，涂薉则塞[4]，危塞则亡。彼国错者，非封焉之谓也，何法之道，谁子之与也[5]？故道王者之法与王者之人为之，则亦王；道霸者之法与霸者之人为之，则亦霸；道亡国之法与亡国之人为之，则亦亡。三者，明主之所以谨择也，而仁人之所以务白也。

故国者[1]，重任也，不以积持之则不立[6]。故国者，世所以新者也[7]，是惮惮 2，非变也[8]，改王改行[9]也。故一朝之日也，一日之人也，然而厌焉有千岁之固 3[10]，何也？曰：援夫千岁之信法以持之也[11]，安与夫千岁之信士为之也[12]。人无百岁之寿，而有千岁之信士，何也？曰：以夫千岁之法自持者，是乃千岁之信士矣。故与积礼义之君子为之则王[13]，与端诚信全之士为之则霸，与权谋倾覆之人为之则亡。三者，明主之所以谨择也，仁人之所以务白也。善择之者制人，不善择之者人制之。彼持国者必不可以独也[14]，然则强固 4 荣辱在于取相矣[15]。身能相能，如是者王；身不能，知恐惧而求能者，如是者强；身不能，不知恐惧而求能者，安唯便僻左右亲比己者之用[16]，如是者危削，綦之而亡。国者，巨用之则大，小用之则小，綦大而王，綦小而亡，小巨分流者存。巨用之者，先义而后利，安不恤亲疏，不恤贵贱，唯诚能之求，夫是之谓巨用之。小用之者，先利而后义，安不恤是非，不治曲直，唯便僻亲比己者之用，夫是之谓小用之。巨用之者若彼，小用之者若此，小巨分流者亦一若彼，一若此也。故曰："粹而王，驳而霸，无一焉而亡。"此之谓也。

国无礼则不正。礼之所以正国也，譬之犹衡之于轻重也，犹绳墨之于曲直也，犹规矩之于方圆也，既错之而人莫之能诬也。《诗》云："如霜雪之将将，如日月之光明，为之则存，不为则亡。"[17]此之谓也。

**【校】**

1. 错，通"措"。
2. 惮，同"禅"。
3. 固，当作"国"。
4. 固，当作"国"。

**【注释】**

〔1〕国者，天下之大器也，重任也：国家是天下最大的公用器具，治理国家是最重大的任务。

〔2〕不可不善为择所而后错之："择所"直译即选择合适的处所，实际上，关键是选择合适的治理者，即选择合适的领导班子。全句意为：不可不好好为它选择合适的

处所而后安置它。这是一种形象化的比喻。

〔3〕不可不善为择道然后道之：不可不好好选择治国的道路、原则，然后引导它。

〔4〕涂薉则塞：道路（涂）荒薉，就会堵塞。

〔5〕何法之道，谁子之与也：实行什么样的治国原则、道路，与什么人一起治理国家。

〔6〕不以积持之则不立：不用长期积累的正确法则去治理，国家就不能确立和巩固。

〔7〕故国者，世所以新者也：所以，国家是每个朝代都要更新的。

〔8〕是惮惮，非变也：惮，不连续。惮惮，指朝代更替。参阅近人梁启雄《荀子简释》。

〔9〕改王改行也：王即"玉"。改玉，指朝代更替，改换佩玉。改行，改变步伐，指君臣地位的变化。

〔10〕厌焉有千岁之固：厌焉，安然。全句意为：安然地存在着千岁治国。

〔11〕援夫千岁之信法以持之也：信法，指真实可靠，有利于国家安定的礼法。全句意为：援引依靠千年的可靠的礼法以保持国家的安定。

〔12〕安与夫千岁之信士为之也：安，平稳，安然。千岁之信士，指能长期坚持优秀的治国礼法，永远值得信任的士人。全句意为：平稳地与永远值得信任的优秀士子一起努力才实现的。

〔13〕故与积礼义之君子为之则王：所以，与积累了丰富礼义知识的君子一起奋斗，就会统一天下而称王。

〔14〕彼持国者必不可以独也：那些掌握国家大权的人一定不要单靠自己一个人的力量去奋斗。

〔15〕然则强固荣辱在于取相矣：固，固陋，此处作破败。全句意为：然而强大与破败，荣耀与耻辱的关键在于选择何为国相。

〔16〕安唯便僻左右亲比己者之用：安，发语词。全句意为：只知任用身边的善于阿谀奉承，亲近依附自己的小人。

〔17〕如霜雪之将将，如日月之光明，为之则存，不为则亡：此诗不见于今本《诗》，系佚诗。全句意为：好像霜雪覆盖大地，好像日月光芒四射，实行礼法就存在，不实行礼法就灭亡。

## 【译文】

国家是天下最大的公用器具，治理好国家是最重大的任务，不可以不好好地为它选择合适的处所而安置它。如果措置危险，国家就会出现危机。不可以不好好地为它选择正确道路而后引导它。如果道路荒秽，就会堵塞；如果堵塞严重了，国家就会灭亡。措置国家一事，并不是划定封疆就可以了，而主要是走什么样的道路，与哪些人一起治理。所以，引导实行王者的礼法与奉行王者之法的大臣一起治理国家，也就会实现统一而称王。引导实行霸者的礼法与奉行霸者礼法的大臣一起治理，也就会成为霸者。引导实行亡国的那一套办法与奉行亡国之法的大臣一起治理国家，也就会使国家灭亡。这三者，是圣明的君主所以要慎重选择的，是有仁德的人所以务必要弄明白的。

所以，治理国家是重大的责任，不运用自己长期积累的知识经验就难以完成。国家虽然每个朝代都要更新，但这只是朝代的更替，不是根本的礼义制度的变化，改变佩玉，变换步伐即可。所以，一个朝代短的就像一天，一个人的生命就像一天，但是也有安然不变的千岁之国，为什么这样呢？回答是：他们援引依靠千年的可靠的礼法以保持国家的安定，安然地与那些长期坚持优秀礼法、永远值得信任的士人一起奋斗才实现的。

人的生命没有一百年，但是却有一千年都值得信任的士人。这是为什么呢？这就是因为他们坚持了一千年都值得相信的礼法，所以才称他们为一千年都值得信任的士人。所以，与那些积累了丰富的礼义知识的君子一起奋斗，就会成为王者；与那些正直、诚实、守信，具有全才的士人一起奋斗，就会称霸；与那些玩弄权术阴谋搞颠覆的人一起干事，就会国破家亡。这三者，圣明的君主是要慎重选择的，有仁德的人是务必要弄明白的。善于选择的人能够制服他人，不善于选择的人被他人所制。那些管理国家的君主一定是不能够自己一个人去管理，这样一来，国家的强盛衰败、荣耀与耻辱就在于选拔国相了。如果国王本身贤能，国相亦贤能，这样就会统一天下而称王。国王本身缺乏才能，但知道恐惧而寻求有能力的人来辅佐，这样的国君也就可成为强者；如果君主本身没有能力，但知道由此带来的恐惧，因而努力求取有才能的人治理国家，这样的就会变得强盛起来；国王本身没有才能，不知道由此带来的恐惧，因而也不去求取有才能的人，共同治理国家，而知道任用阿谀逢迎、亲近依附的小人，这样就会越来越危险衰落，达到极点就会灭亡。

对于国家，立足于大处去治理，就会变得强大；立足于小处去治理，就会变得弱小。从大处治理发展下去，强大极点就会统一天下而称王；从小处治理发展下去，到达极点就会灭亡。介于从大处和从小处二者之间的，国家有可能存在下去。所谓从大处治理，就是坚持先考虑大义，后考虑物质利益，用人不顾及亲疏贵贱，只看他是不是真正有能力，这就叫作治国从大处着眼。所谓从小处治理，就是先考虑物质利益，用人不顾是非曲直，只任用阿谀奉承，亲近自己的人，这就叫作治国从小处着眼。从大处治国，就是那样；从小处治国，就是这样。既从小处治国，又从大处治国，有时像那样，有时像这样。所以说："纯粹从大处治国，就会统一天下而称王；有时从大处治国，有时从小处治国，这种驳杂的治理就会称霸，以上两种情况都不具备，就会亡国。"就是说的这种情况。

国家没有礼义就不能走上正道。礼义之所以能够使国家走上正道，就好像衡（秤）称量轻重一样的作用，就像绳墨对于测量曲直一样的作用。既用它来测量人们就无法进行欺骗。《诗》云："如霜雪之将将，如日月之光明，为之则存，不为则亡。"（《诗》上说："好像霜雪覆盖大地，好像日月光芒四射，实行礼法就存在，不实行礼法就灭亡。”）就是说的这种情况。

## 【绎旨】

本章阐述了四点见解和主张：一是，治国必须把国放到合适的位置上，这种措置不是指划定疆界，二是指国家要走什么样的道路和国王要与什么样的人一起治理国家。二是，治国必须实行"千岁之信法"，并依靠"千岁之信士"。这实际是对"一"的回答。重用"千岁之信士"，其中重要的一点是选拔"国相"。三是，治国有从大处着眼和从小处着眼的不同。从大处着眼就是先义后利，用人上不顾亲疏贵贱，而"唯诚能之求"；从小处着眼与此相反。这一点实际是对"一"的进一步深化。四是，治国必须坚持实行礼义。这一点也是对全章的总结。

## 【名言嘉句】

①彼国错者，非封焉之谓也，何法之道，谁子之与也？故道王者之法与王者之人为之，则亦王。

②故与积礼义之君子为之则王，与端诚信全之士为之则霸，与权谋倾覆之人为之则亡。

③国者，巨用之则大，小用之则小，綦大而王，綦小而亡，小巨分流者存。国无礼则不正。礼之所以正国也，譬之犹衡之于轻重也，犹绳墨之于曲直也，犹规矩之于方圆也，既错之而人莫之能诬也。《诗》云："如霜雪之将将，如日月之光明，为之则存，不为则亡。"此之谓也。

## 【原文】

国危则无乐君，国安则无忧民。[1]乱则国危，治则国安。今君人者急逐乐而缓治国，岂不过甚矣哉！譬之是由好声色而恬无耳目也[2]，岂不哀哉！

夫人之情，目欲綦色[3]，耳欲綦声，口欲綦味，鼻欲綦臭，心欲綦佚。此五綦者，人情之所必不免也。养五綦者有具[4]。无其具则五綦者不可得而致也。万乘之国，可谓广大、富厚矣，加有治辨1[5]、强固之道焉，若是则恬愉无患难矣，然后养五綦之具具[6]也。故百乐者生于治国者也，忧患者生于乱国者也。急逐乐而缓治国者，非知乐者也。故明君者必将先治其国，然后百乐得其中。闇君者必将急逐乐而缓治国，故忧患不可胜校[7]也，必至于身死国亡然后止也，岂不哀哉！将以为乐，乃得忧焉；将以为安，乃得危焉；将以为福，乃得死亡焉。岂不哀哉！於乎[8]！

君人者亦可以察若言矣[9]。故治国有道，人主有职。若夫贯日而治详，一日而曲列之[10]，是所使夫百吏官人为也，不足以伤游玩安燕之乐。若夫论一相以兼率之[11]，使臣下百吏莫不宿道乡方[12]而务，是夫人主之职也。若是，则一天下，名配尧、禹。之主者，守至约而详[13]，事至佚而功，垂衣裳，不下簟席[14]之上，而海内之人莫不愿得以为帝王。夫是之谓至约，乐莫大焉。

## 【校】

1. 辨，同"辦"。

## 【注释】

〔1〕国危则无乐君，国安则无忧民：国家出于危险之中，就不可能有快乐的君主；国家安定，就不会有忧愁的民众。

〔2〕譬之是由好声色而恬无耳目也：这就好像是追求声色而又安于没有耳目去欣赏一样（矛盾可悲）。

〔3〕目欲綦色：眼睛想看最好看的颜色。

〔4〕养五綦者有具：具备这五个"綦"需有一定的条件。

〔5〕治辨：治理。

〔6〕具具：条件完备。

〔7〕不可胜校：不能够数过来。

〔8〕於乎：呜呼。

〔9〕君人者亦可以察若言矣：为人君者也可以好好看看这些话。

〔10〕若夫贯日而治详，一日而曲列之：如果是连续几天才能完成的工作，要在一日之内完全办好。

〔11〕若夫论一相以兼率之：论，选择。全句意为：如果选择一名相国以率领之。

〔12〕宿道乡方：遵循正道，沿着正确的方向。

〔13〕守至约而详：所主管的虽然极其简约而又详尽。

〔14〕垂衣裳不下簟席：传说"黄帝、尧、舜时垂衣裳而天下治"，这是对古帝王"无为而治"的肯定与歌颂。"不下簟（diàn）席"，即不用离开所坐的竹席，即可完成治国大业，其意与上相同，都是对上古帝王的美化与歌颂。

## 【译文】

国家危险就不会有快乐的君主，国家安定就不会有忧戚的民众。社会混乱就会使国家危险，天下大治就会使国家安全。现在有的君主，急忙追求逸乐而延缓对国家的治理，难道这不太过分了吗？这就好比是喜好声色之乐而又安于没有耳朵眼睛，难道这不可悲吗？

人的性情，眼睛想看最美的颜色，耳朵想听最美妙的声音，嘴巴想吃到最美好的味道，鼻子想嗅到最香的气味，心里想享受到最安乐的生活。这五个"綦"是人的性情中一定无法免除的。具备这五个"綦"是有条件的，没有这些条件，这五个"綦"是无法得到的。有一万辆兵车的国家，可以说是很广大、很富有雄厚的了，再加上管理有方，具有使国家强大坚固的道路，这样一来，就可以安逸愉快而无患难了，然后实现这五个"綦"的条件就具备了。所以，各种快乐的事情，各种快乐都产生在治理得好的国家。而忧戚患难是产生于社会动乱的国家。那些急切地追逐逸乐而延缓治理的国家的君主，不是真正什么是快乐的人。所以，圣明的君主一定会先把国家治理好，然后各种快乐也就在其中了。昏暗的君主一定会急切地追求逸乐而延缓治国，所以，忧戚成患就不可胜数了。这样下去，一定会落到身死国亡的地步，然后才停止，这难道不十分可悲吗？本想取得快乐，结果得到的是忧患；本想得到安逸，结果得到危殆；本来要得到幸福，结果得到灭亡。难道不可悲吗？呜呼！

为国君的人，应该明察上面的话。这就是：治理国家，有自己的法则，君主有自己的职责。如果需要连续多日才能做好的事，现在要求一天完成。这就应该指使所有官吏一齐去做，不应该影响了原定的游玩，安闲地举行宴会等快乐的事。如果选择一名相国去率领众官，使臣下百官没有不遵循正道，沿正确的方向而去做的，这就是君主的职责啊。如果能这样，那就会统一天下，美名可与尧、禹相匹配。这样的君主，所据守的虽然非常简单但又很详细，工作非常清闲但功效却很明显。他端坐朝堂之上，垂衣裳（不忙于走动），不下簟席（即不用离开坐席），而四海之内的人没有不愿意得到他以他为帝王的。这就叫作最简约的治国方略，其快乐没有比它更大的了。

## 【绎旨】

本章主要论述了逸乐与治理国家之间的关系。荀子认为，只有把国家治理好了，才能享受快乐。如果不管国家治理状况如何，而去急切追求逸乐，而把治国放到一边，那就会导致国家的混乱，甚至亡国。这些认识都是有价值的。

另外，荀子提出了："夫人之情，目欲綦色，耳欲綦声，口欲綦味，鼻欲綦臭，心欲綦佚。此五綦者，人情之所必不免也。"一方面应该承认荀子的这种认识是唯物主义的，是符合人类的生活实际的。另一方面，认为这"五綦"是"人情之所必不免也"，这又陷入了片面性。这里的"人情"也就是"人性"。人性有生物性的层面，同时还有社会性的层面。就生物性层面而言，人会像动物一样，去追求"五綦"；但就社会性而言，"礼"会给人以制约，使人对"五綦"的追求有所控制。因而认为"人情之所必不免也"，就是片面的了。

## 【名言嘉句】

故明君者必将先治其国，然后百乐得其中。闇君者必将急逐乐而缓治国，故忧患不可胜校也。

## 【原文】

人主者，以官人为能者也[1]；匹夫者，以自能为能者也。人主得使人为之，匹夫则无所移之。百亩一守，事业穷，无所移之也。[2]今以一人兼听天下，日有余而治不足者[3]，使人为之也。大有天下，小有一国，必自为之然后可，则劳苦耗顇¹莫甚焉，如是，则虽臧获不肯与天子易埶²业[4]。以是县³天下[5]，一四海，何故必自为之？为之者，役夫之道[6]也，墨子之说[7]也。论德使能而官施之者[8]，圣王之道也，儒之所谨守也。传曰："农分田而耕，贾分货而贩，百工分事而劝，士大夫分职而听[9]，建国诸侯之君分土而守，三公揔方而议[10]，则天子共⁴己而已矣[11]。"出若入若，天下莫不平均，莫不治辨，是百王之所同也，而礼法之大分[12]也。

百里之地，可以取天下，是不虚，其难者在人主之知之也[13]。取天下者，非负其土地而从之谓也，道足以壹人而已矣。[14]彼其人苟壹，则其土地且奚去我而适它？[15]故百里之地，其等位爵服足以容天下之贤士矣[16]，其官职事业足以容天下之能士矣，循其旧法，择其善者而明用之，足以顺服好利之人矣。贤士一焉，能士官焉，好利之人服焉[17]，三者具而天下尽，无有是其外矣。故百里之地足以竭埶矣[18]。致忠信，箸仁义，足以竭人矣[19]，两者合而天下取，诸侯后同者先危。《诗》曰："自西自东，自南自北，无思不服。"[20]一人之谓也。

## 【校】

1. 秏顇，秏，同"耗"。顇，同"悴"。
2. 埶，同"势"。
3. 县，同"悬"。
4. 共，通"恭"。

## 【注释】

〔1〕人主者，以官人为能者也：君主这种人，是以能够用人显示自己的才能的。

〔2〕百亩一守，事业穷，无所移之也：一辈子守着百亩之地，只有耕种稼穑这些事，无法转移给他人。

〔3〕日有余而治不足者：每天都有空余时间，需治理的事务不够处理的。

〔4〕则虽臧获不肯与天子易埶业：臧获，奴婢。全句意为：那么，即使是奴婢也不肯与天子交换势位和职业。

〔5〕县天下：县，维系。

〔6〕役夫之道：专门出苦力者的办法。

〔7〕墨子之说：墨子主张"节用"，荀子谓之："将少人徒，省官职，上功劳苦，与百姓均事业，齐功劳。"（《荀子·富国》）这里又谓之"役夫之道"。这是儒墨论战的表现，而不是客观地评价墨子的学说。

〔8〕论德使能而官施之者：根据德行、能力而任命为官。

〔9〕士大夫分职而听：分，指的是社会生活中的分工分职。

〔10〕三公揔方而议：三公综合概括四方事务而讨论决定政事。三公，指大臣中最高层次的集团。一说指司马、司徒、司空；一说指太师、太傅、太保。西汉时以丞相、太尉、御史大夫为三公。东汉时以太尉、司徒、司空为三公。后代有所变化，唐宋以

后三公已无实权。明清时期，三公只是荣誉称号。

〔11〕天子共已而已：或作"拱已"。全句意为：双手抱拳，听凭臣下作为，无为而治之意。

〔12〕出若入若，天下莫不平均，莫不治辨，是百王之所同也，而礼法之大分也：出若入若，支出和收入相等，对外对内一个样，以保持平衡为原则。平均，主要意思是物质利益的分配方面要力求做到协调、合理，而并非平均分配。礼法之大分也，礼法的总纲，礼法中最重要的内容。

荀子主张"以义制利"即以礼义制约人们对物质利益的追求，使之保持在合理的范围内；但他也注意到了物资分配上的"均平"，即协调与合理。

〔13〕其难者在人主之知之也：其难点在于人主的智慧见识究竟怎样。

〔14〕取天下者，非负其土地而从之之谓也，道足以壹人而已矣：统一天下，并不是人家背着土地来跟从你。而是指你的战略战术能够统一天下的人心而已。

〔15〕彼其人苟壹，则其土地且奚去我而适它：如果那个人能够为我所统一；那么，他的土地为什么会离开我而归于他处呢？

〔16〕故百里之地，其等位爵服足以容天下之贤士矣：所以，方圆百里土地上的等级官位品爵、服饰完全能够封赏天下贤人之用。

〔17〕贤士一焉，能士官焉，好利之人服焉：贤人与你思想一致，能人被你任为官职，好利之人已经顺服于你。

〔18〕故百里之地足以竭执矣：竭执，完全把握形势。全句意为：所以，凭借方圆百里的土地，就完全能够把握取得天下的形势。

〔19〕足以竭人矣：完全能够竭尽人心，使天下人归附于你。

〔20〕自西自东，自南自北，无思不服：语出《诗·大雅·文王有声》。全句意为：自西自东，自东至西，自南自北，自北至南，没有人不顺服。

## 【译文】

君主这种人，是以善于用人为有本领的人；匹夫这种人，是以自己能干为有本领的人。君主能够指使他人去干事，匹夫却不能够找他人代替自己干事。守住百亩之田，耕种稼穑，这就是自己的全部事业，这些又不能转移给他人。而现在，君主可以凭借自己一人的能力听断全天下的政务，因为政务不够处理的，每天还有空余时间，这是因为君主指使他人替自己干事的缘故。大的有全天下，小的只有一国，如果无论什么事情，一定要亲自去做这样才行，那么劳苦憔悴没有比这更严重得了，即使是奴婢也不愿意与天子交换势位和职业了。因此，维系天下，统一四海，为什么要对其中的事一定要亲自去做呢？那些亲自去做的是按照服徭役的办法处理事务的，是遵从墨子的学说。根据德行和个人的才能而任命和使用官员，这是圣明的君主治国的办法，是儒者谨慎遵守的。古书上说："农民分配土地并予耕种，商贾分为不同货物而去贩卖，各种工匠分为不同行业而努力做工，士大夫分为不同部门而听其政，开国的诸侯根据分封的土地而固守其地，司徒、司马、司空三公综合概括四方事物统而议论评定，天子只是拱起双手，无为而治而已。"朝廷外面和朝廷内部都是一样的，天下没有不均平的地方，没有不治理好的地方，这是各代君主所相同的，也是礼法制度的基本要求。

凭借方圆百里的土地，可以取得天下，这不是虚言，其难点在于为人君者的智慧怎样。取得天下这回事，并不是指其他人背着的土地来跟从你，只是说你的战略策略能够统一天下的人心而已。如果那些人被你的战略策略所统一，那么，他的土地为什么还会离开你而到他人之地呢？所以，方圆百里见方土地完全能够容纳天下的贤人，其官职、事业完全能够容纳天下有才能的人。按照旧有的法度，选择那些有德有才的人而公开任用，这完全能够使好利之人顺从佩服。贤人为你所统一，有能力的人被你任为官职，好利之人顺服了你，这三者具备了天下的人才也就完全属于你了，再没有在这外面的了。所以，方圆百里的土地，完全能够把握夺取天下的形势；努力达到处事忠信，实行仁义，完全能够使天下人归附。这两方面结合起来，就可以取得天下。有些诸侯如果归附晚了，就会首先受到征伐。《诗》曰："自西自东，自南自北，无思不服。"（《诗》上说："自西自东，自东至西，自南自北，自北至南，没有人不顺服。"）这说的就是如何统一天下人心的事啊！

## 【绎旨】

本章主要阐述为人君者工作的特点和如何做到以百里之地而统一天下的问题。

## 【名言嘉句】

①出若入若，天下莫不平均，莫不治辨，是百王之所同也，而礼法之大分也。

②取天下者，非负其土地而从之之谓也，道足以壹人而已矣。

## 【原文】

羿、逢门者，善服射者也[1]；王良、造父[2]者，善服驭者也；聪明君子者，善服人者也[3]。人服而埶¹从之[4]，人不服而埶²去之，故王者已于服人矣[5]。故人主欲得善射，射远中微，则莫若羿、逢门矣；欲得善驭，及速致远，则莫若王良、造父矣；欲得调壹天下[6]，制秦、楚，则莫若聪明君子矣。其用知³甚简，其为事不劳而功名致大，甚易处而极可乐也[7]，故明君以为宝，而愚者以为难。

夫贵为天子，富有天下，名为圣王，兼制人，人莫得而制也，是人情之所同欲也，而王者兼而有是者也[8]。重色而衣之，重味而食之，重财物而制之，合天下而君之，饮食甚厚，声乐甚大，台榭甚高，园囿甚广，臣使诸侯，一天下，是又人情之所同欲也，而天子之礼制如是者也。制度以陈，政令以挟⁴[9]，官人失要则死，公侯失礼则幽，四方之国有侈离之德则必灭，名声若日月，功绩如天地，天下之人应之如景向，是又人情之所同欲也，而王者兼而有是者也。

故人之情，口好味而臭味莫美焉，耳好声而声乐莫大焉，目好色而文章致繁妇女莫众焉，形体好佚而安重闲静莫愉焉[10]，心好利而谷禄莫厚焉，合天下之所同愿兼而有之，睪牢天下[11]而制之若制子孙，人苟不狂惑戆陋者，其谁能睹是而不乐也哉！

欲是之主并肩而存[12]，能建是之士不世绝，千岁而不合，何也？曰：人主不公，人臣不忠也。人主则外贤而偏举[13]，人臣则争职而妒贤，是其所以不合之故也。人主胡不广焉无恤亲疏，无偏贵贱，惟诚能之求？若是，则人臣轻职业让贤[14]而安随其后。如是，则舜、禹还至[15]，王业还起。功壹天下，名配舜、禹，物由有可乐如是其美焉者乎？[16]呜呼！君人者亦可以察若言矣。杨朱哭衢涂[17]，曰："此夫过举跬步而觉跌千里者夫！[18]"哀哭之。此亦荣辱安危存亡之衢已[19]，此其为可哀甚于衢涂。呜呼哀哉！君人者千岁而不觉也。

## 【校】

1. 埶，同"势"。
2. 埶，同"势"。
3. 知，同"智"。
4. 挟，通"浃"。

## 【注释】

〔1〕羿、逢门者，善服射者也：羿（yì），又称后羿、夷羿。夏朝时东方有穷氏之君，善射，有"羿射十日"的传说。后夺取夏王相之位，不恤朝政，被其臣寒浞（zhuó）所杀。逢门，又称逢蒙，传为羿之弟子。服。从事。全句意为：后羿、逢门皆善于从事射箭。

〔2〕王良、造父：王良，春秋末期为晋国赵简子驾车的人。造父，西周时，为周穆王驾车的人。嬴姓之后。因善御马驾车被穆王封于赵城，此支嬴姓子孙即改为赵氏。为秦始皇之旁系祖上。王良、造父二人皆因善于驾车而闻名。

〔3〕善服人者也：善于管理民众使民众顺服的人。

〔4〕人服而埶从之：民众顺服，威势就会随之而来。

〔5〕故王者已于服人矣：所以，为王的人只要能使人服从就可以了。

〔6〕调壹天下：调整力量统一天下。

"欲得调壹天下，制秦、楚，则莫若聪明君子矣。"廖名春据此推断《王霸》篇当是荀子公元前279年以后重返稷下之作，其下限不得晚于前255年。

〔7〕甚易处而极可乐也：很容易处理，而又极其轻松愉快。

〔8〕兼而有是者也：完全具有这种状况。

〔9〕政令以挟：挟，周浃，完备。全句意为：政令已经完备。

〔10〕形体好佚而安重闲静莫愉焉：身体喜欢逸乐而安稳不动，清闲宁静没有比君

主更愉快的了。

〔11〕罨牢天下：罨牢，牢笼。全句意为：控制天下。

〔12〕并肩而存：一个挨着一个。言其多。

〔13〕人主则外贤而偏举：君主排斥贤人，任用自己偏爱的人。

〔14〕轻职业让贤：看轻职位，尊让贤人。

〔15〕则舜、禹还至：还，立即，很快。全句意为：舜、禹统治的局面立即会出现。

〔16〕物由有可乐如是其美焉者乎：事情还有这样美好而值得快乐的吗？

〔17〕杨朱哭衢涂：杨朱，战国时期百家争鸣的代表人物之一，主张"为我""拔一毛而利天下不为"。他反对儒家的"仁义"和墨家的"兼爱"。衢涂。歧路，十字路口。全句意为：杨朱曾为十字路口而痛哭。

〔18〕此夫过举跬步而觉跌千里者夫：跬，半步。跌，误差。全句意为：这不就是多走半步，等发觉时已相差千里之遥了吗？

〔19〕此亦荣辱安危存亡之衢已：此，指君主的任人。全句意为：这是或荣或辱，或安或危，或存或亡的衢口啊。

## 【译文】

后羿、逢门是善于从事射箭的人；王良、造父是善于驾车的人；聪明的君主是善于管理民众，使民众顺服的人。民众顺服了，威势就会随之而来；民众不顺服，威势就会随之而去。所以，为王者如果能使民众顺服，也就可以了。所以，君主如果想得到善于射箭的人，射得距离远，又能中微小的目标，那么，没有比后羿、逢门一类人更好的了；如果想要善于驾车的人，既有高的速度，又能跑得远，那么，没有比王良、造父一类人更好的了；如果想要调整统一天下，制约秦、楚等强国，那么，没有比聪明君子更好的了。他们运用智慧非常简明扼要，他们做事不用劳师动众而取得的成效名誉却很大、非常容易处理而又非常快乐。所以，圣明的君主以他们为珍宝，而愚蠢的君主却认为他们是难题。

尊贵为天子，占有全天下的财富，有圣王之名，又完全控制其他人，而其他人没有能够控制他的，这是人的欲望中之所相同的，而为王的人完全具备了这一切。能穿各种颜色的衣服，能享用各种美味的食物，有各种财物供他制作。把全天下合在一起由他做君主，饮食很丰厚，声乐很大，台榭很高，园林很广大，以各国诸侯为臣加以役使，把全天下统一起来，这是人们的欲望中所相同的要求，而天子的礼仪制度本来就是这样。制度已经公布，政令已经完备。一般官员违反了有关规定就要处死，三公、诸侯违反礼仪就要处以幽禁，周围的国家如果有分裂行为就要被灭亡。君主的名声像日月一样辉煌，功绩如天地一样伟大，天下之人响应他就像影随形，响应声一样。这种情况又是人们的欲望中所相同的要求，而为王的人全部具有这一切。

所以，在人的欲望中，口喜欢好的味道而嗅到的味道没有比君主接触的更美的了，耳朵喜欢好听的声音而所奏的音乐没有比君主的更大的了，眼睛喜欢美色而没有比君主接触的色彩更丰富美好更多的了，身体喜欢逸乐而安稳不动、清闲宁静没有比君主更愉快的了，心中喜欢物质利益而没有比君主的谷禄更丰厚的了。汇合天下共同的愿望，君主都已经占用。控制天下各股势力而控制他们就像控制子孙一样，人如果不是狂妄迷惑愚蠢固陋，哪有人会看到这种状况而不乐意呢？

想做到这样的君主比肩而立，而能帮助君主达到这种局面的士人每个时代都有，但他们长期不能遇合，这是什么原因呢？回答说：君主处事不公正，人臣对君主不忠诚。君主一般都会疏远排斥贤人而任用自己的偏爱者；人臣则为了争夺好的职位而妒害贤能，这就是他们长期不能遇合的原因。君主为什么不开阔胸襟不顾亲疏都同样加以任用？不偏爱所谓贵者排斥所谓贱者，只根据是否忠诚、是否有才能而加以任用呢？如果这样，人臣就会不再看重职位而跟随贤人的后面。如果能这样，那舜、禹的时代立刻会来到，王者的大业立刻会兴起。具有了统一天下的功绩，名声与舜、禹相匹配，事情还有这样美好而值得快乐的吗？啊！为人君者也可以考察这些话啊！杨朱曾为十字路口而痛哭。他说："这里如果走错半步，等觉察时其误差已经达千里之外了！"他为此而哀哭。实际上，上面所说的事也是关系到荣耀与耻辱，安全与危亡的十字路口，这件事如果弄不好，其可悲处要大于"十字路口"一事。啊！真是令人哀痛啊！为人君者竟然对此没有觉察啊！

## 【绎旨】

本章主要阐述两层见解：一是，明君治国，必须善于使用"善服人者"这一类人才。驭车要依靠王良、造父一类人才，射箭要依靠后羿、逢门一类人才，治国必须依靠善于发动群众、组织群众，使群众顺从的人才。这些人才就是能帮助明王打下天下的聪明君子，为君者离开这些人是无法取得天下的。二是，以上道理虽然尽人皆知，但真正做到君臣遇合，却并不容易。这个原因就是："人主不公，人臣不忠。"因此，必须克服这两种缺陷。特别是君主必须认识到这个问题的重要性，不要"千岁而不觉"。

故本章的内容也可以说是荀子为有志于统一天下的君臣，开出的一副如何做到君臣遇合，和衷共济的良药。

## 【名言嘉句】

①人服而埶从之，人不服而埶去之，故王者已于服人矣。
②人主胡不广焉无恤亲疏，无偏贵贱，惟诚能之求？

## 【原文】

无国而不有治法，无国而不有乱法；无国而不有贤士，无国而不有罢¹士[1]；无国而不有愿民[2]，无国而不有悍民[3]；无国而不有美俗，无国而不有恶俗。两者并行而国在，上偏而国安[4]，在下偏而国危；上一而王，下一而亡。故其法治，其佐贤，其民愿，其俗美，而四者齐，夫是之谓上一。如是则不战而胜，不攻而得，甲兵不劳而天下服。故汤以亳，文王以郦，皆百里之地也，天下为一，诸侯为臣，通达之属莫不从服，无它故焉，四者齐也。桀、纣即序²于有天下之埶³〔5〕，索为匹夫而不可得也，是无它故焉，四者并亡也。故百王之法不同若是，所归者一也〔6〕。

## 【校】

1. 罢，通"疲"。
2. 序，王念孙认为"序"当作"厚"。
3. 埶，同"势"。

## 【注释】

〔1〕罢士：品行不好的人。
〔2〕愿民：忠诚老实之民。
〔3〕悍民：凶悍，蛮不讲理之民。
〔4〕上偏而国安：偏于前四者，即"法治""贤士""愿民""美俗"。
〔5〕桀、纣即序有天下之埶（势）：桀、纣本来就属于有天下之埶（势）的序列之中。
〔6〕所归者一也：归根到底都是一样的。

## 【译文】

没有哪一个国家没有治理好国家的法律制度，也没有哪一个国家没有导致混乱的法律制度；没有哪一个国家没有一批贤能之士，也没有哪一个国家没有一批品德不好的士人；没有哪一个国家没有忠诚老实的老百姓，也没有哪一个国家没有凶悍、蛮不讲理的老百姓；没有哪一个国家没有美好的风俗，也没有哪一个国家没有一些恶劣的风俗。这两个方面并行存在国家就存在，如果"治法""贤士""愿民""美俗"多了，国家就会安定了；相反地，"乱法""罢士""悍民""恶俗"多了，国家就会出现危机。如果全部属于上一种情况，国家就会统一天下而称王；如果全部属于下一种情况，国家就会灭亡。如果其国家的法律能把国家治理好，贤人对君主的辅佐好，老百姓诚实可靠，社会风俗美好，这四者都具备了，这就叫属于上一种情况。这样一来，就会不用战争就能取得胜利，不用攻打就能得到想要的东西，不用派出甲兵劳顿，天下就会顺服。所以，商汤以亳，周武王以郦，这些都是百里见方的土地，最后天下成为一国，诸侯成为臣下，凡是能够通路到达的地方，没有不顺服的。这没其他什么缘故，就是因为法治、佐贤、民愿、俗美这四者齐备。夏桀、商纣本来属于具有天下之埶（势）的君主，但最后，想当匹夫也没能如愿，这没有其他原因，就是法治、佐贤、民愿、俗美这四者都失掉了。所以，历史上各位圣王的法律不相同就是这样，但归根到底在这一点上是一致的。

## 【绎旨】

本章论述了治理好国家的四个基本条件，即：其法治、其佐贤、其民愿、其俗美。

这一认识对于后代的为君者具有重要启发意义，至今亦未失去其理论意义与实践意义。

## 【名言嘉句】

故其法治，其佐贤，其民愿，其俗美，而四者齐，夫是之谓上一。如是则不战而胜，不攻而得，甲兵不劳而天下服。

## 【原文】

上莫不致爱其下而制之以礼，上之于下，如保赤子。政令制度，所以接下之人百姓[1]，有不理者如豪¹末[2]，则虽孤独鳏寡必不加焉。故下之亲上欢如父母[3]，可杀而不可使不顺。君臣上下，贵贱长幼，至于庶人，莫不以是为隆正[4]。然后皆内自省以谨于分，是百王之所同也，而礼法之枢要也。然后农分田而耕，贾分货而贩，百工分事而劝，士大夫分职而听，建国诸侯之君分土而守，三公总方而议，则天子共己而止矣。出若入若，天下莫不平均，莫不治辨，是百王之所同而礼法之大分也。

若夫贯日而治平，权物而称用[5]，使衣服有制，宫室有度，人徒有数，丧祭械用皆有等宜[6]，以是用挟于万物²[7]，尺寸寻丈莫得不循乎制度数量然后行，则是官人使吏之事也，不足数于大君子之前[8]。故君人者立隆正本朝而当[9]，所使要百事者诚仁人也，则身佚而国治，功大而名美，上可以王，下可以霸；立隆正本朝而不当，所使要百事者非仁人也，则身劳而国乱，功废而名辱，社稷必危：是人君者之枢机也。故能当一人而天下取[10]，失当一人而社稷危。不能当一人而能当千百人者[11]，说无之有也。既能当一人，则身有何劳而为？垂衣裳而天下定。故汤用伊尹，文王用吕尚，武王用召公，成王用周公旦。卑者五伯，齐桓公闺门之内，县乐奢泰游抏³之修，于天下不见谓修[12]，然九合诸侯，一匡天下，为五伯长，是亦无他故焉，知一政于管仲也，是君人者之要守也。知者易为之兴力而功名綦大，舍是而孰足为也？故古之人有大功名者，必道是者也；丧其国，危其身者，必反是者也。故孔子曰："知者之知，固以多矣，有以守少，能无察乎[13]！愚者之知，固以少矣，有以守多，能无狂乎！"此之谓也。

## 【校】

1. 豪，通"毫"。
2. 以是用挟于万物，挟，通"浃"。用，一说当作"周"。
3. 抏，同"玩"。

## 【注释】

〔1〕上莫不致爱其下而制之以礼，上之于下，如保赤子。政令制度，所以接下之人百姓：上，君上（一说指圣王）。全句意为：为君主的没有不为了把爱施于其臣民而制定出有关礼仪的，君上对于臣民就像母亲爱护婴儿一样。所制定的政令和各种制度，用来与处于下层的人——老百姓接触交往。

〔2〕有不理者如豪末：如果有不合理的地方，即使像毫毛的末端……

〔3〕故下之亲上欢如父母：所以，下层群众与君上亲近就像与父母亲近一样高兴。

〔4〕隆正：最高准则。

〔5〕若夫贯日而治平，权物而称用：至于说到连日治理政事，权衡和调节各方面的人与事，使之符合应用的用途。

〔6〕等宜：与等级相符合的规定、内容。

〔7〕以是用挟于万物：挟，洽。全句意为：把这样的方法普遍用于万物。

〔8〕不足数于大君子之前：不值得详细述于君主之前。

〔9〕故君人者立隆正本朝而当：所以，为人君者如果为本朝树立的最高标准恰当。

〔10〕故能当一人而天下取：所以，能够恰当地任用一人（相国一类）就会取得天下。

〔11〕不能当一人而能当千百人者：不能够恰当任用一人，而又能恰当任用千人、百人，这在理论上是不存在的。

〔12〕齐桓公闺门之内，县乐奢泰游抏之修，于天下不见谓修：齐桓公在内宫悬挂乐器，骄奢淫逸，游玩享乐，而天下的人却不说他是追求奢侈享乐的人。

〔13〕知者之知，固以多矣，有以守少，能无察乎：智者的智慧，本来就很多，又用来处理很少的事，能够不明察吗？

孔子曰"知者之知，固以多矣，有以守少，能无察乎！愚者之知，固以少矣，有以守多，能无狂乎"：未见今本《论语》有载。

## 【译文】

为君主的没有不为了把爱施于其臣民而制定出有关礼仪的，君上对于臣民就像母亲爱护婴儿一样。国家的政令制度，是用来接触下层百姓的，如果有不合理者即使像毫毛一样小，对于孤、独、鳏、寡等一定不会施加到他们头上。所以，下层对君上的亲近就像儿女亲近父母一样高兴。对某些人即使杀掉也不能使他们对君上不顺从。君主、臣子，尊贵的、卑贱的，年长的、年幼的，一直到最下层的普通民众，没有不以这一礼制规定为最高的准则。然后都向内心自己提醒自己，谨守于自己的名分。这一点是历代圣王所相同的，是礼法的关键。

在此之后，农民分田地耕种，商贾分别不同的货物而贩卖，各种工匠分担不同的事务而努力工作，士大夫分别不同的职务而听政，受分封建国的诸侯分别守卫自己的封国，司徒、司空、司马三公总揽全局，对各种情况予以议论平衡，在此情况下，天子拱起双手，无为而治就可以了。出去的与进来的相等，天下没有不平均的事，没有治理不好的事，这是各位圣王在治国时相同的事，也是礼法中重要的原则。

至于长时间连续治理政事，权衡和调整各方面的人和事，使之符合应有的用途。使衣服的制作穿戴有一定规制，宫室符合一定规格，人员符合规定的数量，丧葬、祭祀使用的器械都符合等级所规定的要求。把这样的要求用于协调各个方面，使尺、寸、寻、丈的应用没有不遵循有关制度和数量的要求，然后去实行，这些是有关官员和使用的吏员的事，不值得在君主面前细说。

所以，君主如果在本朝确定了最高准则，而这个准则又是恰当的，所使用的总管各种事务的官员又确实是个仁人，那就会自己很清闲而国家却治理得好，取得很大的功劳并获得美好的声誉，向上可以统一天下而称王，向下也可以称霸诸侯。如果所确立的最高准则不恰当，而使用的总管各种事务的官员并非仁人，那就会自己很劳苦而国家反而混乱，功劳不能建立，名声受到侮辱，国家必然陷入危机之中。这说明，这（立隆本朝而当，所使要百事者诚仁人）是人君治国的关键啊！所以，如果能恰当地任用某一人就能取得天下；如果任用某一人不恰当就会给国家造成危难。不能恰当地任用一人，而能恰当地任用千百人，这种状况在理论上是不存在的。既然能够恰当地运用某一人，那么，自己还需要付出什么劳动而作为吗？像舜那样"垂衣裳而天下定"就可以了。所以，商汤用伊尹，周文王用吕尚，周武王用召公，周成王用周公旦，都是属于这种情况。功绩低的五霸，如齐桓公在宫内悬挂乐器，骄奢淫逸，游玩享乐，而天下人却不指责他追求享乐。他又九次会盟诸侯，统一匡正天下，成为五霸的首领，这也没有其他什么原因，就是因为他懂得把政事全部交给管仲，这就是为人君者必须守住的关键啊！聪明的人容易做到为国家兴盛而任用贤人，使功业做成最大，除此之外，还有什么值得感到满足呢？所以，古代的人凡是建有大功名的人，一定是走的这条路子；而丧失国家，使自身陷入危难的，一定是与此相反的。所以，孔子说："智者的智慧，本来是很丰富的。因此，应对少量的事务，能够不明察吗？愚者的智慧，本来就很少，因此，去应对过多的事务，能够没有迷惑吗？"就是说的这种情况啊！

## 【绛旨】

本章重点论述了两个问题：一是，论述在治国过程中，确立正确的"隆正"的重要性。二是，论述在治国过程中，任用仁人为"要百事者"的重要性。荀子认为："故君人者立隆政本朝而当，所使要百事者诚仁人也，则身佚而国治，功大而名美，上可以王，下可以霸"，而如果"立隆正"不当，所任用的"要百事者"又非仁人，那么效果只能相反。

## 【名言嘉句】

故君人者立隆政本朝而当，所使要百事者诚仁人也，则身佚而国治，功大而名美，上可以王，下可以霸；立隆正本朝而不当，所使要百事者非仁人也，则身劳而国乱，功废而名辱，社稷必危：是人君者之枢机也。

## 【原文】

治国者，分已定[1]，则主相、臣下、百吏各谨其所闻[2]，不务听其所不闻[3]；各谨其所见，不务视其所不见。所闻所见诚以齐矣。[4] 则虽幽闲隐辟，百姓莫敢不敬分安制以化其上<sup>〔5〕</sup>，是治国之征<sup>〔6〕</sup>也。

主道治近不治远，治明不治幽，治一不治二。<sup>〔7〕</sup>主能治近则远者理，主能治明则幽者化，主能当一则百事正。夫兼听天下，日有余而治不足者如此也，是治之极也。

既能治近，又务治远；既能治明，又务见幽；既能当一，又务正百：是过者也。过，犹不及也，辟之是犹立直木而求其景<sup>1</sup>之枉也<sup>〔8〕</sup>。不能治近，又务治远；不能察明，又务见幽；不能当一，又务正百：是悖者也，辟之是犹立枉木而求其景<sup>2</sup>之直也。

故明主好要<sup>〔9〕</sup>而闇主好详。主好要则百事详，主好详则百事荒。君者，论一相，陈一法，明一指，以兼覆之，兼炤<sup>3</sup>之，以观其盛者也。<sup>〔10〕</sup>相者，论列百官之长，要百事之听，以饰<sup>4</sup>朝廷臣下百吏之分，度其功劳，论其庆赏，岁终奉其成功以效于君。当则可，不当则废。故君人劳于索之，而休于使之<sup>〔11〕</sup>。

## 【校】

1.景，古同"影"。

2.景，古同"影"。

3.炤，通"照"。

4.饰，通"饬"。

## 【注释】

〔1〕分已定：等级职分已经确定。

〔2〕谨其所闻：谨慎地处理听到的事情。

〔3〕不务听其所不闻：不追求了解那些未听到的事情。

〔4〕所闻所见诚以齐矣：（主相、臣下、百吏）对所见所闻如果都真能以统一标准去处理。

〔5〕以化其上：即以化于其上，对上表示顺从。

〔6〕治国之征：征，经验，标志。全句意为：是国家治理好的标准。

〔7〕主道治近不治远，治明不治幽，治一不治二：君主治国的原则是治理近处的、真切接触到的事务，而不去处理那些鞭长莫及的远方事务；治理明显的、已发生的，而不去治理那些幽暗的尚未成型的事务；治理主要的、具有重大作用的事务，不去治理那些次要的繁杂的事务。

〔8〕过，犹不及也，辟之是犹立直木而求其景之枉也："过，犹不及也"，本于《论语·先进》，原文作："过犹不及。"

"立直木而求其景之枉也"，树立直的木头而要求它有弯曲的影子。

〔9〕明主好要：明主喜欢抓住要领。

〔10〕君者，论一相，陈一法，明一指，以兼覆之，兼炤之，以观其盛者也：君主的主要职责是选拔一个好宰相，公布一部好法令，明确一条宗旨，以全面指导，洞察

一切，以观察自己成功的盛况。

〔11〕故君人劳于索之，而休于使之：所以，为人君者在选择宰相时要劳苦，使用时就安逸了。

## 【译文】

治理国家这件事，在等级名分已经确定的情况下，君主、宰相、臣下、各级官吏各自谨慎地处理听到的事情，不追求了解那些听不到的事情；各自谨慎地处理所见到的事情，不追求去观察那些不能看到的事情。对所听到看到的事情，如果都真正能够用统一标准去处理，那么，即使那些幽远闭塞、隐蔽偏僻之处，老百姓也没有敢不谨守名分，遵守规制以顺从其君上的，这就是国家治理好的标志。

君主治理国家的原则是：治理近处的真切接触到的事务，而不去处理那些鞭长莫及的远方事务；治理明显的、已发生的，而不去治理那些幽暗的、尚未成型的事务；治理主要的、具有重大作用的事务，不去治理那些次要的、繁杂的事务。如果君主能治理好近处的事，远处的事也就会得到治理；君主能治理好明显的、已发生的事，那些幽暗的、尚未成型的事就会因此而变化，君主能恰当地处理好带有根本性的一件大事，与之相关的其他各种小事也就会得到纠正。能听断天下的事务，治理任务不足，每天都有空余时间，能够这样做，这是治国的最高境界。

既能治理近处的事务，又追求治理远处的事务；既能治理明显的事务，又追求治理那些幽暗的事务；既能恰当处理一件根本性的大事，又追求纠正各种小事，这样做是过分的。过分，也就是达不到。就好像竖立一根笔直的木头而要求它的影子是弯曲的一样。不能治理好近处的事务，又追求治理远处的事务；不能考察清楚明处的事务，又追求弄清幽暗的事务；不能恰当处理一件根本性的大事，又追求各种小事的处理，这是违背常理的做法，就像是竖立一根弯木而要求它的影子是直的一样。

所以，圣明的君主处事喜欢抓住要领，而昏暗的君主处事喜欢详尽无遗。君主处事喜欢抓住要领，那么，各种事务就会详尽；君主处事喜欢详尽，那么，各种事务就会荒废。君主的主要职责是选拔一个好宰相，公布一部好的法令，明确一个宗旨，以统筹全局，洞察一切，以观看全面的发展与兴盛。宰相的主要职责是评论各部门的长官，总管各种事务的处理，整饬朝廷各种官吏是否称职，衡量他们的功劳，议论决定他们的庆祝与赏赐，年终把他们的成就功劳回报给君主。符合要求的就留职，不符合要求的就废除职务。所以，君主在选择宰相时是劳苦的，而使用时就可以安逸了。

## 【绎旨】

本章论述了治国过程中应如何处理若干具有对立关系的事务。如听闻与未听闻、远与近，明与幽，一与百，要与详等，在论述中表现了荀子思想中的辩证法因素。本章后半部分又论述了君主与宰相的职责，这是对后人有启发性的。

缺点是：在论述治国中若干具有对立关系的处理时，不够准确与全面。

## 【名言嘉句】

君者，论一相，陈一法，明一指，以兼覆之，兼炤之，以观其盛者也。

## 【原文】

用国者[1]，得百姓之力者富，得百姓之死者强[2]，得百姓之誉者荣。三得者具而天下归之，三得者亡而天下去之；天下归之之谓王，天下去之之谓亡。

汤、武者，循其道，行其义，兴天下同利，除天下同害，天下归之。故厚德音以先之[3]，明礼义以道之[4]，致忠信以爱之[5]，赏¹贤使能以次之，爵服赏庆以申重之，时其事、轻其任以调齐之，潢然兼覆之，养长之，如保赤子。生民则致宽[6]，使民则綦理[7]，辩²政令制度[8]，所以接天下之人百姓，有非理者如豪³末，则虽孤独鳏寡必不加焉。是故百姓贵之如帝，亲之如父母，为之出死断亡而不愉⁴者[9]，无它故焉，道德诚明，利泽诚厚也。乱世则不然：汙漫、突盗以先之[10]，权谋倾覆以示之，俳优、侏儒、妇女之请谒以悖之，使愚诏知[11]，使不肖临贤，生民则致贫隘，使民则极劳苦。是故百姓贱之如佫⁵[12]，恶之如鬼，日欲司间而相与投藉之[13]，去逐之。卒⁶有寇难之事，又望百姓之为己死，不可得也，说无以取之焉。孔子曰："审吾所以适人，适人之所以来我也。"[14] 此之谓也。

## 【校】

1. 赏，通"尚"。

2. 辩，通"辦"。

3. 豪，通"毫"。

4. 愉，通"偷"，苟且。

5. 佫（wāng），同"尪"。

6. 卒，通"猝"。

## 【注释】

〔1〕用国者：治理国家的人。

〔2〕得百姓之死者强：得到老百姓为国家利益而不怕牺牲的国家就会强大。

〔3〕故厚德音以先之：所以，首先强化以德治国的声音。

〔4〕明礼义以道之：宣明礼义以引导民众。

〔5〕致忠信以爱之：向民众施行忠信以表示对他们的爱护。

〔6〕生民则致宽：养育民众用宽厚的政策。

〔7〕使民则綦理：使用民众尽量合理。

〔8〕辩政令制度：办理、制定政令、制度。

〔9〕为之出死断亡而不愉者：愉，苟且。全句意为：为君主出生入死而不苟且。

〔10〕污漫、突盗以先之：肮脏放荡，欺凌盗窃在社会上占据着首要的位置。

〔11〕使愚诏知：用愚蠢的人去教导有智慧的人。

〔12〕俇：骨骼畸形的残疾人或女巫。

〔13〕日欲司间而相与投藉之：投藉，抛弃、践踏。全句意为：每天都要寻找机会而相互约定抛弃他。

〔14〕孔子曰"审吾所以适人，适人之所以来我也"：未见今本《论语》有载。全句意为：孔子说："要弄清我是怎样对待别人的，看别人怎样来接近我，就知道了。"

## 【译文】

管理国家的人，如果得到老百姓的大力支持就会富有，得到老百姓拼死为之作战就会强大，得到老百姓赞誉就会荣耀。如果这三者都得到，天下就属于你；如果这三者失去，天下就会离你而去，就是灭亡。

商汤、周武王这些人，遵循自己的治国之道，践行道义，兴办天下民众共同的利益，清除掉天下民众共同的祸害，因而，天下归属了他们。所以，首先强化以德治国的声音，宣明礼义以进行教导，表达忠信以爱护他们，赏赐贤良任用能者以安排职位，反复申明爵位、服饰来赏赐他们。安排徭役不误农时，减轻他们的负担以进行调剂，广泛普遍地爱护他们。养育他们使之生长，就像保护婴孩一样。生养民众实行宽厚的政策，役使民众则极合理。制定政令制度，是用来接触对待天下最广大的老百姓的，如果有不合理的就像毫毛之末一样，即使是孤、独、鳏、寡也一定不会加到头上。所以，百姓尊重他们就像对上帝一样，亲近他们就像对父母一样，为他们出生入死也不会苟且。这没有其他原因，就是因为为君者的道德的确光明磊落，给予百姓的利益恩泽的确很丰厚啊！

乱世就不是这样：肮脏放荡，欺凌盗窃在社会上占先，君主搞阴谋权术，倾覆他人为众人做了示范，在朝廷上艺人、侏儒、女人干调和搞乱朝政，用愚蠢的人去教导智慧的人，使不肖之徒去管理贤良之士，生养民众却极其劳苦。所以，老百姓卑贱，君主就像看到畸形的残疾人一样，厌恶他们就像对鬼一样，每天都要寻找机会而相互约定抛弃他们，驱逐他们。但突然发生敌寇进攻一类事，又希望老百姓能为自己去拼死，这是不可能的，这种说法无可取之处。孔子说："要弄清我是怎样对待别人的，看别人怎样来接近我，就知道了。"就是说的这种情况。

## 【绎旨】

本章以汤、武等君王的事迹为例，说明君主要想管理好国家，必须正确对待老百姓。得到老百姓的支持，国家就会兴旺发达，统治安稳；否则，就会衰弱以至灭亡。

## 【名言嘉句】

用国者，得百姓之力者富，得百姓之死者强，得百姓之誉者荣。

## 【原文】

伤国[1]者何也? 曰:以小人尚民而威[2],以非所取于民而巧[3],是伤国之大灾也。大国之主也,而好见小利,是伤国;其于声色、台榭、园囿也,愈厌而好新[4],是伤国;不好循正其所以有,啖啖常欲人之有[5],是伤国。三邪者在匈¹中,而又好以权谋倾覆之人断事其外,若是,则权轻名辱,社稷必危,是伤国者也。大国之主也,不隆本行[6],不敬旧法,而好诈故,若是,则夫朝廷群臣亦从而成俗于不隆礼义而好倾覆也。朝廷群臣之俗若是,则夫众庶百姓亦从而成俗于不隆礼义而好贪利矣。君臣上下之俗莫不若是,则地虽广,权必轻;人虽众,兵必弱;刑罚虽繁,令不下通。夫是之谓危国,是伤国者也。

## 【校】

1. 匈,通"胸"。

## 【注释】

〔1〕伤国:危害国家,损害国家利益。

〔2〕尚民而威:骑在人民头上,作威作福。

〔3〕以非所取于民而巧:不应向人民索取,但巧立名目,夺取人民的利益。

〔4〕愈厌而好新:厌,满足。全句意为:越满足而更追求新奇。

〔5〕不好循正其所以有,啖啖常欲人之有:不好好按正道管理自己的国家人民,而且贪心不足,希望占夺别人的财富。

〔6〕不隆本行:不推崇礼义法制。

## 【译文】

危害国家的有哪些行为呢? 回答说:让小人骑在民众头上作威作福,不应向民众索取,但巧立名目夺取民众的利益,这是危害国家的大灾。大国的君主,而喜好寻求小的利益,这是危害国家的行为;君主对于声色、台榭、园囿等越满足了越喜欢新的,这是危害国家的行为;不好好按照正道治理好国家和民众,贪心不足,经常想占夺人家所有的财产土地,这是危害国家的行为。这三种邪恶之道存在于胸中,而又喜欢任用专搞阴谋权术、倾覆他人的人在外面决断处事,那么,你的权势就会轻微,声名就会受到侮辱,国家必然受危害,这是危害国家的行为。大国的君主,不推崇礼义法制,不遵循原有的法制,而喜欢奸诈。这样一来,朝廷上的群臣也会形成习惯,不尊崇礼义而好互相倾压。如果朝廷上群臣的习俗如此,那么,一般庶人百姓也会形成不尊崇礼义的习俗而喜欢贪图利益。如果群臣上下的习俗没有不这样的,那就会虽然国家土地广阔,但权势必然轻微;人虽众多,但兵必然软弱;刑罚虽然繁苛,但政令不能下达。这就是危险的国家,这就是危害国家的行为。

## 【绎旨】

本章主要列举了数种危害国家的行为，包括政治、经济、文化、习俗等各个方面。而这些行为产生的原因全部在于国君的私利。这就给治国者一个警告，为君者必须坚持以国家利益为重，正确处理公私关系。否则，国就会成为"危国"。

## 【名言嘉句】

伤国者何也? 曰：以小人尚民而威，以非所取于民而巧，是伤国之大灾也。

## 【原文】

儒者为之不然，必将曲辨[1]：朝廷必将隆礼义而审贵贱，若是，则士大夫莫不敬节死制[2]者矣。百官则将齐其制度，重其官秩[3]，若是，则百吏莫不畏法而遵绳矣。关市几[2]而不征，质律禁止而不偏[4]，如是，则商贾莫不敦悫而无诈矣。百工将时斩伐[5]，佻其期日而利其巧任[6]，如是，则百工莫不忠信而不楛[7]矣。县鄙[8]则将轻田野之税，省刀布之敛[9]，罕举力役，无夺农时，如是，农夫莫不朴力而寡能[10]矣。士大夫务节死制，然而兵劲。百吏畏法循绳，然后国常不乱。商贾敦悫无诈则商旅安，货通财，而国求给矣。百工忠信而不楛，则器用巧便而财不匮矣。农夫朴力而寡能，则上不失天时，下不失地利，中得人和，而百事不废。[11]是之谓政令行，风俗美，以守则固，以征则强，居则有名，动则有功[12]。此儒之所谓曲辨也。

## 【校】

1. 辨，通"辦"。
2. 几，通"讥"。

## 【注释】

〔1〕曲辨：周到地办理。

〔2〕敬节死制：敬重礼义，殉于职守。"朝廷必将隆礼义而审贵贱，若是，则士大夫莫不敬节死制者矣"，这就是说，为君之道，在于君之运"礼"，这是王道施行天下的前提条件。

〔3〕齐其制度，重其官秩：统一遵守一个制度，重视官职俸禄。

〔4〕关市几而不征，质律禁止而不偏：对于关口和市场只检查而不征税。所定市价，所禁止的事情公正而不有偏差。

〔5〕百工将时斩伐：各种工匠将按时砍伐树木。

〔6〕佻其期日而利其巧任：宽缓他们的日期利用他们的技巧。

〔7〕楛：干活粗劣。

〔8〕县鄙：泛指广大农村。

〔9〕刀布之敛：钱币的征收。当时的金属货币，称"刀"或布。

〔10〕朴力而寡能：集中力量于农业而没有其他方面的作为。

〔11〕农夫朴力而寡能，则上不失天时，下不失地利，中得人和，而百事不废：这是荀子讲"人和"的重要性。

〔12〕以征则强，居则有名，动则有功：出兵征伐就会力量强大，平居时就会名声很高，行动就会取得成功。

## 【译文】

儒者为政就不这样做，而是一定要周到地办理：朝廷一定要推崇礼义而辨别贵贱，如果这样，那么，士大夫就没有不敬重礼义而殉于职守的。百官将统一遵守制度，重视其官职级别，这样一来，所有官吏没有不畏惧法制而遵守制度的。对关口、市场只检查价格而不征税，所定市价、所做的规定公正而无偏差。像这样，商贾没有不敦厚诚实而奸诈的。各种工匠将会按时砍伐树木，宽限他们的工期而利用他们的技巧，这样一来，工匠们就没有不忠诚守信而产品不会粗劣。农村之中将减轻农业税收，减少货币的征收，很少举行力役，不占夺农时，这样，农民就没有不集中力量搞农业而其他方面作为很少。士大夫谨遵法制而殉于职事，然后军队就会劲利。各种官吏畏惧法律而谨遵各项制度，然后，国家就不会经常发生动乱。商贾敦厚诚实不奸诈就有商业的运营安全，货币财物正常流通，而国家的需求就会满足供应。各种工匠忠诚守信所生产的器具不粗劣，那么，器用灵巧便利，财用就不匮乏。农民集中力量从事农业而少有其他作为，就会上不失去天时，下不失去地利，中间得到人和谐，因而各种事务就不会废除。这就叫政令通行，风俗优美。用以守卫国家就会坚固，用来征伐就会坚强有力，安居则有崇高声誉，有所行动就会成功。这就是儒者所说的周到办理。

## 【绎旨】

本章主要阐述了儒者治国的方针、措施，强调了"隆礼重法"这个根本问题。本章也体现了荀子的治国理想。

## 【名言嘉句】

朝廷必将隆礼义而审贵贱，若是，则士大夫莫不敬节死制者矣。百官则将齐其制度，重其官秩，若是，则百吏莫不畏法而遵绳矣。

# 君道篇第十二

**【导读】**

本篇主要论述了为君者应如何理政治国，也就是为君者应坚持什么样的治国原则和道路。故以"君道"为篇名。

全篇可分十章。

第一章，论述关于法的若干认识。

第二章，阐述为君者的带头作用，特别指出为君者坚持礼义的重要。

第三章，阐述"审之礼也"的重要。

第四章，强调为君者必须爱民爱士，二者无一必亡。

第五章，阐述为君之道的主旨，即"能群"问题。

第六章，阐述为君之道的若干具体要求，如"隆礼至法""尚贤使能"等。

第七章，阐述为君者选拔宰相一类大臣的原则、方法，强调礼的标准作用。

第八章，对上一章主旨的进一步申述，以周文王选取姜太公为例说明选取辅臣的做法及意义。

第九章，阐述治国必须建立一套合适的班子，包括卿相大臣和左右亲信。

第十章，通过阐述量才任人的原则，进一步阐述君道的有关内容。

**【原文】**

有乱君，无乱国；有治人，无治法。[1]羿之法非亡也，而羿不世中[2]；禹之法犹存，而夏不世王。故法不能独立，类不能自行[3]；得其人则存，失其人则亡。法者，治之端也；君子者，法之原¹也。[4]故有君子，则法虽省，足以遍²矣[5]；无君子，则法虽具，失先后之施[6]，不能应事之变，足以乱矣。不知法之义³而正法之数者，虽博，临事必乱。[7]故明主急得其人，而闇主急得其埶⁴[8]。急得其人，则身佚⁵而国治，功大而名美，上可以王，下可以霸；不急得其人而急得其埶，则身劳而国乱，功废而名辱，社稷必危。故君人者劳于索之，而休于使之[9]。《书》曰："惟文王敬忌，一人以择。"[10]此之谓也。

## 【校】

1. 原，同"源"。

2. 遍，通"辨"。

3. 义，通"宜"。

4. 执，同"势"。

5. 佚，同"逸"。

## 【注释】

〔1〕有乱君，无乱国；有治人，无治法：有造成国家混乱的君主，没有一定要混乱的国家；有使国家治理好的人，没有使国家自行安定的法律。

〔2〕羿之法非亡也，而羿不世中：后羿的射箭之法并没有失传，但并不是每代都能出善射的能手。

〔3〕类不能自行：类，以此类推。全句意为：处理案件，即律例，律例不能离开法的环境而独立作标准。

〔4〕法者，治之端也。君子者，法之原也：法是治理的开端、基本线路。君子是治理的本源。

〔5〕足以遍矣：指普遍得到治理。

〔6〕则法虽具，失先后之施：虽然法律具备，但却失去先后施行的程序。

〔7〕不知法之义而正法之数者，虽博，临事必乱：不知道法的制定原则而确定法律条文的数量，虽然为人知识渊博，但处理事务时，一定会发生混乱。

〔8〕急得其执：急忙得到权势。

〔9〕劳于索之，而休于使之：在求取人才时劳累，在使用人才时就清闲了。

〔10〕《书》曰"惟文王敬忌，一人以择"：今本《尚书·康诰》作："裕民惟文王之敬忌，乃裕民曰：'我惟有及'，则予一人以怿。"其中，裕，同"欲"。敬忌，敬畏。怿，喜悦。全句意为：要民众常对周文王有敬畏之心，要求民众说："我愿追随文王。"这样我就高兴了。荀子所引与此文字有不同。

## 【译文】

有造成混乱的君主，没有一定要混乱的国家；有能够治理好国家的人才，没有能自行使国家安定的法律。后羿的射箭方法并没有失传，但并不是每个时代都有后羿一样的善射者；大禹的治国之法仍存在，但夏朝并不是每个时期都出现禹一样的明王。所以，法不能离开人而独立，判案的律例不能自然施行。得到所需要的人就会存在，失去所需要的人就会亡佚。法，是治国的开头和本线；君子，是法的本原。所以，有君子存在，法虽然不可以简约，但可普遍得到治理；如果没有君子，法虽然具备，但会失去先后施行的程序，不能应对事物发生的变化，完全能够造成混乱。不知道法所依据的原理而去确定法律条文的数量，支持者虽然知识渊博，但处理事务时一定会发生混乱。所以，圣明的君主急于寻求到这方面的人才，昏暗的君主急于寻权势。急于求取人才者，就会自身闲逸而国家治理得好，功劳大名声美，向上可以称王，向下可以称霸。不急于寻求有关人才，而急于求取权势者，就会自身劳苦而国家混乱，功业废弃而名声受辱，社稷必然危机。所以，为君者求索人才时辛苦，而在使用人才清闲。《书》曰："惟文王敬忌，一人以择。"（《尚书》说："只有对周文王一人敬畏，由他一人去选择官员。"）就是说的这种情形。

## 【绎旨】

本章主要阐述了荀子关于"法"的若干认识，认为："有乱君，无乱国；有治人，无治法。""不知法之义而正法之数者，虽博，临事必乱。"另外，还指出了为君者选拔人才的重要意义。

阅读时，应结合现代法学原理，正确理解荀子的思想。

## 【名言嘉句】

不知法之义而正法之数者，虽博，临事必乱。

## 【原文】

合符节、别契券[1]者，所以为信也；上好权谋，则臣下百吏诞诈[2]之人乘是而后欺。探筹、投钩[3]者，所以为公也；上好曲私，则臣下百吏乘是而后偏。衡石、称县¹者[4]，所以为平也；上好覆倾[5]，则臣下百吏乘是而后险。斗、斛、敦、概[6]者，所以为啧也；上好贪利，则臣下百吏乘是而后丰取刻与[7]，以无度取于民。故械数者，治之流也[8]，非治之原也；君子者，治之原也。官人守数，君子养原[9]；原²清则流清，原³浊则流浊[10]。

故上好礼义，尚贤使能，无贪利之心，则下亦将綦辞让，致忠信，而谨于臣子矣。[11]如是则虽在小民，不待合符节、别契券而信，不待探筹投钩而公，不待衡石称县而平，不待斗斛敦概而啧。故赏不用而民劝，罚不用而民服，有司不劳而事治，政令不烦而俗美。百姓莫敢不顺上之法，象上之志[12]，而劝上之事[13]，而安乐之矣。故藉敛忘费[14]，事业忘劳，寇难忘死，城郭不待饰而固，兵刃不待陵而劲，敌国不待服而诎⁴，四海之民不待令而一，夫是之谓至平。《诗》曰："王犹允塞，徐方既来。"[15]此之谓也。

## 【校】

1. 县，同"悬"。
2. 原，同"源"。
3. 原，同"源"。

4. 诎，通"屈"。

## 【注释】

〔1〕合符节、别契券：符节，古代朝廷派使者作凭证的信物，以金属或竹木等物制成，上写文字，剖为两半，持有验证时相合为信。别，分开。契券，古代契约凭证，双方各执一半为凭据。

〔2〕诞诈：荒诞妄为，欺诈他人。

〔3〕探筹、投钩：探筹，今之抽签。投钩，今之抓阄。

〔4〕衡石、称县：衡石，对衡器的通称。衡，称。石，一百二十斤为一石，古代重量单位。称县，称量。

〔5〕上好覆倾：为君者喜欢处事不公。

〔6〕斗、斛、敦、概：古代量粟稷的量具，十斗为一斛，一斗二升为一敦。概，量粮食时刮平斗斛的木板。

〔7〕丰取刻与：多取而少给。

〔8〕故械数者，治之流也：各种机械和方法是治理过程中的一般问题。

〔9〕官人守数，君子养原：一般官吏拘守处事的条例方法，君子（君上、政治家）则养护本原。

〔10〕原清则流清，原浊则流浊：源头清了，水流才会清澈；源头混浊，水流就会混浊。

"原清则流清，原浊则流浊。故上好礼义，尚贤使能，无贪利之心，则下亦将綦辞让，致忠信，而谨于臣子矣。"这是荀子提出的"以义制利"，进而达到制止社会动乱，使国家安定的措施。

〔11〕故上好礼义，尚贤使能，无贪利之心，则下亦将綦辞让，致忠信，而谨于臣子矣：利，私利。全句意为：君上喜好礼义，尊崇贤人，任用有才能者，没有贪图私利之心，那么，下面就会讲究辞让，达到和保持忠信，而谨守臣子的规矩。在这里，荀子说明"礼"对于君道的重要性。

〔12〕象上之志：模仿君主的意志而行事。

〔13〕劝上之事：勉力于为君上之事。

〔14〕藉敛忘费：把收取赋税之事不在意了。

荀子用"至平"一词来描述他的理想社会是："仁人在上，则农以力尽田，贾以察尽财，百工以巧尽械器，士大夫以上至于公侯，莫不以仁厚知能尽官职，夫是之谓至平。"（《荣辱》）"故赏不用而民劝，罚不用而民服，有司不劳而事治，政令不烦而俗美。百姓莫敢不顺上之法，象上之志，而劝上之事，而安乐之矣。故藉敛忘费，事业忘劳，寇难忘死，城郭不待饰而固，兵刃不待陵而劲，敌国不待服而诎，四海之民不待令而一，夫是之谓至平。"

〔15〕王犹允塞，徐方既来：语出《诗·大雅·常武》。犹，崇尚。允，信义。塞，充塞。徐方，古代徐族所建方国。全句意为：周王崇尚仁义，不用武力攻打，徐方已来归顺。

## 【译文】

合符节，分执契券，是为了保持诚信。如果，君上喜欢玩弄权术阴谋，那么，臣子百吏中的荒诞妄为欺诈之徒就会乘此机会，跟在君上后面大搞欺诈。探筹（抽签）、投钩（抓阄），是为了公平，如果君上刻意为私，那么，臣下百吏就会乘机跟着搞偏私。秤和石，是称量物品的工具，是物流公平。如果君上喜好处事颠倒而不公平，那么，臣下百吏就会乘机跟着搞危险的事。斗、斛、敦、概是用来称量粮食的，如果君上贪图私利，那么，臣下百吏就会乘机跟在后面多取少给，毫无限制地占取民财。所以，各种机械和方法条例，是治理过程中一般形式，不是治理的本原。而君子（君上、政治家），才是治理的本原。一般官吏拘守具体条例方法，君子才会养护本原。像水一样，源头清了，水流才会清澈；源头混浊，水流就会混浊。

所以，君上喜好礼义，尊崇贤人，任用有才能者，没有贪图私利之心，那么，下面就会讲究辞让，达到和保持忠信，而谨守臣子的规矩。这样一来，就会虽然是在小民那里，不用合符节，区别契券而保持诚信，不用探筹（抽签）、投钩（抓阄）而公正，不用衡石称量而公平，不用斗、斛、敦、概就处理公正了。所以，赏赐不进行，民众就会很勤勉；惩罚不进行，民众就会服从；有关官府不用付出劳动，事情就会办理好；政令不用反复申明，风俗就会淳美。老百姓没有不敢顺从君上的法制，仿照君上的意旨，而为君上之事勤勉不止的，并对此感到安乐。所以，这时老百姓就会对敛取赋税不感到沉重负担，对君上干事情时忘掉辛劳，对敌作战中能不顾牺牲。城郭不用修饰就很坚固，兵刃不用磨砺就很锋利。敌对国家不用征伐就会屈服，四海民众不用下命令就会统一。这就叫作最平治的时候。《诗》曰："王犹允塞，徐方既来。"（《诗》上说："周王大讲仁义，不用武力攻打，徐方已来归顺"）说的就是这种情形啊。

## 【绎旨】

本章主要是阐述为君者的带头作用，如果为君者不讲礼义，处事偏私，那么，就会带动臣下百吏大搞不正之风。如果为君者坚持礼义，尚贤使能，无贪利之心，那么，就会带动臣下百官走上正道，即使民间也会受到好的影响。这当然是有道理的。

## 【名言嘉句】

官人守数，君子养原；原清则流清，原浊则流浊。

## 【原文】

请问为人君？曰：以礼分施，均遍而不偏[1]。请问为人臣？曰：以礼侍君，忠顺而不懈。请问为人父？曰：宽惠而有礼。请问为人子？曰：敬爱而致文[2]。请问为人兄？曰：慈爱而见[1]友[3]。请问为人弟？曰：敬诎[2]而不苟[4]。请问为人夫？曰：致功而不流，致临而有辨[5]。请问为人妻？曰：夫有礼，则柔从听侍；夫无礼，则恐惧而自竦[6]也。此道也，偏立而乱，俱立而治[7]，其足以稽[3]矣。

请问兼能之奈何？曰：审之礼也[8]，古者先王审礼以方皇周浃于天下[9]，动无不当也。故君子恭而不难[10]，敬而不巩[11]，贫穷而不约[12]，富贵而不骄，并遇变态而不穷，审之礼也。故君子之于礼，敬而安之；其于事也，径而不失[13]；其于人也，寡怨宽裕而无阿[14]；其为身也，谨修饰而不危[4]；[15]其应变故也，齐给便捷而不惑；其于天地万物也，不务说其所以然而致善用其材[16]；其于百官之事、伎艺之人也，不与之争能而致善用其功；其待上也，忠顺而不懈；其使下也，均遍而不偏[17]；其交游也，缘义而有类[5][18]；其居乡里也，容而不乱[19]。是故穷则必有名，达则必有功，仁厚兼覆天下而不闵[20]，明达用天地、理万变而不疑[21]，血气和平，志意广大，行义塞于天地之间，仁智之极也，夫是之谓圣人。审之礼也。

## 【校】

1. 见，通"现"。

2. 诎，通"屈"。

3. 稽，通"楷"。

4. 危，通"诡"。

5. 缘义而有类，一作"缘类而有义"。

## 【注释】

〔1〕以礼分施，均遍而不偏：这里的"均"并不是平均，而是"协调""相宜"之意。全句意为：用礼义治理国家的各部分，普遍施行而无偏失。

〔2〕敬爱而致文：对父母保持敬重爱护之心而有各种礼节。

〔3〕慈爱而见友：对弟弟慈爱而表现出平等的友情。

〔4〕敬诎而不苟：恭敬顺从而不马虎。

"请问为人君？曰：以礼分施，均遍而不偏。请问为人臣？曰：以礼侍君，忠顺而不懈。请问为人父？曰：宽惠而有礼。请问为人子？曰：敬爱而致文。请问为人兄？曰：慈爱而见友。请问为人弟？曰：敬诎而不苟。"据此，郭沫若认为荀子是"开启了此后二千余年的封建社会的所谓纲常名教"。（郭沫若《十批判书·荀子的批判》，第217页）

〔5〕致功而不流，致临而有辨：致力于功业而不流移淫荡，亲近而又有畏惧。

〔6〕恐惧而自竦：因害怕而自己惊恐不安。

〔7〕偏立而乱，俱立而治：只在某一方面实行，就会混乱，全面实行，就会使国

治理好。

〔8〕审之礼也：透彻了解礼义。

〔9〕古者先王审礼以方皇周浃于天下：方皇，广大，普遍。周浃，周遍。全句意为：古代先王透彻了解礼义，广大周遍地实行于天下。

〔10〕君子恭而不难：恭敬而不畏怯。

〔11〕敬而不巩：尊敬谨慎而不固执。

〔12〕贫穷而不约：贫穷但不卑躬屈膝。

〔13〕其于事也，径而不失：对于事务，径直去做，不要有失误。

〔14〕其于人也，寡怨宽裕而无阿：对于他人，少抱怨，要宽厚，但不要阿谀奉承。

〔15〕谨修饰而不危：危，欺诈。这里是自我欺骗之意。全句意为：谨慎修身而不自我欺骗。

〔16〕其于天地万物也，不务说其所以然而致善用其材：在这里，荀子认为天道是难知的。全句意为：对于天地间的万事万物，不集中精力探究其使用如此的原因而致力于怎样对他利用。

〔17〕其使下也，均遍而不偏：均，协调、合理。这里的"均遍而不偏"，包含对人的政治待遇问题，但同时包括物质利益的分配问题。

〔17〕缘义而有类：遵循礼义，交友有原则。

〔18〕容而不乱：宽容而不过度。

〔19〕仁厚兼覆天下而不闵：闵，间断。全句意为：仁厚充满天下而不间断。

〔20〕明达用天地、理万变而不疑：明智通达用于天地之间，处理各种变化而不迷惑。

## 【译文】

请问怎样做君主？回答：用礼分别治理国家的各项工作，普遍施行而无偏失。请问怎样做臣子？回答：要以礼对待君主，保持忠顺的态度而不懈怠。请问怎样做人的父亲？回答：宽厚仁爱而有礼节。请问怎样为人子？回答：对父母敬爱而有礼节。请问怎样为人兄？回答：对弟弟慈爱，而表现出平等的友情。请问怎样为人弟？回答：恭敬顺从而不马虎。请问怎样为人夫？回答：致力于功业而不飘移淫荡，亲近而又有界限。请问怎样为人妻？回答：丈夫遵从礼义，就柔顺服从为其使唤；丈夫不遵从礼义，就感到恐惧而又惊恐不安。以上这种方法，如果只做到一方面，就会出现混乱；如果全面做到，就会治理好，这是有足够证明的。

请问全部做到怎样？回答：必须透彻地了解礼义。古时候，先王对礼的了解十分透彻，因而能广大周遍地施行于天下，所有行动没有不恰当的。所以，君子恭敬而不畏难，敬谨而不固执，贫穷但不卑贱，富贵而不骄傲，全面应对变化的情况不会困窘，这是因为对礼义的了解透彻。所以，君子对于礼，尊敬而自觉遵守；对于事务，径直去做而避免失误；对于他人，少怨恨，多宽厚，但不阿谀奉承；对于自己的修身，谨慎修养而不自我欺骗。对付各种变化事故，迅速敏捷而不迷惑；对于天地间的万事万物，不集中精力探究他们之所以如此的原因而致力于怎样应用它；对于百官的事务和有技艺的人才，不与他们争谁更有能力而是善于利用他们办事的功效；对待君上，忠心顺从而不懈怠；对待下属的使用，一视同仁而不偏爱；对于与他人交游，要遵循礼义而有原则；在居住乡里时，宽容大度而不混乱。所以，如果困窘时，一定会有好的名声，通达时一定会立有功业；仁厚充满天下而不中断，明智通达用于天地之间，处理各种变化而不迷惑；心平气和，志义广大，行义充满于天地之间，达到仁德智慧的顶点，这就是圣人。这是对礼义彻底弄明白的结果。

## 【绎旨】

本章主要是阐述"审之礼也"对君主和一般人的重要意义。无论是个人修身，还是在世上处事，特别是在朝廷理政，只有"审之礼也"才能把事情办好，达到预期目的。君主更必须"审之礼也"，才能把国家治理好。

## 【名言嘉句】

古者先王审礼以方皇周浃于天下，动无不当也。

## 【原文】

请问为国？曰闻修身，未尝闻为国也。[1]君者，仪[2]也，仪正而景¹正。君者，盘也，盘圆而水圆。君者，盂也，盂方而水方。君射则臣决[3]。楚庄王[4]好细腰，故朝有饿人。故曰：闻修身，未尝闻为国也。

君者，民之原也[5]；原²清则流清，原³浊则流浊。故有社稷者而不能爱民，不能利民，而求民之亲爱己，不可得也。民不亲不爱，而求为己用，为己死，不可得也。民不为己用，不为己死，而求兵之劲，城之固，不可得也。兵不劲，城不固，而求敌之不至，不可得也。敌至而求无危削，不灭亡，不可得也。危削灭亡之情举积此矣，而求安乐，是狂生[6]者也。狂生者不胥⁴时而落[7]。

故人主欲强固安乐，则莫若反之民[8]；欲附下一民[9]，则莫若反之政[10]；欲修政美俗，则莫若求其人[11]。彼或蓄积而得之者不世绝[12]，彼其人者，生乎今之世而志乎古之道[13]。以天下之王公莫好也[14]，然而于是独好之；以天下之民莫欲之也，然而于是独为之。好之者贫，为之者穷，然而于是独犹将为之也，不为少顷辍焉。晓然独明于先王之所以得之，所以失之[15]，知国之安危臧否[16]若别白黑。是其人者也，大用之则天下为一，诸侯为臣；小用之则威行邻敌；纵不能用，使无去其疆域，则国终身无故。[17]故君人者爱民而安，好士而荣，两者无一焉而亡。《诗》曰："介人维藩，大师为垣。"[18]此之谓也。

## 【校】

1. 景，古同"影"。

2. 原，同"源"。

3. 原，同"源"。

4. 胥，同"须"。

## 【注释】

〔1〕请问为国？曰闻修身，未尝闻为国也：此条可参阅《论语·为政》，《论语》原文作：或谓孔子曰："子奚不为政？"子曰："《书》云：'孝乎惟孝，友于兄弟，施于有政。'是亦为政，奚其为为政？"请问为国，请问怎样治理国家？

〔2〕仪：即日晷，古代测日影的表柱。

"君者，仪也，仪正而景正。君者，盘也，盘圆而水圆。君者，盂也，盂方而水方。"这说明，在上位的君主首先要以身作则，恪守礼义，起到表率作用。

〔3〕盂方而水方。君射则臣决：盂方而水方，盂是方的水就会是方的。决，即扳指，套于左手拇指，射箭时用的钩弦。君射则臣决，君主射箭，臣子准备好钩弦用的扳指。

〔4〕楚庄王：指春秋时期楚国国君熊旅，春秋五霸之一。

〔5〕君者，民之原也：君主，是民众的本原。王保国据"君者，民之原也。"和"上者，下之本也。"得出：荀子"构筑了儒学君本主义的基本框架，孔孟儒学的民本主义思想则被削其锋芒，塞入君本主义框架中。"（王保国《两周民本思想研究》. 学苑出版社 2004 年版，第 267 页）但王保国同时承认荀子思想中也存在某些民本主义的思想因素。实际上，荀子非常重视民的作用，王保国的观点有以偏概全之嫌。

〔6〕狂生：无知猖狂之徒。

〔7〕不胥时而落：胥，等待。全句意为：不用等待时间就会凋落。

〔8〕反之民：转到民众一边，考虑民众的利益。

〔9〕欲附下一民：使臣下亲附，使民众统一。

〔10〕则莫若反之政：不如把精力集中到政事上，考虑如何处理好政事。

〔11〕莫若求其人：不如礼求士中的贤人。

〔12〕彼或蓄积而得之者不世绝：彼，指能治国的贤人。得之者，指寻访到他们的君主。全句意为：那人有可能积累了丰富的学识而得到这样的人的明主，每代都有。

〔13〕生乎今之世而志乎古之道：生在现今之世而有志于把握古代成功的治国之道。

〔14〕以天下之王公莫好之也：虽然当今天下的王公大人没有喜欢（古之道）的。

〔15〕晓然独明于先王之所以得之，所以失之：只有他十分清楚地明白古代帝王之所以成功，之所以失败。

〔16〕臧否：臧，好，强盛。否，坏，衰弱。

〔17〕使无去其疆域，则国终身无故：使贤人不离开国家的范围，就会使国家终贤人一生没有敌患。

〔18〕介人维藩，大师为垣：语出《诗·大雅·板》。介人，善人，有才德之士。大师，大众。全句意为：有才德的人，是国家的屏障，大众就是国家的围墙。

## 【译文】

请问如何治理国家？回答：只听说如何修身，不曾听说如何治理国家。君，就像是测日影的表柱；表柱正，日影就会正；君，又像盛水的圆盘，盘是圆的水就会圆；君，又像是盛水的铜盂，盂是方的水就会是方的。君主射箭，臣子就会准备好扳指。楚灵王喜欢腰细的宫女，所以，朝廷上就有许多人不敢吃饭而饿死。所以说，只听到讨论如何修身的问题，未曾听到讨论如何治国的问题。

君，是民的本原（源）。本源清澈，流水就会清澈；源头混浊，流水就会混浊。所以，掌握国家政权的君主，如果不能爱护民众，不能给民众利益，而要求民众亲爱自己，这是不可能的。民众对自己不亲近不爱护，而要求他们为自己所用，为自己去死，这是不可能的。民众不为自己所用，不为自己去赴死，而要求军队劲力，城防坚固，而要想敌人不来进攻，这是不可能的。敌人攻来后，要求没有危险，不会削弱，国家也不灭亡，这是不可能的。危险灭亡的情况全部积聚在这里，而要求取得安乐，这是无知狂生的想法。这样的狂生不待多长时间就会完蛋。

所以，君主要想国家强大巩固安乐，就不如转到民众一边，考虑民众的利益；要想使臣下亲附，使民众统一，就不如把精神集中到政事上，考虑如何处理好政事；想要修好政事，使国家美好，就不如去寻求那个贤人。那人有可能积累了丰富的学识，而得到这样的贤人的君主每代都有。那个贤人，生在当今之世却有志于研究发掘古代成功的治国之道。虽然当今天下的王公大人没有喜欢他的主张的，但是，他却独自爱好它；虽然天下民众不要求那一套主张，但是他却在那里独自爱好。喜欢这种学说的人往往贫穷，去实行的人也容易困窘。但是他仍在那里实行，不为此而稍作停止。只有他十分清楚地明白先王之所以成功取得和治理天下的原因，明白所以出现失误的原因，了解国家的安危好坏就像分别黑白一样清楚。这种贤人啊！如果重用他，那么，天下就会变成一体，诸侯皆为臣子；一般任用就会使威严行于邻敌之国；纵然不能任用他，但使他不离开国界，这个国家就会终其身无大的变故。所以，为君主的人，爱护民众，就会使国家安全；尊重士人，就会取得荣耀；两方面没有一方面，就会灭亡。《诗》曰："介人维藩，大师为垣。"（《诗》上说："有才德的人，是国家的屏障，大众就是国家的围墙。"）就是说的这个意思。

## 【绎旨】

本章主要论述了为君之道的两点要义：一是，为君者必须爱民，为民众利益而出力。二是，为君者必须爱士，特别是要重用贤人，离开贤人，国家是无法治理好的。

二者缺一不可，这也是古今一条颠扑不灭的真理。

## 【名言嘉句】

故君人者爱民而安，好士而荣，两者无一焉而亡。

## 【原文】

道者何也？曰：君道[1]也。君者何也？曰：能群[2]也。能群也者，何也？曰：善生养人者也[3]，善班治人者也[4]，善显设人者也[5]，善藩¹饰人者也[6]。善生养人者人亲之，善班治人者人安之，善显设人者人乐之，善藩饰人者人荣之。四统者俱²而天下归之[7]，夫是之谓能群。

不能生养人者人不亲也，不能班治人者人不安也，不能显设人者人不乐也，不能藩饰人者人不荣也。四统者亡而天下去之，夫是之谓匹夫。

故曰：道存则国存，道亡则国亡[8]。省工贾，众农夫[9]，禁盗贼，除奸邪，是所以生养之也。天子三公，诸侯一相，大夫擅官[10]，士保职，莫不法度而公[11]，是所以班治之也。论德而定次[12]，量能而授官，皆使人载其事而各得其所宜[13]，上贤使之为三公，次贤使之为诸侯，下贤使之为士大夫，是所以显设之也。修冠弁、衣裳、黼黻、文章、雕琢、刻镂皆有等差，是所以藩饰之也。故由天子至于庶人也，莫不骋其能，得其志，安乐其事，是所同也。衣暖而食充，居安而游乐，事时制明而用足[14]，是又所同也。

若夫重色而成文章，重味而成珍备，是所衍也。圣王财³衍以明辨异，上以饰贤良而明贵贱，下以饰长幼而明亲疏。上在王公之朝，下在百姓之家，天下晓然皆知其所以为异也，将以明分达治[15]而保万世也。故天子诸侯无靡费之用，士大夫无流淫之行，百吏官人无怠慢之事，众庶百姓无奸怪之俗，无盗贼之罪，其能以称义遍矣[16]。故曰："治则衍及百姓，乱则不足及王公。[17]"此之谓也。

## 【校】

1. 藩，通"繁"。
2. 俱，同"具"。
3. 财，通"裁"。

## 【注释】

〔1〕君道：即为君之道，为君者应该遵行的基本原则、治国理念和处事方法。

〔2〕能群：能团结维系广大人群，并将之组成不同的社会集团而进行了统治。以下解释包括四个要领，即善生养人，善班治人，善显设人，善藩饰人。

〔3〕善生养人者也：善于生养民众，包括发展农业、手工业、贸易，兴利除害，改善民生等。

〔4〕善班治人者也：善于分等级而治理人（包括各种官吏及民众）。

〔5〕善显设人者也：善于明确地设置、安排人（即任人以职，给予显要位置）。

〔6〕善藩饰人者也：善于从服饰上区分人的等级。

〔7〕四统者俱而天下归之：以上所言四个要领即善生养人，善班治人，善显设人，善藩饰人，这四个要领具备就可以统治天下。

〔8〕道存则国存，道亡则国亡：为君之道，也就是治国之道，存在，即能实行，国家就会存在；否则，国家就会灭亡。

〔9〕省工贾，众农夫：省减压缩手工业和商业的比重，扩大加重农业的比重。这说明荀子"重本抑末"的思想。

〔10〕擅官：专职管理。

〔11〕莫不法度而公：没有不遵循法度，秉公办事的。

〔12〕论德而定次：根据德行情况，排定等次。

〔13〕皆使人载其事而各得其所宜：都使这些人承担一定的职事而各得到自己合适的位置。

〔14〕事时制明而用足：处理事务及时，制度明确，而用度充分。

〔15〕明分达治：明确等级名分，达到治理好的目的。

〔16〕其能以称义遍矣：这才能称得上普遍推行了道义。

〔17〕治则衍及百姓，乱则不足及王公：天下大治会使百姓也感到富足，天下大乱财物的不足也会波及王公贵族。

## 【译文】

道，是指什么呢？回答：是指为君者所遵行的总的原则。君，是指什么呢？回答：君是能够团结维系广大人群，并将之组成不同的社会集团而进行统治的人。能够团结维系广大人群是什么意思呢？回答：是指善于生育养护人群，善于分等级治理人群，善于公开地设置职位安排人群，善于以服饰区分人。善于生育养护的，人们亲近他；善于分等级治理人群的，人们就安心顺从他；善于公开地设置职位安排人群的，人们以他为欢乐；善于以服饰区分人的，人们给他以荣耀。这四个方面具备，天下就会归属于他，这就叫作能够团结维系广大人群。

不能够生育养护人的，人们不会亲近他；不能分等级治理人的，人们不会安心顺从他；不能公开地设置职位安排人的，人们不会以他为乐；不能以服饰区分人的，人们不会把荣耀给他。以上这四个方面失去的话，天下就会失去，这就叫作匹夫。

所以说：君道存在，国家就存在；君道亡佚，国家就会灭亡。减省工商业的从业人数，扩大和增加农业的从业人数，禁捕盗贼，清除奸邪之徒，这是用来生育养护民众的。天子、三公，诸侯宰相和士大夫专门职掌官府事务，士人保持自己的职务，没有不遵循法度坚持为公的，这就是分等级治理的方法。根据德行情况决定任职等次，根据个人的才能而授予官职，都使有关人员承担一定职事而各得其宜。上等的贤人，使他担任司徒、司空、司马三公之职；次等的贤人，使他们为诸侯；下等的贤人使他们为士大夫，这就是明显地设置职位安排人群。修制为官者的礼帽、衣裳，绣出黼黻（fǔ fú）、花纹，雕琢、刻镂器具上的图案，都有等级差别，这就是用服饰来区别人群。所以，自天子以至最下层的老百姓，没有不尽量表现自己的才能，实现自己的志向，使事业安稳而快乐，这是大家共同的愿望。衣服穿得暖，居住得安定而能游乐玩耍，处理事务及时，制度明确而用度充足，这是又一共同的愿望。

至于说到那多重颜色而绣成有花纹的衣料、多重美味而炮制成的珍馐佳肴，这是富足的表现。圣王掌控丰富的财富是为了区分人们的等级差别。向上是为了装饰贤良之士而表明贵贱的不同，向下是为了装饰长幼而表明亲疏关系的不同。这样，上层在王公之家，下面在百姓之家，天下都清楚地知道圣王这样不是为了搞特殊，而是为了表明人们的等级名分，达到治理国家的目的，以保证万世的平安。所以，天子诸侯没有浪费财物的过错，士大夫没有放荡不羁的行为，百官吏员没有怠慢政事之举，最一般的普通百姓没有奸怪的风俗，没有盗贼的罪行，这可以说是普遍实行和坚守了大义。所以说："天下大治会使老百姓也变得富足，天下大乱时，物资的匮乏也会波及王公贵族。"就是说的这种情况。

## 【绎旨】

本章主要论述了为君之道的主旨，即"能群"。"能群"又包括四点要义，即善生养人者也，善班治人者也，善显设人者也，善藩饰人者也。并分析了这四点要义的好处，不实现的害处，这是荀子治国理论的重要组成部分。

荀子把为君之道归结为"能群"，这是具有重要的理论意义和实践意义的，今天尤能显示的当代价值。为君为政都无法离开群众，如何对待群众，解决群众的问题，这是每一个为君或为政者都必须首先解决好的一个问题，否则，他将一事无成。

## 【名言嘉句】

君者何也？曰：能群也。能群也者，何也？曰：善生养人者也，善班治人者也，善显设人者也，善藩饰人者也。

## 【原文】

至道大形[1]：隆礼至法则国有常[2]，尚贤使能则民知方[3]，纂论公察[4]则民不疑，赏克罚偷[5]则民不怠，兼听齐明[6]则天下归之。然后明分职[7]，序事业，材技官能[8]，莫不治理，则公道达而私门塞矣，公义明而私事息矣。如是，则德厚者进而佞说¹者止，贪利者退而廉节者起。《书》曰："先时者杀无赦，不逮²时者杀无赦。"

人习其事而固，人之百事如耳目鼻口之不可以相借官也。故职分而民不探[9]，次定而序不乱，兼听齐明而百事不留。如是，则臣下百吏至于庶人莫不修己而后敢安正，诚能而后敢受职，百姓易俗，小人变心，奸怪之属莫不反³愨。夫是之谓政教之极。故天子不视而见，不听而聪，不虑而知，不动而功，块然独坐而天下从之如一体，如四肢⁴之从心，夫是之谓大形。《诗》曰："温温恭人，维德之基。"〔10〕此之谓也。

## 【校】

1. 说，通"悦"。

2. 逮，原作"及"，改。

3. 反，同"返"。

4. 肢，同"肢"。

## 【注释】

〔1〕至道大形：最好的治国之道主要表现在……

〔2〕隆礼至法则国有常：推崇礼义，完备法制，国家就会正常运转。

〔3〕知方：知道努力方向。

〔4〕纂论公察：收集民众意见，做出公正察断。

〔5〕赏克罚偷：克，勤勉。偷，苟且，偷懒。全句意为：奖赏勤勉者，惩罚偷惰者。

〔6〕兼听齐明：听取不同意见，明察一切。

〔7〕明分职：明确名分职责。

〔8〕材技官能：材，量才录用。全句意为：任用有技术有才能的人。

〔9〕职分而民不探：职务分定之后，民众不会再谋求改任他职。

〔10〕"温温恭人，维德之基"，语出《诗·大雅·抑》。全句意为：温厚宽良的人啊，这是他道德的基础啊。

## 【译文】

最好的治国之道表现在：推崇礼义，完备法制，使国家保持正常的运转；收集民众意见，做出公正的察断，老百姓就不会怀疑。奖赏那些勤勉的，惩罚那些偷懒的，老百姓就不会懈怠。听取各方面的意见，明察一切事物，天下就会归属于你。之后明确名分职责，分清事业的轻重缓急的，任用有技术有才能的人，没有不进行治理的。那么，就会使为公的道路通达无阻，而使无私的道路堵塞，为公之义明确了，为私之事情就会停息。这样一来，品德淳厚的人就会得到提拔任用，花言巧语以取悦上司的人就会止步。贪图私利的人就会被黜退，奉持廉节的人就会得到任用。《书》曰："先时者杀无赦，不逮时者杀无赦。"（《尚书》上说："先于规定的时间而行动的人，处死不赦免；不按规定的时间行动的人，处死不赦免。"

人往往习惯于自己的事业而稳固，人所从事的各种事业，就像耳、目、鼻、口各有其固定功能而不可相互借用一样。所以，职务划分明确后，民众不会再企图改变自己的职业；大的等次定下来后，秩序就不会紊乱。听取各方面意见，全面明察各种情况，各种事务就不会滞留不前。这样一来，臣下百官以至老百姓没有人不认真修养自己而后才敢安居自己所占据的位子，真正有能力之后才敢接受某种职务，老百姓改变习俗，小人转变思想，奸诈怪僻一类人物也没有不转变为诚实的，这就叫政治教化的最好境界。所以，天子不用自己观察就会看见，不用亲自听闻就知道，不用考虑就判断出是非，不用行动就成就了功业。形体庞大而独自坐于一处，而天下随从他就像一个人的身体一样，就像四肢随从心的指挥一样，这就是道的最好体现。《诗》曰："温温恭人，维德之基。"（《诗》上说："温柔宽厚之人，这就是道德的基础。"）就是说的这种情形啊！

## 【绎旨】

本章主要是对治国之道（亦即君道）的若干具体措施的阐述，如强调"隆礼至法""尚贤使能"，强调赏罚分明，"兼听齐明"，强调达公塞私，政治教化等，这些对于后人的为君治国都是有益的。

## 【名言嘉句】

隆礼至法则国有常，尚贤使能则民知方，纂论公察则民不疑，赏克罚偷则民不怠，兼听齐明则天下归之。

## 【原文】

为人主者，莫不欲强而恶弱，欲安而恶危，欲荣而恶辱，是禹、桀之所同也。要此三欲，辟[1]此三恶[1]，果何道而便？曰：在慎取相，道莫径是矣[2]。

故知[2]而不仁[3]不可，仁而不知[4]不可，既知且仁，是人主之宝也，而王霸之佐也。不急得，不知；得而不用，不仁。无其人而幸有其功[5]，愚莫大焉。

今人主有六[3]患：使贤者为之，则与不肖者规之；使知者虑之，则与愚者论之；使修士行之，则与汙邪之人疑之。虽欲成功，得乎哉！譬之是犹立直木而恐其景[4]之枉也[6]，惑莫大焉。语曰："好女之色，恶者之孽[7]也。公正之士，众人之痤也。循乎道之人，汙邪之贼也[8]。"今使汙邪之人论其怨贼而求其无偏，得乎哉！譬之是犹立枉木而求其景之直也，乱莫大焉。

故古之人为之不然。其取人有道，其用人有法。取人之道，参之以礼[9]；用人之法，禁之以等[10]。行义动静，度之以礼[11]；知虑取舍，稽之以成[12]；日月积久，校之以功。故卑不得以临尊[13]，轻不得以县[5]重[14]，愚不得以谋知，是以万举而不过也。

故校之以礼，而观其能安敬也；与之举错迁移，而观其能应变也；与之安燕[15]，而观其能无流慆[16]也；接之以声色、权利、忿怒、患险，而观其能无离守也。彼诚有之者与诚无之者，若白黑然，可诎邪哉！故伯乐不可欺以马，而君子不可欺以人。此明王之道也。

## 【校】

1.辟，通"僻"。

2.知，同"智"。

3.六，一说作"大"。

4.景，古同"影"。

5.县，同"悬"。

## 【注释】

〔1〕要此三欲，辟此三恶：希望实现这三种要求（欲强、欲安、欲荣），避免出现三种厌恶的事（恶弱、恶危、恶辱）。

〔2〕在慎取相，道莫径是矣：在于慎重选取宰相，没有比这条道路更直接的了。

〔3〕知而不仁：有智慧而无仁德。

〔4〕仁而不知：有仁德而无智慧。

〔5〕无其人而幸有其功：没有这样的人才，而希望有这样的功业。

〔6〕犹立直木而恐其景之枉也：就像树立一根笔直的木头而又害怕它的影子是弯曲的一样。

〔7〕好女之色，恶者之孽：好女的美色是丑恶者的祸害。

〔8〕循乎道之人，汙邪之贼也：按正道办事的人，是污邪之辈的对头。

〔9〕取人之道，参之以礼：取人的原则，是用礼来检验。即是否符合礼义。

〔10〕用人之法，禁之以等：用人的方法，是用等级名分来约束，使之不能随意超越界限。

〔11〕行义动静，度之以礼：品行、道义和举止，以礼来衡量。

〔12〕知虑取舍，稽之以成：考虑问题，判断是非，或取或舍，以实际取得成效为标准。

〔13〕卑不得以临尊：卑贱者不可以驾临尊贵者之上。

〔14〕轻不得以县重：权位轻贱者不可以去衡量权高位重者。

〔15〕安燕：安静闲逸，悠然自得。

〔16〕流慆：放荡享乐。

## 【译文】

为人主的人，没有不想强大而厌恶软弱的，没有不想安定而厌恶危险的，没有不想荣耀而厌恶耻辱的，这是大禹和夏桀都相同的。要实现这三种想法而避免三种厌恶，究竟是什么道路最为方便？回答：在于慎重选择宰相一类辅佐大臣，没有比这条道路更直接的了。

选取宰相时，有智慧而无仁德是不行的，有仁德而无智慧也不行。只有既有智慧，又有仁德的人，才是人主的宝贝，是称王称霸的辅佐。不抓紧时间求取这样的人，是不聪明；寻到之后又不任用，是无仁德的表现。选不到那样的人，却希望有那种功效，没有比这更愚蠢的了。

现在人主有大的毛病：使贤人去做事，而与不肖之徒一起去纠正他；指派有智慧的人谋划事项，却与愚蠢之辈一起去评论；使德行高尚的人去执行某事，却和邪污之徒一起去怀疑他。虽然想成功，这样能够实现吗？譬如说，这就好像是竖立一根笔直的木头而要求它的影子是弯曲的一样，真是糊涂极了。俗话说："美女的美色，是恶的祸患。公正之士，是众人的疖疮。按正道办事的人，是邪污之徒的对头。"现在使邪污之徒评论其怨恨的对头而要求他们没有偏颇，这办得到吗？譬如说，这就好像是竖立一根弯木而要求其影子是直的一样，真是混乱极了。

所以，古代的人就不是这样做的。他们选取人才有一定的原则，任用人才有一定的章法。选取人才的原则，就是以礼为检验标准；任用人才的方法，就是用等级来限定。品行举止，以礼来衡量；考虑问题，判断取舍的能力，用实际成效去考查；日积月久的长期工作，以功业去考核。所以，卑下者不能凌驾尊贵者之上，权位轻者不得去衡量权位重者，愚蠢者不得去谋取有智慧者，所以，各种举措都不过度。

所以，用礼去检验，以观察他们能不能安心敬慎；使他们升降调动，看他们能不能应对各种变化；给他以安逸悠闲的机会，看他们是否放荡享乐；让他们接触声色、权利，惹他们忿愤、经历危险，以观察它们是否能坚持操守和职责。他们有问题的与无问题的，就会像黑白一样分明，难道会有歪曲或委屈吗？所以，伯乐不可能被马的好孬欺骗，君子也不会被人的贤不肖欺骗。这是明王选取人才的方法。

## 【绎旨】

本章主要是阐述为圣君明王选拔宰相一类辅佐大臣及一般官员的原则、方法。其中特别强调要"参之以礼""度之以礼""校之以功"，表现了荀子"隆礼"的思想。

## 【名言嘉句】

故古之人为之不然。其取人有道，其用人有法。取人之道，参之以礼；用人之法，禁之以等。行义动静，度之以礼；知虑取舍，稽之以成；日月积久，校之以功。

## 【原文】

人主欲得善射，射远中微[1]者，县¹贵爵重赏以招致之。内不可以阿子弟[2]，外不可以隐远人[3]，能中是者取之，是岂不必得之之道也哉[4]！虽圣人不能易也。欲得善驭速致远者，一日而千里，县²贵爵重赏以招致之[5]。内不可以阿子弟，外不可以隐远人，能致是者取之，是岂不必得之之道也哉！虽圣人不能易也。

欲治国驭民，调壹上下[6]，将内以固城，外以拒难[7]，治则制人，人不能制也[8]；乱则危辱灭亡可立而待也。然而求卿相辅佐，则独不若是其公也[9]，案唯便嬖亲比己者之用也，岂不过其矣哉！故有社稷者莫不欲强，俄则弱矣；莫不欲安，俄则危矣；莫不欲存，俄则亡矣。古有万国，今有数十焉，是无他故，莫不失之是也。

故明主有私人以金石珠玉〔10〕，无私人以官职事业，是何也？曰：本不利于所私也〔11〕。彼不能而主使之，则是主闇也〔12〕；臣不能而诬能，则是臣诈也〔13〕。主闇于上，臣诈于下，灭亡无日，俱害之道也。

夫文王非无贵戚也，非无子弟也，非无便嬖也，偶然〔14〕乃举太公于州人〔15〕而用之，岂私之也哉！以为亲邪？则周姬姓也，而彼姜姓也。以为故邪？则未尝相识也；以为好丽邪？则夫人行年七十有二，齫然而齿堕矣。然而用之者，夫文王欲立贵道，欲白贵名〔16〕，以惠天下，而不可以独也。非于是子莫足以举之，故举是子而用之。于是乎贵道果立，贵名果白，兼制天下，立七十一国，姬姓独居五十三人。周之子孙苟非狂惑者，莫不为天下之显诸侯。如是者，能爱人也。故举天下之大道，立天下之大功，然后隐其所怜所爱，其下犹足以为天下之显诸侯。故曰："唯明主为能爱其所爱，闇主则必危其所爱。"此之谓也。

## 【校】

1. 县，同"悬"。
2. 县，同"悬"。

## 【注释】

〔1〕射远中微：射程远的而又能射中微小的目标。

〔2〕阿子弟：对子弟徇私偏袒，降低要求。

〔3〕隐远人：对远人（指关系疏远者）进行隐瞒。

〔4〕是岂不必得之之道也哉：这难道不是想一定要得到善射者的方法吗？

〔5〕县贵爵重赏以招致之：悬挂出贵重的爵位重大的赏赐用来招致善射者。

〔6〕调壹上下：协调上下，使之一致。

〔7〕外以拒难：对外排除祸患。

〔8〕治则制人，人不能制也：国家治理好了，就能够制御外敌，而外敌不能控制我们。

〔9〕则独不若是其公也：就独独地不像选拔善射者这样公正。

〔10〕故明主有私人以金石珠玉：所以，圣明的君主有可能私自给予他人以金、石、珠、玉等宝物。

〔11〕本不利于所私也：此事本来就对我所私下送给他东西的人没有好处。

〔12〕彼不能而主使之，则是主闇也：那些本来没有什么才能而君主却任用他们，这就是君主的昏暗不明。

〔13〕臣不能而诬能，则是臣诈也：臣本来没有能力却假称自己有能力，这就是为

臣者的诡诈。

　　〔14〕偶然：脱俗超凡地……。

　　〔15〕州人：一说州为古国名，其址在今山东省安丘县北，姜太公为州国人。一说州，通"舟"，舟人即渔夫。时太公钓鱼于渭滨。也可把"舟人"理解为一般民众。

　　〔16〕欲立贵道，欲白贵名：要建立良好的政治秩序，要树立美好名声。

## 【译文】

　　君主想要得到善于射箭的人，既能射得远，又能射命中微小目标，于是颁布贵重的爵位和重重的奖赏以进行招致。对内不可对子弟们徇私偏袒，降低要求；对外不可对关系疏远的人隐瞒真相，能符合条件的才录取，这难道不是一定要得到善射者的方法吗？即使圣人也不能改变这种方法。想要得到善于驾车迅速达到远方的人，一天要行驶千里，于是颁布贵重爵位和重要奖赏来招致他们。这难道不是一定要得到善于驾车人的方法吗？即使是圣人也不能改变这种方法。

　　想要治理国家，驾驭民众，调整统一上下，将以此对内巩固城邑，对外抗拒祸患。国家治理好了，就能控制外部势力，外部势力不能控制我们；如果国家混乱，危险、耻辱、灭亡之灾会立刻到来。然而在这时，寻求卿相辅佐，却独独不像取善射者那样公正，却只专门任用左右亲信和逢迎自己的人，这难道不太过分了吗？故掌握了国家的人没有不想强大的，但却是很快就衰落了；没有不想安定的，但很快就出现了危机；没有不想存在的，但很快就灭亡了。古代有万余国家，现在只有几十个了，这种灭亡没有其他原因，没有不是在这方面失误的。

　　所以，圣明的君主有的给私人金、石、珠、玉等宝物，但不私自给他人官职和事业。这是为什么呢？回答是：那样做对他所喜欢的私人是不利的。那些人没有才能，君主却要任用他们，这就是君主昏暗；如果臣子没有能力而假称有能力，这就是臣子作诈。君主昏暗在上，臣子作诈在下，国家就会不待时日而灭亡。这是使君臣子都受危害的道路。

　　当年周文王并不是没有尊贵的亲戚，不是没有子弟，不是没有左右亲信，而超群脱俗地推举姜太公于一般人之中，加以重用，这难道是因为原来就私下相识吗？是因为二人有亲密关系吗？但周文王是姬姓，而太公是姜姓。是因为是故交吗？他们不曾相识啊！是因为姜太公长得美丽吗？那人当时已七十二岁了呀，光光地牙已经掉了啊。但是却重用了他，这是因为周文王要建立新的政治秩序，要树立好的政治声誉，以使天下民众得到恩惠。但是，这是不可能靠周文王一人做到的，如果不是姜太公这样的是不足以推举的，所以，就推举了他而加以任用。这样一来，新的政治秩序果然建立起来了，美好的声名果然很响亮，统一了天下，建立了七十一国，其中姬姓独占了五十三人，周的子孙只要不是精神错乱者，没有不立为有显赫地位的诸侯的。这样做是真正爱护他人。所以，通过实行统一天下的大道，建立天下的大功业，然后顺便把自己所爱所怜的人一起安排，最差的也足以够任命为显赫的诸侯的。所以说："只有圣明的君主能爱护他所爱护的人，昏暗的君主一定会危害他所爱的人。"就是说的这种情形。

## 【绎旨】

本章是对上一章"取相"问题的进一步引申，批评了若干君主在一般问题上的十分公正，而在求取卿相时却不公正的错误。之后以周文王选取姜太公为例，说明选取合适的辅佐大臣的做法及其重要意义。

## 【名言嘉句】

故明主有私人以金石珠玉，无私人以官职事业。

## 【原文】

墙之外，目不见也；里之前[1]，耳不闻也；而人主之守司[2]，远者天下，近者境内，不可不略知也。天下之变，境内之事，有弛易齟差[3]者矣，而人主无由知之，则是拘胁蔽塞[4]之端也。耳目之明，如是其狭也[5]；人主之守司，如是其广也；其中不可以不知也，如是其危也。

然则人主将何以知之？曰：便嬖左右者，人主之所以窥远收众之门户牖向¹也[6]，不可不早具也。故人主必将有便嬖左右足信者然后可，其知惠²足使规物[7]，其端诚足使定物然后可[8]，夫是之谓国具[9]。人主不能不有游观安燕之时，则不得不有疾病物故之变[10]焉。如是国者，事物之至也如泉原[11]，一物不应，乱之端也。故曰：人主不可以独也。卿相辅佐，人主之基³杖[12]也，不可不早具也。故人主必将有卿相辅佐足任者然后可[13]，其德音足以填⁴抚百姓[14]，其知虑足以应待万变然后可，夫是之谓国具。

四邻诸侯之相与，不可以不相接也，然而不必相亲也，故人主必将有足使喻志决疑于远方者然后可[15]。其辩说足以解烦、其知虑足以决疑，其齐断足以距⁵难[16]，不还秩，不反君，然而应薄⁶捍患足以持社稷然后可[17]，夫是之谓国具。故人主无便嬖左右足信者谓之闇⁷，无卿相辅佐足任使者谓之独，所使于四邻诸侯者非其人谓之孤，孤独而晻⁸谓之危。国虽若存，古之人曰亡矣。《诗》曰："济济多士，文王以宁。"[18]此之谓也。

## 【校】

1. 向，同"向"。
2. 知惠，同"智慧"。
3. 基，同"几"。
4. 填，通"镇"。
5. 距，古同"拒"。
6. 薄，同"迫"。

7. 闇，通"暗"。

8. 晻，通"暗"。

## 【注释】

〔1〕里之前：指里门之前，即里门之外。

〔2〕守司：管辖、职掌（的范围）。

〔3〕弛易齵差：变化、参差不齐。

〔4〕拘胁蔽塞：局限、胁制，看不清，听不到。

〔5〕耳目之明，如是其狭也：耳朵、眼睛的听闻观察能力，就是这样的狭小。

〔6〕便嬖左右者，人主之所以窥远收众之门户牖响也：君主的左右亲信是他观察远方，收集各方情况的门户与窗口。

〔7〕其知惠足使规物：他们的智慧足足可以用来规划事物。

〔8〕其端诚足使定物然后可：其端正诚实完全可以使事物制定出来然后才行。

〔9〕国具：治国的人才，治国的工具。

〔10〕疾病物故之变：生病及死亡的变化。

〔11〕事物之至也如泉原：各种事物的到来如同泉源一样不断。

〔12〕基杖：即几杖，茶几与手杖。

〔13〕必将有卿相辅佐足任者然后可：一定要有完全能够胜任的卿相等辅佐大臣，才可以。

〔14〕其德音足以填抚百姓：他们的道德声望完全能够镇抚百姓（使百姓安定）。

〔15〕人主必将有足使喻志决疑于远方者然后可：君主一定要在边远问题上有完全能理解传达旨意，解决疑难问题的人才，如何才可以。

〔16〕其齐断足以距难：其处事果断的风格完全能排除祸难。

〔17〕不还秩，不反君，然而应薄捍患足以持社稷然后可：不完成任务（还职述职时）不回到君主身边，但能够应付紧急事务，捍卫患难，完全能够保卫国家才行。

〔18〕济济多士，文王以宁：语出《诗·大雅·文王》。全句意为：意思是人才众多啊！文王依靠他们才得到安宁。

## 【译文】

墙的外面，眼睛看不见；里门前面的声音，耳朵也听不到。但是君主管辖的范围，远可以达到天下；近的，在我们国家境之内，这是不可不大体知道的。天下发生的变化，国境内的各种事务，其变化参差不齐，如果君主无从知道，这就是被局限、挟制、蒙蔽的开端。耳朵、眼睛听视的能力，是这样的狭小；而君主管辖的范围是那样的广大，其中经常发生的各种事情不可以不知道的；如果不知道，那是很危险的。

既然如此，那么，君主将怎么知道呢？回答是：靠他的左右亲信，这是君主用来窥探远方情况，收罗臣民情况的门户和窗口，是不可以不早早具备的。所以，君主一定要使左右亲信完全可以信任，这样才可以。这些人的智慧要足可用来规划事物，他们的端正诚实足可决定事物这样才行，这些人可以称之为国家的工具。

君主不能不有游乐观赏休闲的时候，不能没有生病甚至病故的变化。但是，国家之内，各种事物的发生到来就像泉源一样从不停止，如果有一件事情，未得到相应的处置，就是混乱的开始。所以说：君主不可以单独一人负责国家的治理。卿相等大臣的辅佐是君主的茶几与手杖，不可不早早具备。所以，君主必须有完全能胜任的卿相辅佐才可以。这些卿相的道德声望完全能够镇抚百姓（使百姓安定）。其智慧思虑为完全能够应对各种变化，这样才算可以。这就叫作国家的工具。

四方相邻诸侯的相互交往，不可不相互接洽，但是不必过于亲密。所以，君主必须有能够在边远事务上去传达自己的旨意决断疑问的大臣才可以。其辩论说理完全能够解除烦难，其智慧思虑完全能够决断疑难问题，其果断完全能够排除患难，不用回来述职，不用面君，其应对紧急事务，排除祸患的能力完全能够保持国家的尊严这样才可以。这也就是国家的工具。所以，君主如果没有值得信任的左右亲信就叫作"昏暗"，没有完全能胜任的卿相辅佐大臣，就叫"独"，所派遣的去四邻诸侯那里做使者的人不称职，就叫"孤"，又孤又独而且昏暗，就叫"危"。国家虽然好像还存在，古代的人称这种情况就叫"亡"啊。《诗》曰："济济多士，文王以宁。"（《诗》上说："人才众多啊！文王依靠他们才得到安宁。"）就是说的这种情况。

## 【绎旨】

本章进一步说明君主要治理好国家，必须建立一套合适的班子，包括卿相辅佐大臣和左右亲信。没有这样的班子，就是孤、独、昏暗，是无法治理国家的。建立这样的班子是君道的内容之一。

## 【名言嘉句】

故人主无便嬖左右足信者谓之闇，无卿相辅佐足任使者谓之独，所使于四邻诸侯者非其人谓之孤，孤独而晻谓之危。

## 【原文】

材人[1]：

愿悫拘录[2]，计数纤啬而无敢遗丧，是官人使吏之材也。修饬端正[3]，尊法敬分而无倾侧之心[4]，守职循业[5]，不敢损益，可传世也，而不可使侵夺，是士大夫官师[6]之材也。

知隆礼义之为尊君也，知好士之为美名也，知爱民之为安国也，知有常法之为一俗也，知尚贤使能之为长功也，知务本禁末之为多材¹也[7]，知无与下争小利之为便于事也，知明制度、权物称用[8]之为不泥也，是卿相辅佐之材也，未及君道也。能论官此三材者而无失其次<sup>〔9〕</sup>，是谓人主之道也。若是，则身佚而国治，功大而名美，上可以王，下可以霸，是人主之要守也。人主不能论此三材者，不知道<sup>2</sup>此道，安值将卑埶<sup>3</sup>出劳<sup>〔10〕</sup>，并<sup>4</sup>耳目之乐<sup>〔11〕</sup>，而亲自贯日而治详<sup>〔12〕</sup>，一内<sup>5</sup>而曲辨之，虑与臣下争小察而綦偏能，自古及今，未有如此而不乱者也。是所谓"视乎不可见，听乎不可闻，为乎不可成"<sup>〔13〕</sup>。此之谓也。

【校】

1.材，通"财"。

2.道，通"导"。

3.埶，同"势"。

4.并，同"摒"。

5.内，通"纳"。

【注释】

〔1〕材人：量才任用人。

〔2〕愿悫拘录：诚实勤劳。

〔3〕修饬端正：修养身心，端正品行。

〔4〕尊法敬分而无倾侧之心：遵守法制，尊重名分，没有偏斜不正之心。

〔5〕守职循业：恪守职责，遵循业务规范。

〔6〕官师：官之首领，官之长。

〔7〕知务本禁末之为多材也：知道重视农业禁止工商业是为了增加财富。这是当时的一种经济思想。实际应该是农工商并重。

〔8〕权物称用：权量事物使之符合实用。

〔9〕能论官此三材者而无失其次：能评论议定给这三材（官人使吏之材，士大夫官师之材，卿相辅佐之材）合适的职务，而没有次序不当的错误。

〔10〕安值将卑埶出劳：安，语气词。全句意为：直接降低身份，亲自去操劳。

〔11〕并耳目之乐：并，省，摒弃。全句意为：并省耳目的娱乐。

〔12〕贯日而治详：整体亲自处理大小事务。

〔13〕视乎不可见，听乎不可闻，为乎不可成：去看那些不可能看见的，去听那些不可能听到的，做那些不可能成功的事。

【译文】

量才任用人的原则：

为人诚实勤劳，计数时对细微之处十分认真而不敢有所遗漏，这一类是一般官吏及差役的材料。注意修身端正品行，遵循法制敬重名分而没有排挤他人的不正想法。恪守职责遵循业务规范，不敢随便增加或减少，可以传之后世，而不敢使之受到侵害夺占，这是士大夫百官之长的材料。

知道推崇礼义是为了尊敬君主，知道爱好士子是为了赢得美名，知道爱护民众是为了使国家安定，知道有正常的法制是为了统一民间习俗，知道崇尚贤人是为了增长功业，知道致力于农业限制工商业等末业是为了增加财富，知道不与属下争夺小利是为了有利办好大事，知道彰明制度、权衡事物是为了不拘泥陈规，这样的人是卿相辅佐大臣的材料，但还没有达到为君之道。能够论定如何使用以上这三种材料（官人使吏之材，士大夫官师之材，卿相辅佐之材）而不失去应有的次序，这就可以说是如何为人主的原则了。如果那样，就会自身安逸而国家却治理得好，功业巨大而声名美好，向上可以称王，向下可以称霸，这是为人主的应主要坚守的一点。人主如果不能正确认识这三材的作用，不知道此种原则、方法，直接降低身份去劳作，摒弃耳目之乐，而亲自整天去处理大小事务，一切都周全地去办理，考虑怎样与臣下在细微之处较真，极力在某一方面追求突出的才能，自古及今，没有这样而不发生混乱的。这就是所谓"去看那些不可能看见的，去听那些不可能听到的，做那些不可能成功的事。"就是说的这种情况。

## 【绎旨】

本章通过阐述量才任人的原则，进一步阐明了君道的有关内容。这就是为君者如何选人用人的问题。为君者如果整天沉浸在与牛马争走，与飞鸟争飞，也就是"卑埶出劳"，其结果只能是"未有如此而不乱者也"。

## 【名言嘉句】

能论官此三材者而无失其次，是谓人主之道也。若是，则身佚而国治，功大而名美，上可以王，下可以霸，是人主之要守也。

# 臣道篇第十三

【导读】

本篇主要论述了为臣之道，包括为臣者应具备的基本素质及为臣者在辅佐君主治国理政时应遵循和坚守的基本原则。荀子强调为臣者必须谨守礼义，忠于国家，坚守气节等。由于本篇以臣以上内容为主，故以臣道命篇。

全篇分为四章。

第一章，阐述臣子的类别。荀子把臣分为四类，即态臣、篡臣、功臣、圣臣。对每类的特点做了分析说明。

第二章，主要列举并分析了臣对君的几种行为及其作用以及明主、暗主对这些行为的不同态度。荀子强调"从道不从君"。

第三章，主要论述臣子应如何对待圣君、中君和暴君等不同类型的君主，强调为臣必须以德为原则，不可"无德为道"。

第四章，主要论述为臣之道的两项内容，一是，为臣者要恪守"仁者必敬人"的原则。二是，为臣者要正确处理三种情况，这三种情况是：通忠之顺，权险之平，祸乱之从声。

【原文】

人臣之论¹：有态²臣[1]者，有篡臣[2]者，有功臣者，有圣臣者。内不足使一民[3]，外不足使距难，百姓不亲，诸侯不信，然而巧敏佞说[4]，善取宠乎上，是态臣者也。上不忠乎君，下善取誉乎民，不恤公道通义，朋党比周[5]，以环³主图私[6]为务，是篡臣者也。内足使以一民，外足使以距难，民亲之，士信之，上忠乎君，下爱百姓而不倦，是功臣者也。上则能尊君，下则能爱民，政令教化，刑⁴下如影[7]，应卒⁵遇变[8]，齐给如响，推类接誉⁶，以待无方[9]，曲成制象[10]，是圣臣者也。故用圣臣者王，用功臣者强，用篡臣者危，用态臣者亡。态臣用则必死，篡臣用则必危，功臣用则必荣，圣臣用则必尊。故齐之苏秦，楚之州侯，秦之张仪，可谓态臣者也。[11]韩之张去疾，赵之奉阳，齐之孟尝，可谓篡臣也。[12]齐之管仲，晋之咎⁷犯，楚之孙叔敖，可谓功臣矣。[13]殷之伊尹[14]，周之太公[15]，可谓圣臣矣。是人臣之论也，吉凶贤不肖之极[16]也，必谨志之而慎自为择取焉，足以稽矣。

## 【校】

1. 论，伦的借字。

2. 态，通"慝"。

3. 环，通"营"。

4. 刑，通"型"。

5. 卒，通"猝"。

6. 誉，通"与"。

7. 咎，通"舅"。

## 【注释】

〔1〕态臣：又称慝（tè），邪恶奸佞之徒。

〔2〕篡臣：善于阴谋篡夺权力之臣。

〔3〕内不足使一民：对内不能承担统一民众的作用。

〔4〕巧敏佞说：花言巧语，反应敏锐，善于阿谀奉承。

〔5〕朋党比周：拉帮结伙，朋比为奸。

〔6〕环主图私：扰乱君主，图谋私利。

〔7〕刑下如影：刑，规范。全句意为：以典型示民，民众如影随形。

〔8〕应卒遇变，齐给如响：应对突然遇到的变故，就像回声一样快速反应。

〔9〕推类接誉，以待无方：誉，同类。全句意为：推究法律，接待处理同类案例。以对待变化无常的情况。

〔10〕曲成制象：曲成，使各方面。制象，制度与法式。全句意为：各方面都符合制度、法式。

〔11〕故齐之苏秦，楚之州侯，秦之张仪，可谓态臣者也：苏秦、张仪，战国时纵横家，苏秦力主合从，合关东六国对付秦国。张仪力主连横，以秦为主，分别联合六国，然后对付反秦势力。州侯，楚襄王的宠臣。

张仪，杨倞注云："或作禄"，张禄即范雎，是。云梦秦简《编年记》云：秦昭王"五十二年，王稽、张禄死。"全句意为：所以，齐国的苏秦，楚国的州侯，秦国的张仪，可以说是态臣。

〔12〕韩之张去疾，赵之奉阳，齐之孟尝，可谓篡臣也：张去疾，战国时韩国宰相，张良的祖上。

奉阳，战国时赵肃侯弟，曾任赵相。一说：赵之权相李兑。（杨宽《战国史》.上海人民出版社 1980 年版，第 545 页。缪文远《战国策新校注》.巴蜀书社 1987 年版，第 739 页）赵惠文王四年（前 295 年），李兑与公子成兵困沙丘宫，活活饿死主父。

孟尝，战国时齐国人，曾任齐相，封于薛，号孟尝君。后奔魏，魏昭王以之为相，曾合秦、赵、燕之兵共伐齐。全句意为：韩国的张去疾，赵国的奉阳，齐国的孟尝君，可以说是篡君之臣。

"故齐之苏秦，楚之州侯，秦之张仪，可谓态臣者也。韩之张去疾，赵之奉阳，齐之孟尝，可谓篡臣也。"

〔13〕齐之管仲，晋之咎犯，楚之孙叔敖，可谓功臣矣：管仲，名夷吾，春秋时齐国名相助齐桓公"九合诸侯，一匡天下"。《论语·宪问》《论语·八佾》有关于管仲事迹的记载。（参阅石永楙《论语正》问王第九.中华书局2012年版，第218页。《论语新编新释》1.10.1.2，第173页、第329页）

咎犯，又称舅犯，即晋文公之舅狐偃，字犯，协助晋文公取得政权。孙叔敖，春秋时楚国名相，以清廉著称，助楚庄王称霸。全句意为：齐国的管仲，晋国的咎犯，楚国的孙叔敖，可以说是功臣。

〔14〕殷之伊尹，周之太公，可谓圣臣矣：伊尹，商汤时大臣，名挚。太公，姜太公，周文王时大臣，助周文王、周武王取得天下。姜太公是齐文化的开创者（《史记·齐太公世家》）。姜太公主张以德治国，"富民爱民"（《六韬·文韬》），"举贤而上功"（《汉书·地理志》）的用人原则等。全句意为：殷朝的伊尹，周朝的姜太公，可以说圣臣。

〔15〕极：标准。

## 【译文】

关于人臣的类别：有态臣（奸佞之臣）这一类，有篡臣（善于阴谋篡权者）这一类，有功臣（专门为国立功者）这一类，有圣臣（坚持尊君爱民，无所不能）这一类。对内不能统一民众，对外不能够排拒祸难，老百姓不亲近他，诸侯不信任他，但是他善于花言巧语，阿谀奉承，处事机敏，因而善于取得主上的宠信，这就是态臣。对上不能忠于君主，对下却善于取得民众的赞誉，不顾公道和道行的正义，结邦拉伙，朋比为奸，以惑乱君主，图谋私利为务，这是篡臣一类。对内完全能够负责统一民众，对外完全能够排除患难，民众亲近他，士人信任他，对上忠于君主，对下爱护百姓而不懈怠，这是功臣一类。对上能尊重君主，对下能爱护民众，在推行政令教化方面，能以身为典型示范，结果如影随形，效果很好。应对突然发生的变故，就像回声一样反应迅速。推究法律接待处理同类案列，以对待变化无常的情况。所处理的各方面都符合制度、法式。这是圣臣一类。

所以，任用圣臣的君主，可以统一全国而称王，任用功臣者就会强大，任用篡臣的君主就会十分危险，任用态臣就会亡国。也就是说，任用态臣，只有死路一条，任用篡臣一定十分危险，任用功臣必然荣耀，任用圣臣必然会受到各方的尊重。所以，齐国的苏秦、楚国的州侯、秦国的张仪，可以说是态臣。韩国的张去疾、赵国的奉阳、齐国的孟尝君，可以说是篡臣。齐国的管仲、晋国的咎犯、楚国的孙叔敖，可以说是功臣。殷朝的伊尹，周朝的姜太公，可以说圣臣。这里关于人臣的类别，是吉、凶、贤、不肖的标准，一定要谨记不忘，一定要谨慎地自己去选择，这足可用作参考的准则。

## 【绎旨】

本章对人臣的类别做了分析说明，把人臣分为态臣、篡臣、功臣、圣臣，这样划分有一定道理，对人们认识这一问题也有帮助和启发。后世对人臣的划分，一般都简单地分为忠、奸两类，使人们对这一问题更易于把握。

荀子把人臣划分为四类，又对每类列举了若干代表人物，这样做未必完全恰当，这是值得商榷的。

## 【名言嘉句】

故用圣臣者王，用功臣者强，用篡臣者危，用态臣者亡。

## 【原文】

从命而利君谓之顺，从命而不利君谓之谄；逆命而利君谓之忠，逆命而不利君谓之篡；不恤君之荣辱，不恤国之臧否[1]，偷合苟容，以持禄养交而已耳[2]，谓之国贼。君有过谋过事[3]，将危国家、殒社稷之惧也；大臣父兄有能进言于君，用则可，不用则去，谓之谏；有能进言于君，用则可，不用则死，谓之争¹[4]；有能比知同力[5]，率群臣百吏而相与强君挢²君[6]，君虽不安，不能不听，遂以解国之大患，除国之大害，成于尊君安国，谓之辅；有能抗君之命，窃君之重，反君之事[7]，以安国之危，除君之辱，功伐足以成国之大利，谓之拂³[8]。故谏、争、辅、拂之人，社稷之臣也，国君之宝也，明君之所尊厚也，而闇主惑君[9]以为己贼也。故明君之所赏，闇君之所罚也；闇君之所赏，明君之所杀也。伊尹、箕子[10]可谓谏矣；比干[11]、子胥[12]可谓争矣；平原君[13]之于赵，可谓辅矣；信陵君[14]之于魏，可谓拂⁴矣。传曰："从道不从君。"此之谓也。

故正义之臣设，则朝廷不颇[15]；谏、争、辅、拂之人信，则君过不远[16]；爪牙之士施[17]，则仇雠不作；边境之臣处，则疆垂⁵不丧。故明主好同而闇主好独[18]，明主尚贤使能而飨⁶其盛⁷，闇主妒贤畏能而灭其功。罚其忠，赏其贼，夫是之谓至闇。桀、纣所以灭也。

## 【校】

1. 争，同"诤"。
2. 挢，通"矫"。
3. 拂，通"弼"。
4. 拂，通"弼"。

5. 垂，通 "陲"。

6. 飨，通 "享"。

7. 盛，通 "成"。

## 【注释】

〔1〕国之臧否：国家的荣辱、得失。

〔2〕偷合苟容，以持禄养交而已耳：苟且迎合君主的错误行为，保住自己的俸禄，豢养门客，培植私人势力。

〔3〕过谋过事：错误的策划和错误的事情。

〔4〕争：直言力争，以纠君错。

〔5〕比知同力：比，联合。知，智慧。同力，处于同等地位者。全句意为：联合同等地位的有智慧的人。

〔6〕强君挢君：把正确的意见强加于君，矫正君的过错。

〔7〕窃君之重，反君之事：借重君主的权威，矫正君主的错误行为。

〔8〕拂：原为矫正弓的工具，这里是矫正的意思。

〔9〕惑君：糊涂的君主。

〔10〕箕子：殷末 "三仁" 之一，纣王叔父，名胥余，官太师，因谏纣王被贬为奴。

〔11〕比干：殷末 "三仁" 之一，纣王叔父，官太师，因直谏纣王，被剖心而死。

〔12〕子胥：姓伍，名员，字子胥。原为楚国人，出身世家。因家仇逃于吴，想借助吴的力量报仇，初受夫差信任，后因谏诤吴王夫差拒越求和并停止攻齐，而被疏远。前 484 年被赐死。

〔13〕平原君：赵国公子，名胜，曾为赵相。秦围赵都邯郸，平原君联合楚魏破秦存赵。

〔14〕信陵君：名无忌（？——前 243 年），魏昭王少子，魏安釐王异母弟。曾率魏军破秦救赵，后又率魏打败来犯的秦军，捍卫了魏国。

〔15〕朝廷不颇：朝廷行事不偏颇。

〔16〕君过不远：君主犯错误时间不会长，很快得到纠正。

〔17〕爪牙之士施：勇猛的武士得到任用。

〔18〕明主好同而闇主好独：圣明的君主做事喜欢与各种人在一起，昏暗的君主做事喜欢自己一人独断专行。

## 【译文】

服从君主的命令，做有利于君主的事，这就叫 "顺"；表面顺从君主的命令，但却做不利于君主的事，就叫 "谄"；违抗君主的命令，而做有利于君主的事，就叫 "忠"；违抗君主的命令而做不利于君主的事，就叫 "篡"。不顾君主的光荣与耻辱，不顾国家的安危，苟且迎合君主的错误行为，以保住自己的俸禄，豢养门客而已，这就叫国贼。君主有错误的谋划、错误的行为，将要危害国家，损伤社稷，令人担忧。这时大臣父兄们有能向君主提出阻止的意见，君主要用就好，不用就离去，这就叫"谏"。有能向君主提出阻止意见，君主采纳就好，不采纳就以死抗争，这就叫"诤"。如果有人能联合同僚，率群臣百官而去强迫君主矫正错误，君主虽然感到不愉快，但又不能不听，随之就解除了国家的大忧患，除去国家的大害，完成了尊重君主安定国家的任务，这叫"辅"。如果有人能够违抗君主的命令，借用君主的权威，矫正君主的错误行为，以安定国家的危难，除去君主耻辱，功劳完全能够维护国家的重大利益，这就叫"拂"。所以谏、诤、辅、拂之人，是社稷的重臣、国家的宝贝，英明的君主所尊敬厚待的人，而昏暗糊涂的君主却认为是自己的死对头。所以，圣明的君主所要奖赏的人，是昏暗的君主所要惩罚的人；昏暗的君主所要奖赏的人，却是圣明的君主所要杀死的人。伊尹、箕子，可以说是"谏"；比干、子胥可以说是"诤"；平原君对于赵国，可以说是"辅"；信陵君对于魏国，可以说是"拂"。古书上说："要服从固有的法则而不服从与之相对抗的君主。"就是说的这种情况。

所以，正义之臣子出现和存在，朝廷处事就不会偏邪；坚持谏、诤、辅、拂的大臣受到信任，君主犯错误就不会过多长时间得不到纠正。勇猛的武士得到重用，仇敌就不敢兴风作浪；守护边境的大臣在职，边境就不会丧失。所以，圣明的君主喜欢与臣下共事而昏暗的君主喜欢个人独断专行；圣明的君主崇尚贤人重用有才能的人而享受他们带来的功业成果，暗主嫉妒贤人害怕能者想法毁灭他们的功绩。惩罚大臣们的忠诚，赏赐大臣中的奸贼，这就叫最黑暗。夏桀、商纣之所以灭亡，就是因为这样啊！

## 【绎旨】

本章主要是列举并分析了臣对君的几种行为及其作用以及明主、暗主两类君主对这些行为的不同态度。这些行为是：顺、忠、谏、争（诤）、辅、拂。与之相反的是：谄、篡、国贼等。

由于明主、暗主对臣子的这些行为采取了截然相反的态度，所以荀子引用古语强调："从道不从君"。此语蕴含了民主意识，值得肯定。

## 【名言嘉句】

故正义之臣设，则朝廷不颇；谏、争、辅、拂之人信，则君过不远；爪牙之士施，则仇雠不作；边境之臣处，则疆垂不丧。

## 【原文】

事圣君者[1]，有听从，无谏争；事中君者，有谏争，无谄谀；事暴君者，有补削，无挢拂[2]。迫胁于乱时，穷居于暴国，而无所避之，则崇其美，扬其善，违¹其恶，隐其败，言其所长，不称其所短，以为成俗[3]。《诗》曰："国有大命，不可以告人，妨其躬身。"〔4〕此之谓也。

恭敬而逊，听从而敏，不敢有以私决择也〔5〕，不敢有以私取与也，以顺上为志，是事圣君之义也。忠信而不谀，谏争而不谄，挢然刚折〔6〕，端志而无倾侧之心〔7〕，是案曰是，非案曰非，是事中君之义也。调而不流〔8〕，柔而不屈〔9〕，宽容而不乱〔10〕，晓然以至道而无不调和也，而能化易，时关内²之〔11〕，是事暴君之义也。若驭朴马〔12〕，若养赤子，若食馁人〔13〕。故因其惧也，而改其过；因其忧也，而辨³其故；因其喜也，而入其道；因其怒也，而除其怨；曲得所谓⁴焉〔14〕。《书》曰："从命而不拂，微谏而不倦，为上则明，为下则逊。"〔15〕此之谓也。

事人而不顺⁵者〔16〕，不疾者也〔17〕；疾而不顺者，不敬者也；敬而不顺者，不忠者也；忠而不顺者，无功者也；有功而不顺者，无德者也。故无德之为道也〔18〕，伤疾、堕功、灭苦，故君子不为也。

有大忠者，有次忠者，有下忠者，有国贼者。以德复⁶君而化之〔19〕，大忠也；以德调君而辅之，次忠也；以是谏非而怒之，下忠也；不恤君之荣辱，不恤国之臧否，偷合苟容，以持禄养交而已耳，国贼也。若周公之于成王也，可谓大忠矣；若管仲之于桓公，可谓次忠矣；若子胥之于夫差，可谓下忠矣；若曹触龙〔20〕之于纣者，可谓国贼矣。

## 【校】

1. 违，通"讳"。
2. 内，通"纳"。
3. 辨，通"变"。
4. 谓，通"为"。
5. 顺，通"训"。
6. 复，通"覆"。

## 【注释】

〔1〕事圣君者：圣君，理想中的开明的君主，现实中很难找到。全句意为：侍奉圣明君主的人。

〔2〕有补削，无挢拂：只有弥补过失，消除缺陷，而没有公开的谏诤矫正。

〔3〕以为成俗：用此作为约定、习俗、惯例。

〔4〕国有大命，不可以告人，妨其躬身：语出之诗已佚，无从查对原文。全句意为：国家有大事时，不可以告发国家的问题，因为那样会有害于自己。

〔5〕不敢有以私决择也：不敢根据私自的利益而做出决断选择。

〔6〕挢然刚折：坚强果断，敢于当面指出君主的过失。

〔7〕端志而无倾侧之心：心思端正，没有不正当的心思。

〔8〕调而不流：调和顺从而不随波逐流。

〔9〕柔而不屈：柔，柔顺，处事有策略，而不硬顶。全句意为：柔顺但不屈服，仍保持应有的原则。

〔10〕宽容而不乱：待人宽和，能容纳不同意见，但仍然坚持原则。

〔11〕时关内之：时时关心他并以善道开导启发他。

〔12〕若驭朴马：好像是驾驭没经过调教的马一样。

〔13〕若食馁人：好像喂饥饿的人一样。

〔14〕曲得所谓焉：用曲折迂回的方法达到使之回归正道的目的。

〔15〕从命而不拂，微谏而不倦，为上则明，为下则逊：本段文字未见于今本《尚书》。全句意为：顺从命令而不拂逆，细心劝谏而不厌烦，这样做君主的就会英明，做臣下的就会谦逊。

〔16〕事人而不顺者：顺，一说通"训"。"事人而不顺者"可释为"侍奉君主而不知道训诲君主"。一说，顺即顺从之意。本句应释为"侍奉君主而不知道顺从"。

〔17〕不疾者也：疾，敏捷、迅速。尽心尽力，不怠慢等。不疾，则是不敏捷、不迅速、不尽力，怠慢。

〔18〕无德之为道也：把没有德行作为一种原则、方法去施行。

〔19〕以德复君而化之：用仁道去教育君主而感化他。

〔20〕曹触龙：殷纣王时人，事迹不详。

## 【译文】

侍奉圣明的君主，只有听从，没有谏诤。侍奉中等贤明的君主，需要进行谏诤，但没有谄媚、阿谀奉承等行为；侍奉暴虐的君主，不能直言劝谏，只能暗地里匡正补救，弥补缺陷，士人们被胁迫而生活于混乱的时代，十分贫困地在暴虐的国家里生活，没有办法逃避。只好推崇这个国家的美好之处，宣扬他善的方面，避讳他的丑恶，隐瞒他的失败，只谈他的长处，不谈他的短处，以这种状况成为习俗。《诗》曰："国有大命，不可以告人，妨其躬身。"（《诗》上说："国家有大事时，不可以告发国家的问题，因为那样会有害于自己。"）就是说的这种情况。

恭敬而又谦逊，听从国君的指挥而办事敏捷，不敢根据私自的利益对问题做出决择，不敢根据自己的私意决定取得或给予。以服从君上的意见为自己的志向，这是侍奉圣明君主的原则。为人忠诚守信而不去阿谀奉承，敢于谏诤但不谄媚，坚强果断，敢于当面指出君主的过失，心态端正而没有不正当的心思，是的就说是，不是的就说不是，这是侍奉中等贤明的君主的原则。调和顺从但不随波逐流，柔顺却不屈服，待人宽和，能容纳不同意见，但仍然坚持原则，时时关心君主并引导他采纳正确意见，这是侍奉暴君的原则。就像是驾驭没经过调教的马一样，就像抚养婴孩一样温柔，又像去喂饥饿的人一样细心。借用他的恐惧，而引导他改正错误；借用他的忧愁，分析他出事的原因，借用他的高兴之时，而引导他进入正常的道路；乘其发怒之时，消除他的怨恨……这样通过曲折迂回的方法使之回归正道。《书》曰："从命而不拂，微谏而不倦，为上则明，为下则逊。"（《尚书》说："顺从命令而不拂逆，细心劝谏而不厌烦，这样做君主的就会英明，做臣下的就会谦逊。"）就是说的这种情况。

侍奉君主却不知顺从，是因为不积极而怠慢；虽然敏捷但仍不知顺从，是因为不恭敬；虽恭敬但仍然不知顺从，是因为不忠诚；虽忠诚而仍不知顺从，就会没有功劳；有功劳仍不知顺从，是因为没有德行。如果没有德行成为侍奉君主的原则，那就敏捷成为弊病，功绩也会堕毁，勤苦被埋没，所以，君子不能这样做啊！

在臣子中，有大忠的人，有次忠的人，有下忠的人，有被称为国贼的人。用道德对待君主而去感化他，这是大忠；以道德调整君主的思想而辅佐他，这是次忠；用对的道理和事去劝谏阻止君主的非理和错事，因而引起君主的愤怒，这是下忠；不顾君主的荣辱，不顾国家的好坏，苟且迎合君主，只管保持自己的禄位，蓄养门客而已，这就是国贼。就像周公对成王而言，可以说是大忠；管仲对于桓公而言，可以说是次忠；伍子胥对于夫差而言，可以说是下忠；像曹触龙对于纣王而言，可以说是国贼。

## 【绎旨】

本章主要论述臣子应如何对待圣君、中君和暴君，并指出无论对待哪种类型的君主，都必须坚持以德为原则，不可"无德为道"，由于在这方面的不同，臣子可分为大忠、次忠、下忠和国贼四种，并对每种做了分析说明。

## 【名言嘉句】

①故无德之为道也，伤疾、堕功、灭苦，故君子不为也。
②有大忠者，有次忠者，有下忠者，有国贼者。

## 【原文】

仁者必敬人。凡人非贤则案不肖也。[1]人贤而不敬，则是禽兽也；人不肖而不敬，则是狎虎也。禽兽则乱，狎虎[2]则危，灾及其身矣。《诗》曰："不敢暴虎，不敢冯河。人知其一，莫知其它。战战兢兢，如临深渊，如履薄冰。"[3]此之谓也。故仁者必敬人。敬人有道；贤者则贵而敬之，不肖者则畏而敬之；贤者则亲而敬之，不肖者则疏而敬之。其敬一也，其情二也[4]。若夫忠信端悫而不害伤，则无接而不然，是仁人之质也。忠信以为质，端悫以为统[5]，礼义以为文，伦类以为理[6]，喘而言，臑¹而动，而一可以为法则。[7]《诗》曰："不僭不贼，鲜不为则。"[8]此之谓也。

恭敬，礼也；调和，乐也[9]；谨慎，利也；斗怒[10]，害也。故君子安礼乐，利谨慎而无斗怒，是以百举而不过也。小人反是[11]。

通忠之顺[12]，权险之平[13]，祸乱之从声[14]，三者，非明主莫之能知也[15]。争²然后善，戾然后功[16]，生死无私，致³忠而公，夫是之谓通忠之顺，信陵君似之矣。夺然后义，杀然后仁，上下易位然后贞[17]，功参天地，泽被生民，夫是之谓权险之平，汤、武是也。过而通⁴情[18]，和而无经[19]，不恤是非，不论曲宜，偷合苟容，迷乱狂生[20]，夫是之谓祸乱之从声，飞廉、恶来是也。传曰："斩而齐，枉而顺，不同而一。"[21]《诗》曰："受小球大球，为下国缀旒。"[22]此之谓也。

## 【校】

1. 臑，通"蠕"。

2. 争，通"谏"。

3. 致，通"至"。

4. 通，通"同"。

## 【注释】

〔1〕凡人非贤则案不肖也：案，就是。不肖，不贤。全句意为：凡人不是贤人就是不肖之徒。

〔2〕狎虎：狎，戏弄，欺侮。全句意为：戏弄老虎。

〔3〕不敢暴虎，不敢冯河。人知其一，莫知其它。战战兢兢，如临深渊，如履薄冰：语出《诗·小雅·小旻》。冯（píng），徒步过河。全句意为：不敢赤手与老虎搏斗，不敢徒步涉水过河。人们只知其一，不知其他。行动要小心谨慎，如同面临深渊，如同走在薄冰上。

〔4〕其敬一也，其情二也：尊敬虽然是一样的，但实际情况不同。

〔5〕忠信以为质，端悫以为统：忠诚守信作为实质，正直诚实作为规范。

〔6〕礼义以为文，伦类以为理：礼义为法度，伦理类别作为条例。

〔7〕喘而言，臑而动，而一可以为法则：喘而言，喘气，急切地说。臑而动，缓慢地说。全句意为：其言语行动一切，皆可为法则。

〔8〕不僭不贼，鲜不为则：语出《诗·大雅·抑》。全句意为：不超过本分，不伤害他人，很少有不能成为准则的。

〔9〕调和，乐也：调节和谐，是乐（音乐舞蹈）的内容。

〔10〕斗怒：互相愤怒，争斗。

〔11〕故君子安礼乐，利谨慎而无斗怒，是以百举而不过也。小人反是：小人，此处指道德卑劣者。全句意为：君子以礼节、音乐为安，从谨慎中得到利益而不搞相互因愤怒而争斗，所以，各种行为都没有过错。小人则与此相反。

在这里，荀子以礼立臣道，使臣有了立身的准则。

〔12〕通忠之顺：之顺，达到顺。全句意为：排除对忠诚的阻碍，达到想尽忠就尽忠的程度。

〔13〕权险之平：权，改变。全句意为：改变国家危险的局面而达到安定平治。

〔14〕祸乱之从声：发生祸乱之后，随声附和，为祸乱虚张声势，扰乱人心。

〔15〕非明主莫之能知也：离了明主没有人能够知道其原因及治理的措施。

〔16〕争然后善，戾然后功：对君主进行谏诤，然后才会使之向善，违背他的意志然后为他建立功业。

〔17〕夺然后义，杀然后仁，上下易位然后贞：对于暴君夺取其位，才能达到坚守正义；杀灭暴君才能达到仁，上下改变位置然后才能达到正。

〔18〕过而通情：君主有过错，臣子千方百计为之找理由，一味同情、原谅。

〔19〕和而无经：只讲和谐、随和，毫无原则。

〔20〕偷合苟容，迷乱狂生：一味迎合君主，无原则地包容他的违反礼义的行为，使迷失正道，任意乱来的行为如同乱草疯狂生长。

〔21〕斩而齐，枉而顺，不同而一：斩，一作（chán）"不齐"解，一作"斩断"解。全句意为：不齐才能齐（或斩使之齐整），不直才能顺直，不同才能统一。

〔22〕受小球大球，为下国缀旒：语出《诗·商颂·长发》。小球、大球，一说本玉圭，一说指珠玉宝石。此处喻指法度，即大法、小法。缀旒，一说指王冠前后所挂的玉串，一说指旗帜上的装饰品。全句意为：将那小法、大法来承受，为下国诸侯做出表率。

**【译文】**

仁德对别人必定会表示尊敬。凡是人不是贤人就是不肖之徒。对贤人如果不尊敬，那就是禽兽；对不肖之徒不尊敬，那就等于戏弄老虎。禽兽就会乱来，戏弄老虎就会遇到危险，会危害到自己的身体。《诗》曰："不敢暴虎，不敢冯河。人知其一，莫知其它。战战兢兢，如临深渊，如履薄冰。"（《诗》上说："不敢赤手空拳地去打老虎，不敢徒步去过河。人们只知其一，不知道其他事。为人惊恐戒惧，如同面临深渊，如同走在薄冰之上。"）就是说的这种情况。所以，仁者必定要尊敬别人，当然敬人是有一定原则的：对贤人推崇他又尊敬他，对不肖之徒则因害怕他故表现出尊敬；对贤人亲近而尊敬，对不肖之徒疏远而尊敬。尊敬是一样的。同样是尊敬，但实情却不相同。至于忠诚守信正直诚实而不伤害他人，就会无论对什么人的接触都不会不这样，这是仁人的本质。以忠诚守信为本质，正直诚实为准则，礼义为法度，等级统属关系为原则，以至于急促地说话，缓缓地行动等细节，一切都可以成为人们学习的规范。《诗》曰："不僭不贼，鲜不为则。"（《诗》上说："不超过本分，不伤害他人，很少有不能成为准则的。"）就是说的这种情况。

对人恭敬，这是礼节；调节和谐，这是乐（音乐舞蹈）的内容；处事谨慎，对自己有好处；互相愤怒争斗，这对人对己都有害。所以，君子以礼节、音乐为安，从谨慎中得到利益而不搞相互因愤怒而争斗，所以，各种行为都没有过错。小人则与此相反。

排除对忠诚的阻碍，而达到想忠诚就忠诚，改变国家危险的局面而达到安定平治，发生祸乱之后，随声附和，为祸乱虚张声势，扰乱人心，这三个方面，不是圣明的君主是不能知道其原因及治理措施的。对君主进行谏诤，然后使他向好的方面转变；违背他的意志，然后为他建功立业；为他敢于牺牲而无私心，这样极其忠诚完全公正，这就叫排除忠诚的障碍达到想忠诚就忠诚。信陵君就与此相似。对于暴君，夺取其位，才能达到坚守正义；杀灭暴君才能达到仁，上下改变位置然后才能恢复正。这样做其功业可以与天地并列，恩泽施加到广大民众，这就叫作排除国家政权的危险而恢复治平的局面。商汤、周武王就是这样做的。君主有过错，臣下却对他一味同情、原谅，只讲和谐、随和，而毫无原则，不顾是非对错，不论弯曲还是正直，一味地迎合君主，无原则地迎合包庇他违反礼义的行为，使迷失正道，任意胡来的做法像草木一样疯长，这就叫作祸乱发生后随声附和，为之虚张声势，扰乱人心。飞廉、恶来就是这样的。古书上说："理顺不齐才能齐，理直弯曲才能顺直，整饬不同才能统一。"《诗》曰："受小球大球，为下国缀旒。"（《诗》上说："接受小法与大法，成为各国的表率。"）就是说的这种情况。

**【绎旨】**

本章主要论述为臣之道的两项内容，一是，为臣者要恪守"仁者必敬人"的处世原则，只有这样，才能做到"百举不过"。二是，要正确处理君臣关系中的三种情况，这三种情况是："通忠之顺，权险之平，祸乱之从声。"圣明的君主能正确认识和处理这三种情况，为臣者也该认清并正确处理这三种局势。

**【名言嘉句】**

①仁者必敬人。
②故君子安礼乐，利谨慎而无斗怒，是以百举而不过也。小人反是。

# 致士篇第十四

## 【导读】

本篇主要阐述了士（包括贤人、君子）对于治国理政的重要性和如何招致士（贤人、君子）的问题，故以"致士"为篇名。

本篇可分为三章。

第一章，主要提出招致士人的两种方法。

第二章，阐述民众与君子、贤人对于国家的重要意义。

第三章，阐述招致士人（君子、贤人）及治国中应注意解决好的几个问题。

## 【原文】

衡听、显幽、重明、退奸、进良之术[1]。朋党比周之誉，君子不听[2]；残贼加累之谮[3]，君子不用；隐忌雍[1]蔽之人[4]，君子不近；货财禽犊之请[5]，君子不许。凡流言、流说、流事、流谋、流誉、流愬[2][6]，不官而衡至者[7]，君子慎之。闻听而明誉[3]之，定其当而当，然后士[4]其刑赏而还与之[8]。如是则奸言、奸说、奸事、奸谋、奸誉、奸愬莫之试也；忠言、忠说、忠事、忠谋、忠誉、忠愬莫不明通[9]，方起以尚[5]尽矣[10]。夫是之谓衡听、显幽、重明、退奸、进良之术。

川渊深而鱼鳖归之，山林茂而禽兽归之，刑政平而百姓归之[11]，礼义备而君子归之。故礼及身而行修，义及国而政明，能以礼挟[6]而贵名白[12]，天下愿[13]，令行禁止，王者之事毕矣。《诗》曰："惠此中国，以绥四方。"[14]此之谓也。川渊者，鱼龙之居也；山林者，鸟兽之居也；国家者，士民之居也。川渊枯则鱼龙去之，山林险[7][15]则鸟兽去之，国家失政、则士民去之。

## 【校】

1.雍，同"壅"。

2.愬，同"诉"。

3.誉，当作"督"（察）。一说通"举"。

4.士，通"事"。

5.以尚，以，通"已"。尚，同"上"。

6.挟，通"浃"。同"洽"。

7.险，同"俭"。

## 【注释】

〔1〕衡听、显幽、重明、退奸、进良之术：衡听，广泛听取各方面的意见。显幽，把埋没的人才挖出来。重明，重（chóng），再次。再次表彰贤明之士。退奸，黜退奸邪。进良，进用贤良之士。全句意为：广泛听取各方面的意见，发掘被埋没的人才，重新表彰贤明之士，黜退奸邪，进用贤良之士的方术。

〔2〕朋党比周之誉，君子不听：此条本于《论语·为政》，《论语》原文作："君子周而不比，小人比而不周。"朋党比周之誉，宗派集团内部的互相吹捧美化。

〔3〕残贼加累之谮（zèn）：谮，诋毁他人的不实之词。全句意为：残害贤良之士而横加罪名的诋毁诬陷。

〔4〕隐忌雍蔽之人：隐瞒他人功绩，嫉恨妒忌贤才，堵塞他人仕进之路的小人。

〔5〕货财禽犊之请：用财货食品贿赂的请求。

〔6〕流塈：不正当的请求。

〔7〕不官而衡至者：不是经过正当公开的途径而是横逆而至者。

〔8〕士其刑赏而还与之：还与之，立即付诸实践，立即办理。全句意为：定期刑赏而立即办理。

〔9〕明通：能公开畅通。

〔10〕方起以尚尽矣：尚，即"上"指君主。全句意为：一般释为各种忠言、忠说并起之后，全部都呈现在君主面前。

〔11〕刑政平而百姓归之：刑法政令公平公正，老百姓就会归来。（归到本国之中来）。

〔12〕能以礼挟而贵名白：挟，普照。贵名白，其名声就会清白美好。明白，一般译作"美名显扬"。译为"美名清白"，更确切。全句意为：能把礼普及深入人心，其名声就会清白美好。

〔13〕愿：仰慕，敬服。

〔14〕惠此中国，以绥四方：语出《诗·大雅·民劳》。中国，居于天下之中的都城。都，一般称"国"。都中之民，称"国人"。全句意为：施惠于京师，以此来安抚天下。

〔15〕山林险：险，草木减少。全句意为：山林中草木减少。

## 【译文】

广泛听取各方面的意见，发掘被埋没的人才，重新表彰贤明之士，黜退奸佞，进用贤良之士的方术。对宗派集团内部互相吹捧美化的言论，君子是不接受的；对残害忠良之士而横加的诋毁诬陷之词，君子是不采用的；对隐瞒他人的功绩，忌恨嫉妒贤才，堵塞他人仕进之路的小人，君子是不接近他的；以货财礼物进行贿赂的请求，君子是不允许的。凡是社会上非正当途径流传的言论、说法、事件、谋略、赞誉、诉说等，不是公开正当渠道而是横逆而至者，君子持慎重态度。听说之后要认真察辨，决定其是否恰当还是不恰当，然后决定给予处罚或赏赐，并立即办理。这样一来，那些奸邪的言论、奸邪的说法、奸邪的事情、奸邪的计谋、奸邪的赞誉、奸邪的诉求就不会有人去接受和试行，而那些忠诚正直的言论、说法、事件、计谋、称誉、诉求，没有不明显通达的，会一起被呈现到君主面前，这就叫作广泛听取意见，发掘被埋没的人才，重新表彰贤明，黜退奸佞，进用贤良的方术。

江河湖泊如果水深了，鱼鳖就会游归其中；山上的林木如果茂盛，飞禽野兽就会集聚其间；国家的刑法政令公平了，老百姓就会归来居住；礼义完备，君子就会来到这里。所以，如果能亲身坚守和践行礼义，其德行就会得到很好的修养；在国内推行和践行道义，国家政治就会清明，能够普及礼使之深入人心，其名声就会清白美好，这样天下之人就会仰慕和敬服，发布了命令之后，该禁止的就会立即停止，这样，为称王所要做的事就算完成了。《诗》曰："惠此中国，以绥四方。"（《诗》上说："施惠于京师，以此来安抚天下。"）就是说的这种情况。

江河湖泊，是龙和鱼居住之处；山上茂密的林木中，是飞鸟和走兽居住之处；国家是士人和民众居住之处。如果江河湖泊枯竭，龙和鱼就会离去；山上的树林草木减少，飞鸟走兽就会离开，国家如果失掉正常的秩序而陷入混乱，士人民众就会逃走。

## 【绎旨】

本章主要是从两个方面阐述招致士人的方法：一是，提出了在听取意见、发掘人才，重新表彰贤明、贬退奸佞和进用贤良方面应如何去做，以招致人才。二是，提出如何在创设优良环境方面，应如何去做，以招致人才。其中，荀子特别重视对礼义的学习和践行。

## 【名言嘉句】

刑政平而百姓归之，礼义备而君子归之。故礼及身而行修，义及国而政明，能以礼挟而贵名白，天下愿，令行禁止，王者之事毕矣。

## 【原文】

无土则人不安居，无人则土不守，无道法则人不至[1]，无君子则道不举[2]。故土之与人也，道之与法也者，国家之本作也[3]；君子也者，道法之摍要也[4]，不可少顷旷也[5]。得之则治，失之则乱；得之则安，失之则危；得之则存，失之则亡。故有良法而乱者有之矣，有君子而乱者，自古及今，未尝闻也，传曰："治生乎君子，乱生于小人。"此之谓也。

得众动天。美意延年。诚信如神，夸诞逐魂。人主之害，不在乎不言用贤，而在乎诚¹必用贤〔6〕。夫言用贤者，口也；却贤者，行也，口行相反，而欲贤者之至、不肖者之退也，不亦难乎！夫耀蝉者务在明其火，振其树而已；火不明，虽振其树，无益也。今人主有能明其德，则天下归之，若蝉之归明火也。

临事接民〔7〕，而以义变应〔8〕，宽裕而多容〔9〕，恭敬以先之〔10〕，政之始也。然后中和察断以辅之〔11〕，政之隆也〔12〕；然后进退诛赏之〔13〕，政之终也。故一年与之始，三年与之终。用其终为始，则政令不行而上下怨疾，乱所以自作也。《书》曰："义刑义杀；勿庸以即，女惟曰：未有顺事。"〔14〕言先教也。

## 【校】

1. 诚，"诚"字上脱一"不"字，据《群书治要》卷三十八，当补。

## 【注释】

〔1〕无道法则人不至：道，指统治国家的总体原则。法，指为治理国家所规定的各种法律、法规、法令等。全句意为：国家如果没有治理国家的总原则和各方面的法律、法规、法令条例，人们不会到这个国家来生活。

〔2〕无君子则道不举：没有君子的主持，治理国家的总原则就无法制定和实行。

〔3〕国家之本作也：本作，形成的最根本的条件和因素。全句意为：（国土和人民，道和法）都是组成国家最基本的因素。

〔4〕君子也者，道法之撼要也：君主是制定和实行道与法的总管。

〔5〕不可少顷旷也：不可以片刻缺少。

〔6〕而在乎诚必用贤：此句当作"而在乎不诚必用贤"，即而在于不是真正诚心地去用贤人。

〔7〕临事接民：处理政事，特别是处理各种人民群众中的事务。

〔8〕以义变应：以礼义为指导应对各种变化问题。

〔9〕宽裕而多容：待人要宽厚广泛容纳各种不同意见。

〔10〕恭敬以先之：首先对有关人，要以恭敬的态度对待。

〔11〕中和察断以辅之：中和，中正平和、适当、慎审之意。察断，明察判断。辅之，辅助之意。全句意为：以中正、平和、慎审的态度，明察判断，作为辅助。

〔12〕政之隆也：与"政之始"相对而言，这是处理政事的发展隆盛阶段。

〔13〕然后进退诛赏之：进，进用，提拔。退，黜退，贬职。诛，惩罚。赏，奖赏。

〔14〕《书》曰"义刑义杀；勿庸以即，女惟曰：未有顺事"，今本《尚书·康诰》作："用其义刑义杀，勿庸以次汝封。乃汝尽逊，曰时叙，惟曰未有逊事。"与荀子所引文字多有不同。全句意为：《尚书》上说：即使是合理的刑罚处死，也不要立即执行，你只是说："我没有把政事治理好，以至下民犯了国法。"

**【译文】**

国家没有土地，老百姓就无法安心居住；国家没有人民，国土就没有人守卫；国家如果没有礼义制度，人民就不会来归附；如果没有君子，礼义就不会得到坚持和推行。所以，国土和人民、礼义与各种制度，是一个国家的根本；而君子，就是礼义与法度的总管，是不可以片刻缺位的。得到君子，国家就会治理好；失掉君子，国家就会混乱。得到君子，国家就会安定；失掉君子，国家就会危险；得到君子，国家就安然存在；失去君子，国家就会灭亡。所以，虽有良好的法制、法规而国家却出现了混乱，这种情况是存在的；但是有了君子而国家出现混乱，自古到今，还未曾听说这种情况。古书上说："国家大治是因君子而产生的，国家混乱是因小人而产生的。"就是说的这种情况。

得到了民众，就可以干出惊天动地的大事。美好的心情，可以延年益寿；真诚守信，就会像神一样精明；浮夸欺诈，就会丧魂落魄。

作为君主的祸患，不在于不谈论如何任用贤人的问题，而在于一定不去实实在在地任用贤人。谈论如何任用贤人，这只是口头上的事；而却退贤人，却是行动上的事；口头上和行动上相反，这样要想要贤人来到，不肖之徒退走，不也是很难办的事吗？以火光照蝉，关键在于使火明亮，使树摇动罢了；而如果火不明亮，虽然用力振动其树，也是没有什么用处的。当今，如果有君主能够彰明其美好的德行，天下的人就会归依他，这就像蝉飞向明亮的火一样。

处理政事与接触民众时，如果从道义变化应对，对民众宽厚能广泛容纳不同意见，首先表现出恭敬的诚意，这是良好政治的开端。然后以中正、平和、慎审的态度，明察判断，作为辅助，这是政治的隆盛中间。然后进行提拔、贬退、诛罚，赏赐等工作，这是政治的终结。所以，用一年的时间作为实行新的政治方针的开始，三年的时间使之最后终结。如果把终结阶段作为开始阶段，就会使政令不能推行，上下埋怨痛恨，就这样自己造成了混乱。《书》曰："义刑义杀；勿庸以即，女惟曰：未有顺事。"（《尚书》上说：即使是合理的刑罚处死，也不要立即执行，你只是说："我没有把政事治理好，以至下民犯了国法。"）这就是说，对民众应该先进行教化，然后再进行惩罚才行。

**【绎旨】**

本章主要阐述了两层意旨，一是，阐述民众与君子（贤人）对于国家的重要性。国家如果没有民众，那就不成其为国家而得到民众即可干出惊天动地的大事（得众动天）。而君子（贤人）是礼义和各种法度的总管，国家是否兴盛，关键在于能否真正用贤。二是，阐述了为君者"临事接民"，必须以礼义法度为总的指导原则，要按政治本身的发展规律处事，掌握好"政之始""政之隆""政之终"每个阶段的不同要求和特点，不要庸人自扰，祸乱自作；还必须强调教民为先，即使"义刑义杀"，也必须教民为先。

## 【名言嘉句】

①故土之与人也，道之与法也者，国家之本作也；君子也者，道法之摁要也，不可少顷旷也。

②临事接民，而以义变应，宽裕而多容，恭敬以先之，政之始也。然后中和察断以辅之，政之隆也；然后进退诛赏之，政之终也。

## 【原文】

程者，物之准也[1]；礼者，节之准也[2]；程以立数，礼以定伦；德以叙位，能以授官。凡节奏欲陵[3]，而生民欲宽[4]。节奏陵而文[5]，生民宽而安。上文下安[6]，功名之极也，不可以加矣。

君者，国之隆[7]也；父者，家之隆也。隆一而治，二而乱。自古及今，未有二隆争重而能长久者。师术有四[8]，而博¹习不与焉[9]。尊严而惮，可以为师[10]；耆艾而信[11]，可以为师；诵说而不陵不犯[12]，可以为师；知微而论[13]，可以为师。故师术有四，而博习不与焉。水深而回，树落则粪本，弟子通利则思师。《诗》曰："无言不雠，无德不报。"[14]此之谓也。

赏不欲僭[15]，刑不欲滥。赏僭则利及小人，刑滥则害及君子。若不幸而过，宁僭勿滥。与其害善，不若利淫[16]。

## 【校】

1.博，当作"传"。

## 【注释】

〔1〕程者，物之准也：度量衡是测量各种物品的标准。

〔2〕礼者，节之准也：礼经，是确定具体的礼仪、礼节、礼制法度的标准。

〔3〕节奏欲陵：陵，严密，崇高。全句意为：礼义法度要严密周全，有权威性。

〔4〕生民欲宽：对待民众要宽厚和缓。

〔5〕节奏陵而文：礼义法度要严密崇高，细而富含文明人情。

〔6〕上文下安：上面的为官者文明，下面的民众就稳定安泰。

〔7〕隆：最尊贵的，最有权威的。"君者，国之隆也；父者，家之隆也。隆一而治，二而乱。自古及今，未有二隆争重而能长久者。"这说明，荀子主张建立专制主义中央集权制的国家。

〔8〕师术有四：成为老师的途径与方法有四种。

〔9〕而博习不与焉：博，指一般的知识传授。全句意为：一般知识传授不是成为著名教师的必要条件。

〔10〕尊严而惮，可以为师：具有师道尊严，使人敬畏，这样可以做老师。师道尊

严，语出《礼记·学记》："凡学之道，严师为难。师严然后道尊，道尊然后民知敬学。"

〔11〕耆艾而信：耆，六十岁。艾，五十岁。全句意为：年高而有威信。

〔12〕诵说而不陵不犯：传诵解释不陵师说，不犯礼法。既尊重传统，又不违犯现实的政策。

〔13〕知微而论：了解精微的知识并能阐述清楚。

〔14〕无言不雠，无德不报：语出《诗·大雅·抑》。全句意为：说话总会有应答，对人有恩德总会得到报答。

〔15〕赏不欲僭：僭，过分，过度。全句意为：奖赏不要过分。

〔16〕与其害善，不若利淫：与其刑滥危害善良，还不如奖赏过分而有利于小人。本段话，亦见《左传·襄公二十六年》声子之言。

## 【译文】

度量衡，是各种事物的标准；礼，是各种法度的标准。度量衡是用来确定各种事物间的数量关系的，礼是用来决定不同人之间的人伦关系的。道德状况是用来确定职位先后的，能力是授予官职的根据。凡礼义法度的细目应该要严密细致，而对民众应该宽厚舒缓。礼义法度既要严密细致，又要有文明程度高，这样下层民众就会感到宽厚安定。上面文明开化富含人情味，下层群众安定，这是建功立名的最高境界。不可能再有比这更好的了。

君者，是国家的最高权威；父亲，是家中的最高权威。只有一个权威就会治理好，如果两个权威并存，自古代到今天，没有两个权威互相争夺权力而能长久的。

成为名师的途径和办法有四条，而一般的传习不在其中。有尊严而令人敬畏，这样可以做老师；年高而有威信，可以做老师；诵读和解说经典不触犯师说，不侵凌社会权威，可以做老师；了解精微的学说并能讲解清楚，可以做老师。所以，成为老师的途径和办法有四条，而一般的传习不在其中。水深了就要打漩涡，树叶落下来就成为树根的肥料，弟子能够通达顺利就会回想老师的恩惠。《诗》曰："无言不雠，无德不报。"（《诗》上说："没有言语得不到应对，没有恩德得不到报答。"）就是说的这种情况。

赏赐不能过分，刑罚不能滥用。赏赐过分利及无赖小人；刑罚过滥则会危害到良善君子。如果这两件事过了头，宁可是赏赐过头也不要是刑罚过头；与其危害到良善君子，不如使小人得到点利益。

## 【绎旨】

本章主要阐述和强调了招致士人（君子、贤人）及治国之中应解决好的几个问题：一是，程，即度量衡在治国中的意义。程主要是解决各种事物的数量关系，一个社会要文明进步，没有准确的数量关系不行，所以，"程"是重要的。二是，礼，是各种法度的准则。礼决定人伦关系，没有礼社会就会一片混乱。礼要具体化为"节"，"节"

既要严密、准确，又要文明有人情味，使民众感到宽而安，这是治国者要认真把握的。三是，强调君在一国之内的唯我独尊地位。由于荀子所处的时代，是正式由分裂走向统一，建立专制主义中央集权的时代，所以，他特别强调"隆一而治，二而乱"。四是，阐述师道师术问题，指出"为师"的条件。五是，阐述如何掌握赏与刑的适度的问题，刑与赏皆不可过头。如有过头，宁可是赏赐及于小人，而也不可刑罚伤及良善君子。

## 【名言嘉句】

①礼者，节之准也。

②君者，国之隆也。隆一而治，二而乱。

③赏不欲僭，刑不欲滥。赏僭则利及小人，刑滥则害及君子。

# 议兵篇第十五

**【导读】**

本篇的主要内容是荀子与临武君在赵孝成王面前讨论有关兵（军事、军队）的问题，故以"议兵"为题。

全篇可分为七章。

第一章，主要是荀子阐述如何理解"凡用兵攻战之本在乎壹民"这一议题。

第二章，阐述在治国过程中，如何才能使"国治"，如何就会使"国乱"的问题，并对齐、魏、秦三国的军制做了比较，并强调了仁义和教化在治兵中的作用。

第三章，对为将者提出了"六术""五权""三至""五无圹"的要求并提出了军纪问题。

第四章，是荀子与其两位弟子关于军事问题讨论，强调"仁义"对于治军的作用。

第五章，阐述礼在治国中的作用，并以楚国、纣王等有关事实加以说明。

第六章，分析赏庆、刑罚、埶（势）诈等的作用及局限性，进一步说明道德、礼义教化的重要性。

第七章，分析兼人的三种方法，强调礼与德在治国治军与外交中的重要作用。

据廖名春考证，议兵事当在公元前 259 年至前 257 年之间（一说，议兵事当在赵孝成王元年）。《议兵》系荀子之言，弟子所记。《议兵》篇的写成当在战国。

**【原文】**

临武君[1]与孙卿子[2]议兵于赵孝成王[3]前。王曰："请问兵要[4]。"临武君对曰："上得天时，下得地利，观敌之变动，后之发，先之至，此用兵之要术也。"孙卿子曰："不然。臣所闻古之道，凡用兵攻战之本在乎壹民[5]。弓矢不调，则羿不能以中微；六马不和，则造父不能以致远；士民不亲附，则汤、武不能以必胜也。故善附民者，是乃善用兵者也。故兵要在乎善附民而已[6]。"

临武君曰："不然。兵之所贵者埶[1]利也[7]，所行者变诈也[8]。善用兵者，感忽悠闇[9]，莫知其所从出[10]。孙、吴用之，无敌于天下，岂必待附民哉！"孙卿子曰："不然。臣之所道，仁者之兵，王者之志也。君之所贵，权谋埶[2]利也；所行，攻夺变诈也；

诸侯之事也。仁人之兵，不可诈也。彼可诈者，怠慢者也，路亶³⁽¹¹⁾者也，君臣上下之间滑然⁽¹²⁾有离德者也。故以桀诈桀，犹巧拙有幸焉⁽¹³⁾。以桀诈尧，譬之若以卵投石，以指挠沸，若赴水火，入焉焦没耳。

故仁人上下，百将一心，三军同力；臣之于君也，下之于上也，若子之事父，弟之事兄，若手臂之扞⁴头目而覆胸腹也⁽¹⁴⁾，诈而袭之，与先惊而后击之，一也。且仁人之用十里之国，则将有百里之听；用百里之国，则将有千里之听；用千里之国，则将有四海之听。必将聪明警戒，和抟⁵而一⁽¹⁵⁾。

故仁人之兵聚则成卒⁽¹⁶⁾，散则成列，延则若莫邪之长刃⁽¹⁷⁾，婴⁶之者断；兑⁷⁽¹⁸⁾则若莫邪之利锋，当之者溃，圜居而方止⁽¹⁹⁾，则若盘石然，触之者角摧，案角鹿埵、陇种、东笼而退耳⁽²⁰⁾。

且夫暴国之君，将谁与至哉？彼其所与至者，必其民也，而其民之亲我欢若父母，其好我芬若椒兰；彼反顾其上则若灼黥，若仇雠。人之情，虽桀、跖，岂又肯为其所恶贼其所好者哉！是犹使人之子孙自贼其父母也，彼必将来告之，夫又何可诈也？故仁人用，国日明，诸侯先顺者安，后顺者危，虑敌之者削，反之者亡。《诗》曰：'武王载发，有虔秉钺；如火烈烈，则莫我敢遏。⁽²¹⁾'此之谓也。"

## 【校】

1. 埶，同"势"。
2. 埶，同"势"。
3. 路亶，通"露瘅"。
4. 扞，同"捍"。
5. 传，当作"抟（tuán）"。
6. 婴，通"撄"。
7. 兑，通"锐"。

## 【注释】

〔1〕临武君：楚国将领，姓名不详，当时在赵国。

〔2〕孙卿子：即荀况，时人尊称其为卿。至汉代，时人避汉宣帝讳（询），因称为孙卿子。

〔3〕赵孝成王：赵惠文王之子，名丹，公元前265——前245在位。

〔4〕兵要：用兵的要术。孔子十分重视国家军队的建设与兵学理论的研究，在"子贡问政"时，他提出了治国的三条措施，即"足食，足兵，民信之矣。"（《论语·颜渊》）

在这里，值得一提的是：1972年4月，在山东省临沂市银雀山发掘了两座西汉前期墓葬，其中一号汉墓出土竹简4942枚。竹简内容主要为兵书和先秦时期的其他著作，其中有《孙子兵法》13篇、孙子佚文5篇、《孙膑兵法》16篇、《六韬》14篇、《尉缭子》5篇，还有《晏子春秋》《管子》《墨子》等。《孙子兵法》《孙膑兵法》的同时出土解决了自西汉以后形成的《孙子兵法》的作者问题及孙子、孙膑是一人还是两人的历史悬案，当时被称为新中国十大考古发现之一，至本世纪初又被称为20世纪的百项重大考古收获之一，因而在世界上影响很大。

荀子长期生活在兰陵，不可能不受到《孙子兵法》《孙膑兵法》的影响，因此《荀子·议兵》就是荀子重视兵学，深入研究用兵之要术之作。

〔5〕壹民：使民众的意志与统治者的意志一致，为取得战争的胜利而共同奋斗。

〔6〕故兵要在乎善附民而已：所以，用兵关键就在善于使民众与自己的意见一致，因而拥护自己。

〔7〕兵之所贵者埶利也：用兵最重要的是根据其所处的形势（包括双方力量上的对比及自然的地势等）发挥自己的长处，形成对自己的有利态势。

〔8〕所行者变诈也：用兵的过程就是运用计谋，真真假假，实实虚虚的相互较量。

〔9〕感忽悠闇：感忽，变化悠忽无常。悠闇，远看分辨不清，用兵变化莫测。全句意为：善于用兵的人，变化悠忽无常。

〔10〕莫知其所从出：无法知道他的攻击力量是从哪里突然出现的。

〔11〕路亶：柔弱疲惫。蒋礼鸿《义府续貂》"独漉、鹿独"条云："独漉"亦作"独鹿""独禄"。认为《荀子·成相》"到而独鹿弃之江"之"独鹿"当为"鹿独"之倒文，落拓、疲困不能自振也。又，"'鹿独'古又作'路亶''鹿埵'等，《荀子·议兵》曰：'仁人之兵不可诈也。彼可诈者，怠慢者也，路亶者也，君臣上下之间滑然有离德者也。'又：'圆居而方止，则若磐石然，触之者角摧，案角鹿埵（duǒ）、陇钟、东笼而退耳。'其中'路亶''鹿埵''陇钟'并连语声转，'东笼'则又'陇钟'之倒，与落拓无异，皆疲困失据之貌。"张世禄说："联绵词确有词无定形，或上下二字互倒，或写作其他音同、音近字的特点。"（张世禄《古代汉语》.复旦大学出版社2006年版）

〔12〕滑然：一说"滑"，即"涣"；一说"滑"，乱。

〔13〕以桀诈桀，犹巧拙有幸焉：同是非正义的努力，有巧拙之分，有可能会有一方取得胜利。

〔14〕若手臂之扞头目而覆胸腹也：好像用手臂来保护头、眼、胸腹一样。

〔15〕和传而一：传（抟），把散碎的东西捏在一起。全句意为，团结一致，没有二心。

〔16〕卒：当时军队的一种编制，百人为卒。

〔17〕延则若莫邪之长刃：延，古代的一种阵形。莫邪，古代著名的铸剑师，所铸宝剑锋利无比。莫邪之长刃即指莫邪所铸之剑。全句意为：直列挺进时，就像莫邪的长剑。

〔18〕兑：直捣。

〔19〕圜居而方止：指军队扎营的形式，先围成圆形最后变成方形扎营。

〔20〕案角鹿埵、陇种、东笼而退耳：其义未详。有的学者认为，其文有后人标记之文误入正文，故其意难明。《新序》只作："陇种而退。"为被摧败披靡之貌。与今之"稀里哗啦败退"相近。

〔21〕武王载发，有虔秉钺；如火烈烈，则莫我敢遏：语出《诗·商颂·长发》。武，此处指商汤。全句意为：商汤带领征讨大军出发，旌旗飘飘，手持大斧，气势如烈火，无人敢阻挡。荀子借此，说明仁者之师征伐，无人敢挡。

## 【译文】

临武君与荀子在赵孝成王面前谈论军事问题。赵孝成王说："请问用兵的关键是什么？"临武君回答说："用兵的关键在于上把握合适的天时，下把握地形带来的有利条件，认真观察敌人的变动情况，摸清敌情之后再行动，但要先于敌人到达双方交战地点以占领先机，这就是用兵的关键。"荀子说："并非如此。我听说古代的用兵原则是：凡是调动军队相互攻打，其根本问题在于使民众和君主的意见一致。如果弓和箭不协调，即使是后羿也不能射中微小的目标；驾车的六匹马不协调，即使是造父也不能够到达远方；兵士和民众如果与君主不亲近顺附，即使是商汤、周武王也不能够一定取得胜利。所以，善于使民众亲附自己的人，就是善于用兵的人。所以，用兵的关键在于善于使民众亲附自己而已。"

临武君说："并非如此。用兵这回事，最重要的就是根据所处的形势，包括双方力量的对比和自然的地势条件等，充分发挥自己的长处，形成对自己有利的态势。宰割用兵过程就是运用计谋，真真假假，虚虚实实地相互较量。善于用兵的人，变化倏忽无常，外人难以分辨清楚，不知道所用兵力是从何处而来，孙武、吴起就是用这样的方法，在全天下无人能与之对抗，难道这还必须去争取民众的亲附吗？"

荀子说："不是这样。我所说的是仁人的用兵，是能统一天下而能称王者的意志。您所贵重的是运用权谋兵势利益，所推行的是攻伐夺取诡变欺诈，这些一般诸侯之间的那一套。仁者的用兵，是不能够以欺诈为事的。那些可以欺诈的，是纪律松懈者、疲劳衰弱者、君臣上下涣散而离的离德者。所以，以桀这样的暴君去欺诈同样的暴君，有可能因为或巧或拙的不同，会使一方有幸取得胜利。但以桀这样的暴君诈尧这样的圣君，那就好像以鸡蛋去投击石头，用手指去搅动滚开的水，就像去投洪水大火一样，一进去就被淹没了或烧焦了。

"所以，仁人的上下，所有将领都一条心，三军共同尽力，臣对于君主，是下级对上待级，像儿子事奉父亲，弟弟事奉兄长，手臂保护头和眼睛和胸腹一样。而且用欺诈的手段进行袭击，与先惊动后打击的效果是一样的。仁人在方圆十里的国中做君主，将会安排耳目到远至百里之外的地方探听；如果在方圆百里的国中做君主，将会安排耳目到远至千里之外的地方探听；如方圆千里的国中做君主，将会安排耳目到全天下范围内探听。他的军队一定会十分聪明，警戒不懈，团结一致，没有二心。

"所以，仁人的兵士，只要一集合就会按'卒'这种编制编好，散开的话仍会按队列站好；横排的话，就像莫邪的长刃一样锋利，碰到的就会被斩断；直列挺进时，就像莫邪的利剑，阻挡就要溃败；扎营时先成圆形，最后成方形，就像磐石一样坚固，凡要接触到的部分就要被摧毁，其他亦稀里哗啦，一片败落。

"再说那些暴国的君主，又有何人将会和他一起来呢？和他一起来的，一定是他属下的民众。但是他的民众与我们的亲近就像与他们的父母亲近一样欢喜，与我们的友好就像椒、兰一样芬芳。他们如果回过头去看到他们的上司，就像对他们施行黥（qíng）刑的酷吏一样，像有深仇的仇人一样。就人们的常情而论，即使像桀和跖那样的人，又怎么会为他们所深恶痛绝的人去残害自己所喜爱的人呢？这也就像使自己的子孙去残害自己的父母一样，他们一定会来告诉我们，这又怎么能欺诈我们呢？所以，仁人主政，国家会越来越昌盛，诸侯先顺从的就会安定，后顺从的就会有危险，考虑如何与之为敌的就会削弱，反对的就会灭亡。《诗》曰：'武王载发，有虔秉钺；如火烈烈，则莫我敢遏。'（《诗》上说：'商汤带领大军出发，旌旗飘扬，手持斧钺，势如烈火，无人敢阻挡遏。'）就是说的这种情况。"

## 【绎旨】

本章主要内容是荀子阐述如何理解"凡用兵攻战之本，在乎壹民"这一论点。临武君关于战争的观点并非完全错误，但是由于他没有看到战争是国家政治的继续，是整个政治的一部分或政治的集中要求，而是单纯从战争本身去看问题，所以，其认识不如荀子站得高，未看到最根本的问题。

## 【名言嘉句】

臣所闻古之道，凡用兵攻战之本，在乎壹民。弓矢不调，则羿不能以中微；六马不和，则造父不能以致远；士民不亲附，则汤、武不能以必胜也。故善附民者，是乃善用兵者也。故兵要在乎善附民而已。

## 【原文】

孝成王、临武君曰："善！请问王者之兵设何道何行而可[1]？"

孙卿子曰："凡在大王，将率¹末事也[2]。臣请遂道[3]王者诸侯强弱存亡之效，安危之埶²；君贤者其国治，君不能者其国乱；隆礼贵义者其国治[4]，简礼贱义者其国乱。治者强，乱者弱，是强弱之本也。上足卬²，则下可用；上不卬，则下不可用也。下可用则强，下不可用则弱，是强弱之常也。

隆礼效功[5]，上也；重禄贵节[6]，次也；上功贱节[7]，下也：是强弱之凡也[8]。好士[9]者强，不好士者弱；爱民者强，不爱民者弱；政令信者强，政令不信者弱；民齐者强[10]，民不齐者弱；赏重者强，赏轻者弱；刑威者强，刑侮者弱[11]；械用兵革攻完便利者强，械用兵革窳楛[12]不便利者弱；重用兵者强，轻用兵者弱；权出一者强，权出二者弱：是强弱之常也[13]。

齐人隆技击，其技也，得一首者则赐赎锱金[14]，无本赏矣[15]。是事小敌毳³则偷可用也[16]，事大敌坚则涣然离耳。若飞鸟然，倾侧反复无日，是亡国之兵也，兵莫弱是矣。是其去赁市、佣而战之几矣。[17]"

魏氏之武卒，以度取之[18]，衣三属之甲[19]，操十二石[20]之弩，负服⁴矢五十个，置戈其上，冠軸⁵带剑，赢三日之粮，日中而趋百里，中试则复其户[21]，利其田宅，是数年而衰而未可夺也，改造则不易周也[22]。是故地虽大，其税必寡，是危国之兵也。

秦人，其生民陿阨[23]，其使民也酷烈，劫之以埶⁶，隐之以阨，忸之以庆赏，鰌⁷之以刑罚，[24]使天下之民所以要利于上者，非斗无由也。阨而用之，得而后功之，功赏相长也，五甲首而隶五家[25]，是最为众强长久，多地以正⁸。故四世[26]有胜，非幸也，数也。故齐之技击不可以遇魏氏之武卒，魏氏之武卒不可以遇秦之锐士，秦之锐士不可以当桓、文之节制，桓、文之节制[27]不可以敌汤、武之仁义，有遇之者，若以焦熬投石焉。

兼是数国者，皆干赏蹈利之兵也，佣徒鬻卖之道也，[28]未有贵上、安制、綦节之理也[29]；诸侯有能微妙之以节[30]，则作而兼殆之耳。故招近⁹募选[31]，隆埶¹⁰诈，尚功利，是渐之也[32]；礼义教化，是齐之也[33]。故以诈遇诈，犹有巧拙焉；以诈遇齐，辟¹¹之犹以锥刀堕太山也，非天下之愚人莫敢试。故王者之兵不试。汤、武之诛桀、纣也，拱挹指麾[34]而强暴之国莫不趋使，诛桀、纣若诛独夫。故《泰誓》曰：'独夫纣。'此之谓也。

故兵大齐则制天下，小齐则治邻敌。若夫招近募选，隆埶诈，尚功利之兵，则胜不胜无常，代翕代张[35]，代存代亡，相为雌雄耳矣。夫是之谓盗兵，君子不由也。故齐之田单，楚之庄蹻，秦之卫鞅，燕之缪蜯，是皆世俗所谓善用兵者也；是其巧拙强弱则未有以相君也，若其道一也，未及和齐也，搚契司诈[36]，权谋倾覆，未免盗兵也。齐桓、晋文、楚庄、吴阖闾、越勾践是皆和齐之兵也，可谓入其域矣，然而未有本统也，故可以霸而不可以王；是强弱之效也。"

## 【校】

1. 率，通"帅"。
2. 卬，古"仰"字。
3. 毳，通"脆"。
4. 服，通"菔"。
5. 軸，同"胄"。
6. 埶，同"势"。
7. 鰌，通"遒"。
8. 正，通"征"。
9. 近，当作"延"。

10. 埶，同"势"。

11. 辟，通"譬"。

## 【注释】

〔1〕请问王者之兵设何道何行而可：请问要统一天下的君主，他的军队用什么办法，采取什么行动才可以呢？

〔2〕将率末事也：将帅是次要的事。

〔3〕遂道：尽量述说。

〔4〕隆礼贵义者其国治：隆礼贵义，推崇礼，重视义。荀子认为礼义是治国的准则。

〔5〕隆礼效功：推崇礼义，检验战功，论功行赏。

〔6〕重禄贵节：使百官重视俸禄的多少，重视节操。

〔7〕上功贱节：重视事功，但轻视节操。

〔8〕是强弱之凡也：凡，大体情况。全句意为：这是强弱的大体情况。

〔9〕好士：重视和喜欢招纳贤人。

〔10〕民齐者强：民众齐心协力，与君主一心。

〔11〕刑侮者弱：侮，轻视刑罚。全句意为：轻视刑罚的就软弱。

〔12〕窳楛（yǔ kǔ）：粗劣，不坚固。

"械用兵革攻完便利者强，械用兵革窳楛不便利者弱"，其"攻"即工字，战国陶器工人题名，无不作攻某某者（说见陈直《摹庐丛著七种》. 齐鲁书社 1981 年版 . 第 47 页）。

〔13〕权出一者强，权出二者弱，是强弱之常也：政令集中出于一人，就强大；反之，政令出于多门，权力不集中，就会衰弱。"权出一者强，权出二者弱，是强弱之常也。"这就是说，只有建立君主独裁的中央集权制，国家才会强盛。荀子反复强调，治国要"壹于道法""事两君者不密"，要"天下为一"，使"六说者立息，十二子者迁化"，即在法律、制度、思想文化、舆论等方面实行统一管理，以适应建立专制主义中央集权制国家的需要。

〔14〕锱金：锱，八两。锱金，八两金子。

〔15〕无本赏矣：没有战争胜利那种基本的赏赐，只是不管整个战局如何，只要杀个敌人，即赏金八两。

〔16〕是事小敌毳则偷可用也：毳，弱小。全句意为：对付弱小的敌人勉强可以应用。

〔17〕是其去赁市，佣而战之几矣：这种做法与去市场时雇佣工去作战差不多。

〔18〕以度取之：度，标准。全句意为：以一定的标准来选取。

〔19〕三属之甲：古代的一种甲衣，分为披膊、胸铠、腿裙三部分，因三部分相连，故曰"三属之甲"。

〔20〕石（shí）：容量单位或重量单位。重量单位，一百二十斤为一石。

〔21〕中试则复其户：复，免除。全句意为：如果符合标准就减免徭役。

〔22〕改造则不易周也：重新选拔武卒时，不容易把原来对老武卒优待的一套完全去掉。

〔23〕陿（xiá）阨（è）：指生路狭窄。

〔24〕劫之以埶，隐之以阨，忸之以庆赏，鰌之以刑罚：阨，困苦。全句意为：用强势去劫迫民众去从军打仗，用生活的困苦逼迫民众去从军打仗，用战胜则给予庆赏的办法驯服民众去从军打仗，用刑罚强迫民众去从军打仗。

〔25〕五甲首而隶五家：斩获五个军士之首，即可役使本地五家人家。

〔26〕四世：指秦孝公、秦惠文王、秦武王、秦昭襄王。

〔27〕桓、文之节制：齐桓、晋文对军队的指挥及其队伍的纪律严明。

〔28〕兼是数国者，皆干赏蹈利之兵也，佣徒鬻卖之道也：齐、魏、秦数国都是追求赏赐，争取利益的军队，他们奉行的是市场上出卖劳力，换取报酬的一套办法。

〔29〕未有贵上、安制、綦节之理也：他们有尊崇君上，安于现行体制（礼义制度），极力保持节操的意思。

〔30〕诸侯有能微妙之以节：节，仁义。全句意为：诸侯如果能够以微妙的手段施行仁义。

〔31〕招近募选：招募选拔士兵。

〔32〕是渐之也：渐，欺诈。

〔33〕礼义教化，是齐之也：礼义教化，是使民众思想统一、心悦诚服的力量。

〔34〕拱挹指麾：拱挹，拱手。全句意为：从容指挥。

〔35〕代翕代张：时而衰弱，时而强大。

〔36〕掎契（jǐ qiè）司诈：抓住弱点，寻找机会以施行诈骗。

## 【译文】

赵孝成王和临武君听后说："好啊！那么请问能够统一天下而称王的人，他的军队，用什么办法，采取什么行动才可以呢？"

荀卿说："一切都在大王决断，将帅是事关次要的。请允许我尽量说说能统一天下的王者和诸侯之间强大、弱小和存在灭亡的效验及安全危机的形势吧。一般来说是：君主贤能，其国家就治理得好；君主无能力，其国家就要混乱。君主推崇礼，尊重道义，其国家就会治理得好；君主怠慢礼，卑视道义，其国家就会混乱。国家治理得好就强大，国家混乱就衰弱，这是国家强大与衰弱的根本原因。君主值得敬仰，其臣民就可为君主所用；君主不值得敬仰，其臣民就不能够为君主使用。臣民如果可以为君主使用，国家就强盛；臣民不能为君主使用，国家就衰弱，这是强弱的表现。

"推崇礼义，考核战功并以功行赏，这是上等的政策；使百官重视俸禄的多少并看重气节，这是次等的政策；崇尚战功、卑视气节，是下等的办法。这是国家强盛与衰弱的大概情况。君上喜好士人者，国家就强盛；君上不喜欢士人者，国家就会衰弱。爱护民众者，国家就会强盛；不爱护民众者，国家就会衰弱。政策法令可信者，国家就会强盛；政策法令不可信者，国家就会衰弱。民众能齐心合力者，国家就强盛；民众不能齐心合力者，国家就会衰弱。奖赏重者，国家就会强盛；奖赏轻者，国家就会衰弱。刑罚有威严者，国家就会强盛；刑罚不当因而受人轻视，国家就会衰弱。各种器械、军事装备及进攻器具轻便锋利者，国家就会强盛；各种器械、军事装备及进攻器具粗劣不坚固者，国家就会衰弱。对如何用兵采取慎重态度，国家就会强盛；对如何用兵采取轻率态度，国家就会衰弱。国家权力集中，出于一人之手，就会强盛。国家权力分散，出于多人之手，就会衰弱。这是国家强盛与衰弱的常规。

"齐国重视'技击'（以勇力搏杀敌人的技巧）。这种技法规定，得到敌人的一个首级，就赏赐八两金子，这是不管整个战局如何的一种奖赏，不是整个战局取胜后的那种奖赏。这种规定，对付弱小的敌人勉强可以应用，而对付大规模的坚强的敌人就会离散败退，就像乱飞的鸟一样，不用一天就会完蛋。这是造成国家灭亡的军队，军队没有比这样更衰弱的了，这和去市场上雇佣人打仗一样。

"魏国的武卒，是根据一定标准而选拔的。身穿三属之甲，操纵拉力是十二石的强弩，身背插五十支箭的箭袋，把戈放在上面，戴头盔插宝剑，还要带三天的粮食，每天要行军百里。凡是经测试合格的就要免除其家的徭役赋税，田宅不征税。过了几年，他们身体衰弱，但已经给予的优待条件不能改变，重新选拔武卒时也不容易完全改变。由此，魏国土地虽然广大，但税收一定少，这种办法是危害国家安全的一种兵制。

"秦国，其民众生活困苦，而役使用民众很残酷，用强势劫迫民众从军，用生活的困苦去逼使民众从军，用战胜则赏赐的办法驯服民众从军，用刑罚强迫民众从军，这样就使天下民众要想从国家（君主）那里获取利益，除了从军打仗之外就没有别的什么道路了。使民众穷困后再使用他们，得胜后以记功奖赏，功劳与奖赏相互促进，凡是斩获五个士兵之首，即可在本地役使五家。这种办法是各种办法中最好的最长久的了，可以在很多地方征收赋税。所以，秦国在四世（秦孝公、秦惠文王、秦武王、秦昭襄王）之中，都保持了强盛的局面，这不是侥幸，而是有其必然性。

"所以，齐国的'技击'不可以与魏国的'武卒'相遇，魏国的'武卒'不可以与对秦国的'锐士'相遇。秦国的'锐士'不可以去抵挡齐桓公、晋文公的纪律严明之师，齐桓公、晋文公是纪律严明之师不可以与商汤、周武王的仁义之师相敌。以上如果有二者相遇相敌者，那就像以焦脆的食物去投碰石头一样。

"以上齐、魏、秦各国的军队，都是追求奖赏、贪图利益的军队，他们奉行的是市场上出卖劳力、换取报酬的一套办法，而没有尊崇君上，安于现行制度（礼义制度），极力保持节操的理念。诸侯有能用微妙的手段施行仁义，就会使国家兴起而危及这些国家。所以，招求、选拔士兵；崇尚权力和欺诈，崇尚事功利益，这是在欺骗他们；只有推行礼义，施行教化，这才是使民众思想统一，心悦诚服的办法。所以，以欺诈遇到欺诈，可能还有因为用得巧妙而取胜，或因为用得笨拙而失败；而以欺诈的方式如果遇到礼义教化这种使民众认识统一的办法，那就好像是以锥子、小刀一类东西想去毁掉泰山一样，除了天下的愚蠢至极的人谁敢去这样做呢？所以，能够统一天下的王者，他的军队的锋芒是不用试验的。商汤、周武王诛杀夏桀、商纣时，从容不迫，而那些强暴的国家没有不前来接受驱使的。诛杀夏桀、商纣就像诛杀一个没有任何人愿意帮助他的十分孤独的匹夫一样。所以，《泰誓》称：'独夫纣。'就是说的这种情形。

"所以，军队如果能够完全统一思想就控制天下，部分统一就能控制相邻的故人。至于那些通过招募、选拔而来的军队，他们推崇势力欺诈，崇尚事功利益，只能是取胜与不取胜没有常规，时而衰弱，时而强大，有可能存在，有可能灭亡，互相称雄或为雌。这一类的军队就叫作强盗之兵，君子是不使用和培养这种军队的。所以，齐国的田单、楚国的庄蹻、秦国的卫鞅、燕国的缪蚔，这些人是世上俗人所称赞的善于用兵的人，他们用兵的巧妙、拙笨、或强或弱，是不能分出高下的，但对军队的基本认识与做法都是一样的，都是不讲究和衷共济、思想统一，服从指挥的，仍是抓住弱点，伺机欺诈，玩权术阴谋互相倾轧，仍没有脱离强盗之兵的范畴。齐桓公、晋文公、楚庄王、吴王阖闾、越王勾践，他们带领都是和衷共济、思想统一，服从指挥的军队。可以说已经进入礼义教化的范围了，但是还没掌握其根本，所以，能够称霸，而不能够成为统一天下的王者。这是强与弱的效验。"

## 【绎旨】

本章主要阐述了三点：一是，简要阐述在治国过程中如何做可以使"国治"，如何做即造成"国乱"的问题。二是，简要分析了齐国的技击、魏国的武卒、秦国的五甲首而隶五家制度的成功与失败，说明要统一天下，必须建立合理的军事制度。三是，通过秦国之锐士与桓、文之节制，桓、文之节制和春秋时期其他霸主与汤、武之仁义的比较以及汤、武之兵与桀、纣之兵及田单、庄蹻、卫鞅、缪蚔等善用兵者之"盗兵"的比较，强调汤、武之仁义和后世的利益教化对于治兵的重要意义，认为只有以仁义为本统，以礼义教化和齐军队，才能建立一支王者之师。

## 【名言嘉句】

①礼义教化，是齐之也。
②故兵大齐则制天下，小齐则治邻敌。

## 【原文】

孝成王、临武君曰："善！请问为将。"

孙卿子曰："知[1]莫大乎弃疑[1]，行莫大乎无过，事莫大乎无悔。事至无悔而止矣，成不可必也[2]。故制号政令欲严以威；庆赏刑罚欲必以信；处舍收藏欲周以固；徙举进退欲安以重；欲疾以速；窥敌观变欲潜以深，欲伍以参[3]；遇敌决战必道吾所明[4]，无道吾所疑：夫是之谓六术。无欲将而恶废[5]，无急胜而忘败，无威内而轻外，无见利而不顾其害，凡虑事欲孰而用财欲泰，夫是之谓五权。所以不受命于主有三：可杀而不可使处不完[6]，可杀而不可使击不胜，可杀而不可使欺百姓，夫是之谓三至。凡受命于主而行三军，三军既定，百官得序，群物皆正，则主不能喜，敌不能怒，夫是之谓至臣[7]。虑必先事而申之以敬，慎终如始，终始如一，夫是之谓大吉。凡百事之成也必在敬之，其败也必在慢之。故敬胜怠则吉[8]，怠胜敬则灭；计胜欲则从[9]，欲胜计则凶。战如守，行如战，有功如幸[10]。敬谋无圹²[11]，敬事无圹，敬吏无圹，敬众无圹，敬敌无圹：夫是之谓五无圹。谨行此六术、五权、三至而处之以恭敬无圹，夫是之谓天下之将，则通于神明矣。"

临武君曰："善！请问王者之军制[12]。"

孙卿子曰："将死鼓[13]，御死辔，百吏死职，士大夫死行列。闻鼓声而进，闻金声而退，顺命为上[14]，有功次之。令不进而进，犹令不退而退也，其罪惟均。不杀老弱，不猎³禾稼，服者不禽，格者不舍，奔命者不获。凡诛，非诛其百姓也，诛其乱百姓者也。百姓有扞其贼，则是亦贼也。以故顺刃者生，苏刃者死[15]，奔命者贡。微子开封于宋[16]，曹触龙断于军，殷之服民，所以养生之者也，无异周人。故近者歌讴而乐之，远者竭蹶而趋之，无幽闲辟陋之国莫不趋使而安乐，四海之内若一家，通达之属莫不从服，夫是之谓人师。《诗》曰：'自西自东，自南自北，无思不服。[17]'此之谓也。王者有诛而无战，城守不攻，兵格不击，上下相喜则庆之，不屠城，不潜军，不留众，师不越时。故乱者乐其政，不安其上，欲其至也[18]。"

临武君曰："善！"

【校】

1. 知，同"智"。

2. 圹，通"旷"。

3. 猎，同"踩"。

【注释】

〔1〕知莫大乎弃疑：智慧没有比放弃狐疑不定，善于决断更重要的了。

〔2〕事至无悔而止矣，成不可必也：事情的要求到达自己尽了一切努力没有悔恨就可以了，不一定要求非成功不可。

〔3〕欲伍以参：一说，对敌情要反复验证，不可轻易相信；一说，这句是指要派出伍人或三人作为间谍深入敌人之中以侦察。

〔4〕遇敌决战必道吾所明：对敌人的决战一定要根据我们已经弄清楚的情况去行动。

〔5〕无欲将而恶废：不要只想保住自己的将帅地位而担心失去。

〔6〕可杀而不可使处不完：宁可被杀，也不可使守备的地方不完善。

〔7〕至臣：最好的臣子（此处指将领）。

〔8〕故敬胜怠则吉：谨慎小心胜过了怠慢的作风，就可能取得胜利。

〔9〕计胜欲则从：从，顺利。全句意为：计谋胜过了主观欲望，处事就会顺利。

〔10〕战如守，行如战，有功如幸：战争中要像防守时一样谨慎小心不可贸然行动；行军时

〔11〕圹：松弛，疏忽。

〔12〕军制：军队的法令，制度。

〔13〕将死鼓：战鼓是军中指挥进攻的器具，也是主将的指挥岗位，主将至死不能离开自己的指挥岗位，故有"将死鼓"之谓。

〔14〕顺命为上：服从命令是首要的。

〔15〕顺刃者生，苏刃者死：顺刃，不战而退；苏刃，相向格斗。

〔16〕微子开：即微子启，汉人为避汉景帝（刘启），故改"启"为"开"。

〔17〕自西自东，自南自北，无思不服：语出《诗·大雅·文王有声》。意思是表述各地皆服从之意。

〔18〕故乱者乐其政，不安其上，欲其至也：所以，乱国中的民众都喜欢王者的政治，不安心于他们原来的君主的统治，希望王者快快来到。

## 【译文】

孝成王和临武君说："好啊！请问做将领的要求是什么？"荀子说："智慧没有比放弃狐疑不定，而善于做出决断更重要的了。行为没有比不犯错误更重要的了，做事没有比不留下悔恨更重要的了。做事如果达到自己尽了一切努力而不再因错误而悔恨，这也就可以了。至于成功，不一定非要求达到不可。所以，制度、号召、政策、命令要严肃有威慑力，庆贺奖赏、刑狱惩罚要一定坚持诚信；营垒房舍及收藏贮存的物资必须周备而坚固迁徙转移及进军退军，要做到安全慎重，又要敏捷迅速；窥视敌人内幕观察敌情变化要隐蔽而深入，并反复检验消息是否准确；遇到敌人决战时，一定要根据我们已经弄清的情况采取行动，而不要根据我们还有疑问的情况去行动；以上就叫作"六术"。不要只想保住自己的将帅地位，而担心失去；不要急于求胜而忘记失败的危险，不要只注意在内部建立威信，使自己颇具威严，而轻视对于外敌的考察研究，不要只看见有利的因素而不顾其有害的因素，凡是考虑问题必须成熟，在财政开支方面要大度而不要吝啬，这就叫作"五权"（五种权衡）。之所以不接受命令，有三个方面：宁可被杀，也不据守设备不完全的处所；宁可被杀，也不去进攻没有可能战胜的敌人；宁可被杀，也不服从被派去欺压老百姓，这就叫"三至"。

凡是接受君主的命令而巡视三军行动，在三军已经稳定，各级官员已经就绪，各项事务都纳入正规时，君主的赏赐不能使之特别高兴，敌人也无法激怒他，这样的就是最优秀的臣子。考虑问题在事情发生之前，并且经常告诫自己要时时处处小心谨慎，

谨慎对待结束就像开始一样，做到始终如一，这就叫作大吉。凡是各种事务的成功一定是因为恭敬小心的态度，其失败一定是因为漫不经心。所以，恭敬谨慎胜过怠慢松懈就大吉大利，怠慢松懈胜过恭敬谨慎就会灭亡；计谋胜过主观欲望就顺利，主观欲望胜过计谋就会有凶险。战争中要像防守一样谨慎小心，不可麻痹大意，行军时要像作战时一样，时刻警惕，防止突然袭击；建立功劳也就像侥幸得之一样，不可骄傲。要敬畏而慎重地对待谋略，不可疏忽；敬畏而慎重地对待各项事务，不可疏忽；敬畏而慎重地对待全体工作人员，不可疏忽；敬畏而慎重地对待众人，不可疏忽；敬畏而慎重地对待敌人而不要大意，不可疏忽；这就叫作"五无圹"。

慎重施行上面所说的"六术""五权""三至"，同时用谨慎小心、决不疏忽的态度对待，这就叫作"天下之将"（天下无敌的将领），他会如神明一样，无所不能，无所不通。"

临武君说："讲得好啊！请问统一天下的王者，他的军事法令是怎样的呢？"

荀子说："主将靠击鼓之后军队进攻，因而至死不能离开战鼓，驾车至死不能离开缰绳，各种军吏至死不能离开自己的职位，士大夫至死不能离开自己的队列。听见鼓声就前进，听见金声就后退，服从命令是第一位的，建立功劳是次要的。命令不准前进而前进了，也就是命令不准后退而退后了，其罪是一样的。不杀死年老体弱的人，不践踏庄稼，对不战而退者不再擒获，对格斗者不能放过，对来投降者不俘获。凡是诛杀时，不是去诛杀敌方的老百姓，而是诛杀扰乱百姓的人。当然，百姓之中有卫护藏匿敌人的，也就是敌人。所以，不战而逃的人，可以保留性命，顽固抵抗的人就要杀死，对前来投降的要有赏赐。投降周的微子开（启）封于宋；而不投降的曹触龙而被杀于军中；原殷朝顺服了周朝的民众用来生活的物资，与周朝原来的民众没有什么两样；所以，商周朝近的民众都歌颂周文王、周武王而十分欢乐，离得远的民众也匍匐而至，即使是边远闭塞偏僻的国家的民众，也都没有不前来而共同享受平安快乐的，四海之内像一家一样，只要通路的地方民众没有不顺服的，这就叫作民众的师表啊。《诗》曰：'自西自东，自南自北，无思不服。'（《诗》上说：'东西南北之内土地上的民众，没有不服从的。'）就是说的这种情况。统一天下的王者只有诛杀不义者而没有什么攻战，对城池的守得坚固的不必去攻打，对于顽固抵抗的不必急于去攻击。如果敌方上下和谐就表示庆贺。不去屠杀敌方城中的军民，不利用偷袭的办法攻打，不留下大批军队，驻守军队不超过预定时间。所以，那些政治混乱国家中的民众喜欢王者的政策、法令，不安心于本国君主的统治，希望王者到来。"临武君说："您讲得好！"

## 【绎旨】

本章主要阐述两个方面的内容：一是，对为将者的要求。荀子以"六术""五权""三至""五无圹"概括了这种要求的主要内容。此外，荀子还提出了为将者应善于决断，不可优柔寡断，必须成为一名"至臣"，对百事必须恭敬谨慎等要求。二是，阐述了必须执行的军纪军令，强调坚守岗位，服从指挥，顺命为上，有功次之及战争中的政策界限等，如对待敌方各种成员的政策，重述了优待降者的思想。这些纪律、政策、理念为后世治军者所继承与弘扬。

## 【名言嘉句】

①谨行此六术、五权、三至而处之以恭敬无圹，夫是之谓天下之将，则通于神明矣。

②将死鼓，御死辔，百吏死职，士大夫死行列。闻鼓声而进，闻金声而退，顺命为上，有功次之。

## 【原文】

陈嚣[1]问孙卿子曰："先生议兵，常以仁义为本。仁者爱人，义者循理，然则又何以兵为？凡所为有兵者，为争夺也。"

孙卿子曰："非汝所知也。彼仁者爱人，爱人，故恶人之害之也；义者循理，循理，故恶人之乱之也。彼兵者，所以禁暴除害也，非争夺也。故仁者之兵，所存者神，所过者化[2]，若时雨之降，莫不说¹喜[3]。是以尧伐驩兜[4]，舜伐有苗[5]，禹伐共工[6]，汤伐有夏，文王伐崇[7]，武王伐纣，此四帝两王，皆以仁义之兵行于天下也。故近者亲其善，远方慕其德，兵不血刃，远迩来服，德盛于此，施及四极。[8]《诗》曰：'淑人君子，其仪不忒。'[9]此之谓也。"

李斯[10]问孙卿子[1]曰："秦四世有胜，兵强海内，威行诸侯，非以仁义为之也，以便从事而已[11]。"

孙卿子曰："非汝所知也。汝所谓便者，不便之便也；吾所谓仁义者，大便之便也。彼仁义者，所以修政者也；政修则民亲其上，乐其君，而轻为之死。故曰：'凡在于军²[12]，将率末事也。'秦四世有胜，諰諰然常恐天下之一合而轧己也[13]，此所谓末世之兵，未有本统也。故汤之放桀也，非其逐之鸣条[14]之时；武王之诛纣也，非以甲子之朝而后胜之也，皆前行素修[15]也，此所谓仁义之兵也。今女不求之于本而索之于末，此世之所以乱也。"

## 【校】

1. 说，同"悦"。
2. 军，当作"君"。

## 【注释】

〔1〕陈嚣：荀子弟子。

〔2〕故仁者之兵，所存者神，所过者化：仁者的军队，到达之后，该地就会出现大治的局面，所经过的地方人们会得到很好的教化。神，《荀子·儒效》谓："尽善挟治之谓神。"可见荀子所说的"神"，就是指大治的局面，而非迷信所说的神灵。

〔3〕说喜：喜悦，高兴。

〔4〕驩兜（huān dōu）：传说中的人物，一说为尧舜时的大臣，“四凶”之一。

〔5〕有苗：当时居住于西南地区的部落。

〔6〕共工：传为东夷族领袖之一，亦是神话中的人物，曾与禹发生战争，以后失败。《淮南子·本经训》：“舜之时，共工振滔洪水，以薄空桑。”旧注：“共工，水官名。”

〔7〕崇：商代的诸侯国之一。

〔8〕故近者亲其善，远方慕其德，兵不血刃，远迩来服，德盛于此，施及四极：此条可参阅《论语·季氏》,《论语》原文作：“故远人不服，则修文德以来之。既来之，则安之。”

〔9〕淑人君子，其仪不忒：语出《诗·曹风·鸤鸠》。应为：“淑人君子，其仪不忒；其仪不忒，正是四国。”全句意为：贤人君子，他的礼仪没有差错。他的礼仪没有差错，可以治理四方。

〔10〕李斯：荀子弟子，曾辅助秦始皇统一天下，以后在秦朝为丞相，后被赵高谗杀。

〔11〕以便从事而已：便，方便，根据形势的发展而采取相应的措施。全句意为：不过是根据方便行事罢了。

〔12〕凡在于军，将率末事也：一切都在于君主，将帅是次要的。

〔13〕諰諰然常恐天下之一合而轧己也：諰諰然，惧怕的样子。全句意为：秦国非常惧怕，经常担心天下其他国家会联为一体而来倾覆自己。

〔14〕鸣条：古地名，其址在今山西运城安邑镇。

〔15〕前行素修：前面长期实行修炼。

**【译文】**

陈嚣问荀卿说：“先生议论军事问题，经常以仁义为根本。仁者爱护人，义者遵循正理，然而这样对议论军事又有什么用呢？凡是军事都是为了争权夺利啊。”

荀子说：“这不是你能明白的。那些仁者他们爱护人，正因为爱护人，所以反对对人的加害；而义者他们遵循正理，正因为遵循正理，所以反对某些人的扰乱。军队是用来禁止暴乱消除祸害的，不是用来争权夺利的。所以，仁人的军队所到之处，形成的就是大治局面，经过的地方留下的就是很好的教化，好像久旱碰到及时雨（甘霖）一样，没有不高兴的。所以，尧攻伐驩兜，舜攻伐有苗，禹攻伐共工，商汤攻伐夏桀，周文王攻崇国，周武王攻伐商纣，这四个帝两个王，都是以仁义之师行进于天下的。所以，离得近的人因其做了善事而亲近他，远方的人则仰慕他的美德，兵矛的刃上还没有沾到血，远远近近的人们就前来归降。德行的伟大隆盛达到这种程度，其影响施及四方最边远的地方。《诗》曰：‘淑人君子，其仪不忒，其仪不忒，正是四国。’（《诗》上说：‘贤人君子，他的礼仪没有差错。他的礼仪没有差错，可以治理四方。’）就是说的这种情况。”

李斯问荀子，说："秦国在四世（秦孝公、秦惠文王、秦武王、秦昭襄王）之中都保持了强盛的局面，军队在海内是最强大的，威势行于各诸侯国，这并不是依靠仁义而达到的，而是根据便利而行事，根据当时形势而采取相应措施。"

荀子说："这个问题不是你能弄懂的。你们说的便利，是不能真正达到便利的便利。我所说的仁义，是真正达到便利的便利。仁义是用来修改政治用的，政治修改好了，民众就会亲近他的君主，乐于为君主尽力，而容易为君主肝脑涂地，在所不辞。所以说：'一切都在于君主，将帅是次要的。'秦在四世中都保持了强盛的局面，但又很感惧怕，经常担心关东六国联合起来倾轧自己。这就是衰乱时代的军队，没有抓住根本的东西。所以，商汤流逐夏桀，并不是只在于把夏桀驱逐到鸣条的时候；周武王诛灭商纣王，也不是因为甲子日那一天的早晨而取胜的，这都是在此之前很长的时间内，长期实行仁义，加强修养的结果。这就是说的仁义之师。现在你不去探求这件事情的根本而去探求其末节，这是世界混乱的原因。"

## 【绎旨】

本章记述的是荀子与其两位弟子陈嚣和李斯关于军事问题讨论。

战争是政治的继续，而政治是有不同性质的，所以战争也有不同的性质。总起来可分为两类：一类是正义战争，一类是非正义战争。进行正义战争的是仁义之师，是为人们礼义而奋斗的。荀子所说的商汤逐夏桀、周武王伐商纣等，都属于这一类。而非正义战争，就是为了争夺而进行的。

因此，既不可否认正义战争的存在，也不可否认非正义战争的存在。因此，不能认为战争都是争夺，或战争都是为了推行仁义。

至于具体到某一次战争，是需要具体分析的。有的战争，其基本性质可能是正义的，但是由于历史的复杂性，其中也有部分的争权夺利的成分存在。有的总体上是非正义战争，在一定的范围内，也可能为人民群众做了一些好事。另外，战争的性质也会转化，由正义的变为非正义的，或者二者相反。

总之，议论战争（军事问题）必须坚持辩证分析的观点，不要简单地一概而论。强调"仁义"对于治军的作用，是有道理的。

## 【名言嘉句】

故仁者之兵，所存者神，所过者化，若时雨之降，莫不说喜。

## 【原文】

礼者，治辨之极[1]也，强国[1]之本[2]也，威行之道也，功名之总也[3]。王公由之，所以得天下也[4]；不由，所以陨社稷也。故坚甲利兵不足以为胜，高城深池不足以为固，严令繁刑不足以为威。由其道则行[5]，不由其道则废。楚人鲛革犀兕以为甲，鞈如金石，宛钜铁釶，惨如蜂虿，轻利僄遫[2]，卒[3]如飘风[6]，然而兵殆于垂沙[7]，唐蔑[8]

死，庄蹻[9]起，楚分而为三四。是岂无坚甲利兵也哉？其所以统之者非其道故也。汝、颍[10]以为险，江、汉以为池，限之以邓林[11]，缘之以方城[12]，然而秦师至而鄢、郢[13]举，若振槁然。是岂无固塞隘阻也哉？其所以统之者非其道故也。纣刳比干，囚箕子，为炮烙刑，杀戮无时，臣下懔然莫必其命[14]，然而周师至，而令不行乎下，不能用其民。是岂令不严，刑不繁也哉？其所以统之者非其道故也。古之兵，戈矛弓矢而已矣，然而敌国不待试而诎；城郭不辨，沟池不抏$^4$[15]，固塞不树，机变不张[16]，然而国晏然不畏外明内$^5$[17]者，无它故焉，明道而分钧$^6$之[18]，时使[19]而诚爱之，下之和上也如影向[20]，有不由令者然后诛之以刑。故刑一人而天下服，罪人不邮其上，知罪之在己也。是故刑罚省而威流，无它故焉，由其道故也。古者帝尧之治天下也，盖杀一人、刑二人而天下治。传曰："威厉而不试，刑错$^7$而不用[21]。"此之谓也。

## 【校】

1. 国，一说当作"固"。

2. 邀，同"速"。

3. 卒，通"猝"。

4. 抏，通"掘"。一说"抏"，当作"扣"（hú），同"掘"。

5. 明内，一作"而固"。

6. 钧，同"均"。

7. 错，通"措"。

## 【注释】

〔1〕治辨之极：是国家治理的最高标准。

〔2〕强国之本也：是使国家强盛的根本。

〔3〕功名之总也：是建立功名的关键。

〔4〕王公由之，所以得天下也：不由，所以陨社稷也：《荀子·强国》曰："人君者隆礼尊贤而王。"得出："如何才能得天下，是历代思想家不断探索的问题。荀子认为君主只要掌握了礼，就可以得天下。"（游唤民《先秦民本思想》，第139页）这种认识似乎简单了些。

〔5〕由其道则行：走以礼为治国最高原则的道路就会通行无阻。

〔6〕卒如飘风：卒，迅速。全句意为：迅速得像风一样。

〔7〕垂沙：楚国地名，一说在今河南泌阳河下游唐河一带。

〔8〕唐蔑：战国时楚国将领，公元前301年兵败于垂沙。

〔9〕庄蹻：战国时期楚国起义领袖。（公元前301年，楚庄蹻起义）。

〔10〕汝、颍：皆水名，在今河南省。

〔11〕邓林：指楚国北部边境，邓县一带的山林。

〔12〕方城：楚国北部的山名，楚国曾在北部修筑长城，绕过方城山。

〔13〕鄢、郢：皆曾为楚都。鄢在今河南鄢陵县西北；郢在今湖北江陵县西北。公元前279- 前278年，白起破鄢、郢。

〔14〕臣下憷然莫必其命：臣下都很恐惧，不知道是否能保住自己的性命。

〔15〕沟池不抇：不用挖掘护城河。

〔16〕机变不张：不使用机智变诈之术。

〔17〕明内：内部昌盛。

〔18〕明道而分钧之：彰明礼义之道，而名分均衡。

〔19〕时使：适时使用，不违农时。

〔20〕下之和上也如影向：民众，对君上的依附关系就像影之随形，回响随声音一样。

〔21〕刑错而不用：错，一释为：安置，设置。一释为：废弃，搁置。全句意为：刑罚虽然已设置好，但不用使用。或释为："刑罚废弃而不用……"。《史记·周本纪》曰："成康之日，政简刑措。"《汉书·文帝纪赞》曰："断狱数百，几致刑措。"《汉书·王吉传》曰："周之所以能致治，刑措而不用者，以其禁邪于冥冥，绝恶于未萌也。"此外，还有其他例证。可见，前人皆以第二种解释理解"刑措"。

## 【译文】

礼，是治理国家的最高准则，是使国家强盛的根本，是国家威势扩行的必由之路，是建立功业名声的关键。王公坚持礼的准则，就能够得到天下，否则就会失去社稷。所以，依靠坚固的铠甲、锋利的兵器不能够取得完全的胜利，高大的城墙、深广的护城河不能够成为完全坚固的城防，严格的命令、繁苛的刑罚不能够完全威慑人心，而坚守礼义之道就会通行无阻，不坚守礼义之道就会遭受失败。

楚国人用鲨鱼皮、犀兕皮做铠甲，坚硬的如同金属和石头；宛地的铁做的长矛，狠毒如同蜂、蝎的毒刺；士兵们轻快骁勇，如同旋风。但是，楚军丧师于垂沙，唐蔑身死，庄蹻起兵后，楚国被分裂成三四块，这难道是因为楚国没有坚固的铠甲、锋利的兵器吗？之所以达到如此的境地，就是因为统一指导楚国的不是一条礼义治国之道啊。本来楚国打算以汝水、颍水为天险，以长江、汉水为护城河，以邓县一带的山林为险阻，围绕经过方城山的长城与秦国相较量。但是，秦国军队到来后，鄢、郢都被攻下，就像取下一根枯木一样容易。这难道是因为楚国没有坚固的要塞险阻吗？这是因为统治楚国的不是一条礼义治国之道的缘故啊！

商纣王剖杀比干，囚禁箕子，实行炮烙之刑，说不定什么时候就对大臣杀戮，臣下都十分恐惧，不知道自己能不能保住性命。但是，在周朝的军队到来时，纣王的命令却无法在臣下中实行，纣王不能使用他的民众。这难道是因为命令不严格、刑罚不繁苛吗？这是因为统治商朝的不是一条礼义治国之道的缘故啊！

古代的兵器，不过是戈、矛、弓、箭罢了，但是敌对国家不用派军队去试一下就屈服了；不用修筑城墙，不用挖掘护城河，坚固的要塞不用建立，机智变诈之术不用施展，国家却安然无事，既不怕外敌，内部又很强盛，这没有其他原因，就是因为有明确的治国之道即礼义之道，同时人们的名分又均衡合适，对民众适时而用，又真正爱护，臣下应和君上就如影之随形，回响之随声。有不服从命令的，事后处之以刑。所以，处罚一人而天下都畏服，犯罪的人也不怨恨君主，他知道犯罪的责任在于自己。由此，刑罚减少而威严却传播很远，这没有其他原因，就是因为遵行了礼义之道。古时代，帝尧治理天下，总共杀了一个人，处刑罚两个人，天下就治理好了。古书说："威势严正但没有实行，刑罚搁置起来不须使行。"就是说的这种情况。

## 【绎旨】

本章主要阐述礼在治国中的作用，指出礼是治辨之极，强国之本，威行之道，功名之总。之后用楚国、商纣王及其他事例说明治国必须遵从礼义之道，否则就会陷入失败。最后以帝尧的统治作结，说明只有礼义之道，才能使"刑错而不用。"

## 【名言嘉句】

礼者，治辨之极也，强国之本也，威行之道也，功名之总也。王公由之，所以得天下也；不由，所以陨社稷也。故坚甲利兵不足以为胜，高城深池不足以为固，严令繁刑不足以为威。由其道则行，不由其道则废。

## 【原文】

凡人之动也，为赏庆为之则见害伤焉止矣。故赏庆、刑罚、埶诈[1]，不足以尽人之力，致人之死。为人主上者也，其所以接下之百姓者无礼义忠信，焉虑率用赏庆、刑罚、埶诈，除阨其下[2]，获其功用而已矣。大寇则至，使之持危城则必畔¹，遇敌处战则必北，劳苦烦辱则必奔，霍焉离耳，下反制其上。故赏庆、刑罚、埶诈之道者，佣徒鬻²卖之道也[3]，不足以合大众，美国家，故古之人羞而不道也。故厚德音以先之，明礼义以道之，致忠信以爱之，尚贤使能以次之，爵服庆赏以申之[4]，时其事，轻其任以调齐之[5]。长养之，如保赤子。政令以定，风俗以一，有离俗不顺其上，则百姓莫不敦恶[6]，莫不毒孽[7]，若祓不祥，然后刑于是起矣。是大刑之所加也，辱孰大焉？将以为利邪？则大刑加焉，身苟不狂惑戆陋，谁睹是而不改也哉！然后百姓晓然皆知修上之法[8]，像上之志而安乐之。于是有能化善、修身、正行、积礼义、尊道德，百姓莫不贵敬，莫不亲誉，然后赏于是起矣。是高爵丰禄之所加也，荣孰大焉？将以为害邪？则高爵丰禄以持养之，生民之属，孰不愿也？雕雕焉县贵爵重赏于其前，县³明刑大辱于其后[9]，虽欲无化，能乎哉！故民归之如流水，所存者神，所为者化而顺，暴悍勇力之属为之化而愿，旁辟曲私之属为之化而公，矜纠收缭之属为之化而调，夫是之谓大化至一。《诗》曰："王犹允塞，徐方既来。[10]"此之谓也。

## 【校】

1. 畔，通"叛"。

2. 粥，同"鬻"。

3. 县，同"悬"。

## 【注释】

〔1〕赏庆、刑罚、埶诈：所以，赏赐、庆贺、刑罚、欺骗、诡诈等不能够使人为君主完全尽力和牺牲性命。

〔2〕除陀其下：驱逐逼迫下面的民众。

〔3〕佣徒粥卖之道也：粥，卖。全句意为：被雇佣的人进行买卖的办法。

〔4〕以申之：反复讲明。

〔5〕时其事，轻其任以调齐之：在合适的时间调发劳役，减轻其负担，以使负担均衡（一说调齐，即"调剂"）。

〔6〕敦恶：厌恶。

〔7〕毒孽：痛恨。

〔8〕修上之法：服从君上之法。

〔9〕县明刑大辱于其后：条理分明的刑罚和严重的耻辱悬挂在后面。

〔10〕王犹允塞，徐方既来：语出《诗·大雅·常武》。徐方，东夷族的一支，又称徐夷其址在今鲁南苏北一带。全句意为：王的仁义流佈天下，徐方已来归附。

## 【译文】

凡是人的行动，都为了获取赏赐和庆贺的物资，如果见到伤害就不去办了；所以，赏赐、庆贺的礼物、刑罚处置、威势欺诈等不能够使人为君主完全尽力并显出自己的生命。为百姓主上的人，所用来接触下面百姓的并不是礼义忠信，大体上用的就是赏赐、庆贺的礼物，刑罚处置、威势欺诈来逼迫百姓，以获取一定的效果而已。如果有了强大的敌人到来，使百姓去守卫危险的城邑，百姓一定会叛逃；如果遇到与敌人战斗，一定会失败；遇到劳苦、烦心和受侮辱的事，一定会逃走，很快就会离散而去。这样，下面的民众反而会控制他们的统治者。所以，赏赐、庆贺、刑罚和威势欺诈这一套办法，不足以团结大众，使国家风俗淳美；所以，古代的有识之士对此感到羞耻，因而是不愿意谈论的。所以，对于民众，应该首先用淳厚的道德声望来影响教化他们，使他们通晓义以便开导启发，用忠诚守信的态度来爱护他们，用尊崇贤良、任用能者的办法安排他们，向他们显示表明等级名分的爵位服饰及赏赐庆贺的礼物，在合适的时间调发劳役，减轻他们的负担，并使负担均衡。养育爱护使之长大成才，就像爱护婴孩一样。

在政策稳定，风俗划一之后，如果有背离风俗，不顺从他们的君主的，百姓就会没有不厌恶的，没有不痛恨的，都想像拔除祸害一样清除他们，这样一来，刑罚制度就兴起了。这种大刑加到身上之后，耻辱谁更大呢？还要以此为利？但是大刑已经加到身上了，如果不是患狂惑戆陋之病，谁看到这种情况还不改正？然后，百姓都知道了要服从君主的法令，学习和遵从君主的意志，从而过安乐的日子。于是，对能够向善的方面变化，注重修养自身，端正行为，积累礼义知识和行为，尊崇道德，老百姓没有不尊敬，不亲近赞美的，这样一来，庆赏的制度也就兴起了。这样崇高丰厚的俸禄加到身上之后，谁能比此更荣耀呢？认为这样有害吗？但是崇高的爵位、丰厚的俸禄用来奉养自己。只要是国中的民众，谁有又不愿意呢？十分明显，贵重的爵位、重大的赏赐悬挂在前面，条理分明的刑罚和严重的耻辱悬挂在后面，即使想不感化服从，能做到吗？所以，民众来投奔的就像流水一样，这里所留下的就是治理得很好，所进行的就是感化民众十分顺利，强暴、不讲理、打打杀杀一类都变化为和善拘谨，偏颇、私心重变化而为公正无私，急躁纠缠一类变化为协调平和，这就叫作通过深刻的变化而达到了和谐一致。《诗》曰："王犹允塞，徐方既来。"（《诗》上说："王的仁义流佈天下，徐方已来归附。"）就是说的这种情形。

## 【绎旨】

本章主要是分析赏庆、刑罚、埶（势）诈等手段的作用及局限性，进一步说明以道德、礼义教化民众的重要性。同时对赏庆、刑罚、埶（势）诈等的作用也做了辩证的肯定。

## 【名言嘉句】

故厚德音以先之，明礼义以道之，致忠信以爱之，尚贤使能以次之，爵服庆赏以申之，时其事，轻其任以调齐之。长养之，如保赤子。

## 【原文】

凡兼人者有三术：有以德兼人者，有以力兼人者，有以富兼人者。彼贵我名声，美我德行，欲为我民，故辟门除涂 1 [1] 以迎吾入。因其民，袭其处 [2]，而百姓皆安。立法施令，莫不顺比 [3]。是故得地而权弥重，兼人而兵俞强，是以德兼人者也。非贵我名声也，非美我德行也，彼畏我威，劫我埶，故民虽有离心，不敢有畔虑，若是，则戎甲俞众，奉养必费。是故得地而权弥轻，兼人而兵俞弱，是以力兼人者也。非贵我名声也，非美我德行也，用贫求富，用饥求饱，虚腹张口来归我食，若是，则必发夫掌 2 廥 [4] 之粟以食之，委之财货以富之，立良有司以接之，已期三年，然后民可信也，是故得地而权弥轻，兼人而国俞贫，是以富兼人者也。故曰：以德兼人者王，以力兼人者弱，以富兼人者贫，古今一也。

兼并易能也，唯坚凝 [5] 之难焉。齐能并宋 [6] 而不能凝也，故魏夺之 [7]；燕能并齐 [8] 而不能凝也，故田单夺之；韩之上地 [9]，方数百里，完全富足而趋赵，赵不能凝也，故秦夺之。故能并之而不能凝，则必夺；不能并之又不能凝其有，则必亡。能凝之，则必能并之矣。得之则凝，兼并无强〔10〕。古者汤以薄³〔11〕，武王以滈⁴〔12〕，皆百里之地也，天下为一，诸侯为臣，无他故焉，能凝之也。故凝士以礼，凝民以政，礼修而士服，政平而民安。士服民安，夫是之谓大凝。以守则固，以征则强，令行禁止，王者之事毕矣。

## 【校】

1. 涂，同"途"。
2. 掌，王引之以为当作"廩"。
3. 薄，同"亳"。
4. 滈，同"镐"。

## 【注释】

〔1〕辟门除涂：打开门户，扫清道路。

〔2〕袭其处：因原居民居于原处，故借之亦占领其地。

〔3〕顺比：比，靠近，亲近。全句意为：顺从而亲近。

〔4〕掌窌：掌，廩，米仓称廩。地窖为窌。

〔5〕凝：凝固，团聚，保持巩固。

〔6〕齐能并宋：公元前286年，齐伐宋，宋王出逃，齐灭宋。

〔7〕魏夺之：公元前284年，魏与秦、赵、韩、燕共同攻齐，齐王出逃，齐被瓜分。

〔8〕燕能并齐：公元前284年，颜将乐毅攻齐，下齐七十余城，齐仅存莒与即墨，后又被齐田单夺回。公元前284-前279年，燕大破齐。公元前279年，田单复国。

〔9〕韩之上地：指韩国上党郡（在今山西长治市北）。公元前262年，秦伐韩，上党郡守冯亭降赵。秦昭王派白起攻上党，赵以廉颇抵抗，相持三年。后赵改用赵括被白起大败于长平，秦占领上党地区。公元前259年，秦攻取上党。

〔10〕得之则凝，兼并无强：如果得到的土地能够巩固住，那么在进行兼并就没有强大的对手了。

〔11〕薄：即亳，商初都城。

〔12〕滈：即镐，周初都城。

## 【译文】

凡是兼并人的有三种方法：有的是以德行高尚兼并他人，有的是以力量强大兼并他人，有的是以富有兼并他人。

那个地方的民众尊崇我的名声，赞美我的德行，想成为我治下的民众，所以，他们敞开门户，扫清道路，以迎接我。我收留了他的民众，又顺便占有了他的住处，而老百姓都安然无事，建立新的法律，施行新的政令，没有不顺从亲近的。所以，得到了土地权力更加重了，兼并了人员而兵马更强大了。这就是以高尚德行兼并人的情况。

不是尊崇我的名声，也不是欣赏我的德行，那里的民众害怕我的威势，被我方势力所逼迫，所以民众虽然有离去之心，但又不敢有真正叛离的想法。像这样，那带甲之士就需要更多，供养的经费更大。所以，得到土地而权力更轻了，兼并了人但兵却更弱。这是力量兼并人的情况。

不是尊崇我的名声，也不是欣赏我的德行，是因为贫穷而想变得富裕一些，因为饥饿想吃饱，空着肚子张着口到我这里找饭吃。如果这样，就必须叫人发放仓窖中的粟米好叫他们食用，给他们财货以使之富有，设立好的有司以接待他们，需要三年时间，然后这些民众，才值得信任。所以虽然得到土地但权势更轻了，增加人口而国家愈发贫困。这是以富兼并人的情况。所以说，以高尚的美德兼并人的能够称王，以强力兼并人的会变得衰弱，靠富有兼并人的会变贫穷。这一点，古代和今天是一样的。

兼并是容易做到的，只有保持巩固是很难的。齐国能兼并宋国，但不能巩固，所以后来被魏国夺去；燕国能够兼并齐国，但不能巩固，所以后来被田单夺回；韩国的上党郡，方圆几百里，完全达到富足的标准，后来投降赵国，但赵国不能巩固，后来被秦国夺去。所以，能够兼并但不能巩固，那一定会发生争夺；不能兼并他国之地又不能巩固本国原来就有的，那就一定会灭亡。能巩固夺取的土地，就一定能兼并他国的土地。得到的土地能很好地巩固住，再兼并就不会遇到更强大的对手了。古代的商汤以亳地，周武王以镐地，都是方圆百里的地方，后来天下成为一家，诸侯都成了臣子，这没有其他原因，就是因为能巩固已经取得的土地。所以，要巩固已形成的士人的队伍就要靠礼，要巩固民众就要靠好的政治。坚持推行礼，士人会顺服；政治公平，民众就会安定。士人顺服，民众安定，这就是最重要的巩固。以此作为防守，国家就会巩固，依靠这些进行征伐则会强大无敌，颁布命令后该停止的立即停止，这样，为王的事情就算完成了。

【绎旨】

本章第一节分析兼人三术各自的成功与失败，强调只有以德兼人，才是最好的。第二节分析各国间的兼并问题。强调"坚凝"的重要性，而要做到"坚凝"，必须"凝士以礼，凝民以政"。全章仍是强调"礼"与"德"在治国治军与外交中的重要意义。

【名言嘉句】

①以德兼人者王，以力兼人者弱，以富兼人者贫，古今一也。

②故凝士以礼，凝民以政，礼修而士服，政平而民安。士服民安，夫是之谓大凝。以守则固，以征则强，令行禁止，王者之事毕矣。

# 强国篇第十六

【导读】

本篇集中记述了如何使国家强盛的问题，故名"强国"。

全篇可分为五章。

第一章，以初出模型的剑为比喻，阐述国家只有经过砥砺才能强大。这个"砥砺"记述礼义节奏。

第二章，主要是荀子对楚国令尹子发不按常理办事的批评。

第三章，是荀子对齐相讲的一段话，提出应以"胜人之势"驾驭"胜人之道"。之后，通过桀、纣与汤、武的比较，说明礼让忠信的重要。

第四章，主要是针对秦国情况提出的见解，提出秦国"无儒"的短处，提醒秦国必须重视礼义的推行。

第五章，阐述治国中，重视"积微"，崇尚礼义忠信和分清轻重缓急的重要意义。

【原文】

刑[1]范正，金锡美，工冶巧，火齐[2]得，剖刑而[3]莫邪已。[1]然而不剥脱[2]，不砥厉[3]，则不可以断绳；剥脱之，砥厉之，则劙盘盂、刎牛马忽然耳[4]。彼国者，亦强国之剖刑已[5]。然而不教诲，不调一，则入不可以守，出不可以战；教诲之，调一之，则兵劲城固，敌国不敢婴也。彼国者亦有砥厉，礼义节奏是也。故人之命在天，国之命在礼。人君者隆礼尊贤而王，重法爱民而霸，好利多诈而危，权谋、倾覆、幽险而亡。

威有三：有道德之威者，有暴察之威者，有狂妄之威者。此三威者，不可不孰察也。礼义则修[6]，分义则明[7]，举错[4]则时[8]，爱利则形[9]。如是，百姓贵之如帝，高之如天，亲之如父母，畏之如神明。故赏不用而民劝，罚不用而威行。夫是之谓道德之威。礼乐则不修，分义则不明，举错则不时，爱利则不形，然而其禁暴也察[10]，其诛不服也审[11]，其刑罚重而信[12]，其诛杀猛而必[13]，黭[5]然而雷击之[14]，如墙厌之。如是，百姓劫则致畏，赢则敖[6]上，执拘则最[7]，得间则散，敌中则夺[15]，非劫之以形埶[8]，非振之以诛杀，则无以有其下。夫是之谓暴察之威。无爱人之心，无利人之

事，而日为乱人之道，百姓讙敖，则从而执缚之，刑灼之，不和人心。如是，下比周
贲溃以离上矣[16]，倾覆灭亡可立而待也。夫是之谓狂妄之威。此三威者，不可不孰察
也。道德之威成乎安强，暴察之威成乎危弱，狂妄之威成乎灭亡也。

## 【校】

1. 刑，通"型"。

2. 齐，通"剂"。

3. 而，同"则"。

4. 错，通"措"。

5. 黭，同"奄"。

6. 敖，同"傲"。

7. 最，当作"聚"。是"冣"字之误，古同"聚"。

8. 埶，同"势"。

## 【注释】

〔1〕刑范正，金锡美，工冶巧，火齐得，剖刑而莫邪已：金，古代多指铜。干将
莫邪，相传为古代铸剑师的名字，传二人为铸出利剑，跳身于炉中。与铸剑原料合为
一体，其后人用之铸出的宝剑锋利无比，即以二人之名分别命之，雄剑为干将，雌剑
为莫邪。后世以干将或莫邪为宝剑的代称。全句意为：铸造器物的模型周正，作为原
料的铜、锡精良，冶炼技术精巧，火候与原料的比例配合恰当，这样打开模型，就能
得到莫邪一样的宝剑。

〔2〕剥脱：指剑出模型后的剥刮、锤锻、淬火等一系列加工过程。

〔3〕砥厉：在磨刀石上反复磨炼，使之锋利。

〔4〕劙（lí）盘盂、刎牛马忽然耳：劙，砍斩、分割；刎，杀、割。忽然耳，瞬间
完成，十分轻快。全句意为：砍斩盘盂，斩杀牛马可瞬间完成。

〔5〕彼国者，亦强之剖刑已：（那）国家，不过是强国刚刚从模型中剖出时的毛
坯状态罢了。

〔6〕礼义则修：修，完备。全句意为：礼义要完备。

〔7〕分义则明：分，名分，职位。义，各得其宜，各安其位。全句意为：名分职
位上下级关系要明确，必须做到各得其宜。

〔8〕举错则时：各项举措能在合适时间进行，不违农时。

〔9〕爱利则形：爱护民众，有利于民众，要表现在行动上。

〔10〕禁暴也察：禁止暴乱明察（明确而细察）。

〔11〕诛不服也审：诛灭不服者也精审。

〔12〕刑罚重而信：刑罚重而且说到做到。

〔13〕诛杀猛而必：诛杀猛烈而果断。

〔14〕黭然而雷击之：黭，突然。全句意为：突然而至，如同雷击。

〔15〕百姓劫则致畏，赢则敖上，执拘则最，得间则散，敌中则夺：赢，宽缓。全句意为：百姓受到胁迫则畏惧，稍有宽缓就对上傲慢，只有执拘起来才能聚在一起，得机会就离散，敌人来了就随敌而去。

〔16〕下比周贲溃以离上矣：比周，结为一体。贲，奔走。全句意为：下层民众成群结队离散而去。

【译文】

铸造器物的模型周正，作为原料的铜、锡精良，冶炼技艺精巧，火候与原料的比例配合恰当，这样打开模型，就能得到莫邪一样的宝剑。但是，宝剑出型之后，不进行剥刮、锤锻、淬火等一系列工序，不进行磨厉，就连绳子也斩不断。进行剥刮、砥砺之后，砍断铜制的盘盂和杀死牛马，那就非常轻快了。（那）国家也不过是强国刚从模型中剖出来的毛坯状态而已。如果对君臣百官及民众不进行教诲，不进行调整以使上下一致，那么，对内而言就不能守卫住这个国家，对外而言就不能够对外作战。对君臣百官百姓进行教育训导，调整各种关系，使之上下一致，就会变得军队坚强城防坚固，敌国不敢前来侵犯。对国家而言，也有砥砺它的磨石，这就是礼义法度。所以，人的命运在于天给的机会，国家的命运在于礼在该国的普及及实行状况。人君如果尊崇礼，尊重贤人，就会称王；重视法治，爱护民众，就会称霸。如果追求私利，又好欺诈他人，那就会出现危机；如果玩弄权术阴谋，喜欢倾轧他人，阴暗险恶，就会灭亡。

威严有三种：有道德之威，有暴察之威，有狂妄之威。对这三种威严，不可以不周密细致地考察一番。

礼乐制度完备，名分职位上下级关系明确，人们各得其宜，各项举措能在合适时间进行，不违农时。对民众的爱护和恩惠能表现在行动上。这样一来，老百姓尊崇君主就像尊崇上帝一样，敬仰君主就像敬仰高天一样，对君主的亲近就像对亲近父母一样，对君主的敬畏就像敬畏神灵一样。所以，不用赏赐，民众就积极努力去劳作，不用刑罚而君主的威严就能会扩展传佈。这就叫作道德之威。

礼乐制度不完备，名分职位及个人应有的权利不明确，有重大的行动，不安排在适当的时间，对民众的爱护与恩惠也没有见诸行动；但是禁止暴乱都很明察，诛杀不服者的行动很精审，刑罚偏重而且说到做到，对反对者的诛杀猛烈而果断，突然而至，像雷击一样，像墙压下来一样。这样，就使百姓变得，逼迫时就畏惧，稍微宽缓就对君主傲视，只有强制才能聚在一起，得到机会就离散，敌人来了，就随敌人而去。君主如果不是用威势胁迫他们，不用诛杀去使他们震撼，那就不会有下层民众了。这就叫作暴察之威。

没有爱护民众的思想，没有做过对民众有利的事，而每天都做扰乱社会的歪门邪道，老百姓怨言纷纷，就乘机逮捕他们，用刑烤灼，而不去和解人心。这样，就迫使民众成群结队离开自己的君主，国家的垮台灭亡马上就可以出现。这就叫作狂妄之威。

对以上三种威严，不可不熟悉明察。道德之威能成就国家的安定强盛，暴察之威能造成国家的危险衰弱，狂妄之威能造成国家的灭亡。

## 【绎旨】

本章以初出模型的利剑比喻一个国家，剑不经过剥刮、砥砺等工序不会锋利。治理国家也是如此，荀子指出："彼国者亦有砥厉，礼义节奏是也。故人之命在天，国之命在礼。人君者隆礼尊贤而王，重法爱民而霸，好利多诈而危，权谋、倾覆、幽险而亡。"

之后，又阐述"威有三"；而"道德之威成乎安强"，意在强调为君者必须加强道德修养，以德治民，否则只能衰败或灭亡。

## 【名言嘉句】

①彼国者亦有砥厉，礼义节奏是也。故人之命在天，国之命在礼。人君者，隆礼尊贤而王，重法爱民而霸，好利多诈而危，权谋、倾覆、幽险而亡。

②道德之威成乎安强，暴察之威成乎危弱，狂妄之威成乎灭亡也。

## 【原文】

公孙子[1]曰："子发将西伐蔡[2]，克蔡，获蔡侯，归致命曰[3]：'蔡侯奉其社稷[4]而归之楚，舍属¹二三子[5]而治其地。'既，楚发其赏，子发辞曰：'发诚布令[6]而敌退，是主威也；徙举相攻[7]而敌退，是将威也；合战用力[8]而敌退，是众威也。臣舍不宜以众威受赏。"讥之曰[9]："子发之致命也恭，其辞赏也固[10]。夫尚贤使能，赏有功，罚有罪，非独一人为之也，彼先王之道也，一人之本也[11]，善善、恶恶[12]之应也，治必由之，古今一也。古者明主之举大事，立大功也，大事已博[13]，大功已立，则君享其成，群臣享其功，士大夫益爵，官人益秩，庶人益禄。是以为善者劝，为不善者沮，上下一心，三军同力，是以百事成而功名大也。今子发独不然，反先王之道，乱楚国之法，堕兴功之臣，耻受赏之属，无²僇乎族党[14]而抑卑其后世，案独以为私廉，岂不过其矣哉！故曰：子发之致命也恭，其辞赏也固。"

## 【校】

1. 属，通"嘱"。
2. 无，借为"侮"。

## 【注释】

〔1〕公孙子：齐国之相。一说姓公孙，名忌。子是尊称，相当于今之"先生"。

〔2〕子发将西伐蔡：子发，楚国令尹，姓名不详。曾率领军队攻打蔡国。蔡，古国名，周武王弟叔度所封之国（在今安徽省凤台县），后亡于楚。蔡在楚国之北，不在其西。故一说"将西伐楚"之"西"字，应为"而"字。一说此处之"蔡"，应指高蔡，不是指上蔡或下蔡，高蔡在楚西。

〔3〕归致命曰：回到楚国，向楚王报告说。古时臣子奉命外出办事，完成后回来向君主回报叫"致命"或"报命"。

〔4〕社稷：社，土地神。稷，谷神。社稷可代表国家。

〔5〕舍属二三子：舍，子发之名。二三子，通行的几个人。

〔6〕发诚布令：发布警告，宣布命令。

〔7〕徙举相攻：调发军队，进攻敌军。

〔8〕合战用力：双方混合在一起，用力攻打。

〔9〕讥之曰：评论此事说。

〔10〕其辞赏也固：他对赏赐的辞退也够固执的。

〔11〕一人之本：统一人民思想的根本。

〔12〕善善、恶恶：表扬善的，贬斥恶的。

〔13〕大事已博：大事已经博通、办通。

〔14〕无僇乎族党：僇，羞辱，耻辱。一说，无，没有。全句意为：虽然没有羞辱其宗族，但也……。

## 【译文】

公孙子先生说："楚国令尹子发将要率军向西攻伐高蔡国，结果攻下了高蔡，俘了蔡侯。班师回朝后，向楚王回报，说：'蔡侯恭敬地把他的社稷送给楚国，臣下已嘱咐同行者去管理那块地方。'在论功之后，楚王发给子发赏赐。子发辞谢说：'发布警告，宣布命令，敌人即退却，这是君主的威严；调发军队，进行攻击，敌人退却，这是主将帅的威严；双方混战在一起，拼命攻打，敌人退却，这是将士们的威严。臣下不应该冒用将士们的威严接受赏赐。'"

荀子对此给予批评性的评论，他说："子发向楚王的回报还是很恭敬的，但是他的辞谢赏赐却显得孤陋不通气而不合常理。崇尚贤人，任用有能力的人，赏赐建立功勋的人，惩罚有罪的人，这不是那一个人的作为，而是自古以来，历代圣王都肯定的治国法则。这是统一人们思想的根本，是肯定和表彰善的，贬斥恶的这一过程的反应，凡治国都一定要这么办，这是古今一脉相承的。古代明王举办大的事业，建立大的功勋，在大事完成、大功勋已建的情况下，就要君主享受它的成果，群臣分享成功的利益，士大夫要增加爵禄，官吏们提高品秩，一般士兵也要增加俸禄。这样是为了使做好事的人更加努力，做坏事的人受到制止；使上下一条心，三军共同努力，因此各项事业都会取得成功而功业名誉都会增大。现在，子发却独独不这样干，他违反先代圣王的原则，扰乱楚国的法度，挫伤立功之臣的积极性，使应受到赏赐的人受到耻辱，即使没有侮辱他的宗族，但也使其后世子孙受到贬抑，还自以为个人很清廉。这样做，不是很过分吗？所以说：子发向楚王的回报还是很恭敬的，但是他的辞谢赏赐却显得孤陋不通气而不合常理的。"

## 【绎旨】

本章主要是借公孙子之嘴叙述了楚国令尹子发不按常理处事的事实和荀子对此事的批评性评论。任何一个稳定的国家，都有自己一套成熟的典章制度，对这些制度只有认真遵守执行，才能保持国家的稳定与发展。楚国子发的做法无疑违反了这一点，而荀子的批评正是维护了这一治国之道。当然，保持制度的稳定性与新的改革并不矛盾，这两方面都是需要慎重对待的。

## 【名言嘉句】

夫尚贤使能，赏有功，罚有罪，非独一人为之也，彼先王之道也，一人之本也，善善、恶恶之应也，治必由之，古今一也。

## 【原文】

荀卿子说齐相[1]曰："处胜人之埶¹[2]，行胜人之道[3]，天下莫忿，汤、武是也；处胜人之埶，不以胜人之道，厚于有天下之埶，索为匹夫不可得也，桀、纣是也。然则得胜人之埶者，其不如胜人之道远矣[4]。夫主相者[5]，胜人以埶也，是为是，非为非，能为能，不能为不能，并²己之私欲[6]，必以道夫公道、通义之可以相兼容者，是胜人之道也。今相国，上则得专主，下则得专国，相国之于胜人之埶，亶有之矣[7]。然则胡不驱此胜人之埶赴胜人之道，求仁厚明通之君子而托王焉，与之参国政，正是非？如是，则国敦³敢不为义矣[8]！君臣、上下、贵贱、长少，至于庶人，莫不为义，则天下孰不欲合义矣？贤士愿相国之朝[9]，能士愿相国之官，好利之民莫不愿以齐为归，是一天下也。相国舍是而不为，案直为是世俗之所以为，则女主乱之宫[10]，诈臣乱之朝，贪吏乱之官，众庶百姓皆以争夺贪利为俗，曷若是而可以持国乎？今巨楚县⁴[11]吾前，大燕鰌[12]吾后，劲魏钩吾右，西壤之不绝若绳[13]，楚人则乃有襄贲、开阳以临吾左。是一国作谋，则三国必起而乘我。如是，则齐必断而为四三，国若假城然耳，必为天下大笑。曷若？两者孰足为也？

夫桀、纣，圣王之后子孙也，有天下者之世也[14]，埶籍之所存[15]，天下之宗室也，土地之大，封内千里，人之众数以亿万，俄而天下偶然举去桀、纣而奔汤、武，反然举恶桀、纣而贵汤、武。是何也？夫桀、纣何失？而汤、武何得也？曰：是无它故焉，桀、纣者，善为人所恶也；而汤、武者，善为人所好也。人之所恶何也？曰：汙漫、争夺、贪利是也。人之所好者何也？曰：礼义、辞让、忠信是也。今君人者，辟称比方则欲自并乎汤、武，若其所以统之，则无以异于桀、纣，而求有汤、武之功名,可乎?故凡得胜者,必与人也;凡得人者,必与道也。道也者何也?礼让忠信是也。故自四五万而往者强胜,非众之力也,隆在信矣。自数百里而往者安固,非大之力也,隆在修政矣。今已有数万之众者也,陶诞⁵比周以争与[16];已有数百里之国者也,汙漫突盗以争地[17];然则是弃己之所安强,而争己之所以危弱也;损己之所不足,以重己之所有余。若是其悖缪也,而求有汤、武之功名,可乎?辟之是犹伏而咶天[18],救经而引其足也[19],说必不行矣,愈务而愈远。为人臣者,不恤己行之不行,苟得利而已矣,是渠冲[20]入穴而求利也,是仁人之所羞而不为也。故人莫贵乎生,莫乐乎安,所以养生安乐者,莫大乎礼义。人知贵生乐安而弃礼义,辟之是犹欲寿而殁⁶颈也,愚莫大焉。故君人者,爱民而安,好士而荣,两者亡一焉而亡。《诗》曰:"价人维藩,大师维垣。"[21]此之谓也。

## 【校】

1. 埶,同"势"。下同。
2. 并,通"摒"。
3. 敦,当作"孰"。
4. 县,同"悬"。
5. 陶,通"谣"。
6. 殁,同"刎"。

## 【注释】

〔1〕说齐相:说(shuì),说服,劝说。

〔2〕处胜人之埶:处于能制服他人的势位上。

〔3〕行胜人之道:实行制服他人的办法。

〔4〕然则得胜人之埶者,其不如胜人之道远矣:虽然如此,但是具有了制服他人的权势地位,赶不上去实行制服他人的办法是相差很远的。

〔5〕夫主相者:主相,一解,指君主与相;二解,主相就是君主之相。从全文来看,荀子主要是论述"相"的有关问题。

〔6〕并己之私欲:摒弃自己的私心欲望。

〔7〕亶有之矣:亶,真正。全句意为:是真正具有了。

〔8〕则国敦敢不为义矣:国家之内哪一个敢不实行道义呢?

〔9〕贤士愿相国之朝:愿,思慕。全句意为:贤人想在相国的朝廷上出力。

〔10〕女主乱之宫:后妃在宫中作乱。

〔11〕县:悬。这里为"压迫"之意。

〔12〕鳅(qiū):逼迫。

〔13〕西壤之不绝若绳:西边的领土危险得像根细绳在维持一样。

〔14〕有天下者之世也：是曾经占有天下的帝王的后世子孙。

〔15〕埶籍之所存：埶（势），权势、位置。籍，位置。全句意为：最大的权势、地位的占有者。

〔16〕陶诞比周以争与：陶，诡诈，说谎。全句意为：诡诈勾结以争权同盟。

〔17〕汙漫突盗以争地：污秽卑鄙，欺诈偷袭去夺取土地。

〔18〕犹伏而咶天：犹，一种似狗的动物。全句意为：犹伏在地上用嘴去舔天。

〔19〕救经而引其足也：救上吊的人去拉他的脚，这是不行的。

〔20〕渠冲：古代打仗时用以攻城的大车。

〔21〕价人维藩，大师维垣：语出《诗·大雅·板》。全句意为：善人是国家的藩篱，民众是国家的围墙。

## 【译文】

荀子对齐国的国相说："如果处于制服他人的权势和地位上，然后施行能够制服他人的办法，天下的人是不会对此有怨恨的，商汤、周武王就是这样的。虽然处于制服他人的权势和地位上，但不采用制服他人的办法，掌握了天下很多权势，但最后想做一个普通的老百姓也办不到，夏桀、商纣就是这样的人。这样看来，掌握了制服他人的权势和地位，与施行制服他人的办法相比，是相差很远的。

"君主的相国，处于制服他人的权势和地位上，是就是是，非就是非，有能力就是有能力，没有能力就是没有能力。摒弃自己的私心欲望，以一定要实行大家都承认的公正、公允的原则，普遍的道义规范，特别是其中那些能够相互包容的规定，这就是能制服他人的办法。现在，相国您向上得到君主的专门宠信，向下得到专断国家事务的权力，相国对制胜他人的办法，的确是已经掌握在手了。既然如此，为什么不驾驭制服他人的权势使之变成制服他人的办法呢？寻求仁德厚道明理通达的君子，把他托付给王？使参与国家大事，以辅佐王，端正是非。这样一来，国家之内哪一个敢不实行道义呢？从君到臣，从上到下，无论是高贵的还是贫贱的，年长的还是年少的，以至于最下层的老百姓，没有不做出义举的，这样天下哪一个人还不想使自己的行为合乎道义呢？贤人想在相国的朝廷上出力，能人想在相国那里为官，贪图利益的民众没有不愿意以齐国为归宿的，这就是统一天下啊。相国如果舍此而不大干一番，只是去做世俗之人能做的事，那么后宫的后妃会扰乱政务，诡诈之臣会扰乱朝政，贪官污吏会扰乱官员队伍，一般老百姓都会认为贪图利益、争夺实惠是当今的社会风气，这样难道可以保持国家的正常秩序吗？

"现在强大的楚国以压迫之势在我们前面，大燕国以逼迫之势在我们后面，强劲的魏国在我们的右面牵扯，西部边疆土危险得像根细绳一样在维持，还有楚国的裹贡、开阳在我们左边。如果有一个国家进行阴谋策划，其他三国必然都起来成己攻打我国，那样的话，齐国就会被割裂成三、四块，国家就像假设的城邑一样，这一定会受到天下人的大大的耻笑。怎么办？这两者中哪一样值得去做呢？

"夏桀、商纣是古代圣王的后代子孙，是曾经占有天下的帝王的后世，是最大的权势地位的占有者，曾是天下的宗室，所占有的土地非常广大，所封土地的疆域方圆千里，人之多，要用万用亿来表示。但是，很快天下突然离开桀、纣而投奔汤、武，反过来举出桀、纣的罪恶而尊崇汤、武。这是为什么呢？桀、纣究竟有什么失误，汤、武究竟有什么值得肯定之处呢？回答说：这没有其他原因，桀、纣这样的人，善于做那些人们厌恶的事；而汤、武善于做人们高兴的事。人们厌恶的是什么呢？污秽卑劣、争权夺财、贪图利益等。人们喜欢的是什么事呢？回答说：礼义、辞让、忠信。现在作为君主的人，打比方作辟称都要把自己与汤、武列在一起，而如果看他们实际的统治情况，则与桀、纣找不出差别来，在这种情况下，要具有汤、武的功业名声，能做到吗？所以，凡是获得胜利的，一定是得到了民心；凡是得到民心的，一定是掌握了正确的原则方法。这个原则方法是什么呢？回答说：就是礼义，辞让、忠信。所以，有的开始只有四五万人，后来就变成了强胜的国家，这主要不是众人的力量，而是尊崇诚信的结果。有的开始只有方圆数百里的土地，发展之后却很安定稳固，这不是因为国家原来比较大的作用，这是尊崇、提倡、修好政治的结果。现在已经具有数万之众的国家，用诡诈、勾结的手段争取同盟；已有方圆数百里土地的国家通过污秽卑劣、欺诈偷袭的手段去争夺土地；这实际上是放弃自己原来的安定坚强，而去争夺造成自己危险衰弱的东西；是减少自己本来就不足的东西，而加重自己原来就有余的东西。就像这样的荒谬违背常理，而求取汤、武的功业名声，能够行吗？这就好像是犹卧在地上而用舌头去舔天，拯救上吊而死的人，却去拉他的脚一样，这种做法一定不行，越做离正确的路子越远了。做人臣的，不顾自己的行为不符合道德规范，只要得到利益就认为可以，这就像大车冲到坑中而去求取通利一样，这是仁人感到羞耻而不愿去做的。所以，对人而言，没有比生命更重要的了，没有比安定更快乐的了，但是用来养生安乐的，没有比礼义更重要的了。人如果为了宝贵的生命求取安定快乐，而抛弃了礼义，那就好像是要求长寿而割断自己的脖子一样，其愚蠢没有比这更大的了。所以，做君主的，只有爱护民众，才能得到安乐，只有喜好士才能荣耀，这两方面如果连一方面也没有，那就只能灭亡。《诗》曰：'价人维藩，大师维垣。'（《诗》上说："善人是国家的藩篱，民众是国家的围墙。"）就是说的这种情况。"

## 【绎旨】

本章是荀子对齐国国相讲的一段话。主要内容有两点：一是，劝说齐相充分把握驾驭"胜人之势赴胜人之道"，求取仁厚明通的君子，辅佐齐王，在全国提倡和推行道义，以使齐国上下，人人有义，从而使国势强盛，为统一天下做好准备。二是，通过桀、纣与汤、武的比较，阐明"凡得胜者，必与人也；凡得人者，必与道也。道也者何也？礼让忠信是也。""养生安乐者，莫大乎礼义。"告诉齐国统治者要积极推行礼让忠信，做到"爱民""好士"，以使国家强大。

## 【名言嘉句】

①故凡得胜者，必与人也；凡得人者，必与道也。道也者何也？礼义、辞让、忠信是也。

②故人莫贵乎生，莫乐乎安；所以养生安乐者，莫大乎礼义。

③故君人者，爱民而安，好士而荣，两者亡一焉而亡。

## 【原文】

力术止，义术行[1]，曷谓也？曰：秦之谓也。威强乎汤、武，广大乎舜、禹，然而忧患不可胜校[2]也，諰諰然常恐天下之一合而轧己也，此所谓力术止也。曷谓乎威强乎汤、武？汤、武也者，乃能使说¹己者使耳[3]。今楚父[4]死焉，国举[5]焉，负三王之庙[6]而辟于陈、蔡之间，视可，司²间，案欲剡其胫而以蹈秦之腹[7]，然而秦使左案左，使右案右，是乃使雠人役也。此所谓威强乎汤、武也。曷谓广大乎舜、禹也？曰：古者，百王之一天下，臣诸侯也，未有过封内千里者也。今秦南乃有沙羡与俱[8]，是乃江南也；北与胡貉[9]为邻，西有巴、戎[10]；东在楚者乃界于齐[11]，在韩者踰常山乃有临虑[12]，在魏者乃据圉津，即去大梁[13]百有二十里耳！其在赵者剡然[14]有苓而据松柏之塞[15]，负西海而固常山[16]，是地遍天下也。此所谓广大乎舜、禹也。³威动海内，强殆中国，然而忧患不可胜校也，諰諰然常恐天下之一合而轧己也。然则奈何？曰：节威反文[17]，案用夫端诚信全之君子治天下焉，因与之参国政，正是非，治曲直，听咸阳，顺者错之，不顺者而后诛之。若是，则兵不复出于塞外而令行于天下矣；若是，则虽为之筑明堂于塞外而朝诸侯，殆可矣。假今之世，益地不如益信之务也。

应侯[18]问孙卿子曰："入秦何见？"

孙卿子曰："其固塞险[19]，形埶便[20]，山林川谷美，天材之利多，是形胜[21]也。入境，观其风俗，其百姓朴，其声乐不流汙[22]，其服不挑⁴[23]，甚畏有司而顺，古之民也。及都邑官府，其百吏肃然，莫不恭俭、敦敬、忠信而不楛[24]，古之吏也。入其国，观其士大夫，出于其门，入于公门，出于公门，归于其家，无有私事也，不比周，不朋党，偶然[25]莫不明通而公也，古之士大夫也。观其朝廷，其闲听决[26]，百事不留，恬然[27]如无治者，古之朝也。故四世有胜，非幸也，数也。是所见也。故曰：佚而治，约而详，不烦而功，治之至也，秦类之矣。虽然，则有其諰矣。兼是数具者而尽有之，然而县之以王者之功名[28]，则倜倜然其不及远矣。是何也？则其殆无儒邪！故曰：粹而王，驳而霸，无一焉而亡。此亦秦之所短也。

## 【校】

1. 说，通"悦"。

2. 司，通"伺"。

3.此所谓广大乎舜、禹也，此句原在"威动海内，强殆中国，然而忧患不可胜校也，諰諰然常恐天下之一合而轧己也"一句下，据王念孙注改。

4.挑，同"佻"。

## 【注释】

〔1〕力术止，义术行：用强力解决问题的方法停止，用道义解决问题的方法推行。据杨倞因刘向《新序》言，本段是荀子答弟子李斯的话。

〔2〕胜校：计数，计算不过来。

〔3〕乃能使说己者使耳：只能使喜欢自己的人为自己驱使而已。

〔4〕楚父：指楚顷襄王的父亲楚怀王。怀王三十年（前297年），去秦国会见秦昭王，结果被扣留，后客死于秦。

〔5〕国举：楚顷襄王二十一年（前277年），秦将白起攻克楚都郢，楚军退保东北的陈城（址在今安徽亳县以北，河南开封以东）。公元前278年，楚迁都陈。

〔6〕三王之庙：三王指楚国的开创者鬻熊（熊盈即鬻熊，盈鬻一声之转），受封者熊绎，称霸者庄王。庙，指神主。

〔7〕案欲剹其胫而以蹋秦之腹：想要抬起小腿踢秦国之腹。

〔8〕沙羡与俱：沙羡，地名，在今湖北省武昌境内。沙羡与其他地区都属于秦国。

〔9〕胡貉（mò）：古代北方的少数民族，后来称为匈奴。

〔10〕巴、戎：巴，指古巴国，在今四川东部和湖北西部一带。戎，我国古代居于西部的少数族。

〔11〕东在楚者乃界于齐：东部占领的楚国土地与齐国为界。

〔12〕临虑：地名，其地今属河南彰德。

〔13〕大梁：魏国都城，今河南开封。

〔14〕剹然：侵占夺取的样子。

〔15〕松柏之塞：在当时赵国与秦国交界之处，因以种植的松柏为界，故有此名。

〔16〕负西海而固常山：背向西方，东西以常山为屏障。

〔17〕节威反文：节制武力征服，回到文治。

〔18〕应侯：指秦国相范雎，魏国人，秦昭王时为相，因受封于应（今河南宝应西南），故称应侯。

〔19〕固塞险：城堡等关塞险要。

〔20〕形埶便：地理形势便利，条件优越。

〔21〕形胜：地形上客观条件优越。

〔22〕声乐不流汙：音乐歌唱不淫荡污秽。

〔23〕其服不挑：其服饰不轻佻，庄重。

〔24〕楛（kǔ）：此处指态度恶劣。

〔25〕倜然：突出，超然，超脱。

〔26〕观其朝廷，其闲听决：此处应为："观其朝廷，其朝闲，听决百事不留。"

〔27〕恬然：舒适，安闲之态。

〔28〕县之以王者之功名：用统一天下的王者的功业名声来衡量。

## 【译文】

以强力解决问题的方法应该停止，以道义解决问题的方法应该实行。这是什么意思呢？这是说的秦国的情况。现在的秦国其威力比历史上的商汤、周武王还要强，所占土地的面积比历史上的舜和禹还要广大，但是其忧虑仍然不可胜数，因而经常感到恐惧，担心其他六国联合起来倾轧自己，在这种情况下，原来依靠强力解决问题的一套方法应该停止了。什么叫威力比商汤、周武王还要强大呢？商汤、周武王，他们只看见使喜欢自己的人为自己驱使而已。现在楚王（楚顷襄王）的父亲楚怀王已经死了，楚国都城郢被攻克，楚王只好背着三个先王的神主躲避于陈国、蔡国之间，观察可反击的机会，寻找间隙，只想抬起小腿去踢秦国的之腹。但是，秦国使他向左只能向左，秦国使他向右只能向右，这是役使仇人的办法。这就是所说的威力比汤、武还要强大。

什么叫所占土地比舜、禹还要广大呢？回答是：古时代，各位明王统一天下，以诸侯为臣，其疆域之内的土地没有超过方圆一千里的。现在秦国，向南有沙羡，成为秦国的领土，这里已属江南之地了；北边与少数族胡貉为邻；西边占有巴、戎的土地；东部占有楚国的土地一直到齐国的边界。在韩国的土地上越过常山已占有临虑；在魏国土地上已据有围津，也就是离魏都大梁只有一百二十里路；在赵国土地上已侵占有苓地并据有松柏之塞，背向西方，东面以常山为屏障，这就是土地比舜、禹时候还要广大。秦国的威风使海内震动，其强盛战败了中原各国，但是其忧患却仍然是不可胜数，经常担心关东六国联合起来倾覆自己。这样怎么办呢？节制威势回到以礼义治国的路上。用那些端庄、诚实、守信的君子治理天下，与他们一起参加国家政治，端正是非，治理曲直，在咸阳听取国政，顺从的置之不理，不顺从的过后诛杀。如果这样，就会不用再出兵于边疆之外，而命令却能在天下通行。如果这样，就是筑明堂于边塞之外，而使天下诸侯在此朝见秦王，也是可以的。当今之世，扩张土地不如增加诚信更为当务之急。

秦相范睢应侯问荀子："到秦国来，见到了什么？"

荀子说："看到秦国的城堡等关塞坚固险要，地理形势便利，条件优越，山林河流夹谷美丽，天生资材提供的利益很多，秦国是形势险峻而优越之地。进入秦境，观察社会风俗，看到老百姓正直朴素，音乐歌唱不淫荡污秽，服饰不轻佻，对有关部门敬畏而服从，像上古时代的民众。到都邑官府，看到所有吏员处事认真严肃，没有不谨慎勤俭、敦厚恭敬、忠诚守信而不是态度恶劣。像上古时代的吏员。进入秦国，看到士大夫们，从家门出来，即到官府之门，从官府出来，即回到家中，不去干什么私事，不互相勾结，结党营私，大家都十分超脱，没有不襟怀坦荡、通达、一心为公的，这像上古时代的士大夫。观察其朝廷情况，看到朝政清闲，处理各项事情都不留尾巴，清闲得如同无事一样，像上古时代的朝廷。所以，在四世之中，都能取得胜利，这不是偶然的侥幸，而是有其必然性的。这是我所看到的。所以说，安逸而又能治理的好，简约而又能掌握详尽情况，不烦累而功效大，这是治理的最高境界。秦国就善于这一类啊！虽然如此，还有值得担心之处。应具备的各方面都具备了，但是以统一天下的王者的功业名声来衡量，则很明显还是相差很远。"这是指什么呢？就是秦国大概没有儒者吧？所以，纯粹用儒术可以成就为王，兼用儒术可以称霸，一点也不用，就会灭亡，这也是秦国治国的短处。

## 【绎旨】

本章主要是针对秦国的情况提出的见解，荀子认为秦国已经取得伟大的胜利，但是要想统一天下，必须改变治国方略，改变原来只依靠军事的强大，而不重视礼义的局面。应看到，治国不运用儒术是不行的。秦国后来并没有接受荀子的意见，结果虽然统一了全国，但却二世而亡，这证明了荀子意见的正确。当然，荀子提出的"粹而王"也是值得商榷的。

## 【名言嘉句】

①故曰：佚而治，约而详，不烦而功，治之至也。

②是何也？则其殆无儒邪！故曰：粹而王，驳而霸，无一焉而亡。此亦秦之所短也。

## 【原文】

积微<sup>〔1〕</sup>：月不胜日，时不胜月，岁不胜时<sup>〔2〕</sup>。凡人好敖慢<sup>〔3〕</sup>小事，大事至然后兴之务之，如是，则常不胜夫敦比<sup>〔4〕</sup>于小事者矣。是何也？则小事之至也数，其县<sup>1</sup>日也博<sup>〔5〕</sup>，其为积也大。大事之至也希<sup>2</sup>，其县日也浅，其为积也小。故善日者王<sup>〔6〕</sup>，善时者霸，补漏者危，大荒者亡。故王者敬日，霸者敬时，仅存之国危而后戚之。亡国至亡而后知亡，至死而后知死，亡国之祸败不可胜悔也。霸者之善箸<sup>3</sup>焉，可以时托也，王者之功名不可胜日志也。财物货宝以大为重，政教功名反是，能积微者速成。《诗》曰："德輶如毛，民鲜克举之。"<sup>〔7〕</sup>此之谓也。

凡奸人之所以起者，以上之不贵义、不敬义也。夫义者，所以限禁人之为恶与奸者也<sup>〔8〕</sup>。今上不贵义、不敬义，如是，则下之人百姓，皆有弃义之志而有趋奸之心矣。此奸人之所以起也。且上者，下之师也。夫下之和上，譬之犹响之应声，影之像形也。故为人上者，不可不顺<sup>4</sup>也<sup>〔9〕</sup>。夫义者，内节于人而外节于万物者也，上安于主而下调于民者也。<sup>〔10〕</sup>内外上下节者，义之情也。然则凡为天下之要，义为本而信次之。古者禹、汤本义务信而天下治，桀、纣弃义倍<sup>5</sup>信而天下乱。故为人上者，必将慎礼义，务忠信然后可。此君人者之大本也。

堂上不粪，则郊草不瞻旷芸⁶；白刃扞⁷乎胸，则目不见流矢；拔戟加乎首，则十指不辞断。非不以此为务也，疾养⁸缓急之有相先者也。

## 【校】

1. 县，同"悬"。

2. 希，同"稀"。

3. 箸，同"著"。

4. 顺，通"慎"。

5. 倍，通"背"。

6. 芸，同"耘"。

7. 扞，通"干"。

8. 养，同"痒"。

## 【注释】

〔1〕积微：积累微小的事情。

〔2〕月不胜日，时不胜月，岁不胜时：时，即今"季度"之意。全句意为：每月都积累不如每日都积累，每季度都积累不如每月都积累，每年都积累不如每季度都积累。

〔3〕敖慢：轻视怠慢。

〔4〕敦比：办理。

〔5〕其县日也博：小事延续时间也长。

〔6〕故善日者王：珍惜每天时间，就有可能称王。

〔7〕德輶如毛，民鲜克举之：语出《诗·大雅·丞民》。全句意为：道德虽然轻如鸿毛，但却很少有人能举起他。

〔8〕夫义者，所以限禁人之为恶与奸者也：义，就是用来限制、禁止人们做坏事的。

《礼记·经解》："除去天地之害，谓之义。"《易·系辞下》："理财正辞禁民为非曰义。"

〔9〕不可不顺也：顺，谨慎。全句意为：不可不谨慎。

〔10〕夫义者，内节于人而外节于万物者也，上安于主而下调于民者也：义者，宜也。全句意为：通过义的调节使上下内外都相适宜，矛盾消融。在这里，荀子认为，对于礼义的重要作用，必须引导人们（包括下层民众）去学习、去掌握。

## 【译文】

积累微小，每月都积累不如每日都积累，每季度都积累不如每月都积累，每年都积累不如每季度都积累。凡是人都轻视怠慢小事，大事发生之后，才去兴办它或专门对待它，这样，就经常不如那些注重办好小事的人。为什么呢？因为小事的发生次数多，其经过的时间也久，积累起来功效也显得大。大事的发生少，经过的时间也短，积累起来功效也小。所以，善于每天都积累的能称王；善于每季度都积累的就能称霸；不能积功累业，事情发生后再去弥补，这样就很危险；不注重积累，一切都荒废的，就要灭亡。所以，能称王的人，慎重对待每一天，能称霸的人，慎重对待每一季度，仅仅存在的国家的君主经历危险后忧虑不已，灭亡之国的君主在灭亡后知道为什么灭亡，临死的时候才知道会死，国家灭亡的教训难以后悔。晚称霸者的善政，可以按季度做出记录；而称王者的功业美名，按日记录也难以记完。财物货物宝贝越大越重要，而政教功名与此相反，能积累微小者会迅速成功。《诗》曰："德輶如毛，民鲜克举之。"（《诗》上说："道德虽然轻如鸿毛，但却很少有人能举起他。"）就是说的这个意思。

凡是奸人之所以能够起来作乱，就是因为高高在上的君主不推崇大义，不尊重大义。义，就是用来限制人们做凶恶和奸邪事情的道德规范。现在的君主不推崇道义，不敬重大义，这样，下层百姓都会产生抛弃大义和为奸作非的想法。这就是奸人所以起而作乱的原因。而且君上是下层百姓的老师。下层百姓应和君上，就像是回响反应声音，人影随人形一样。所以，作为君上，不可以不谨慎。义，对内是节制各位成员，对外节制万物的，是上使君主安位，下使民众顺从的。对内对外对上对下都能调节节制，就是义的实际作用。这样看来，可以说凡是治理天下的关键，是以义为根本，其次是诚信。古时候，大禹、商汤以义为本又确实讲究诚信，就取得了天下大治；夏桀、商纣抛弃大义背叛诚信，结果天下大乱。所以，作为人们的君上，必须慎重执行礼义，务要保持忠信，这样才可以，这是作为君主的根本啊。

庭堂如果不能打扫，则郊外的野草就看不到清除，白刃刺到胸前，则眼睛就无暇顾忌飞来的箭了；利戟砍到头上，十只指头就不惜被斩断。这并不是说郊草、流矢、指头不重要，而是说，处理疼痛与痛痒之间有先后缓急之分。

## 【绎旨】

本章分为三节。第一节主要阐述在治国过程中，必须注重"积微"，积小为大，积少成多，日积月累，成其大功。荀子的这一思想与现代哲学关于量变是质变的基础（前提）这一认识相吻合。第二节论述了"义"的重要作用，告诫为君者必须崇尚礼义忠信，这是"君人者之大本也。"第三节告诫人们处事有轻重缓急之分，要先处理重的急的，不可眉毛胡子一把抓。

## 【名言嘉句】

①故善日者王，善时（季）者霸，补漏者危，大荒者亡。

②然则凡为天下之要，义为本而信次之。古者禹、汤本义务信而天下治，桀、纣弃义倍信而天下乱。

# 天论篇第十七

## 【导读】

因本篇主要阐述天与人的关系，故以"天论"为篇名，全篇可分六章。

第一章，强调天有自己的运行规律，天不能干涉人间事务，故应当"明于天人之分"。

第二章，说明人体是天（自然）的一部分，人的五官也具有自己的自然功能，但对天的探索，要有理性，不可盲目。

第三章，在天人关系方面，强调人自身的作用。

第四章，是说明自然界的灾害与人间的灾害相比，人祸最可畏。为了防止人祸，要时刻不忘切磋礼义。

第五章，说明在天人关系方面，应该以自己的努力为主。

第六章，强调要遵从历史上形成的百王坚持的礼义之道，同时说明，观察处理问题，不要只知"一偏"（一个侧面），而要看到与之对应的另一个侧面或更多的侧面。这样才能得出正确的结论。

廖名春认为《天论》应系荀子在稷下"三为祭酒""最为老师"时之作。

## 【原文】

天行有常，不为尧存，不为桀亡。[1]应之以治则吉[2]，应之以乱则凶。强本而节用[3]，则天不能贫；养备而动时[4]，则天不能病[5]；修道而不贰[6]，则天不能祸。故水旱不能使之饥渴，寒暑不能使之疾[7]，祆¹怪[8]不能使之凶。本荒而用侈[9]，则天不能使之富；养略而动罕[10]，则天不能使之全；倍²道而妄行，则天不能使之吉。故水旱未至而饥，寒暑未薄而疾，祆怪未至而凶。受时与治世同，而殃祸与治世异，不可以怨天，其道然也。故明于天人之分[11]，则可谓至人矣。

不为而成，不求而得，夫是之谓天职。如是者，虽深，其人不加虑焉[12]；虽大，不加能焉；虽精，不加察焉；夫是之谓不与天争职。天有其时，地有其财，人有其治[13]，夫是之谓能参³[14]。舍其所以参而愿其所参[15]，则惑矣！列星随旋，日月递炤⁴，四时代御，阴阳大化，风雨博施，万物各得其和以生，各得其养以成，不见其事而见其功，夫是之谓神。皆知其所以成，莫知其无形，夫是之谓天。唯圣人为不求知天〔16〕。

## 【校】

1. 祅，同"妖"。
2. 倍，通"背"。
3. 参，同"三"。
4. 炤，同"照"。

## 【注释】

〔1〕天行有常，不为尧存，不为桀亡：行，即"道"。"常"为规律。天，泛指大自然。全句意为：天体的运行有自己的正常规律。这是说天无所谓善恶。

荀子提出"天行有常"的自然观，认为自然规律不依人的意志为转移的，是客观的。"天行有常，不为尧存，不为桀亡"，这是荀子的唯物的天道观，对于后世儒家影响很大。

关于自然变化的原因，《荀子·礼论》曰："天地合而万物生，阴阳接而变化起。"这就是说，天地结合产生了万物，阴阳接触带来了变化，这种观点是唯物主义的。

与此相联系，他提出了"明于天人之分"的主张。荀子认为天有自己的运行规律，人类社会也有自己的运行规律，人不同于自然，但可以认识和改造自然，这就是他的明于天人之分的思想。但他又主张要"理天地""参天地"，对天要"应之"，所以荀子在天人关系上，也有主张天人合一的一面。

〔2〕应之以治则吉：用使国家大治的措施去适应它，就会出现吉利。

〔3〕强本而节用：加强农业生产而节约用度。

〔4〕养备而动时：生活物资准备齐全而举措适时。

〔5〕则天不能病：病，担忧，担心。此处不是生病。古代以"病"字，表示病重。全句意为：那么天不能够使你产生担忧。

〔6〕修道而不贰：贰，背离道。全句意为：修习探索宇宙和社会的正常发展规律（遵照天地人间的常规而生活）而不背离它。

〔7〕疾：此处指生病。

〔8〕祅怪：指非正常的变故。

〔9〕本荒而用侈：本业（农业）荒废，用度奢侈。

〔10〕养略而动罕：物资储备不丰富而经营活动又少。

〔11〕明于天人之分：对天的运行规律与人世的发展规律的不同有明确的认识。

〔12〕如是者，虽深，其人不加虑焉：像这样，天的奥妙虽然深不可测，但人不加考虑。

〔13〕天有其时，地有其财，人有其治：天有自己的时令节气，大地有自己的财富资源，人有自己治理社会治理天地的策略措施。荀子认为天人各有其职，主张尽人职而"不求知天"。

〔14〕夫是之谓能参：这就叫作能够与天地相并列而为三（天、地、人）。

〔15〕舍其所以参而愿其所参：舍弃掉自己用来与天地相并列的治理社会治理自然的事，而只希望能具有天地的功能。

〔16〕唯圣人为不求知天：只有圣人能做到不去勉强设法，了解天，即了解天生万物的原因与过程。

## 【译文】

天（大自然）的运行有自己的正常规律，这种常规不会因为尧的统治贤明而存在，也不会因为桀的统治暴虐而消亡。用使天下大治的措施来回应它就会出现吉利的事，用使天下混乱的措施来回应它，就会出现凶险。如果加强农业（本业）的生产而又节约用度，上天是不能够使你贫困的，生活物资储备周备而举动适时，上天不能使你产生担忧；修习并遵循自然发展和社会发展的规律而不是背离它，天就不能使人间出现灾祸。所以，发生水灾旱灾不能使人间出现饥渴，严寒酷暑不能使人间发生疾病，非正常的变故不能使人间出现凶险。如果荒废本业（农业）而又用度奢侈，那么，天不会使你变得富有；物资储备稀少而经营活动又少，天也无法使你物资齐全；背离正确的道路而胡乱行动，天也无法使你吉利。所以，水灾旱灾没发生就产生了饥荒，严寒酷暑未来临就发生疾病，非正常的变故未发生就发生凶险。所遇到的时间变化与天下大治的时候相同，而发生的灾祸却与天下大治时不同，这是不可以怨恨天的，这是你实行的治世之道不当才造成这样的。所以，能够明确认识到天的运行规律与人世间发展规律的不同，这就可以成为"至人"（圣明的人）了。

不用作为就能取得成功，不用求取就会得到，这就叫天的职分。像这样，天道虽然十分深奥，至人也不会去考虑；虽然十分广大，至人也不去有所作为；虽然非常精微，也不去加以考察，这就叫不与天争职。天有自己的春、夏、秋、冬四时更替，大地有自己的资材万物，而人有对社会对自然界的治理，这就叫能与天地并列为三。如果舍弃自己与天地相并列的对社会、自然界的治理而只希望具有天地的功能，这就是糊涂而不明智。

自然界众星相随旋转，太阳月亮顺次照耀，春、夏、秋、冬四时交替进行，阴阳相交变化无穷，风雨广泛布施，万物都因得到内外调和而生长，各得到养育的因素而长成。看不见具体的措施而只看到最后的成功，这就叫"神"。都知道是大自然生成了万物，但不知道其生成的过程，都是无踪迹可寻，这就叫作"天"。只有圣人能做到不去勉强设法，了解天，即了解天生万物的原因与过程。

## 【绎旨】

本章针对商周以来的"天命论"思想，指出天（自然界）有自己运行的正常规律，天不能直接干预人间事务，人们只要把自己的事情管理好，天不能给人世带来吉利或凶险，所以，应当"明于天人之分"。天有自己的特点规律。不能勉强地去探求天的有关奥秘。只要努力把人类社会（包括自然环境）治理好，就算是与天地并列了。

## 【名言嘉句】

①天行有常，不为尧存，不为桀亡。应之以治则吉，应之以乱则凶。

②天有其时，地有其财，人有其治，夫是之谓能参。

## 【原文】

天职既立，天功既成，形具而神生。〔1〕好恶、喜怒、哀乐臧¹焉，夫是之谓天情〔2〕；耳目鼻口形能各有接，而不相能也〔3〕，夫是之谓天官；心居中虚〔4〕以治五官，夫是之谓天君。财²非其类以养其类〔5〕，夫是之谓天养；顺其类者谓之福，逆其类者谓之祸，夫是之谓天政。暗其天君，乱其天官，弃其天养，逆其天政，背其天情，以丧天功，夫是之谓大凶。圣人清其天君，正其天官，备其天养，顺其天政，养其天情，以全其天功。如是，则知其所为，知其所不为矣，则天地官³而万物役矣〔6〕。其行曲治，其养曲适，其生不伤〔7〕，夫是之谓知天。

故大巧在所不为，大智在所不虑〔8〕。所志于天者，已⁴其见象之可以期者矣〔9〕；所志于地者，已其见宜之可以息者矣〔10〕；所志于四时者，已其见数之可以事者矣〔11〕；所志于阴阳者，已其见知⁵之可以治者矣。官人守天，而自为守道也。〔12〕

治乱天邪？曰：日月星辰瑞历〔13〕，是禹、桀之所同也，禹以治，桀以乱，治乱非天也。时邪？曰：繁启蕃长于春夏，畜积收臧⁶于秋冬，是又禹、桀之所同也，禹以治，桀以乱，治乱非时也。地邪？曰：得地则生，失地则死，是又禹、桀之所同也，禹以治，桀以乱，治乱非地也。《诗》曰："天作高山，大王荒之。彼作矣，文王康之。"〔14〕此之谓也。

## 【校】

1. 臧，通"藏"。

2. 财，同"裁"。

3. 官，通"管"。

4. 已，通"以"。

5. 知，当作"和"。

6. 臧，一作"藏"。

## 【注释】

〔1〕天职既立，天功既成，形具而神生：天（自然界）的职务已经确立，天（自然界）的功能已经成就，所以，人的形体具备之后，其精神也就产生了。

〔2〕夫是之谓天情：这就是所说的天情（自然具有的感情）。

〔3〕各有接，而不相能也：各有自己与外界接触的范围而不能相互代替。

〔4〕心居中虚：心脏居于胸腔之内。

〔5〕财非其类以养其类：制裁利用自然界的不属人类的物资养育人类自己。

〔6〕天地官而万物役矣：把天地管理起来，充分利用其优势，使万物为人类服务。

〔7〕其行曲治，其养曲适，其生不伤：其行动十分周备，其养生十分适宜，其生命不受伤害。

〔8〕故大巧在所不为，大智在所不虑：所以，真正有技巧的人在于懂得什么应该干，什么不应该干；真正聪明的人在于有些问题去考虑，有些问题则根本不去考虑。

〔9〕所志于天者，已其见象之可以期者矣：对于天的奥秘的认识，要根据已发现的天、象再去探讨预测那些能够探讨的现象。

〔10〕所志于地者，已其见宜之可以息者矣：对于大地奥秘的认识，要根据已发现的适宜种植的情况确定以后的繁息种植。

〔11〕已其见数之可以事者矣：根据已发现的历数情况确定农事的安排。

〔12〕官人守天，而自为守道也：请有关的部门观察天的变化，而自己坚守治国治天之道。

〔13〕瑞历：历象。日月星辰运转的现象。

〔14〕天作高山，大王荒之。彼作矣，文王康之：语出《诗·周颂·天作》。全句意为：上天造就岐山，太王垦治拓宽。文王继承前人事业，安定周邦。

## 【译文】

天（自然界）的职能已经确立，天的功业已经形成，人的形体也具备了，精神也就随之而生。各种感情如喜好与厌恶、喜与怒、悲哀与快乐等都隐藏在人体之内，这就是人的自然的感情。耳朵、眼睛、鼻子、口和外形，能够各自具有感触外物的功能，但不能互相替代，这就是天赋的感官。心脏居于胸腔之中，以统率耳朵、眼睛、鼻子、口和外形五种感官，这就是天然形成的君主。人要制裁利用自然界不属人类的各种物资以养育自己，这就是自然的奉养。顺从人的需要，就是福祉；违反人的需要，不能奉养人的，就是祸害，这就叫自然的政治。使天然的君主——心脏昏暗不明，使五官职能混乱；抛弃自然界的各种养育人的物资；把顺从人的需要的和不能顺从人的需要的颠倒过来，违背人的感情，使之不能发表出来；使人的自然功能丧失，这就是巨大的灾难。

圣人要清除天然的君主——心脏的昏暗不明，恢复五官的自然功能使养育人的物资十分完备，使符合人的需要给人带来福祉的因素得到理顺，培养丰富人的自然感情，使天的自然功能得到全面的发挥。这样，就知道自己应该做什么，知道自己应该不做什么了，就会使人在一定程度上管理天、地而万物都被役使。人的行动各方面都治理得很好，其生活奉养各方面都很适宜，其养生受不到损伤，这就叫作真正了解天。

所以，真正有技巧的人在于懂得不去做不能做的事，真正聪明的人在于不去考虑不应考虑的问题。对于天的奥秘的认识，要根据已发现的天象去预测那些能够探讨的现象。对于大地的认识，要根据已经发现的适宜种植的情况再安排作物的繁息。对于四时的认识，要根据已发现的历数与农时的关系再安排农事。对于阴阳的认识，要根据已发现的阴阳调和情况去治理它。要任用专人去观察天的运行情况，而自己掌握利用治国与管理天地的一套原则和办法。

社会的治与乱是由天决定的吗？回答说：日、月、星辰等历象，大禹、夏桀时代都相同的，而禹时期以治著称，夏桀当政却以乱闻名，这说明治、乱不是由天决定的。难道是时间的关系吗？回答说：各种植物蓬勃地萌生，茂盛地生长都在春季、夏季；收获储藏，蓄积累积都是秋季、冬季。这是大禹、夏桀所相同的，大禹以天下大治著称，夏桀以乱闻名，可见社会的治与乱同所处的时间没有关系。难道与土地有关系吗？回答说：得到土地就会生存，失去土地就死路一条，这又是大禹与夏桀相同的。大禹以天下大治著称，夏桀以乱闻名，可见治与乱与土地没有关系。《诗》曰："天作高山，大王荒之。彼作矣，文王康之。"（《诗》上说："上天造就岐山，太王恳治拓宽。文王继承前人事业，安定周邦。"）就是说的这种情况。

## 【绎旨】

本章主要是说明，人体也是由天（自然）生成的，人的五官也有自己的自然功能，要好好保护这种功能。人要善于利用五官观察自然界，顺应和应用自然界的功能。对自然界的认识探索，要有理性，不可盲目。"大巧在所不为，大智在所不虑。"在当时的条件下，对自然界的探索要在力所能及的范围内。

其次，本章再次说明人间的治乱兴衰，与天（自然）没有直接的关系。

## 【名言嘉句】

①如是，则知其所为，知其所不为矣，则天地官而万物役矣。

②大巧在所不为，大智在所不虑。

## 【原文】

天不为人之恶寒也辍冬，地不为人之恶辽远也辍广，君子不为小人匈匈¹也辍行。天有常道矣，地有常数矣[1]，君子有常体矣。君子道其常，而小人计其功。《诗》曰："礼义之不愆兮，何恤人之言兮！"[2]此之谓也。

楚王后车千乘，非知²也；君子啜菽饮水，非愚也，是节然也[3]。若夫心³意修，德行厚，智虑明，生于今而志乎古，则是其在我者也。故君子敬其在己者，而不慕其在天者；小人错⁴其在己者〔4〕，而慕其在天者。君子敬其在己者而不慕其在天者，是以日进也；小人错其在己者而慕其在天者，是以日退也。故君子之所以日进，与小人之所以日退，一也。君子小人之所以相县⁵者，在此耳。

## 【校】

1.小人匈匈，宋台州本、《群书治要》作"小人之匈匈"。匈，同"讻"。

2.知，同"智"。

3.心，王念孙认为"心"当作"志"。

4.错，通"措"。

5.县，同"悬"。

## 【注释】

〔1〕天有常道矣，地有常数矣：常，规律。荀子认为自然规律不依人的意志为转移的，是客观的。

〔2〕礼义之不愆兮，何恤人之言兮：此为逸诗。全句意为：礼义没有过错，何必担心人们的议论呢？

〔3〕君子啜菽饮水，非愚也，是节然也：啜菽饮水，语出《礼记·檀弓下》："孔子曰：'啜菽饮水尽其欢，斯之谓孝。'"节，名词，时事（符合礼义的社会地位）。然，指"后车千乘"和制"啜菽饮水"。节然，这是符合礼义的社会地位使他们这样的。全句意为：君子吃粗粮喝白水，并不是愚蠢，这是时事（符合礼义的社会地位）造成的。

〔4〕小人错其在己者：错，放弃。全句意为：小人放弃能够由自己决定的事情。

## 【译文】

上天不因为人们厌恶寒冷，就废止冬天；大地不因为人们厌恶辽远，就废止广大；君子不因为小人吵闹喧哗，就废止自己的修行仁义的行为。天有自己运行的正常规律，地有自己正常运行的法则，君子有自己正常的处事规矩。君子遵守自己的常规，小人计较当前的功利。《诗》曰："礼义之不愆兮，何恤人之言兮！"（《诗》上说："礼义没有过错，何必担心人们的议论呢？"）就是说的这种情形。

楚王出行，随侍的车辆有千乘之多，这是不明智的；君子吃粗粮喝白水，并不是愚蠢，这是由时势决定的。至于思想美好，德行醇厚，知虑明达，生在今天而向往美慕古代圣贤，这就全在他自身的努力了。所以，君子慎重对待那些通过自身努力能解决的问题，而不是美慕上天的恩赐；小人放弃那些能由自己解决的问题，而希望上天给予恩赐。君子由于重视那些自己能够解决的问题，而不美慕上天的恩赐，所以每天都有进步；小人放弃自己能解决的问题，而希望上天的恩赐，所以每天都退步。所以，君子每天都进步，与小人每天都退步，其道理是相同的。君子和小人之所以相悬殊，原因也在于此。

## 【绎旨】

本章在讨论天与人的关系时，强调人自身的作用，指出"君子有常体""君子敬其在己者而不慕其在天者，是以日进也。"只有这样，才能取得"日进"的结果。

## 【名言嘉句】

①天有常道矣，地有常数矣，君子有常体矣。

②君子敬其在己者而不慕其在天者，是以日进也。

## 【原文】

星隊¹木鸣[1]，国人皆恐。曰：是何也？曰：无何也！是天地之变，阴阳之化，物之罕至者也。怪之可也，而畏之非也。夫日月之有蚀²，风雨之不时，怪星之党³见[2]，是无世而不常有之。上明而政平，则是虽并世起，无伤也；上暗而政险，则是虽无一至者，无益也。夫星之隊，木之鸣，是天地之变，阴阳之化，物之罕至者也。怪之可也，而畏之非也。物之已至者，人祅则可畏也。楛耕伤稼[3]，耘耨失薉⁴[4]，政险失民；田薉稼恶⁵[5]，籴贵民饥[6]，道路有死人，夫是之谓人祅。政令不明，举错⁶不时，本事不理，夫是之谓人祅。勉力不时，则牛马相生，六畜作祅[7]；礼义不修，内外无别，男女淫乱，则父子相疑，上下乖离，寇难并至，夫是之谓人祅。祅是生于乱，三者错，无安国。其说甚尔⁷[8]，其灾甚惨。可怪也，而不可畏也⁸。[9]传曰："万物之怪，书不说。"无用之辩，不急之察，弃而不治。若夫君臣之义，父子之亲，夫妇之别，则日切瑳⁹而不舍也[10]。

雩而雨[11]，何也？曰：无何也，犹不雩而雨也。日月食而救之，天旱而雩，卜筮[12]然后决大事，非以为得求也，以文之也[13]。故君子以为文，而百姓以为神。以为文则吉，以为神则凶也。

## 【校】

1. 隊，通"坠"。

2. 蚀，一作"食"。

3. 党，通"倘"。

4. 薉，同"秽"。

5. 田薉稼恶：一作"田稼薉恶"

6. 错，通"措"。

7. 尔，一作"迩"。

8. 可怪也，而不可畏也，一说作："可畏也，而不可怪也。"

9. 瑳，通"磋"。

## 【注释】

〔1〕星隊木鸣：流星坠落，树木发出声响。

〔2〕党见：偶尔出现。

〔3〕楛耕伤稼：粗劣的耕作会伤害庄稼。

〔4〕耘耨（nòu）失薉：除草马虎，使天地荒芜。

〔5〕田薉稼恶：天地荒芜，庄稼收成不好。

〔6〕籴贵民饥：籴，买粮。全句意为：因买粮贵，民众受饥饿。

〔7〕勉力：力役，劳役。

〔8〕尔：近，浅近。

〔9〕可怪也，而不可畏也：这是值得畏惧的，但不值得奇怪。

〔10〕若夫君臣之义，父子之亲，夫妇之别，则日切瑳而不舍也：至于说到君臣间的礼义，父子的亲情，夫妇间的区别，就应该每天都研讨练习而不可舍弃。

〔11〕雩而雨：雩，古代求雨的祭祀。全句意为：祭祀求雨而下了雨。

〔12〕卜筮：卜，古代用龟甲兽骨占卜吉凶，叫卜。

罗振玉《殷虚书契考释》云："依贞卜事类分为八目：曰祭、曰告、曰亯、曰出入、曰田猎、曰征伐、曰年、曰风雨。"也就是说，将卜辞分为卜祭、卜告、卜亯、卜出入、卜田猎、卜征伐、卜禾、卜风雨八类。

筮，古代用蓍草占卜吉凶，称为筮。《礼记·曲礼》曰："龟曰卜，蓍曰筮。""卜""筮"连称指代占卜。《汉书·艺文志》著录《夏龟》二十六卷、《南（"南"当作"商"）龟》二十八卷。《传》云："龟，象也。筮，数也，物生而后有象，象而后有滋，滋而后有数。"（李梦生《左传译注》，上海古籍出版社 2004 年版）《易·系辞上》曰："探赜索隐，钩深致远，以定天下之吉凶，成天下之亹亹者，莫大乎蓍龟。"

〔13〕以文之也：用以文饰政事，愚弄民众。

## 【译文】

流星坠落，树木发出响声，国都中的民众都恐惧。都问：这是什么呀？回答说：这没有什么值得大惊小怪的！这是天地的自然变化，阴阳二气结合化生的结果，是很少出现的一种现象。如果感到奇怪是可以的，而感到畏惧就不对了。至于日食、月食、有亏蚀，风雨不按正常时间发生，奇怪的星宿偶而出现，这是无论哪个时代都常有的事。如果君上圣明政治公平，就是这几种现象同时发生，也不会造成什么妨害。如果君上昏暗政治险恶，就是没有一件来到，也没有什么益处。流星的坠落，林木发出响声，这是天地的自然变化，阴阳结合化生的结果，是事物中罕见的现象。感到奇怪是可以的，但畏惧就不对了。

在已经出现的事物中，人祸是可怕的。粗劣的耕作，会伤害庄稼；除草马虎，会使田地荒芜；政治险恶，会丧失民心。田地荒芜，收成不好；买粮价贵，民众受饥，路上有饿死之人，这就是人祸。政府的命令似是而非，举动措施不合时宜，对农桑不加管理，这就是人祸。力役调发违反农时，牛马相混，杂交生出怪胎，六畜蓄养不正常；礼义不加整顿修习，内外没有区别，男女关系混乱，使父子之间互相猜疑，上下背离，外寇入侵与内乱突发同时来到，这就是人祸。人祸就是因乱而发生，以上三种人祸交替出现，国家无安宁之日。阐述人祸的原因说起来很简单，但其灾害却很惨重。这是值得畏惧的，但不值得奇怪。古书上说："万物中的怪事，记载不予宣扬。"没有实际用处的辩说，不急需的明察，应当抛弃而不去从事它。至于说到君臣间的礼义，父子的亲情，夫妇间的区别，就应该每天都研讨练习而不可舍弃。

天旱用祭祀求雨就果然下了雨，这是什么原因呢？回答说：没有特殊原因，这与不祭祀而下了雨是一样。发生了日食月食要敲锣打鼓去挽救，天旱了要祭祀求雨，通过卜筮决定大事，并不认为一定会得到所求的结果，不过是为了文饰政事罢了。所以，君子认为这是文饰政事，欺骗民众，而老百姓却认为这是神的作用。认为文饰政事是吉利的，认为神的重要就不吉利的。

## 【绎旨】

本章主要是说明自然界的怪异现象并不值得畏惧，而在已发生的事物中，值得畏惧的是"人祅"，实际就是人祸。为了防止各种人祸的出现，最重要的就是时刻不忘修习切磋礼义。

## 【名言嘉句】

①物之已至者，人祅则可畏也。

②若夫君臣之义，父子之亲，夫妇之别，则日切磋而不舍也。

## 【原文】

在天者莫明于日月，在地者莫明于水火，在物者莫明于珠玉，在人者莫明于礼义。故日月不高，则光晖¹不赫[1]；水火不积，则晖润不博[2]；珠玉不睹乎外，则王公不以为宝；礼义不加于国家，则功名不白[3]。故人之命在天，国之命在礼[4]。君人者，隆礼尊贤而王，重法爱民而霸，好利多诈而危，权谋倾覆幽险而尽²亡矣。大天而思之，孰与物畜而制之[5]！从天而颂之，孰与制天命而用之！望时而待之，孰与应时而使之[6]！因物而多之，孰与骋能而化之[7]！思物而物之，孰与理物而勿失之也[8]！愿于物之所以生，孰与有物之所以成[9]！故错³人而思天，则失万物之情[10]。

## 【校】

1. 晖，同"辉"。

2. 尽，《荀子·富国》无此字。

3. 错，通"措"。

## 【注释】

〔1〕光晖不赫：光辉不显。

〔2〕晖润不博：光辉润泽不广大。

〔3〕功名不白：功名不显著。

〔4〕国之命在礼：国家的命运决定于是否实行礼（义）。这是说礼是维持社会安定的关键。

〔5〕大天而思之，敦与物畜而制之：尊崇上天而思慕它，哪里赶得上蓄积物资来制裁它。

〔6〕望时而待之，孰与应时而使之：盼望时机而等待，哪里赶得上按时间的不同而使之为我服务。

〔7〕因物而多之，孰与骋能而化之：凭借事物本身而使之数量增加，哪里赶得上发挥才能使之变化产生新的事物。

〔8〕思物而物之，孰与理物而勿失之也：思念某事物而物色它，哪里赶得上管理好这种事物而不使之丢失呢？

〔9〕愿于物之所以生，孰与有物之所以成：希望某种事物在现有条件下产生出来，哪里赶得上帮助这种事物，使之尽快生成呢？

〔10〕故错人而思天，则失万物之情：所以，放弃人的本身努力而指望天，就会失去有关万物的实际情况。

"大天而思之，敦与物畜而制之！……故错人而思天，则失万物之情。"这是说荀子的"人定胜天"的思想。

## 【译文】

天上的星宿没有比日、月更明亮的了，地上的各种事物没有比水、火更明亮的了，在物品中没有比宝珠、宝玉更明亮的了，对人而言没有比礼义更明亮的了。所以，日、月的位置如果不高，其光辉就不显著；水、火如果不积累在一起，其光辉润泽就不广大；宝珠、宝玉如果不在公开场合使人们看到，王公大人们也就不认为是宝物；礼义不在国家施行，士人的功业名声就不显著。所以人的性命由天决定，国家的命运决定于是否实行礼义。做君主的，尊崇礼义，重用贤人，就能够称王；重视执法，爱护民众，就能够称霸；喜好私利又多诡诈，就会面临危险；如果玩权术阴谋，好倾轧他人，政治黑暗，没有不灭亡的。

尊崇上天而思慕它，哪里赶得上积蓄物资而控制利用它呢！顺从天而歌颂它，哪里赶得上掌握天的规律而利用它。盼望时机的到来而等待，哪里赶得上按时间不同而使之为我服务呢！凭借事物本身而使之增多，哪里赶得上发挥能力而改造它呢！思念事物而又物色它，哪里赶得上管理好事物而不使它失掉呢！希望某种事物产生出来，哪里赶得上帮助事物产生出来呢。所以，放弃人的努力而寄希望于天，就会失去万物的真实情况。

## 【绎旨】

本章运用比兴手法，说明在天人关系上，应以人的主观努力为主，天所提供的自然条件为辅，而不能一切都依靠天的恩赐。这一点表现了荀子的唯物主义观念。

## 【名言嘉句】

①故人之命在天，国之命在礼。君人者，隆礼尊贤而王，重法爱民而霸，好利多诈而危，权谋倾覆幽险而尽亡矣。

②从天而颂之，孰与制天命而用之！

## 【原文】

百王之无变，足以为道贯[1]。一废一起，应之以贯，理贯不乱。[2]不知贯，不知应变，贯之大体未尝亡也。乱生其差，治尽其详[3]。故道之所善[4]，中则可从，畸则不可为，匿¹[5]则大惑。水行者表深[6]，表不明则陷。治民者表道，表不明则乱。礼者，表也。非礼，昏世也；昏世，大乱也。故道无不明，外内异表[7]，隐显有常，民陷乃去[8]。

万物为道一偏，一物为万物一偏[9]。愚者为一物一偏，而自以为知道[10]，无知也。慎子有见于后，无见于先[11]。老子有见于诎²，无见于信³[12]。墨子有见于齐，无见于畸。[13]宋子有见于少，无见于多。[14]有后而无先，则群众无门[15]。有诎而无信，则贵贱不分。有齐而无畸，则政令不施。有少而无多，则群众不化。《书》曰："无有作好，遵王之道。无有作恶，遵王之路。"[16]此之谓也。

## 【校】

1. 匿，通"慝"。
2. 诎，同"屈"。
3. 信，同"伸"。

## 【注释】

〔1〕百王之无变，足以为道贯：百王所坚守的一直不变的礼义完全可以作为治理国家的根本原则。

〔2〕一废一起，应之以贯，理贯不乱：旧王朝灭亡，新王朝兴起，以这一根本原则来应对，整治贯彻这一原则就不会发生变化。

"百王之无变，足以为道贯。一废一起，应之以贯，理贯不乱。不知贯，不知应变。"这就是说历代圣王的政策，形成了优良的政治纲领，也就是传统的政策，朝代的兴衰都与执行这个纲领的程度有关。这个纲领一直影响着现实的政治。如果详察这个纲领，继续顺应和执行这个纲领，就能适应变化，就能达到大治，反之就会天下大乱。这也就是后面讲的"此道也，偏立而乱，俱立而治。"

〔3〕乱生其差，治尽其详：社会动乱都是因为执行这一原则时发生了偏差，社会平治是因为完全无偏差地执行了这一原则。

〔4〕故道之所善：治国之道认为好的东西。

〔5〕匿：差错。

〔6〕水行者表深：水行的人靠指示水深浅的标志。

〔7〕故道无不明，外内异表：所以，道各方面都规定明确，对外对内标准不同。

〔8〕隐显有常，民陷乃去：对隐蔽的和显明的事有常规对待。民众的灾难可以避免。

〔9〕万物为道一偏，一物为万物一偏：万物只是道的一个侧面（这里的"道"是哲学意义上的道，不是指一般的"治国之道"。它是指自然界和社会运动的最一般的规律。），某一事物只是万物中的一个侧面。

〔10〕愚者为一物一偏，而自以为知道：愚蠢的人只认识了某一事物的一个侧面，就自认为已认识了整个道。

〔11〕慎子有见于后，无见于先：慎子即慎到（公元前395年——315年）。参看本书《荀子·非十二子》。慎到主张法治，但他认为跟在法后面"若无知之物""推而后行""曳而后往""动静不离于理"就行了，反对发挥人的才能，反对任用贤人，故荀子批评他"有见于后，无见于先"。

〔12〕老子有见于诎，无见于信：老子主张"无为"，强调顺从，与荀子"制天命而用之"的思想相违背。

〔13〕墨子有见于齐，无见于畸：畸，不齐，差等。墨子主张"兼爱"，取消差等。荀子主张"制礼义以分之""使有贫富贵贱之等"，只有"不齐"才能"齐"，所以，墨子受到荀子的批评。荀子主张"制礼义以分之"，就是按照礼义把人们划分为不同的等级，使人人有自己的名分，即各有自己所属的等级、职位、俸禄，做到各有其职，各得其利，虽群居而又各得其宜，故能保持和谐一致的局面。这是孔子"正名"思想的深入和细化。

〔14〕宋子有见于少，无见于多：宋子即宋钘（xíng）（约公元前370—前291年），又称"宋牼（kēng）"，参看本书《荀子·非十二子》。宋子认为人的欲望是少的，有"五升之饭足矣"。而荀子认为人生来就"好利""好色"，欲望无穷，性恶，故需以礼义教化，故宋钘受到荀子的批评。

〔15〕有后而无先，则群众无门：荀子认为如果人人都往后而不敢为先，群众就无人带动前进。

〔16〕无有作好，遵王之道。无有作恶，遵王之路：语出《尚书·洪范》。全句意为：不要有所偏好，要遵循先王之道。不要有所偏恶，要遵行先王的道路。

**【译文】**

历史上各位圣王所坚守的一直不变的礼义，完全可以作为治国的根本原则。旧王朝灭亡，新王朝兴起，用这一根本原则来应对变化，整治贯彻这一原则就不会发生动乱。如果不知道这一原则，就不知道如何应对变化。这一原则的基本方面不曾亡佚。社会动乱是因为执行这一原则时发生了偏差，社会平治是因为完全无偏差地执行了这一原则。所以，这个根本原则认为是好的，符合这个根本原则的可以顺从它，偏离这个根本原则的不可以去做，违背了就会造成极大的惑乱。水行的人靠指示水深浅的标志，如果标志不明，就会淹死。治理民众的标准就是道，如果这个标准不明确，就会发生混乱。礼，就是治国的标准。违背礼，就是昏暗的时代。昏暗的时代，就会天下大乱。所以，治国的根本原则必须表述明白，对外对内标准不同，或隐或显都有一定的常规，这样，民众的灾难即可避免。

世上万物只是道（自然界与人类社会运动的最一般的规律）的一个侧面，某一具体事物只是万物的一个侧面。愚蠢的人认为一个事物就是道的一个侧面，而自以为已经了解了。道这个总的规律，这是无知的表现。慎子只重视法的作用，而某看到发挥人的才能，重用贤人的领先作用。老子只知道顺从无为，看不到人可以主动发挥作用，"制天命而用之"。墨子只看到事物发展中"齐"的一面，而未看到"畸"（不齐）的一面。主张无差别地"兼爱"，取消差等。宋子只看到人的欲望少的一面，没有看到人的欲望多的一面。人人都只知道往后而不敢为先，那末，群众就无人带动前进。只知道诎（屈）此而不知道进取，就会难以分出高贵与贫贱。只有齐同而没有差别，那末，政令就无法施行。只知寡欲，不知道多欲的存在，群众就不用教化了。《书》曰："无有作好，遵王之道；无有作恶，遵王之路。"（《尚书》上说："不要有所偏好，要遵循先王之道。不要有所偏恶，要遵行先王的道路。"）就是说的这种情况。

**【绎旨】**

本章分为两节，第一节是强调治国必须遵从长期以来，历代圣王都遵循的礼义之道，只有把握这个道，才能应对一切变化。第二节是从哲学上观察，认为任何事物都有多个侧面，而不是只有一个侧面。所以，看到"后"，也要看到"先"；看到"诎"，也要看到"信"；看到"少"，也要看到"多"，看到"齐"，也要看到"畸"。即要看到事物发展中的与之对立的另一个侧面或更多的侧面，这样才能得出正确的结论。

**【名言嘉句】**

礼者，表也。非礼，昏世也；昏世，大乱也。

# 正论篇第十八

【导读】

本篇主要内容是荀子对于当时政治思想领域中几种错误观点的批驳；在批驳的同时阐述了自己的正确观点。故全篇以"政论"为篇名。因"政""正"相通，故又写作"正论"。

全篇共分为十章：

第一章，主要论述为君之道究竟怎样才是正确的。

第二章，批驳汤、武篡夺天下的观点。

第三章，批驳古代治理好的时期没有肉刑的观点。

第四章，反驳"汤、武不能禁令"的观点。

第五章，反驳"尧舜禅让"的观点。

第六章，反驳尧舜不善教化的观点。

第七章，讨论盗墓问题，把盗墓与否与社会治理情况联系起来考察。

第八章，反驳宋钘"见侮不辱"的观点，但荀子的认识有一定的片面性。

第九章，提出"义荣""势荣"，"义辱""势辱"问题。

第十章，反驳宋钘"人之情，寡欲"的观点。

廖名春认为《正论》应系荀子在稷下"三为祭酒""最为老师"时之作。

【原文】

世俗之为说者曰："主道利周[1]。"是不然。主者，民之唱[1][2]也；上者，下之仪[3]也。彼将听唱而应，视仪而动。唱默则民无应也，仪隐则下无动也；不应不动，则上下无以相有[2]也[4]。若是，则与无上同也[5]，不祥莫大焉。故上者，下之本也。上宣明[6]，则下治辨[7]矣；上端诚，则下愿悫矣；上公正，则下易直矣。治辨则易一，愿悫则易使，易直则易知。易一[8]则强，易使则功，易知则明，是治之所由生也。上周密，则下疑玄[3][9]矣；上幽险，则下渐诈[10]矣；上偏曲[11]，则下比周矣。疑玄则难一，渐诈则难使，比周则难知。难一则不强，难使则不功，难知则不明，是乱之所由作也。故主道利明不利幽，利宣不利周。故主道明则下安，主道幽则下危。故下安则贵上，下危则贱上。故上易知则下亲上矣，上难知则下畏上矣。下亲上则上安，下畏上则上危。故主道莫恶乎难知，莫危乎使下畏己。传曰："恶之者众则危。"《书》曰："克明明德〔12〕。"《诗》曰："明明在下〔13〕。"故先王明之，岂特玄之耳哉〔14〕！

## 【校】

1. 唱，同"倡"。

2. 有，一作"胥"。

3. 玄，同"眩"。一说"玄"，当作"宣"。

## 【注释】

〔1〕主道利周：君主治国之道以隐秘为有利。

〔2〕唱：倡导，倡议。

〔3〕仪：准则。

〔4〕不应不动，则上下无以相有也：有，存，依靠。有，一作"须"讲。全句意为：不响应就不会行动，就会使君上和下层民众不能相互依存。

〔5〕则与无上同也：就会与没有君上一样。

〔6〕宣明：公开，透明。

游唤民据"主者，民之唱也；上者，下之仪也。彼将听唱而应，视仪而动。唱默则民无应也，仪隐则下无动也；不应不动，则上下无以相有也。若是，则与无上同也，不祥莫大焉。故上者，下之本也。上宣明，则下治辨矣；上端诚，则下愿悫矣；上公正，则下易直矣。"《荀子·富国》曰："上一则下一矣，上二则下二矣。辟之若中木，枝叶必类本。"《荀子·君道》曰："君者，民之原也，原清则流清，原浊则流浊。"得出："荀子是战国后期儒家代表人物，但是在以民为本还是以君为本方面，却与孔孟有很大的不同。""基本上是一个君本论者。"（游唤民《先秦民本思想》）但游唤民同时承认荀子思想中也存在某些民本主义的思想因素。实际上，游氏的看法并不准确。

〔7〕治辨：能明确方向，治理平顺。

〔8〕易一：容易达到齐一。

〔9〕疑玄：怀疑，眩惑。

〔10〕渐诈：欺诈。

〔11〕偏曲：偏私不公正。

〔12〕克明明德：今本《尚书·尧典》作："克明峻德。"《康诰》作："克明德。"

〔13〕明明在下：语出《诗·大雅·大明》。全句意为：施明德于天下。

〔14〕岂特玄之耳哉：难道只是使自己幽深难明吗？

## 【译文】

社会上那些撰写学说的人，说："为君之道以周密隐蔽为有利。"这种说法不对。君主，是民众的倡导者；在上位的人，是在下民众的标杆。民众将会听取倡议而应和，看标杆如何而行动。如果默然无倡议，下层民众就不会有行动。不响应不行动，上下就无法相互依存。如果是这样，就与没有君上一样，其不吉祥没有比这更大的了。所以，君上是臣下的根本。君上处事公开透明，下面能明确方向，治理就会顺利；君上端正诚实，臣下就会谨慎忠厚；君上公平，臣下就容易正直。治理顺利就容易齐一，谨慎忠厚就容易使用，平易正直就容易掌握其情况。容易齐一，就会强大；容易使用，就会取得功绩；容易掌握情况，对全局就会明了清楚，这是大治所由产生的途径。

君上周密隐秘，下面就会怀疑眩惑；君上幽蔽险恶，下面就会欺诈盛行；君上偏私不正，下面就会拉帮结派。怀疑眩惑就会难于齐一，欺诈就会难以役使；拉帮结派就难以掌握内情；难以齐一，就不会强大；难以役使，就不会建立功绩；难以了解内情，就会对全局不明，这是乱所由产生的途径。所以，为君之道，以透明为有利，而以幽蔽为不利；以公开为有利，而以周密隐蔽为不利。所以，为君之道透明，臣下就会安定；为君之道幽蔽，臣下就会感到危险。所以，臣下安定，就会尊崇君上；臣下危险，就会鄙视君上。所以，君上易为人了解，臣下就会亲近君上；君上难为人了解，臣下就会畏惧君上。臣下亲近君上，君上就会安定；臣下畏惧君上，君上就会有危险。所以，为君之道，没有比使臣下难于了解更恶劣的了，没有比使臣下畏惧更危险的了。古书上说："对君主厌恶的人多，君主就危险了。"《书》曰："克明明德。"（《尚书》说："能彰明美好的德行。"）《诗》曰："明明在下。"（《诗》上说："彰明德于天下。"）所以，先王彰明德于天下，这难道只是使自己幽深难明吗？

## 【绎旨】

本章主要论述为君之道究竟怎样才能既对国家有利，又对君主个人有利。结论就是："主道利明不利幽，利宣不利周。"与此相联系的就是："上易知则下亲上矣，上难知则下畏上矣。下亲上则上安，下畏上则上危。"因此，为君之道应"明""宣""易知"，使下亲上。

## 【名言嘉句】

①故主道利明不利幽，利宣不利周。
②故上易知则下亲上矣，上难知则下畏上矣。下亲上则上安，下畏上则上危。

## 【原文】

世俗之为说者曰："桀、纣有天下，汤、武篡而夺之。"是不然。以桀、纣为常¹有天下之籍则然[1]，亲有天下之籍则不然，天下谓在桀、纣则不然[2]。古者天子千官，诸侯百官。以是千官也，令行于诸夏之国[3]，谓之王。以是百官也，令行于境内，国虽不安，不至于废易遂²亡[4]，谓之君。圣王之子也，有天下之后也，势籍之所在也，天下之宗室也，然而不材³不中[5]，内则百姓疾之，外则诸侯叛之，近者境内不一，遥者诸侯不听，令不行于境内，甚者诸侯侵削之，攻伐之。若是，则虽未亡，吾谓之无天下矣。

圣王没，有埶籍者罢⁴不足以县⁵天下[6]，天下无君，诸侯有能德明威积，海内之民莫不愿得以为君师，然而暴国独侈[7]，安能诛之[8]，必不伤害无罪之民，诛暴国之君若诛独夫[9]。若是，则可谓能用天下矣。能用天下之谓王。汤、武非取天下也，修其道，行其义，兴天下之同利，除天下之同害，而天下归之也；桀、纣非去天下也，反禹、汤之德，乱礼义之分，禽兽之行，积其凶，全其恶，而天下去之也。

天下归之之谓王，天下去之之谓亡。故桀、纣无天下，而汤、武不弑君，由此效之也。汤、武者，民之父母也，桀、纣者，民之怨贼也。今世俗之为说者，以桀、纣为君，而以汤、武为弑，然则是诛民之父母，而师民之怨贼也，不祥莫大焉。以天下之合为君[10]，则天下未尝合于桀、纣也，然则以汤、武为弑，则天下未尝有说也，直堕之耳[11]！

故天子唯其人。天下者，至重也，非至强莫之能任；至大也，非至辨莫之能分[12]；至众也，非至明莫之能和[13]。此三至者，非圣人莫之能尽。故非圣人莫之能王。圣人备道全美者也[14]，是县天下之权称也。桀、纣者，其知⁶虑[15]至险也，其至⁷意[16]至闇也，其行为至乱；亲者疏之，贤者贱之，生民怨之；禹、汤之后也，而不得一人之与[17]；刳比干，囚箕子，身死国亡，为天下之大僇⁸[18]，后世之言恶者必稽焉；是不容妻子之数也。故至贤畴⁹[19]四海，汤、武是也；至罢不容妻子，桀、纣是也。今世俗之为说者，以桀、纣为天下而臣汤、武，岂不过甚矣哉！譬之是犹伛巫跛匡[20]大自以为有知也。故可以有夺人国，不可以有夺人天下；可以有窃国，不可以有窃天下也。可以夺之者可以有国，而不可以有天下；窃可以得国，而不可以得天下。是何也？曰：国，小具也，可以小人有也，可以小道得也，可以小力持也；天下者，大具也，不可以小人有也，不可以小道得也，不可以小力持也。国者，小人可以有之，然而未必不亡也；天下者，至大也，非圣人莫之能有也。

## 【校】

1. 常，通"尝"。

2. 遂，通"坠"。

3. 材，通"才"。

4. 罢，通"疲"。

5. 县，同"悬"。

6. 知，同"智"。

7. 至，一作"志"。

8. 傮，同"戮"。

9. 畴，通"壔（dǎo）"。

## 【注释】

〔1〕以桀、纣为常有天下之籍则然：天下之籍，即天下的最高势位。一说"天下之籍"，即天子之位。全句意为：桀、纣曾经占有天子之位，这是对的。

〔2〕亲有天下之籍则不然，天下谓在桀、纣则不然：认为桀、纣亲自掌握了天下的势位，这不对。说天下的大权都掌握在桀、纣手中，这也不对。

〔3〕诸夏之国：指中原地区的各诸侯国。

〔4〕废易遂亡：废易，指诸侯国的废黜改封。遂亡，坠落灭亡。

〔5〕不材不中：没有才能，又不中正。

〔6〕有执籍者罢不足以县天下：罢，无能。县，维系。全句意为：虽有势位，籍属宗室，但为人疲软无能，不足以维系天下。

〔7〕暴国独侈：暴君统治的国家独独放纵奢侈。

〔8〕安能诛之：怎样才能诛杀他呢？

〔9〕独夫：指残暴无道，众叛亲离的人。

〔10〕以天下之合为君：合，聚集，归集。全句意为：以天下人心的聚集者为君。

〔11〕直堕之耳：这简直就是毁谤。

〔12〕非至辨莫之能分：不是最善于察辨真相的人，不能够处理得各得其分的。

〔13〕非至明莫之能和：不是最善于明察秋毫的人，不能够使之和衷共济。

〔14〕圣人备道全美者也：圣人道德完备，是一切都完美的人，是衡量天下万事万物的标准。

〔15〕知虑：智慧思虑，即思想。

〔16〕至意：其意识所至之处。

〔17〕而不得一人之与：却得不到一个人的帮助。

〔18〕傮：辱。

〔19〕畴：保有。

〔20〕伛巫跛匡：驼背瘸腿的巫师。

## 【译文】

社会上那些撰写学说的人，说："本来是夏桀、商纣具有天下，而商汤、周武王却篡夺了去。"这种说法不对。认为夏桀、商纣曾经具有天下的最高势位，这是对的。说他们亲自掌握了天下的最高势位就不对了。说天下都在夏桀、商纣手中也不对。古时候，天子手下有千名官员，诸侯手下有百名官员。依靠这千名官员，把政令推行到中原地区的各国，这就称为王。依靠百名官员，把政令推行到本国之内，国家虽然不安定，但还不至于废黜或坠落灭亡，就称为君。圣王的子孙们，是具有天下的王的后裔，权势地位由他们占有，他们在天下是属于王的同一宗族的人，但是，由于他们没有才能，又不公正，在内部百姓怨恨他们，在外部诸侯背叛他们。近处而言，因境内部不能统一；远处而言，诸侯不听从他们的指挥。他们的命令不能在境内通行，更甚者诸侯来侵略削夺，攻打讨伐。像这种情况，我可以说这是已经失去天下了啊。

圣王死去之后，那些有势位的子孙们，疲软无能，不能够维系天下，天下已经没有君主了，诸侯中有道德高尚而有彰明德于天下的，威信积累崇高，四海之内的民众没有不愿意拥戴他为君为师的。但是暴君统治的国家却独独放纵奢侈，怎么才能诛杀他呢？一定做到不伤害无罪的民众，这样诛杀暴国之君就会像诛杀"独夫"一样。如果能这样，就可以算是能主政天下了。能主政天下的就是王。商汤、周武王并不是夺取了天下，而是修习治国安民之道，推行合乎时宜的利国利民的政策，兴办天下民众共同的利益，废除天下共同的危害，这样天下民众就自觉归顺了他。夏桀、商纣不是失去天下，由于他们反对大禹、商汤的德行，扰乱礼义名分，肆意实行禽兽之行，干了无数凶残暴虐的坏事，把所有恶事都做尽了，天下民众就把他们抛弃了。

天下民众归顺谁，谁就是王；天下民众离开谁，谁就会灭亡。所以，夏桀、商纣并没拥有天下，商汤、周武王不是弑君作乱，由此可以得到验证。商汤、周武王是民众的父母，夏桀、商纣是民众怨恨的贼人。现在社会上这些撰写学说的人，以夏桀、商纣为国君，而以商汤、周武王为犯上作乱的弑君者，这种说法就是要诛杀民众的父母，而效法民众怨恨的贼人，这样，不吉祥没有比这更大的了！如果以天下人心的集聚者为君，那么，天下人心未曾集聚到夏桀、商纣那里。但是，以商汤、周武王为弑君者，全天下不曾有这种说法，这简直就是毁谤啊！

所以，天子只有具备条件的人才能充任。天下是最重大的，不是最强大的人不能充任。天下是最广大的，不是最善于察辨真相的人，不能够处理得各得其分；天下人口是最多的，不是最明智的人不能够使人们和衷共济。这三个"最"（至），除了圣人之外没有能完全符合的。所以，除了圣人没有能够统一天下而为王的。圣人具备一切高尚道德是完美的人，是衡量天下万事万物的标准。夏桀、商纣，其思想险恶，其意志幽暗，其行为最为混乱，对亲者疏远，对贤者卑弃，使生民怨恨不已；虽为大禹、商汤之后，但得不到一个人的帮助；商纣剖杀比干，囚禁箕子，本人身死国亦灭亡，成为天下最大的耻辱。后世人们谈到恶人时，一定会以夏桀、商纣为例证以说明。他们就是连妻子儿女都保不住的必然道理。所以，最贤明的人能够保有四海，商汤、周武王就是这样的人。最差的人，不能保住自己妻子儿女，夏桀、商纣就是这样的人。现在社会上那些撰写学说的人，认为夏桀、商纣具有天下而商汤、周武王不过是他们的臣子，这种说法难道不是太过分了吗？就好像是驼背瘸腿的巫师自以为很聪明一样。

所以，有夺取一个诸侯国的事，不可以有夺取人家天下的事；可以有窃取诸侯国的事，但不能有窃取天下的事。能够夺取的可以有诸侯的国家，而不能够有天下；窃夺的可以是诸侯的封国，但不能够窃得天下。这是为什么呢？回答说：封国，是一个小的存在，可以被小人所占有，可以用小的道术得到，可以用小的力量持有它；而天下，是一个大的存在，不能够被小人占有，不能够用小道术得到，不能够用小的力量持有它。封国，小人可以占有它，但是不一定不灭亡；天下，是最大的，除了圣明的人没有人能占有它。

## 【绎旨】

本章主要反驳了当时社会上流行的一种说法，即夏桀、商纣是天下合法的统治者，而商汤、周武王是犯上作乱的篡夺者。同时又论述了做天子的条件，"非其人"不能担任，具体来说就是"非至强""非至辨""非至明"者不能充任。当然，这种规定未必完全，一般来说，开国的天子是在斗争中产生的，除具备"三至"之外，还要有其他条件，而后继者的情况就与此不同了。

在今天看来，讨论商汤、周武王是否是篡夺者以及"窃夺国"与"窃夺天下"的区别，似乎意义不大了。

## 【名言嘉句】

天下者，至重也，非至强莫之能任；至大也，非至辨莫之能分；至众也，非至明莫之能和。

## 【原文】

世俗之为说者曰："治古无肉刑而有象刑：墨黥[1]，慅婴[2]，共艾毕[3]，菲对屦 1 [4]，杀赭衣而不纯[5]。治古如是。"是不然。

以为治邪？则人固莫触罪，非独不用肉刑，亦不用象刑矣。以为人或触罪矣，而直轻其刑，然则是杀人者不死，伤人者不刑也。罪至重而刑至轻，庸人不知恶矣[6]，乱莫大焉。凡刑人之本，禁暴恶恶，且征 2 其未也[7]。杀人者不死，而伤人者不刑，是谓惠暴而宽贼也，非恶恶也。故象刑殆非生于治古[8]，并[9]起于乱今也。治古不然，凡爵列、官职、赏庆、刑罚，皆报也，以类相从者也。一物失称，乱之端也。夫德不称位，能不称官，赏不当功，罚不当罪，不祥莫大焉[10]。

昔者武王伐有商，诛纣，断其首，县 3 之赤旆。夫征暴诛悍，治之盛也。杀人者死，伤人者刑，是百王之所同也[11]，未有知其所由来者也。刑称罪则治，不称罪则乱。故治则刑重，乱则刑轻。犯治之罪固重，犯乱之罪固轻也。《书》曰："刑罚世轻世重[12]。"此之谓也。

## 【校】

1. 慅婴，共艾毕，菲对屦，慅，通"草"。共，借为"宫"。艾，同"刈"。毕，同"韠"。菲，通"剕"。对，借为"蒯（kuǎi）"。

2. 征，同"惩"。

3.县，通"悬"。

## 【注释】

〔1〕墨黥：用墨涂面，代替黥刑。

〔2〕慅婴：即草缨，就是把草绳系在脖子上，以代替劓（yì）。

〔3〕共艾毕：艾，割。毕，蔽膝。全句意为：用割去衣服一蔽膝以代替宫刑。

〔4〕菲对屦：菲，刖（yuè）刑，断足。对，即蒯，多年生草本植物，可制为鞋。

〔5〕杀赭衣而不纯：纯，衣服的镶边。不纯，即不镶边。此处指去掉领子。全句意为：用穿去掉领子的赤褐色衣服代替斩头之刑。

〔6〕庸人不知恶矣：一般不知道这样做的危害。

〔7〕且征其未也：而且还在于惩戒未犯罪者。

〔8〕故象刑殆非生于治古：象刑，不用肉刑，而用衣服等形象来代替肉刑。全句意为：所以，象刑恐怕不是产生在古代治理好的时期。

〔9〕并：乃。

〔10〕"凡爵列、官职、赏庆、刑罚，皆报也，……夫德不称位，能不称官，赏不当功，罚不当罪，不祥莫大焉。"：这说明，官职、爵位、赏庆、刑罚都是治国和管理民众的工具，使社会秩序化、和谐化的有力措施。

〔11〕杀人者死，伤人者刑，是百王之所同也：杀人者要处死，打伤人的受判刑，这在历代圣王所共同的。《汉书·高祖纪》（高祖）与父老约，法三章耳："杀人者死，伤人及盗抵罪。"可见荀子的思想对后世影响深远。

〔12〕刑罚世轻世重：语出《尚书·吕刑》。全句意为：刑罚是变化的，虽形势的发展有时轻有时重，不是一成不变的。

## 【译文】

社会上那些撰写学说的人，说："古代治理好的时期没有肉刑，只有象征性的处罚：用脸上涂墨代替黥刑，用脖子上系上草绳子代替劓刑，用割去衣服上的护膝代替宫刑，用穿蒯（对）草的鞋代替刖刑，用穿没有领子的赭衣代替死刑。古代治理好的时期就是这样。"这种说法不对。

以为治理好了吗？那么，人们本来就不去触犯刑律，不但不用肉刑，而且也不用象征性的惩罚。以为有的人犯了罪，直接减轻他的刑罚，这样就会杀了人，不处死，伤了人，也不给予一定的刑罚。犯罪最严重的，而刑罚最轻。平常的人不知道这样做的危害，造成的混乱没有比这更大的了。凡是给犯罪者刑罚的本意都在于：禁止暴行，排除凶恶，而且还为了警戒未犯者。对犯杀人之罪的不处死，对伤人之罪的不给予一定的刑罚，这可以说是优待凶暴宽恕残贼，不反对作恶。所以，象征性的刑罚并不是产生于古代治理好的时期，乃是兴起于混乱的当今之世。古代治理好的时期并不是这样，凡是爵位系列，官职高低，赏庆多少，刑罚轻重，都是与有关事实相应，是按不同类别相联系的。有一个事物失掉应有的位置，就是混乱的开始。其德行与权威不相称，才能与官职不相称，赏赐与功劳不相当，刑罚与罪行不相当，这样，没有比这更大的不吉祥了。

从前，周武王攻伐商朝，杀死纣王后，砍下他的头，悬挂在红色旌旗上示众。征伐残暴势力诛灭凶悍之徒，是治国中的盛事。杀人者要处死，打伤人的受判刑，这是历代圣王所共同的，没有人知道它是从什么时候开始的。刑罚与罪行相称就平治，刑罚与罪行不相称就会发生混乱。所以，社会处于治世时，刑罚就重；社会处于混乱状态时，刑罚就轻。在治世时犯了罪，刑罚本来就应该重；在乱世中犯罪，因各方面的混乱，所以处理上就会轻。《书》曰："刑罚世轻世重。"（《尚书》说："刑罚随着时势的不同有时轻有时重。"）就是说的这种情况。

## 【绎旨】

本章重点是反驳古代治理好时没有肉刑的说法，提出了"凡刑人之本，禁暴恶恶，且征其未也。杀人者不死，而伤人者不刑，是谓惠暴而宽贼也，非恶恶也。""刑称罪则治，不称罪则乱"等有价值的论断，值得今人借鉴与参考。

## 【名言嘉句】

刑称罪则治，不称罪则乱。

## 【原文】

世俗之为说者曰："汤、武不能禁令。是何也？曰：楚越不受制[1]。"是不然。汤、武者，至天下之善禁令者[2]也。汤居亳，武王居鄗，皆百里之地也，天下为一，诸侯为臣，通达之属[3]莫不振¹动从服以化顺之，曷为²楚越独不受制也！彼王者之制也，视形埶³而制械用，称远迩而等贡献[4]，岂必齐哉！故鲁人以榶[5]，卫人用柯[6]，齐人用一革[7]，土地刑制不同者，械用、备饰不可不异也。故诸夏之国同服同仪，蛮夷戎狄之国同服不同制。封内甸服，封外侯服，侯卫宾服，蛮夷要服，戎狄荒服。[8]甸服者祭，侯服者祀，宾服者享，要服者贡，荒服者终王。[9]日祭、月祀、时享、岁贡、终王，夫是之谓视形埶⁴而制械用，称远近而等贡献，是王者之至⁵也。彼楚越者，且时享、岁贡、终王之属也，必齐之日祭、月祀之属然后日受制邪？是规磨之说[10]也。沟中之瘠[11]也，则未足与及王者之制。语曰："浅不足与测深，愚不足与谋知，坎井之蛙不可与语东海之乐。"此之谓也。

## 【校】

1. 振，同"震"。
2. 为，同"谓"。

3. 埶，同"势"。

4. 埶，同"势"。

5. 至，当作"制"。

## 【注释】

〔1〕楚越不受制：楚越不接受君命。

〔2〕至天下之善禁令者：全天下最善于施行禁止的人。

〔3〕通达之属：舟车所能到达之处。

〔4〕称远迩而等贡献：称，衡量。等，不同等次。全句意为：衡量远近而分为不同等次以进贡。

〔5〕故鲁人以榶：榶，碗。全句意为：鲁国人用碗。

〔6〕卫人用柯：柯，盂。盂，盛食物用。全句意为：卫人用盂。

〔7〕一革：皮革制成的酒具。

〔8〕封内甸服，封外侯服，侯卫宾服，蛮夷要服，戎狄荒服：周代王畿千里，称封内。而离王城五百里即是甸服，主要任务是耕种王田，服事天子。甸服之外五百里为侯服，主要担任警卫，以服事天子。侯、卫指侯圻、卫圻。从侯圻、卫圻共分为侯、甸、男、采、卫圻，每圻五百里。皆属宾服，即像宾客一样，按时进贡。更远的地方住少数族人，称为要服。"要"即约束之义，以礼义约束之。最外围称荒服，边远之地，不定时向天子进贡。实际情况是各服之间错综交叉，区分不像这样所记那样严格。

〔9〕甸服者祭，侯服者祀，宾服者享，要服者贡，荒服者终王：各服分别担任不同的任务。即分别承担日祭、月祀、时（季）享、岁贡、崇王之事。

〔10〕规磨之说：有差错的说法，一说指揣测的说法，不可靠。

〔11〕沟中之瘠：因贫困死于野外水沟中的人，转义为缺乏知识，鄙陋。

## 【译文】

社会上那些撰写学说的人，说："商汤、周武王不能够施行禁令。为什么这样说呢？因为楚国、越国不接受他们的命令。"这种说法是不对的。商汤、周武王是天下最善于施行禁令的人。商居于亳都，周武王居于鄗京，都是方圆百里的地方，他们使天下统一为一国，诸侯都成为臣子，凡是通舟车的地方没有不受到震动、威化而服从归顺的，怎么说楚越独独不接受君命呢？王者的制度，是根据不同的形势，制定器械用具，衡量远近分为不同等次以进贡的，为什么一定要一样呢？所以，鲁国人用碗，卫国人用盂，齐国人用皮革制成的酒器，自然条件如土地、山河等及风俗习惯等不相同，器械、服饰等不可能没有差别。所以，中原地区的各国都要服事天子，礼仪都相同。南蛮、东夷、西戎、北狄等少数族国家虽服事相同但制度不同。王畿之内是甸服，王畿之外是侯服，再向外分为侯圻、甸圻、男圻、采圻、卫圻，都属于宾服，再向外，蛮族、夷族属于要服。戎族、狄族为荒服。他们服事天子的内容各不相同：甸服的职责是提供每天的祭祀的物品，侯服的职责是提供每月祭祀的物品，宾服的职责是提供每季（时）祭祀的物品，要服是贡献每年祭祀的物品。荒服不提供物品，只尊崇天子的地位就可以了。每天都要祭祀祖父、父亲，每月都要祭祀曾祖、高祖，每季都要祭祀远祖、始祖，每年都要祭祀天神，这就叫看形势的变化而制定机械器用，衡量远近而分为不同等次而纳贡，这是天子的制度。楚国、越国是属于每季或每岁进贡物品或只是尊崇天子的行列；难道说一定要使之与那些每日或每月都贡献物品的一样，才能说是接受君命吗？这真是一种揣测之辞，是鄙陋之见，根本不足以有资格去谈论天子的制度。俗话说："浅陋的人不足以与之测量深奥的事物，愚蠢的人不足以与之谋划需要高智能的事，废井中的青蛙不能够与它谈论游览东海的快乐。"就是说的这种情况啊！

## 【绎旨】

本章主要是根据"王者之制也，视形执而制械用，称远迩而等贡献"这一论断反驳了"汤、武不能禁令"这一错误认识，同时说明了周代五服之制的大体情况。这对了解周朝的政治经济制度是有重要帮助的。

## 【名言嘉句】

①彼王者之制也，视形执而制械用，称远迩而等贡献，岂必齐哉！

②语曰："浅不足与测深，愚不足与谋知，坎井之蛙不可与语东海之乐。"此之谓也。

## 【原文】

世俗之为说者曰："尧、舜擅¹让[1]。"是不然。天子者，执²位至尊，无敌于天下，夫有谁与让矣？[2]道德纯备，智惠³甚明，南面而听天下，生民之属莫不振动从服以化顺之。天下无隐士，无遗善，同焉者是也，异焉者非也[3]，夫有恶⁴擅天下矣[4]？

曰："死而擅之。"是又不然。圣王在上，图德而定次，量能而授官，皆使民载其事而各得其宜，不能以义制利，不能以伪饰性⁵[5]，则兼以为民[6]。圣王已没，天下无圣，则固莫足以擅天下矣。天下有圣而在后者⁶[7]，则天下不离，朝不易位，国不更制，天下厌然与乡⁷无以异也，以尧继尧，夫又何变之有矣？圣不在后子而在三公，则天下如归，犹复而振之矣，天下厌然，与乡无以异也，以尧继尧，夫又何变之有矣？唯其徙朝改制为难。故天子生，则天下一隆，致顺而治，论德而定次；死，则能任天下者，必有之矣。夫礼义之分尽矣，擅让恶用矣哉！

曰："老衰而擅。"是又不然。血气筋力则有衰，若夫智虑取舍则无衰。曰："老者不堪其劳而休也。"是又畏事者之议也。天子者，执⁸至重而形至佚⁹[8]，心至愉而志无所诎¹⁰，而形不为劳，尊无上矣。衣被则服五采，杂间色，重文绣，加饰之以珠玉；食饮则重大牢而备珍怪[9]，期臭味[10]，曼而馈[11]，代睪¹¹而食[12]，《雍》而彻¹²乎五祀[13]，执荐者百人侍西房。

居则设张[13]容，负依[14]而坐，诸侯趋走乎堂下；出户而巫觋有事，出门而宗祝有事；乘大路趋[15]越席以养安，侧载睪芷以养鼻，前有错衡以养目，和鸾之声，步中《武》《象》，骊[16]中《韶》《护》以养耳[14]，三公奉軶[17]、持纳[18]，诸侯持轮、挟舆、先马，大侯编后，大夫次之，小侯、元士次之，庶士介而夹道，庶人隐窜，莫敢视望。居如大神，动如天帝，持老养衰，犹有善于是者与不[19]？老者休也，体犹有安乐恬愉如是者乎？故曰：诸侯有老，天子无老。有擅国，无擅天下，古今一也。夫曰"尧、舜擅让"，是虚言也，是浅者之传，陋者之说也，不知逆顺之理，小大、至不至之变者也，未可与及天下之大理者也。

## 【校】

1. 擅，通"禅"。

2. 执，同"势"。

3. 惠，通"慧"。

4. 恶，同"乌"。

5. 以伪饰性，伪，同"为"。饰，通"饬"。

6. 天下有圣而在后者，后，一作"后子"。

7. 乡，通"向"。

8. 执，同"势"。

9. 佚，同"逸"。

10. 诎，同"屈"。

11. 代睪，代，当作"伐"。睪，通"皋"，"鼛"之借字，大鼓。

12. 彻，通"撤"。

13. 张，同"帐"。

14. 依，同"扆"。

15. 趋，借为"蹴"。

16. 骊，通"趋"。

17. 軶，同"轭"。

18. 纳，同"軜"。

19. 不，读"否"。

## 【注释】

〔1〕尧、舜擅让：擅让即"禅让"。"禅"同"墠"，除地为"墠"，告天而传位也。禅让是我国上古时期部落联盟酋长继位的制度，尧年老时经过民主推荐，禅让于舜，舜年老时又禅让于禹。禹后来又将酋长之位禅让于皋陶，但皋陶早死，后禹又禅让于

伯益。禹死之后，禹的儿子启夺取了酋长之位，开始了"家天下"的制度。禅让制终结。对禅让制，我国古代部分思想家持否定态度，认为历史上并不存在这种制度。

〔2〕夫有谁与让矣：又有谁会参与这种转让而接受其位呢？

〔3〕同焉者是也，异焉者非也：焉，代词，指尧、舜。全句意为：同意尧、舜是对的，不同于尧、舜的就不对。

〔4〕夫有恶擅天下矣：恶，哪里。全句意为：哪里还有什么理由禅让天下呢？

〔5〕以伪饰性：以人的后天努力整饬恶的本性。

〔6〕则兼以为民：全部都成了老百姓。

〔7〕天下有圣而在后者：后子（嗣子）是新的天下之圣，是王位的合法继承人，故无需禅让。

〔8〕埶至重而形至佚：权势最重但形体却是最安逸的。

〔9〕食饮则重大牢而备珍怪：吃饭时牛、猪、羊齐备而有奇珍异味。

〔10〕期臭（xiù）味：臭，香味。全句意为：香味及浓。

〔11〕曼而馈：曼，同"万"，古代的一种舞蹈。全句意为：跳着舞蹈，列队送上食物。

〔12〕代睾而食：击鼓进食。

〔13〕《雍》而彻乎五祀：奏起《雍》乐，撤除酒宴而祭祀灶神。《雍》，《诗·周颂》中的一篇，其中有"天子穆穆"等句。当时规定，天子撤宴时要奏该乐。此处，荀子以后世天子的饮食礼仪推论尧、舜时的礼仪，未必正确。

〔14〕步中《武》《象》，骤中《韶》《护》以养耳：《武》《象》，皆周武王时的乐舞。骤，车快行。《韶》《护》，舜和汤时的乐名。全句意为：缓行中与《武》《象》合拍，速行中与《韶》《护》合拍。

## 【译文】

社会上那些撰写学说的人，说："尧与舜晚年都进行了禅让。"这是不对的。天子的权势地位是最尊贵的，无敌于天下。如果真有禅让，又有谁参与这种禅让而接受其位呢？他们的道德纯粹而又周备，智慧非常高明，端坐其位面向南而听断天下事务，凡是生活在大地上的民众没有不受到他们的震动，服从他们，并因受到感化而不违背他们。在他们主政时期，天下没有因为怀才不遇而隐居的士人，没有遗漏下应受表彰重用的好人好事。当时同意他们的就是正确的，不同意他们的就是错误的，哪里还有什么理由禅让天下呢？

有人说："因为死亡进行禅让。"这也不对。圣明的君王在上位，依据德行而决定位次，衡量才能的高下而授予官职，使人民各担负一定的事务而各得其宜。如果不能用道义制约利益，不能用后天的努力去整饬恶的本性，就只能去做最普通的民众。圣明的君王去世之后，天下就没有圣明的人了，也就不能够再把天下禅让给谁了。如果天下有圣明的人出现而正是在他的后人中，那么天下就不用再离开他的后人了，朝廷不用改变原来的官位，国家不用改变制度，天下十分安定而与以前没有什么两样，这相当于以尧继尧，又有什么必要进行改变呢？如果圣明的人不是出现在原圣王的后代中，而是出现在辅佐圣王的三公中，那么，天下也就像回到原圣王那里一样，仍可重新振兴。天下安然无事，与从前没有什么区别，以尧继尧，又何必有什么变化呢？只有改变朝廷内部的官位次序，改变国家制度为难事。所以，天子生下来，就是使天下定于一尊的力量，极力使天下顺从从而达到大治，根据人们的德行而决定官位次序；天子死后，一定会有新人出现。这样，礼义的名分已经完全清楚了，禅让哪里还有什么用？

又有人说："是因为老衰了才进行禅让的。"这种说法也不对。人的血气筋骨、力气的确有老衰的时候，至于人的智慧、思虑、决定取舍的判断能力就没有什么老衰。又说："年龄大了承担不了劳累就应该休息了。"这是一种害怕工作的讨论。作为天子，其权势是最重的但其形体却是最安逸的，其内心是最愉快的，而意志没有什么力量能使之屈服。其形体不会劳累，其尊贵是至高无上的。天子穿五采的上衣，下衣配以其他颜色，上有多重刺绣的花纹，再加上装饰的珠玉。饮食方面，牛、猪、羊三牲齐备，还有各种奇珍异馐，香味极浓，列队舞蹈而敬献食品，击鼓而食，用膳完后，撤宴之时要演奏《雍》乐，而祭祀灶神，敬送食品的有百余人在西厢房对待。

天子听朝时，要张设帷帐，背靠屏风而坐，诸侯在殿堂下急行。天子出内门，要先由女巫和男觋（xí）先祓除不祥，出外门要由宗祝先祭行神。乘坐在大辂之上，脚踩蒲席以养身，旁边放置泽兰香草以养护鼻，前面有错（涂）金的车轼以养护眼睛。铃声叮当，缓行《武》《象》乐合拍，速行与《韶》《护》合拍，这些美妙的乐曲可以养护耳朵。由三公等高官扶轼执缰，由诸侯扶轮、护舆、导马。大国的公侯跟在车面，其后是大夫，再后是小国公侯、元士，军士夹道护卫。庶人吓得隐蔽逃窜，不敢抬头观望。天子坐时如同天神，动时如同天帝，年老的弱身体，还有比这更好的吗？老年人应该休息，休息还有安乐恬静愉快像这样的吗？所以说：诸侯有衰老的时候，天子没有衰老的时候。有禅让国家的，没有禅让天下的，古代和今天是一样的。所以说："尧、舜禅让"是假话，是浅薄无知之人传播的，是愚陋之辈的说法。不知逆与顺、不对与对之间的不同，小（如一国）与大（如天下）、至（最好最高最大）与不至（一般达不到标准的）之间的区别与变化，就不可以与他们论及天下的大道理。

**【绎旨】**

本章主要是反驳"尧舜禅让"的论断。孔子、孟子及其他一些思想家都相信"禅让"说，而荀子、韩非子反对"禅让"说。从中外历史发展的过程来看，部落民主制的时代是存在的，在这个时代对最高领袖实行民主选举，亦即中国古史上的"禅让"，这是有客观条件的。

荀子举出的理由中，有些未必能成立。特别是他讲尧、舜时代的天子的饮食、居住、出行等情况，完全是根据西周兴盛时期的有关情况及《周礼》等描述推论出来的，而根本不可能是尧、舜时代的实际情况。

另外，《武》《象》等一般认为是周武王时期的乐曲，把它说成是尧、舜时代的乐曲，也缺乏根据。

## 【名言嘉句】

不知逆顺之理，小大、至不至之变者也，未可与及天下之大理者也。

## 【原文】

世俗之为说者曰："尧、舜不能教化，是何也？曰：朱、象[1]不化。"是不然也。尧、舜，至天下之善教化者也。南面而听天下，生民之属莫不振动从服以化顺之。然而朱、象独不化，是非尧、舜之过，朱、象之罪也。尧、舜者，天下之英也；朱、象者，天下之嵬[2]，一时之琐[3]也。今世俗之为说者，不怪朱、象而非尧、舜，岂不过甚矣哉！夫是之谓嵬说。羿、蠭门者，天下之善射者也，不能以拨弓曲矢中¹；王梁、造父者，天下之善驭者也，不能以辟²马毁舆致远。尧、舜者，天下之善教化者也，不能使嵬琐化。何世而无嵬，何时而无琐？自太皞、燧人莫不有也。故作者不祥³[4]，学者受其殃，非者有庆。《诗》曰："下民之孽，匪降自天。噂沓背憎，职竞由人。"[5]此之谓也。

## 【校】

1. 不能以拨弓曲矢中，一说"中"字下脱一"微"字。

2. 辟，通"躄"。

3. 祥，通"详"。

## 【注释】

〔1〕朱、象：朱，尧子丹朱。象，舜异母弟。皆为不肖之徒。

〔2〕天下之嵬：天下的怪诞奸诈之徒。

〔3〕一时之琐：一个时期的卑琐者。

〔4〕作者不祥：世俗之说的作者，对有关详情不了解。

〔5〕下民之孽，匪降自天。噂沓背憎，职竞由人：语出《诗·小雅·十月之交》。孽，罪孽。噂沓，语声杂沓。职，主要。竞，争逐。全句意为：老百姓的罪孽，不是由天降下来的。当面说笑，背后相互憎恨，完全是由人造成的。

## 【译文】

社会上那些撰写学说的人，说："尧、舜不能对人进行教育感化。这是为什么呢？回答是：因为尧的儿子丹朱、舜的异母弟象都没有教化好啊。"这种说法不对。尧、舜是天下最善于对人进行教化的人。他们南面称王而听断天下政务，老百姓没有不受到振动、服从他们，因教化而顺应他们。但是丹朱、象独独不受教化，这不是尧、舜的过失，而是丹朱、象的罪过。尧、舜是天下的英豪，丹朱、象是天下的奸诈、诡诞之徒，一段时间内的卑鄙小人。现在社会上那些撰写学说的人，不责怪丹朱和象，而非议尧、舜，这难道不是太过分了吗？这些说法就叫怪异之论。后羿、逢蒙都是天下善于射箭的人，不能以坏弓弯箭射中微小目标；王良、造父是天下善于驾车的人，但不能以瘸马、坏车跑远路；尧、舜是天下善于教化的人，但不能使奸诈、怪诞之徒受感化。哪个时代没有奸诈、怪诞之徒？哪个时代没有卑鄙小人？自太皞氏、燧人氏开始没有不存在这种人的时代。所以，社会上那些撰写学说的人，对有关情况不详加了解就做结论，学他们书的人就受到坏影响，不相信他们学说的人才值得庆幸。《诗》曰："下民之孽，匪降自天。噂沓背憎，职竞由人。"（《诗》上说："老百姓的罪孽，不是由天降下来的。当面说笑，背后相互憎恨，完全是由人造成的。"）就是说的这种意思。

## 【绎旨】

本章主要是反驳尧、舜不善教化的观点，认为丹朱、象之罪，其责任不在尧、舜，荀子的这种说法，应有值得商榷之处。

## 【名言嘉句】

何世而无嵬，何时而无琐？自太皞、燧人莫不有也。

## 【原文】

世俗之为说者曰："太古薄葬，棺厚三寸，衣衾三领，葬田不妨田，故不掘也。乱今厚葬饰棺，故抇[1]也。"是不及知治道[2]，而不察于抇不抇者之所言也[3]。凡人之盗也，必以有为，不以备不足，则以重有余也。而圣王之生民也，使皆当厚优犹不知足¹，而不得以有余过度。故盗不窃，贼不刺[4]，狗豕吐菽粟，而农贾皆能以货财让。风俗之美，男女自不取于涂²，而百姓羞拾遗。故孔子曰："天下有道，盗其先变乎！"[5]虽珠玉满体，文绣充棺，黄金充椁，加之以丹矸[6]，重之以曾青[7]，犀象以为树，琅玕、龙兹、华觐以为实，人犹且莫之抇也。是何也？则求利之诡[8]缓，而犯分之羞大也。

夫乱今然后反是，上以无法使[9]，下以无度行，知者不得虑[10]，能者不得治，贤者不得使。若是，则上失天性，下失地利，中失人和。故百事废，财物诎³，而祸乱起。王公则病不足于上，庶人则冻馁羸瘠于下。于是焉桀、纣群居[11]，而盗贼击夺以危上矣。安⁴禽兽行，虎狼贪，故脯巨人而炙婴儿矣。若是，则有何尤抇人之墓[12]，抉人之口而求利矣哉？虽此保⁵而薶⁶之，犹且必抇也，安得葬薶哉？彼乃将食其肉而齕其骨也。夫曰："太古薄葬，故不抇也；乱今厚葬，故抇也。"是特奸人之误于乱说以欺愚者，而潮⁷陷[13]之，以偷取利焉，夫是之谓大奸。传曰："危人而自安，害人而自利。"此之谓也。

## 【校】

1. 使皆当厚优犹不知足，优，借为"裕"。"犹不"衍文。

2. 男女自不取于涂，取，通"聚"。涂，同"途"。

3. 诎，通"屈"。

4. 安，一作"必"。

5. 倮，同"裸"。

6. 蘪，同"埋"。

7. 潮，当作"淖"。

## 【注释】

〔1〕扣（hú）：义通"掘"。

〔2〕不及知治道：没有接触了解国家能治理好的法则。

〔3〕不察于扣不扣者之所言也：不清楚掘墓与不掘墓的原因而说的话。

〔4〕贼不刺：贼不去杀人。

〔5〕孔子曰"天下有道，盗其先变乎"：未见今本《论语》有载。

〔6〕丹矸（gān）：丹砂。

〔7〕曾青：铜精。

〔8〕求利之诡：求取利益的诡诈之心。

〔9〕上以无法使：君上不依法行使管理。

〔10〕知者不得虑：有智慧的人不能够去思虑社会乱的原因。

〔11〕桀、纣群居：桀、纣一类的坏人成群。

〔12〕则有何尤扣人之墓：尤，职责。全句意为：还有什么理由指责掘人家的墓葬。

〔13〕潮陷：潮，溺，溺陷。像用水淹一样，把人溺死。

## 【译文】

　　社会上那些撰写学说的人，说："上古时代实行薄葬，棺只有三寸厚，覆盖被单有三件，葬人的土地不妨害正常的种田，所以，没有盗墓的。而混乱的今天，举行厚葬，用各种珠宝装饰棺材，所以就有盗墓发生。"这种说法是没有接触了解治理好国家的法则，而没搞清楚盗墓与不盗墓的原因而说的话。凡是人去盗墓，一定有他的原因。不是为了准备缺少的东西，就是为了有余的东西更加丰富。而圣明的君王养育民众使他们都能富裕丰厚而知足，但也不能使有余超过一定的限度。所以，强盗不去行窃，贼子不去杀人。粮食多了，猪、狗都吃不了，农民商人都能把钱财让给别人。风俗美好，男男女女各自做到在路途上聚会，而民众们以拾取他人遗落的财物为耻。所以，孔子说："天下如果治理得好，盗贼大概要首先发生变化吧！"虽然珠玉布满了身体，有花纹的锦绣充实在棺内，黄金实在棺内，涂丹砂，再涂上铜精，用犀角、象牙雕成树，用琅玕、龙兹、华觐雕为果实，人们仍然不去掘墓。这是什么原因呢？就是因为求取利益的诡诈之心得到缓解，而违法的羞耻感增强了。

混乱的今天正与上古时期相反。君上不依法行使权力，臣下不依照法度行动，有智慧的人没有机会对国家治理问题做出思考，有才能的人没有治理国家的机会，贤良之士得不到任用。这样一来，就使整个国家上面失去了天养育万物的机遇，下面失去大地出产财富的利益，中间失去民众的和谐相处局面。所以，弄得各种事业荒废，财物缺乏，而人间祸乱不断发生。亲王、公侯虽在上层社会中但也担忧财货的不足，而老百姓则饥寒、瘦弱挣扎于社会的底层。在这种情况下，桀、纣一类的暴虐昏庸之辈到处出现，而盗贼更是抢掠破坏以至危及君上。是时禽兽横行，虎狼贪婪，杀人吃肉，炙烤婴儿。像这种情况，还有什么理由去指责某些盗掘坟墓，到死人口里去挖取珠宝以求得利益呢？就算裸葬掩埋，也是还要一定被挖出来，怎么会得到埋葬呢？他们还会吃死人的肉，啃死人的骨头。所谓："远古时期薄葬，所以不盗墓；混乱的今天实行厚葬，所以才会被盗墓。"这只是奸诈之徒被错误的说法误导又来欺骗愚蠢的人，就像用水淹人一样，来陷害他们，以从中暗暗获利，这就是说的"大奸"。古书上说："使他人危险以使自己安全，迫害他人以使自己有利。"就是说的这种情况。

## 【绎旨】

本章主要讨论为什么发生盗墓的问题。荀子批评了"太古薄葬，棺厚三寸，衣衾三领，葬田不妨田，故不掘也。乱今厚葬饰棺，故㧱也"的说法，而主张把盗墓与否，与考察当时社会经济发展与治理情况联系起来，这是正确的。

## 【名言嘉句】

而圣王之生民也，使皆当厚优犹不知足，而不得以有余过度。故盗不窃，贼不刺，狗豕吐菽粟，而农贾皆能以货财让。

## 【原文】

子宋子[1]曰："明见侮之不辱，使人不斗。人皆以见侮为辱，故斗也；知见侮之为不辱，则不斗矣。"应之曰：然则亦以人之情为不恶侮乎[2]？曰："恶而不辱也。"曰：若是，则必不得所求焉。凡人之斗也，必以其恶之为说，非以其辱之为故也。今俳优、侏儒、狎徒[3]詈侮而不斗者，是岂钜¹[4]知见侮之为不辱哉？然而不斗者，不恶故也。今人或入其央渎²[5]，窃其猪彘，则援剑戟而逐之，不避死伤，是岂以丧猪为辱也哉？然而不惮斗者，恶之故也。虽以见侮为辱也，不恶则不斗；虽知见侮为不辱，恶之则必斗。然则斗与不斗邪，亡³于辱之与不辱也，乃在于恶之与不恶也。夫今子宋子不能解人之恶侮，而务说人以勿辱也，岂不过甚矣哉？金舌弊⁴口[6]，犹将无益。不知其无益，则不知⁵；知其无益也，直以欺人，则不仁。不仁不知，辱莫大焉。将以为有益于人，则与⁶无益于人也[7]，则得大辱而退耳。说莫病是矣。

【校】

1. 钜，通"讵"。

2. 央渎，央，通"缺"。渎，通"窦"。

3. 亡，通"无"。

4. 弊，一作"蔽"。

5. 知，同"智"。

6. 与，通"举"。

【注释】

〔1〕子宋子：宋子即宋钘，又作宋牼，见《非十二子》篇。称"子宋子"是以宋牼学生的口气议事。《公羊传》何休注曰："以子冠氏上者，著其师也。"

〔2〕然则亦以人之情为不恶侮乎：这样，是不是说人的感情是不憎恶欺侮呢？

〔3〕俳优、侏儒、狎徒：俳优，古代歌舞艺人。侏儒，发育不正常而身材矮小者。狎徒，专讲低级趣味的语言以引发笑者。

〔4〕岂钜：哪里，难道，以表反问。

〔5〕央渎：大洞，家中的排水洞。

〔6〕金舌弊口：弊口，说破了自己的口，形容讲话很多。全句意为：其舌如金，怎样使用也不会坏，形容极能讲话。

〔7〕则与无益于人也：与，全都。全句意为：就是全都无益于人啊。

【译文】

宋先生说："如果明白受到欺侮并不是耻辱的道理，就使人们不再发生争斗了。人们都以为受到欺侮就是耻辱，所以才相互间争斗；明白了受到欺侮并不是耻辱，就不会争斗了。"应答说："这样是不是说人的感情是不憎恶欺侮呢。"宋又说："虽然对欺侮感到憎恨，但并不认为是耻辱。"应答说："像这样，宋先生是一定达不到自己所追求的目的的。凡是人们之间的争斗，一定是以憎恶为说辞，并不以其受到耻辱为原因。现在一些歌舞艺人、侏儒病患者和专门讲低级庸俗故事引人发笑者受到他人辱骂欺侮但不与之争斗，这哪里是因为他们懂得被欺侮不算耻辱呢，他们之所以不反抗，就是因为没有感到憎恶的原因。现在的人，如果有人从墙洞中偷盗了他饲养的猪，他就会拿起剑戟去追赶，一点也不躲避死伤等危险。这难道是因为他们丢失猪为耻辱吗？这样，之所以不怕拼斗，就是因为憎恶的原因啊！虽然以被欺侮为耻辱，但是不憎恶就不会争斗；即使知道被欺侮不算耻辱，但如果感到憎恶就一定会争斗。这样看来，争斗与不争斗，不在于感到耻辱与不感到耻辱，而在于感到憎恶与不憎恶。现在宋先生不能理解人们对欺侮带来的憎恶，而只反复说被欺侮后人感到耻辱，这难道不太过分了吗？即使其舌如金，能言善辩，讲得口干舌燥，也不会有益处。不知道这样做是无益的，则是不明智的；知道这样做是无益的，但仍然要欺骗他人，则是不仁道的。既不仁又不智，没有比这种耻辱更大的了。如果认为这样做是对人有益的，而实际上全都是对人无益的，这只能受到大的耻辱而退走了。一种学说没有比这更有害的了。

【绎旨】

本章主要是反驳宋钘"明见侮之不辱，使人不斗"的观点，认为"凡人之斗也，必以其恶之为说，非以其辱之为故也。"即人是因为产生了憎恶，才发生争斗的。实际上，宋、荀二位的观点都具有片面性。人们之间的争斗，有各种原因，有时是单一的，有时则是综合性的。人受到欺侮后，既感到愤怒，又会感到是一种耻辱，二者又相互激发，这样才发生了争斗。人被偷了东西后，既感到愤怒，又会感到自己防盗之技低下，而对方盗窃之术高明，因而首先会产生一种失败感，接着又引起了耻辱感，于是想挽回面子，这几方面，使人产生了惩治盗窃者的想法。

【原文】

子宋子曰："见侮不辱。"应之曰：凡议，必将立隆正[1]，然后可也。无隆正则是非不分，而辨讼不决，故所闻曰："天下之大隆，是非之封界，分职名象之所起，王制[2]是也。"故凡言议期命是非，以圣王为师。而圣王之分[3]，荣辱是也。是有两端矣，有义荣者，有执¹荣者；有义辱者，有执辱者。志意修，德行厚，知虑明，是荣之由中出者也，夫是之谓义荣。爵列尊，贡禄厚，形执胜，上为天子诸侯，下为卿相士大夫，是荣之从外至者也，夫是之谓执荣。流淫汙僈²，犯分乱理，骄暴贪利，是辱之由中出者也，夫是之谓义辱。詈侮捽搏[4]，捶笞膑脚[5]，斩断枯³磔，藉靡舌缠⁴[6]，是辱之由外至者也，夫是之谓执辱。是荣辱之两端也。

故君子可以有执辱，而不可以有义辱；小人可以有执荣，而不可以有义荣。有执辱无害为尧，有执荣无害为桀。义荣执荣，唯君子然后兼有之；义辱执辱，唯小人然后兼有之。是荣辱之分也。圣王以为法，士大夫以为道，官人以为守，百姓以成俗，万世不能易也。

今子宋子案不然，独诎⁵容为己，虑一朝而改之，说必不行矣。譬之，是犹以塼⁶涂[7]塞江海也，以焦侥[8]而戴太山⁷也，蹎跌碎折，不待顷矣。二三子之善于子宋子者，殆不若止之，将恐得伤其体也。

【校】

1. 执，同"势"。下同。
2. 僈，当作"漫"。
3. 枯，当作"辜"，分裂肢体。
4. 舌缠，孙怡让认为是"后缚"，反缚。
5. 诎，通"屈"。

5. 塼，通"抟（tuán）"。

6. 太山，即"泰山"。

## 【注释】

〔1〕隆正：指判断是非的最高标准。

〔2〕王制：参考本书《王制》第九。这里指历代统治者的传统制度。

〔3〕圣王之分：圣王的道德原则。

〔4〕詈侮捽（zuó）搏：责骂侮辱，抓住头发殴打。

〔5〕捶笞膑脚：捶笞，杖打鞭挞。膑脚，去掉膝盖的酷刑。

〔6〕藉靡舌绁：一作"藉靡后缚"。藉靡，捆绑。后缚，背后反绑。全句意为：五花大绑。

〔7〕塼涂：塼，聚成团。涂，泥巴。这句全句意为意思是：聚成团的泥巴。

〔8〕焦侥：传说中的矮人，高一尺五寸，或说三尺。

## 【译文】

宋先生说："受到欺侮不感耻辱。"应答说：凡是辩论一定要确立一个判断是非的标准，然后才可以进行辩论。如果没有这个标准，就会是非不分，而争辩也无法解决。所以，听到人们说：'天下的大标准，是非的界限，各种官制和名物制度的产生，都是根据先王的制度。'所以，凡是发言立论或确定事物名称是非的标准，都要以圣王的制度为标准。而圣王的道德原则，就是重视光荣与耻辱。光荣与耻辱又各分为两方面：有义荣者，有执（势）荣者；有义辱者，有执辱者。志向思想美好，德行淳厚，智慧思虑明朗，这样光荣就会从心中产生，这就叫"义荣"。爵位尊崇，俸禄丰厚，势位显赫，上可为天子的诸侯，下可为卿相士大夫，是光荣从外面而来的，这就叫"势荣"。放荡邪恶，行为不检点，违反名分，扰乱事理，骄横暴虐，贪图私利，是耻辱由心中产生的，这就叫"义辱"。受到辱骂欺侮，抓头发殴打，鞭打膑脚，杀头断尸，暴尸车裂，五花大绑，是耻辱由外面而来的，这就叫"势辱"。这是荣与辱的两个方面。

所以，君子可以遭受势辱，而不可以产生义辱；小人可以有势荣，而不能够有义荣。受到势辱，不影响成为尧一样的贤君明王，有势荣也不影响成为桀一类的暴君。既有义荣又获势荣，只有君子能够二者兼有。义辱与势辱，只有小人会兼有这两方面。这是光荣与耻辱的基本原则。圣明的君王以此为法度，士大夫以此为处世之道，任官职的人以此为守则，老百姓以此成为习俗，这是一万世也不会改变的。

现在宋先生却不这样，独独忍受屈辱而推行自己的学说，希望一个早晨就改变圣王的制度，他的学说一定是行不通的。就好像是以聚成团的泥巴去堵塞江海，用矮人焦侥去顶泰山，顷刻间就会粉身碎骨。你们这些对待宋先生好的弟子们，如果不赶快放弃这种学说，恐怕很快就会伤害到你们自己了。

## 【绎旨】

本章进一步了反驳了宋钘"见侮不辱"的观点。同时提出了"义荣""势荣","义辱""势辱"的观点，认为这是荣辱之两端。荀子认为："故君子可以有埶辱，而不可以有义辱；小人可以有埶荣，而不可以有义荣。"这对于人们的修养是很有启发意义的。

## 【名言嘉句】

①故君子可以有埶辱，而不可以有义辱；小人可以有埶荣，而不可以有义荣。

②义荣埶荣，唯君子然后兼有之；义辱埶辱，唯小人然后兼有之。

## 【原文】

子宋子曰："人之情，欲寡，而皆以己之情为欲多，是过也〔1〕。"故率其群徒，辨其谈说，明其譬称〔2〕，将使人知情之欲寡也。应之曰：然则亦以人之情为欲。目不欲綦色〔3〕，耳不欲綦声，口不欲綦味，鼻不欲綦臭，形不欲綦佚。此五綦者，亦以人之情为不欲乎？曰："人之情，欲是已。"曰：若是，则说必不行矣。以人之情为欲，此五綦者而不欲多，譬之是犹以人之情为欲富贵而不欲货也，好美而恶西施也。古之人为之不然。以人之情为欲多而不欲寡，故赏以富厚而罚以杀损也，是百王之所同也。故上贤禄天下，次贤禄一国，下贤禄田邑，愿悫之民完衣食。今子宋子以是之情为欲寡而不欲多也，然则先王以人之所不欲者赏，而以人之所欲者罚邪？乱莫大焉。今子宋子严¹然而好说，聚人徒，立师学，成文典〔4〕，然而说不免于以至治为至乱也，岂不过甚矣哉！

## 【校】

1.严，同"俨"。

## 【注释】

〔1〕是过也：这种认识是错误的。

〔2〕明其譬称：譬称，比喻。全句意为：把比喻说得明白清楚。

〔3〕然则亦以人之情为欲。目不欲綦色：一作"然则亦以人之情为：目不欲綦色……"

〔4〕文典：文章。

## 【译文】

宋先生说："人的本性是欲望很少，而人们却都认为自己的本性是欲望多，这是不对的。"所以，宋先生带领自己的徒弟们，到处宣讲辩论自己的主张，讲明白的比喻，目的是要使人们都知道：人的欲望是少的。应答这种认识，说：这样说来，宋先生也认为人的本性是有欲望的。那么，难道眼睛不想看最美丽的颜色，耳朵不想听最美妙的声音，口不想尝最好吃的味道，鼻子不想嗅最香的气味，身体不想最安乐的享受吗？面对这五个"最"，也会认为人的本性是没有欲望吗？回答说："人的本性，就是欲望而已。"说："如果是这样，宋子的学说一定是不能推行的了。以人的本性为有欲望，而又认为这五个"最"不能多了，这就好像是认为人的本性是要富贵但不能要各种财货一样，像喜欢美女而又厌恶西施一样。

古代的人不是这样去处理的。由于人的本性是欲望要多不要少，所以赏赐的时候会给予丰厚的财货，而惩罪时就减少其财货收入，这是历代君王所共同的。所以，上等的贤人享用天下的俸禄，次一等的享用一国的俸禄，下等的贤人享用田邑，诚实的民众们保全自己衣食。现在宋先生认为这种情况是欲望少的表现而不是欲望多的表现，这样说来，难道是古代圣王因为人没有欲望而赏赐，因为人有欲望而惩罚吗？这种认识真是没有比这更乱的了。现在宋先生摆出一副庄矜的样子而又好说教，聚积门徒，确立自己的学说为老师的学说，又写成文章，但他的学说，不免于把治理最好的社会当成是最乱的社会，这难道不是错误很大吗？

## 【绎旨】

本章主要是反驳宋钘"人之情，欲寡"的观点，而阐明"人之情欲多不欲寡"。这种承认人的性情是希望物质利益的观点，是符合客观实际的，也是提出"制礼义以分之""以义制利"的前提。

## 【名言嘉句】

古之人为之不然。以人之情为欲多而不欲寡，故赏以富厚而罚以杀损也，是百王之所同也。

# 礼论篇第十九

【导读】

本篇集中论述了礼的起源、内容及作用等问题，特别是着重论述了丧礼的一系列问题，故以《礼论》为篇名。本篇的立论从儒家厚葬的观念出发，因而有不少糟粕，阅读时应注意分析。

全篇分为十章。

第一章，阐述礼的起源及其功能问题。

第二章，阐述"礼有三本"的问题。

第三章，阐述礼在形成过程中的"至备""其次""其下"三种形态。本章在阐述礼的作用时，有夸大其词之嫌。

第四章，阐述礼与若干经济因素与人用情的关系等问题。

第五章，阐述儒家关于葬礼的要求。

第六章，阐述礼与实际生活的关系，进一步说明礼的形成过程。

第七章，阐述当时关于丧葬礼仪的若干要求。

第八章，阐述"三年之丧，二十五月而毕"的问题。

第九章，阐述根据亲疏的不同，实行不同期的丧礼问题。

第十章，阐述"三月之殡"与祭祀问题。

【原文】

礼起于何也？曰：人生而有欲，欲而不得，则不能无求；求而无度量分界[1]，则不能不争。争则乱，乱则穷。先王恶其乱也，故制礼义以分之，以养人之欲，给人之求，使欲必不穷于物，物必不屈于欲，两者相持而长，是礼之所起也。故礼者，养也。[2]刍豢稻粱[3]，五味调香¹，所以养口也；椒兰芬苾[4]，所以养鼻也；雕琢刻镂，黼黻文章[5]，所以养目也；钟鼓管磬，琴瑟竽笙，所以养耳也；疏房、檖貌²，越席、床笫、几筵[6]，所以养体也。故礼者，养也。

君子既得其养，又好其别。曷谓别？曰：贵贱有等，长幼有差，贫富轻重皆有称者也。[7]故天子大路越席，所以养体也；侧载睪³芷[8]，所以养鼻也；前有错衡[9]，所以养目也；和鸾之声，步中《武》《象》[10]，趋中《韶》《護》[11]，所以养耳也；龙旗九斿，所以养信⁴也[12]；寝兕持⁵虎、蛟⁶鞇、丝末、弥龙[13]，所以养威也；故大路之马必倍至教顺然后乘之，所以养安也。

孰知夫出死要节之所以养生也！孰知夫出费用之所以养财也！孰知夫恭敬辞让之所以养安也！孰知夫礼义文理之所以养情也[16]！故人苟生之为见，若者必死；苟利之为见，若者必害；苟怠惰偷懦之为安，若者必危；苟情说⁷之为乐，若者必灭。故人一之于礼义，则两得之矣；一之于情性，则两丧之矣。故儒者将使人两得之者也，墨者将使人两丧之者也，是儒、墨之分也。

## 【校】

1. 香，当作"盉"（hé）。

2. 槾貌，一说"槾貌"为旁注。槾，通"鏝"。

3. 罜，通"泽"。

4. 信，通"伸"。又，通"神"，神气。

5. 持，通"跱（zhì）"。

6. 蛟，通"鲛"。

7. 说，同"悦"。

## 【注释】

〔1〕无度量分界：度量分界，限度与界限。礼既是社会等级和道德规范，又是协调欲望和分配利益的准则。

〔2〕故礼者，养也：《国语·楚语上》曰："教之《诗》，而为之导广显德，以耀明其志；教之《礼》，使知上下之则。"养，养情、养欲和养心。学习《礼》，可明确上下尊卑等社会等级秩序，懂得社会规范。全句意为：制"礼"的目的就是为了长养民众。

〔3〕刍豢稻粱：刍，指牛、羊等食草反刍类牲畜。豢，指猪狗等食谷类家畜。全句意为：肉食和细粮。

〔4〕椒兰芬苾（bì）：椒，本指花椒，又称椒聊，结子，子有特殊香气。兰，指兰草。椒兰，泛指芳香的草木。苾，芳香。

〔5〕黼黻文章：礼服上的花纹。

〔6〕疏房、槾貌，越席、床笫、几筵：貌，指庙，古时把宫室亦称为庙。笫（zǐ），竹编的床席。全句意为：宽大敞亮的房子，深邃的宫室，蒲草席子，竹编的床席，靠几竹垫。

〔7〕君子既得其养，又好其别。曷谓别？曰：贵贱有等，长幼有差，贫富轻重皆有称者也：别，区别，分别。称，与名分相符合，各得其宜。"贵贱有等，长幼有差"，人是社会的人，具有自然性和社会性。荀子从社会属性、自然属性区别人与人之间的

不同。在这里，荀子还是讲礼的作用和意义。

〔8〕椒芷：泽兰香草。

〔9〕错衡：有错金文饰的车前横木。

〔10〕《武》《象》：周武王时的乐曲和舞曲。

〔11〕《韶》《护》：舜时的乐曲，汤时的乐曲。

〔12〕龙旗九斿（liú），所以养信也：斿（liú）：古同"旒"，飘带一类的饰物。全句意为：龙旗上的九条飘带飘扬，是用来养护神气的。

〔13〕寝兕持虎，蛟韅、丝末、弥龙：寝兕持虎，卧着的犀牛，蹲着的老虎，都是画在车轮上的图案。蛟韅，用鲛鱼皮做的马肚带。丝末，丝织的车帘。弥龙，车耳上刻的龙。

## 【译文】

礼起源于什么呢？回答说：人生来都有欲望，欲望得不到满足，就不能没有要求；如果要求没有限度和界限，就不能不相互发生争斗。发生争斗之后，必然引起混乱。混乱发生之后，就使整个社会陷入困境。古代的圣王厌恶这种混乱面，所以制定礼义，以使每个人有确定的名分，以便养护人们的欲望，供给人们的需求。使人们的欲望一定要不因物质的匮乏，而不能满足；各种物资的供给也一定要做到能够满足人们的欲望，这两方面相互制约而又相互促进发展，这是礼能够发生、形成的原因。所以，礼的作用就在于通过划分度量分界，使人们的物质欲望得到满足，以"养人之欲，给人之求"。肉食细粮，以五味调和，香气馥郁，是用来满足口腹之需的；椒、兰等草木芳香浓郁，是用来满足鼻欲慕臭的；雕琢刻镂、礼服上的花纹，是用来满足口目欲慕色的；钟、鼓、管、磬、琴、瑟、竽、笙各种乐器，奏出美妙的乐曲，是用来满足耳欲慕声的；广敞的房屋，深邃的宫室，蒲草席子，竹编的床席，靠几竹垫，是用来满足身体的各种需要的。所以，礼的功用，在于通过划分度量分界，使人们的物质欲望得到满足。

君子既要得到物资的供养，又喜欢处理好人们名分的区别。什么是别？回答说：人们有高低贵贱的不同，年长年幼的差别，贫穷富有及权位轻重的不同，要使这些不同的情况都得到与本人情况相适宜的待遇。所以，天子乘坐华丽的大辂车子，脚踩蒲席，是用来养护身体的；一旁放着泽兰香草，是用来养护鼻子的；眼的前方有错金文饰的横木，是用来养护眼睛的；铃声叮当，缓行时与《武》《象》乐曲合拍，急进时于《韶》《护》合拍，这是用来养护耳朵的；龙旗之上有九条飘带，是用来养护神气的；车轮上卧犀蹲虎，用鲛鱼皮做的马肚带，丝织的车帘，车耳上的雕龙，都是用来养护威严的；所以，驾驶天子乘车的马匹，必须真正驯练得十分驯服，然后才能乘坐，这是用来保住安全的。

有谁知道舍生死节是用来养护生命的呢？有谁知道开销一定费用是用来培养更多的财富呢？有谁知道恭敬辞让是用来培养安全的呢？有谁知道礼义及其条文是用来培

养高尚情操的呢？所以，如果一个人只以苟且偷生为自己的目的，这样的人必定会受到伤害；如果以怠惰、苟且、懦弱为安逸，这样的人必定危险；如果以纵情愉悦为快乐，这样的人就必定灭亡。所以，人如果能专心一意于礼义，就会礼义性情都能把握住；如果能专心一意于性情的放纵享乐，就会礼义性情两方面都丧失。所以，儒者将会使人这两方面都能得到，而墨家将会使人这两方面都丧失，这就是儒、墨的不同。

## 【绎旨】

本章主要探讨了礼的起源及其功能问题。荀子主要从人的欲望及调节的角度探讨了礼的起源及其功能问题，这是有道理的。

礼应该是与阶级的产生同步的，或说礼的产生是阶级社会形成的一项内容。当时由于生产力有了一定程度的发展，社会财富有了一定程度的丰富，但又不十分丰富，所以，就需要确定人们的名分，划分出度量分界，以使每个人都得到一份。这也就是荀子所说的"制礼义以分之"，使"贵贱有等，长幼有差，贫富轻重皆有称者也。"说是"皆有称者"，实际上是不可能做到的。礼，虽然具有维持社会大体平衡的功用，但一开始就是建立在不能真正平等地对待一切人的基础上的，所以，也就不可能真正使人"各得其宜"。

荀子认为"故礼者，养也"，这也是有道理的。礼，虽然被划入上层建筑的范畴，但归根到底，它是与经济利益的分配相联系的。

本章最后部分，阐述了若干问题之间的辩证关系，这也是有启发意义的。

## 【名言嘉句】

①人生而有欲，欲而不得，则不能无求；求而无度量分界，则不能不争。争则乱，乱则穷。先王恶其乱也，故制礼义以分之，以养人之欲，给人之求。

②君子既得其养，又好其别。曷谓别？曰：贵贱有等，长幼有差，贫富轻重皆有称者也。

## 【原文】

礼有三本：天地者，生之本也；先祖者，类之本也；君师者，治之本也。无天地，恶[1]生？无先祖，恶出？无君师，恶治？三者偏亡，焉无安人[1]。故礼，上事天，下事地，尊先祖而隆君师，是礼之三本也。故王者天太祖[2]，诸侯不敢坏，大夫士有常宗，所以别贵始[3]。贵始，得[2]之本也[4]。郊止乎天子[5]，而社止于诸侯[6]，道及士大夫[7]，所以别尊者事尊，卑者事卑，宜大者巨，宜小者小也。故有天下者事七世[8]，有一国者事五世，有五乘之地者事三世[9]，有三乘之地者事二世，持[3]手而食者不得立宗庙，所以别积[4]厚。别积厚者流泽广，积薄者流泽狭也。大飨[10]，尚玄尊[5][11]，俎生鱼，先大羹，贵食饮之本也。飨[12]，尚玄尊而用酒醴，先黍稷而饭稻粱。祭[13]，齐[6]大羹而饱庶羞[7]，贵本而亲用也。贵本之谓文[14]，亲用之谓理[15]，两者合而成文，以归大 <sup>8</sup> 一<sup>〔16〕</sup>，夫是之谓大隆。

故尊之尚玄酒也，俎之尚生鱼也，豆之先大羹也，一也<sup>〔17〕</sup>。利爵之不醮也<sup>〔18〕</sup>，成事之俎不尝也，三臭之不食也<sup>〔19〕</sup>，一也。大昏之未发齐也<sup>〔20〕</sup>，大 <sup>9</sup> 庙之未入尸也，始卒之未小敛也，一也。大路之素未 <sup>10</sup> 集也<sup>〔21〕</sup>，郊之麻絻 <sup>11</sup> 也，丧服之先散麻<sup>〔22〕</sup>也，一也。三年之丧，哭之不文 <sup>12</sup><sup>〔23〕</sup>也；《清庙》之歌，一倡 <sup>13</sup> 而三叹也<sup>〔24〕</sup>；县 <sup>14</sup> 一钟，尚拊之鬲<sup>〔25〕</sup>，朱弦而通越<sup>〔26〕</sup>也，一也。

**【校】**

1. 恶，同"乌"。

2. 得，通"德"。

3. 持，通"恃"。

4. 积，通"绩"。

5. 尊，通"樽"。

6. 齐，通"跻"。

7. 羞，通"馐"。

8. 大，同"太"。

9. 大，同"太"。

10. 素未，据俞樾，当作"素末"。

11. 絻，同"冕"。

12. 文，当作"返"。

13. 倡，同"唱"。

14. 县，同"悬"。

**【注释】**

〔1〕三者偏亡，焉无安人：焉，则，就。全句意为：三者缺一方面，就不会有安宁。

"礼有三本：天地者，生之本也；先祖者，类之本也；君师者，治之本也。……故礼，上事天，下事地，尊先祖而隆君师，是礼之三本也"，这是说"礼之三本"，即"天地为生之本，先祖为类之本，君师为治之本。"但《荀子·大略》云："礼以顺人心为本。故亡于《礼经》而顺人心者，皆礼者也。"这也就是讲，礼有四本。

〔2〕王者天太祖：王者的太祖配天祭祀。

〔3〕所以别贵始：以此来区别各自所尊的始祖。

〔4〕得之本也：道德的根本。

〔5〕郊止乎天子：只有天子有祭天的权力，古制每年冬至要在南郊祭天。

〔6〕社止于诸侯：社祭（祭土地神），自天子至诸侯可行社祭。

〔7〕道及士大夫：道，一说道，祭路神；一说道，通"禫（tǎn）"，除丧服的祭祀。

〔8〕有天下者事七世：王者可立七代宗庙以祀之。

〔9〕有五乘之地者事三世：乘，古代十里为成，出兵车一乘。五乘之地即有封地五十里，相当于大夫一级，可立三世宗庙。

〔10〕大飨：在太庙中合祭历代先祖。

〔11〕玄尊：黑色的酒樽，实际以清水为酒。

〔12〕飨：同"享"，四季的祭祀。

〔13〕祭：每月的祭祀。

〔14〕贵本之谓文：尊尚饮食本原而成为礼的形式上的修饰。

〔15〕亲用之谓理：接近于实际食用就是常理。

〔16〕大一：这里指太古时代。

〔17〕一也：指和太古时代一样。

〔18〕利爵之不醮（jiào）也：醮，喝净。古代祭祀时选其亲属代表死者受祭，叫"尸"，劝"尸"享用的人叫"利"。利献上的酒，尸不能喝净，就叫"利爵之不醮也"。

〔19〕成事之俎（zǔ）不尝也，三臭之不食也：祭祀完毕，不要尝俎上的鱼；劝食者三次劝受祭者享用，但自己不能吃。

〔20〕大昏之未发齐也：一说指大婚还未斋戒的时候。"发齐"，即"废斋"。一说，本句指大婚礼还没有区迎亲的时候。又，"发齐"，发，即举行。齐，平等。"发齐"意指男女平等吃东西，喝交杯酒。

〔21〕素未集：素色车帘。

〔22〕散麻：束丧服的麻带。

〔23〕哭之不文也：言哭声直，好像往而不返。

[24]《清庙》之歌，一倡而三叹也：《清庙》即《诗·周颂·清庙》。

一倡而三叹，同"一唱三叹"，语出《礼记·乐记》："清庙之瑟，朱弦而疏越。一唱而三叹，有遗音者矣。"

〔25〕尚拊之膈：拊，《周礼·春官·大师》曰："大祭祀，帅瞽登歌，令奏击拊。"《小师》曰："大祭祀登歌，击拊。"郑玄注："拊形如鼓，以韦为之，著之以穅。"以糠填充的鼓类乐器。齐人称糠为相，故又名"相"。拊、膈皆乐器名。之，王先谦认为是衍字。全句意为：崇尚乐器拊与膈。

〔26〕朱弦而通越：把弦染成红色，使之声音低沉，又把瑟底之孔打通，以使声音低沉。

## 【译文】

礼有三个根本：天地，是人生之本；先祖，是本族类的根本；君上和师长是治理国家和社会的根本。没有天地，人怎么产生？没有先祖，本族从哪里来？没有君上和师长，怎么治理国家和社会？这三者缺一方面，就会没有安宁。所以，礼，上服事于天，下服事于地，尊重先祖而推崇君上师长，这是礼的三个根本。

所以，王者的太祖要配天祭祀，诸侯不敢毁弃始祖，大夫、士有百世不迁之大宗，以此来区别各国所尊的始祖。尊重始祖，是道德的根本。只有天子有南郊祭天的权力，而诸侯以上可以进行社祭，道祭推及到士和大夫，以此来区别尊贵者奉事尊贵者，卑下者奉事卑下者，应该是大的就大，应该小的就小。一切据有天下的天子可以奉事七世先祖，有一个封国的诸侯可以奉事五世先祖，有五十里封地的大夫可奉事三世先祖，有三十里封地的士可奉事二世先祖，依靠双手而糊口的庶民不能够建立宗庙，用此来区别功业积累的不同情况。功业积累丰厚的流泽广泛，功业积累微薄的流泽狭小。

在太庙合祭历代先祖时，供上盛着玄酒（清水）的酒杯，俎上放着生鱼，先献上不加调料的肉汁，这是由于表示尊重饮食这一根本。每季祭祀远祖时，先供上盛着玄酒（清水）的酒杯，同时酌用甜酒，先供上黍、稷，再上稻粱做的饭，每月祭祀近祖时，供上不加调料的肉汁和各种美味的食品，这是因为尊重饮食这一根本又要便于食用。尊重饮食这一根本这是礼形式上的装饰，便于食用这就是符合人情的常理，这两者相合就成为完备的礼的制度，这样就回归到远古时代的质朴的礼，这就叫作礼的至盛。

所以，酒樽里面供上玄酒（清酒），俎上供上生鱼，俎里面先放上未加调料的肉汁，这与太古时代的质朴是一样的，有关人员（利）献上的酒，代表死者受祭的人（尸）不能喝尽，祭祀完毕不尝用俎上的鱼，劝食者三次劝受祭者享用但自己不能吃，这一点也是与太古时代一样的。大婚还未斋戒的时候，太庙还未迎入"尸"的时候，人刚死还未穿寿衣之时，有关礼节与太古时代的质朴是一样的。天子之车用素色的车帘，郊祭时戴麻布的帽子，正式穿丧服之前先系上麻带，这一点与太古时代是一样的。服丧三年时，哭声直号，好像不知返回一样。《清庙》颂歌，一人唱三人咏叹，悬挂一钟，奏乐崇尚乐器拊与膈，把玄染成红色，又把瑟底打孔，这三点都是为了使声音低沉，这与远古时代的质朴是一样的。

## 【绎旨】

本章主要阐述了"礼有三本"的内容、意义。并着重分析了"先祖者，类之本也"的含义，阐述了祭祖时的有关礼仪及乐的要求。

## 【名言嘉句】

礼有三本：天地者，生之本也；先祖者，类之本也；君师者，治之本也。无天地，恶生？无先祖，恶出？无君师，恶治？三者偏亡，焉无安人。故礼，上事天，下事地，尊先祖而隆君师，是礼之三本也。

## 【原文】

凡礼，始乎棁¹⁽¹⁾，成乎文，终乎悦校²⁽²⁾。故至备，情文俱尽；其次，情文代胜；其下，复情以归大一也。⁽³⁾天地以合，日月以明，四时以序，星辰以行，江河以流，万物以昌⁽⁴⁾，好恶以节，喜怒以当，以为下则顺，以为上则明，万物变而不乱，贰之则丧也。礼岂不至矣哉！立隆以为极，而天下莫之能损益也。本末相顺，终始相应，至文以有别，至察以有说。天下从之者治，不从者乱；从之者安，不从者危；从之者存，不从者亡。⁽⁵⁾小人不能测也。

礼之理诚深矣，"坚白""同异"之察⁽⁶⁾，入焉而溺；其理诚大矣，擅作典制辟³陋之说，入焉而丧；其理诚高矣，暴慢恣睢轻俗以为高之属，入焉而队⁴⁽⁷⁾。故绳墨诚陈矣，则不可欺以曲直；衡诚县⁵矣，则不可欺以轻重；规矩诚设矣，则不可欺以方圆；君子审于礼，则不可欺以诈伪。故绳者，直之至；衡者，平之至；规矩者，方圆之至；礼者，人道之极也。然而不法礼，不足礼，谓之无方之民；法礼，足礼⁽⁸⁾，谓之有方之士。礼之中焉⁽⁹⁾能思索，谓之能虑；礼之中焉能勿易，谓之能固。能虑、能固，加好者焉，斯圣人矣。故天者，高之极也；地者，下之极也；无穷者，广之极也；圣人者，道之极也⁽¹⁰⁾。故学者，固学为圣人也，非特学为无方之民也。

## 【校】

1. 棁（zhuō），通"脱"。

2. 校，通"恔（xiào）"。

3. 辟，通"僻"。

4. 队，同"坠"。

5. 县，同"悬"。

## 【注释】

〔1〕始乎棁：棁，疏略。始乎疏略。礼起初很粗略，后来才逐渐高雅起来。

〔2〕终乎悦校：悦校，安舒美好。最终完成或说归结于安舒美好，使人满意。

〔3〕故至备，情文俱尽；其次，情文代胜；其下，复情以归大一也："至备""其次""其下"表述了礼发展中所经历的完备、不太完备、太古时代的初级形态等三个阶段。

〔4〕天地以合，日月以明，四时以序，星辰以行，江河以流，万物以昌：这是说，在礼作用下，自然界发生了合乎规律的变化，显然这是一种本末倒置的说法，是不对的。

〔5〕礼岂不至矣哉！立隆以为极，而天下莫之能损益也。……从之者存，不从者亡：在这里，荀子提出"隆礼为极"的思想。荀子认为，天地运行，四时代行，皆以礼为序。礼是终极价值，规范并引导人们的社会行为，进而使得天下和谐。"礼"为治

理天下的最高准则。对于治理国家来说，就是："天下从之者治，不从者乱，从之者安，不从者危，从之者存，不从者亡。"从而肯定了"礼"作为社会秩序最高原则的地位。"礼者，人道之极也。"荀子"隆礼"的思想是对孔子礼学的长足发展。

〔6〕"坚白""同异"之察：指战国时期公孙龙"离坚白"和惠施的"合同异"。参看《修身》篇第二有关注释。

〔7〕入焉而队：一纳入到礼的范畴中，就会坠毁。

〔8〕法礼，足礼：法，效法。法礼，遵照礼的有关规定去做。足礼，重视礼。

"故绳墨诚陈矣，则不可欺以曲直；……法礼，足礼，谓之有方之士"荀子认为应将"礼"作为行为的准绳。符合礼的就是有德，反之就是无德。

〔9〕礼之中焉：在礼的范畴之内。

〔10〕故天者，高之极也；地者，下之极也；无穷者，广之极也；圣人者，道之极也：这是对至道之圣人的高度赞扬。

# 【译文】

凡是礼，开始时很疏略，逐渐成形时就颇具文采了，最终归结为安舒美好。礼最完备时，感情和仪节都能充分表达；比此低一个档次的形态是：感情与仪节，尚难统一，交相超越；最下等的形态，也就是最初形态，就是返情归本，回到上古时代的质朴状态。礼的作用使天地上下阴阳调和，太阳月亮发出光明，春夏秋冬按时更替，星辰按常规运行，江河正常流动，万物繁荣昌盛，社会的好与恶得到节制，喜与怒控制在适当范围内，处于下位则顺从，处于上位就敞亮，万事万物变化而不混乱。如果违背了礼，这一切正常美好的局面都会丧失。礼，难道不是最重要的吗？建立完备系统的礼制作为天下人和其他事物的最高标准，而天下的人没有能够减少或增加它。其根本原则和各方面的具体结构严谨而有序，开头和结尾相呼应，礼义制度十分完备而有明确的区别界限，十分明察细致而又有理论根据。国家实施礼就会大治，不实施就会混乱，人们服从礼就会平安，不服从礼就会有危险；服从礼就会存在发展，不服从礼就会灭亡。对礼的这些功用，小人是不可能洞察的。

礼的有关理论的确是深奥的，公孙龙的"离坚白"，惠施的"合同异"，一进入礼的范畴，就立刻完了；礼的理论的确很高深，那些暴戾傲慢，任意胡为，浅薄鄙陋而又自视最高的人，一进入礼的范畴，就坠毁了。所以，只要真正把绳墨陈列出来，就不再能够用曲直来欺骗人；衡器真正挂出来后，就不能再用轻重来欺骗人；圆规矩尺真正摆出来后，就不能用方圆问题来欺骗人；君子详察于礼，就不能够用诈伪来欺骗人。所以，蘸墨的绳线，是最直的；衡器，是最公平的；圆规矩尺，是最方和最圆的；礼，是处世的最高准则。但是，不遵照礼去做，不重视礼，就叫无法度之民；遵从礼，重视礼，就是有法度之民。在礼的范畴内，能认真思考问题，就叫能够思虑；在礼的范畴内，不轻易改变，就叫能坚定稳固。能思虑，能坚定，在礼上能达到最完善地步的，这就是圣人了。所以，天是最高的极点；地，是最下的极点；无穷广大，是广大的极点；圣人，是道德的极点。所以，学者本来就是要学习成为圣人，而不是为了成为一个无法度无修养的人。

## 【绎旨】

本章主要论述了礼形成过程中的"至备""其次""其下"三种形态，特别强调了礼对自然界和人类社会发展的巨大作用。要求学者努力学习成为圣人，而不要成为"无方之民"。应提醒的是荀子在叙述礼的作用时特别对自然界的作用时，颇有些脱离实际的夸张之辞，这是需要注意分析摒弃的。同时，在阶级社会中，礼总是阶级的礼，不会对所有人都有无限好处，这也是需要分析的。

另外，所谓"礼之理诚深矣，'坚白''同异'之察，入焉而溺"，其实也不符合实际。没有哪种礼的理论，能把它完全推翻。

## 【名言嘉句】

①礼者，人道之极也。然而不法礼，不足礼，谓之无方之民；法礼，足礼，谓之有方之士。

②圣人者，道之极也。故学者固学为圣人也，非特学为无方之民也。

## 【原文】

礼者，以财物为用，以贵贱为文[1]，以多少为异[2]，以隆杀为要[3]。文理繁，情用省[4]，是礼之隆也。文理省，情用繁，是礼之杀也。文理情用相为内外表里，并行而杂，是礼之中流也。故君子上致其隆，下尽其杀，而中处其中。[5]步骤驰骋厉骛不外是矣[6]，是君子之坛宇宫廷也。人有是，士君子也；外是，民也；于是其中焉，方皇周挟¹，曲得其次序，是圣人也。故厚者，礼之积也；大者，礼之广也；高者，礼之隆也；明者，礼之尽也。《诗》曰："礼仪卒度，笑语卒获。"[7]此之谓也。

## 【校】

1.挟，通"浃"。

## 【注释】

〔1〕以贵贱为文：以高低贵贱为礼仪制度的内容，如车、服、旗、章本身可标志贵贱，礼仪即规定，高贵者使用标志高贵者的车、服、旗、章，或与此相反。

〔2〕以多少为异：以享用物质的多少为不同等级。

〔3〕以隆杀为要：以礼仪的兴盛减少为处理要领。

〔4〕文理繁，情用省：礼度仪节形式繁多，而所用感情单纯简省。

〔5〕文理情用相为内外表里，并行而杂，是礼之中流也。故君子上致其隆，下尽

其杀，而中处其中：礼之"文理"与人的情感互为表里，和谐统一，人的情感为内在根据，礼为外在形式，情感与礼并行不悖，无过无不及（即中庸），适得其宜。

"礼之中流"，即为荀子追求的"美善相乐"，也就是孔子所说的"中和"。

〔6〕步骤驰骋厉骛不外是矣：慢走快跑，乘马奔驰，剧烈快跑都不出这个范围。

〔7〕礼仪卒度，笑语卒获：语出《诗·小雅·楚茨》。全句意为：礼仪完全适度，言笑全部适得其宜。荀子希望通过隆礼，达到"礼仪卒度，笑语卒获"的效果，但实际情况，并非如此。

## 【译文】

礼，用财物作为支撑自己的运行工具，用高低贵贱作为自己礼仪制度的内容，以享用物质的多少为不同，以形式的盛大兴隆与形式上的简略为要领。礼仪节度繁复，实际情感用的并没有多少，这是礼兴盛的情况。礼仪节度简省，但实际情感却付出很多，这是礼的简降的情况。礼仪节度与人的感情之间相为表里，并行而交错，这是礼正常适中的情况。所以，君子对于礼该兴盛的就要致力于它的兴盛，该简降的就要让它简降，该处于中间状态的就让它处于中间状态。无论是慢走快跑骑马驰骋还是剧烈奔跑都出不了这个范围，这是君子所处的活动范围。如果能遵守这个范围，这就是士君子；如果不遵守这个范围，就是平民百姓。就在这个范围内，如果在各个方面都能处理很好，完全得到礼的步骤次序，这就是圣人了。所以，圣人对于礼的深厚修养，是靠礼的积累；圣人的气势广大，雍容大度，是靠礼义深远广大；圣人处事的高度，是靠礼本身的崇高；圣人的明察是靠礼本身的透彻。《诗》曰："礼仪卒度，笑语卒获。"（《诗》上说："礼仪如果完全合乎法度，言谈笑语就会得当。"）就是说的这种情况。

## 【绎旨】

本章阐述了礼与若干经济因素（如财物，人的贵贱、占有财物的多少等）的关系，礼的隆杀与用情多少的关系以及"圣人"与礼的关系等，这对于了解礼的本质与功能是十分有益的。

## 【名言嘉句】

礼者，以财物为用，以贵贱为文，以多少为异，以隆杀为要。

## 【原文】

礼者，谨于治生死者也。生，人之始也；死，人之终也。终始俱善，人道毕矣。故君子敬始而慎终。终始如一，是君子之道，礼义之文也[1]。夫厚其生而薄其死，是敬其有知而慢[2]其无知也，是奸人之道而倍¹叛之心也。君子以倍叛之心接臧谷[3]，犹且羞之，而况以事其所隆亲[4]乎！故死之为道也，一而不可得再复也，臣之所以致重其君，子之所以致重其亲，于是尽矣。

故事生不忠厚、不敬文[5]，谓之野；送死不忠厚、不敬文，谓之瘠。君子贱野而羞瘠，故天子棺椁十²重，诸侯五重，大夫三重，士再重。然后皆有衣衾多少厚薄之数，皆有翣菨[6]文章之等，以敬饰之，使生死终始若一，一足以为人愿，是先王之道，忠臣孝子之极也。天子之丧动³四海，属[7]诸侯；诸侯之丧动通国，属大夫；大夫之丧动一国，属修士；修士之丧动一乡，属朋友；庶人之丧合族党，动州里[8]；刑余罪人之丧，不得合族党，独属妻子，棺椁三寸，衣衾三领，不得饰棺，不得昼行，以昏⁴殣[9]，凡缘而往埋之，反⁵无哭泣之节，无衰⁶麻之服，无亲疏月数之等，各反其平，各复其始，已葬埋，若无丧者而止，夫是之谓至辱。

礼者，谨于吉凶不相厌者也。[10]纩纩听息[11]之时，则夫忠臣孝子亦知其闵[12]已，然而殡敛之具，未有求也；垂涕恐惧，然而幸生之心未已，持生[13]之事未辍也；卒矣，然后作具[14]之。故虽备家[15]必逾日然后能殡，三日而成服[16]。然后告远者出矣，备物者作矣。故殡久不过七十日，速不损五十日。是何也？曰：远者可以至矣，百求可以得矣，百事可以成矣；其忠至矣，其节大矣，其文备矣。然后月⁷朝卜日，月⁸夕卜宅，然后葬也。当是时也，其义止，谁得行之？其义行，谁得止之？故三月之葬，其貌以生设饰死者也，殆非直留死者以安生也，是致隆思慕之义也。

丧礼之凡：变而饰，动而远，久而平。故死之为道也，不饰则恶，恶则不哀；尔⁹[17]则玩，玩则厌，厌则忘，忘则不敬。一朝而丧其严亲，而所以送葬之者，不哀不敬，则嫌[18]于禽兽矣，君子耻之。故变而饰，所以灭恶也；动而远，所以遂敬也；久而平，所以优生也。

## 【校】

1. 倍，通"背"。
2. 十，疑作"七"。《庄子·天下》载："天子棺椁七重。"
3. 动，通"恸"。
4. 昏，通"昏"。
5. 反，同"返"。
6. 衰，通"缞"。
7. 月，当作"日"。
8. 月，当作"日"。
9. 尔，同"迩"。

## 【注释】

〔1〕礼义之文也：礼义的有关规定。

〔2〕慢：怠慢。

〔3〕臧谷：臧，奴仆。谷，小孩。

〔4〕隆亲：指君主和父母。

〔5〕不敬文：不注重礼节。

〔6〕翣菨（shàjiē）：古代棺上的饰文。

〔7〕属：聚合。

〔8〕州里：即乡里。

〔9〕昏殣：殣，掩埋。全句意为：黄昏时掩埋。

〔10〕礼者，谨于吉凶不相厌者也：礼是严谨于吉与凶的不同，而不使之相互侵犯。

〔11〕絓纩（kuàng）听息：絓，一说当作"注"。纩，新棉絮，一说为丝绵。把新棉絮放到将死之人的鼻前，看是否还有气息。

〔12〕闵：病色。

〔13〕持生：维持生命。

〔14〕作具：开始置办。

〔15〕备家：有准备之家。

〔16〕成服：古代丧制，在大敛后，死者亲属按关系远近，穿上应穿的丧服，谓成服。

〔17〕尔：近。

〔18〕嫌：疑似。

## 【译文】

礼，是严谨地处理生与死这两件人生重大事件的。生，是人的开始；死，是人的结束。结束、开始都是善良的，为人之道就完成了。所以，君子恭敬小心地对待人生的开始，谨慎地对待人生的终结。对人生的开始终结一样，这是君子的原则，是礼义的有关规定。那种对活的时候优厚，而对人死后鄙薄的态度和做法，是尊重人的有生命知觉而怠慢轻视人失去生命后的没有知觉，这是奸邪之人的一套做法，是背叛人世的心态。君子用背叛的心态去接触奴仆和孩子，尚且感到羞耻，何况以此侍奉自己尊崇的君上与双亲呢！所以，死作为人生的一条规律，就是只死一次而不可能再重复发生，臣下用来最尊重其君的，儿子用来最敬重其父母的，在这个时候，也就最后完成了。

所以，对待生命不忠诚厚道，不谨守有关礼仪条文，就叫粗野；送君上或亲人死亡时，不忠诚厚道，不谨守有关礼仪条文，就叫薄情。君子鄙视粗野而以薄情为耻辱，所以，天子要用棺椁有十（"十"，或为"七"之误）重，诸侯五重，大夫三重，士再重。然后，对于殉葬的衣衾多少件，是厚是薄皆有规定，皆有翣菨等装饰物，很恭敬地装饰上，使生与死，终与始一样，这样完全能够满足人们的心愿，这是先王规定的原则，是忠孝臣子的最高准则。天子的丧事惊动四海，要聚合诸侯，一起治丧；诸侯的丧事惊动各友好国家，要聚合士大夫们一起办丧事；大夫的丧礼惊动所在非诸侯国，要聚合修士们一起办理；修士的丧礼惊动一乡，要聚合朋友一起办理；普通百姓的丧事，要聚合同族乡党一起办理，其影响也波及本乡。受过刑罚的人办丧事，不能聚合同族乡党，只聚合妻、子，棺椁三寸，衣衾三领，不能装饰棺材，不能白天掩埋，只能黄昏时埋葬，妻、子穿平常衣服送葬，回来时不能哭泣，不能穿丧服，没有守丧的规定，各自回到家恢复平常的状态，回到当初的样子。已埋葬之后，就像没有人死葬一样，什么也不要做，这就叫做最大的耻辱。

礼，是严谨于吉凶的分界而使之不相侵掩。当把新棉絮放之死者口鼻，观察其是否还有气息之时，忠臣孝子也就知道病者已经进入危急阶段了。但是，这时殡殓的各种器具尚未准备，亲人们流泪痛哭又心怀恐惧，但希望病者继续生存的想法仍未停止。等完全停止呼吸后，才开始准备置办有关物品。所以，即使有准备之家，也必须过些日子才能殡葬，三天之后才能成服。然后，外出报丧的才能去，准备各种物资的才开始办理。所以，灵柩停放时间长的不超过七十天，短的也不少于五十天。这是什么原因呢？回答是：通过这段时间，远处的奔丧的亲属才能到达，各种需求才能得到满足，各种事务才能办成。亲属们的忠诚之心才能完全到来，其孝悌之节在人们心目中才变得越来越重要，各种器用仪式也能完备。然后早上卜算殡葬之期，晚上卜算殡葬之地，然后进行殡葬。在这个时候，按道义应该停止的事，谁还能去做呢？按道义应该去做的事，谁还能阻止呢？所以，停枢三月的葬礼，表面上来看是以生者的陈设来装饰死者，但这并不是留下死者以安慰生者，而是对死者表达尊重思慕之情。

丧礼的大概情况是：死亡之后形体要发生变化，所以要予以装饰，从入殓至出殡，要越移越远；亲人去世后，随着时间越来越久远，心情会逐渐平复。所以，死亡之后的处理原则是，不装饰，遗体就会变得丑恶难看，难看就容易使人不易悲伤。与死者近了就容易发生轻慢，轻慢了就会厌恶，厌恶就会忘记悲痛，忘记悲痛就会对死者不尊敬。如果一旦失去君上或父母，而用来送葬的人们却显得不悲哀不尊敬，这就近乎禽兽了，君子对此感到耻辱。所以，遗体因变化的装饰，是为了消除丑恶；越移动越远，是为了逐渐达到恭敬；时间久了，心情平复，是为了活着的人更好地生活。

## 【绎旨】

本章主要阐述了儒家关于葬礼的若干要求。这主要有厚葬、久葬（三月之葬）。这是一种落后的观念，不值得提倡。荀子力主此事，表现了他的历史局限性。当然，所说的"君子敬始而慎终""葬礼之凡"等还是有道理的。

## 【名言嘉句】

生，人之始也；死，人之终也。终始俱善，人道毕矣。故君子敬始而慎终。终始如一，是君子之道，礼义之文也。

**【原文】**

礼者，断长续短，损有余，益不足，达爱敬之文<sup>[1]</sup>，而滋成行义之美<sup>[2]</sup>者也。故文饰粗恶，声乐哭泣，恬愉忧戚，是反也；然而礼兼而用之，时举而代御<sup>[3]</sup>。故文饰、声乐、恬愉，所以持平奉吉也；粗衰¹、哭泣、忧戚，所以持险奉凶也。故其立文饰也，不至于窕²冶；其立粗衰也，不至于瘠弃；其立声乐、恬愉也，不至于流淫惰慢；其立哭泣、哀戚也，不至于隘慑³伤生，是礼之中流也。故情貌之变，足以别吉凶，明贵贱亲疏之节，期⁴止矣。外是，奸也。虽难⁵，君子贱之。

故量食而食之，量要⁶而带之。相高以毁瘠，是奸人之道也，非礼义之文也，非孝子之情也，将以有为者也。故说⁷豫<sup>[4]</sup>、娩泽<sup>[5]</sup>、忧戚、萃恶<sup>[6]</sup>，是吉凶忧愉之情发于颜色者也；歌谣、謸（áo）笑<sup>[7]</sup>、哭泣、谛号，是吉凶忧愉之情发于声音者也；刍豢、稻粱、酒醴、餰鬻<sup>[8]</sup>、鱼肉、菽藿、酒浆，是吉凶忧愉之情发于食饮者也；卑絻⁸、黼黻、文织，资⁹粗、衰¹⁰绖<sup>[9]</sup>、菲繐<sup>[10]</sup>、菅屦，是吉凶忧愉之情发于衣服者也；疏房、檖貌、越席、床笫、几筵，属茨、倚庐<sup>[11]</sup>、席薪、枕块<sup>[12]</sup>，是吉凶忧愉之情发于居处者也。两情者，人生固有端焉。若夫断之继之，博之浅之，益之损之，类之尽之，盛之美之，使本末终始，莫不顺比，足以为万世则，则是礼也。<sup>[13]</sup>非顺孰修为之君子，莫之能知也。

故曰：性者，本始材朴也<sup>[14]</sup>；伪<sup>[15]</sup>者，文理隆盛也。无性则伪之无所加，无伪则性不能自美。性伪合，然后圣人之名一<sup>[16]</sup>，天下之功于是就也。故曰：天地合而万物生，阴阳接而变化起，性伪合而天下治。天能生物，不能辨物也；地能载人，不能治人也；宇中万物、生人之属，待圣人然后分也。《诗》曰："怀柔百神，及河乔岳。<sup>[17]</sup>"此之谓也。

**【校】**

1. 衰，当作"恶"。

2. 窕，通"姚"。

3. 隘慑，通"隘塞"。

4. 期，通"其"。

5. 难，通"戁"。

6. 要，同"腰"。

7. 说，同"悦"。

8. 卑絻，同"裨冕"，祭服。

9. 资，同"齐"。

10. 衰，同"缞"。

## 【注释】

〔1〕达爱敬之文：达到爱慕的仪式。

〔2〕行义之美：按礼的要求，践行道义的美德。

〔3〕时举而代御：因时代的变化，而对礼的不同内容更替使用。

〔4〕说豫：说，喜悦。豫，快乐。

〔5〕婉泽：面色润泽。

〔6〕莝恶：面色憔悴。

〔7〕謕（áo）笑：戏谑。

〔8〕飦鬻：稠粥。

〔9〕衰绖：丧服。

〔10〕菲繐：薄而稀的布。

〔11〕属茨、倚庐：属茨，用草制为房顶的房子。倚庐，守丧人所居的木头屋。

〔12〕席薪、枕块：席薪，居丧时以草为垫席。枕块，居丧时以土块为枕。

〔13〕两情者，人生固有端焉。若夫断之继之，博之浅之……，使本末终始，莫不顺比，足以为万世则，则是礼也：在这里，荀子说明情是天生就有的，但要以礼义节情，使情之"本末终始，莫不顺比"，进而达到"化性起伪"。

〔14〕性者，本始材朴也：性，是天生就有的原始的未经加工的材料。这里未言人性是善的还是恶的，只是说"性朴"。

〔15〕伪：人为。《礼论》讲"性伪合"。

〔16〕圣人之名一：圣人之名，能够齐全。

〔17〕怀柔百神，及河乔岳：语出《诗·周颂·时迈》。祭祀百神及大河高山。

## 【译文】

礼，是用来取长补短，损有余补不足，使人达成爱、慕的仪式，而逐渐养成践行道义美德的规范。所以，文饰与粗恶，声乐与哭泣，恬愉与忧戚，是相反的；但是礼对他们兼而用之，因时代变化对不同内容交替使用。所以，文饰、声乐、恬愉，是用来对待平安吉庆的事；粗恶、哭泣、忧戚是用来对待危险凶恶的事的。所以，它设立文采修饰的规范时，不至于妖冶无度；设立粗糙衰败规范时，不至于过分刻薄；设立声乐规范的作用时，使人恬淡愉悦，不至淫荡不羁；设立哭泣、哀戚规范时，不至使人过度悲伤，伤害生命。这就是礼的中庸之道。所以，人的表情面貌的变化，完全能够区别吉与凶、分清贵贱亲疏的关系，就可以了。除此之外，更多的表现都是奸诈之徒的蓄意做作，虽然表现得难度大，但君子看不起他。

所以，根据自己的饭量，先称量出自己应吃的饭再去吃，先测量自己的腰围再去系腰带，竞相以瘦弱不堪为好，这都是奸诈之徒的做法，不是礼义条文的要求，也不是孝子感情的流露，这是另有企图的行为。所以，喜悦快乐、面色润泽、悲戚愁苦、面色憔悴，这是因吉、因凶而愉快忧郁等不同的心情，在面色上的不同表现。歌唱、嬉笑、哭泣、啼号，是因人因凶而愉快忧戚在声音上的不同表现。肉食、细粮、甜酒、稠粥、鱼肉、杂豆、酒水，这是因吉、因凶而愉快忧愁等不同心情在饮食上的不同表现。祭饼、官服、绣花的丝衣。粗布衣服、麻布丧服、薄布衣服、草鞋，这是因吉、因凶而愉快忧愁等不同心情在衣服上的不同表现。广阔的厅堂、深邃的宫室、蒲草席子、绣床、靠几坐垫、草屋、用作枕头的土块，这是因吉、因凶而愉快忧愁等不同心情在居处上的不同表现。以上所述这两方面的感情，是人生中本来就有其头绪的。如果断绝它或继续它，使之扩展或使之变为浅淡，增益它或减少它，增加其同类或使之更纯粹，使之兴盛或美化它，使其根本原则与具体细节、终结与开始，没有不和顺而亲近的，这就完全能够成为千秋万代的法则，这就是礼啊！对于这一点，如果不是顺从礼、熟悉礼、修习礼、践行礼的君子，是不能够知道的。

所以说：性，是天生就有的原始的未经加工的材料；伪，是后天的人为，表现在礼节仪式的隆盛上。如果没有性，人为的教化就没有地方施加；没有伪，则人性不能自己变美。性与伪结合起来，然后圣人的名声才能齐全，建立天下的功业才能成就。所以说：天地结合万物才能生育，阴阳接触变化才能发生，性与伪结合天下才能治理好。天能够生育万物，但不能治理万物；地能承载千千万万的人们，但不能治理人间事务。宇宙中的万物，有生命的人类，只有圣人出现才能予以治理。《诗》曰："怀柔百神，及河乔岳。"（《诗》上说："祭祀百神，以及大河高山。"）就是说的这种情形。

## 【绎旨】

本章主要内容是概括生活中的若干现象，进一步说明礼的形成过程，礼是实际生活的需要，它因生活的需要而产生，又对生活中的各种行为进行了规范，因而，它以中庸为自己的尺度，防止各种极端性。礼又属于人为的范畴，因为它也是"伪"。"性伪合而天下治"，在一般情况下，人只有遵循礼的规范，才能有所作为有所成就。当然，礼有阶级性、时代性，社会上层建筑的变革也包括礼的变革。落后的礼，即不适应新的生产力发展的礼，也会成为社会发展的阻力，这时就需要对礼进行变革。

## 【名言嘉句】

①故其立文饰也，不至于窕冶；其立粗衰也，不至于瘠弃；其立声乐、恬愉也，不至于流淫惰慢；其立哭泣、哀戚也，不至于隘慑伤生，是礼之中流也。

②性伪合，然后圣人之名一，天下之功于是就也。故曰：天地合而万物生，阴阳接而变化起，性伪合而天下治。

## 【原文】

丧礼者，以生者饰死者也，大象其生[1]以送其死也。故如死如生[2]，如亡如存，终始一也。始卒，沐浴、鬠体[3]、饭唅[4]，象生执也'。不沐则濡栉三律[5]而止，不浴则濡巾三式²而止。充耳而设瑱[6]，饭以生稻，唅以槁骨³[7]，反生术矣。说⁴袭衣[8]，袭三称，缙⁵绅而无钩带矣。设掩面儇目[9]，鬈而不冠笄矣。书其名，置于其重[10]，则名不见而柩独明矣。荐器则冠有鍪而毋縰⁶[11]，瓮庑[12]虚而不实，有簟席而无床笫，木器不成斫，陶器不成物，薄器不成内⁷[13]，笙竽具而不和，琴瑟张而不均⁸，舆藏而马反⁹[14]，告不用也。具生器以适墓，象徙道也[15]。略而不尽，貌而不功，趋舆而藏之，金革辔靷而不入，明不用也。象徙道，又明不用也，是皆所以重哀也。故生器文而不功，明器貌而不用。凡礼，事生，饰欢也；送死，饰哀也；祭祀，饰敬也；师旅，饰威也。是百王之所同，古今之所一也，未有知其所由来者。故圹垗[16]，其貌象室屋也；棺椁，其貌象版盖斯象拂¹⁰[17]；无帾丝歶缕翣¹¹[18]，其貌以象菲帷帱尉¹²[19]也；抗折，其貌以象槾茨番¹³阘也。故丧礼者，无它焉，明死生之义，送以哀敬，而终周藏也。故葬埋，敬藏其形也；祭祀，敬事其神也；其铭诔系世，敬传其名也。事生，饰始也；送死，饰终也；终始具而孝子之事毕，圣人之道备矣。刻死而附生谓之墨[20]，刻生而附死谓之惑，杀生而送死谓之贼。大象其生以送其死，使死生终始莫不称宜而好善，是礼义之法式也，儒者是矣。

**【校】**

1.鬈（ku）体、饭唅，象生执也：鬈，古同"髻"，束发。执，同"势"。

2.式，同"拭"。

3.槁骨，当作"皜贝"。

4.说，当作"设"。

5.缙，同"搢"。

6.荐器则冠有鍪（móu）而毋縰（xǐ），毋，同"无"。

7.内，同"纳"。一作"用"。

8.均，通"韵"。

9.反，同"返"。

10.其貌象版盖斯象拂也，斯，当作"靳"。后一个"象"字"衍"。拂，即"茀"。

11.无帾丝歶缕翣，帾，通"褚"。缕，当作"蒌（萎）"，通"柳"。

12.其貌以象菲帷帱尉也，尉，或作"熨"。

13.番，通"藩"。

**【注释】**

〔1〕大象其生：极力模仿其生时的状态。

〔2〕如死如生：对于死就像对于生一样。第一个"如"，犹"于"。

〔3〕鬈（kuò）体：梳头发，剪指甲。一说，体（體）当为"＜骨会＞"之误，束发的骨器。

〔4〕饭唅：把珠、玉、贝、米等放于死者口中。放什么，视死者的身份而定。

〔5〕濡栉三律：律，理发。全句意为：用湿梳理顺发三次。

〔6〕瑱（tiàn）：用以塞耳的玉。

〔7〕楎骨：应为"螖贝"。白色的贝。

〔8〕说亵衣：陈设内衣。

〔9〕设掩面儇（xuān）目：儇，环绕。全句意为：用绢帛裹首覆面。

〔10〕重：木做的神主牌。6尺至9尺，由等级决定长短。

〔11〕縰（xǐ）：古同"纚"，包头发的丝织品。

〔12〕瓮庑：皆陶制品，人们用以盛物。

〔13〕薄器不成内：言竹苇编织之器物实无用。

〔14〕舆藏而马反：载柩之车埋葬，而马要返回。

〔15〕象徙道也：像搬家一样。

〔16〕圹垄：墓穴。

〔17〕其貌象版盖斯象拂：拂，车后的遮障。全句意为：棺椁的外貌像车辆的厢板车盖套上皮革。

〔18〕无帾丝歶缕翣：无，读曰"幠"，幕布一类的装饰物。帾，帐子一类的装饰物。丝歶，丧车之饰。缕翣，棺木的饰物。全句意为：棺及丧车上的各种装饰。

〔19〕菲帷帱尉：门帘帷帐。

〔20〕墨：指墨家的节葬主张。一说，墨，指贪腐。

## 【译文】

　　丧礼的内容，是用人活着时候的一套行为来饰演人死之后的主要生活方式，极力模仿其生时的状态，以送别他的死亡。所以，对于死，使之像生一样；对于亡，使之像存在一样；临终之时就像开始一样。刚去世时，要洗浴，束发，剪指甲，以珠、玉、贝、米等物纳入死者口中，就像生时的样子。不洗头就用湿梳子理顺头发三次，不洗身体就用湿巾擦拭三遍。用瑱塞住耳朵，用生稻、螖贝作为饭唅，这是与人刚生时相反的办法。给死者穿好内衣，再加外衣三重，插笏于腰间而无带钩之设。用丝绢裹住头部覆盖双眼，只束发而不戴冠或插笏了。在名旌上写上名字，覆盖在神主之上，那么死者的名字就看不见了，而只有灵柩是明显的。荐陈的明器则有像兜鍪的帽子而没有包头发的丝巾，瓮庑等陶器空着不盛东西，有竹编的席但没有床，各种木器名义雕镂，陶器未成为可用的器物，竹苇等编织物亦无实用价值，笙竽等虽具形状但无法调和音调，琴瑟有弦而无韵，运载灵柩的车子埋葬在地下而马却返回，这都表示上面的东西是无实用价值的。置办生前所用的器物运到墓中，就像搬家一样。有其大略而不完全，有其面貌而无实际功用，赶车运来而埋葬它，但铜配头、车皮带并不埋入，这表明随葬的东西是不用的。好像是搬家，又是表明不用它们，这些都是为了加重哀悼之情的。所以，模拟生前的器物，只是起到礼仪的作用而无实际功用，随葬器物只是貌似而并不实际去用。

凡是礼仪，庆祝新生，是为了润饰欢乐；送别死者，是为了表达哀悲；进行祭祀，是为了表达尊敬；师旅之礼，是为了显示威风，这是历代王者都相同的。古今都一样的，没有人知道它是怎么来的。所以，墓穴的样子就像房屋；棺椁的样子像车辆的厢板盖套上皮革；棺材及丧车上的各种装饰，就像门帘帷帐；承载土重的抗木和垫在土坑中的折木，就像墙壁、屋顶和篱笆。所以，丧礼没有其他的意义，就是为了彰明逝去生命的意义，以悲哀崇敬的心情进行送别，而最终周密地安葬。所以，埋葬其遗体，是以尊敬的心情埋葬其外形；祭祀，是以崇敬的心情追思发扬其精神；发表悼词、镌刻碑铭，编著谱牒世系，是以尊敬的心情传颂其名。侍奉生活，是装饰父辈的开始；送别老死，是装饰父辈的终结。对始对终都做得完备无憾，孝子的义务就算完成了，圣人所要求的事务也就完备了。削减死者的用度而去增加生者的用度，这是墨家的主张；削减生者的用度而去增加死者的用度，这是惑乱；杀害生者而为死者送葬，这是残害。大体上模仿其生时的情况以送别终老，使其逝世后和在世时，终老时和人生开始时，没有不恰当合宜而又喜好善事的，这就是礼义的法度标准了，儒者就是这样的啊！

## 【绎旨】

本章主要讲了当时丧葬礼仪的若干具体要求，强调当时关于丧葬礼仪的若干要求，强调"如死如生，如亡如存，终始一也。"在文章最后，荀子提出既要反对"刻死而附生"，也要反对"刻生而附死"，而对"杀生而送死"更是坚决反对，这是有进步意义的。

## 【名言嘉句】

大象其生以送其死，使死生终始莫不称宜而好善，是礼义之法式也，儒者是矣。

## 【原文】

三年之丧，何也？曰：称情而立文[1]，因以饰¹群[2]，别亲疏、贵贱之节，而不可益损也。故曰：无适不易之术也。创巨者其日久，痛甚者其愈迟，三年之丧，称情而立文，所以为至痛极也。齐衰苴杖[3]，居庐食粥，席薪枕块，所以为至痛饰也。三年之丧，二十五月而毕，哀痛未尽，思慕未忘，然而礼以是断之者，岂不以送死有已，复生有节也哉！凡生天地之间者，有血气之属必有知，有知之属莫不爱其类。今夫大鸟兽则失亡其群匹，越月逾时，则必反铅²；过故乡，则必徘徊焉，鸣号焉，踯躅焉，踟蹰焉，然后能去之也。小者是燕爵[4]，犹有啁噍之顷焉，然后能去之。故有血气之属莫知于人，故人之于其亲也，至死无穷。将由夫愚陋淫邪之人与？则彼朝死而夕忘之，然而纵之，则是曾鸟兽之不若也，彼安能相与群居而无乱乎？将由夫修饰之君子与？则三年之丧，二十五月而毕，若驷之过隙，然而遂之，则是无穷也。故先王圣人安为之立中制节，一使足以成文理，则舍之矣。

## 【校】

1. 饰，通"饬"。
2. 铅，通"沿"。

## 【注释】

〔1〕称情而立文：依据合乎哀情的原则而制定丧议。

〔2〕饬群：整顿、区分。

〔3〕齐衰（zī cuī）苴杖：古代丧服，用熟麻布制成，又分为齐衰三年、齐衰期、齐衰五月、齐衰三月之分。此处当指齐衰三年，又称斩衰，是最重的丧服，子对父，臣对君皆服斩衰三年。苴杖，居丧时用竹杖，又称哀杖，后世亦用柳木制作。

〔4〕燕爵：即燕雀。

## 【译文】

要实行三年的守丧制度，这是什么原因呢？回答是：这是依据合乎哀情的原则而制定的丧葬之仪。可以用此来组织整顿亲族众友、区别亲疏、贵贱的不同，这是不可以增加或减少的。所以说：无论怎样，这都是不可更改的方法。创伤严重的需要更长的时日才能恢复，疼痛严重的痊愈时间就要推迟。三年的丧期，这是依据合乎哀情的原则而设立的仪式，以此来为最哀痛感情的纾（shū）解设立期限。穿戴衰丧服，手扶哀杖，住在临时的草棚中，喝稀粥，铺柴草，枕土块，以此来为最悲痛的感情表达与纾解。三年的丧期，实际上是二十五月完毕，但实际上哀痛之情并没有完全表达出来，思慕的感情也没有忘记，但是礼仪规定到此应该停止，这难道不是表明送别死者是有停止的时刻的，除丧之后恢复正常生活也是有时间界限的吗？

凡是生于天地之间，有血有气的一类生物必定有所认知，有认知的一类没有不爱惜其同类的。现在的大鸟大兽如果失去了它的同伴，即使过了一个月或更长时间，就定会沿原路返回寻找；如果经过它曾居住过的地方，就必然会徘徊，鸣叫，来回走动，或驻足不前，然后才能离开。小的如燕雀，也仍会悲鸣一会儿，然后才能离去。而有血有气的一类中，没有比人更有智慧的，所以，人对自己的亲人，到死其思念的感情也不会终止。要按照那些愚蠢粗陋淫荡邪恶之人的作为吗？他们早晨死了父母，到晚上就忘记了，如果同意他们的做法，并放任他们不管，那就连鸟兽都不如，他们怎么能够相互之间共同居住而没有混乱呢？要按照那些注重道德修养的君子吗？就一定会实行三年之丧，二十五个月完毕的做法，他们感到这就像驷马过隙一样迅速，但是如果随从他们，就无穷无尽地搞下去。所以，古代明王圣人为之建立适当的符合中庸原则的节制措施，这样一搞就完全能够变成一种礼仪制度，就可以除去丧服了。

## 【绎旨】

本章主要阐述为什么对至亲之人实行"三年之丧，二十五月而毕"的问题。《论语》记述，孔门弟子宰我曾就此问题请教于孔子，孔子做了回答，可参看《论语》原编本《阳货地十七》（《论语新编新释》1.5.1.13）。

## 【名言嘉句】

三年之丧，二十五月而毕，哀痛未尽，思慕未忘，然而礼以是断之者，岂不以送死有已，复生有节也哉！

## 【原文】

然则何以分之？曰：至亲以期[1]断。是何也？曰：天地则已易矣，四时则已遍矣，其在宇中者莫不更始矣，故先王案¹以此象之也。然则三年何也？曰：加隆焉，案使倍之，故再期也。由九月以下何也？曰：案使不及也。故三年以为隆，缌、小功以为杀[2]，期、九月[3]以为间。上取象于天，下取象于地，中取则于人，人所以群居和一之理尽矣。故三年之丧，人道之至文者也，夫是之谓至隆。是百王之所同也，古今之所一也。

君子丧，所以取三年，何也？曰：君者，治辨之主也，文理之原也，情貌之尽[4]也，相率而致隆之，不亦可乎？《诗》曰："恺悌²君子，民之父母。"彼君子者，固有为民父母之说焉。父能生之，不能养之，母能食之，不能教诲之；君者，已能食之矣，又善教诲之者也。三年毕矣哉！乳母，饮食之者也，而三月；慈母[5]，衣被之者也，而九月；君，曲备之者也，三年毕乎哉！得之则治，失之则乱，文之至也；得之则安，失之则危，情之至也。两至者俱积焉，以三年事之，犹未足也，直无由进之耳。故社，祭社也；稷，祭稷也；郊者，并百王于上天而祭祀之也。

## 【校】

1. 案，同"安"。
2. 恺悌，今本《毛诗》作"岂弟"，二者同。

## 【注释】

〔1〕期（jī）：一年。

〔2〕缌（sī）、小功以为杀：缌，即缌麻，服丧三月，为五服中最轻的丧礼。丧衣用疏织细麻布做成。范围是：高祖父母，曾伯叔祖父母，族伯叔父母，外祖父母，岳父母，族昆弟，婿、甥男等服缌麻三月。杀，减等。

〔3〕九月：九月指代大功，五服之一，丧服用熟麻布做成，略粗于小功。堂兄弟，未婚堂姐妹，已婚姑姐妹服大功。已婚女为叔、伯父、兄弟、侄、未婚姑、姐妹，也服大功。

〔4〕情貌之尽：忠诚的感情与恭敬礼貌的尽头，即最终的承受者帝王。

〔5〕慈母：侧室生子，其母死后，其他侧室抚育，此养母即为慈母，死后要服丧九月。

"君子丧，所以取三年，何也？曰：君者，治辨之主也，……以三年事之，犹未足也，直无由进之耳"：荀子认为"君臣关系重于父子关系"，这是从政治本位的角度来处理君臣、父子关系，主张政治公平第一位。王长坤说：荀子君恩重于父恩的思想是"对孔孟思想的变革，也预示着儒学发展的方向，那就是迎合封建大一统专制统治的需要，伦理政治化，'孝'逐渐蜕变为'忠'的附庸了。"（王长坤《先秦儒家孝道研究》，巴蜀书社2007年版，第256-257页）我们应慎重地看待荀子的"君臣关系重于父子关系"，这是君主专制之下困顿士人生存下去的需要。荀子的"君臣关系重于父子关系"，缩短了儒家的入仕理想与现实之间的距离，推动了儒家适应封建专制政体的进程。

## 【译文】

既然如此，那么，怎样区分亲疏的丧礼呢？回答说：最亲近的父母的丧礼是以一周年来终止的。为什么呢？回答说：经过一周年，天地已经变化了，春、夏、秋、冬四季已经轮换了一遍，在宇宙中的万物，没有不从头另来的，所以古代圣王就根据这一点来取法。既然这样，为什么还规定三年呢？回答是：这是为了更加隆重，使它在一年的基础上再加倍，所以就又加了两年。那么。从九月开始及其以下的丧礼是为什么呢？回答是：为了表示不及父母的恩情那样深厚。所以，以三年丧礼为最隆重的礼，把服丧三个月的缌麻和服期五个月的小功，作为丧礼的减等；把服丧一周年的期礼和服丧九个月的大功做中间的礼。这种规定，上根据天体的运行，下根据大地的运行，中间根据人情伦理的规定，这样就把人所依据的群体共居、和谐一致的道理完全体现出来了。所以，服丧三年之礼，是人间最重要的礼仪规定，是最重要的礼。这是历代圣王所相同的，古今所一致的。

君主的丧礼，也采取三年的时间，这是为什么？回答是：君主，是治理国家的主宰，是礼节仪式的本源，是忠诚的感情和恭敬的礼貌所要表达的最后承受者，臣下互相率领督促共同推崇他，不也是可以的吗？《诗》曰："恺悌君子，民之父母。"（《诗》上说："和乐平易的君子，是民众的父母。"）那位君子，本来就有为民众父母的说法嘛！父亲能给孩子生命，但不能喂养他；母亲能养育孩子，但不能教诲他；只有君主，既能给他饭吃，又善于教诲他，所以，我君主服丧三年，也就尽了自己的忠诚与孝心了。乳母，是给予自己饮食的人，为之服丧三月；慈母，是替母亲抚养自己，给自己衣被温暖的人，要服九个月；而君上对自己，是各方面都照顾到的人。为他服丧三年也算完成了应尽的义务。如果按照这样去做，国家就会大治；不这样做，国家就会混乱，这是最重要的礼节仪式；如果保持这种礼仪，国家就会安定；如果失去这种礼仪，国家就会出现危险，这是忠贞、恭敬感情的最高体现。这最重要的礼仪与最忠贞最恭敬的感情都集中在君主的丧礼上，用三年来搞这件事，仍然不够，只是没有理由再增加了。所以对社，有祭社的礼仪；对稷，有祭稷的礼仪；而郊祭，就是把历代圣王与上天一起进行祭祀。

## 【绎旨】

本章主要阐述根据亲疏的不同，实行不同期的丧礼：有三年之丧，一年之丧以及九月、五月、三月之丧等。又特别强调对君主应实行三年之丧。

荀子分析了对君主实行三年之丧的理由，并强调这种礼仪的重要性，如谓"得之则治，失之则乱"云云，这是从儒家厚葬观念出发而形成的一种认识。实际上，一个国家的治乱，主要由其生产力发展水平与生产关系的矛盾状况决定。根本原因不在于是否实行君主的三年之丧。当然，君主的婚丧嫁娶在一定情况下，也有可能成为引发某种矛盾的导火索，这是需要具体问题具体分析的。历史上有些君主的丧事，不是因为不实行三年之丧，而是因为实行了三年之丧，又搞得场面过大，反而加重了人民群众的负担，激化了社会矛盾。所以，荀子此论是难以站得住脚的。这正表现了他的思想的历史局限性，阅读时应注意分析。

## 【原文】

三月之殡[1]，何也？曰：大之也，重之也，所致隆也，所致亲也，将举措之，迁徙之，离宫室而归丘陵也，先王恐其不文也，是以繇[1]其期，足之日也。故天子七月，诸侯五月，大夫三月，皆使其须足以容事，事足以容成，成足以容文[2]，文足以容备，曲容备物之谓道矣。

祭者，志意思慕之情。愅诡唈僾[3]而不能无时至焉。故人之欢欣和合之时，则夫忠臣孝子亦愅诡而有所至矣。彼其所至者，甚大动也；案屈然已[4]，则其于志意之情者惆然不嗛[5]，其于礼节者阙然不具。故先王案为之立文，尊尊亲亲之义至矣。故曰：祭者，志意思慕之情也，忠信爱敬之至矣，礼节文貌之盛矣，苟非圣人，莫之能知也。

圣人明知之，士君子安行之，官人以为守，百姓以成俗。[6]其在君子，以为人道也；其在百姓，以为鬼事也。故钟鼓管磬，琴瑟竽笙，《韶》《夏》《護》《武》《汋》[2]《桓》《箾》《简》《象》[7]，是君子之所以为愅诡其所喜乐之文也；齐衰苴杖，居庐食粥，席薪枕块，是君子之所以为愅诡其所哀痛之文也。师旅有制，刑法有等，莫不称罪，是君子之所以为愅诡其所敦[3]恶之文也。卜筮视日，斋戒修涂，几筵、馈荐、告祝[8]，如或飨[4]之；物取[5]而皆祭之，如或尝之；毋利举爵[9]，主人有[6]尊，如或觞之；宾出，主人拜送，反[7]易服，即位而哭，如或去之。哀夫！敬夫！事死如事生，事亡如事存，状乎无形影，然而成文。

## 【校】

1. 繇，通"遥"。

2. 《汋》，一作《酌》。

3. 敦，通"憝（duì）"

4. 飨，通"享"。

5. 取，通"聚"。

6. 有，通"侑"。

7. 反，同"返"。

## 【注释】

〔1〕三月之殡：指入殓后停柩三个月。

〔2〕成足以容文：有关丧事的各项工作完成能够完全保证礼节仪文的实施。

〔3〕惮诡唈僾：心情变异而郁闷不畅。

〔4〕案屈然已：只是空想而已。

〔5〕惆然不嗛：怅然不快。

〔6〕圣人明知之，士君子安行之，官人以为守，百姓以成俗：这是说礼与法的区别在于：知道的程度不同。即同样的制度法令，如若人知之，则为礼而安行之。如若不知，则为制度法令而受之治。

〔7〕《韶》《夏》《护》《武》《汋（zhuó）》《桓》《箾（shuò）》《简》《象》：《韶》，舜时之乐。《夏》，禹时之乐。《护》，汤时之乐。《武》，颂武王克殷之功。《汋》，颂武王酌取先祖之道以养民。《桓》，成王祀武王乐。《箾》《象》，文王之乐。一说《箾》为舜时乐，《象》为武王伐纣之乐。

〔8〕几筵、馈荐、告祝：神鬼的席位称为几筵。馈，贡献牺牲。荐，进献黍稷。告祝，有两解：一、以言告神祈福。二、告诉祝祭人。

〔9〕毋利举爵：不要让助尸享享的人（利）代主人劝酒。

## 【译文】

入殓之后，灵柩要停三个月殡葬，这是为什么呢？回答说：这是为了扩大其规模，加重其分量，是向其表示尊重之意，亲近之意。将要进行各种置办，将要迁徙远处，离开宫室而要归葬丘陵，先代圣王恐怕不符合礼文，所以才推延其下葬之期，使在家中停留足够的日子。所以，天子要停七个月，诸侯五个月，大夫三个月，使其都能有足够时间置办丧葬事，各种事务的完成完全能够保证礼节仪文的实施，这种实施能保证各种丧葬物品的完备。丧葬事宜周遍完备就可以叫作治丧有道了。

祭祀，是为了表达心意思慕的感情。心情变化而郁闷不畅不能不在一定时候表达出来。所以，人们欢欣鼓舞，和睦快乐之时，那些忠臣孝子亦感情变化而有所表现。

这种表现，有时会很强烈。如果没有一定形式让其表达抒发，只是让其空想而已，则会使其感情的表达怅然不快，对于礼节仪文也是一种缺失。所以，先王针对这种情况，为之设立祭祀仪式，使尊崇君上、亲近父母之仪充分表达出来。所以说，祭祀，是为了表达心意和思慕之情的，是忠贞诚信爱慕之情的充分表达，是礼节完备仪文周全的充分体现，如果不是圣人，对于这一点是没有能知道的。

对于祭祀，圣人知道得清楚，士君子安然实施，各级官员以为职守的任务之一，老百姓以成为习俗习惯。它在君子那里是被看成治理社会，保持稳定的一种措施；在百姓那里，认为是属于敬奉鬼神一类的事。所以，钟、鼓、管、磬和琴、瑟、竽、笙一类乐器和《韶》《夏》《护》《武》《汋》《桓》《箾》《简》《象》一类乐舞曲的演奏，是君子感情变化，有喜乐之情需抒发时，所用以表达的礼乐仪式。穿齐衰丧衣，持哀杖，住临时的草屋，喝稀粥，睡草席，枕土块，是君子感情变化要抒发哀痛之情时，所用以表达的礼节形式。军队有自己的礼仪制度，刑法有一定的礼仪等级，都是与犯罪相称的，这是君子因感情变化，用来表达憎恶之情的礼仪法度。

进行占卜以观察时日的吉凶，参加祭祀的人要斋戒沐浴，整修祠庙，设立祭祀的席位，进献牺牲和黍稷等祭品，发表祝词，向鬼神祈福，就像神鬼真正享用一样。所聚积的物品全部用来祭祀，就像真有鬼神尝过一样。不要让助尸享用的人（利）代主人劝酒，主人亲向受祭者献酒，就像神鬼真正饮过酒一样。宾客退去，主人拜送。回来后，脱去祭服，换上丧服，来到座位痛哭，就真像神鬼离去了。悲哀啊！恭敬啊！侍奉死者如同侍奉他们在世时一样，被祭祀者好像无影无踪，但是这可成为一种礼仪制度。

## 【绎旨】

本章主要阐述两点：一是入殓后为什么要停柩三月的问题。二是祭祀的作用及有关具体要求。

## 【名言嘉句】

祭者，志意思慕之情也。

# 乐论篇第二十

【导读】

本篇主要是针对墨子否定音乐的主张，阐述了音乐在社会生活中的功能和治国中的作用，因而以《乐论》命篇。

全篇可分为五章。

第一章，从四个方面阐述了音乐的功能。

第二章，区分音乐为正声和邪声，并分析了它们不同的社会影响。

第三章，说明音乐对人的修养与教化的作用及音乐与礼制的不同作用。

第四章，移植了孔子观乡饮酒礼以后的感慨之辞。

第五章，表明乱世的一部分特征。

【原文】

夫乐者，乐也，人情之所必不免也，故人不能无乐。乐则必发于声音，形于动静，而人之道。[1]声音、动静，性术之变尽是矣。故人不能不乐，乐则不能无形，形而不为道¹，则不能无乱。先王恶其乱也，故制《雅》《颂》之声以道之[2]，使其声足以乐而不流，使其文足以辨而不諰²，使其曲直、繁省、廉肉、节奏，[3]足以感动人之善心，使夫邪汙之气无由得接焉。是先王立乐之方也，而墨子非之[4]，奈何！

故乐在宗庙之中，君臣上下同听之，则莫不和敬；闺门之内，父子兄弟同听之，则莫不和亲；乡里族长之中，长少同听之，则莫不和顺。[5]故乐者，审一以定和者也，比物以饰³节者也，合奏以成文者也，足以率一道，足以治万变。[6]是先王立乐之术也，而墨子非之，奈何！

故听其《雅》《颂》之声，而志意得广焉；执其干戚[7]，习其俯仰屈伸，而容貌得庄焉；行其缀兆[8]，要其节奏，而行列得正焉，进退得齐焉。故乐者，出所以征诛也，入所以揖让也。征诛、揖让，其义一也。出所以征诛，则莫不听从；入所以揖让，则莫不从服。故乐者，天下之大齐也，中和之纪也，人情之所必不免也。[9]是先王立乐之术也，而墨子非之，奈何！

且乐者，先王之所以饰喜也；军旅鈇⁴钺者，先王之所以饰怒也。先王喜怒皆得其齐<sup>5</sup>焉。是故喜而天下和之，怒而暴乱畏之。<sup>[10]</sup>先王之道，礼乐正其盛者也，<sup>[11]</sup>而墨子非之。故曰：墨子之于道也，犹瞽之于白黑也，犹聋之于清浊也，犹欲之楚而北求之也。

## 【校】

1. 道，通"导"。

2. 愬，通"息"。

3. 饰，通"饬"。

4. 鈌，通"斧"。

5. 齐，一说通"剂"，调和，调剂。一说，齐，恰当，适宜。

## 【注释】

〔1〕夫乐（yuè）者，乐（lè）也，人情之所必不免也，故人不能无乐。乐则必发于声音，形于动静，而人之道：第一个"乐"，指音乐（包括乐舞的乐）。第二个"乐"，则指快乐。全句意为：音乐（乐歌、乐舞等）是人们用来表达高兴欢乐情感的，是人的情感中一定不能缺少的艺术形式。所以，人们不能没有音乐。欢乐了必然会发出声音，并通过一举一动表现出来，这是人生活中的自然道理。

孔子重视礼乐。《论语》中出现"乐"49次。《论语》之《八佾》篇载，子曰："《关雎》，乐而不淫，哀而不伤。"子谓《韶》："尽美矣，又尽善也。"谓《武》："尽美矣，未尽善也。"《述而》篇载，子在齐闻《韶》，三月不知肉味。曰："不图为乐之至于斯也！"《泰伯》篇载，子曰："兴于《诗》，立于礼，成于乐。"《季氏》篇载，孔子曰："益者三乐，损者三乐。乐节礼乐，乐道人之善，乐多贤友，益矣。乐骄乐，乐佚游，乐宴乐，损矣。"

《家语·论礼第二十七》载，孔子曰："无声之乐。"认为"无声之乐"是最高境界。徐复观说："无声之乐，是在仁的最高境界中突破了艺术的有限性，而将生命沉浸于美与仁得到统一的无限艺术境界之中。"（李维武（编）《徐复观文集》.湖北人民出版社2002年版，第28页）《家语·问玉》也有关于乐的记载。荀子认为"乐"源于"情"。

人情之所必不免也，情，陆机《文赋》有"诗缘情而绮靡"。刘勰《文心雕龙·风骨》："夫音律所始，本于人声音也。"《诗》总六艺，风冠其首，其乃化感之本源。"王国维《人间词话》："一切景物皆情语也。"乐是人所本有的和乐之情，是人的情感需要的东西。乐是内在润饰人心。

而人之道，而，乃。即乃人之道。

〔2〕故人不能不乐，乐则不能无形，形而不为道，则不能无乱。先王恶其乱也，故制《雅》《颂》之声以道之：《周易·豫》曰："先王以作乐崇德。"《礼记·乐记》曰："乐者，通伦理者也……是故先王以制礼乐也，非以极口腹耳目之欲也，将教民平好恶

而反人道之正也。"这说明音乐与道德教化有关。《左传·昭公二十一年》载:"夫乐,天子之职也。"《国语·楚语上》云:"教之《乐》,以疏其秽而镇其浮。"学习《乐》是为了去除污秽之气,提升净化心灵,使每个人身心愉悦。

《诗》《书》《礼》《乐》《易》《春秋》称为六经。"六经"一词最早出现在《庄子·天下篇》。其文曰:"《诗》以道志,《书》道事,《礼》以道行,《乐》以道和,《易》以导阴阳,《春秋》以道名分。其数散于天下而设于中国者,百家之学时或称而道之。"

"故人不能不乐,……故制《雅》《颂》之声以道之"这说明先王制乐以导之,使人之"乐"有所依靠而不混乱。《礼记·乐记》曰:"大乐必易,大礼必简。"要求音乐在道德教化上起潜移默化的作用。

〔3〕曲直、繁疾、廉肉节奏:曲直,乐曲的婉转与平缓。繁省,乐曲的复杂与简约。廉肉,乐曲的激抗与圆润。荀子认为:"乐"对于"情"的表达不应表现为顺情,任情自然发展,而是要以礼节情,以乐导情,使情符合社会的需要。

荀子的"乐而不流""辨而不諰"与《论语·八佾》子曰《关雎》,乐而不淫,哀而不伤"的思想是一致的。

〔4〕墨子非之:墨子有《非乐》篇,主张取消音乐。

〔5〕故乐在宗庙之中,君臣上下同听之,则莫不和敬;闺门之内,父子兄弟同听之,则莫不和亲;乡里族长之中,长少同听之,则莫不和顺:这是荀子对"乐合同"作用的论述。通过"乐合同,礼别异",实现礼乐教化的目的("君臣上下"要"和敬","父子兄弟"要"和亲","长少"要"和顺";"乐行而民乡方"等。),进而达到人与人和谐相处,社会稳定,国家安全。音乐还能帮助人们端正自己在社会中的位置。在这里,荀子强调的是乐的教化作用。

《论语·泰伯》载,子曰:"兴于《诗》,立于礼,成于乐。"显而易见,孔子亦重视乐的德化作用。

〔6〕故乐者,审一以定和者也,比物以饰节者也,合奏以成文者也,足以率一道,足以治万变:音乐就是审定一个主音并确定各种合音,通过各种乐器的演奏,显示节奏,通过合奏,形成美妙的乐章,完全能显示出统一的原则和应对各种变化的能力。在这里,荀子强调的是音乐内部统一与对立的关系。

〔7〕干戚:古代兵器盾和斧。

〔8〕缀兆:缀,舞蹈表演行列。兆,舞者活动的范围。缀兆,舞者之位。

〔9〕故乐者,天下之大齐也,中和之纪也,人情之所必不免也:《礼记·乐记》作:"故乐者,天地之命,中和之纪,人情之所不能免也。"

中和,《中庸》云:"中也者,天下之大本也。和也者,天下之达道。"

〔10〕且乐者,先王之所以饰喜也;军旅鈇钺者,先王之所以饰怒也。先王喜怒皆得其齐焉。是故喜而天下和之,怒而暴乱畏之:荀子认为,音乐与诛杀都是统治国家的重要手段,音乐表现高兴、喜庆之事,诛杀对付暴乱之事,二者缺一不可。

〔11〕先王之道，礼乐正其盛者也：先王的统治原则是以礼乐表现更加的强盛，所以，礼乐是不可缺少的。

## 【译文】

音乐，是人们用来表达高兴快乐情感的，是人的情感中必定不能缺少的艺术形式。所以，人们不能没有音乐。欢乐了必然会发出声音，并通过一举一动表现出来，这是人生活中的自然道理。声音、一举一动、性情的变化都可以表现出人的欢乐。所以，人不可能没有快乐，欢乐不可能不表现出来。对这种表现不加正确的引导，就不可能不发生混乱。古代圣王厌恶这种混乱，所以创制出《雅》诗《颂》诗演唱时的音乐以进行正确的引导，使其歌声完全能够令人快乐但不淫放，使歌词内容完全是辞意正当通达而不邪僻，使音律的婉转平缓、复杂与简约、激亢与圆润、节奏的快慢，都足以能够激发人们的善良之心，使邪僻、肮脏的风气没有办法与人们接触。这是符合古代圣王设立音乐的原则。而墨子予以非议，但又能怎么样呢？

所以，音乐在宗庙之中，君臣上下共同聆听，就会没有不谐和恭敬的；在家庭中，父子兄弟共同聆听，就会没有不和睦亲近的；在乡里宗族中，年长的年少的共同聆听，就会没有不谐和顺从的。所以，音乐就是审定一个主音以确定各种和音的，是通过各种乐器的演奏来表现各种节奏的，是通过合奏以形成统一而美妙的乐章的；音乐完全能够表现出统一的原则，完全能够显现和应对各种变化。这是古代圣王设立音乐的方法，而墨子非议它，又能怎么样呢？

所以，听到演奏《雅》《颂》各首诗的音乐时，你的心志意气就会得到开阔；拿起盾牌和斧头，演习俯仰曲伸各种舞姿时，你的容貌就会显得庄重；践行乐舞的位次，把握音乐的节奏缓急，你的行列就会得到纠正，前进后退得到齐整。所以音乐，出外可以用来征伐诛杀，入内可以用来揖让进退。而征诛、揖让，其意义是一致的。出外，用来征伐诛杀的，是一切都要听从号令；入内，用来揖让的，是一切都要服从礼仪。所以，音乐是天下有力地齐整的工具，是持中和谐的纲纪，是人的感情一定不能离开的东西。这是古代圣王创立音乐的方法。而墨子非议它，又能怎么样呢？

况且音乐，是古代圣王用以表现喜悦的；军队中的鈇和钺，是古代圣王用以表现愤怒的。古代圣王欢喜与愤怒都得到恰当的表现。所以，圣王欢喜，天下就会和谐；圣王愤怒，天下的暴乱者就会害怕。对于古代圣王的统治而言，礼乐正是其隆盛的表现，而墨子却提出非议。所以说，墨子对于治理天下的原则，就像瞎子对于白与黑一样，就像聋子对于清音浊声一样，分辨不出来；也就像要到楚国去却向北方去寻求一样，根本无法达到。

## 【绎旨】

本章主要阐述了音乐的功能。主要从四个方面做了分析：一、音乐是人表达感情不可缺少的艺术形式。二、音乐无论对君臣治国，还是父子兄弟治家及乡里教化他都具有重要作用。三、音乐舞蹈无论对人的思想修养，还是容貌举止的修养，以及国家的征诛、齐、和都有重要作用。四、音乐与礼仪相配合是治国的重要措施。

## 【名言嘉句】

①夫乐者，乐也，人情之所必不免也，故人不能无乐。

②故乐者，出所以征诛也，入所以揖让也。征诛、揖让，其义一也。

## 【原文】

夫声乐之入人也深，其化人也速，故先王谨为之文。乐中平则民和而不流，乐肃庄则民齐而不乱。[1]民和齐则兵劲城固，敌国不敢婴 [1] 也。如是，则百姓莫不安其处，乐其乡，以至足其上矣。[2]然后名声于是白，光辉于是大，四海之民莫不愿得以为师，是王者之始也。

乐姚冶以险 [3]，则民流僈鄙贱矣。流僈则乱，鄙贱则争；乱争则兵弱城犯，敌国危之。如是，则百姓不安其处，不乐其乡，不足其上矣。故礼乐废而邪音起者，危削侮辱之本也。故先王贵礼乐而贱邪音 [4]。其在序官也 [5]，曰："修宪命，审诛赏 [2]，禁淫声，以时顺修，使夷俗邪音不敢乱雅，太师之事也。"

墨子曰："乐者，圣王之所非也，而儒者为之过也。"君子以为不然。乐者，圣王之所乐也，而可以善民心，其感人深，其移风易俗。故先王导之以礼乐而民和睦。[6]夫民有好恶之情而无喜怒之应，则乱。先王恶其乱也，故修其行，正其乐，而天下顺焉。故齐衰之服，哭泣之声，使人之心悲；带甲婴軸，歌于行伍，使人之心伤 [7]；姚冶之容，郑卫之音，使人之心淫；绅端章甫，舞《韶》歌《武》，使人之心庄。故君子耳不听淫声，目不视女色，口不出恶言。此三者，君子慎之。

凡奸声感人而逆气应之，逆气成象而乱生焉；正声感人而顺气应之，顺气成象而治生焉。唱 [3] 和有应，善恶相象，故君子慎其所去就也。

## 【校】

1. 婴，通"撄"，触犯，敌对。

2. 诛赏，据《荀子·王制》可知，"诛赏"当作"诗商"。商，通"章"。

3. 唱，通"倡"。

## 【注释】

〔1〕夫声乐之入人也深，其化人也速，故先王谨为之文。乐中平则民和而不流，乐肃庄则民齐而不乱：乐中平则民和而不流，《左传·昭公二十年》载，晏子向齐景公说："先王之济五味、和五声也，以成其政也。声亦如味，一气、二体、三类、四物、五声、六律、七音、八风、九歌，以相成也。清浊、小大、短长、疾徐、哀乐、刚柔、迟速、高下、出入、周疏，以相济也。君子听之，以平其心。心平，德和。故《诗》曰：'德

音不瑕。'"又,《昭公元年》记载医和给晋侯看病时的一段话:"先王之乐,所以节百事也,故有五节;迟速本末以相及,中声以降。五降之后,不容弹矣。于是有烦手淫声,慆堙心耳,乃忘平和,君子弗听也。物亦如之。至于烦乃舍也矣,无以生疾,君子之近琴瑟,以仪节也,非以慆心耳。"可见,《左传》论乐以"平和"为贵。而荀子以"和"论乐显然是受《左传》的影响。

和而不流,和顺而不流移不定。"夫声乐之入人也深,其化人也速,……四海之民莫不愿得以为师,是王者之始也。"荀子认为音乐(正声或雅乐)可以引导人向善,并有利于促进民众和睦相处,社会安定。

〔2〕民和齐则兵劲城固,敌国不敢婴也。如是,则百姓莫不安其处,乐其乡,以至足其上矣:足其上,主要有二解:一、民众使主上得到物质的满足。二、民众对主上满足。这是荀子把"乐合同"的社会功能提升到治国安邦的高度。

〔3〕姚冶以险:妖美邪辟,其意险恶。

〔4〕故先王贵礼乐而贱邪音:"贵礼乐而贱邪音",这和《论语·阳货》子曰"恶郑声之乱雅乐也"的正乐思想是一致的。

〔5〕其在序官也:见《王制篇》第九"序官"一段。

〔6〕乐者,圣王之所乐也,而可以善民心,其感人深,其移风易俗。故先王导之以礼乐而民和睦:移风易俗,《汉书·礼乐志》作"其移风易俗易",是。"乐者,圣王之所乐也……故先王导之以礼乐而民和睦"这就是说,乐只有依礼而行,才可达到民众的和睦。音乐能促进人们的和谐相处,进而使得上下有序,民心和悦。

〔7〕心伤:伤,壮,振作。

## 【译文】

音乐的影响渗透到人心之中是很深刻的,对人的感化是很迅速的,所以古代圣王谨慎地为它铺饰文采。音乐中正和平,民众就会和顺而不放荡;音乐严肃庄重,民众就会齐整一致而不混乱。民众团结统一,就会使军队强劲,城邑坚固,敌对国家就不敢来进犯。这样一来,老百姓就没有不安居于自己的住处而乐于在自己的乡中,以至于对君上的统治十分满意。这一之后,君上的名声就会美好,光辉就会扩大,天下的老百姓没有不愿意以君上为师为君的。这是成为天下之王的开始。

如果音乐妖美邪辟,那么民众就会放荡鄙陋,粗劣轻慢。放荡就会混乱,鄙陋就会争斗;国内混乱争斗就会造成军事力量衰弱,敌人就会兵临城下,敌对国家就会使本国遭受危害。这样,老百姓就会不再安居其处,不再乐于居住原乡中,并且对君上产生了不满情绪。所以,正常的礼乐废弃之后,邪辟的音乐兴起,这是产生危难削弱受侮辱的本源。所以,古代圣王重视礼乐而卑视邪辟的音乐。在《王制》第九的《序官》一段说:"修订法令文告,审查诗章,禁断淫荡的声乐舞蹈,按时势的要求整治乐舞,使蛮夷落后风俗的不正当的音乐不敢扰乱雅乐正声,这是太师(乐师)的职责。"

墨子说："音乐，这是圣王所否定的，而儒者却提倡并实行它，这是错误的。"君子认为不是这样。音乐，是圣人所喜欢的，它可以使民心为善，它对人心的感染是很深刻的，它容易做到移风易俗。所以，古代圣王以礼义和音乐来引导民众即出现了和睦。如果民众出现了喜欢与厌恶的感情而没有喜悦与愤怒的表达形式与之相应，就会出现混乱。古代圣王厌恶这种混乱，所以修治人们的行事规范，端正音乐的表达方式，这样天下就理顺了。所以，齐衰一类的丧服，哭泣的悲哀的声音，使人们心情悲伤；穿着铠甲，戴着头盔，在行伍中高歌，容易使人感到悲壮；容貌妖冶，或口唱郑卫靡靡之音，使人心中产生淫荡之情；腰束大带，身穿礼服，头戴礼帽，在《韶》《武》乐曲的伴奏下，进行歌舞，容易使人心中产生庄重严肃的感觉。所以，君子耳不听淫荡之声，眼不看漂亮的女色，口不出恶劣的语言。这三项，君子应该小心牢记。

大凡奸邪的音乐感动人之后，歪风邪气就会出现而与之相应，这种歪风邪气成了气候之后，社会混乱就会发生。正当的音乐感动人心之后，和顺的风气就会形成而与之相应，和顺的风气成了气候之后，社会的平治就会产生。有唱就有和与之相应，善良的或邪恶的风气也随之而形成，这也就会影响到社会的治乱。所以，君子一定要慎重对待接受什么样的音乐，抛弃什么样的音乐这样的问题。

## 【绎旨】

本章主要内容是把音乐分为正声（雅音）与邪声（或淫声、妖冶之声、郑卫之声）两种，分析说明了"正声"对社会发展的正面影响，邪声对社会发展的负面影响。要求人们禁绝淫声、邪声。当然，正声与邪声的标准是会随着时代的变化而变化的，不可一概而论。

## 【名言嘉句】

凡奸声感人而逆气应之，逆气成象而乱生焉；正声感人而顺气应之，顺气成象而治生焉。

## 【原文】

君子以钟鼓道[1]志，以琴瑟乐心[1]；动以干戚，饰以羽旄，从以磬管。故其清明象天[2]，其广大象地，其俯仰周旋有似于四时。故乐行而志清，礼修而行成，耳目聪明，血气和平，移风易俗，天下皆宁，美善相乐[3]。故曰：乐者，乐也[4]。君子乐得其道，小人乐得其欲[5]。以道制欲，则乐而不乱；以欲忘道，则惑而不乐。故乐者，所以道乐也，金石丝竹，所以道德也。乐行而民乡[2]方矣。[6]故乐者，治人之盛者也[7]，而墨子非之。

且乐也者，和之不可变者也；礼也者，理之不可易者也。乐合同，礼别异。[8]礼乐之统，管乎人心矣。穷本极变，乐之情也；著诚去伪，礼之经也。[9]墨子非之，几遇刑也。明王已没，莫之正也。愚者学之，危其身也。君子明乐，乃其德也。乱世恶善，不此听也。於乎³哀哉！不得成也。弟子勉学，无所营⁴也 [10]。

声乐之象：鼓大丽⁵，钟统实，磬廉制 [11]，竽、笙、箫、和、筦、籥发猛，埙、篪 [12] 翁博，瑟易良，琴妇好⁶，歌清尽，舞意天道兼。鼓，其乐之君邪！故鼓似天，钟似地，磬似水，竽、笙、箫、和、筦、籥似星辰日月，鞉、柷、拊、鞷、椌、楬 [13] 似万物。曷以知舞之意？曰：目不自见，耳不自闻也，然而治俯仰、诎信⁷、进退、迟速，莫不廉制 [14]，尽筋骨之力以要钟鼓俯会之节，而靡有悖逆者，众积意謘謘 [15] 乎！

## 【校】

1.道，通"导"，引导。

2.乡，通"向"。

3.於乎，同"呜呼"。

4.营，通"荧"。

5.丽，通"厉"。

6.妇好，同"女好"。

7.诎信，诎，通"屈"。信，通"伸"。

## 【注释】

〔1〕君子以钟鼓道志，以琴瑟乐心：君子以钟鼓道，《礼记·乐记》曰："君子反情以和其志。"全句意为：君子以钟、鼓表达自己的志向。或作：以钟、鼓引导自己的志向。

〔2〕故其清明象天：所以君子头脑的清醒明白像清明的天空。其，释"乐声"，非。

〔3〕故乐行而志清，礼修而行成，耳目聪明，血气和平，移风易俗，天下皆宁，美善相乐：这是荀子对孔子关于伦理与艺术相结合的思想的进一步发挥。音乐有助教化民众，移风易俗，促进社会和谐，国家安定。因此，可以说，"美善相乐"是荀子《乐论》的根本目的。

〔4〕乐者，乐也：音乐就是引导快乐的。

〔5〕君子乐得其道，小人乐得其欲：君子从音乐的陶冶中得到礼义之道为快乐，小人以从音乐的听取中获得欲望的满足为快乐。

〔6〕故乐者，所以道乐也，金石丝竹，所以道德也。乐行而民乡方矣：郭店楚简有"金声而玉振之，有德者也。"这些说明"德"是礼乐教化的内容。荀子认为，君子能够通过学习音乐，从中感悟到天地之道，进而懂得做人之道，之后获得一种心灵的净化、提升与愉悦。

〔7〕乐也者，治人之盛者也：音乐表现了对社会治理的隆盛，这是荀子对先秦儒家乐论思想的总结，并将之提升到一个崭新的高度。

〔8〕乐合同，礼别异：乐与礼构成了两种相互区别又相互补充的社会组织原则。

礼和乐是道的一体两翼。音乐使人们和合统一，礼制使人们区分等级差异。这显示了音乐与礼制的不同功能。

〔9〕穷本极变，乐之情也；著诚去伪，礼之经也：经，常规、常道。全句意为：穷究人的本性，使之发生深刻变化，这是音乐造成的情实即音乐的功能；使人变得忠诚去掉虚伪，这是礼的常规。此亦言礼的功能。

〔10〕无所营也：不要被邪说荧惑。

〔11〕磬廉制：磬形似曲尺，有棱角。声音清越明晰。

〔12〕埙、篪：埙，一种陶制吹奏乐器，音低沉。篪，竹制横吹乐器，声厚重。

〔13〕鞉（táo）、柷（zhù）、拊（fǔ）、鞷（gé）、椌（qiāng）、楬（qià）：各种打击乐器的名称。

〔14〕廉制：干净、利落、明白之意。

〔15〕譁譁（chí），诚意的样子，犹谆谆。

## 【译文】

君子以钟鼓之鸣表达自己的志向，以琴瑟的弹奏来陶冶自己的性情；挥动盾牌、斧头来舞蹈，以雉羽和牦牛尾为装饰，以石磬、萧管为配乐。所以，君子思维的清明像晴朗的天空，胸怀的广大像辽阔的大地，其舞姿的俯仰周旋好像四季的变化。所以，正音的推行使人们的意志高洁；修行礼制后，美好的道德就会形成，这样就使人们变得耳聪目明，感情平和，积极改变旧的风俗，天下都安宁无事，美好的事情与善良的行为交相发生，令人快乐。所以说：音乐，就是欢乐啊！君子从音乐的陶冶中得到礼义之道为快乐，小人以从音乐的听取中获得欲望的满足为快乐。用礼义之道制约欲望的膨胀，就会快乐而不发生混乱；因欲望的膨胀而忘记礼义，就会迷惑而不快乐。所以，音乐是引导人们达到快乐的。金钟、石磬、琴、瑟、管、萧、竽等乐器，是用来引导道德修养的。音乐推行民众就会向往礼义。所以，音乐是治理民众最好的工具，但墨子却否定它。

况且，音乐是造成和谐的不可改变的因素；礼制是使天下达到有条不紊的不可更换的措施。音乐使人们和合统一，礼制使人们区别等级差异。礼乐相互结合的管理办法，可以管制人们的思想动向。穷究人的本性，使之发生深刻变化，这是音乐的功能；使人变得忠诚去掉虚伪，这是礼的常规。墨子反对这种认识，这几乎是犯罪。圣明的君王已逝去，没有人出来纠正了。愚蠢之辈学习墨子的一套，会危及其身。君子彰明音乐的功能，这是他的仁德。现在乱世厌恶善行，不听君子之言。啊！真是可悲！君子之言没有成效。弟子们努力学习吧！不要有什么疑惑。

声乐的象征：鼓声大而且猛烈、激昂，钟声充实洪亮、浑厚，磬声清越明白，竽、笙、萧、小笙、管、篪声音激昂，埙、篪声音低沉厚重，瑟声音平和轻松，琴声音柔婉美好，歌声清纯完美，舞姿回旋俯仰包容了上天运行的各种意象。鼓是音乐的主导，所以鼓像上天的宏大、广阔、激亢，钟像大地的深沉、广阔、悠远，磬像水的清澈明亮，竽、笙、箫、和（小笙）、管、籥像群星和日月，群光灿烂；鞉、柷、拊、鞷、椌、楬像各自独立的万物，击之则发出有力的回音。怎么知道舞蹈的意象呢？回答说：舞蹈者眼睛看不见自己的动作，耳朵听不见自己的声音，但是俯仰、曲伸、进退等动作的快慢，没有不干净利落、清楚明确的，竭尽全身之力，使各项动作与钟鼓的节奏完全合拍，而没有悖逆之处，这大概是众位舞蹈者习舞时非常诚意谨慎的原因吧。

## 【绎旨】

本章主要内容有两点：一是说明音乐以及各种乐器对于人生修养和教化中的作用。二是与音乐相对比，说明乐与礼的不同与联系，并说明礼乐对于治国修身的作用。

## 【名言嘉句】

且乐也者，和之不可变者也；礼也者，理之不可易者也。乐合同，礼别异。礼乐之统，管乎人心矣。

## 【原文】

吾观于乡[1]，而知王道之易易也。主人亲速宾及介[2]，而众宾皆从之；至于门外，主人拜宾及介，而众宾皆入；贵贱之义别矣。三揖至于阶，三让以宾升，拜至，献酬[3]，辞让之节繁；及介，省矣；至于众宾，升受[4]，坐祭，立饮，不酢而降[5]；隆杀之义辨矣。

工入，升歌三终[6]，主人献之；笙入，三终，主人献之；间歌三终[7]，合乐三终[8]，工告乐备，遂出。二人扬觯，乃立司正。焉[9]知其能和乐而不流也。宾酬主人，主人酬介，介酬众宾，少长以齿，终于沃洗者[10]。焉知其能弟长而无遗也。降，说¹屦[11]，升坐，修爵无数。饮酒之节，朝不废朝，莫²不废夕[12]。宾出，主人拜送，节文终遂。焉知其能安燕而不乱也。贵贱明，隆杀辨，和乐而不流，弟长而无遗，安燕而不乱，此五行者，足以正身安国矣。[13]彼国安而天下安。故曰：吾观于乡，而知王道之易易也。

## 【校】

1. 说，通"脱"。

2. 莫，通"暮"。

另外，"吾观于乡，而知王道之易易也。主人亲速宾及介，而众宾皆从之……彼国安而天下安。故曰：吾观于乡，而知王道之易易也。"此段文字亦见于《家语·观乡射第二十八》。其文如下：

孔子曰："吾观於乡，而知王道之易易也。主人亲速宾及介，而众宾从之，至於正门之外，主人拜宾及介，而众宾自入，贵贱之义别矣。三揖至於阶，三让，以宾升。

拜至，献，酬，辞让之节繁。及介升，则省矣。至于众宾，升而受爵，坐祭，立饮，不酢而降，隆杀之义辩矣。工入，升歌三终，主人献宾。笙入三终，主人又献之。间歌三终，合乐三阕，工告乐备而遂出。一人扬觯，乃立司正焉。知其能和乐而不流也。宾酬主人，主人酬介，介酬众宾，宾少长以齿，终於沃洗者焉。知其能弟长而无遗矣。降脱屦，升坐，修爵无算。饮酒之节，旰不废朝，暮不废夕。宾出，主人拜送，节文终遂焉。知其能安燕而不乱也。贵贱既明，隆杀既辩，和乐而不流，弟长而无遗，安燕而不乱。此五者，足以正身安国矣，彼国安而天下安矣。故曰：'吾观於乡，而知王道之易易也。'"

相较之下，《家语》较《荀子》为早。

## 【注释】

〔1〕吾观于乡：本章原载《孔子家语》卷七《观乡射第二十八》。在"吾观于乡"之前有"孔子曰"三字，说明本章内容是孔子观乡射之后的乡饮酒礼所发的感慨。

〔2〕主人亲速宾及介：主人亲自召请，迎接主宾及其副手介宾。

〔3〕献酬：主宾之间相互敬酒，主人向宾敬酒，叫献；次由宾向主还敬，叫酢；再由主人自饮并劝宾随饮，叫酬。

〔4〕升受：众宾登上厅堂接受主人献酒。

〔5〕坐祭，立饮，不酢而降：众宾坐着向神祭酒，站着饮酒，不用向主人回敬。

〔6〕升歌三终：乐工登堂演奏歌曲三遍。指演奏《诗·小雅》中的《鹿鸣》《四牡》《皇皇者华》。

〔7〕间歌三终：乐工和吹笙者交替演奏三曲。乐工歌唱《诗·小雅·鱼丽》，笙奏《诗·小雅·由庚》；唱《南有嘉鱼》，笙奏《崇丘》；歌《南山有台》，奏《由仪》。

〔8〕合乐三终：歌唱和乐器演奏同时进行，各三曲。唱《诗·周南》中的《关雎》《葛覃》《卷耳》，奏《诗·召南》中的《鹊巢》《采蘩》《采蘋》。

〔9〕焉：于是。

〔10〕沃洗者：负责提供洗涤用水的人。

〔11〕说屦：脱掉鞋子。

〔12〕莫不废夕：晚上饮酒不误晚朝。

〔13〕贵贱明，隆杀辨，和乐而不流，弟长而无遗，安燕而不乱，此五行者，足以正身安国矣：这是讲乐的作用，乐受礼的制约。

## 【译文】

（孔子说：）我看了乡饮酒礼之后，便知道王道的实现是很容易的。主人亲自召请主宾及其副手介，而众位宾客都随从他们而来。来到主人家的门外之后，主人迎拜主宾及其副手，众位宾客也随之入门。这样贵贱的区别就清楚了。主人与主宾之间，经过三次拱手作揖和还礼之后，来到厅堂的台阶前。又经过三次请与让之后，主人先升自东阶，主宾升于西阶。主人又在堂上拜见主宾的到来。然后主与宾之间举起酒杯，行献、酬之礼，彼此辞谢谦让的礼节是相当繁琐的。等到副手介升堂后，礼节就减省了。至于其他众位客客，他们登上厅堂后接受主人的献酒，坐下祭祀神仙，站起来饮酒，而不必向主人回敬。这样礼的隆重与减等就很清楚了。

乐工进来，升堂歌唱《诗·小雅》中《鹿鸣》《四牡》《皇皇者华》三歌，各唱一遍，主人向他们献酒。奏笙者进来，演奏三曲，主人向他献酒。接着奏笙者与唱歌者交替奏唱各三曲。然后，歌唱与吹演奏同时进行，亦是各三曲。乐工报告音乐演奏已经完成，于是退出。这时，主人命令侍从二人向主宾及副手介举起酒觯敬酒，又设立了司正来监督宾主的饮宴活动。于是可以知道乡饮酒能够欢乐而不放肆无礼。主宾自饮，然后敬主人酒；主人饮酒并向副手介敬酒；副手介自饮，并劝众位宾客饮酒。接着按照年龄，依次劝敬饮酒，最后到负责供水洗涤的人结束。这样可以看出，乡饮酒礼能够按年龄大小进行都不遗漏。接着下堂，脱去鞋子，然后升堂而坐，举杯畅饮，饮酒无数。饮酒这种礼节，要做到早晨饮酒，不误早朝；晚上饮酒，不误晚朝。贵客退出，主人拜送他，礼节仪式最终完成。于是知道乡饮酒礼使民众做到安闲饮酒而不失礼。尊贵与下贱很分明，礼节的隆重与减省辨别清楚，和睦安乐而不放肆，老少都不遗漏，安乐而不失礼，有这五个方面，就足以端正身心而安定国家了。国家安定，天下也就安定了。所以说：我看了乡饮酒礼后，就知道实行王道政治是很容易的。

## 【绎旨】

本章是荀子移植了孔子观乡饮酒礼以后的感慨之辞。并非荀子的亲身经历，但荀子的移植，说明他是同意孔子的观点的。本来，孔子的感慨之辞只是一种美好的愿望，在春秋末年，礼崩乐毁，天下大乱的形势下，再实行王道政治是不可能的。荀子移植此章，亦表现了自己对和谐安乐，人人遵守礼义的社会图景的向往。另一方面，也应该承认由于社会发展的不平衡性，虽然在全天下范围内，不能实现王道政治，但在个别闭塞的乡村中一时出现了"和乐而不流"，人人彬彬有礼的情况，也是有可能的。

## 【名言嘉句】

贵贱明，隆杀辨，和乐而不流，弟长而无遗，安燕而不乱，此五行者，足以正身安国矣。

## 【原文】

乱世之征：其服组[1]，其容妇[1]，其俗淫，其志利，其行杂，其声乐险，其文章匿[2]而采[2]，其养生无度[3]，其送死瘠墨[4]，贱礼义而贵勇力，贫则为盗，富则为贼[5]。治世反是也。

## 【校】

1. 妇，通"媚"。
2. 匿，通"慝"。

## 【注释】

〔1〕服组：组，丝织有花纹的宽带。服组，服装妖艳。
〔2〕匿而采：匿，邪恶。思想邪恶而有文采。
〔3〕养生无度：生活奢靡无度。
〔4〕瘠墨：菲薄如墨子节葬的主张。
〔5〕贼：残害忠良。

## 【译文】

乱世的象征：乱世时一些人穿着妖艳，打扮成妇女的模样，妖里妖气，风俗淫荡，人们唯利是图，行为复杂不纯粹，音乐邪恶怪僻，文章思想邪恶而有文采，生活奢靡无度，葬礼瘠薄如墨子的主张，卑视礼义而尊贵勇力，贫穷了就去当强盗，富有了就去残害好人。治世与此相反。

## 【绎旨】

本章表明了乱世的一部分特点。其实，这些特点并没有说明乱世的主要特点。乱世的主要或最基本的特点就是占人口最大多数的劳动者无权无势，生活困难，甚至在死亡线上挣扎。如果占人口最大多数的劳动者基本得到温饱，有一定的权利；即使有些人服组、容妇、俗淫、志利、养生无度，为匿为盗，在总体上说，也不算乱世。

# 解蔽篇第二十一

【原文】

　　凡人之患，蔽[1]于一曲而闇于大理。治则复经，两疑则惑矣[2]。天下无二道，圣人无两心。今诸侯异政，百家异说，则必惑[1]是惑非，惑治[2]惑乱。乱国之君，乱家之人，此其诚心莫不求正而以自为也，妒缪[3]于道而人诱其所迨[4]也。[3]私其所积，唯恐闻其恶也；倚其所私以观异术，唯恐闻其美也。是以与治虽[5]走[4]，而是己不辍也。岂不蔽于一曲而失正求也哉？心不使焉，则白黑在前而目不见，雷鼓在侧而耳不闻，况于使者乎？德[6]道之人[5]，乱国之君非之上，乱家之人非之下，岂不哀哉！

故为蔽 [6]：欲为蔽，恶为蔽，始为蔽，终为蔽，远为蔽，近为蔽，博为蔽，浅为蔽，古为蔽，今为蔽。凡万物异，则莫不相为蔽 [7]，此心术之公患也。

**【校】**

　　1.惑，一作"或"。

　　2.治，一作"理"。

　　3.缪，同"谬"。

　　4.迨，借为"怡"。

　　5.虽，当作"离"。

　　6.德，通"得"。

**【注释】**

　　〔1〕蔽：指认识不清楚，滞于一隅，所造成的思想上的偏失。

　　〔2〕治则复经，两疑则惑矣：复，一解为"恢复"；二解为"符合"。经，经典，正确的道理，常规。全句意为：蔽于一曲而暗于大道的错误结果整治就会恢复到正常的道理，如果仍在"曲"与"大理"之间犹疑不决，那就会迷惑。

　　〔3〕此其诚心莫不求正而以自为也，妒缪于道而人诱其所迨也：迨，达到。全句意为：这是他们真心求取正道而他们也自己认为是这样做的，但是因为他们与正道对立，其他人诱惑他们才造成这种结果。

　　〔4〕是以与治虽走：背离正道而行。

　　〔5〕德道之人：得到正确道理的人。

　　〔6〕故为蔽：故，杨倞注："数为蔽之端也。""故"即"数"。梁启雄认为："数，计也。"（梁启雄《荀子简释》.中华书局 1983 年版 . 第 287 页）俞樾认为："故"为"胡"，语气词。（俞樾《诸子平议》.上海书店 1988 年版 . 第 109 页）故，何，胡，哪些。何为蔽。

　　〔7〕欲为蔽，恶为蔽，始为蔽，终为蔽，远为蔽，近为蔽，博为蔽，浅为蔽，古为蔽，今为蔽。凡万物异，则莫不相为蔽：在荀子看来，欲、恶为情感之蔽；始、终为事物的一贯之蔽；远、近为空间之蔽；博、浅为知识之蔽；古、今为时间之蔽。

　　陈大齐认为蔽塞的种类要超过荀子列举的十种，应为十一类，如习惯的蔽、成见的蔽等。（陈大齐《广解蔽》.大陆杂志 . 第四卷，第 2 期 . 第 1——6 页）

　　荀子所说的蔽并非全为蔽，要辩证地分析。如欲，只有没有节制的欲才能生蔽。"始""终"为两端，但并一定为蔽，只有终始条理不贯通才能生蔽。对于蔽的正确理解，还可参看韦政通《荀子与古代哲学》（台湾商务印书馆 1985 年版 . 第 133 页）。还可参看魏元珪《荀子哲学思想》（谷风出版社 1987 年版 . 第 270、271 页）。

## 【译文】

人在认识上的毛病，在于被局部的认识所蒙蔽而对全局却缺乏正确的认识。经过纠正可以达到正确的认识，但如果犹疑不决就会迷惑不清。天下没有两条相互而又都是正确的道路，圣人也不会有两种相互对立而又都是正确的主张。现在诸侯各国实行不同的政治，诸子百家主张不同的学说，这就必然造成既疑惑正确的，也疑惑不正确的；既疑惑正确的治国方略，也疑惑使国家混乱的方略，造成无所适从的局面。那些造成国家混乱的君主，还有那些造成思想混乱的学者，这些人没有不是真想求取正道而且他们自己也认为是这样做的；但是由于他们嫉恨正道而又受人诱惑就造成这种状态了。他们偏爱自己积累的学识、才艺，唯恐听到人说它不好；依仗自己积累的学识、才艺去观察不同的学识、技艺，唯恐听到别人说它好。所以，他虽然已与正道背离，但仍然不停地肯定自己。这难道不是因受到局部认识的蒙蔽而失去求取正当的道理的能力吗？如果心不向那方面使用，就是白黑分明的东西在面前眼也看不到，像打雷一样的鼓声在身边响耳朵也听不到，何况又是被蒙蔽的人呢？得到正确的道理的人，搞乱国家的君主在他的上面非难他，背离正道的学者在下面非难他，这难道不是很可悲的吗？

有哪些东西会造成蒙蔽呢？欲望会造成蒙蔽，厌恶会造成蒙蔽；事情开始，由于情况不明，会造成蒙蔽；事情结束，也会造成蒙蔽；离得远，情难明，会造成蒙蔽；离得近，由于马虎大意，也会造成蒙蔽；知识广博，自以为无所不通，会造成蒙蔽；知识浅陋，由于了解不多，会造成蒙蔽；古代难明，会造成蒙蔽；当今情况复杂，自以为弄清了，实际不清，也会造成蒙蔽。凡是万事万物，由于各不相，没有不造成蒙蔽的。这是思想方法上的通病。

## 【绎旨】

本章指出"蔽于一曲而闇于大理"，是人们认识上的通病，并分析了形成这种状况的原因，又列举了容易造成"蔽于一曲"的事物，以引起人们的警觉。

## 【名言嘉句】

①凡人之患，蔽于一曲而闇于大理。
②凡万物异则莫不相为蔽，此心术之公患也。

## 【原文】

昔人君之蔽者，夏桀、殷纣是也。桀蔽于末喜、斯观[11]，而不知关龙逢[12]，以惑其心而乱其行；纣蔽于妲己[3]、飞廉，而不知微子启[4]，以惑其心而乱其行。故群臣去忠而事私，百姓怨非² 而不用，贤良退处而隐逃，此其所以丧九牧之地，而虚宗庙之国也。桀死于亭³山[5]，纣县⁴于赤斾[6]。身不先知，人又莫之谏，此蔽塞之祸也。

成汤监于夏桀，故主其心而慎治之，是以能长用伊尹[7]而身不失道[8]，此其所以代夏王而受九有[9]也。文王监于殷纣，故主其心而慎治之，是以能长用吕望[10]而身不失道，此其所以代殷王而受九牧[11]也。远方莫不致其珍；故目视备色，耳听备声，口食备味，形居备宫，名受备号，生则天下歌，死则四海⁵哭。夫是之谓至盛⁶。《诗》曰："凤凰秋秋，其翼若干，其声若箫。有凤有凰，乐帝之心。"[12]此不蔽之福也。

昔人臣之蔽者，唐鞅、奚齐[13]是也。唐鞅蔽于欲权而逐载⁷子[14]，奚齐蔽于欲国而罪申生[15]。唐鞅戮于宋，奚齐戮于晋。逐贤相而罪孝兄，身为刑戮，然而不知，此蔽塞之祸也。故以贪鄙、背叛、争权而不危辱灭亡者，自古及今未尝有之也。鲍叔、宁戚、隰朋[16]仁知⁸且不蔽，故能持管仲，而名利福禄与管仲齐；召公、吕望仁知且不蔽，故能持周公而名利福禄与周公齐。传曰："知贤之为明，辅贤之谓能⁹。勉之强之，其福必长。"此之谓也。此不蔽之福也。

## 【校】

1. 关龙逄（pang），一作"关龙逢"。
2. 非，同"诽"。
3. 亭，一作"鬲"。
4. 县，通"悬"。
5. 四海，一作"天下"。
6. 盛，一作"威"。
7. 载，同"戴"。
8. 知，同"智"。
9. 能，一作"强"。

## 【注释】

〔1〕末喜、斯观：末喜，一作妹喜，夏桀的妃子。斯观，夏桀时的佞臣。

〔2〕关龙逄：夏桀时的贤臣，因力谏而被杀。

〔3〕妲己、飞廉：妲己，纣的妃子。飞廉，纣的佞臣。

〔4〕微子启：纣之庶兄，原封于微，子爵。被孔子称为殷末"三仁"之一。武王伐纣后，降周，被封于宋，成为宋国的开国国君。

〔5〕亭山：或作鬲山（历山）。汤打败桀后，桀被流放此地，在今安徽省和县西北四十里处。

〔6〕纣县于赤斾（pèi）：斾，古代竖起的旗帜。全句意为：纣死后，其首级被悬挂在红色的旗子上面。

〔7〕伊尹：商汤之相，辅佐商汤灭夏。

〔8〕身不失道：失道，《老子》云："故失道而后德，失德而后仁，失仁而后义，失义而后礼。夫礼者，忠信之薄，而乱之首也。"又，"大道废，有仁义。智慧出，有大伪。六亲不和，有孝慈。国家昏乱，有贞臣。"全句意为：本身没有背离正确的治国原则。

〔9〕九有：九囿，即九州。

〔10〕文王监于殷纣，故主其心而慎治之，是以能长用吕望而身不失道：荀子强调君主"主其心而慎治之"，这是对孟子"格君心之非"的思想的发挥。要求君主专主其心不被蒙蔽，就可亲贤臣远小人，谨慎治理国家，从而天下太平。吕望，姜姓，吕氏，名尚，俗称姜太公，周文王的主要辅佐者。

[11]九牧：九州。

[12]《诗》曰"凤凰秋秋，其翼若干，其声若箫。有凤有凰，乐帝之心"：逸诗，未见于今本《诗经》。秋秋，一说犹"跄跄"，飞舞之态；一说指叫声。全句意为：凤凰腾越飞舞，其翼如盾牌坚固，其声像箫一样动听。既有凤，又有凰，帝心中欢畅。

[13]唐鞅、奚齐：唐鞅，战国时宋康王之臣，后被康王所杀。奚齐，晋献公骊姬之子。

[14]戴子：即戴驩（huān），宋国太宰。唐鞅蔽于欲权而逐戴子，唐鞅戮于宋，事发约前286年。

[15]申生：晋太子，奚齐之兄。

[16]鲍叔、宁戚、隰朋：皆齐桓公臣子，其中鲍叔，名牙，以力荐管仲而闻名。

## 【译文】

　　从前，君主之中受蒙蔽的有夏桀和殷纣。夏桀受妃子末喜和佞臣斯观的蒙蔽，而不了解关龙逢这样的贤臣，因思想上受末喜、斯观的迷惑，所以行为昏乱；商纣由于受到妃子妲己和佞臣飞廉的蒙蔽而不知道微子启的忠贤，因思想上受妲己、飞廉的迷惑而行为昏乱。所以，群臣都抛弃忠心而为私利卖力，老百姓怨恨诽谤纣王而不愿为其所用，贤良之士离开朝廷而隐居逃走，这是他所以丧失九州之地而使祖辈生活的国家灭亡的原因。夏桀死于鬲（亭）山，纣被悬首于赤旗之上。自身事先不能预先估计到形势的严重性，而群臣又没有人提出谏诤，这就是本人受蒙蔽又堵塞言路的祸患啊！

　　商汤鉴于夏桀因蒙蔽而亡的教训，所以处事以自己的见解为主而谨慎治理国家，所以能长期任用伊尹而自己没有离开正确的治国之道，这是他所以取代夏桀而取得天下的原因。周文王以殷纣的暴虐为鉴诫，所以处事有自己的见解而又谨慎治理国家，所以能长期任用吕望而本人没有脱离正确的治国之道，这是他能够取代殷纣而接受九州的原因（文王晚年三分天下有其二）。远方诸侯国家没有不贡献珍贵物品的，所以眼看到的是全部的色彩，耳听到的是全部声音，口尝到的是所有美味，身体所居的是完美的宫室，名声方面接受了所有好听的称号，生时天下皆予以歌颂，死后四海之人皆痛哭，这就是最隆盛啊！《诗》曰"凤凰秋秋，其翼若干，其声若箫。有凤有凰，乐帝之心。"（《诗》上说："凤凰腾越飞舞，其翼如盾牌坚固，其声像箫一样动听。既有凤，又有凰，帝心中欢畅。"）这就是不受蒙蔽带来的福气啊！

　　从前在人臣中因受错误认识蒙蔽的而失败的有唐鞅、奚齐。唐鞅因受权欲的蒙蔽而驱逐了原宋国太宰戴驩，奚齐因受晋国的继承权这一欲望的蔽惑于是加害其兄太子申生。后来，唐鞅被宋国处死，奚齐也被晋人杀死。驱逐贤明的相国，加罪于以孝著称的兄长，结果自身被刑杀。但是，他们不知道，这是受私欲蒙蔽而不听好人之言所造成的祸害啊！所以，因贪婪卑鄙、背叛亲人，争权夺利而不会危害受辱以至灭亡的，自古至今还不曾有过。

鲍叔牙、宁戚、隰朋有仁德智慧，不为偏见所蒙蔽，所以能够力推管仲，而他们的名利、福禄也和管仲一样高；召公、吕望有仁德智慧，不为各种谣言所蒙蔽，所以能全力支持周公，而他们的名望、利益、福禄也和周公一样高。古书上说："能了解贤人这是明智，能辅助贤人这是才能。勉力而为啊，进一步强化这样做，其福气一定会长久。"就是说的这种情况。这就是认识上不受蒙蔽带来的福气。

## 【绎旨】

本章主要是通过历史上某些君主与臣子的实际事例，说明认识上受蒙蔽的危害和不受蒙蔽的好处，告诉人们要努力避免蒙蔽的危害。需要注意的是夏桀、殷纣等人，其错误的造成，并不是仅仅因为认识上受到蒙蔽，而是还具有更深刻的原因。

## 【名言嘉句】

①文王监于殷纣，故主其心而慎治之，是以能长用吕望而身不失道，此其所以代殷王而受九牧也。

## 【原文】

昔宾孟[1]之蔽者，乱家是也。墨子蔽于用而不知文，宋子蔽于欲而不知得。慎子蔽于法而不知贤。申子蔽于埶[1]而不知知，惠子蔽于辞而不知实，庄子蔽于天而不知人。故由用谓之，道尽利矣；由俗[2]谓之，道尽嗛[2]矣；由法谓之，道尽数矣；由埶[3]谓之，道尽便矣；由辞谓之，道尽论矣；由天谓之，道尽因矣。此数具者[4]，皆道之一隅也。夫道者，体常而尽变，一隅不足以举之。曲知之人，观于道之一隅，而未之能识也。故以为足而饰之，内以自乱，外以惑人，上以蔽下，下以蔽上，此蔽塞之祸也。孔子仁知且不蔽，故学乱术足以为先王者也。一家得周道，举而用之，不蔽于成积也。故德与周公齐，名与三王[3]并，此不蔽之福也。

## 【校】

1. 埶，同"势"。
2. 俗，当作"欲"。
3. 埶，同"势"。
4. 此数具者，一作"此而数具者"。

## 【注释】

〔1〕宾孟：指往来于各国之间的游士。

〔2〕嗛（qiè）：满足、快意。

〔3〕三王：指夏、商、周三代开国之王。

## 【译文】

从前游说之士所受片面性的蒙蔽，主要就是表现在各家不同的学说上。墨子只重视功用而不知道礼义文饰，宋鈃（xíng）（又称宋牼 kēng）只强调欲望寡浅而不知人贪得的一面，慎子只重视法而不知道任用贤人，申子只看到权势的作用而不知道智慧的作用，惠子只知道辞辩的作用而不知道事实的作用，庄子只崇尚天道而不知道人的作用。所以，如果只从功用角度来说道，道就全变成追逐功利了；如果从欲望来说，道就全是满足和快意了；如果从法的角度来说，道就全是法律条文了；如果从权势来说，道就全是权势的便利了；如果从辞辩的角度来说，道就全是辩论之术了；如果只从天的角度来说，道就全是因循顺应了。以上这几个方面，都是道的一个侧面（一个角度）。"道"这种事物，其本体稳定而又极尽变化，一个角度是不能够全面地说明它的。片面认识的人，只看到它的一个角度而并未能全面认识它，所以就把这一个角度当成全面的道而探索它，对内造成了自己的混乱，对外以此欺骗他人，在上面以此蒙蔽下面，在下面以此蒙蔽上面，这就是受片面蒙蔽而不了解全面的祸患。

孔子有仁德智慧而且不为各种片面性所蒙蔽，所以学习各种治国之术，完全能够辅佐先代君王。他一家独得周全的治国之道，把他们用于实践，不受积习的蒙蔽。所以，其道德可与周公齐驱，其名声可以与三王相并称，这是认识上不受蒙蔽带来的福气啊！

## 【绎旨】

本章首先批评了墨子、宋子、慎子、申子、庄子等各家都是蔽于一隅，而不知全体，他们的学说只反映了道的一个侧面一个角度，而他们自以为已知道全部，所以说他们也是受某一方面的蒙蔽。其次，阐述了"道"的特点，这就是："夫道者，体常而尽变，一隅不足以举之。"继之，又批评了"曲知之人"即认识片面的人所造成的错误。最后赞扬孔子，能学习各种治国之术，不受蒙蔽的美德。

## 【名言嘉句】

①夫道者体常而尽变，一隅不足以举之。

## 【原文】

圣人知心术之患[1]，见蔽塞之祸，故无欲无恶[2]，无始无终，无近无远，无博无浅，无古无今，兼陈万物而中县¹衡焉[3]。是故众异不得相蔽以乱其伦也。何谓衡？曰：道。

故心不可以不知道，心不知道，则不可道而可非道。[4]人孰欲得恣而守其所不可，以禁其所可？以其不可道之心取人，则必合于不道人，而不合于道人。以其不可道之心与不道人论道人，乱之本也。夫何以知？曰：心知道然后可道，可道然后守道以禁非道。以其可道之心取人，则合于道人而不合于不道之人矣。以其可道之心与道人论非道，治之要也。何患不知？故治之要在²于知道。

人何以知道？曰：心。心何以知？曰：虚壹而静[5]。心未尝不臧³也，然而有所谓虚；心未尝不满⁴也，然而有所谓一；心未尝不动也，然而有所谓静。人生而有知，知而有志。志也者，臧也，然而有所谓虚，不以所已臧⁵害所将受谓之虚。心生而有知，知而有异。异也者，同时兼知之，同时兼知之，两也，然而有所谓一；不以夫一害此一谓之壹[6]。

心，卧则梦，偷则自行，使之则谋。故心未尝不动也，然而有所谓静，不以梦剧乱知谓之静。未得道而求道者，谓之虚壹而静。作之，则将须道者之虚则人⁶，将事道者之壹则尽，尽⁷将思道者静则察。知道察，知道行，体道者也。虚壹而静，谓之大清明。

## 【校】

1. 县，通"悬"。

2. 在，一作"存"。

3. 臧，通"藏"。

4. 满，当作"两"。

5. 所已臧，一作"已所臧"。

6. 人，据王引之，"人"当作"入"。

7. 尽，疑衍。

## 【注释】

〔1〕心术之患：思想方法的弊病。

〔2〕无欲无恶：既没有要做什么的愿望，也没有反对做什么的愿望。

〔3〕兼陈万物而中县衡焉：要顾及到所有事物但心中有一个判断的标准。

〔4〕何谓衡？曰：道。故心不可以不知道，心不知道，则不可道而可非道：道，有多种含义，此处指事物发展的根本原则（或规律）；治理国家的根本原则。在这里，荀子认为"道"又是衡量万物的一杆秤。只要掌握了"道"，也就掌握了"治之要也"。

〔5〕虚壹而静：思想上没有任何杂念，专心致志，不考虑其他问题，寂静无为。但不是停止思考，而是集中精力于某一方面。可参看下文荀子的解释。或，"用开放的心态引入新知，用专一的精神尽力专业，用冷静的头脑明察事理。"（说见田文军、吴根友：《中国辩证法史》，河南人民出版社 2005 年版，第 148 页）

〔6〕不以夫一害此一谓之壹：夫，彼。全句意为：不以所思维的那一种事物，来

排除思维的这一种事物，就叫"壹"。

## 【译文】

圣人了解思想方法方面的毛病，看到了蒙蔽堵塞的祸害，所以不只看到欲望，也只看到厌恶；不只看到开始，也不只看到始终；不只看到近处，也不只看到远处；不只看到广博，也不只看到浅陋；不只看到古，也不只看到今；而是兼顾全面，看到万事万物，而心中悬有一个衡量的标准。因此，各种不同的事物不能够互相遮蔽而扰乱了其次序条理。什么是标准？回答说：就是道。所以，在思想上不可以不了解什么是道。如果思想上不了解道，就会不去认同道而去认同不是道的某种东西。人之中会有哪一个在自由自在的情况下遵奉自己不认同的东西，而用它来排斥自己认同的东西呢？以他那种不认同道的思想去选取人才，就一定会合乎不遵守正道的人的要求，而不知道合乎遵守正道之人的要求。用他那种不认同道的思想与不遵守道的人评论遵守正道之人，这是祸乱的本源。这是怎么知道的呢？回答是：思想上了解道然后才会认同道，认同道然后才能坚守道以排斥不是道的东西。用认同道的思想去选取人才，就会合乎以正道之人的要求而不合乎不是正道之人的要求了。用他那种认同道的思想与坚守正道的人评论不是正道的东西，这是治国的要领。还害怕什么不知道呢？所以，治国的要领在于了解道（治国的正确原则方法）。

人是怎么能够了解把握道的呢？回答：是通过人的思维器官（心）。思维器官怎么能够了解把握道呢？回答：虚壹而静（就是思想上排除其他杂念，专心致志，只考虑一件事。把对其他事的考虑压制下去和排除在外，使思维因有空间而寂静）。人的思维中未尝不考虑和储藏其他问题，但是可以把这些压制排除在外，这就使思想上有了空间，这就是"虚"；思想考虑各种问题，未尝把空间充满，但是可以把这些问题归置他处，而专一考虑某一问题，这就是"壹"；思想考虑多种事物，未尝不活动，但是也有停止思维活动，而处于安静之时。每一个人生下来都有一定的认识能力，认识的事物就能记忆下来；记忆也就是贮藏；但是记忆之后，脑中仍有空虚之处，不用自己储藏的记忆去妨害将要接受的其他事物，这就是虚。人的思维器官产生之后，就能思维，可以思维不同的事物。不同的事物，就是同时思维的另一事物，这样就有两种事物同时存在于思维之中，但是有所谓专一，不以所思维的那一种事物，来排除思维的这一种事物，就叫"壹"。

思维器官，睡觉时就会做梦，任其自由时就会随意乱想，运用它时就会出谋划策。所以，思维器官未尝不活动；但是也有所谓相对寂静的时候，不用做梦胡思乱想去扰乱正规的思虑就叫静。没有得到"道"，而求取"道"的人，就必须按照虚壹而静的办法去求取。实行的时候，求取道的人保持"虚"状态就会接受道。事奉道的人保持专一就会学会道的一切内容。研究思考道的人完全保持静的状态就会明察无误。认识道而明察，认识道而能实行，这是体悟道的人。虚壹而静（排除一切杂念，只专心于一事，不作其他考虑，使思维有空间），就是神志的极端清静明。

## 【绎旨】

本章主要阐述三个问题：

一、如何避免蔽塞之祸。办法就是看问题要看到它的各个方面，并且心中要有自己的衡量标准。不要偏于一隅，例如在欲恶、始终、近远、博浅、古今等问题上，一定要看到两个方面，不要只看到一个方面。

二、衡量的标准就是"道"，道就是正确的原则与方法，对治国而言，就是正确的治国原则与方法。

三、关于人们认识事物（包括"道"）的具体思维过程，荀子提出了"虚壹而静"的方法，对何为"虚"，何为"壹"，何为"静"，荀子作了自己的解释。应该说，荀子的论述是符合唯物主义的。

## 【名言嘉句】

①圣人知心术之患，见蔽塞之祸，故无欲无恶，无始无终，无近无远，无博无浅，无古无今，兼陈万物而中县衡焉。是故众异不得相蔽以乱其伦也。

## 【原文】

万物莫形而不见，莫见¹而不论²，莫论而失位。坐于室而见四海，处于今而论³久远。疏观万物而知其情，参稽治乱而通其度，经纬天地而材⁴官[1]万物，制割大理而宇宙里⁵矣。恢恢广广，孰知其极？罜罜广广⁶，孰知其德？浩浩[2]纷纷，孰知其形？明参日月，大满八极，夫是之谓大人。夫恶有蔽矣哉！

心者，形之君也[3]，而神明之主也，出令而无所受令。自禁也，自使也，自夺[4]也，自取也，自行也，自止也。故口可劫而使墨⁷云[5]，形可劫而使诎申，心不可劫而使易意[6]，是之则受，非之则辞。故曰：心容，其择也无禁，必自现；其物也杂博，其情之至也不贰⁸。《诗》云："采采卷耳，不盈倾筐。嗟我怀人，寘⁹彼周行。"[7]倾筐易满也，卷耳易得也，然而不可以贰周行。故曰：心枝¹⁰则无知，倾则不精，贰则疑惑。以赞稽之，万物可兼知也。身尽其故则美。类不可两也，故知者¹¹择一而壹焉。

农精于田，而不可以为田师；贾精于市，而不可以为贾¹²师；工精于器，而不可以为器师。有人也，不能此三技，而可使治三官，曰：精于道者也，精于物者也[13]。精于物者以物物，精于道者兼物物。故君子壹于道[8]而以赞稽物。壹于道则正，以赞稽物则察，以正志行察论，则万物官矣。

## 【校】

1. 见，同"现"。

2. 论，通"伦"。

3. 论，一作"闻"。

4. 材，通"裁"。

5. 里，通"理"。治理。

6. 罩罩广广，罩罩，即"皞皞"，浩瀚无涯。广，通"旷"。

7. 墨，同"默"。

8. 其情之至也不贰，情，通"精"。

9. 寘，同"置"。

10. 枝，通"歧"。

11. 知，同"智"。

12. 贾，一作"市"。

13. 精于物者也，据俞樾，"精"上当"非"字。或曰，此句当在"而不可以为器师"一句下。

## 【注释】

〔1〕材官：制。官，管理。

〔2〕涫涫（guàn）：水沸腾之势。

〔3〕心者，形之君也：心是形体的统帅。

〔4〕自夺：自我放弃。

〔5〕云：讲话。

〔6〕易意：改变意志。

〔7〕采采卷耳，不盈倾筐。嗟我怀人，寘彼周行：语出《诗·周南·卷耳》。全句意为：卷耳菜啊采呀采，半天未能满浅筐。只因我思远方人，把筐放在大路旁。

〔8〕壹于道：在哲学上，荀子汲取了老子"道"的哲学范畴，提出"壹于道"的思想，认为道是最高原则，也是万物的本体。

## 【译文】

万事万物没有显示了形迹还不被看见的，没有显现出来不被纳入一定伦次的，没有因列入位次而失去恰当位置的。坐于室中就可以看到四海，处在今天而可以评论久远的事情。通观万物可以知道他的情实，考察治乱可以弄通它的法度，全面管理天地就可以制裁控制万物，控制裁割宇宙的基本规律就可以把宇宙管理好。恢弘广大，谁能知道他的边际在哪里？浩瀚无涯，谁能知道他的德行是多么深厚呢？沸腾纷纭，谁能知道他纠结是什么形状呢？其光明可与日月争辉，其伟大可充塞八极，这就叫大人。这样哪里还有什么蔽塞呢？

心（大脑）是形体的君王，是精神的主管，负责发布命令而没有处所去接受他方的命令。它自己禁止自己，自己指使自己，自己放弃自己，自己采取自己，自己决定自己的行动，自己决定自己的停止。所以，口可以强迫它沉默不语或说话，形体可强迫它使之屈弯或伸直，心是不可强迫它而使之改变意志的，对的就接受，不对的就拒绝。所以说，心的容纳事物，其选择是没有限制的，一定要根据自己见到的事物。容纳的事物虽然杂多而广泛，但其真情到来时也不会不专一。《诗》云："采采卷耳，不盈顷筐。嗟我怀人，寘彼周行。"（《诗》上说："卷耳菜啊采呀采，半天未能满浅筐。只因我思远方人，把筐放在大路旁。"）浅筐是容易装满的，卷耳菜是容易采到的，但是不可以不专一地站在大路旁。所以说：思想分散就不能获得知识，思想不正就不能专精，三心二意就会疑惑。专心一意去考察，万物都可以知道。亲身去穷尽其理最好了，事理不可能同时兼知，所以聪明的人选择其中的一种而专一进行研究。

农民精通如何种田，但是不能够担任管理农业的官；商贾精通市场上的交易，但是不能够担任管理市场的官；工匠精通制作器物，但不可以担任管理器具制作的官。有的人，不能够掌握这三方面的技艺，但是却能够承担这三方的管理。所以说：有的人精通管理之道，有的人精通生产或制作具体的器物。精通生产或制作具体事物的人以这方面的知识来生产或制作这方面的具体事物；精通管理之道的人，可以管理各种事物。所以，君子专一于道而以此考察万物。专一于道就会正确无误，用之考察万物就会明察无误；用正确的思想去明察万物病得出正确结论，万物就会得到正确管理。

## 【绎旨】

本章阐述三个问题：

一、怎样才能做到不受蒙蔽。荀子认为要做到这一点，必须放宽眼界，看到事物发展的各个方面。他提出来要"疏观万物""参稽治乱""经纬天地""制割大理"，要"大""广"，要"大满八极"，总之，就是观察要尽量"广大"。

二、论述"心"的特点，强调用心必须专一，否则"心枝则无知"，一无所获。

三、强调君子必须"壹于道"。如果只限于一物一事，而不能精于道，那就无法管理天地万物。

## 【名言嘉句】

①心枝（歧）则无知，倾则不精，贰则疑惑。

②故君子壹于道而以赞稽物。

## 【原文】

昔者舜之治天下也，不以事诏[1]而万物成。处一危之[1][2]，其荣满侧；养一之微[3]，荣矣而未知。故《道经》曰："人心之危，道心之微。[4]"危微之几[5]，惟明君子而后能知之。故人心譬如槃水，正错[2]而勿动，则湛[3]浊在下而清明在上，则足以见鬚眉而察理矣。微风过之，湛浊动乎下，清明乱于上，则不可以得大形之正也。心亦如是矣。故导之以理，养之以清，物莫之倾，则足以定是非，决嫌疑矣。小物引之，则其正外易，其心内倾，则不足以决麤[4]理矣。

故好书者众矣，而仓颉独传者，壹也；好稼者众矣，而后稷独传者，壹也。好乐者众矣，而夔独传者，壹也；好义者众矣，而舜独传者，壹也。倕作弓，浮游作矢，而羿精于射；奚仲作车，乘杜作乘马，而造父精于御。自古及今，未尝有两而能精者也。曾子曰："是其庭可以搏鼠[5]，恶能与我歌矣！"

空[6]石[6]之中有人焉，其名曰觙[7]。其为人也，善射[8]以好思。耳目之欲接，则败其思；蚊虻之声闻，则挫其精。是以辟耳目之欲，而远蚊虻之声，闲居静思则通。思仁若是，可谓微乎？孟子恶败而出妻[9]，可谓能自强矣[7]；有子恶卧而焠掌[10]，可谓能自忍矣；未及好也。辟耳目之欲，可谓能自强矣，未及思也；蚊虻之声闻而挫其精，可谓危矣[11]，未可谓微也。[8]夫微者，至人[9]也。至人也，何忍、何强、何危？故浊明外景[10]，清明内景。圣人纵其欲，兼其情，而制焉者理矣；夫何强、何忍、何危？故仁者之行道也，无为也；圣人之行道也，无强也。仁者之思也恭，圣者之思也乐。此治心之道也。

**【校】**

1.处一危之，一作"处一之危"。

2.错，通"措"，放置。

3.湛，通"沉"。

4.麤，同"粗"。一作"庶"。

5.是其庭可以搏鼠，是，通"视"。庭，借为"莛"，唱歌时可用来打节拍，草的杆儿。

6.空，或曰，当为"穷"之借字。

7.孟子恶败而出妻，可谓能自强矣，据郝懿行、郭嵩焘，"孟子恶败而出妻，可谓能自强矣"一句下脱"未及思也"四字。

8.辟耳目之欲，可谓能自强矣，未及思也；蚊虻之声闻而挫其精，可谓危矣，未可谓微也，据郝懿行、郭嵩焘，当作："辟耳目之欲，远蚊虻之声，可谓能自危矣，未可谓微也。"

9.人，同"仁"。

10.景，古同"影"。

**【注释】**

〔1〕事诏：事的发布诏书命令。

〔2〕处一危之：处，一处。以专一之心处之。危之，或"之危"，即时时警诫之意。

〔3〕养一之微：涵养专一，极于精微。

〔4〕人心之危，道心之微：《尚书·大禹谟》作："人心惟危，道心惟微。"言人之心主要做到自我警诫，而有关道的修养，可达到精微的程度。此句又见《道经》。《道经》是古代论述"道"的经典。

〔5〕几：隐微的苗头或萌芽。

〔6〕空石：一说，可能指"穷石"，地名，在今山东德州市南。一说，即指山洞。荀子看到的行人"空石之中"，当为山洞。

〔7〕觙：人名，即伋。一说影射孔子之孙孔伋。

〔8〕射：猜度。一说指射覆，古代的一种游戏。

〔9〕孟子恶败而出妻：孟子回家时，见妻"踞坐"，认为是失礼，故要休妻。后来孟母批评他，进门时未出声提醒，孟子只好打消休妻的念头。

〔10〕有子恶卧而焠掌：有子嫌自己看书时瞌睡，故以火烧手掌。

〔11〕可谓危矣：危，警觉、戒惧。

## 【译文】

　　从前大舜治理天下，不用每事都下命令而各种事务都能办理成功。以专一之心对待一切，常保持警诚之心，光荣即充满了周围；培养一种美德而达到精微，荣誉到来也还不知道。所以，《道经》上说："人心只要时常保持警诚，关于道的修养，即可达到精微程度。"警诚与精微的奥妙之处，只有明达的君子经过体验才能知道。所以，人心好比是盘中的水，放置正而又不动它，浑浊的在下面，清明的在上面，完全能够照见人的须眉，可以看见皮肤的纹理。小风吹过来，浑浊的水在下面摇动，清明的水在上面摇动，这样连大体形状的正确性也达到了。思想也是这样。用正确的道理来引导它，用清正的修养来培养它，外物不能使它偏向一边，这样就足可以决定是非、判定嫌疑。如果用小的物件来引诱他，使他的常态就在外部改变，在内部倾斜，那就连粗略的道理也决定不了。

　　所以，喜欢书法的人虽然很多，但只有仓颉的书法流传下来，这是因为他用心专一啊；喜好种庄稼的人很多，只有后稷被封为农官，并把自种的种植之法传承下来，这是因为他能专一为之；喜好音乐的人很多，但只有夔被封为乐官，这是因为他专一为之；喜好以义行事的人很多，只有舜的名声传下来，这是因为他专一为之。倕发明了弓，浮游发明了箭，而羿精于射箭；奚仲发明了车，乘杜开始用马，而造父精于驾车。从古到今，没有同时操作两种职业而能精通的人。曾子说："看到莲子，就想到它可以捕鼠，怎么能用它打拍子去歌唱呢？"

　　空石城中有个叫觙的人。他的为人，好猜度好思考。耳朵听到什么，眼看到什么，就会破坏他的思考；蚊子牛蛇的叫声传到他耳中，就会妨碍他的专诚。所以，避开耳朵、眼睛的欲望，远离蚊虻的叫声，悠闲地居住一地，静静思考，就会想通各种问题。如果思考仁时也是这样，是否可以说这就达到了精妙的境界了呢？孟子痛恨败坏了礼仪而要休掉妻子，这可以称得上自强。有子担心看书时打瞌睡而用火烧自己的手掌，真可以说是能忍受疼痛，但还没有能达到爱好仁德的地步。避开耳目之欲，可以说是能够自强，但还没有达到善于思考的地步。听到蚊虻之声就会影响他的精诚，可以说是能够警诚自己了，但还没有达到对道精微的境界；能达到对道精微境界的人，就是最高尚最圣明的人。最高尚最圣明的人，还需要什么自强，自忍，自我警诚呢？所以，对道的了解半浊半明的人，只能在外部发出一点光亮，对道的了解真正彻底明了的人会在内心世界中有万千光景。圣人即使放纵自己的欲望，尽其情，仍能控制自己把事情办好。还需要什么自强，自忍，自我警诫呢？所以仁者推行大道，总是不刻意而为，而是无为而治；圣人推行大道，从不勉强而行。仁者的思虑恭敬谨慎；圣人的思虑快乐安详。这是治理思想的办法。

## 【绎旨】

本章主要阐述"处一危之（处一之危）"和"养一之微"的价值，可分两层：

第一层，重点阐述"处一危之"的作用。处一危之（处一之危）即以专一之心处世而又能时时警诫。大舜如此，结果是"其荣满侧"。作为一种思想方法，它"足以定是非，决嫌疑矣"。历史上在某一方面取得成功的人物，如仓颉、后稷、夔、舜、倕、浮游、羿、奚仲、乘杜、造父等都是坚持了"处一危之（处一之危）"的原则和方法。

第二层，重点阐述"养一之微"的价值。一般人可做到"养一"，即涵养专一，但却未必能达到"微"的程度。微，即奥妙，精微，只有"至人"才能达到。荀子认为学道有两个阶段，一是达到"浊明外景"的境界；二是达到"清明内景"的境界。"浊明"就是"半浊半明"，这时只能在外部发出一点光亮。"清明"是思想内部彻底弄清楚了，光明照亮了内部，使通体闪出光亮。这时即使从心所欲，仍然不会超越应有的界限而能控制一切，符合应有的条理次序。这时行道，无需再故意作强、作忍、作危，而是无危、无强，而是恭敬、安乐。

## 【名言嘉句】

①处一危之，其荣满侧；养一之微，荣矣而未知。

②自古及今，未尝有两而能精者也。

## 【原文】

凡观物有疑，中心不定，则外物不清；吾虑不清，未可定然否也。冥冥[1]而行者，见寝石以为伏虎也，见植林以为后¹人[2]也，冥冥蔽其明也。醉者越百步之沟，以为蹞步之浍[3]也；俯而出城门，以为小之闺也，酒乱其神也。厌目而视者，视一为两；掩耳而听者，听漠漠而以为哅哅：埶²乱其官也。故从山上望牛者若羊，而求羊者不下牵也，远蔽其大也。从山下望木者，十仞[4]之木若箸，而求箸者不上折也，高蔽其长也。水动而景³摇，人不以定美恶，水埶⁴玄也。瞽者仰视而不见星，人不以定有无，用精⁵惑也。有人焉以此时定物，则世之愚者也。彼愚者之定物，以疑决疑，决必不当。夫苟不当，安能无过乎？

夏首[5]之南有人焉，曰涓蜀梁。其为人也，愚而善畏。明月而宵行，俯见其影，以为伏鬼也；卬⁶视其发，以为立魅也。背而走，比至其家，失气而死，岂不哀哉！凡人之有鬼也，必以其感忽之间、疑玄之时定之。此人之所以无有而有无之时[6]也，而己以正事。故伤于湿而击鼓鼓痹，则必有敝鼓丧豚之费矣，而未有俞疾之福也<sup>7</sup>。故虽不在夏首之南，则无以异矣。

**【校】**

1. 后，通"厚"，众多之义。

2. 执，同"势"。

3. 景，同"影"。

4. 执，同"势"。

5. 精，通"睛"。

6. 印，古"仰"字。

7. 则必有敝鼓丧豚之费矣，而未有俞疾之福也，敝，一作"蔽"。俞，同"愈"。

**【注释】**

〔1〕冥冥：暮色昏明。

〔2〕后人：后，众多之义。跟随其后的人。

〔3〕跬步之浍：半步宽的小水沟。

〔4〕仞：古代度量单位。以七尺或八尺为一仞。

〔5〕夏首：指夏水口，汉水入长江之口。故址在今湖北沙市东南。

〔6〕无有而有无之时：把无当成有，把有当成无的时候。

**【译文】**

　　凡是观察事物都有疑惑，心中不安定，就会对外物无法判断清楚；自己的思索不清楚，就无法确定对错。昏色浓重时，在外面行走，见到一块卧石以为是伏卧的老虎，见到丛林以为是很多人，这是因为暮夜之色掩蔽了自己的视力。喝醉的人跨越百步宽的水沟，以为是跨过半步宽的小沟；低首走出城门，以为是走出一座小门。这是因为酒的力量扰乱了他的判断能力。按住眼睛看东西，本是一个却看成两个；掩住耳朵而听，本是寂静无声，却听成喧闹之声；这是外力扰乱了他的听觉器官的结果。所以，从山上望山下的牛好像是羊，但是寻求羊的人是不来牵走的，这是因离得远，掩蔽了它体形的胖大。从山下望山上的树木，十仞高的树木好像筷子一样高，而寻求取筷子的人不会去折下来，这是因为山高，掩蔽了它的长度。水的摇动使水中的影像摇动不止，人们不会据此确定美与恶，这是因为水势的晃动惑乱了人们的眼光。瞎眼的人抬头看不见天上的星星，人们不会据此确判天上没有星星，这是他的眼睛本来就看不清。有的人就以这样来决定事物，就是世界上的蠢人。这些蠢人确定事物，用的是疑惑来决定疑惑，这样的决定一定不会恰当。如果不恰当，又怎么可能没有过错呢？

　　在夏首之南生活着一个人，名叫涓蜀梁，他的为人愚昧而容易畏惧。有一次，在有月亮的晚上行路，一低头看见自己的身影，就以为是伏在地上的鬼；仰头看见自己的头发，就以为是站着的魅。于是回头就跑，等到回到家中，就断气了。这难道不很可悲吗？凡是人感到有鬼，一定是他恍惚、惊恐、疑惑的时候做出的判断。这是人在以有为无、以无为有的时候，自己作出的判断。所以，因受风湿而得痹病，而去敲鼓、杀猪，企图驱除痹病，必然会有打破鼓，白送猪的耗费，而没有疾病痊愈的福气。这种蠢事即使不在夏首之南，也没有什么区别。

## 【绎旨】

本章主要是说明人在观察事物并作出判断时，往往受到多种干扰。这主要有主观方面的心中疑惑不定，不能静心判断思考；客观方面的受外力干扰，对事物看不清楚，因而作出错误判断，由此作出错误结论，等等。这些都是观察事物时应该竭力避免的。

## 【名言嘉句】

①凡观物有疑，中心不定，则外物不清；吾虑不清，未可定然否也。

②彼愚者之定物，以疑决疑，决必不当。夫苟不当，安能无过乎？

## 【原文】

凡以知，人之性也；可以知，物之理也。以可以知人之性，求可以知物之理，而无所疑[1]止之，则没世穷年不能遍也。[1]其所以贯[2]理焉，虽亿万已[2]不足浃万物[3]之变，与愚者若一。学，老身长子而与愚者若一，犹不知错，夫是之谓妄人。故学也者，固学止之也。恶乎止之？曰：止诸至足。曷谓至足？曰：圣也[3]。圣也者，尽伦者也；王也者，尽制者也；两尽者，足以为天下极矣。故学者以圣王为师，案以圣王之制为法，法其法以求其统类，类[4]以务象效其人。向是而务，士也；类是而几，君子也；知之，圣人也。

故有知非以虑是，则谓之惧[5]；有勇非以持是，则谓之贼；察孰[6][4]非以分是，则谓之篡；多能非以修荡[5]是，则谓之知[7]；辩利非以言是，则谓之詍[6]。传曰："天下有二：非察是，是察非。"谓合王制不合王制也。天下不以是为隆正也，然而犹有能分是非、治曲直者邪？若夫非分是非，非治曲直，非辨治乱，非治人道，虽能之无益于人，不能无损于人。案直将治怪说，玩奇辞，以相挠滑[7]也；案强钳而利口，厚颜而忍诟，无正而恣睢，妄辨[8]而几利；不好辞让，不敬礼节，而好相推挤，此乱世奸人之说也，则天下之治说者方多然矣。传曰："析辞而为察，言物而为辨，君子贱之；博闻强志[8]，不合王制，君子贱之。"此之谓也。

## 【校】

1. 疑，通"凝"。

2. 已，通"矣"。

3. 圣也，当作"圣王"。

4.类，衍，当删。类，学习，效仿。

5.惧，疑作"攫"。

6.孰，同"熟"。

7.知，同"智"。

8.辨，一作"辩"。

## 【注释】

〔1〕疑止：休止，有一定的界限。

〔2〕贯：贯通，学习。

〔3〕浃万物：浃，周编，穷尽。穷尽万物。

〔4〕察孰：考虑问题评审。

〔5〕修荡：修，学习，进修。荡，荡除旧说，光大新说。

〔6〕詍（yì）：多言。

〔7〕挠滑（gǔ）：扰乱。

〔8〕博闻强志：志，记住。

## 【译文】

　　一般而言能够认识事物，是人的本性；可以认识，这是事物的基本特征。用能够认识事物的人的本性，去探求事物的基本特征，而没有一定的范围，那就会用去整个存世时间，穷尽所有岁月也不能认识完所有事物。人们用来贯通事理的方法，即使有亿万条也不足以穷尽万物的变化，这就和愚蠢的人一样了。学习，如果用去了自己变老、孩子长大成人的时间，而仍然与愚蠢的人一样，却仍然不知错误在哪里，这就是无知的妄人。所有，学习这件事，本来是有一定范围的。范围在哪里？回答是：要停止在最圆满的境界。什么是最圆满的境界？回答是：圣王。圣是精通人伦物理的人；王是精通礼法制度的人；在这两方面能够精通，完全可以成为天下的标准。所以，效法他们的人即以圣王为师，同时以圣王创立的制度为国家大法，效法先王之法，以寻求他的纲纪，以努力学习他的为人。向这方面努力的，就是士人；像这样而又几近做到的，就是君子；完全通晓的，就是圣人了。

　　所以，虽有智慧而不用以考虑圣王之道，就叫做畏怯；虽有勇气而不用以坚持圣王之道，就叫做贼害；考察问题详审但不用来分析圣王之道，就叫做逆乱；虽有多方面才能而不用进修光大圣王之道，就叫做巧诈；言辩利口但不用来宣讲圣王之道，就叫做多言多语。古书上说："天下的事理有二：用非来考察分辨是，用是来考察分辨非。"这就是合乎王制与不合乎王制。天下如果不以圣王之道为最高的标准，那么，还能分辨是与非、治理曲与直吗？如果不分是与非、不分辨曲与直、不治理治与乱、不治理人间事务，虽然可以做到，但却对人类社会没有什么益处，不能做到对人类社会也没有什么损失。这不过是研治邪僻怪说，玩弄奇辞，以相扰乱而已；他们强制别人而言辞锋利为自己辩护，厚着脸皮忍受他人辱骂，没有正确的标准而任意胡为，妄加辩论而求取私利，不喜好辞让，不崇尚礼节，而喜欢互相排挤；这是乱世之中奸人的一套说教。现在天下操持各种学说的人属这种情况的正多着呢。古书上说："玩弄辞藻以表示自己明察，空谈名物显示自己善辩，君子对此是看不起的。虽见识广记忆力强，但不符合王制，君子对此种人亦予以卑视。"就是说的这种情况。

## 【绎旨】

本章主要是从认识论的角度进一步说明如何做到认识上不受蒙蔽的问题。

荀子认为：人是能够认识事物的，事物也可以被人认识。但一个人的认识能力有限，而世界上的事物"没世穷年"也认识不完，所以认识必须有一定的范围，同时要有一定的标准。荀子认为这个标准就是"圣王"，亦即"圣王之道"。

所以，凡有"有知""有勇""察孰""多能""辩利"者，应皆以："圣王之道"为自己的"隆正"（最高标准）。离开这个"隆正"，就无法分清是非、曲直。如果离开圣人之道，大搞乱世奸人之说，必将为君子所卑视。

恩格斯在谈到认识的无限性时，曾指出，世界的无限性与个体生命的有限性之间的矛盾，是依靠人类本身发展的延续去解决的。此点可与荀子提出的"故学也者，固学止之也"相联系理解。

## 【名言嘉句】

①凡以知，人之性也；可以知，物之理也。

## 【原文】

为之无益于成也，求之无益于得 [1] 也，忧戚之无益于几 [2] 也，则广 ¹ 焉能弃之矣，不以自妨也，不少顷干之胸中。不慕往，不闵来，无邑 ² 怜之心，当时则动，物至而应，事起而辨，治乱可否，昭然明矣。

周而成 [3]，泄而败，明君无之有也。宣而成，隐而败，闇君无之有也。故人君者周则谗言至矣，直言反矣，小人迩而君子远矣。《诗》云："墨以为明，狐狸而苍。" [4] 此言上幽而下险 [5] 也。君人者宣则直言至矣，而谗言反矣，君子迩而小人远矣。《诗》云："明明在下，赫赫在上。 [6]"此言上明而下化也。

## 【校】

1.广，同"旷"。

2.邑，同"悒"。

## 【注释】

〔1〕得：得到，收货，实效。

〔2〕几：繁体作"幾"，前人注为"事"，"近道"，今人有注为"通'冀'""指实现愿望等"，又注为"危机"等。按：几，通"机"，机会，机遇。

〔3〕周而成：因周密而成功。

〔4〕墨以为明，狐狸而苍：此为逸诗。全句意为：以墨色为光明，把黄色狐狸说成青色。

〔5〕上幽而下险：君上黑暗，臣下就会险恶。

〔6〕明明在下，赫赫在上：语出《诗·大雅·大明》。全句意为：群众光明磊落，是因为在上位的君主光辉显赫。

## 【译文】

去做的话，对于成功没有什么好处；寻求的话，对于收获也不会增加；忧戚不忘，对于抓住机遇也没有什么帮助。这样的话，就远远地抛弃算了，不以此事妨碍自己，一会儿也不让它干扰内心。不羡慕过去，不忧虑将来，无愁闷怜惜之心。根据当时所处的情势采取恰当的行动，外物来到了后，即采取相应措施，事情发生立即去办理，这样，是治是乱，就十分清楚了。

因处事周密而成功，因泄密而失败，明智的君主是不会有这种情况的。因袒露真情而成功，因隐瞒真相而失败，昏暗的君主是不会有这种情况的。所以，做君主的处事周密，谗言就会发生，直言就不敢提出，小人离君主近而君子就离得远。《诗》云："墨以为明，狐狸而苍。"（《诗》上说："以墨色为光明，把黄色狐狸说成青色。"）这是说君上幽暗，臣下就会险恶。为君主的处事公开透明，正直的言论就会来到，而谗言就会退走，君子就会离君主近，小人就会离君主远。《诗》云："明明在下，赫赫在上。"（《诗》上说："群众光明磊落，是因为君主光辉显赫。"）这就是说君主光明，臣下就会被感化。

## 【绎旨】

本章主要阐述为君者为避免受蒙蔽应做到的两点：一是，为人处世应有自己的主见，不要受内外各种因素的干扰，要根据所处的具体情况，该如何办就如何办。二是，为君者本身应光明正大，这样才有可能使臣下受到感化。

## 【名言嘉句】

①不慕往，不闵来，无邑怜之心，当时则动，物至而应，事起而辨，治乱可否，昭然明矣。

②故人君者周则谗言至矣，直言反矣，小人迩而君子远矣。

# 正名篇第二十二

## 【导读】

春秋战国时期，随着经济、政治、文化各领域的发展，名与实的关系出现了错乱。孔子首先提出了"正名"思想，企图以名正实，使名实统一。但孔子当时的正名主要还是在政治伦理范畴之内。至战国晚期，"正名"问题更为必要，"名辨"思潮有很大发展。荀子把"正名"问题从政治伦理范畴推进到逻辑领域，他继承并发展改造了孔子的"正名"思想，写了全面论证名实关系包括为什么要有"名"，制定同异之名的基础及"制名之枢要"等问题，并批判了在这些问题上的不当观点。又从逻辑的角度，论述了"名""辞""辨说"的关系、作用等问题。因以"正名"为主线，故全篇以"正名"为题。

《荀子·正名》全书分为八章：

第一章，阐述圣王及后继者制名的各种依据、制名的意义、作用及关键等。

第二章，阐述名实相符的名称的重要性，产生不同名称的原因，如同名、异名、单名、兼名（即复名）、共名、别名形成的原因等。

第三章，从形式逻辑的角度批判宋钘、惠施、墨子等人的观点。但荀子未能注意受批判者思想中的辩证法因素。

第四章，阐述与"名实"有关的各种概念（如实、命、期、说、文、丽、辞、辨说、道、心、听等）之间的关系及圣人对"辨说"的态度。

第五章，阐述士君子辨说的原则与姿态，君子之言的特点（正确性，名与辞，名辞与志义的关系）。

第六章，阐述如何对待人的欲望的问题。

第七章，阐述道在处世中的作用。

第八章，阐述思想修养与物质享乐之间的关系。只有掌握道德礼义，才能做到"重己役物"，以治理天下。

台湾张亨《思文之际论集》说《荀子·正名》是"中国古代唯一对语言的本质有精密的认识，并且成系统的论述。"（张亨：《思文之际论集》，允晨文化实业股份有限公司1997年版，第20页）

## 【原文】

后王之成名[1]：刑名从商，爵名从周，文名从《礼》[2]。散名[3]之加于万物者，则从诸夏之成俗曲期[4]。远方异俗之乡，则因之而为通。散名之在人者：生之所以然者谓之性。

性之和所生，精合感应，不事而自然谓之性。性之好、恶、喜、怒、哀、乐谓之情。情然而心为之择谓之虑。[5]心虑而能为之动谓之伪¹。虑积焉，能习焉，而后成谓之伪。正利而为谓之事。正义而为谓之行。所以知之在人者谓之知，知有所合谓之智。智²所以能之在人者谓之能，能有所合谓之能。性伤谓之病。节遇[6]谓之命。是散名之在人者也，是后王之成名也。

故王者之制名，名定而实辨[7]，道行而志通[8]，则慎率民而一焉。故析辞擅作名以乱正名，使民疑惑，人多辨讼，则谓之大奸。其罪犹为³符节、度量之罪[9]也。故其民莫敢托为奇辞以乱正名，故其民悫，悫则易使，易使则公⁴。其民莫敢托为奇辞以乱正名，故壹于道法而谨于循令矣。如是，则其迹长矣。迹长功成，治之极也，是谨于守名约之功也。[10]今圣王没，名守慢⁵，奇辞起，名实乱，是非之形⁶不明，则虽守法之吏，诵数之儒，亦皆乱也。[11]若有王者起，必将有循⁷于旧名，有作于新名。然则所为有名，与所缘有⁸同异，与制名之枢要，不可不察也[12]。

## 【校】

1. 伪，一作"为"。
2. 智，作"知"。知，同"智"。
3. 为，通"伪"
4. 公，通"功"功效。
5. 慢，一说同"漫"。
6. 形，一作"刑"。
7. 循，一作"修"。
8. 有，当作"以"。

## 【注释】

〔1〕后王之成名：后王，现当代圣王。名，《管子·心术上》曰："名者，圣人之所以纪万物也。"（黎翔凤《管子校注》.中华书局 2011 年版，第 776 页）公孙龙《名实论》云："名，实谓也。"墨子《经说上》曰："所以谓，名也；所谓，实也。"成名，给事物定名称。

〔2〕刑名从商，爵名从周，文名从《礼》：《礼》，《礼经》，春秋战国时代礼制的汇编，传至当今，尚有十七篇，称《仪礼》。这里的"刑名""爵名""文名"都与政治、伦理有关。显然，荀子正名也是为了正政。全句意为：刑罚方面的名字依从商朝，爵

位的名字依从周朝，礼仪方面的名字仿从《礼经》。

《尹文子·大道上》载："一曰命物之名，方圆黑白是也，二曰毁誉之名，善恶贵贱是也，三曰况谓之名，贤愚爱憎是也。"（许嘉璐 梅季《诸子集成》. 广西教育出版社 陕西人民教育出版社 广东教育出版社 2006 年版，中册 尹文子 第 1 页）这是尹文子对"名"作出的分类。荀子借鉴了尹文子对"名"的分类法，并综合了儒、名、墨家对"名"的理解，进而作出了自己的分类："刑名""爵名""文名"。荀子的"刑名""爵名""文名"分别与尹文子所言之"治众之法，庆赏刑罚是也""不变之法，君臣上下是也""齐俗之法，平准之法"近似。

〔3〕散名：各种一般的名称。

〔4〕成俗曲期：已经有的习俗和普遍的约定。

〔5〕不事而自然谓之性。性之好、恶、喜、怒、哀、乐谓之情。情然而心为之择谓之虑：不是人为而自然生成的就叫做性。性所表现出来的爱好、厌恶、喜欢、愤怒、悲哀、快乐，就叫情。情由心生对它进行选择，就叫虑。

心决定着其他感官的活动，是人形体与精神的主宰者。

《左传·昭公二十五年》有子大叔转引子产的话："民有好恶喜怒哀乐，生于六气，是故审则宜类，以制六志。哀有哭泣，乐有歌舞，喜有施舍，怒有战斗。喜生于好，怒生于恶，是故审行信令，祸福赏罚，以制死生。生，好物也。死，恶物也。好物，乐也。恶物，哀也。哀乐不失，乃能协于天地之性，是以长久。"

〔6〕节遇：偶然的遭遇。

〔7〕实辨：对实际内容要分辨清楚。

〔8〕道行而志通：制定名的原则实行，思想意志沟通。

〔9〕为符节、度量之罪：当时规定伪造符节、度量要给予一定惩罚。

〔10〕故王者之制名，名定而实辨，道行而志通，则慎率民而一焉……其民莫敢托为奇辞以乱正名，故壹于道法而谨于循令矣。如是，则其迹长矣。迹长功成，治之极也，是谨于守名约之功也：一，一致遵守。道法，奉行法度。名约，约定名称的原则。

《论语·子路》曰："名不正则言不顺，言不顺则事不成，事不成则礼乐不兴，礼乐不兴则刑罚不中，刑罚不中则民无所错手足。"由此可见，孔子"正名"就是为了"正政"，教化百姓，在于恢复封建社会的统治秩序，使君、臣、父、子各安其位。荀子"正名"则是对孔子思想的进一步发挥。荀子的"正名"论，一面近似于孔子的原旨，一面把正名论往逻辑的领域推进一大步，对中国名学发展有卓越的贡献。（参看唐君毅《荀子正名与先秦名学三宗》. 新亚学报. 第五卷. 第 2 期. 第 1——22 页）制名对于维护社会的有序性有重大作用。

荀子的"正名"思想，上承孔子，下启汉儒名教中之纲常礼法，影响深远。

〔11〕今圣王没，名守慢，奇辞起，名实乱，是非之形不明，则虽守法之吏，诵数之儒，亦皆乱也：慢，懈怠。数，礼义典章。全句意为：现今圣王没有了，名称的守

护已经懈怠，奇怪的辞语兴起，名称与实际发生了错乱，是与非的法度不明确，就是专门持守法律的官吏遵守法令、讼讲礼义典章的儒生，亦都乱了套。

〔12〕若有王者起，必将有循于旧名，有作于新名。然则所为有名，与所缘有同异，与制名之枢要，不可不察也：缘，依据，根据。枢要，关键。全句意为：如果有能统一天下的王者兴起，一定会循守旧的名称，创作新的名称。这样一来，对为什么要命名，以及命名时所根据的不同，与制定名称的关键等问题，不可不弄明白。

孔子强调名的神圣性，所以要以旧"名"正新实。那么，荀子是如何正名的呢？他"循于旧名，有作于新名"的制名方法就说明了"名"并非一成不变，而是具有一定的灵活性。荀子主张"实变则名变"，也就是说，实变了，名也要变，实规定名，名受实的制约。因此，荀子的正名思想具有积极意义，促进了社会的发展。

## 【译文】

现代圣王确定名称的依据：刑罚方面的名字依从商朝，爵位的名字依从周朝，礼仪方面的名字仿从《礼经》。一般各种名称用以称呼各种事物的，且依据中原地区的习俗和约定的称法，远方不同风俗的地区，就按照他们的叫法而通用。与人有关的各种名称：生下来就是如此的叫做性。性是由阴阳二气合和而生，精气与外物感应而成，不是人为而自然生成的就叫做性。性所表现出来的爱好、厌恶、喜欢、愤怒、悲哀、快乐，就叫情。情由心生对它进行选择，就叫虑。心经过思虑然后照着去做，就叫伪（作为）。思虑经过积累，能力经过练习而后取得成功，就叫伪。为一定利益去做的叫事业，为坚持道义做的，叫德行。人对周围的了解就叫感知能力，人的感知能力与周围事物相接触所形成的就叫智慧。人所具备的了解事物的能力叫智能，智能与周围事物相结合产生的人的叫才能。人的本性受到伤害就叫病，偶然遭遇而又能控制人的就叫命。这是人间的各种名称，也是现代圣王命名的依据。

所以，能称王天下的人他制定名称，在名称定下来以后，与事实的关系就分辨清楚了，制定名称的原则实行之后就可以互相沟通了，就可以谨慎地带领民众一致遵守。所以，玩弄词句，擅自规定某某名称，以扰乱正规的名称，使民众发生疑惑，使许多人争论不休，这就是大奸；其罪如假造符节、度量一样。所以，能称王天下的人治下的民众没有敢通过奇谈怪论来扰乱正名的。所以，他的民众谨慎、诚实。诚实就容易役使，容易役使就容易取得功效。这样，就会使业绩长存。业绩长存，大功告成，这是治理得最好表现，也是谨慎地遵守确定名称规定的功效。现今圣王没有了，名称的守护已经懈怠，奇怪的辞语兴起，名称与实际发生了错乱，是与非的法度不明确，就是专门持守法律的官吏遵守法令、诵讲礼义典章的儒生，亦都乱了套。如果有能统一天下的王者兴起，一定会循守旧的名称，创作新的名称。这样一来，对为什么要命名，以及命名时所根据的不同，与制定名称的关键等问题，不可不弄明白。

## 【绎旨】

本章主要阐述两点：一是，圣王确定名称的各种依据以及圣王制名的意义作用。二是，圣王没后，名实出现了混乱，新的王者必须弄清制名的有关问题；如，为什么要制名，制名的不同根据，制名的关键等。

## 【名言嘉句】

①生之所以然者谓之性。性之和所生，精合感应，不事而自然谓之性。性之好、恶、喜、怒、哀、乐谓之情。

## 【原文】

异形离心交喻[1]，异物名实玄纽[2]，贵贱不明，同异不别。如是，则志必有不喻之患，而事必有困废之祸。故知者为之分别制名以指实¹，上以明贵贱，下以辨同异。贵贱明，同异别，如是，则志无不喻之患，事无困废之祸，此所为有名也。[3]

然则何缘而以同异？曰：缘天官。凡同类同情者，其天官之意物也同，故比方之疑[4]似而通，是所以共其约名以相期也。形体、色理以目异，声音、清浊、调竽、奇声以耳异，甘、苦、咸、淡、辛、酸、奇味以口异，香臭芬鬱²、腥臊洒酸奇臭以鼻异，疾、养、凔、热、滑、铍、轻、重以形体异³，说、故、喜、怒、哀、乐、爱、恶、欲以心异⁴。[5]心有征知，征知则缘耳而知声可也，缘目而知形可也。然而征知必将待天官之当簿⁵其类，然后可也。五官簿之而不知，心征知而无说，则人莫不然谓之不知。此所缘而以同异也。[6]

然后随而命之，同则同之，异则异之，单足以喻则单，单不足以喻则兼，单与兼无所相避则共，虽共不为害矣。知异实者之异名也，故使异实者莫不异名也，不可乱也，犹使异⁶实者莫不同名也。[7]故万物虽众，有时而欲遍⁷举之，故谓之物。物也者，大共名也。推而共之，共则有共，至于无共然后止。有时而欲遍⁷举之，故谓之鸟兽。鸟兽也者，大别名也。推而别之，别则有别，至于无别然后止。[8]名无固宜，约之以命，约定俗成谓之宜，异于约则谓之不宜。名无固实，约之以命实，约定俗成谓之实名。[9]名有固善，径易而不拂谓之善名。物有同状而异所者，有异状而同所者，可别也。状同而为异所者，虽可合，谓之二实。状变而实无别而为异者，谓之化。有化而无别，谓之一实。此事之所以稽实定数也，此制名之枢要也。后王之成名，不可不察也。[10]

## 【校】

1. 故知者为之分别制名以指实，知，同"智"。"指"，一说读曰"稽"。

2. 鬱，同"郁"。

3. 疾、养、凔（cāng）、热、滑、铍、轻、重以形体异，凔，寒。养，同"痒"。

铍，同"披"，裂。一说当为"钑"，同"涩"。

4.说、故、喜、怒、哀、乐、爱、恶、欲以心异，说，通"悦"。故，借为"苦"。一说，"说"同"脱"，舒。

5.簿，通"薄"。

6.异，当作"同"。

7.遍，当作"偏"。遍，古作"徧"。徧，偏，形近而讹。

## 【注释】

〔1〕异形离心交喻：喻，明晓。全句意为：外貌各异，又思想不同，在一起交往，想弄明白各自的意向。

〔2〕异物名实玄纽：不同的事物，名称实际混乱纽结。

〔3〕故知者为之分别制名以指实，上以明贵贱，下以辨同异。贵贱明，同异别，如是，则志无不喻之患，事无困废之祸，此所为有名也：

实，既是一种客观事实的存在，也是一种大家共通的约定俗成的共识。困废，困顿废弃。全句意为：圣明的君王为明确事物分别给万事万物制定特定的名称，上用来明确贵贱尊卑，下用来辨别异同。贵贱尊卑明确以后，同异差别区分了，意思就没有迷惑不解的忧患，事情就没有身处困惑境地而被中止的灾祸，这就是要有名称的原因。在这里，荀子讲的是正名目的和意义。

孔子正名，就是使君、臣、父、子，各安其位，主要是政治伦理方面的，即"明贵贱"。荀子则不同，既政治正名，又逻辑正名，也就是"辨同异"。

〔4〕比方之疑：比拟、模拟，拟似。疑似，同拟似。

〔5〕凡同类同情者：类，种类。情，性情。这就是说，名具有社会性，是人们经过长期的实践而制定出来的。

〔6〕心征知而无说：征，验证，考察。

〔7〕然后随而命之，同则同之，异则异之，单足以喻则单，单不足以喻则兼，单与兼无所相避则共，虽共不为害矣：命，命名。兼，复名。避，违离。共，共名。

在这里，荀子讲制名的原则。实同则名同，实异则名异。"同则同之，异则异之"，与公孙龙《名实论》："彼止于彼，此止于此，彼此止于彼此"一样，都采用了同一律的表达形式。"荀子生当'辩者'正盛时代，故其所讲正名，逻辑的兴趣亦甚大。"（冯友兰《中国哲学史》.华东师范大学出版社 2000 年版.第 227 页）

〔8〕故万物虽众，有时而欲遍举之，故谓之物。物也者，大共名也。推而共之，共则有共，至于无共然后止。有时而欲遍举之，故谓之鸟兽。鸟兽也者，大别名也。推而别之，别则有别，至于无别然后止：

在这里，荀子对"别名"和"共名"进行区分，提出了要对进行概念的概括和限制。"共则有共"的偏举过程，也就是逻辑上"名"的不断概括的过程；"别则有别"的偏举过程，也就是逻辑上"名"的不断限制的过程。

〔9〕名无固宜，约之以命，约定俗成谓之宜，异于约则谓之不宜。名无固实，约之以命实，约定俗成谓之实名：

事物的制名无所谓合不合理，只要人们共同约定就行了，约定俗成的即为合理，否则就不合理。一旦名制定了，人们就要按照这种约定来用名。

〔10〕物有同状而异所者，有异状而同所者，可别也。……此事之所以稽实定数也，此制名之枢要也。后王之成名，不可不察也：

物有同状而异所者，物有形状相同而分属不同的类别的。所，处所，此处指类别，此处可直译为"同状而不同体者。"

后王，指荀子理想中的未来的王。孔子、荀子都讲"正名"，但正名的方法不同。孔子的正名方法是："以名正实。"孔子认为，圣人制名，其含义是周礼早就规定好了的，因此名是神圣不可侵犯的。后人只能是"要审慎地、而且要严正地使用书面上的字和辞，以便寄寓伦理上的判断，像一个国家的法规应给的褒贬一样去作褒贬。"（胡适《先秦名学史》. 安徽教育出版社 2006 年版. 第 60 页）荀子的正名方法是："稽实定数"，即通过考察事物的实际，来确定名称的名目。实之数决定数之名，即"以实定名"。

## 【译文】

外貌不同而又心思相互违离的人，想在一起交往并弄明白各自的思想，不同的事物名称与实际互相淆乱纽结。这样贵贱不会弄明白，同与异未区别开。交流思想必然会有不明晓之患，而事业必然会有困顿废弃之祸。所以，智者为他们制定名称以表示其实际内容，上以明贵贱，下以分辨同异。贵贱分明了，同异区别开了，这样，思想交流就没有不明晓的了，事业就没有困顿废弃之祸了，这就是因为规定了名的原因啊！

那么，为什么会有同异呢？回答是：因为天官（眼、耳、口、鼻、舌、身）的感觉不同。凡是同一种类，同一性质的事物，天官对于他们感觉也是相同的，所以对事物的描摹、模拟也是相通的。所以，共同认定名称以相期合交流。形体和颜色纹理，因眼的观察而不同；声音的各种变化、或清或浊，竽的调和之声，奇特的声音用耳朵来区别；甜、苦、咸、淡、辛、酸、奇怪的味道，用口来区别；香、臭、芬芳浓郁、腥臊、腥膻、洒酸、奇臭，用鼻子来区分；疾病、痒症、寒冷、发热、光滑、皲裂、体重、体轻等因形体的感受来区别；高兴、苦恼、欢喜、愤怒、悲哀、快乐、情爱、厌恶、欲望用心来区别。心对外物有征验感知，心的征验感知依靠耳朵可以知道声音，依靠眼睛可以知道各种形体，但是这种征验感知一定要等天官（眼、耳、口、鼻、舌、身）接触有关事物之后才可以。五官接触之后没有感觉，用心征验之后没有明确的说法，那么人们没有不说它是没有认识的。这就是最终命名不同的原因。

在此之后就根据需要为事物命名。相同的事物就命相同的名称，不同的事物就命不同的名称。单音节足以表达清楚就用单音节的名称，单音节不足以表达明白就用双音节或多音节，单音节与双音节或多音节没有冲突之处也可以命一个共同使用的名称。虽为共同名称，但没有什么害处。知道实际内容不同的就命不同的名称，所以使内容不同的没有不命不同名称的，这是不可以混乱的。就像使内容相同的事物没有不命相同名称的一样。所以，万物虽然众多，但有时需要全部列举出来，所以就叫做"物"。"物"这个名称，就是一个大的共同名称。推广开来看"共名"这一问题，是共名之上还有共名，一直达到再也没有相共同的事物为止。有时而又偏于一个方面列举，所以称之为鸟兽。"鸟兽"一名，相对万物而言，就是一个大的别名。如果把"别类"推广开来，别类之中还有更小的别类，一直到无法再分出别类为止。名称本来没有合宜之说，大家相约共同命名，约定俗成的就是合宜，与约定俗成的不同就叫不合宜。名称也没有本来就有的实际内容，大家约定以此为名称之实，约定俗成的就是实际内容的名称。名称本来就有属于善的，直接平易而不违背常理的就属于善名。事物有外表形状相同但却属不同种类的，有形状不同但属同一类别的，这就需要加以区别。形状相同而种类不同的，虽然可以合在一起，但它属于两种实体。形状变化了而实质未变因而为不同者，叫作变化，虽有变化但并无根本区别，仍属一种实体。这件事情之所以要核查实际情况，以确定制名的法度，因为这是制定名称的关键。现当代的圣王制定名称时，不可不考虑清楚。

## 【绎旨】

本章主要有三个层次：第一层是说明具有名实相符的名称的重要性。如果没有名实一致的名称，就会"贵贱不明，同异不别"，思想难以交流，事业难以成功。第二个层次是认识论的角度说明为什么会产生各种不同的名称。这就是因为人的五官对外界感触的不同，心的征知不同。第三层次是说明命名中的复杂情况：同名、异名、单名、兼名、共名、别名等；何为"宜"，何为"不宜"，何为"善名"，状同而实体不同，状变而实未变（如一个人从少年到老年）等。最后指出，这是"制名之枢要"，必须弄明白。

荀子所论是符合唯物主义原则的，但有些问题尚未完全说清楚，如对事物的初次命名，除五官和心的作用外，事实上还有其他因素的作用如习惯、外界影响等。

## 【名言嘉句】

①故知者为之分别制名以指实，上以明贵贱，下以辨同异。贵贱明，同异别，如是，则志无不喻之患，事无困废之祸，此所为有名也。

## 【原文】

"见侮不辱[1]""圣人不爱己[2]""杀盗非杀人也[3]"，此惑于用名以乱名者也[4]。验之所为有名而观其孰¹行，则能禁之矣。"山渊平""情欲寡""刍豢不加甘，大钟不加乐"，此惑于用实以乱名者也。[5]验之所缘无²以同异[6]而观其孰调，则能禁之矣。

"非而谒""槏有牛""马非马也"³，此惑于用名以乱实者也。[7]验之名约，以其所受悖其所辞[8]，则能禁之矣。凡邪说辟⁴言之离正道而擅作者，无不类于三惑者矣。故明君知其分而不与辨⁵也。

## 【校】

1. 孰，一作"熟"，误。

2. 无，疑为衍字。

3. "非而谒""槏有牛""马非马也"，三者皆为墨子说。有人断句为："非而谒槏，有牛马非马也。""非"训"排"，"谒"作"谓"。一说，谒为"易"之误。"槏"作"盈"。"非（排）而谒（谓）槏"，意思是：互相排斥，却说是互相包含。牛马非马，牛马不是马。

4. 辟，通"僻"。

5. 辨，一作"辩"。

## 【注释】

〔1〕见侮不辱：被人家侮辱，这不算耻辱。此论出自于战国时期的宋钘。

〔2〕圣人不爱己：《墨子·大取》有："圣人不外己，己在所爱之中。"与此相近。

〔3〕杀盗非杀人也：语出《墨子·小取》。全句意为：杀死强盗不能算杀死人。

〔4〕此惑于用名以乱名者也：这是利用名词间的细微差别来否定实质的一致而来迷惑众人。如"见侮不辱"，"侮"与"辱"基本意义相近，但有细小差别，这样说的实质就是被侮辱不能算被侮辱，但持此意见者利用"侮"与"辱"的细小差别，否定二者实质的相同，以迷惑众人。

〔5〕"山渊平""情欲寡""刍豢不加甘，大钟不加乐"，此惑于用实以乱名者也："山渊平"是惠施的观点。"情欲寡"是宋钘的观点。"刍豢不加甘，大钟不加乐"是墨子的观点。这是用个别的实例来扰乱名词（名称）所具有的普遍意义。例如，一般来说山高渊低，但有的渊子却位于高山之顶，这样就会与其他的一样高，在这种情况下，确实是"山渊平"，甚至是"山低渊高"，但这是特殊情况，如果把它当作普遍情况，就会使人们的认识发生混乱。另外，如果从整个宇宙来看，地球是圆的，其表面的高低也可忽略不计，这种情况下的也会"山渊平"，此种情况，荀子未认识到。

〔6〕验之所缘无以同异：考察一下为什么会有同不相同的原因。

〔7〕用名以乱实：用事物的名称来扰乱事物的实际。如"牛马非马"，"牛马"一词应指牛与马，因此牛马也包括马在内。因此"牛马非马"就是用"牛马"一词来扰乱了马的存在。

〔8〕以其所受悖其所辞：用他所接受的反驳他所不接受的。

## 【译文】

　　"被欺侮这不算耻辱""圣人不爱护自己""杀死盗贼不能算杀人"，这些说法是名词（概念）之间的细微差别来扰乱名词的含义，以迷惑众人。检验一下他为什么要提出这一名词（名称）再看他的实际行动，就能禁止这种说法。"山和水渊是一样高的""人的本性是少欲望的""吃了牛羊猪狗肉也并不感到甘美，用大钟演奏并不会增加快乐"，这是用个别个别事实扰乱名称所包含的一般含义。考察一下这些说法为什么会有相同、不相同的原因，再看一下哪种说法更符合实际，就能够禁止这种说法。

　　"非（排）而谒（谓）楹"即排斥就是相互包含。"牛马非马"即牛马不是马，这就是用名称来扰乱事实的手法迷惑众人。对此，只要考察用名称约定的规则，以其所同意的反驳他所不同意的，就能禁止这种说法。凡是自己胡乱编造离开正道的邪恶之说，邪僻言论，无不像以上三种迷惑民众的谬论，所以，贤明的君主制度它与正确学说的区别，而不再与之辩论了。

## 【绎旨】

　　本章主要是从形式逻辑的方法，从"正名"的角度，批评了宋钘、惠施、墨子等人的观点。荀子的批驳是有道理的，对正名有一定作用。但是，其中有些思想，并非单纯的形式逻辑所能容纳，如"山渊平""非而谒盈"含有一定的辩证思维，"牛马非马""杀盗非杀人"等命题中又有一般与个别的关系等内容，所以简单地否定是不对的。

## 【原文】

　　夫民易一以道，而不可与共故[1]。故明君临之以埶¹，道之以道，申之以命²，章³之以论，禁之以刑。故民之化道也如神，辨埶⁴恶用矣哉！今圣王没，天下乱，奸言起，君子无埶以临之，无刑以禁之，故辨说也。实不喻然后命，命不喻然后期，期不喻然后说，说不喻然后辨。故期、命、辨、说也者，用之大文也[2]，而王业之始也。

　　名闻而实喻，名之用也[3]；累而成文，名之丽也。[4]用、丽俱得，谓之知名。名也者，所以期累实也。辞也者，兼异实之名以论一意也。辨说也者，不异实名以喻动静之道也。期命也者，辨说之用也。辨说也者，心之象道⁵也。心也者，道之工宰也。道也者，治之经理也。心合于道，说合于心，辞合于说。正名而期，质请⁶而喻，辨异而不过，推类而不悖。听则合文，辨则尽故。以正道而辨奸，犹引绳以持曲直。是故邪说不能乱，百家无所窜。[5]有兼听之明而无奋矜之容，有兼覆之厚而无伐德之色。说行则天下正，说不行则白道而不⁷冥穷，是圣人之辨说也。[6]《诗》曰："颙颙卬卬⁸，如珪如璋，令闻⁹令望。岂弟¹⁰君子，四方为纲。"[7]此之谓也。

## 【校】

　　1. 埶，同"势"。

　　2. 命，通"名"。

3. 章，同"彰"。

4. 辨埶：辨，一作"辩"。埶，卢文弨认为"埶"当作"说"。

5. 象道，疑作"向导"。

6. 请，通"情"。

7. 不，衍，当删。

8. 颙颙（yóngÉ）卬卬（áng），卬，古"仰"字。

9. 闻，一作"问"。

10. 岂弟，一作"恺悌"。

## 【注释】

〔1〕共故：共同说明缘故。

〔2〕实不喻然后命，命不喻然后期，期不喻然后说，说不喻然后辨。故期、命、辨、说也者，用之大文也：期，即以"辞"会意。也就是人与人之间的会通，人们知道此名所指为何，此名表达的意思就清楚了。大文，重要形式。文，文饰。全句意为：光靠事实弄不明白就规定一个名称，名称仍然弄不明白，然后相约定，约定仍然弄不明白，然后说明，说明仍然弄不明白，然后进行辨论。

〔3〕名闻而实喻，名之用也：关于名的起源，孔子认为名的起源具有神秘性，即名被看作是起源于先验的象，也就是说，先有意象的存在，然后才有事物的存在。荀子却否认这种神秘性，他认为名的基础是客观事物。全句意为：听到名称就明白了它的实际，这是名称的功用。

〔4〕累而成文，名之丽也：丽，施。全句意为：积累名称而成文章，这是名称的施行。

〔5〕名也者，所以期累实也。辞也者，兼异实之名以论一意也。辨说也者，不异实名以喻动静之道也：期，约定。累实，各种事物。名是对各种事物的称呼。

"正名"含义有二：一是，明确正道之所在。二是，以正道而辨奸。孔子和荀子都主张"正名"。不同的是，孔子主张正旧名，而荀子则合时宜，制造新名。

〔6〕有兼听之明而无奋矜之容，有兼覆之厚而无伐德之色。说行则天下正，说不行则白道而不冥穷（gong），是圣人之辨说也：兼覆，包容万事万物。伐，夸耀。白，讲明。这是讲君子辩说的态度。全句意为：有听取多方面意见而对情况的明了而没有骄恣之态；有包万物的度量，而没有夸耀德行的神色。主张得到通行，天下就会走上正道；主张不能通行，就讲明治理天下的正道之后隐退，这是圣人辩说的态度。

〔7〕颙颙卬卬，如珪如璋，令闻令望。岂弟君子，四方为纲：语出《诗·大雅·卷阿》颙颙，恭敬温和貌。全句意为：严肃恭敬，气宇轩昂，德如珪璋，声望传扬。和乐平易的君子，四方以为纪纲。

## 【译文】

老百姓容易用道（礼义）来统一他们，但是不可以与他们说明事物的缘由。所以，明智的君主用权势来驾驭他们，用礼义之道来引导他们，用名称来晓喻他们，用言论使他们明白事情，用刑罚禁止他们。所以，老百姓的教化引导也就像有神助一样，辩论的方法哪里还用得着呢？现在圣王逝去，天下大乱，奸邪言论兴起，国君已没有权势去驾驭，没有刑罚去禁止，所以只能依靠辩说。光靠事实弄不明白就规定一个名称，名称仍然弄不明白，然后相约定，约定仍然弄不明白，然后说明，说明仍然弄不明白，然后进行辩论。所以，约定、命名、辩论、说明是名称使用方面的最重要形式，也是王业的开始。

听到名称就明白了它的实际，这是名称的功用。名称累积形为文辞，这是名称的施行。功用和施行俱得，这就叫知名。名称，是大家约定称呼各种事物的。文辞，是并用许多事物的名称来论述一个意思的。辩说，是不使事物名实相乱来说明变化静止的道理的。约定命名，是为辩说使用的。辩说是表明心对道的认识及道的统一。心这种器官，是道推行的主宰。道是治理天下的常规。心的认识符合道的常规，言论符合于心的认识，文辞符合言论。端正名称使之符合约定，其本质情实清楚明白，辨别不同事物而不超出正常范围，推论事实不违反常理，处理事情合乎礼义，辨别事物遍尽情由。用正确的道理去辨别奸邪，就像拿墨线去标曲直一样清楚。所以，邪说之说不能来扰乱，百家异说不能躲藏。这样你有听取多方面意见而对情况的明了而没有骄恣之态；有包万物的度量，而没有夸耀德行的神色。主张得到通行，天下就会走上正道；主张不能通行，就讲明治理天下的正道之后隐退，这是圣人辩说的态度。《诗》曰："颙颙印印，如圭如璋，令闻令望，岂弟君子，四方为纲。"（《诗》上说："严肃恭敬，气宇轩昂，德如珪璋，声望传扬。和乐平易的君子，四方以为纪纲。"）就是说的这种情况。

## 【绎旨】

本章主要阐述与"名"有关的各种概念之间的关系及圣人对待辩说的态度。

与"名"有关的概念，包括实、命、期、说、文、丽、辞、辩说、道、心、听等。

## 【名言嘉句】

①名闻而实喻，名之用也；累而成文，名之丽也。

②有兼听之明而无奋矜之容，有兼覆之厚而无伐德之色。说行则天下正，说不行则白道而不（"不"字衍）冥穷，是圣人之辨说也。

## 【原文】

辞让之节得矣，长少之理顺矣，忌讳不称，祅辞¹不出。以仁心说，以学心听，以公心辨。不动乎众人之非誉²，不治观者之耳目，不赂贵者之权埶³，不利传辟者之辞。故能处道而不贰，吐而不夺，利而不流[1]，贵公正而贱鄙争，是士君子之辨说也。《诗》

曰："长夜漫兮，永思骞兮。大<sup>4</sup>古之不慢兮，礼义之不愆兮，何恤人之言兮！"<sup>[2]</sup>此之谓也。

君子之言，涉然而精，俛<sup>5[3]</sup>然而类，差差然<sup>[4]</sup>而齐。彼正其名，当其辞，以务白其志义者也。彼名辞也者，志义之使也，足以相通，则舍之矣；苟之，奸也。故名足以指实，辞足以见<sup>[5]</sup>极，则舍之矣。外是者谓之切，是君子之所弃，而愚者拾以为己宝。故愚者之言，芴<sup>6</sup>然而粗，啧然而不类，誻誻然而沸<sup>[6]</sup>。彼诱其名，眩其辞，而无深于其志义者也。故穷借而无极，甚劳而无功，贪而无名。故知<sup>7</sup>者之言也，虑之易知也，行之易安也，持之易立也，成则必得其所好而不遇其所恶焉。而愚者反是。《诗》曰："为鬼为蜮，则不可得，有靦面目，视人罔极。作此好歌，以极反侧。"<sup>[7]</sup>此之谓也。

## 【校】

1. 袄辞，袄，同"妖"。怪异之辞。

2. 非誉，非，通"诽"。诽谤与称誉。

3. 埶，同"势"。

4. 大，通"太"。

5. 俛，通"俯"。

6. 芴，同"忽"。

7. 知，同"智"。

## 【注释】

〔1〕不治观者之耳目，……故能处道而不贰，吐而不夺，利而不流：治，装饰。这里取引申义：迷惑。夺，失误。利，捷利。

〔2〕长夜漫兮，永思骞兮。大古之不慢兮，礼义之不愆兮，何恤人之言兮：此为逸诗。全句意为：长夜慢慢，一直在思考自己的过失。对太古之道不敢怠慢，对礼义不敢违反，又何必顾及他人的言论呢？

〔3〕俛：切近。

〔4〕差差然：错落有致的样子。

〔5〕见：表达。

〔6〕誻（tà）誻然而沸：争吵不休而无条理。

〔7〕为鬼为蜮，则不可得，有靦面目，视人罔极。作此好歌，以极反侧：语出《诗·小雅·何人斯》。全句意为：你是鬼还是蜮，我看不清你的面目，但有脸有目，人们终究会将你看清。我作这首好歌，是为了尽量把你这反复无常的小人揭穿。

## 【译文】

辞让的礼节做到了，长幼的关系就理顺了，忌讳的话不去说，奇谈怪论不出口；以仁义之心说明道理，以学习的心态去听取，以公正之心去辨析。不因众人的诽谤或赞誉而动摇，不去掩饰观者的耳目，不因高贵者有权势而去贿赂，不帮助那些传播邪僻言论的人传播部正当的言论；所以能够把握正道而不走邪路，说话不失误，言辞流利而不放荡，尊崇公正鄙视庸俗的争论，这就是士君子辩说的原则和姿态。《诗》曰："长夜漫兮，永思骞兮，大古之不慢兮，礼义之不愆兮，何恤人之言兮！"（古《诗》上说："长夜慢慢，一直在思考自己的过失。对太古之道不敢怠慢，对礼义不敢违反，又何必顾及他人的言论呢？"）就是说的这种情况。

君子的言论，深入而精当，贴近事理而有条理，各部分错落有致而主旨统一。他们端正名称的文字，语辞恰当，以说明其思想为务。他们的名称辞语，是表达思想的使者，如果能完全通达其意，也就够了。如果不合礼义乱搞，就是奸邪之文。所以，名称足以表达实际事物，辞句足以体现主旨，也就可以了。离开这一标准，就是辞不达意，这是君子所抛弃的，而愚蠢的人却拾起来以为是宝贝。所以愚蠢者的言论，肤浅粗陋，繁琐而无条理，啰啰嗦嗦而嘈杂。他们以名称为诱惑，以言辞为炫耀，但是在思想方面却无深刻的内涵。所以，智者的言论，思想考虑它，容易为人所知；实行起来，容易使民众安顿；坚持它，容易确立；成功之后就一定会得到它所喜好的，而不会遇到它所厌恶的。而愚蠢者与此相反。《诗》曰："为鬼为蜮，则不可得。有腼面目，视人罔极。作此好歌，以极反侧。"（《诗》上说："你是鬼还是蜮，我看不清你的面目，但有脸有目，人们终究会将你看清。我作这首好歌，是为了尽量把你这反复无常的小人揭穿。"）就是说的这种情况。

## 【绎旨】

本章主要阐述两层意思：一、士君子辩说的原则与姿态。二、君子之言的特点。君子能正确处理名与辞，名辞与志义等方面的关系。名要"足以指实"，辞要"足以见极"，名辞要以"白其志义"为务。如果不能这样，就是奸邪之文。

## 【名言嘉句】

①故能处道而不贰，吐而不夺，利而不流，贵公正而贱鄙争，是士君子之辨说也。

②故名足以指实，辞足以见极，则舍之矣。

③故知者之言也，虑之易知也，行之易安也，持之易立也，成则必得其所好而不遇其所恶焉。

## 【原文】

凡语治而待去欲者，无以道¹欲[1]而困于有欲者也。凡语治[2]而待寡欲者，无以节欲而困于多欲者也。有欲无欲，异类也，生死也，非治乱也。欲之多寡，异类也，情之数也，非治乱也。

欲不待可得，而求者从所可。欲不待可得，所受乎天也；求者从所可，受乎心也²。所受乎天之一欲，制于所受乎心之多，固难类所受乎天也。人之所欲生甚矣，人之恶死甚矣，然而人有从³生成死者，非不欲生而欲死也，不可以生而可以死也。[3] 故欲过之而动不及，心止之也。心之所可中理，则欲虽多，奚伤于治？欲不及而动过之，心使之也。心之所可失理，则欲虽寡，奚止于乱？故治乱在于心之所可，亡⁴于情之所欲。不求之其所在，而求之其所亡，虽曰我得之，失之矣。

性者，天之就也；情者，性之质也[4]；欲者，情之应也。以所欲为可得而求之，情之所必不免也；以为可而道⁵之，知⁶所必出也。故虽为守门，欲不可去，性之具也。虽为天子，欲不可尽。[5] 欲虽不可尽，可以近尽也；欲虽不可去，求可节也。所欲虽不可尽，求者犹近尽；欲虽不可去，所求不得，虑者欲节求也。道者，进则近尽，退则节求，天下莫之若也。

## 【校】

1. 道，通"导"。

2. 受乎心也，据俞樾，"受"上脱"所"字，当补。

3. 从，通"纵"。放弃。

4. 亡，通"无"。

5. 道，通"导"。引导。

6. 知，同"智"。

## 【注释】

〔1〕无以道欲：无有办法引导欲望。

〔2〕语治：谈论治国之道。

〔3〕人之所欲生甚矣，人之恶死甚矣，然而人有从生成死者，非不欲生而欲死也，不可以生而可以死也：此条本于《论语·卫灵公》，《论语》原文作："志士仁人，无求生以害仁，有杀身以成仁。"

〔4〕情者，性之质也：感情是本性固有的表现。

〔5〕虽为天子，欲不可尽：尽，使之满足。全句意为：虽然身为天子，但是欲望也是不能完全满足的。

## 【译文】

凡是谈论治国之道，将要以去掉人们的欲望为其主要内容的人，都是没有办法引导人们的欲望因而被人们的欲望困扰的人。凡是谈论治国之道将要以减少人们的欲望为主要内容的人，都是没有办法节制人们的欲望因而被困扰的人。有欲望与没有欲望这是不同的种类，是生者与死者的不同特征，不是治与乱的问题。欲望的多与少，也是不同的类别，是感情数量的多少造成的，也不是治与乱的问题。

人的欲望不是有所期待得到满足时才会产生，而追求欲望的人只是遵从自己所认可的角度。欲望不是有所期待得到满足时才会产生，是受天（自然）的影响而产生的；

追求欲望的人遵从自己认可的角度，实际是受心的控制。人所禀受的天（自然）的单纯的一种欲望，往往受制于心中产生的多种欲望，本来就难于像所受天的禀赋那样单纯。人对生的欲望很强烈，人对死的厌恶也很强烈。但是人有本来生活得很好而去死的，这不是不想生而想死了，而是不能再生下去而必须去死的。所以，欲望过了头，而行动赶不上，心就会进行制止。心所认可的符合理（礼义），即使欲望虽然多，怎么又能妨碍到国家治理呢？欲望没有达到而行动却过了头，这是心使之如此。心所认可的不符合理，就是欲望虽然很少，怎么能够制止动乱呢？所以，治乱在于心所认可的究竟是礼义还是其他什么，而不是在于情要如何。不去探求治乱的关键在哪里，而去向关键不在的地方寻求，虽然自己说我已找到原因了，实际上并未找到原因。

  人（性），是天（自然）造就的；感情，是人性固有的表现；欲望，是感情的反应。认为欲望是可以实现的而去求取它，感情就是必不可免的了；以为人的欲望是可以引导控制的，这是有智慧的人一定能提出来的。所以，虽然即是低层守门的人，他的欲望也是不可以随便去掉，这是人性本身所具备的。虽然是天子，他的欲望也是不能完全满足的。但是天子的欲望虽然不能完全满足，但可以接近满足；下层群众的欲望虽然不可以完全去掉，但可寻求节制的办法。所要求的事虽然不可能完全满足，寻求的人仍然可以使之接近于满足；欲望虽然不能够去掉，所要求的不能实现，考虑此事的人可以采取节制要求的办法。最好的处理办法就是：在条件允许时可以尽量做到接近于满足；在条件不允许时，实行节制欲求的办法。天下没有比这更好的了。

## 【绎旨】

  本章主要阐述如何对待欲望问题。荀子在前面有关篇章中，已提出人生而有欲，是合理的，应该得到满足，但对此又不可放纵，必须以礼义节制。基于此种观点，本章中既批评了老子的"去欲"，又批评了孟子的"寡欲"。认为"有欲无欲"虽不相同，但都是人活着时的一种生理和心理反映，不是治与乱的问题。又指出，人的欲望的有无、多少，主要是受"人心"的控制的。心所认可的只要合乎"理"（礼义），欲望再多，也不会影响治乱。荀子又探讨了性、情、欲之间的关系。认为人的欲望虽不可尽，但可以近尽；欲虽不可去，但可以节制，最好的办法就是："进则近尽，退则节求。"这些都是值得参考的。但荀子认为人的欲望与治乱无关的观点，也是片面的。恩格斯在《费尔巴哈与德国古典哲学的终结》中，曾指出人的欲望对于历史发展的推动作用。读者如有兴趣的话可去翻阅此书。

## 【名言嘉句】

  ①心之所可中理，则欲虽多，奚伤于治？
  ②心之所可失理，则欲虽寡，奚止于乱？
  ③所欲虽不可尽，求者犹近尽；欲虽不可去，所求不得，虑者欲节求也。

## 【原文】

凡人莫不从其所可，而去其所不可。知道之莫之若也，而不从道者，无之有也。假之有人而欲南无多，而恶北无寡，岂为夫南之不可尽也，离南行而北走也哉？今人所欲无多，所恶无寡，岂为夫所欲之不可尽也，离得欲之道而取所恶也哉？故可道而从之，奚以损¹之而乱？不可道而离之，奚以益²之而治？故知者论道而已矣，小家珍说[1]之所愿者皆衰矣。

凡人之取也，所欲未尝粹³而来也；其去也，所恶未尝粹而往也。故人无动而不可以不与权[2]俱。衡不正，则重县于仰，而人以为轻；轻县于俛，而人以为重，此人所以惑于轻重也。权不正，则祸托于欲，而人以为福；福托于恶，而人以为祸，此亦人所以惑于祸福也。道[3]者，古今之正权也，离道而内自择，则不知祸福之所托。

易者[4]，以一易一，人曰无得亦无丧也；以一易两，人曰无丧而有得也；以两易一，人曰无得而有丧也。计者取所多，谋者从所可。以两易一，人莫之为，明其数也。从道而出，犹以一易两也，奚丧！离道而内自择，是犹以两易一也，奚得！其累百年之欲，易一时之嫌⁴，然且为之，不明其数也。

## 【校】

1. 损，当作"益"。
2. 益，当作"损"。
3. 粹，通"萃"，纯粹，完全。
4. 嫌，通"慊（qiè）"，一时的满足。一说，嫌，指不愿意的东西。

## 【注释】

〔1〕小家珍说：小家，指宋钘、墨翟之流派。珍说，异说。
〔2〕权，秤锤。此处指衡量欲恶的道。
〔3〕道，指礼义。
〔4〕易者：交易这回事。易，交易，贸易。

## 【译文】

凡是人没有不遵从他所认可的东西，而去掉他所不认可的东西。如果了解道没有比道更好的了，而又不遵从正道的，这样的人是没有的。假设有人想要向南行而不论路程多么遥远，厌恶向北行而不管路程多么接近，难道他会因为向南行走不到头，即不再南行而向北走吗？当今的人无论所要的东西多么多，要厌恶的东西无论多么少，难道他会因为所要的东西不能完全满足，而离开原来能满足欲望的道路而改成所厌恶的道路吗？所以，对可以遵从的道路而遵从它，怎么会因为增加了欲望而造成动乱呢？对不可以遵从的道路而离开它，怎么就会因减少欲望而使天下治理好呢？所以，有智慧的人只是根据道来行事罢了，而各家异说所表示的愿望也就衰微了。

凡是人获取东西，所要得到的不一定能完全得到；排除某种东西，所厌恶的不一定能完全去掉。所以，人没有什么行动是可以不与权衡利弊得失联系在一起的。如果衡量轻重的称不准，那么重物反而会悬挂在仰起的一端（表示轻），而人们都认为是轻；轻物悬挂于低下的一端，人们都认为是重，这是人们为什么会对轻重感到迷惑的原因。衡量是非的标准不正确，灾祸就会寄托在人们的欲望中，人们以为这是福气；福就会寄托在恶事之中，而人们以为这是祸，这也是人们对祸福迷惑的原因。道是古今衡量是非的正确标准，如果离开道而自己随意选择衡量的标准，那就不知道祸福依托于何方了。

交换这回事，以一换取一，人们都说这是没有赚到什么。如果以一换取到二，人们都说是没有损失而是赚到了钱。如果以二换取一，人们都说没有赚钱而有损失。善于算计的人总是去取多的，善于谋划的人总是认从他所同意的。以二换取一，没有人这样做，这是因为人们明白这种数量关系的不利。如果遵从道而行动，就像是以一易二那样，哪有什么损失呢？如果离开道而随意选择，也就等于以二易一，哪会得到什么呢？如果长期以来的欲望，换得一时的满足，这样去做，这是不懂交易中的数量关系啊！

## 【绎旨】

本章主要阐述道在处世中的作用。道是古今衡量是非的正确标准，智者只是根据道来行事交易。

## 【名言嘉句】

①故可道而从之，奚以损（益）之而乱？不可道而离之，奚以益（损）之而治？故知者论道而已矣。

②古今之正权也，离道而内自择，则不知祸福之所托。

③从道而出，犹以一易两也，奚丧！离道而内自择，是犹以两易一也，奚得！

## 【原文】

有[1]尝试深观其隐而难其察者，志轻理而不重物者[1]，无之有也；外重物而不内忧者，无之有也；行离理而不外危者，无之有也；外危而不内恐者，无之有也。心忧恐，则口衔刍豢而不知其味，耳听钟鼓而不知其声[2]，目视黼黻而不知其状，轻煖[2]平簟而体不知其安。故向[3]万物之美而不能嗛也，假而得间[4]而嗛之，则不能离也。故向万物之美而盛忧，兼万物之利而盛害。如此者，其求物也，养生也[5]？粥[6]寿[3]也？故欲养其欲而纵其情，欲养其性而危其形，欲养其乐而攻其心，欲养其名而乱其行。如此者，虽封侯称君，其与夫盗无以异；乘轩戴絻[7]，其与无足无以异。夫是之谓以己为物役矣。

心平愉，则色不及备[8]而可以养目，声不及备而可以养耳，蔬食菜羹而可以养口，麤布之衣、麤紃之履 [4] 而可以养体，屋 ⁹ 室、庐庾 [5]、葭槀蓐、尚 ¹⁰ 机筵 [6] 而可以养形。故虽无万物之美而可以养乐，无埶 ¹¹ 列之位而可以养名。如是而加天下焉，其为天下多，其和 ¹² 乐少矣。夫是之谓重己役物。无稽之言，不见之行，不闻之谋，君子慎之。

## 【校】

1. 有，通"又"。

2. 煖，同"暖"。

3. 向，通"享"。

4. 问，当作"间"。

5. 也，通"邪"。

6. 粥，通"鬻"，出卖。一说：粥，通"育"，养。

7. 絻，通"冕"。

8. 傭，通"庸"。

9. 屋，据王念孙，当作"局"。

10. 尚，据高亨，当作"敝"，破。

11. 埶，同"势"。

12. 和，据王念孙，当作"私"。

## 【注释】

〔1〕志轻理而不重物者：思想上轻视理（礼义）而又不重视物质利益的人。

〔2〕心忧恐，则口衔刍豢而不知其味，耳听钟鼓而不知其声：《淮南子·诠言训》云："心有忧者，筐床衽席弗能安也；菰饭雏牛弗能甘也；琴瑟鸣竽弗能乐也。"可以参考。

〔3〕粥寿：出卖生命。

〔4〕麤紃（xún）之履：粗麻鞋。

〔5〕庾：露天的谷仓。

〔6〕尚机筵：破几桌。

## 【译文】

我又曾试着深入观察那种隐蔽而难以观察的物体。思想上轻视道理（礼义）而不重视物质利益的人，是没有的；表面重视物质利益而内心不感忧虑的人，是没有的。行为离开道理而在外面没有危险的，是没有的。在外面有危险，而内心不恐惧的，也是没有的。心中忧虑恐惧，就是口里吃美味的肉类也不知道是什么味。耳听钟鼓的演奏也不知什么声，眼睛看衣服上的花纹也不知是什么形状，躺在轻柔的平坦的褥席之上也不感到舒适。所以，享受各种事物的美好之处，也感觉不到满足。如果有机会能感到一时的满足，但忧恐之心却无法去掉。所以，享受各种事物的美好却带来巨大的忧虑，获取各种事物带来的利益反而带来巨大害处。像这种情况，他追求物质欲望是为了养生呢，还是为了出卖生命呢？所以，本来要满足自己的欲望却放纵自己的情欲，本来要养育自己的生性却危害自己的形体，本要增加自己的快乐却攻伐自己的心灵，本要培养自己的名声却任意胡为。这样的人，即使是封为侯爵称为什么君，他与盗贼也没有什么区别；即使乘坐车轩，头戴官帽，也与没有脚的人一样，这样的人就是把自己当成物质利益的奴隶。

心情平静愉快，就是所看到的颜色不及平常的水平，也可以怡养自己的双眼；声色不及一般水平，也可以怡养两耳；蔬菜、粗食、菜汤，也可以调养口味；粗布衣裳、粗麻织的鞋子，也可以养育身体；小茅舍、草棚子、草席子、破几桌，也可以养育体态容貌。所以，没有各种事物的美好之处，仍可以培养快乐。没有表明权势的位置，仍可以培养名声。这样的人，如果让他来治理天下，他为天下民众贡献得多，而为个人的快乐就会少。这样就叫做重视自己而役使外物。没有根据的言论，不见于实际的行为，未听说过的计谋，君子都要慎重对待。

## 【绎旨】

本章主要阐述思想修养与物质享乐之间的关系。如果不重视思想修养，不学习掌握道德礼义，有再好的物质享受，也仍然会感到不愉快不安定，甚至会惊恐不安。只有思想上重视礼义，加强修养，才能"心平愉"，在这种情况下，即使物质享受很菲薄，也可以"养乐""养名"。同时，只有这样才有可能做到"重己役物"，以做到治国平天下。

## 【名言嘉句】

①故虽无万物之美而可以养乐，无埶列之位而可以养名。
②无稽之言，不见之行，不闻之谋，君子慎之。

# 性恶篇第二十三

**【导读】**

本篇是荀子集中论述人性的篇章，全篇围绕"人之性恶，其善者伪也"的中心论点展开，从多方面论证了人性恶的基本知识。故本篇以"性恶"为题。

关于本篇的真伪问题，学术界尚有不同看法，部分学者认为："性恶"不是荀子的观点而是荀子后学附会在荀子著作中的观点。此说似乎尚嫌论据不足，故此问题尚需深入研究，再作结论。

全篇共分七章。

第一章，明确提出"人之性恶，其善者伪也"的观点，并加论述。

第二章，主要是通过反驳孟子关于"人之性善"的观点，说明"人之性恶"。

第三章，通过礼仪法度的产生，说明人性是恶的。

第四章，再次反驳孟子的"人之性善"，进一步说明人性恶。

第五章，通过尧、舜、禹等历史人物的产生，说明人性本恶。

第六章，通过人情的变化说明人性本恶，同时说明人的智慧勇敢都是人为的情况之一。

第七章，说明人必须在他人的帮助下才能进步发展，从而进一步说明"人性本恶"。

**【原文】**

人之性恶，其善者伪也。[1] 今人之性，生而有好利焉 [2]，顺是，故争夺生而辞让亡 ¹ 焉；生而有疾恶焉，顺是，故残贼生而忠信亡焉；生而有耳目之欲，有好声色焉，顺是，故淫乱生而礼义文理亡焉。然则从 [3] 人之性，顺人之情，必出于争夺，合于犯分乱理，而归于暴。故必将有师法之化，礼义之道 ²，然后出于辞让，合于文理，而归于治。[4] 用此观之，人之性恶明矣，其善者伪也。

故枸木必将待檃栝 [5] 烝矫然后直 ³，钝金必将待砻厉 [6] 然后利；今人之性恶，必将待师法然后正，得礼义然后治。今人无师法，则偏险而不正；无礼义，则悖乱而不治。古者圣王 ⁴ 以人之性恶，以为偏险而不正，悖乱而不治，是以为之起礼义、制法度，以矫饰 ⁵ 人之情性而正之，以扰化人之情性而导 ⁶ 之也，始皆出于治、合于道者也。今人之化师法、积文学、道礼义者为君子，纵性情、安恣睢而违礼义者为小人。用此观之，人之性恶明矣，其善者伪也。

## 【校】

1. 亡，通"无"。
2. 道，通"导"。
3. 故枸木必将待檃（yǐn）栝烝矫然后直，枸，一作"构"。烝，同"蒸"。
4. 圣王，一作"圣人"。
5. 饰，通"饬"。
6. 导，一作"道"。

## 【注释】

〔1〕人之性恶，其善者伪也：人性论是先秦诸子争论不休的一个问题。荀子在总结和批评以前的人性论基础上，提出了著名的"人性恶"。

"人之性恶，其善者伪也"，这里的"性"是指人生来就有的，不用学习，不用造作的自然本能。"性"字在《荀子》一书中出现 118 次。

《荀子·儒效》曰："性也者，吾所不能为也。"这说明荀子的人性论是自然人性论。荀子认为：在人的本性中，包含着恶的因素，人的本性顺其自然发展，就成了恶。情欲的发动就会引起"争夺""淫乱""残贼"等邪恶现象，从而导致"忠信""辞让""礼义文理"等道德秩序的丧失。因此，在荀子看来，人性是恶的。由于人性恶，所以荀子强调后天的学习，"其善者伪也"，就是说，只有通过后天学习，才能达到善。这恰恰说明学习礼义道德的重要性。《荀子·性恶》又云："今之人，化师法，积文学，道礼义者为君子。"就是这个意思。

但是，郭沫若亦怀疑荀子的"性恶说"，他在《十批判书·荀子的批判》中说道："大抵荀子这位大师与孟子一样，颇有些霸气。他急于想成立一家言，故每每标新立异，而很有些地方出于勉强。他这性恶说便是有意地和孟子的性善说对立的。"《性恶》讲"性伪分"。

关于荀子的人性论，目前学术界大致有以下几种说法：一、人性本恶说。（路德斌《荀子与儒家哲学》. 齐鲁书社 2010 年版）二、人性向恶说。（陈大齐《荀子学说》. 华冈出版有限公司 1971 年版）持此说者还有美国汉学家德效骞。三、人性中性说。持此说者有徐复观、鲍国顺、韦政通、李哲贤等。（徐复观《中国人性论史——先秦篇》. 华东师范大学出版社 2005 年版。鲍国顺《荀子学说析论》. 华正书局 1982 年版）四、性朴论。持此说者为日本儿玉六郎。（儿玉六郎《荀子性朴说的提起》.《日本中国学会报》第 27 集 .1974 年版）持相同观点者还有林桂榛等。五、性善说。持此说者为（台湾）姜忠奎。（姜忠奎《荀子性善证》. 严灵峰主编《无求备斋荀子集成》. 第三十八卷 . 台湾成文出版社 1977 年版）颜世安似乎同意此说。六、以情欲界定人性，肯定情欲说。
（颜世安《荀子人性观非"性恶"说辨》.《历史研究》.2013 年 . 第 6 期。颜世安《肯
定情欲：荀子人性观在儒家思想史上的意义》.《南京大学学报》.2015 年 . 第 1 期）七、
性恶心善说。持此说者有唐端正。（唐端正《荀子的善伪论所展示的知识问题》.《中国
学人》.1977 年 . 第 6 期）同意此说者还有台湾陈礼彰、梁涛。（陈礼彰《荀子人性论及
其实践研究》.台湾师范大学国文研究所 .2008 年博士论文。梁涛《荀子人性论辨正——
论荀子的性恶、心善说》.《哲学研究》2015 年 . 第 5 期）

　　周炽成认为《性恶》不是荀子的作品，它很可能是西汉中后期的作品。（周炽成
《荀子乃性朴论者，非性恶论者》.邯郸学院学报 .2012 年 . 第 22 卷 . 第 4 期）

　　〔2〕生而有好利焉：荀子认为，人有自爱、好利的本性。"（自爱、好利）两者都
是人的本性，是人得以自我生命保存与提升的原动力，也是利欲纷争何以可能的起点。
荀子正视自爱的天然性和合理性，认为有限度的自我与自利并不是恶的，出于自爱、
自利本性的过度扩展才会导致利益的争夺和群体的失序。因此，制度保护应当在保护
人的自爱、自利的本性的同时，要制定礼义规范和法律制度，去规范与约束人的欲念
与行为。"（李慧子《基于人性论的礼乐建构——荀子人性论再研究》.唐山师范学院学
报 .2014 年 . 第 6 期）

　　〔3〕从：一说，读（zòng），下同。一说，读（cóng），遵从。

　　〔4〕故必将有师法之化，礼义之道，然后出于辞让，合于文理，而归于治：礼义，
在《荀子》全书中，使用"礼义"一词最多的是本篇，出现次数高达 42 次。全句意为：
所以，必须有君师、礼法的教化管理，礼义的引导，然后才能具备辞让的美德，符合
各种法度、规范，而归结为社会安定、天下太平。

　　〔5〕檃栝：矫正曲木的器具。

　　〔6〕砻（long）厉：砥砺。

## 【译文】

　　人性本来是恶的，其善良是后天经过人为的学习修养形成的。现在人的本性，生
下来就喜好利益，顺着这一点，所以争夺就产生而辞让就失去了；人生下来就有嫉恨
厌恶他人之心，顺着这一点，残害之心就会产生而忠信就会失去。人生来耳朵就想听
好的声音，眼睛想看好看的颜色，顺着这一点，所以淫乱就会发生，礼仪、法度各种
规范就会失去。这样看来，遵从人的本性，顺从人的感情，就会发生争夺，违反等级
名分，破坏礼义秩序，最后归于暴乱。所以，必须有君师、礼法的教化管理，礼义的
引导，然后才能具备辞让的美德，符合各种法度、规范，而归结为社会安定、天下太
平。用这一点来看，人性是恶的，这是很清楚的了，他的善良是经过人为的学习修养
才形成的。

　　所以，弯曲的木头，一定要通过工具的矫正加热，然后才能挺直；不锋利的金属

器具一定要通过打磨才能锋利。人"恶"的本性，一定要依靠师法的教化，然后才能纠正，懂得礼义，天下治平。如果没有师法的教化，就会偏邪险恶而不端正；不通礼义，就会叛逆作乱而社会动荡。古代的圣王，鉴于人性恶劣，偏邪而不端正，叛逆作乱，不守秩序，因此制定了礼仪制度，用来矫正人的性情，驯服教化并引导他们。使人们遵守社会秩序，合乎道德规范。现在，人们只要接受师法的教化，积累学识，遵循礼义，就是君子；放纵个人的性情，胡作非为，违背礼义，就是小人。所以，人性本恶的道理已经很清楚了，那些善良的行为是人为的。

## 【绎旨】

本章主要是阐述人的本性是恶的，善良是后天经过学习、修养等人为的活动才形成的，而不是与生俱来的。

## 【名言嘉句】

①人之性恶，其善者伪也。

②今人之化师法、积文学、道礼义者为君子，纵性情、安恣睢而违礼义者为小人。

## 【原文】

孟子曰："今之学者，其性善 [1]。"曰：是不然。是不及知人之性，而不察乎人之性伪之分者也。凡性者，天之就也，不可学，不可事。礼义者，圣人之所生也，人之所学而能 [2]，所事而成者也。不可学、不可事而在人者谓之性，可学而能、可事而成之在人者谓之伪，是性、伪之分也。今人之性，目可以见，耳可以听。夫可以见之明不离目，可以听之聪不离耳；目明而耳聪，不可学明矣。

孟子曰："今人之性善，将皆失丧其性故也 ¹。"曰：若是则过矣。今人之性，生而离其朴、离其资 [3]，必失而丧之。用此观之，然则人之性恶明矣。所谓性善者，不离其朴而美之，不离其资而利之也。使夫资朴之于美，心意之于善，若夫可以见之明不离目，可以听之聪不离耳，故曰目明而耳聪也。今人之性，饥而欲饱，寒而欲煖 ²，劳而欲休，此人之情性也。今人饥，见长而不敢先食者，将有所让也；劳而不敢求息者，将有所代也。夫子之让乎父、弟之让乎兄，子之代乎父，弟之代乎兄，此二行者皆反于性而悖于情也。然而孝子之道，礼义之文理也。故顺情性则不辞让矣，辞让则悖于情性矣。[4] 用此观之，人之性恶明矣，其善者伪也。

## 【校】

1. 将皆失丧其性故也，据杨倞注，"故"下脱"恶"字。

2. 煖，同"暖"。

## 【注释】

〔1〕其性善，关于"性"，主张性无善无恶的是告子；主张性可以为善，也可以为不善的是世硕；主张有性善有性不善的是无名氏；主张性善恶混说的有王充、扬雄和西方的柏拉图；主张性三品说的有董仲舒、韩愈；主张性与情"二元论"的有张载的天地之性，气质之性和王安石性情体用等。（说见傅永聚《开启人生伦理学研究之门的一把金钥匙——读安乐哲大作《儒家角色伦理学》，汉籍·汉学，2017 年，第 1 期 [续第 1 期 ]）

〔2〕人之所学而能：能，能够、能耐。《荀子》中出现 519 次。

〔3〕生而离其朴、离其资：朴，质。资，材。

〔4〕今人之性，饥而欲饱，寒而欲煖，劳而欲休，此人之情性也。……然而孝子之道，礼义之文理也。故顺情性则不辞让矣，辞让则悖于情性矣：荀子认为"饥而欲饱，寒而欲暖，劳而欲休"是人的本性。在这里，荀子打破了儒家既有的血缘本位，而从政治本位出发看待父子关系，处理父子关系的原则——礼义教化。

## 【译文】

孟子说："人之所以学习，就是因为人性是善良的。"回答是：这是不对的。这是不能确切知道人的本性，也不明白人的本性与经过人为的学习修养之后的区别。一般而言，人的本性是天（自然）生就的。不是学习来的，也不可以治理改变的。礼义，是圣人创立的，人对它通过学习能够掌握，通过努力能够成功。不能够学习，不能够从事的，在人而言，就是本性；可以学习能够学会，可以从事而取得成功。在人而言，就是伪。这是性与伪的区别。现在人的本性，眼睛可以看东西，耳朵可以听声音，看的清楚离不开眼睛，听的明白声音离不开耳朵。所以，眼能够看见，耳朵能够听到。可以见到的能力离不开眼，可以听到的能力离不开耳朵；眼睛能看，而耳朵能听，这是不能够学到的，这一点是明摆着的。

孟子说："现在人的性善，将会都失去这种本性，所以都变成性恶了。"回答：这种说法是错误的。现在人的本性生下来之后脱离了它原有的质朴，脱离了原有的资材，原有的来的本性一定是失掉丧尽了。由此看来，这样人的本性就是恶，这一点是明确的。所说的人性是善的，是因为没有离开原来的质朴而显得美好，没有离开原来的资材而善良。这使原来的资材、质朴对于美，心意对于善，就像可以见到的明亮离不开眼，可以听到的聪慧离不开耳朵一样，所以说，耳聪目明（人性善良）。但是，现在的人的本性饿了想吃饱，冷了就想穿暖，劳累了就想休息，这是人的情欲合本性。但是，现在人饿了，看见年长者而不敢先去吃，将要礼让他们；劳累了不敢要求休息，将要替代父兄继续劳作。儿子礼让父亲，弟弟礼让兄长；儿子代替父亲劳作，弟弟代替兄长劳作，这两种行为都是违反人的本性，背离人的情欲。但是，孝子之道，礼义的规范要求就是这样的。所以，顺从情与性的本来要求就不会辞让，辞让之礼就是与本来的情性背离的。由此看来，人的本性是恶的，这是很明显的，其善良是人为的行为。

## 【绎旨】

本章主要通过反驳孟子的两段话，进一步说明人性本来是恶的，善只是后来通过人为才形成的。

## 【原文】

问者曰："人之性恶，则礼义恶[1]生？"应之曰：凡礼义者，是生于圣人之伪，非故[1]生于人之性也。故陶人埏埴[2]而为器，然则器生于工人之伪，非故生于人之性也。故工人斲木而成器，然则器生于工人之伪，非故生于人之性也。圣人积思虑、习伪故，以生礼义而起法度，然则礼义法度者，是生于圣人之伪，非故生于人之性也[3]。若夫目好色，耳好声，口好味，心好利，骨体肤理好愉佚[2]，是皆生于人之情性者也；感而自然，不待事而后生之者也。夫感而不能然，必且待事而后然者，谓之生于伪。是性、伪之所生，其不同之征也。

故圣人化性而起伪，伪起而生礼义，礼义生而制法度。然则礼义法度者，是圣人之所生也。故圣人之所以同于众，其不异于众者，性也；所以异而过众者，伪也。夫好利而欲得者，此人之情性也。假之有弟兄资财而分者，且顺情性好利而欲得，若是则兄弟相拂[3]夺矣；且化礼义之文理，若是则让乎国人矣。故顺情性则弟兄争矣，化礼义则让乎国人矣。

凡人之欲为善者，为性恶也。夫薄愿厚，恶愿美，狭愿广，贫愿富，贱愿贵，苟无之中者，必求于外。故富而不愿财，贵而不愿埶，苟有之中者，必不及于外。用此观之，人之欲为善者，为性恶也。

今人之性固无礼义，故强学而求有之也；性不知礼义，故思虑而求知之也。然则生[4]而已，则人无礼义，不知礼义。人无礼义则乱，不知礼义则悖。然则生[4]而已，则悖乱在己。用此观之，人之性恶明矣，其善者伪也。

## 【校】

1. 故，通"固"。
2. 佚，同"逸"。
3. 拂，一作"怫（fèi）"。
4. 生，一作"性"。

## 【注释】

〔1〕恶：如何，怎么。

〔2〕埏（shān）埴：埏，抑土为器。埴，黏土。

〔3〕然则礼义法度者，是生于圣人之伪，非故生于人之性也：这样礼义法度就产

生于圣人的人为努力，而不是产生于人的本性。

## 【译文】

有人问："既然人性是恶的，那末，礼义是怎么产生的？"回答说：凡是礼义，都是由于圣人经过自己的努力付出辛勤的劳动而创作的，它本来就不是人性产生的。所以，制陶者和拌黏土而制成陶器，这样陶器产生于工人的人为制作，而不是产生于人的本性。同样，木匠砍断（斫）木材制成木器，这样木器就产生于工人的人为制作，而不是产生于人的本性。圣人积累思考的结果，习练人为的事业，由此创作出礼义，又创作出法度，这样，礼义法度就产生于圣人的人为努力，而不是产生于人的本性。至于眼睛喜欢看好颜色，耳朵喜欢听动听的声音，口喜欢美味，心喜欢利益丰厚，骨骼肤理喜欢安逸、舒适，这些都是由人的情性的变化产生的，都是有所感应自然生成的，不用专门努力就会产生的。那种有所感应而不能自然生成，必须等到人作出专门努力才能出现的，就叫做生于"伪"。这是性与伪之所生成事物不同的特征。所以，圣人变化本性而兴起人为，人为的努力兴起之后就产生了礼义，礼义产生后又制定了法度。这就是说，礼义法度是圣人所产生制定的。

所以，圣人与众人相同的，而不与众人所不同的，就是本性；所用以与众人不同而又超过众人的，就是伪（后天的个人专门的努力）。喜好利益而又想得到，这是人的本来的情性。假设有兄弟二人想分家中物资财产，如果顺其好利的性情，人人都想全部得到，如果这样，那末，兄弟之间就会互相争夺；如果按照礼义法度去教化执行，那么，他们就会让给一般人了。所以，如果顺从性情的欲望，就会使兄弟相争；以礼义教化，就会让给一般的国人了。

凡是人想要为善的，就是因为其本性是恶的。一般来说，薄的希望厚的，丑恶的希望美好的，狭窄的希望广阔的，贫穷的希望变为富有的，身份低卑希望变为高贵的。如果本身没有，一定要向外面求取；所以，已富有的不希望再发财，已高贵的不希望再有更大的势力，如果本身有这些东西，一定不会到外面寻求。由此看来，人要想做善事的，是因为他性恶的缘故。

现在的人性没有礼义，所以勉励学习而希望有礼义；人的本性不知道礼义，所以考虑以求取知道礼义。如果只是生下来，人就有本性没有礼义，不知道礼义。人如果没有礼义就会参与动乱，不知礼义就会背离正道。这样人只有本性，背离正道就在他身上了。由此看来，人的本性是恶的，这一点是很清楚的。善良都是后天学习修养而形成的。

## 【绎旨】

本章主要阐述礼义法度是怎样产生的。荀子认为礼义法度不是来源于人的本性，礼义法度是由圣人通过后天的努力，创作制定的，它不是"性"而是"伪"。伪就是"人为"，就是后天的努力。本章从礼义产生的过程中，进一步说明人的本性是恶的。

## 【名言嘉句】

①然则礼义法度者，是生于圣人之伪，非故生于人之性也。

## 【原文】

孟子曰："人之性善。"曰：是不然。凡古今天下之所谓善者，正理平治也；所谓恶者，偏险悖乱也。是善恶之分也已。今诚以人之性固正理平治邪，则有[1]恶用圣王，恶用礼义矣哉？虽有圣王礼义，将曷加于正理平治也哉？今不然，人之性恶。故古者圣人以人之性恶，以为偏险而不正，悖乱而不治，故为之立君上之埶[1]以临之，明礼义以化之，起法正以治之，重刑罚以禁之，使天下皆出于治、合于善也。是圣王之治而礼义之化也。今当试去君上之埶[2]，无礼义之化，去法正之治，无刑罚之禁，倚而观天下民人之相与也。若是，则夫强者害弱而夺之，众者暴寡而哗之，天下悖乱而相亡，不待顷矣。用此观之，然则人之性恶明矣，其善者伪也。

故善言古者，必有节[2]于今；善言天者，必有征于人。凡论者贵其有辨合，有符验。故坐而言之，起而可设，张而可施行。今孟子曰："人之性善。"无辨合符验，坐而言之，起而不可设，张而不可施行，岂不过甚矣哉！故性善则去圣王、息礼义矣，性恶则与圣王、贵礼义矣。故檃栝之生，为枸木也；绳墨之起，为不直也；立君上、明礼义，为性恶也。用此观之，然则人之性恶明矣，其善者伪也。

直木不待檃栝而直者，其性直也；枸木必将待檃栝烝矫然后直者，以其性不直也。今人之性恶，必将待圣王之治、礼义之化，然后皆出于治、合于善也。[3]用此观之，人之性恶明矣，其善者伪也。

## 【校】

1. 埶，同"势"。
2. 今当试去君上之埶，当，通"尝"。埶，同"势"。

## 【注释】

〔1〕有：读（yòu）。

〔2〕节：验证。

〔3〕今人之性恶，必将待圣王之治、礼义之化，然后皆出于治、合于善也：现在人的本性是恶的，必须经过圣王的管理、礼义的教化，然后才可以治理，合乎善的标准。

## 【译文】

孟子说："人的本性是善的。"回答说：这是不对的。凡是从古到今全天下古今所说的善，都是指遵循正确的公理，保持安定的社会秩序；所谓恶，都是指偏邪、险恶、悖离正常而扰乱社会秩序。这就是善与恶的分界。现在看来，如果本性真的本来就是遵循正确的公理，保持安定的社会秩序，那么，哪里还用得着圣王，哪里还用得着礼义呢？即使有圣王和礼义法度，那么何必再加到正确的公理、安定的秩序上面呢？现在并不是这样，人性就是恶的。所以，古代的圣人因为人性是恶的，人性是偏邪、险恶、不正当，悖逆作乱不遵守秩序。所以，才为之建立君主的权势去镇压统治他们，宣明礼义以教化他们，加重惩罚以禁止，这样使天下之人皆受法度的管理，合乎善的要求，这就是圣王对国家和社会的治理，也就是礼义的教化。现在如果尝试去掉君主的威势，没有礼义的教化，去掉法度的统治，没有刑罚的禁令，站在一边旁观天下民众的相互交往。将会看到强有力的人残害无能的人，夺取他们的财产；人多势众的会去凌暴人少力微的，并喧哗不已，自称有理，天下就落到背离叛乱的境地而灭亡的结局，不待片刻就会出现了。用此种事例来观察人性问题，可以看出人之本性是恶的，这是明显的，善良是通过后天学习修养而形成的。

所以，善于谈论古时候的事的，一定会有今天的验证；善言上天之事的，一定要在人间有所验证。凡是议论问题的人，其可贵之处在于有其可辨别符合之处，可以验证，看是否符合。所以，坐在那里谈论，站起来就可以按所言去设置，公开之后就可以实行。现在孟子说："人的本性是善的。"却没有可以辨别、符合之处，无法做验证符合。虽坐着可以谈论，但站起来却不可设置，公开之后不可以实行，他的话难道不太过分了吗？所以，如果人的本性是善良的，那就去掉圣王，熄灭礼义；如果人性是恶的，那就要遵从圣王，尊崇礼义。所以，矫正木料的工具的产生，是因为有弯曲木材的存在；绳墨的兴起，是因为有各种不直的东西存在；拥立君上，宣明礼义，是因为人性的邪恶。以此观察，就可以看出人的本性是恶的，这是明显的，其善良是后天的人为的。直的木料不用矫正工具的矫正即是直的，这是因为它的本性就是直的；弯曲的木材必须等矫正工具加热蒸烤之后才能变直，这是因为它的本性不直。现在人的本性是恶的，必须经过圣王的管理、礼义的教化，然后才可以治理，合乎善的标准。由此看来，人的本性是恶的，这是明显的，其善良这是经过后天的人为才形成的。

**【绎旨】**

本章通过反驳孟子的"人之性善"，进一步说明人性是恶的。主要理由有两点：一是，如果人性是善的，那么，天下就应该"正理平治"。但事实是，天下离开了圣王的治理，离开礼义的教化，根本不会出现"正理平治"，反而是天下大乱。这说明人性是恶的。二是，孟子主张的"人之性善"，没有辨合符验，不能"起而可设，张而可施行"。而圣王之治的存在、礼义的存在，正好证明人性是恶的。

**【名言嘉句】**

①今人之性恶，必将待圣王之治、礼义之化，然后皆出于治、合于善也。

**【原文】**

问者曰："礼义积伪者，是人之性，故圣人能生之也。"应之曰：是不然。夫陶人埏埴而生瓦，然则瓦埴岂陶人之性也哉？工人斵木而生器，然则器木岂工人之性也哉？夫圣人之于礼义也，辟则陶埏而生之也¹，然则礼义积伪者，岂人之本性也哉？

凡人之性者，尧、舜之与桀、跖，其性一也；君子之与小人，其性一也。今将以礼义积伪为人之性邪？然则有曷贵尧、禹，曷贵君子矣哉？凡贵尧、禹、君子者，能化性，能起伪，伪起而生礼义。然则圣人之于礼义积伪也，亦犹陶埏而生之也。用此观之，然则礼义积伪者，岂人之性也哉？所贱于桀、跖、小人者，从其性，顺其情，安恣睢，以出乎贪利争夺。故人之性恶明矣，其善者伪也。天非私曾、骞、孝己而外众人也[1]，然而曾、骞、孝己独厚于孝之实，而全于孝之名者，何也？以綦[2]于礼义故也。天非私齐、鲁之民而外秦人也，然而于父子之义、夫妇之别，不如齐、鲁之孝具敬父者²，何也？以秦人从情性，安恣睢、慢于礼义故也，岂其性异矣哉！

"涂[3]之人可以为禹"，曷谓也？曰：凡禹之所以为禹者，以其为仁义法正也。然则仁义法正有可知可能之理。然而涂之人也，皆有可以知仁义法正之质，皆有可以能仁义法正之具，然则其可以为禹明矣。

今以仁义法正为固无可知可能之理邪？然则唯禹不知仁义法正，不能仁义法正也。将使涂之人固无可以知仁义法正之质，而固无可以能仁义法正之具邪？然则涂之人也，且内不可以知父子之义，外不可以知君臣之正。不然，今涂之人者，皆内可以知父子之义，外可以知君臣之正，然则其可以知之质、可以能之具，其在涂之人明矣。今使涂之人者，以其可以知之质，可以能之具，本夫仁义之可知之理、可能之具，然则其可以为禹明矣。今使涂之人伏术为学，专心一志[4]，思索孰察[5]，加日县久[6]，积善而不息，则通于神明，参于天地矣。故圣人者，人之所积而致矣。

曰："圣可积而致，然而皆不可积，何也？"曰：可以而不可使[7]也。故小人可以为君子而不肯为君子[8]，君子可以为小人而不肯为小人。小人、君子者，未尝不可以相为也，然而不相为者，可以而不可使也。故涂之人可以为禹则然，涂之人能为禹未必然也。虽不能为禹，无害可以为禹。足可以遍行天下，然而未尝有能遍行天下者也。夫工匠农贾，未尝不可以相为事也，然而未尝能相为事也。用此观之，然则可以为，未必能也；虽不能，无害可以为。然则能不能之与可不可，其不同远矣，其不可以相为明矣。

## 【校】

1. 辟则陶埏而生之也，辟，通"譬"。埏（shān），一作"埴"。
2. 不如齐、鲁之孝具敬父者，具，一说"具"是"慎"之讹。据杨倞注，"父"或为"文"。全句意为：不如齐、鲁重视孝道，恭敬有礼。

## 【注释】

〔1〕天非私曾、骞、孝己而外众人也：曾、骞、孝己，指曾子、闵子骞、殷高宗

的太子孝己。

曾子，姓曾，名参，字子舆。春秋末年战国初年鲁国南武城人。小孔子四十六岁，是孔门中有重要影响的弟子之一，以孝道为志向，所以孔子因他而作《孝经》。曾子的思想主要见于《论语》《礼记》《韩诗外传》及《大戴礼记》所收的曾子十篇等典籍。《论语·里仁》载，子曰："参乎！吾道一以贯之。"曾子曰："唯。"子出。门人问曰："何谓也？"曾子曰："夫子之道，忠恕而已矣。""忠恕"就是孔子学说的基本之点。《论语·学而》载，有子曰："……孝弟也者，其为仁之本与！"孝弟（悌）是孔子仁学的基点，曾子正是在这一方面着力阐述与弘扬，形成了自己的孝道思想。"吾日三省吾身：为人谋而不忠乎？与朋友交而不信乎？传不习乎？"曾子强调"慎独"。《大学》曰："所谓诚其意者，毋自欺也。……故君子必慎其独也。"《中庸》曰："是故君子戒慎乎其所不睹，恐惧乎其所不闻。莫见乎隐，莫见乎微，故君子慎其独也。"关于《大学》的作者，宋代程颐、朱熹等认为是"孔子之言，而曾子述之。"故可视为代表孔子、曾子的著述。对此意见，宋代以后有的反对，有的赞同。而现代有些学者认为，《大学》应该是荀子一派的儒者所作。我们则认为《大学》的作者很可能是曾子及其门人所作。

闵子骞，姓闵，名损，字子骞，春秋末年鲁国人。孔门弟子，以品德著称，孔门四科十哲之一，少孔子十五岁。关于他的孝行，古文献多有记载。如《韩诗外传》云："子骞早丧母，父娶后妻，生二子。疾恶子骞，以芦花衣之，父察之，欲逐后母。子骞曰：'母在一子寒，母去三子单。'父善之而止，母悔改之，遂成慈母。"闵子骞任费宰时积极推行孔子的以德治国主张。据《家语·执辔》记载，闵子骞任费宰前，曾问政于孔子，请教如何治理的问题。孔子回答："以德以法。夫德法者，御民之具，犹御马之有衔勒也。君者，人也；吏者，辔也；刑者，策也。夫人君之政，执其辔策而已。"孟子的弟子公孙丑曾曰："昔者窃闻之：子夏、子游、子张皆有圣人之一体，冉牛、闵子、颜渊则具体而微。"（《孟子·公孙丑上》）这就是说，闵子骞与颜渊等人一样，都大体上接近于孔子的水平而稍微显弱。对此种说法，孟子没有反对。

孝己，《家语·七十二弟子解》记载，殷高宗武丁因为后妻杀掉孝己。

〔2〕綦：竭力遵从。

〔3〕涂，道路。

〔4〕专心一志：即专心致志。专心致志，语出《孟子·告子上》："夫今弈之为数，小数也，不专心致志，则不得也。"

〔5〕思索孰察：深思熟虑。

〔6〕加日县久：加，积。县，即"悬"。县久，时间久远。全句意为：日积月累。

〔7〕可以而不可使：可以为而不可以使之为。

〔8〕故小人可以为君子而不肯为君子：小人，有多种解释，一般是指：一是，道德卑劣者；一是，对古代体力劳动者的卑称。以劳心为主，处于社会上层的称君子，与之相对的以劳力为主的，处于社会底层的称小人。周初统治者亲眼看到了商朝灭亡

的过程，因而感觉到"天命不唯常""小人难保"或"小民难保"，于是改变统治思想，提出了"敬天保民""明德慎罚"的思想。"小人"成为一个不得不重视的社会角色，但"小人"有时兼有"道德卑劣者"与"体力者"的双重角色。对"小人"的卑视并未改变。君子，君子是孔子理想的人格，他曾说："圣人，吾不得而见之矣；得见君子者，斯可矣。"（《论语·述而》）成为君子需要很多条件。

## 【译文】

问者说："积累人们学习礼义的行为，这就是人的本性，所以圣人能够产生。"回答说：不是这样。陶器工人和泥而制作出瓦来，难道瓦和泥就是陶器工人的本性吗？工人砍斫木材制成木器，难道木材木器就是工人的本性吗？圣人对于礼义而言，就像陶器工人和泥而生产出瓦来一样，难道说礼义的人工积累，就是人的本性吗？

凡是人性，尧、舜与桀、跖，其人性是一样的；君子与小人，其人性也是一样的。现在如果要以人们对礼义的学习修养等人为积累作为人的本性，（既然这样）为什么还要推崇尧，尊崇君子呢？凡是尊崇尧、禹、君子的原因，就是因为他们能改变革除原来的本性，能兴起人为的学习礼义、强化修养，这种人为就产生了礼义。这样说来，圣人对于礼义的人为积累，也就像陶器工人和泥打揉而产生陶器一样。以此看来，对礼义的人为学习、积累，难道是人的本性吗？人们之所以卑视桀、跖及一般小人，就是因为他们遵从本性，顺应情欲，安于放荡纵情，而大肆贪利争夺。所以，人性是恶的，这是明显的，其善良是人为的。上天并不是私爱曾参、闵子骞、孝己而排除众人，但是，曾参、闵子骞、孝己注重孝道的事实，并成全了他们的孝亲的美名，这是为什么呢？这是他们竭力遵从孝道的缘故啊！上天不是私爱齐、鲁之民而排斥秦国人，但对于父子间的恩义，夫妇间的区别，不如齐、鲁之民重视孝道，恭敬有礼，为什么呢？这是因为秦人放纵自己的性情，安于放荡恣肆，怠慢礼义的缘故，这哪里是本性的不同呢？

"一般人都可以成为禹一样的人。"这是什么意思呢？回答是：大凡禹之所以成为禹这样的人物，是因为他实行了仁义法度。这样就是说仁义法度有可以被了解可以实行的性质特征。一般的人也都具有仁义法度的资质，都有实行仁义法制的条件，这样就是说他可以成为禹一样的人，这一点是明确的。

现在如果以为仁义法度本来就有不可以了解不可以实行的性质，这样就是即使是禹也不能了解仁义法度，不能实行仁义法度了。这也使一般人本来也就没有了解仁义法度的资质，本来没有可以实行仁义法度的条件了，这样也就使一般人对内不能够了解父慈子孝之义，在朝中不能懂得君臣之间的准则。现在不是这样，普通人在家中能够懂得父子之间的道义，对外不能够了解君臣之间的正确关系。但并非如此，现在一般人对内部可以知道父慈子孝之义，对外可以知道君臣之间的正确关系。这样他们都有可以知道仁义法度的资质，有可以实行仁义法度的条件，这一点对于一般人身上都是明确的。现在使一般人，以其可以了解的资质、可以实行的条件，本着仁义可以了解的性质、可以实行的条件，这样一来，他可以成为禹一样贤明的人。现在如果使一般人以实行仁义法度为学习内容，专心致志、深思熟虑，日积月累，积累善行而不停息，那就可以通于神明，与天地并列。所以，圣人一类人物，是人积累善行达到的。

问："既然圣人可以通过积累善行而达到，但却不能积累成功，这是为什么呢？"回答是：可以积累而成，但是，不可以强迫他们去积累。所以，小人可以成为君子，但他们不愿意成为君子；君子可以成为小人，但他不愿意成为小人。小人与君子，未尝不可以相互交换一下角色，但是他们却不互相交换，就是因为可以这么办但不能强迫他们这么办。所以，一般人可以成为禹一样的人，是这样的；但是一般人未必真正能成为禹一样的人。虽然不能成为禹一样的人，但这并不妨碍可以成为禹一样的人。脚可以走遍天下，但是不曾有真正能走遍天下的人。工人、匠人、农民、商贾，未尝不可以互相交换职业，但是却不曾有能真正互相交换职业的。由此来看，圣人可以那样办，但未必能真正办到。虽然不能办成，但不妨害去办。但是，能不能去办与可以不可以去办，其不同是很大的。它们是不可以互相交换的，这是明确的。

## 【绎旨】

本章以尧、舜、禹、桀、跖及曾参、闵损、孝己等历史人物为例，说明人的本性都是一样的。礼义的学习与积累，虽然可以成为圣人，但礼义的积累并不是人的本性。人们尊崇尧、舜、禹，正是因为他们学习和践行礼义，改变了人的本性，这也就是"化性""起伪"。

所以，人性本恶这一点是很明显的。同时，本章又强调，一般人通过长期专心致志的学习礼义，即可改变本性而成为圣人，或禹一样的人物。但又必须看到，虽然人人都有成为禹一类人物的可能性，但又未必能真正实现，关键在于本人的努力程度。

## 【名言嘉句】

今使涂之人伏术为学，专心一志，思索孰察，加日县久，积善而不息，则通于神明，参于天地矣。故圣人者，人之所积而致矣。

## 【原文】

尧问于舜曰："人情何如？"舜对曰："人情甚不美，又何问焉？妻子具而孝衰于亲，嗜欲得而信衰于友，爵禄盈而忠衰于君。人之情乎！人之情乎！甚不美，又何问焉？唯贤者为不然。"

有圣人之知[1]者，有士君子之知者，有小人之知者，有役夫之知者。多言则文而类，终日议其所以，言之千举万变，其统类一也，是圣人之知也。少言则径而省[1]，论[2]而法，若佚[3]之以绳，是士君子之知也。其言也谄[4]，其行也悖，其举事多悔，是小人之知也。齐给便敏而无类，杂能旁魄而无用，析速粹孰而不急[2]，不恤是非，不论曲直，以期胜人为意，是役夫之知也。

有上勇者，有中勇者，有下勇者。天下有中，敢直其身；先王有道，敢行其意；上不循于乱世之君，下不俗于乱世之民；仁之所在无贫穷，仁之所亡<sup>5</sup>无富贵；天下知之<sup>[3]</sup>，则欲与天下同苦乐之；天下不知之<sup>[4]</sup>，则傀<sup>6</sup>然<sup>[5]</sup>独立天地之间而不畏，是上勇也。礼<sup>7</sup>恭而意俭，大齐信焉而轻货财；贤者敢推而尚之，不肖者敢援而废之，是中勇也。轻身而重货，恬<sup>[6]</sup>祸而广解，苟免，不恤是非、然不然之情，以期胜人为意，是下勇也。

## 【校】

1. 知，同"智"。下同。

2. 论，通"伦"。

3. 佚，据俞樾，读曰"秩"。

4. 诣，一作"謟"。

5. 亡，同"无"。

6. 傀，同"块"。

7. 礼，读曰"体"。

## 【注释】

〔1〕径而省：径，直。省，简明，直截了当。

〔2〕齐给便敏而无类，杂能旁魄而无用，析速粹孰而不急：齐给，流利。类，条理。旁魄，广博。粹，精。全句意为：口齿伶俐敏捷而无条理，才能驳杂而不且实用。析辞迅速精熟而不合急用。

〔3〕天下知之：《论语·学而》曰："有朋自远方来。"可参看。

〔4〕天下不知之：《论语·学而》曰："人不知而不愠。"可参看。

〔5〕傀（kuài）然，丬然独处的样子。

〔6〕恬：安。

## 【译文】

尧向舜问道："人之常情怎么样呢？"舜回答说："人之常情很不好啊，又何必问这个问题呢？娶了妻子之后，对父母的孝顺之情就减弱了；爱好的东西得到之后，对朋友的诚信就减弱了；爵位俸禄满足之后，对君上的忠心就减弱了。人之常啊！人之常情啊！很不好啊，又何必问这个问题呢？只有贤人不是这样。"

有圣人的智慧，有士君子的智慧，有小人的智慧，有贩夫走卒的智慧。有丰富的语言，语言文雅而有条理，整天分析它的理由，论述中千变万化，但其纲领法度前后一致，这是圣人的智慧。语言不多，但直截了当，简洁生动，论述有条理合乎法度，像有墨线校正一样，这是士君子的智慧。其言语诣佞，行为违背常理，做事多过错，这是小人的智慧。说话口齿伶俐敏捷而无条理，才能驳杂广博但不切实用，析辞迅速精熟但无关紧要，不顾及是非，不论及曲直，把胜过他人作为自己的希望，这是贩夫走卒的智慧。

有上等勇敢者，有中等的勇敢者，有下等的勇敢者。天下有了中正之道，敢于挺身而出保卫它；古代圣王有正确的治国方略，敢于践行它的精神原则；上不遵从扰乱世事的昏君，下不追随扰乱世事的乱民；在推行仁政时，无视自己的贫贱穷困。在仁政消失时不愿自己富贵；天下民众知道其名，则与其同苦共乐；天下民众不知道其名，则孑然独立于天地之间而不畏惧，这就是上等勇敢者。体貌恭敬而心意谦和，尊重忠信而轻视财货，对贤人敢于推崇而尊重，对不肖者敢于拉过来废除他，这是中等的勇敢者。看轻身家性命而重视财货，安于祸患而又多方解脱，希望侥幸免责，不顾及是非和实情是否如此，以希望胜过他人为心愿，这是下等的勇敢者。

## 【绎旨】

本章主要内容以三层：一是，对人情中恶劣的一面做了批评，这种人情以个人利益为中心，稍以满足，即表现为人情淡薄。二是，对不同类型的智慧做了分析说明。三是，对不同类型的勇敢做了分析说明。在荀子看来，人情淡薄也是人性恶的情况之一。而智慧与勇都是"伪"的情况之一。

## 【名言嘉句】

天下有中，敢直其身；先王有道，敢行其意；上不循于乱世之君，下不俗于乱世之民；仁之所在无贫穷，仁之所亡无富贵；天下知之，则欲与天下同苦乐之；天下不知之，则傀然独立天地之间而不畏，是上勇也。

## 【原文】

繁弱[1]、钜¹黍，古之良弓也，然而不得排檠²，则不能自正。桓公之葱，大³公之阙，文王之録，庄君之智[2]，阖闾之干将、莫邪⁴、钜阙、辟闾，此皆古之良剑也，然而不加砥厉⁵则不能利，不得人力则不能断。骅骝、骐骥⁶、纤离、绿耳，此皆古之良马也，然而前必有衔辔之制⁷，后有鞭策之威，加之以造父之驭，然后一日而致千里也。

夫人虽有性质美而心辩知⁸，必将求贤师而事之，择良友而友之。得贤师而事之，则所闻者尧、舜、禹、汤之道也；得良友而友之，则所见者忠、信、敬、让之行也。身日进于仁义而不自知也者，靡使然也。今与不善人处，则所闻者欺诬诈伪也，所见者汙漫淫邪贪利之行也。身且加于刑戮而不自知者，靡使然也。传曰："不知其子，视其友；不知其君，视其左右。"靡而已矣！靡而已矣！

## 【校】

1. 钜，一作"距"。"距""钜"，通。

2. 檠，一作"撒"。

3. 大，通"太"。

4. 莫邪，一作"莫耶"。

5. 砥厉，一作"砥砺"。

6 骥，一作"骐"。

7. 然而前必有衔辔之制，"前必有"当作"必前有"。

8. 知，同"智"。

## 【注释】

〔1〕繁弱：封父之弓。

〔2〕桓公之葱，大公之阙，文王之录，庄君之曶（hū）：葱、阙、录、曶分别是齐桓公、姜太公、周文王、楚庄王之剑名。

## 【译文】

繁弱、钜黍，是古代的良弓，但是如果没有矫正工具的矫正，它就不能自行矫正。齐桓公的葱，姜太公的阙，周文王的录，楚庄王的曶，吴王阖闾的干将、莫邪、钜阙、辟闾，都是古代的良剑，但是，如果不经过磨刀石去磨砺，就不会变得锋利，不凭借人的力量，就不能斩断东西。骅骝、骐骥、纤离、绿耳，这都是古代的良马，但是，前头必须有马嚼子、笼头、缰绳等加以控制，后面必须有鞭策加威吓，再加上造父一类驭马者的驾驭，然后一天才能走千里之远。

作为人而言，虽然资质美好，心有聪慧；但是一定要寻求贤师而奉事，选择良友而辅助。得到贤人后奉事他，就会听到古代圣王尧、舜、禹、汤的治国之道；得到良友的辅助，就会见到忠、信、敬、让的行为。自身已经进入到仁义的境界之中，但自己却不知道，这是仁风逐渐潜移默化的结果。现在与那些邪恶之人相处，所听到的都是如何欺骗诬枉、诈伪他人的事例，所看到的都是汙漫、淫邪、贪利的行为，这样使自己快要受刑罚处置时还不自知，这是坏风气、坏习惯习染的结果。古书上说："不了解这位先生，就看他的朋友是怎样的人；不了解这个国家的国君，就看国君左右的人是怎样的人就行了。"这是潜移默化的作用啊！这是潜移默化的作用啊！

## 【绎旨】

本章说明事物之间是相互联系、相互影响、相互作用的。任何事物的发展、变化都必须受到其他事物的正面影响，人的发展、进步也是如此，必须在其他人的帮助影响之下，才能发展进步。他人的影响，帮助也是"其善者伪也"。

## 【名言嘉句】

夫人虽有性质美而心辩知，必将求贤师而事之，择良友而友之。

# 君子篇第二十四

## 【导读】

本篇主要论述为君之道，君子即君主，篇中称为"天子"。该篇之末，引《诗·曹风·鸤鸠》"淑人君子"一段，这是篇名的来源。

全篇可分为三章：

第一章，阐述在社会秩序正常情况下，天子的权势与尊贵。

第二章，分别阐述"圣王在上"和"乱世"时的社会情况，强调"刑当罪""爵当贤"，反对"以族论罪""以世举贤"的政策。

第三章，认为治国必须强调效法先王和"以义制事"的原则，实行赏贤使能、等贵贱、分亲疏、序长幼等措施。

## 【原文】

天子无妻 [1]，告人无匹也。四海之内无客礼，告无适也。足能行，待相者然后进；口能言，待官人然后诏。不视而见，不听而聪，不言而信 [2]，不虑而知，不动而功，告至备也。天子也者，埶¹至重，形至佚²，心至愈³，志无所诎，形无所劳，尊无上矣。《诗》曰："普⁴天之下，莫非王土；率土之滨，莫非王臣。"[3] 此之谓也。

## 【校】

1. 埶，同"势"。

2. 佚，同"逸"。

3. 愈，通"愉"。

4. 普，通"溥"。

## 【注释】

〔1〕天子无妻：《礼记·曲礼下》曰："天子之妃曰后，诸侯曰夫人，大夫曰孺人，士曰妇人，庶人曰妻。"天子至尊，天子之妻称"后"而不称"妻"。

〔2〕不言而信：语出《庄子·田子方》："夫子不言而信，不比而周。"

〔3〕普天之下，莫非王土；率土之滨，莫非王臣：语出《诗·小雅·北山》。全句

意为：全天下，没有不是天子的土地；四海之内，没有不是天子的臣民。

## 【译文】

"天子没有人可称之为他的妻子"，这说的是没有人可以与之相匹配。在四海之内，没有人可以用客礼对待天下，这说的是天子没有外出做客。天子的足能够走路，但必须依靠礼宾官员引导才能前进；天子口能说话，但必须等待宣诏官员宣诏才能诏告天下。天子不用亲自用眼看就能看见，不用亲自听就能听见，不用亲自去说就能取得民众的信任，不用亲自思考就能知晓，不用行动就能取得功效，这是说天子的臣属极其完备。天子这种人物，威势最重，形体最安逸，心境最愉悦，志向没有人可以使之屈服，形体没有什么可以劳作，其尊贵是无上的。《诗》曰："普天之下，莫非王土；率土之滨，莫非王臣。"（《诗》上说：全天底下，没有不属于天子的土地；四海之内，没有不是天子的臣民的。）就是说的这种情况。

## 【绎旨】

本章所言是在社会秩序正常的情况下，按一般道理叙述天子的权势与尊贵。但在社会实践中也并非完全如此。如言天子"不听而聪"，实际上天子必须听，而且天子必须"兼听"。言天子"不虑而知"，实际上有时是虑而不知。言天子"志无所诎""形无所劳"，这只有殷纣王一类昏君才能做得到，而圣君明王总会因国家大局委屈自己和为国为民废寝忘食，等等。而在乱世之中，成为傀儡或"朝为天子暮为囚徒"，也不是绝无仅有的。

荀子一方面继承了孔子关于"君者，舟也；庶人者，水也。水则载舟，水则覆舟"的思想，另一方面，又在此如此描写天子，这正反映了他思想中的混沌与矛盾。

## 【原文】

圣王在上，分义行乎下，则士大夫无流淫之行，百吏官人无怠慢之事，众庶百姓无奸怪之俗，无盗贼之罪，莫敢犯大上之禁。天下晓然皆知夫盗窃之人不可以为富也，皆知夫贼害之人不可以为寿也[1]，皆知夫犯上之禁不可以为安也。由其道，则人得其所好焉；不由其道，则必遇其所恶焉。是故刑罚綦省而威行如流，世晓然皆知夫为奸则，虽隐窜逃亡之，由不足以免也，故莫不服罪而请。《书》曰："凡人自得罪。"[2]此之谓也。

故刑当罪则威，不当罪则侮；爵当贤则贵，不当贤则贱。古者刑不过罪，爵不踰德。故杀其父而臣其子，杀其兄而臣其弟。刑罚不怒[3]罪，爵赏不踰德，分然各以其诚通。是以为善者劝，为不善者沮[4]；刑罚綦省而威行如流，政令致明而化易如神[2]。《传》曰："一人有庆，兆民赖之。"[5]此之谓也。

乱世则不然：刑罚怒罪，爵赏踰德，以族论罪，以世举贤[6]。故一人有罪而三族[7]皆夷，德虽如舜，不免刑均[8]，是以族论罪也。先祖当[3]贤，后子孙必显，行虽如桀、纠，列从必尊，此以世举贤也。以族论罪，以世举贤，虽欲无乱，得乎哉！《诗》曰："百川沸腾，山冢崒 4 崩，高岸为谷，深谷为陵。哀今之人，胡憯莫惩！"[9] 此之谓也。

## 【校】

1.天下晓然皆知夫盗窃之人不可以为富也，皆知夫贼害之人不可以为寿也，据《群书治要》卷三十八引文，可知"盗窃之人""贼害之人"之"人"字衍，当删。

2.政令致明而化易如神，致，同"至"。易，通"施"。

3.当，通"尝"。

4.崒，通"碎"。

## 【注释】

〔1〕綦省：綦，极。省，俭约。

〔2〕凡人自得罪：语出《尚书·康诰》。全句意为：所有人都自愿得到惩处。

〔3〕怒：超过。

〔4〕沮：阻止。

〔5〕一人有庆，兆民赖之：语出《尚书·吕刑》。赖，利。全句意为：一人有了美好德行，千百万民众皆能受惠。

〔6〕以族论罪，以世举贤：荀子反对"以族论罪，以世举贤"，因为"以族论罪，以世举贤"是宗法制的产物。荀子的这种思想在当时显然是有进步意义的。《春秋公羊传》有"非世卿"，就是对荀子"以族论罪，以世举贤"的继承。

〔7〕三族：指父族、母族、妻族。

〔8〕均：同。

〔9〕百川沸腾，山冢崒崩，高岸为谷，深谷为陵。哀今之人，胡憯（càn）莫惩：语出《诗·小雅·十月之交》。冢，山顶。崒，碎裂。憯，怎么。全句意为：众多河流汹涌奔腾，山峰崩裂下倾，原来的高岸变成了深谷，原来的深谷上升成为山陵。可叹今日的当政者为什么不警惕呢。

## 【译文】

圣明的君王在上位之时，名分、礼义施行于臣民之中。士大夫们就不会有放荡荒淫的行径，百官群吏不敢有怠慢公务的行为，广大百姓之中没有奸诈荒诞的习俗，没有因盗窃犯罪的，没有人敢违犯最高的君主禁令。天下的人都很清楚盗窃是不可能发财致富的，杀人放火等行为也不会获得长寿，都知道违反上级的禁令是不会平安无事的。遵循正道，人们就会得到所希望的好事；不遵循正道的，一定会遇到所厌恶的坏事。所以，能用刑罚很少，而威望德行却像流水一样迅速扩展开来。社会上都清楚地知道，做奸邪坏事，虽然可以躲藏逃窜一时，但终究不能够免除惩罚。所以，没有不伏法认罪而请求惩罚的。《尚书》说："凡人都能承认自己的罪行。"就是说的这种情况。

所以，刑罚与罪行适当，刑罚就会有威力；刑罚与罪行不适当，就会轻视刑罚。爵位如果与贤能适当，爵位就会受到重视。如果与贤能不适当，就会受到轻视。古时候，刑罚不会超过罪行，爵位不会超过德行。所以，诛杀父亲就要以其子为官，诛杀兄长就要以其弟为官。刑罚不超过罪行，爵位不超过德行。刑赏界限清楚，各以其实情贯彻执行。所以，做善事的受到劝勉，做坏事的受到阻止；刑罚最减省而威信德行却像流水一样迅速扩散，政令极其明通而施行教化作用明显。古书上说："一人有庆，兆民赖之。"（一人有了美好德行，千百万民众皆能受惠。）就是说的这种情况。

乱世则不是这样：刑罚超过了罪行，爵赏超过了德行；按族群确定罪行，按等级门第推贤选官。所以，一人犯了罪，其父族、母族、妻族皆被诛灭。虽然有的人其德行像舜一样高尚，但也免不了受到一样的刑罚。这是以族论罪的情形。先祖是贤人，后世子孙必然显达，其行为虽然像夏桀、商纣一样不好，但其等级位次必定列入尊贵的范围，这是以家世举荐任贤人的情况。这种以族论罪、以世举贤的做法，虽然想不发生混乱，但是，能做到吗？《诗》曰："百川沸腾，山冢崒崩，高岸为谷，深谷为陵。哀今之人，胡憯莫惩！"（《诗》上说："众多河流汹涌奔腾，山峰崩裂下倾，原来的高岸变成了深谷，原来的深谷上升成为山陵。可叹今日的当政者为什么不警惕呢。"）就是说的这种情形。

## 【绎旨】

本章先后阐述了"圣王在上"和乱世时，社会的治平和混乱的情况。强调治国必须"由其道"，反对"不由其道"。强调"刑当罪""爵当贤"，反对"刑不当罪""爵不当贤"，批判了"以族论罪""以世举贤"的做法。这些都表现了荀子的进步思想。

## 【名言嘉句】

①由其道，则人得其所好焉；不由其道，则必遇其所恶焉。

②故刑当罪则威，不当罪则侮；爵当贤则贵，不当贤则贱。

## 【原文】

论法圣王，则知所贵矣；以义制事，则知所利矣。论知所贵，则知所养矣；事知所利，则动知所出矣。二者，是非之本，得失之原也。故成王之于周公也，无所往而不听，知所贵也。桓公之于管仲[1]也，国事无所往而不用，知所利也。吴有伍子胥[2]而不能用，国至于亡，倍¹道失贤也。故尊圣者王，贵贤者霸，敬贤者存，慢贤者亡，古今一也。故尚贤使能，等贵贱，分亲疏，序长幼，此先王之道也。故尚贤使能，则主尊下安；贵贱有等，则令行而不流²；亲疏有分，则施行而不悖；长幼有序，则事业捷成而有所休。故仁者，仁此者也；义者，分此者也；节者，死生此者也；忠者，惇³慎此者也；兼此而能之，备矣。备而不矜，一自善也，谓之圣。不矜矣，夫故天下不与争能而致善用其功。有而不有也，夫故为天下贵矣。《诗》曰："淑人君子，其仪不忒；

其仪不忒，正是四国。"[3] 此之谓也。

## 【校】

1. 倍，通"背"。

2. 流，通"留"。

3. 惇（dūn），同"敦"。

## 【注释】

〔1〕管仲：《国语·齐语》记载，公元前 685 年，齐桓公（姜小白）夺得齐国政权之后，即任用鲍叔为宰。鲍叔坚辞，他力推管仲为宰，并说自己有五个方面不及管仲，这五个方面是："宽惠柔民，弗若也；治国家不失其柄，弗若也；忠信可结於百姓，弗若也；制礼义可法於四方，弗若也；执枹鼓立於军门，使百姓皆加勇焉，弗若也。"

齐桓公说："在他与子纠争夺君位时，管夷吾曾射中他的带钩，使他濒於死亡。"鲍叔说："这是当时他为了子纠才这么办，如果赦免了他，为了您他也一定会像保卫子纠那样保卫您。"在鲍叔的推荐之下，齐桓公任用管仲为相，管仲推行了一系列改革，辅佐齐桓公成就了霸业。

〔2〕伍子胥：名员，字子胥。春秋时楚国将领。因父伍奢、兄伍尚被楚平王杀害，他逃至吴国，初受夫差信任，后因劝谏夫差拒越求和并停止攻齐，而被疏远。公元前 484 年被赐剑自杀。

〔3〕淑人君子，其仪不忒；其仪不忒，正是四国：语出《诗·曹风·鸤鸠》。全句意为：善人君子，他的礼义没有差错。礼义没有差错，正可治理四方。

## 【译文】

议论如何效法圣王，就会知道应该尊重什么；按照礼义裁断政事，就会知道什么是有利于平治天下的。议论知道应该尊重什么，就会知道应该培育什么；从事有利于平治天下的事，其行动就应该知道从何处开始。以上所说的"效法先王"和"按礼义裁决政事"，是是非的根本、得失的源头。所以，周成王对于周公，没有一件事不听从，这是他知道应该尊重什么。桓公对于管仲，在国事处事上没有一件是不重用的，这是因为他知道怎样做才能有利于国家的治理。吴国有伍子胥而不能任用他，国家终至灭亡，这是违背圣王正道而失去贤人的结果。所以，尊崇圣者就会成为天下之王；尊重贤人，就会称霸诸侯；敬重贤人，就会安全存在；怠慢贤人，就会灭亡。这个道理，古今是一致的。崇尚贤人，任用能人，把贵贱分成不同等级，分别亲疏，使长幼按照不同顺序处事，这是古代圣王的治国之道。所以，崇尚贤人，任用能人，就会君主尊贵臣下安定；贵贱分为不同等级，就会政令通畅而不停滞，亲与疏各有不同的待遇，就会使各项措施正常推行而不混乱；长与幼各有先后次序，就会事业迅速成功而又有好的征兆。所以，仁者是在尚贤使能、等贵贱、分亲疏、序长幼这些问题坚持"爱人"的原则；义者，是在这些问题上，坚持区分原则；节者，是在这些问题上，求生赴死；忠者，是在这些问题上，表现其敦实、忠厚；兼有仁、义、节、忠这几个方面，德行就算完备了。德行完备而不过分自尊自大，一切都在自己身上做得完善，就叫作王。不自尊自大，所以都不与他争才能的高低而使之善于发挥自己的功用。拥有而像没有一样，所以成为天下最尊贵的。《诗》曰："淑人君子，其仪不忒；其仪不忒，正是四国。"（《诗》上说："善人君子，他的礼义没有差错。礼义没有差错，正可治理四方。"）就是说的这种情况啊。

## 【绎旨】

本章主要论述效法圣王和"以义制事"是治国的根本，在此原则下的"尚贤使能、等贵贱、分亲疏、序长幼"是平治天下的措施，一切仁者、义者、节者、忠者都是围绕这几点而尽力的。这是君主治国必须把握好的。

## 【名言嘉句】

故尊圣者王，贵贤者霸，敬贤者存，慢贤者亡，古今一也。故尚贤使能，等贵贱，分亲疏，序长幼，此先王之道也。

# 成相篇第二十五

## 【导读】

《成相》篇是荀子充分利用当时通行的文艺形式（以三三七四七的句式），来阐述如何治国的文艺作品。据有关研究考证，"相"是当时的一种打击乐器，又名"拊"，以熟皮囊内装谷糠制成，击之发出一种低沉的声音可作为说唱的节拍。"成"可能是段落的意思，说完一段，就叫"一成"。"成相"就是打起相鼓说一段的意思。这一段自然可以是家长里短、神异鬼怪等任何事，荀子利用这种形式，阐述治国问题，应该说也是一种创作。唐宋以后兴起的弹词正是继承了荀子所创制的这种弹唱文学的特点，才成为以叙说故事为主，深受民间喜爱的文学范式的。

本篇共分为十章：

第一章，主要阐述治国必须重用贤人的问题。

第二章，通过列举史例说明在治国中近贤臣，远小人的重要性。

第三章，强调治国要用贤人，要学习先王的治国之道，同时要遵守后王，不要放纵慎、墨等各家之言，防止礼乐"灭息"、圣人"隐伏"出现。

第四章，阐述治国的根本原则上是礼刑并用，明德慎罚。

第五章，阐述尧、舜、禹禅让之事，强调禅让是"为民""让贤"。

第六章，阐述尧、舜、禹、后稷、夔、契、伯益、皋陶及汤建商的事迹，强调重德重贤，尊古法古的思想。

第七章，阐述奸人掌权的危害，劝为君者要了解实际情况，清除奸邪，重用贤人。

第八章，告诫为君者警惕奸邪之臣，防止幽、厉悲剧的出现。

第九章，阐述治国的五条方略。

第十章，告诫为君者治国必须重视的若干事项。

## 【原文】

请成相 [1]：世之殃，愚闇愚闇堕 [2] 贤良！人主无贤，如瞽无相何伥伥 [3]！请布基 [4]，慎圣人 ¹，愚而自专 [5] 事不治。主忌苟胜 [6]，群臣莫谏必逢灾。论臣过，反 [7] 其施，尊主安国尚贤义。拒谏饰非，愚而上同 [8] 国必祸。

## 【校】

1.圣人，疑作"听之"。

## 【注释】

〔1〕请成相：论成功的治国方略。

相，目前学术界对"相"的解释有四种情况：一、辅助。朱熹曰："相者，助也，举重劝力之歌，史所谓'五羖大夫死，而舂者不相杵'是也。"引申为："相助之人。""瞽无相者，瞽者无目，故必使人助之，亦谓之相，不可无也。"（朱熹《楚辞集注·楚辞后语·成相》.上海古籍出版社 2001 年版.第 209、210 页）二、乐器。卢文弨曰："《礼记》'治乱以相'，相乃乐器，所谓舂牍。又古者舂必有相。审此篇音节，即后世弹词之祖。篇首即称'如瞽无相何伥伥'，义已明矣。首句'请成相'，言请奏此曲也。"三、乐曲之名，俞樾曰："卢说是也。惟引'治乱以相'及'舂必有相'以释'相'字，则皆失之。乐器多矣，何独举舂牍为言？既以为乐器，又以为舂必有相，义又两歧矣。此'相'字，即'舂不相'之相。《礼记·曲礼篇》'邻有丧，舂不相'。郑注曰：'相，谓送杵声.'盖古人于劳役之事，必为歌讴以相劝勉，亦举大木者呼'邪许'之比，其乐曲即谓之'相'.请成相者，请成此曲也。《汉志》有《成相杂辞》，足征古有此体。"四、治。王引之曰："窃谓相者，治也。成相者，成此治也。成相者，请言成治之方也。"（王先谦《荀子集解》.中华书局 1988 年版.第 455、456、456 页）

《成相》称"拊"为"相"，源于齐国方言。

《汉书·艺文志》"杂赋类"著录《成相杂辞》11 篇。《艺文类聚》"木部"辑录淮南王《成相篇》数句残篇。"成相辞"应该是战国至秦汉期间较为流行的一种诗歌形式。元代钱天佑《叙古颂》86 章纯拟《荀子·成相篇》，这说明"成相辞"的影响。

1975 年 12 月，湖北省云梦县睡虎地秦墓中出土了大批竹简，其中，《为吏之道》（简 51 枚）竹简第五栏的韵文八首（以下简称《秦简·成相篇》，"韵文八首"的抄写时间上限为魏安釐王二十五年（前 252 年），下限应为秦始皇统一之前。），其格式竟与《荀子·成相篇》完全相同，基本上是三三七四七句式。（睡虎地秦墓竹简整理小组.《睡虎地秦墓竹简》.文物出版社 1990 年版）

廖名春认为《成相》是荀子晚年居楚之作。

张小苹认为《荀子·成相》篇非荀子所作，理由如下：《荀子·成相》与《荀子》其他篇章有三不合处：第一，《成相》篇提及春申君之死（前 238），但《荀子》其他各篇所记历史事件大致起于齐匡章伐燕（前 314），而终于邯郸解围（前 257），且对这 57 年间的重大战役以及政治事件大多都有记录，对自邯郸解围至春申君死近 20 年间的历史则只字未提。近 20 年间发生的重大事件有：公元前 256 年秦灭西周；公元前 254 年魏攻陶灭卫；公元前 251 年、公元前 250 年、公元前 249 年，赵三围燕都；公元前 249 年秦灭东周；公元前 247 年信陵君合纵败秦；公元前 241 年楚徙都寿春；公元前 241 年庞煖合纵攻秦等重大历史事件。第二，荀子在《正论》篇中激烈抨击禅让，而《成相》篇却积极称赞禅让。第三，荀子在《非十二子》篇、《解蔽》篇、《天论》篇中批判墨学，而《成相》篇却赞许"兼爱"。

之后张小苹结合 1975 年出土的睡虎地秦简"成相"赋资料，推测《成相》篇应是荀卿弟子所作。

〔2〕堕：陷害。

〔3〕伥伥：不知所措的样子。

〔4〕请布基：论施政的根本。杜国庠说："当时有一种称为'成相辞'的民歌的调子和结构，大约是以'请成相'、'请布基'之类的套语开头，中间用'请牧基'换调展开，每章虽只五句二十六个字，但一整套当由若干章所构成，章数或多或少可以伸缩，全视所要歌唱的题材而定。"（杜国庠《先秦诸子的若干研究》. 三联书店 1955 年版）臧一冰《中国音乐史》认为："《成相篇》是荀子模拟民间音乐形式而填词的一首长诗。"（臧一冰《中国音乐史》. 武汉大学出版社 1999 年版）金文达《中国古代音乐史》认为："《成相篇》可能是战国时荀子参照民间歌曲的结构而编成的一首歌词。"（金文达《中国古代音乐史》. 人民音乐出版社 2000 年版）刘向《孙卿新书》（32 篇）后，八百年间无人问津。苏轼《仇池笔记》认为："成相者，古歌谣之名也。"

〔5〕自专：独断专行。

〔6〕苟胜：务求胜人，自以为是。

〔7〕反：违背，背离。

〔8〕上同：附和君主，阿谀奉承君上。

## 【译文】

打相鼓，说成败，世间祸福我叙来，愚暗无道害良才。人主身边无贤良，盲人无助多惆怅。论国策，尊圣人，愚而自专行事必败。君主忌才又好胜，群臣无谏必逢灾。论臣错，看其行，尊主安国有无功，是否崇贤重才能？人主拒谏又饰非，臣下愚忠乱奉承，国必遭殃祸患成。

## 【绎旨】

本章阐述了治国必须重用贤人，同时要反对君主愚而自专，拒谏饰非，提倡群臣犯颜直谏。

## 【原文】

曷谓罢¹？国多私，比周还²主党与施 [1]。远贤近谗，忠臣蔽塞主埶³移。曷谓贤？明君臣，上能尊主下爱民。主诚听之，天下为一海内宾。主之孽，谗人达，贤能遁逃国乃蹶 [2]。愚以重愚，闇以重闇成为桀。世之灾，妒贤能，飞廉知政任恶来 [3]。卑其志意，大其园囿高其台。武王怒，师牧野，纣卒易乡⁴启乃下 [4]。武王善之，封之于宋立其祖。世之衰，逸人归，比干见刳箕子累[5]。武王诛之，吕尚招麾殷民怀[6]。世之祸，恶贤士，子胥见杀百里徙[7]。穆公任之，强配五伯⁵六卿施。世之愚，恶大儒，逆斥不通孔子拘。展禽三绌，春申道缀⁶基毕输[8]。

## 【校】

1. 罢，读曰"疲"。

2. 还，通"营"。

3. 埶，同"势"。

4. 乡，通"向"。

5. 伯，通"霸"。

6. 缀，同"辍"。

## 【注释】

〔1〕比周还主党与施：拉帮结派，结党营私，惑乱君主，扶植党羽。

〔2〕蹶，颠覆。

〔3〕飞廉知政任恶来：飞廉，商纣王的大臣，恶来之父。全句意为：飞廉当政任用恶来。

〔4〕纣卒易乡启乃下：商纣王的士兵倒戈，微子启投降。

〔5〕比干见刳（kū）箕子累：比干，纣王叔父，一说纣王庶兄。箕子，纣的大臣。全句意为：比干被剖心，箕子受囚禁。

〔6〕吕尚招麾殷民怀：吕尚，即姜太公，周文王时大臣，助周文王、周武王取得天下。招麾，指挥。

〔7〕子胥见杀百里徙：子胥，伍子胥。百里，百里奚（约前726—前621），姜姓，名奚，字子明，春秋时虞国大夫，后晋灭虞，被秦用五张羊皮换去，称五羖大夫，后辅佐秦穆公称霸天下。全句意为：伍子胥被杀，百里奚逃走。

〔8〕展禽三绌，春申道缀基毕输：展禽，无骇之后，字子禽。绌，罢免。春申，春申君黄歇，楚国丞相。司马迁《史记·春申君传》记载春申君相二十五年（前238），李园杀春申君。道，主张。缀，停止，行不通。基，基础。输，败坏。全句意为：春申君的主张行不通，国基完全败坏。

清郝懿行《与王引之伯申侍郎论孙卿书》认为荀子"本图依托春申，行其所学，迨春申亡而兰陵废，知道不行，发愤著书，其指归意趣，尽在《成相》一篇，而托之瞽矇之词以避患也。"（王先谦《荀子集解》·中华书局1988年版）"展禽三绌，春申道缀基毕输"，据此可知，《荀子·成相篇》创作时间当在春申君被害后，即公元前238年之后。

## 【译文】

何为不贤无才能？国多追逐私利风，结党惑主布党羽，君主远贤近谗佞，忠臣无缘见主公，主上威势被摇动。何为贤人多才能？尊君抑臣此事明，尊崇君主爱民众。君主诚意听臣谏，天下一统四海朋。君上灾尊此为何？谗人得势官运通，贤人遁逃国势窘。愚钝愚蠢来相重，昏暗如桀更昏庸。人间灾祸妒贤才，飞廉当政任恶来，父子相继造祸灾。满腔坏水恣享乐，广建园囿造阁台。武王怒兴牧野师，纣兵倒戈方向易，纣王自焚微子降，武王封爵宋祖立。殷朝衰败因谗佞，比干剖心箕子疯。武王诛佞尊殷仁，太公麾旗收殷民。世上祸患是恶贤，夫差错杀贤伍员。秦人羊皮换百里，穆公任之为大夫。官设六卿霸西戎，穆公百里皆名史。世上最蠢是恶儒，列国愚钝孔子拘。千古贤人柳下惠，身为小官亦三黜，楚相黄歇春申君，死于非命基业输。

## 【绎旨】

本章通过列举历史上的事例，说明在治国中近贤臣，远小人的重要性。

## 【原文】

请牧基[1]，贤者思，尧在万世如见之。谗人罔极，险陂倾侧此之疑[2]。基必施，辨贤罢，文武之道同伏戏¹，由之者治，不由者乱何疑为？凡成相，辨法方，至治之极复后王。复慎墨季惠，百家之说诚不详²。[3]治复一，修之吉，君子执之心如结。众人贰之，谗夫弃之形³是诘。水至平，端不倾，心术如此象圣人。而有埶⁴，直而用抴[4]必参天。世无王，穷贤良，暴人刍豢[5]，仁人糟糠。礼乐灭息，圣人隐伏墨术行。

## 【校】

1.伏戏：同"伏羲"。

2.详，通"祥"。

3.形，通"刑"。

4.埶，同"势"。

## 【注释】

〔1〕请牧基：说到治理国家的根本。

〔2〕谗人罔极，险陂倾侧此之疑：罔极，无恶不作。险陂倾侧，阴险邪恶。疑，疑问，怀疑。

〔3〕复慎墨季惠，百家之说诚不详：慎，慎到，战国时期法家的代表人物之一。墨，墨翟，墨家的创始人。季，季真，战国初期人。惠，惠施，名家的代表人物。

〔4〕抴，短浆，船夫有时用以接人登船，使人感到方便。

〔5〕暴人刍豢：刍豢，指吃鱼肉。

## 【译文】

谈及治国基本事，首先应把贤者思，尧虽久远如见之。谗人做事无底线，阴险邪恶对尧疑。基本国策定实施，首先辨别贤与愚，文王武王治国道，本同先王伏羲氏。遵循此道天下治，不遵此道乱无疑。总结我唱相歌意，辨别计策何为强，最优计谋学后王。慎到墨子季真与惠施，治国之说实不祥。恢复统一天下计，实行此策实在吉，君子执此志不移。对此三意二心者，还有谗人把此弃，一并以刑治问之。天下唯水最公平，端稳不可使之倾，心术如此像圣人。人有权势又宽容，德参天地世人颂。世无圣王贤良穷，坏人吃肉享太平，仁人糟糠常难成。礼乐灭息世不闻，圣人隐伏墨家行。

## 【绎旨】

本章强调：一、治国必须重用贤人，要防止谗人作乱。二、要学习继承伏羲、尧、文王、武王的治国之道，同时要尊崇支持当今能一统天下的"后王"。三、不要放纵慎、墨等各家之言，要防止礼乐"灭息"，圣人"隐伏"的现象出现。

## 【原文】

治之经，礼与刑，君子以修百姓宁。明德慎罚，国家既治四海平。[1]治之志，执¹富，君子诚之好以待。处之敦固，有深藏之能远思。思乃精，志之荣，好而壹[2]之神以成。精神相反，一而不贰为圣人。治之道，美不老[3]，君子由之佼以好。下以教诲子弟，上以事祖考。成相竭，辞不蹶，君子道之顺以达。宗其贤良，辨其殃孽□□□。

## 【校】

1.执，同"势"。

## 【注释】

〔1〕治之经，礼与刑，君子以修百姓宁。明德慎罚，国家既治四海平：经，根本的原则。明德，嘉奖美好的德行。

荀子提出了"隆礼重法"的思想主张，这是因为他从实践中看到了礼治教化的不足。只有把礼、法结合起来，摆正两者的关系，礼是第一位的，法是第二位的，才能收到礼法并治的理想效果。"治之经，礼与刑，君子以修百姓宁。明德慎罚，国家既治四海平。"可见，礼法并重的思想是对周公提出的"明德慎罚"的继承，也是对单纯强调德治的一种纠正。

"治之经，礼与刑。""故不教而诛，则刑繁而邪不胜；教而不诛，则奸民不惩；诛而不赏，则勤厉之民不劝；诛赏而不类，则下疑俗俭而百姓不一。"（《荀子·富国》）荀子的这些思想，是先秦后期法家思想的滥觞。

〔2〕壹：专一。

〔3〕治之道，美不老：老，腐朽，腐败。不老，就是指治国必须适应变化的形势而变革政策。

## 【译文】

治国之经礼与刑，君子劝学又践行。百姓遵守可安宁。宣明道德慎用刑，国家治平四海宁。治国之志先国家，国富我富不须疑，君子诚此要坚持，处此稳固不变心，远虑之前是深思。思想精深志气雄，专心一志尽善成。精神连续又深刻，从不二心成新圣。治国之道诸事劳，永不懈怠为美好，君子循之成为佼，下可教诲诸子弟，上能奉事先祖考。打完相鼓意未尽，君子遵道可顺达。效法贤良不可忘，辨清奸人与祸殃（原阙）。

## 【绎旨】

本章主要阐述治国的根本原则是礼刑并用，明德慎罚。治国者应先治国后富家，对治国之道要坚持不懈，等等。

## 【名言嘉句】

治之经，礼与刑，君子以修百姓宁。明德慎罚，国家既治四海平。

## 【原文】

请成相，道圣王，尧、舜尚贤身辞让，许由、善卷[1]，重义轻利行显明[2]。尧让贤，以为民，泛利兼爱德施均[3]。辨治上下，贵贱有等明君臣。尧授能，舜遇时，尚贤推德天下治。虽有圣贤，适不遇世孰知之？尧不德，舜不辞，妻以二女[4]任以事。大人哉舜，南面而立万物备。舜授禹，以天下，尚得¹推贤不失序。外不避仇，内不阿亲贤者予。

## 【校】

1.得，同“德”。

## 【注释】

〔1〕许由、善卷：许由，尧时的贤人。善卷，舜时的贤人。

〔2〕重义轻利行显明：义，《周易·乾卦·文言》云：“利者，义之和也。”（要得到利益，就要讲求与道义的统一）这说明“义”与“利”的关系是密不可分的。

《左传》僖公二十七年记晋臣赵衰的话：“《诗》《书》，义之府也。礼、乐。德之则也。德、义，利之本也。”（其中“义，利之本也。”亦见《左传》昭公十年）这里的“德、义，利之本也”，意思就是“德义”是谋利应该遵循的标准，也表明了当时人们已认识到德、义对于利既是联系在一起的又具有某种制约关系、标杆作用。

《左传》成公十六年记申叔的话：“德、刑、详、义、礼、信，战之器也。德以施惠，刑以正邪，详以事神，义以建利，礼以顺时，信以守物。"这里的"义以建利"也表明"义"与"利"的统一关系及"义"对"利"的某种制约作用。

又如，《管子·禁藏》曰："夫凡人之情，见利莫能勿就，见害莫能勿避。"这可以启发人们认识到，无论君子，还是小人都有趋利避害的本能，因而"君子喻于义，小人喻于利"的说法是片面的。

〔3〕尧让贤，以为民，泛利兼爱德施均：这里的"均"并不是平均，而是"协调""相宜"之意。"泛利兼爱德施均"是荀子在"以义制利"的主张下，对于利益分配的原则。

〔4〕二女：帝尧的两个女儿：娥皇、女英。

据《史记·五帝本纪》及其他有关文献称：舜被四岳推荐以后，"内行弥谨"，因而使自己的两个妻子（娥皇、女英）"不敢以贵骄事舜亲戚，甚有妇道"，尧的"九男"工作更积极，人民群众更拥戴他，以至"舜耕历山，历山之人皆让畔；渔雷泽，雷泽上人皆让居；陶河滨，河滨器皆不苦窳。"人民拥护者日多，因而"一年所居成聚，二年成邑，三年成都。"

另外，据《尚书》《左传》《史记》等记载：高阳氏（颛顼）有才子八人，他们给社会带来许多好处，被称为"八恺"。高辛氏（帝喾）有子八人，世称"八元"。"八恺""八元"及其家庭，世世代代的人们都说他们好，但尧未能任用他们。舜即位后加以任用，命八恺主管农事，结果连获丰收。命八元"布五教于四方"，结果使"父义、母慈、兄友、弟恭、子孝"，内外协和。

尧在位时已集中了一批有才能的人物，如禹、皋陶、契、后稷、伯夷、夔、龙、倕、益、彭祖等，尧信任他们，但并未有明确的分工。舜即位后即根据每个人的特长，明确分工，使他们各司其职，并定期考核，即"三岁一考功，三考绌陟"，这样一来，很快使全国上下各项工作都出现了兴盛的局面。

## 【译文】

打相鼓，说成败，再道圣王治国篇。尧舜二帝尚贤才，招取贤才接班来。许由、善卷皆贤人，重义轻利行光明。尧让帝位于许由，许由避之不应求。尧让权位本为民，广泛施利爱均匀，上下有等贵贱分。尧授贤能舜遇时，尚贤推德天下治。世上贤圣亦多矣，惜不遇时谁能人知？尧不自夸德行高，让位于舜舜不辞。娥皇、女英共妻舜，舜承大事正当时。南面而立万物齐。舜老授禹承天下，尚德推贤不失序。外不避仇看德才，内不阿亲亦如之。

## 【绎旨】

本章主要阐述尧、舜、禹禅让之事。说明禅让并非像后世家天下那样"传嫡不传贤"，而是首先强调德才贤能。禅让的目的在于"为民""泛利兼爱德施均"，而非为了一家一姓之利。本章可与《正论篇》之有关内容对照阅读，对尧舜禅让问题做出全面认识。

## 【原文】

禹[1]劳心力，尧有德，干戈不用三苗[2]服。举舜畎¹亩，任之天下身休息。得后稷[3]，五谷殖，夔[4]为乐正鸟兽服。契[5]为司徒，民知孝弟²尊有德。禹有功，抑下鸿³[6]，辟除民害逐共工[7]。北决⁴九河，通十二渚[8]疏三江。禹傅土，平天下，躬亲为民行劳苦。得益、皋陶、横革、直[9]成为辅。契玄王，生昭明，居于砥石迁于商。十有四世，乃有天乙[10]是成汤。天乙汤，论举当，身让卞随与牟光[11]。□□□□，道古贤圣基必张。

## 【校】

1.畎，同"畎（quǎn）"。

2.弟，同"悌"。

3.鸿，通"洪"。

4.决，同"掘"。

## 【注释】

〔1〕禹：从《尚书》《史记·夏本纪》《孟子》《庄子》等文献来看，禹是一位勤于事功，忠心为民的公仆。《史记·夏本纪》称赞他："敏给克勤，其德不违，其仁可亲，其言可信。""劳身焦思，居外十三年，过家门不敢入。""薄衣食""卑宫室"。《庄子·天下》称他："亲自操橐耜而九杂天下之川""腓无胈，胫无毛，沐甚雨，栉疾风。"《孟子·滕文公上》称他："禹八年于外，三过其门而不入。"从这些称赞的话中，不难看出禹的高尚品德。

〔2〕三苗：古代的少数民族。在今广西、湖南、湖北一带。

〔3〕后稷：稷，名弃，舜命为后稷，管理农业的官。

〔4〕夔：舜时乐官。

〔5〕契：辅佐禹治水，管教化的官。童书业先生曾考定，风姓始祖太皞氏实际上就是古文献中所说的商的远祖帝喾（商的始祖契为帝喾次妃有娀氏所生，童书业文见《春秋左传考证》.上海人民出版社1980年版.第2—3页）。

〔6〕抑下鸿：治理洪水。

〔7〕共工：古代传说中的人物，后被禹驱逐。

《淮南子·天文训》曰："昔者共工与颛顼争为帝，怒而触不周之山，天柱折，地维绝。天倾西北，故日月星辰移焉；地不满东南，故水潦尘埃归焉。"这是对共工事迹记载较全面的一则。

对于共工的评价，古文献中多为否定。由于受到"万世一系出于黄帝"及"成者王侯败者贼"的思维定式的影响，共工一向被视为反对尧、舜的"四凶之一"。据《史记·五帝本纪》称：謹兜、共工、三苗和鲧被舜列为四凶，并予以放逐或诛杀。共工被流放到北方幽州一带，后来变成一副妖魔的样子。

《史记集解》引《神异经》曰："西北荒有人焉，人面，朱髪，蛇身，人手足，而食五谷禽兽，顽愚，名曰共工。"这种丑化及评价是很不公平的。毛泽东同志在第二次国内革命战争时期，所写的以"反第一次大围剿"为主要内容的词（渔家傲），即认为共工是敢于反抗的英雄，词中有"不周山下红旗乱"一句，他在对此句的注释中，专门引用了《淮南子·天文训》和其他记载共工事迹的文献，并评论说："诸说不同。我取《淮南子·天文训》，共工是胜利的英雄。你看：怒而触不周之山……（以下从略—引者）他死没有呢？没有说。看来是没有死，共工是确实胜利了。"（转引自《毛泽东诗词》）

共工怒而触不周之山，正表现了他敢于抗争，不怕牺牲，凛然正气，这种精神是不死的，也是不会死的。

〔8〕渚：州。

〔9〕得益、皋陶、横革、直：伯益，传为皋陶子，舜时掌山泽之官。皋陶、横革、直，人名，都是辅佐禹治理天下的人。

其中，皋陶（音遥），据《尚书·皋陶谟》记载，有一次，皋陶与禹一起在舜帝面前讨论治国方略时，当皋陶提出"允迪厥德"（切实引导实行德教德治）时，禹表示十分赞同，并与皋陶一起进行了深入的讨论。后来舜帝在谈到自己实行的德政时，曾经对禹说了这样的话："迪朕德，时乃功惟叙。"即启迪协助我实行德教德政的，只有你的功劳值得称赞。又说："皋陶方祗厥叙。"即皋陶现在很重视您的德政。

〔10〕天乙：成汤的祭号，商代的第一个君主。

〔11〕卞随与牟光：商朝时的两个人。

## 【译文】

尧费心力重德行，三苗宾服干戈停。荐举大舜田亩间，主持天下自休闲。舜任后稷为农官，种植五谷百蔬鲜。又任夔氏做乐正，乐奏鸟兽舞蹁跹。契为司徒教化民，民知孝悌尊有德。用禹治水建丰功，消除民害驱共工。疏通九河汇黄河，十二州河道皆畅通。疏浚三河入海东。禹重农业天下平，躬身劳作为民生。伯益、皋陶和横革，辅臣还有名直成。传说契为玄鸟生，契王生子名昭明。居于砥石迁于商。十四世后裔商朝兴。开国之君名成汤，曾让卞随与牟光。二贤坚辞隐民间（原阙），成汤尚贤美名扬。前代圣贤是榜样，继行前路基业旺。

## 【绛旨】

本章按历史顺序阐述了尧、舜、禹以及后稷、夔、契、伯益、皋陶等的事迹，进一步强调了重德重贤的思想。最后部分重点叙述了商的先世和成汤建商等事，表现了尊古法古，继承传统的思想。

## 【名言嘉句】

道古贤圣基必张。

## 【原文】

愿陈辞，□□□，世乱恶善不此治[1]。隐过疾贤，良由奸诈鲜无灾 1。患难哉，阪 [2] 为先，圣知 2][3] 不用愚者谋。前车已覆，后未知更何觉时？不觉悟，不知苦，迷惑失指易上下。中 3 不上达，蒙揜 4 耳目塞门户。门户塞，大迷惑，悖乱昏莫 5 不终极。是非反易，比周欺上恶正直。正直恶，心无度，邪枉辟 6 回 [4] 失道途。己无邮 [5] 人，我独自美岂独无故？不知戒，后必有，恨 7 后 8 遂过不肯悔。谗夫多进，反复言语生诈态 9。

## 【校】

1. 良由奸诈鲜无灾，"良"当作"长"。

2. 知，同"智"。

3. 中，通"忠"。

4. 揜，同"掩"。

5. 莫，同"暮"。

6. 辟，同"僻"。

7. 恨，同"很"。

8. 后，繁体为"後"，与"愎"，形近而讹。

9. 态，通"慝"，奸诈。

## 【注释】

〔1〕不此治：即。不治此

〔2〕阪：邪术。

〔3〕圣知，郭店楚简《六德》曰："何谓六德？圣智也，仁义也，忠信也。……作礼乐，制刑法，教此民尔，使之有向也，非圣智者莫之能也。""圣智"一词见于《墨子·天志下》《墨子·七患》《管子·明法解》《文子·自然》《列子·仲尼》《礼记·中庸》《庄子·宥坐》。

〔4〕邪枉辟回：回，违。奸邪乖违。

〔5〕邮：通尤，责备。

## 【译文】

愿臣良言说兴衰（原阙）世道混乱恶善良，无人对此做扭转。隐瞒过错嫉贤良，总由奸诈掌权柄，如此很少无祸灾。大搞邪恶祸难至，圣智不任用，却用愚人谋。前面已翻车，后车不知何时改正，何时觉悟？不觉悟不知苦，方向迷惑不知路，上下颠倒错次序。实际情况不上达，就好像掩住耳目，塞了门户。门户塞住大迷惑，错乱昏暗不停止，是成非来非成是，结党营私欺君上，排斥正直真君子。正直好人受排斥，尔等心中无法度，奸邪乖违失正路。自错不可怨他人，岂尔独美没错误。不知警诫后覆辙，刚愎自用不改过，亦不肯悔我无措。谗人多受君上用，坏话常说真邪恶。

## 【绎旨】

本章阐述奸人掌权的危害，劝为君为上者要了解实际情况，不可闭目塞听，要坚决清除奸邪、谗夫等小人，利用贤人改变世乱恶善的状况。

## 【名言嘉句】

患难哉，阪为先，圣知不用愚者谋。前车已覆，后未知更何觉时？

## 【原文】

人之态，不如备，争宠嫉贤利恶忌。妒功毁贤，下欸党与上蔽匿。上壅蔽，失辅埶[1]，任用逸夫不能制。郭[2]公、长父之难，厉王流于彘。周幽、厉，所以败，不听规谏忠是害。嗟我何人，独不遇时当乱世！欲衷对，言不从，恐为子胥身离凶。进谏不听，刭而独鹿[3]弃之江。观往事，以自戒，治乱是非亦可识。□□□□，托于成相以喻意。[1]

## 【校】

1. 埶，同"势"。
2. 郭，同"虢"。
3. 独鹿，同"属镂"。

## 【注释】

〔1〕争宠嫉贤利恶忌。……郭公、长父之难，厉王流于彘。欲衷对，言不从，恐为子胥身离凶。进谏不听，刭而独鹿弃之江。……托于成相以喻意：综合分析本条与《荀子·臣道》"战战兢兢，如临深渊，如履薄冰"，可知《荀子·成相》晚于《秦简·成相篇》。

郭公、长父，人名。衷对，以诚相待。离凶，遭遇杀害。刭，自杀。

独鹿，《太平御览·天部·风》："《抱朴子》曰：用兵之要，雄风为急，扶摇、独鹿之风，大起军中，军中必有反者。"（李昉《太平御览》.四部丛刊三编.上海商务印书馆 1935 年版)《骈雅·释天》："扶摇、独鹿，旋风也。"（朱谋㙔《骈雅》. 文渊阁四库全书. 商务印书馆 1986 年版）《南齐书·梁志·独禄辞》："独禄独禄，水深泥浊。泥浊尚可，水深杀我。"（萧子显《南齐书》. 中华书局二十四史及清史稿点校本. 1972 年版. 第 193 页）刘弇《宿法藏禅院》："独鹿，水深愁，浊泥白汗泣。珠霍如洗桔，橛声噤松风。"（《宋百家诗存》. 文渊阁四库全书）《职方外纪·亚墨利加总说》："其坚木名则独鹿，能入水千年不朽。"（艾儒略《职方外纪》. 文渊阁四库全书）《物理小识·器用类·洋舫》："江船用铁锚，洋舫用木矴，多则独鹿木，其缝以椰索贯，而沥青、石脑油涂之。"（方以智《物理小识》. 文渊阁四库全书）

杨倞、王念孙二人认为"独鹿，与'属镂'同"，剑名。（唐 杨倞注. 清 卢文弨 校《荀子》（丛书集成初编本）商务印书馆 1935 年版. 王念孙《读书杂志·荀子》. 江苏古籍出版社 1982 年版）

王先谦《荀子集解》引郝懿行曰："黄县、蓬莱间人皆以独鹿为酒器名。此言独鹿盖为革囊盛尸，所谓鸱夷者也。……若作'剄而属镂'，语复不词。"

蒋礼鸿《义府续貂》"独漉、鹿独"条有"独漉"亦作"独鹿""独禄"，认为"独鹿"为"鹿独"之倒文，落拓、疲困不能自振也。而霍生玉《＜荀子·成相篇＞"独鹿"新解》则认为"独鹿"是指一种腹圆如壶状的革囊。（《古汉语研究》. 2014 年第 4 期（总第 105 期））（蒋礼鸿《义府续貂》. 中华书局 1981 年版）

**【译文】**

人心险恶不戒备，臣下争宠嫉贤能，相互攻讦变成风。妒害功臣毁贤人，下聚党羽上蔽罪。君上壅蔽不知情，失去辅佐势孤零，再任谏夫国势倾。虢公长父造危难，国人暴动天地翻，厉王逃难去彘间。厉王幽王所以败，不听忠臣劝，反而害贤良。可叹我是何等人，未遇好时机，独在乱世中。本欲忠心进忠言，只恐君上不听咱。又怕如同伍子胥，一腔热血遭凶残。夫差不听子胥谏，赐镂独鹿令自完，子胥自刎尸抛江，千古悲歌令人叹。历观往事以自戒，治乱是非亦可识。以史为鉴儆后人（原阙），托于相辞告人知。

**【绎旨】**

本章主要是告诫为君者要警惕奸佞之臣，他们不仅妒贤害能，而且会堵塞言路，壅蔽君上，如果再用这样的人执政，必然会造成厉王逃彘，幽王被杀那样的悲剧。同时提醒为君者，一定要识别忠奸，不要造成夫差错杀伍子胥那样的错误。

**【原文】**

请成相，言治方，君论有五约以明。君谨守之，下皆平正国乃昌。臣下职，莫游食，务本节用财无极。事业听上，莫得相使一民力。守其职，足衣食，厚薄有等明爵服[1]。利往印[1]上，莫得擅与孰私得？君法明，论有常，表仪既设民知方。进退有律，莫得贵贱孰私王？君法仪，禁不为，莫不说²教名不移。修之者荣，离之者辱孰它师⁽²⁾？刑称陈，守其银³，下不得用轻私门。罪祸有律，莫得轻重威不分。

## 【校】

1. 印，古"仰"字。

2. 说，同"悦"。

3. 银，同"垠"，边。

## 【注释】

〔1〕爵服：爵位。

〔2〕孰它师：即孰师它，水还会学习其他的呢？

## 【译文】

请听相辞说治方，君主守则有五项，简单明了听我讲，为君谨守不走样，臣下平正国乃昌：臣子守职不白食，重视农业莫迟疑，节约开支广财路，一切要听君主断，民力调整由君主；各守其职足衣食，爵服不同分等级，财利全仰主上给，无人擅发钱与物，有谁私得必罪之；君主法度严且明，制度伦理有常规，各项准则设立后，方向明确民遵守，官员升降有条例，不用送礼权门走；君王法度是准则，禁止不按法度行，人人喜欢君教化，名号爵位不变更，服从这条都荣耀，不服从的受耻辱，谁还学做违法事？刑罚相称且公布，执法有界坚守之，臣下不得私用刑，私家权势因此轻，犯罪自有法律定，随意轻重不能行，君主权势自咸重。

## 【绎旨】

本章主要阐述治国的五条方略。做好这五条，国家就会正常运转，并逐步强盛，否则，就会衰败。这是值得后人注意的。

## 【原文】

请牧基，明有祺⁽¹⁾，主好论议必善谋。五听修领，莫不理续主执持¹。听之经，明其请²，参³伍⁽²⁾明谨施赏刑。显者必得，隐者复显民反诚。言有节，稽其实，信诞以分赏刑必。下不欺上，皆以情言明若日。上通利，隐远至，观法不法见不视。耳目既显，吏敬法令莫敢恣。君教出，行有律，吏谨将之无铍滑⁽³⁾。下不私请，各以宜舍巧拙。臣谨修，君制变，公察善思论不乱。以治天下，后世法之成律贯。

## 【校】

1. 莫不理续主执持，"续"当作"绩"。执，同"势"。

2. 请，同"情"。

3. 参，通"三"。

## 【注释】

〔1〕祺：吉祥。

〔2〕参伍：多次。

〔3〕吏谨将之无铍滑：无铍滑，顺利。全句意为：官吏无不谨守法度，所以事情无不顺利进行。

## 【译文】

谈到治国基本事，明察实情有好处。君主喜好议国政，定有良策与好谋。以上五项都做到，百官人人守其职，君主威势可持续。听政最重明实情，反复调查不可松，谨慎实行赏与刑。情况明显定得到，情况隐晦必查明，民受教育归于诚。言合法度查其实，诚信荒诞两分之，赏信罚诞不可无，下属不可欺上司，都言实情不相欺，如同日照真清楚。君明事理不壅蔽，隐藏远处都入目。合法非法及难见，君上看清无躲处。耳聪目明显天下，群吏畏法令，谁人敢自恣。君主教令一发布，臣民行为有条律。官吏谨慎来奉持，各处执行都顺利。群下不敢搞请托，各尽职守拒私约。臣子谨慎遵法令，君主掌握制动权。公正考察又善思，国家法则不可乱。以此来治天下事，后世亦法之，成为律例和条贯。

## 【绎旨】

本章重申治国的五条方略，强调听政必须重视实情，慎重赏罚，同时强调赏罚必行。告诫为君者要处事以公心，掌握主动权，不放弃治国的原则。

## 【名言嘉句】

听之经，明其请（情）。

# 赋篇第二十六

## 【导读】

本篇名《赋》，"赋"字的含义，据《诗·周南·关雎》之《序》称《诗》有六义，即风、雅、颂、赋、比、兴。铺叙其事曰赋。班固《两都赋·序》谓："赋者，古诗之流。"

《汉书·艺文志》："不歌而诵谓之赋。"（班固《汉书》.中华书局1963年版.第1755页）赋是汲取散文与诗的特点而形成的一种新的文体。而最早的一篇赋，就是荀子的这一篇，因此，这篇《赋》在文学上具有文体开创的意义。

全篇可分为七章。后两章实际是诗。

第一章，阐述礼的特点及其对于修身治国的作用。

第二章，阐述智慧的特点及其对修身治国的作用。

第三章，阐述云的特点及其功用与危害。

第四章，阐述蚕的特点及其对人类的功用。

第五章，阐述针（箴）的特点及其功用。

第六章，是荀子感叹世事不平的一首四言诗。

第七章，也是一首四言诗，其内容是对上一篇的补充。

阅读本篇时，应注意本篇是文学作品，与以前各篇不同，要对其内容做出正确的理解。

## 【原文】

爰有大物，非丝非帛，文理成章[1]。非日非月，为天下明。生者以寿，死者以葬，城郭以固，三军以强。粹而王，驳而伯¹，无一焉而亡。

臣[2]愚不识，敢请之王。王[3]曰：此夫文而不采者欤？简然易知而致有理者欤？君子所敬而小人所不者欤？性不得则若禽兽，性得之则甚雅似[4]者欤？匹夫隆之则为圣人，诸侯隆之则一四海者欤？致明而约，甚顺而体，请归之礼。[5]——礼。[6]

## 【校】

1.伯，同霸。

## 【注释】

〔1〕文理成章：花纹构成一定规则。

〔2〕臣：《孟子·滕文公下》："古者不为臣，不见。"此处是荀子自称。

〔3〕王：《史记·春申君传》："春申君者，楚人也，名歇，姓黄氏。游学博闻，事楚顷襄王。"钱穆先生认为，顷襄王即楚庄王。（钱穆《先秦诸子系年》.河北教育出版社 2002 年版.第 43 页）《新序·杂事》《吕氏春秋·重言》记载楚庄王好"隐"。侯文华据《史记·春申君传》与钱穆《先秦诸子系年》推断出此处"王"当指先王楚庄王，侯论不确。楚庄王生活于春秋时代，而顷襄王生活于战国。所以，此处"王"应指"顷襄王"。

赵逵夫认为："《赋篇》包括荀卿作于不同时期不同地点的两篇作品：前半的五首是䜟（巫觋以时下流行的娱乐活动说"隐"对先王、先师举行的娱神祭祀），作于齐宣王（公元前 319——前 301 年）初至稷下时；后半为'赋'，作于初次适楚，又去而至赵期间。"（赵逵夫《〈荀子·赋篇〉包括荀卿不同时期两篇作品考》.《贵州社会科学》.1988 年.第 4 期）《文心雕龙·谐隐》："隐者，隐也，遁辞以隐意，谲譬以指事也。"

〔4〕雅似（zhì）：似，修治。

〔5〕匹夫隆之则为圣人，诸侯隆之则一四海者欤？致明而约，甚顺而体，请归之礼：一，使统一。对个人修养而言，荀子认为学习和掌握礼仪是最根本的一条。

〔6〕荀子初到齐游学时应为 15 岁（见刘向《孙卿新书叙录》《玉海》卷三十一、《史记·孟荀列传》、宋代晁公武《郡斋读书志》《盐铁论》卷四《毁学》）。《赋》篇应是荀子居楚多年浸染南方巫祭文化的产物。《赋篇》中的《礼》《知（智）》《云》《蚕》《箴》可能作于同一时期，《佹诗》和《遗春申君赋》可能又各作于不同时期。

## 【译文】

有一个很大的物，既不是丝又不是帛，却是文理斐然而成章。它既不是太阳又不是月亮，却是天下最明亮的。活着的人依靠它而长寿，去世的人依靠它而殡葬，城郭依靠它变得巩固，三军依靠它变得坚强。纯粹使用它就会称王，部分使用它就能称霸，一点不使用它就会灭亡。

臣子愚钝不知这是什么，敢问大王。王说：这物大概有条理而没有华丽的色彩吧？简明易知而很有条理的吧？君子敬重它而小人却不敬重它吧？人的本性如果得不到它就会像禽兽一样，如果得到它就会修正得很高雅，最下层的人推崇它就会变为圣人，诸侯推崇它就会统一全国吧？极其明白而简要，顺畅而又有体例，请归之为礼。——礼。

## 【绎旨】

本章主要阐述礼的特点及其对于修身治国的作用。

## 【原文】

皇天隆物，以示下民，或厚或薄，帝[1]不齐均。桀、纣以乱，汤、武以贤。涽涽淑淑，皇皇穆穆[2]，周流四海，曾不崇日。君子以修，跖以穿室[3]。大参乎天，精微而无形，行义以正，事业以成。可以禁暴足[4]穷，百姓待之而后宁泰。

臣愚不识，愿问其名。曰：此夫安宽平而危险隘者邪？修洁之为亲而杂汙之为狄者邪[5]？甚深藏而外胜敌者邪？法禹、舜而能弇[6]迹者邪？行为动静，待之而后适者邪？血气之精也，志意之荣也。百姓待之而后宁也，天下待之而后平也。明达纯粹而无疵也，夫是之谓君子之知[1]。——知。

## 【校】

1. 知，同"智"。

## 【注释】

〔1〕帝：常。

〔2〕涽涽淑淑，皇皇穆穆：涽涽，读作"泯泯"，清静貌，取水为喻。淑淑，比喻水的清澈。皇皇穆穆，庄重盛美的样子。

〔3〕跖（zhí）以穿室：穿室，偷东西。

〔4〕足：动词，富足。

〔5〕修洁之为亲而杂汙之为狄者邪：狄，剪出，远离。

〔6〕弇：承袭。

## 【译文】

上帝降到人间一物，以给予下民，它或丰厚或浅薄，总是不一样均衡。夏桀、商纣用它制造了混乱，成汤、武王用它制造出贤明的政治。有的混沌，有的清澈，有的很大，有的细微，流通全天下，也不用一天。君子用它修身养性，跖一类人物靠它穿室行窃。其大可与天相比，其小则细微无形。德行道义靠它端正，各种事业靠它成功。它可以用来禁止暴行，使贫穷变为富有，老百姓依靠它可以安宁太平。

臣下愚钝不了解它，愿意问它的名字。回答说：这物能够使人安宁宽舒平静而远离危险的吧？能使人修身洁行以孝敬亲人而排除杂污吧？是能很深地藏于人心之中而对外却能够战胜敌人的吧？是能效法大舜、大禹而继续沿着他们的足迹前进的吧？是行为举止依靠它才适当的吧？是人血气的精华，思想意志的花朵。百姓依靠它就会安宁，天下依靠它就会太平。它光明通达而纯粹没有瑕疵，它就是君子的智慧。——智。

## 【绎旨】

本章阐述智慧的特点及其对修身治国的作用。

## 【原文】

有物于此，居则周静致下，动则綦高以钜。圆者中规，方者中矩。大参天地，德厚尧、禹[1]。精微乎毫毛，而大盈乎大宇。忽兮[2]其极之远也，螭[3]兮其相逐而反¹也，卬卬兮天下之咸蹇²也。德厚而不捐，五采备而成文。往来惛惫，通于大神[4]，出入甚极，莫知其门。天下失之则灭，得之则存。

弟子[5]不敏，此之愿陈，君子设辞，请测意之。曰：此夫大而不塞者与？充盈大宇而不窕，入郄穴而不偪者与³？行远疾速而不可托讯者与？往来惛惫而不可为固塞者与？暴至杀伤而不億忌与[6]？功被天下而不私置者与？托地而游宇，友风而子雨，冬日作寒，夏日作暑。广大精神，请归之云。——云。

## 【校】

1. 反，通"反"。

2. 卬卬兮天下之咸蹇，卬卬，宋刻元明递修本《纂图互注荀子》、《韵补》卷三"反"字条、《群书考索》卷二十、《慈湖诗传》卷四、《文选补遗》卷三十一、《古赋辩体》卷二、《喻林》卷十九引作"邛邛"。"卬卬""邛邛"，形近而讹。

蹇，同"搴（qiān）"，取。

3. 入郄（xì）穴而不偪（bī）者，郄，通"隙"。偪，古同"逼"，不容。

## 【注释】

〔1〕大参天地，德厚尧、禹：参，叁。

〔2〕忽兮：远离之貌。忽，《群书考索》卷二十引误作"意"。兮，《诗经·召南·葛覃》："葛之覃兮，施于中谷，维叶莫莫。"《诗经·周南·摽有梅》："摽有梅，其实七兮。求我庶士，迨其吉兮。"但《二南》不是周初的北方的诗，而是东周的南方的诗。"（说见陆侃如，冯沅君《中国诗史》.百花文艺出版社 1999 年版.第 72 页）这就是说，此处"兮"字与南方楚地有关。

〔3〕螭（lì）兮：旋转之貌。螭，分判的样子。

〔4〕往来惛惫，通于大神：来去昏暗隐蔽，变幻莫测。

〔5〕弟子：荀子在春申君面前自称。

〔6〕行远疾速而不可托讯者与？往来惛惫而不可为固塞者与？暴至杀伤而不億忌与：讯，《古赋辩体》卷二引同。《增韵》卷四"訫"字条、《群书考索》卷二十、《文选补遗》卷三十一、《喻林》卷十九引作"訫"。《集韵》："讯，问也，或作訫。""讯""訫"，形近而讹。億忌，果断，不考虑。

## 【译文】

有物在这里，积聚时沉静向下弥漫，流动时扩大而升高。要变圆时符合圆规，要变方时符合矩尺。其大可与天地并列，其德比之尧、禹还厚。精微时如毫毛，而充盈时大于宇宙。运动时，可飞至极远处；回旋时相追逐又返回，一会儿又高高集聚，天下皆可得到。其德纯厚而不舍弃万物，能成五彩花纹美丽。有时昏暗，变化如神，变化出入极快，不知从何而来。天下失去它就会灭亡，得到它就会生存。

弟子不聪敏，在此愿做陈述，君子写出上面的这些话，请猜测估计。回答说：这物是虽然很大但又不能堵塞的吧？是能够充满宇宙而无空隙，而进入小穴又不感觉狭窄的吧？跑很远又跑得快但又不能替人捎信的吧？往来都昏暗但又不能堵塞什么吧？强暴而至杀伤万物却毫不顾忌的吧？其功泽及天下而却不私置自己的利益的吧？依托大地游遍宇宙，与风为友以雨为子。冬季成寒流，夏季成暑气，广大无边，至精至神，请归之为云。——云。

## 【绎旨】

本章阐述云的特点、功能及危害。

## 【原文】

有物于此，儳儳¹兮其状，屡化如神。功被天下，为万世文。礼乐以成，贵贱以分。养老长幼，待之而后存。名号不美，与暴为邻。功立而身废，事成而家败。弃其耆老，收其后世。[1]人属所利，飞鸟所害。

臣愚不识，请占之五泰。五泰占之曰[2]：此夫身女好而头马首者与[3]？屡化而不寿者与？善壮而拙老者与？有父母而无牝牡[4]者与？冬伏而夏游，食桑而吐丝，前乱而后治，夏生而恶暑，喜湿而恶雨。蛹以为母，蛾以为父。三俯三起，事乃大已。夫是之谓蚕理。——蚕[5]

## 【校】

1. 儳，通"裸"。

## 【注释】

〔1〕弃其耆老，收其后世：耆老，六十岁老人。耆老，一说指蛾。后世，指蛾所生的卵即蚕子。

《国语·晋语五》云："有秦客廋辞于朝，大夫莫之能对也。"廋辞，即廋语，隐语，谜语。

〔2〕五泰占之曰：包山楚简第 211 号、229 号、233 号多处出现"五生占之曰：吉"一句。占，解答谜语。五泰，五帝。一说，是神巫的名字。

〔3〕此夫身女好而头马首者与：女，妇人。女好，柔润婉转。头马首，头象马头。后世称蚕神为马头娘，其源甚早，《山海经》即有此说。《山海经·海经》云："欧丝之野在大踵东，一女子跪据树欧丝。"与，语气助词，表疑问。

〔4〕牝牡：牝，（雄）禽兽。牡，（雌）禽兽。

〔5〕蚕："蚕""残"声近，残暴，所以荀子说："名号不美，与暴为邻。"

## 【译文】

在这里有一物，赤身裸体，像神一样多次变化。功劳泽及天下，成就万世文采。礼乐因它而成，贵贱因它而分。养育老人成长孩童，依靠它而生存。名号不好听，其音与"暴"字为邻。成就功劳后身体被废弃，事情办成之后家就要破败。它的老一辈被抛弃，它的后代被收存。人们利用它的益处，而美鸟却去残害它。

臣下愚钝不认识它，请五泰来占卜。五泰占后说：这不是身体柔软而头像马头的吧？多次演化而不能长寿的吧？壮年时好过而老年时难以渡过的吧？虽有父母但无雌雄的吧？冬天隐伏而夏天繁衍，吃桑叶而吐出丝来，开始缭乱后来有条理。夏天生长而厌恶暑热，喜欢潮湿但厌恶下雨。以蛹为母，以蛾为父。多次伏眠，多次醒来，才完成大事。这就是蚕的有关事理。——蚕

## 【绎旨】

本章阐述蚕的特点、对人类的作用。

## 【原文】

有物于此，生于山阜，处于室堂。无知无巧，善治衣裳。不盗不窃，穿窬[1]而行。日夜合离[2]，以成文章。以能合从¹，又善连衡²[3]。下覆百姓，上饰帝王。功业甚博，不见贤良。时用则存，不用则亡。

臣愚不识，敢请之王。王曰：此夫始生钜，其成功小者邪？长其尾而锐其剽[4]者邪？头铦达而尾赵缭者邪[5]？一往一来，结尾以为事。无羽无翼，反复甚极。尾生而事起，尾遵[6]而事已。簪以为父，管以为母。既以缝表，又以连里：夫是之谓箴³理。——箴

## 【校】

1. 从，同"纵"。

2. 衡，同"横"。

3. 箴（zhēn），同"针"。《左传·襄公十四年》曰："工诵箴谏。"（杨伯峻《春秋左传注》. 中华书局 1981 年版. 第 107 页）刘勰《文心雕龙》云："箴诵于官。"（刘勰著范文澜注《文心雕龙》. 人民出版社 2006 年版. 第 195 页）

## 【注释】

〔1〕窬：门边小道。

〔2〕合离:《群书考索》卷二十、《文选补遗》卷三十一、《古赋辩体》卷二引作"合

杂"。萧旭言是，读为"匌市"，俗字亦作"匼匝"，"<广下边一个合>市""<广下边一个合>匝""鞳匝""合匝"，环绕也，围绕也。（萧旭《敦煌变文校补》（一）.《群书校补》.广陵书社 2011 年版 . 第 1160—1161 页）

〔3〕以能合从，又善连衡：南北为纵，东西为横。

〔4〕剽：末梢。

〔5〕头铦（xiān）达而尾赵（diào）缭者邪：铦达，锋利。赵缭，长长的样子。

〔6〕尾邅（zhān）：尾，线。邅，停止，不进。

## 【译文】

有一物在此，原生于山岗上，又处在堂室中，它善于缝制衣裳。它既非盗又非窃，却穿过小洞而行走。白天黑夜都缝合那些分开的东西，以成就各种花纹。既缝合竖缝，又能连缀横缝。下覆盖了百姓之体，上装饰了帝王之身。功劳很大却无人称之为贤良。用它时就显出作用，不用时就没有作用。

臣子愚钝，不知这是何物，请教君王给予指点。君王说：这是开始时是很大一块铁，到制成功时又变得很小的东西吧？这是尾巴长而其梢末很锋利的吧？这是尖锋利而尾巴上绕缭很长的吧？一往一来，尾巴打个结，就开始工作。没有羽毛，没有翅子，反复来回却极速。生出尾巴就开始，尾巴再打结，事情已完毕。簪子是其父，针筐是其母。既可以缝表，又可以连接里子。这就是关于针的道理。——箴。

## 【绎旨】

本章阐述针的特点及其功用。

## 【原文】

天下不治，请陈《佹¹诗》[1]：天地易位，四时易乡。列星殒坠，旦暮晦盲。幽闇登昭，日月下藏。公正无私，见谓从横。志爱公利，重楼疏堂[2]。无私罪人，憼²革贰兵。道德纯备，谗口将将[3]。仁人绌约，敖暴擅强。天下幽险，恐失世英。螭龙为蝘蜒，鸱枭为凤凰[4]。比干见刳，孔子拘匡。昭昭乎其知之明也，郁郁乎其遇时之不祥也。拂乎其欲礼义之大行也³，闇乎天下之晦盲也。皓天不复，忧无疆也。千岁必反，古之常也。

弟子勉学，天不忘也。圣人共⁴手，时几将矣。与愚以疑，愿闻反辞[5]。其《小歌》曰：念彼远方，何其塞矣！仁人绌约，暴人衍矣。忠臣危殆，谗人服矣。[6]

## 【校】

1. 佹，通"诡"，诡异。

2. 憼，同"儆"，儆戒，戒备，增益兵革。

3. 郁郁乎其遇时之不祥也。拂乎其欲礼义之大行也，此句当作"拂乎其遇时之不祥也。郁郁乎其欲礼义之大行也。"

4.共，通"拱"。

## 【注释】

〔1〕偍诗：在《战国策》中称为"赋"。偍诗，梁启雄云："荀子《赋篇》的原文，至此似已结束了；以下的偍诗，好像本来是另外一篇独立的篇章，不是《赋篇》的卒章；它的标题或是《偍诗》，或是《诗篇》。"（梁启雄《荀子简释》. 第360页）

〔2〕重楼疏堂：修建豪华的楼堂。

〔3〕谗口将将：以谗言相退送。

〔4〕螭龙为蝘蜓，鸱枭为凤凰：蝘蜓，壁虎。鸱枭，猫头鹰。

〔5〕反辞：回复之辞。

〔6〕其《小歌》曰：念彼远方，何其塞矣！仁人绌约，暴人衍矣。忠臣危殆，谗人服矣：《小歌》，侯文华《＜荀子・赋篇＞与楚国巫祭仪式关系考论》认为"《赋篇》带有明显的问卜遗迹，很可能是巫觋以时下流行的娱乐活动说'隐'对先王、先师举行的娱神祭祀。篇末《偍诗》和《小歌》相当于楚辞'乱曰'，是祭祀仪式的赋诵结束语。"（《中国文化研究》.2011 年 5 月 28）《小歌》，《战国策・楚策四》《韩诗外传》均有载。

远方，大道。绌约，绌退穷约。衍，丰饶，富足，殷实。

## 【译文】

天下未治好，听我怪诗章：天地换了位，四时改方向。列星都陨落，白天换黑茫茫。小人据高位，君子弃道旁。公正本无私，反说他无常。本来热爱公众利，反说在家修楼堂。未曾袒护有罪者，却说备兵害他人。本是道德纯粹人，谗人攻击声将将。仁人罢官遭穷困，恶夫横暴又逞强。天下昏暗无光明，时代英才要丢光。螭龙成壁虎，猫头鹰当凤凰。贤人比干被剖心，孔子周游围于匡。明亮啊！比干、孔子的智慧是多么明亮啊！其遭遇与意愿相反，比干、孔子遇到的时世是多么不祥。文彩丰盛啊！他们要把文彩丰盛的礼义推广，但遇到的天下是多么昏暗无光。明亮的天再看不到了，忧思无疆。乱世长了必恢复治世，这是自古以来运行之常。

弟子们，勤奋学习，上天不会忘记你。圣人拱手等时机，乱极必返治世至。如果不懂而且疑，愿尔再听吾重复。怀念远方之祖国，朝政昏暗蔽塞多。仁人去职遭困窘，暴徒横行又成果多。忠诚危险难保夕，谗人得宠权势多。

## 【绛旨】

本章是荀子感叹时世的一首诗。诗中对当时政治昏暗，黑白颠倒，贤人去职，小人高位等现象表示了深切的愤慨之情，并表达了治世再至，礼仪大行的愿望。

## 【原文】

琁¹、玉、瑶、珠，不知佩也。杂布与帛，不知异也。闾娵、子奢，莫之媒也。嫫母、力父，是之喜也。²⁽¹⁾以盲为明，以聋为聪，以危为安，以吉为凶。呜呼上天！曷维其同！

## 【校】

1. 琁，同"璇"。

2. 嫫母、力父，是之喜也，《艺文类聚》卷二十四引作："嫫母、力牧，莫之喜也。""是"当为"莫"之误字。

## 【注释】

〔1〕闾娵、子奢，莫之媒也。嫫母、力父，是之喜也：闾娵，战国时魏国的美女。子奢，即子都，战国时期郑国的美男子。嫫母，黄帝妃，其貌丑，但有德且贤。嫫母见《吕氏春秋·遇合》《汉书·古今人表》颜师古注、《艺文类聚》卷十五引《列女传》。力父，当为"力牧"，力牧辅佐黄帝，天下大治，亦貌丑。力牧见《列子·黄帝》《淮南子·览冥训》《汉书·爰盎晁错传》《韩诗外传》卷四、《太平御览》卷三九七。

## 【译文】

琁玉瑶珠皆至宝，不知佩带却抛掉。杂布美锦相混淆，不知区别真可笑。子都、闾娵美男女，无人为媒自凄凄。力父、嫫母皆丑人，人们见了爱又喜。视力最好是瞎汉，听力最好是聋子，本来危险却说安，本来吉利却说凶。呜呼老天怎么办？怎与他们相同意。

## 【绎旨】

本章是对上一章的补充说明。据《战国策·楚策四》记载，这是荀子致春申君信中的一部分，个别词句有不同。

# 大略篇第二十七

## 【导读】

关于《大略》篇的性质，目前学术界尚未形成统一的看法。一说，《大略》是荀子学生平时所记载的荀子的言论，后经汇集编纂而成。因全局没有一个论证中心，分条而记，涉及广泛，但总起来看不出修身治国平天下的大体范畴，故以《大略》为篇名。

一说，《大略》不是荀子学生汇集编纂而成，而是荀子生前已经存在的读书笔记。其中19条已见于《荀子》的其他篇章，其他条都源自先秦古籍的有关篇章。

这两种说法，虽有差异，但都没有否定《大略》为荀子的著作。为了阅读方便，现根据其内容，将全篇归纳为九章：

第一章，阐述若干礼仪的内涵及礼的产生、作用、根本原则与具体原则的关系等。

第二章，仁、义、礼、乐及名分等的重要性及他们之间的关系等。

第三章，阐述如何修身、齐家及交友等问题。

第四章，主要阐述若干历史人物的功过是非问题。

第五章，阐述治国者应如何识别选拔人才的问题。

第六章，主要阐述如何富民、教民的问题。

第七章，阐述治国必须遵循法度并协调好与群众的风俗习惯问题。

第八章，阐述君民关系、治国方法与处世方法等问题。

第九章，阐述义利关系问题。

## 一、礼（治国、君臣关系）

## 【原文】

大略 [1]。

君人者，隆礼尊贤而王，重法爱民而霸 [2]，好利多诈而危。

"欲近四旁，莫如中央。"故王者必居天下之中，礼也。

天子外屏，诸侯内屏，礼也。外屏，不欲见外也；内屏，不欲见内也。

诸侯召其臣，臣不俟驾，颠倒衣裳而走，礼也。[3]《诗》曰："颠之倒之，自公召之。"[4]天子召诸侯，诸侯辇舆就马，礼也。《诗》曰："我出我舆¹，于彼牧矣。自天子所，谓我来矣。"[5]

天子山冕，诸侯玄冠，大夫裨冕，士韦弁，礼也。

天子御珽[6]，诸侯御荼，大夫服笏，礼也。

天子雕弓，诸侯彤弓，大夫黑弓，礼也。

诸侯相见，卿为介，以其教出²毕行，使仁居守。

聘人以珪，问士³[7]以璧，召人以瑗，绝人以玦，反⁴绝以环。

《聘礼》志曰："币厚则伤德，财侈则殄礼。"[8]礼云礼云，玉帛云乎哉！[9]《诗》曰："物其指矣，唯其偕矣。"[10]不时宜，不敬交⁵，不驩欣，虽指⁶，非礼也。

水行者表深，使人无陷；治民者表乱，使人无失。礼者，其表也。先王以礼义表天下之乱。今废礼者，是去表也。故民迷惑而陷祸患，此刑罚之所以繁也。[11]

舜曰："维予从欲而治。"故礼之生，为贤人以下至庶民也，非为成圣也[12]；然而亦所以成圣也，不学不成；尧学于君畴⁷，舜学于务成昭，禹学于西王国。

五十不成丧，七十唯衰⁸存。

亲迎之礼，父南乡⁹而立，子北面而跪，醮[13]而命之："往迎尔相，成我宗事，隆率以敬先妣之嗣，若[14]则有常。"子曰："诺。唯恐不能，敢忘命矣！"

夫行也者，行礼之谓也。[15]礼也者，贵者敬焉，老者孝焉，长者弟¹⁰焉，幼者慈焉，贱者惠焉。[16]

礼以顺人心为本，故亡于《礼经》而顺于人心者，皆礼也。

礼之大凡：事生，饰驩也；送死，饰哀也；军旅，饰威也。[17]

货财曰赙，舆马曰赗，衣服曰襚[18]，玩好曰赠，玉贝曰唅。赙、赗，所以佐生也；赠、襚，所以送死也。送死不及柩尸[19]，吊生不及悲哀，非礼也。故吉行五十，奔丧百里，赗、赠及事，礼之大也。

礼者，政之挽也。为政不以礼，政不行矣。[20]

天子即位，上卿进曰："如之何忧之长也？能除患则为福，不能除患则为贼。"授天子一策¹¹。中卿进曰："配天而有下土者，先事虑事，先患虑患。先事虑事谓之接，接¹²则事优成；先患虑患谓之豫¹³，豫则祸不生。事至而后虑者谓之后，后则事不举；患至而后虑者谓之困，困则祸不可御。"授天子二策。下卿进曰："敬戒无怠，庆者在堂，吊者在闾[21]。祸与福邻，莫知其门。豫哉！豫哉！万民望之。"授天子三策。

杀大蚤¹⁴，朝大晚，非礼也。治民不以礼，动斯陷矣。

平衡曰拜，下衡曰稽首，至地曰稽颡[22]。大夫之臣拜不稽首，非尊家臣也，所以辟¹⁵君也。

一命齿于乡，再命齿于族，三命，族人虽七十，不敢先。上大夫，中大夫，下大夫。

吉事尚尊，丧事尚亲。

君臣不得不尊，父子不得不亲，兄弟不得不顺，夫妇不得不驩。少者以长，老者以养。故天地生之，圣人成之。[23]

聘，问也。享，献也。私觌，私见也。

言语之美，穆穆皇皇。朝廷之美，济济跄跄。

为人臣下者，有谏而无讪，有亡而无疾，有怨而无怒。

君于大夫，三问其疾，三临其丧；于士，一问一临。诸侯非问疾吊丧，不之臣之家。

既葬，君若父之友食[24]之，则食矣，不辟16梁肉，有醴酒则辞。

寝不踰庙，设衣不踰祭服，礼也。

《易》之《咸》，见17夫妇。夫妇之道，不可不正也，君臣父子之本也。咸，感也，以高下下，以男下女，柔上而刚下。

聘士之义，亲迎之道，重始也。

礼者，人之所履也，失所履，必颠蹶陷溺。[25]所失微而其为乱大者，礼也。

礼之于正国家也，如权衡之于轻重也，如绳墨之于曲直也。故人无礼不生，事无礼不成，国家无礼不宁。[26]

和乐18之声，步中《武》《象》，趋中《韶》《护》。君子听律习容而后士。

礼者，本末相顺，终始相应。

礼者，以财物为用，以贵贱为文，以多少为异。[27]下臣事君以货，中臣事君以身，上臣事君以人。[28]

## 【校】

1. 舆，《毛诗》作"车"。

2. 出，当作"士"。

3. 士，通"事"。

4. 反，通"返"。

5. 交，当作"文"。

6. 指，同"旨"。

7. 君畴，《汉书·古今人表》作"尹畴"。

8. 衰，通"缞"。

9. 乡，通"向"。

10. 弟，同"悌"。

11. 策，同"册"。

12. 接，通"捷"，敏捷。

13. 豫，通"预"，预见。

14. 大蚤，大，通"太"。蚤，通"早"。

15.辟，通"避"。

16.辟，通"避"。

17.见，同"现"。

18.乐，当作"鸢"。

## 【注释】

〔1〕大略：俞志慧认为："《荀子·大略》系荀子的读书笔记，其中多为荀子对固有文献的摘录，以备写作、教学及游说之用。"（俞志慧《＜荀子·大略＞为荀子读书笔记说》.《文学遗产》.2012年1月15日）《大略》与《荀子》他篇文字相重者共十九条。略，取。《左传·宣公十五年》曰："以略狄土。"《左传·成公十二年》曰："略其武夫。"杜预注皆训"取"（《春秋左传正义》.《十三经注疏》.中华书局1980年版.第1888页、第1910页）。扬雄（公元前53——18年）《方言》卷二："搜、略，求也。秦晋之间曰搜。就室曰搜，于道曰略。"（钱绎《方言笺疏》卷二.上海古籍出版社1984年版.第26页）大略，略举其概要。

《荀子》三十二篇，其中称"孔子""仲尼"的也不在少数；《仲尼》篇是直接以孔子的字作为篇名的。另外，《大略》《宥坐》《子道》《法行》《哀公》《尧问》几乎全是关于孔子与弟子问答的记事和相关言论。

〔2〕君人者，隆礼尊贤而王，重法爱民而霸：此条亦见《荀子·强国》。

〔3〕诸侯召其臣，臣不俟驾，颠倒衣裳而走，礼也：此条本于《论语·乡党》，《论语》原文作："君命召，不俟驾行矣。"

〔4〕颠之倒之，自公召之：语出《诗·齐风·东方未明》。全句意为：《诗》上说："为什么衣服没穿好，只因国君召见急。"

〔5〕我出我舆，于彼牧矣。自天子所，谓我来矣：语出《诗·小雅·出车》。全句意为：《诗》上说："赶紧推出我的车，快到马场去套马。因为使者从天子那里已来到，我要赶紧去迎接。"

〔6〕珽（tǐng）：大珪，古代天子所持的玉笏。

〔7〕问士：访问国事。

〔8〕《聘礼》志曰"币厚则伤德，财侈则殄礼"：《仪礼·聘礼》作："多货则伤德，币美则没礼"。全句意为：《聘礼》记载说："钱币多了就会损伤道德，财货多了就会破坏礼义。"

〔9〕礼云礼云，玉帛云乎哉：此条本于《论语·阳货》，《论语》原文作："礼云礼云，玉帛云乎哉？乐云乐云，钟鼓云乎哉。"全句意为：礼啊！礼啊！难道就是玉帛这些东西吗？

〔10〕物其指矣，唯其偕矣：语出《诗·小雅·鱼丽》。全句意为：《诗》上说："物所以美好，就是因为它协调。"

〔11〕水行者表深，使人无陷；治民者表乱，使人无失。礼者，其表也。先王以礼义表天下之乱。今废礼者，是弃表也。故民迷惑而陷祸患，此刑罚之所以繁也：这是讲"礼义表乱"。荀子认为行道即是行礼义，又曰"礼义之谓治，非礼义之谓乱也"。实际上，将礼义与道、礼义与治等同起来了。"明礼行道"，就是希望社会大治。荀子把"礼"比喻成水准和标杆，认为"礼"是每个人都必须遵守的社会规范和行为准则。

〔12〕故礼之生，为贤人以下至庶民也，非为成圣也：对于圣人来说，无所谓礼或法。

〔13〕醮（jiào）：古代婚礼中的一种斟酒仪式。

〔14〕若：你。

〔15〕夫行也者，行礼之谓：古希腊哲学家亚里士多德说过："正如其他技术一样，我们必须先进行现实活动，才能得到这些德性。我们必须制作所要学习的东西，在这些东西的制作之中，我们才学习到要学习的东西。例如，建造房屋，才能成为营造者；弹奏竖琴，才能成为琴手。……一切德性，都从这里生成，并通过这里毁灭，正如技术一样。"（高春花《荀子礼学思想及其现代价值》. 人民出版社 2004 年版 . 第 192 页）由此可见，荀子的思想与亚里士多德的如出一辙。这就意思是：德行，就是指奉行礼义。

〔16〕礼也者，贵者敬焉，老者孝焉，长者弟焉，幼者慈焉，贱者惠焉：敬，敬重。弟，通"悌"。荀子认为首先要敬重社会上有地位的人，这是礼的首要内容。其次，才是对长者尽孝。礼统率忠、孝、悌、慈、惠等各种伦理道德德目。

〔17〕礼之大凡：事生，饰骧也；送死，饰哀也；军旅，饰威也：此条亦见《荀子·礼论》："凡礼，事生，饰欢也；送死，饰哀也；祭祀，饰敬也；师旅，饰威也。"类似记载亦见于《淮南子·本经》，其文如下："故钟鼓、管箫、干戚、羽旄，所以饰喜也；衰绖、菅杖，哭踊有节，所以饰哀也；兵革、羽旄、金鼓、斧钺，所以饰怒也。必有其质，乃为之文。"

〔18〕货财曰赙（fù），舆马曰赗（fèng），衣服曰禭（suì）：赙，送布帛财物助人办丧事。赗，送车马等给人办丧事。禭，赠送死者以衣服。

〔19〕柩尸：古人称人死在床为尸，入棺为柩。

〔20〕礼者，政之挽也。为政不以礼，政不行矣：荀子认为，处理政事的指导原则是："礼"。如果处理政事不遵循礼的规定，政事就行不通。

〔21〕间，门口。

〔22〕颡（sǎng）：额。

〔23〕君臣不得不尊，父子不得不亲，兄弟不得不顺，夫妇不得以骧。少者以长，老者以养。故天地生之，圣人成之：只有遵礼，才能够建立和谐的人际关系以及合理的社会伦理。《释名》释"沦"曰："沦，伦也，水文相次有伦理也。"（王先谦《释名疏证补》. 中华书局 2008 年版 . 第 35 页）

此条亦见《荀子·富国》：故曰："君子以德，小人以力……父子不得不亲，兄弟不得不顺，男女不得不欢。少者以长，老者以养。""一天下，治万变，材万物，养万民，兼制天下者，为莫若仁人之善也夫。"

〔24〕食（sì）：让……吃。

〔25〕礼者，人之所履也，失所履，必颠蹶陷溺：荀子认为礼是个人行为的准则，这与《论语·为政》子曰"道之以德，齐之以礼"是一致的。

〔26〕礼之于正国家也，如权衡之于轻重也，如绳墨之于曲直也。故人无礼不生，事无礼不成，国家无礼不宁：在这里，荀子讲礼对于修身、齐家、治国等方面的重要作用。

〔27〕礼者，以财物为用，以贵贱为文，以多少为异：此条亦见《荀子·礼论》："礼者，以财物为用，以贵贱为文，以多少为异，以隆杀为要。"荀子认为礼同人们的衣食住行是密不可分的，主张等贵贱。

〔28〕下臣事君以货，中臣事君以身，上臣事君以人：荀子分臣为三：一是，把珍异的器物送给国君的是下臣。二是，可以为君牺牲自己身家性命的是中臣。三是，能够为国举荐贤能的则是上臣。君臣之道，当以用人之道为先。《礼记·大传》曰："圣人南面而听天下，所且先者五，民不与焉。一曰治亲，二曰报功，三曰举贤，四曰使能，五曰存爱。"这里讲了三条用人之道。

## 【译文】

治国的大体方略。作为君主的人，尊崇礼义、尊重贤人，就能够称王，重视法度、爱护人民就能够成为霸主，如果喜好追求私利又多诡诈，那就危险了。

要想接近四方之民，没有比居于中央之地好的了。所以，统一天下的人一定居于天下之中，这是符合礼制的。

天子的照壁在门外，诸侯的照壁在门内，这是礼制规定的。照壁在门外，是不想让人看到外面；照壁在门内，是不想让人看到内部。

诸侯召见其臣子，臣子等不及驾好车，来不及把衣服穿戴好就跑，这是礼规定的。《诗》曰："颠之倒之，自公召之。"（《诗》上说："为什么衣服没穿好，只因国君召见急。"）天子召见诸侯，诸侯要使人拉车去靠近马，这是礼规定的。《诗》曰："我出我舆，于彼牧矣。自天子所，谓我来矣。"（《诗》上说："赶紧推出我的车，快到马场去套马。因为使者从天子那里已来到，我要赶紧去迎接。"）

天子穿画着山的礼服，戴礼帽；诸侯穿黑色的礼服，戴礼帽；大夫穿次等的礼服，戴礼帽；士戴用熟皮制成的帽子，穿礼服，这是礼规定的。

天子手持王珽，诸侯手持王荼，大夫手持笏版，这是礼规定。

天子使用雕有纹饰的弓，诸侯用红色的弓，大夫用黑色的弓，这是礼规定的。

诸侯会盟相见时，以卿为介，让所有受过教练的教士随行，让有仁德的人在家留守。

诸侯之间或诸侯对天子派使节问候要持珪作为凭证；访问国事时持璧凭证；召见人时用瑗作为凭证；断绝关系（外贬）时用玦作为凭证；重新召回绝交的人时用环作为凭证。

《聘礼》记载说："钱币多了就会损伤道德，财货多了就会破坏礼义。"礼呀，礼呀，难道就是玉帛这些东西吗？《诗》曰："物其指矣，唯其偕矣。"（《诗》上说："物所以美好，就是因为它协调。"）不合乎时宜，不尊重礼节，不令人欢欣，虽然美好，也不合乎乎礼。

涉水而行的人标记出水的深度，以使他人不致于溺水；治理民事的人标记出何为作乱，以使他人不犯过失。礼，就是何为礼、何为治的标准。古代圣王用礼来标明何为天下之乱。现在那些废除礼的人，就是把标准去掉了。所以，民众因迷惑不明而陷于祸患。这就是刑罚繁重的原因啊！

舜说："我想按我的想法治理天下。"所以，礼的产生，是为了贤人及其以下的老百姓的，并不是为了成就圣人，但是，也由此而成就了圣人。不经过学习是不能成圣人的。尧曾向君畴学习，舜曾向务成昭学习，禹曾向西王国学习。

五十岁的人在丧礼中不需要完全按丧礼的要求去做；七十岁以上的人在丧礼中只穿上丧服就可以了。

新郎到新娘家迎娶的礼节，父亲面向南站立，儿子（新郎）面向北跪着。父亲给儿子斟酒，儿子饮酒，不用回敬，父亲对他说："前往迎娶你的妻子，完成我们家传宗接代祭祀宗庙的大事，好好带领你妻子恭敬地作为你去世的母亲的继承人，你要持之以恒啊！"儿子说："是的，唯恐自己做不到，怎么敢忘记您的嘱托呢？"

人的行为，就是要践行礼义。礼的要求就是：对高贵者要尊敬，对年老者要孝顺，对年长者要以对待兄长的礼对待，对年幼者要慈爱，对贫贱者要给予恩惠。

礼应以顺人心为根本。所以，《礼经》没有记载，但只要是顺应人心的，都是礼。

礼的大体要求是：事奉生者的礼仪，要表达出欢乐来；事奉死者的礼仪，要表达出哀痛来；军队中的礼仪，要表达出威严来。

送各种财货给人办丧事，叫赙；送车马等给人办丧事，叫赗；送的衣服办丧事，叫襚；送死者生前喜欢的玩物，叫赠；送珠、玉、贝壳等，以供含于死者口中的，叫唅。赙、赗是用来帮助死者家中的生计的；赠、襚，是用来赠送死者的。送别死者，一定要赶在死者下葬之前，追悼死者，慰问家属达不到悲哀的程度，这是不符合礼仪的。所以，参加吉礼时，一天走五十里即可，奔丧时一天要跑一百里。送财货、送玩好都要不耽误事，这是礼仪中很重要的。

礼，是政治治理的引导原则。从事政治不依靠礼，政治就不能推行。

天子即位，上卿进言说："忧虑这样长怎么办呢？能除掉祸患就是福祉，不能除掉祸患就是危害。"于是献给天子一道策。中卿进言说："德能配天而又有国土的君主，先于事情发生之前考虑事情，先在忧患发生前考虑忧患。先于事情发生之前考虑事情，就叫'捷'，'捷'就能使事情完成得很好；先于忧患而考虑忧患，就叫'豫'，'豫'就能使祸患不发生。事情来到了才考虑的，就叫'后'，'后'就会使事情不能完成；忧患来到后才考虑的，叫'困'，'困'就会使灾祸无法预防、控制。"于是献给天子第二道策。下卿进言说："要慎重警惕而不可懈怠。庆祝者在厅堂上，而吊唁的人已到了门口。福祸紧紧相邻，谁也不知何时发生。警惕啊！警惕啊！万民都注视着您。"于是献给天子第三道策。

杀牲祭祀太早，上朝太晚，都不合乎礼仪。治理民众，不按礼的要求去做，动不动就会陷入困境。

头与腰平衡，就叫拜；头低过腰，叫稽首；头至地，叫稽颡。大夫的家臣拜见大夫时不用稽首，这不是为了尊重家臣，而是为了避免大夫和国君在礼节等级上的相同。

受一次命的士级官员在乡饮酒礼时，要按年齿排列次序；受再命的大夫级官员在族内饮酒时要按年齿排列次序；受三命的卿级官员，在族内饮酒，即使七十岁的人，也不敢和他争先。上大夫、中大夫、下大夫，分别对应三命、再命、一命。

吉庆的事（如朝廷排列位次），要崇尚爵位高的人；丧事中与死者亲近的人排列在前面。

君臣之间得不到圣人的礼法，就没有相互尊重；父子之间得不到圣人的礼法，就不会相互亲近；兄弟之间得不到圣人的礼法，就没有和顺的关系；夫妇之间没有礼法，就得不到欢乐。年少的依靠圣人礼法的教诲而成长；年老的依靠礼法安度晚年。所以说，天地提供物资使人生存下去，圣人用礼法成就了人。（本条又见第三章）

聘，就是诸侯之间或诸侯与天子之间相互派使者问候。享，就是向诸侯或天子进献礼品。私觌，就是私下相见。

形容言语的美好，就说"穆穆皇皇"。形容朝廷的美好，就说"济济跄跄"。

作为臣下的人，可以进谏规劝，但不可以讪谤诋毁；可以离职出走，但不能憎恨；可以埋怨自己，但不能愤怒。

君主对大夫，可以三次探问疾病，身临期丧礼；对于士，探问一次，身临一次，就可以了。诸侯不是探问疾病或吊丧，是不到臣家的。

丧礼完结后，君主或父亲的朋友请自己吃饭，就去吃。不回避好的米饭和肉食，但喝酒就应该辞掉。

《易经》的《咸》卦，体现了夫妇之道。夫妇之道，不可以不端正，它是君臣、父子关系的根本。咸，就是"感应"，《咸》卦的卦象是把高的置于低的之下，把男的置于女的之下，柔的在上面，刚的在下面。（本条又见第三章）

聘请贤人的礼节，迎接新娘的礼节，都是重视开始。

礼，就是人走路的依据。如果失掉这个依据，必然会跌倒陷入水中。所损失虽小，而造成的乱子却很大，这就是礼。

礼对于端正国家的错误，就像秤对于衡量物体的轻重一样，像墨线对于弯曲取直一样。所以，人如果不讲礼义就无法生存，事情不遵守礼义就办不成，国家不遵守礼义就不会安宁。

车行进时的铃声，在慢行时要合乎《武》乐和《象》乐；车子快行时要合乎《韶》乐和《护》乐。君子走路要听佩玉声音是否合乎节律，并练习好举止仪表，然后才可能成为儒雅之士。

礼，礼的根本原则与具体原则是相顺应的，终结与开始是互相对应的。

礼的实行，要用财物作为实际用途，以尊贵与下贱作为节文，以多少作为区别。下等臣子用财货奉事君王，中等臣子用自己的生命奉事君王，上等臣子用推荐人才奉事君王。

## 【绎旨】

本章主要阐述了：①若干礼仪的内涵，如为君之礼，为臣之礼，君臣之间的礼仪，服饰方面的礼仪，外交礼仪，《聘礼》的有关内容，出行礼，迎亲礼，丧礼，夫妇之间、父子之间的礼等。②礼的产生、作用，根本原则与具体原则的关系等。以上这些内容对于学习和掌握儒家的礼义有重要作用。

## 【名言嘉句】

①君人者，隆礼尊贤而王，重法爱民而霸，好利多诈而危。

②礼之于正国家也，如权衡之于轻重也，如绳墨之于曲直也。故人无礼不生，事无礼不成，国家无礼不宁。

### 二、礼与仁、义、乐

## 【原文】

人主仁心设焉，知[1]其役也，礼其尽也，故王者先仁而后礼，天施然也。

亲亲、故故、庸庸、劳劳，仁之杀[2]也；贵贵、尊尊、贤贤、老老、长长、义之伦也。行之得其节，礼之序也。仁，爱也，故亲。义，理也，故行。礼，节也，故成。仁有里，义有门。仁非其里而虚[3]之，非礼也；义非其门而由之，非义也。[1]推恩而不理，不成仁[2]；遂理而不敢，不成义；审节而不知[4]，不成礼；和而不发，不成乐。故曰：仁、义、礼、乐，其致一也。君子处仁以义，然后仁也；行义以礼，然后义也；制礼反本成末，然后礼也。三者皆通，然后道也。

国法禁拾遗，恶民之串[5]以无分得也。有夫分义[3]则容天下而治；无分义则一妻一妾而乱。

## 【校】

1. 知，同“智”。

2. 杀（shài），差等。

3. 虚，通"墟"。

4. 知，据杨倞注，当作"和"。

5. 串，通"惯"。

## 【注释】

〔1〕亲亲、故故、庸庸、劳劳，仁之杀也；……义非其门而由之，非义也：庸，功劳。庸庸，奖赏以功劳的人。杀（shài），差等。这说明仁、义都要受礼的制约，礼是最高的社会规范。

〔2〕推恩而不理，不成仁：荀子主张以礼节情。

〔3〕分义：等级名分。

## 【译文】

君主具有仁爱之心，智慧是仁心的运用，礼是仁心的完备表现。所以，能称王的人总是先有仁心然后才有礼义，这是天然形成的。

亲爱亲人，照顾故友，奖赏有功者，慰问付出劳动的人，这是仁表现出的不同差等。尊崇高贵者，尊重应受尊重的人，崇尚贤人，敬奉年老的人，敬重年长的人，这就是礼的次序。

仁，就是爱，所以表现为亲近亲人。义，就是符合道理的，所以必须践行。礼，就是适度、规范，所以遵守它就能成功。仁有一定的适用范围，义有自己的门路。仁，如果不在施用范围内，硬要推行，这就不符合礼；义，如果不是自己的门路，就不是义。推广恩义而不符合道理，就不能成为仁；顺从推动正确的道理而怕这怕那，就不能称为义；审查礼的适用性、规范而不能使人们和谐相处，这就不成其礼了；虽有谐和之意而表现不出来，这就不能成为音乐。所以说，仁、义、礼、乐其目标是一致的。君子用义的原则来坚持仁，这就是仁；践行义时，按照礼的规范，这就是义；制定礼时要回到其根本即仁义上，然后再确定具体的礼节条文，这就是礼。如果对仁、义、礼三者都弄通了，这样就掌握了道。

国家法律禁止拾取人们遗落的物品，这是憎恶民众习惯于用不正当的手段获取财物。如果制定等级名分加以管理，即使整个国家也可以管理好；如果没有等级名分，就是一妻一妾也管理不好，会出现混乱。

## 【绎旨】

本章主要阐述仁、义、礼、乐、名分等的重要性及他们之间的关系。

## 【名言嘉句】

君子处仁以义，然后仁也；行义以礼，然后义也；制礼反本成末，然后礼也。三者皆通，然后道也。

### 三、修身、齐家、交友

## 【原文】

赐予其宫室，犹用庆赏于国家也；忿怒其臣妾，犹用刑罚于万民也。

君子之于子，爱之而勿面，使之而勿貌，道[1]之以道而勿强。

君臣不得不尊，父子不得不亲，兄弟不得不顺，夫妇不得不驩。少者以长，老者以养。故天地生之，圣人成之。

《易》之《咸》，见夫妇。夫妇之道，不可不正也，君臣父子之本也。咸，感也，以高下下，以男下女，柔上而刚下。

霜降逆女，冰泮杀；内，十日一御。

坐视膝，立视足，应对言语视面。立视前六尺而大之，六六三十六，三丈六尺。

文貌情用，相为内外表里，礼之中焉。能思索，谓之能虑。[1]

士有妒友，则贤交不亲；君有妒臣，则贤人不至。蔽公者谓之昧，隐良者谓之妒，奉妒昧者谓之交[2]谲。交谲之人，妒昧之臣，国之薉[3]孽也。

善学者尽其理，善行者究其难。

君子立志如穷，虽天子三公问正[4]，以是非对。

君子隘穷而不失，劳倦而不苟，临患难而不忘细[5]席之言[2]。岁不寒无以知松柏[3]，事不难无以知君子。无日不在是。

雨小，汉故潜。夫尽小者大，积微者著，德至者色泽洽，行尽而声问远。小人不诚于内而求之于外[4]。

言而不称师谓之畔[6]，教而不称师谓之倍。倍畔[7]之人，明君不内[8]，朝士大夫遇诸涂[9]不与言。

君子能为可贵，不能使人必贵己；能为可用，不能使人必用己。[5]

君子疑则不言，未问则不言，道远日益矣。

君子进则益上之誉而损下之忧。不能而居之，诬也；无益而厚受之，窃也。学者非必为仕，而仕者必如学[6]。

不自嗛[10]其行者，言滥过。古之贤人，贱为布衣，贫为匹夫，食则饘粥不足，衣则竖褐不完，然而非礼不进，非义不受，安取此？

君人者不可以不慎取臣，匹夫不可不慎取友。友者，所以相有[11]也。道不同，何以相有也？均薪施火，火就燥；平地注水，水流湿。夫类之相从也，如此之著也，以友观人，焉所疑？取友善人，不可不慎，是德之基也。《诗》曰："无将大车，维尘冥冥。"[7]言无与小人处也。

蓝[8]苴路作，似知[12]而非。偄[13]弱易夺，似仁而非。悍戆好斗，似勇而非。

仁义礼善之于人也，辟之若货财粟米之于家也，多有之者富，少有之者贫，至无有者穷。故大者不能，小者不为，是弃国捐身之道也。

言之信者，在乎区<sup>14</sup>盖之间。疑则不言，未问则不立。

知<sup>15</sup>者明于事，达于数，不可以不诚事也。故曰："君子难说<sup>16</sup>，说之不以道，不说也。"[9]

多言而类，圣人也。少言而法，君子也。多言无法而流喆<sup>17</sup>然，虽辩，小人也。[10]

## 【校】

1. 道，通"导"。

2. 交，通"狡"。

3. 蓛，同"秒"。

4. 正，通"政"。

5. 细，当作"昔"。

6. 畔，通"叛"。

7. 倍畔，倍，通"背"。畔，通"叛"。

8. 内，通"纳"。

9. 涂，同"途"。

10. 嗛，通"歉"，歉收。

11. 有，通"佑"。

12. 知，同"智"。

13. 偄，"懦"的异体字，同"软"。

14. 区，通"丘"。

15. 知，同"智"。

16. 说，通"悦"。

17. 喆，当作"湎"。

## 【注释】

〔1〕礼之中焉。能思索，谓之能虑：此条亦见《荀子·礼论》。其文曰："礼之中焉能思索，谓之能虑；礼之中焉能勿易，谓之能固。能虑、能固，加好者焉，斯圣人矣。"

〔2〕临患难而不忘细席之言：此条本于《论语·宪问》，《论语》原文作："久要不忘平生之言。"

〔3〕岁不寒无以知松柏：此条本于《论语·子罕》，《论语》原文作："岁寒，然后知松柏之后彫也。"

〔4〕小人不诚于内而求之于外：《说文》："诚，信也，从言成声。"此条本于《论语·卫灵公》，《论语》原文作："君子求诸己，小人求诸人。"

〔5〕君子能为可贵，不能使人必贵己；能为可用，不能使人必用己：此条本于《论

语·里仁》,《论语》原文作:"不患无位,患所以立。不患莫己知,求为可知也。"

〔6〕仕者必如学:这是荀子对孔子以来儒家"学而优则仕"思想的继承。

〔7〕无将大车,维尘冥冥:语出《诗·小雅·无将大车》。全句意为:不要扶着牛车往向前走,那扬起的尘土昏暗迷眼。

〔8〕蓝:滥,过。

〔9〕君子难说,说之不以道,不说也:此条本于《论语·子路》,《论语》原文作:"君子易事而难说也。说之不以道,不说也。"

〔10〕多言而类,圣人也。少言而法,君子也。多言无法而流喆然,虽辩,小人也:此条亦见《荀子·非十二子》:"故多言而类,圣人也;少言而法,君子也;多言无法而流,湎然虽辩,小人也。"

## 【译文】

天子把宫室赐给家庭成员或臣下,就像国家的赏赐一样;对家庭成员及奴仆动用刑罚,也就像对其他老百姓用刑罚一样。

君子对于自己的儿子,疼爱他不必表现在面色上,使唤他做事不必用好言好色对待,用正确的道理来引导他,而不要强迫他。

君臣之间得不到圣人的礼法,就没有相互尊重;父子之间得不到圣人的礼法,就不会相互亲近;兄弟之间得不到圣人的礼法,就没有和顺的关系;夫妇之间没有礼法,就得不到欢乐。年少的依靠圣人礼法的教诲而成长;年老的依靠礼法安度晚年。所以说,天地提供物资使人生存下去,圣人用礼法成就了人。(本条又见第一章)

《易经》的《咸》卦,体现了夫妇之道。夫妇之道,不可以不端正,它是君臣、父子关系的根本。咸,就是"感应",《咸》卦的卦象是把高的置于低的之下,把男的置于女的之下,柔的在上面,刚的在下面。(本条又见第一章)

从霜降开始迎娶新娘,到来年河水解冻时就停止婚娶。在内室,夫妇十天同房一次。

会见客人时,对方坐着,要看他的膝部;对方站着,要看他的足部;应对言语时,要他的面部。对方站着时,最近要在六尺处看他。最远六六三十六,要在三丈六尺处看着他。

外在的礼仪容貌与内在的情感作用,要相为内外表里,这样才符合礼的要求。能够思索,就是会考虑。

士人如果有善于嫉妒的朋友,与贤人的交往就不会亲密;君主如果有善于嫉妒的臣子,贤人就不会到来。隐蔽贤良之人叫嫉妒;坚持嫉妒与昧良心就是狡猾、诡诈。狡猾、诡诈的人,嫉贤昏昧的臣子,就是国家的灾害。

善于学习的人能够穷尽事物的道理,善于践行的人能够彻底搞清困难产生的原因与克服的办法。(本条又见第六章)

君子立下志向,非常彻底、明确,即使天子、三公向他们询问政事,他也会对正确的肯定，不正确的加以否定。

君子在困窘的逆境中不会失去自己的理想、志向，劳累疲倦时也不松懈意志，面临患难时也不忘记往昔奉行的言语。气候不寒冷时无法知道松柏的耐寒品格，事情不艰难就无法知道君子的坚忍不拔。君子每天都坚持这一点。

雨虽然小，但能深深渗入地下。尽可能积聚小的就会收获大的，积累微小的就会获得显著的。道德最好的，脸色、态度就会温和可亲；德行完美的人，名声会传播得远。小人们内心缺乏诚意，而却在外面求取好名声。

说话或写文章时不称述自己的老师就是反叛，教育他人时不称述自己的老师就是背叛。明君不接纳这样的人，朝士大夫等为官者与之在途中相遇，不和他说话。（本条又见第六章）

君子对有疑虑的事，不轻易发表言论；未曾请教过的事不作为议题，坚持这样的原则，时间久了，就会越来越有学问。

君子做官，对君主就能增加其荣誉，对下就能减少群众的忧愁。没有才能而居官位，就是欺骗。对上对下都无益处却享受高官厚禄，这就是窃位。有学问的人不一定去做官，而做官的人必须学习。

对自己的德行不能谦虚对待的人，往往夸夸其谈、言过其实。古代的贤人，身份下贱为平民，贫困为一般群众，吃饭方面是稠一点的粥不能喝足，但却是不合礼的官不做，不符合义的财不接受怎么能取夸夸其谈、言过其实的态度呢？

作为君主的人不可以不慎重择取臣子，一般人不可以不慎重择取朋友。友的意思就是相互辅助、帮助。如果主要的见解、主张不同，怎么能做到相互辅助、帮助呢？把均匀铺开的柴草上点火，火会先燃烧那些干燥的柴草；在平地上倒水，水先向湿的地方流去。同类事物的相互依从，是这样的明显啊！从朋友身上，观察他的为人，还有什么值得怀疑的呢？选取好人作为朋友，不可以不慎重，这是道德修养的基础。《诗》曰："无将大车，维尘冥冥。"（《诗》上说："不要扶着牛车向前走，那扬起的尘土昏暗迷眼。"）这就是说不要眼睛昏花而与小人相处。

骄傲败露，似乎有智慧，其实没有。软弱而无主见，似有仁德，其实没有。凶猛愚直喜欢斗殴，似是勇敢，其实不是。

仁、义、礼、善对于人而言，就像是财货粟米对于一个家庭的生活一样重要，有的多就会富有，有的少就会贫困，没有就会穷白。所以，在大的方面做不到仁、义、礼、善，小的方面又不愿意去实行，那就是背弃国家、灭亡自身的死路一条。

说话真实可靠的人，对他们不必怀疑。他们对有疑问的不说，没有请教过的事他们不立为议题。

明智的人明白事理，能够掌握有关规律，对他们不可以不诚心对待。所以说，君子是很难使之喜悦的，不用正确的方法使他们喜悦，是不会喜悦的。

说话多但能够合乎法度，这是圣人。说话虽少，但合乎礼法，这是君子。说话多但不合乎法度，信口开河，虽然能言善辩，但这是小人。（本条又见第八章）

君子能够做到使自己的品德高尚，达到受人尊重的程度，但不能使他人一定要尊敬自己；能够做到使自己成为可用之才，但不能使他人一定要任用自己。（本条又见第八章）

## 【绎旨】

本章主要阐述了如何修身、齐家及交友的问题，总之是以礼、义为标准，以贤人为榜样，慎重对待。

## 【名言嘉句】

①君子隘穷而不失，劳倦而不苟，临患难而不忘细席之言。岁不寒无以知松柏，事不难无以知君子。无日不在是。

②君子疑则不言，未问则不言，道远日益矣。

### 四、历史人物

禹、武王、子家驹、孟子、公行子、曾元、文、武、周公、成、康、子路、卞庄子、曾子、晏子、子贡、孔子、子夏、舜、孝己、比干、伍子胥、颜回、五帝、五伯（霸）。

## 【原文】

禹见耕者耦立而式[1]，过十室之邑必下。

武王始入殷，表商容之闾，释箕子之囚，哭比干之墓，天下乡[2]善矣。

子谓子家驹续然大夫[1]，不如晏子；晏子功用之臣也，不如子产；子产惠人也，不如管仲。管仲之为人，力功不力义，力知[3]不力仁，野人也，不可以为天子大夫。

孟子三见宣王，不言事。门人曰："曷为三遇齐王而不言事？"孟子曰："吾先攻其邪心。"

公行子之[2]之燕，遇曾元[3]于涂[4]，曰："燕君何如？"曾元曰："志卑。志卑者轻物，轻物者不求助。苟不求助，何能举？氐、羌之虏也。不忧其系垒也，而忧其不焚也。利夫秋豪[5]，害靡国家，然且为之，几[6]为知计哉！"

文王诛四，武王诛二，周公卒业，至成、康则案无诛已。[4]

齐人欲伐鲁，忌卞庄子[5]，不敢过卞。晋人欲伐卫，畏子路，不敢过蒲。

曾子曰："孝子言为可闻，行为可见。言为可闻，所以说[7]远也；行为可见，所以说近也。近者说则亲，远者说则附；亲近而附远，孝子之道也。"

曾子行，晏子从于郊，曰："婴闻之：君子赠人以言，庶人赠人以财。婴贫无财，请假于君子，赠吾子以言：乘舆之轮，太山之木也，示诸檃栝，三月五月，为帱菜[8]敝而不反其常。君子之檃栝不可不谨也。慎之！兰茝[6]、稾[9]本，渐于蜜醴，一佩易之。

正君渐于香酒，可谗而得也。君子之所渐不可不慎也。"

子贡问于孔子曰："赐倦于学矣，愿息事君。"孔子曰：《诗》云：'温恭朝夕，执事有恪。'[7]事君难，事君焉可息哉！""然则赐愿息事亲。"孔子曰：《诗》云：'孝子不匮，永锡[11]尔类。'[8]事亲难，事亲焉可息哉！""然则赐愿息于妻子。"孔子曰：《诗》云：'刑于寡妻，至于兄弟，以御于家邦。'[9]妻子难，妻子焉可息哉！""然则赐愿息于朋友。"孔子曰：《诗》云：'朋友攸摄，摄以威仪。'[10]朋友难，朋友焉可息哉！""然则赐愿息耕。"孔子曰：《诗》云：'昼尔于茅，宵尔索绹，亟其乘屋，其始播百谷。'[11]耕难，耕焉可息哉！""然则赐无息者乎？"孔子曰："望其圹，皋如也，颠[12]如也，鬲如也，此则知所息矣。"子贡曰："大哉死乎[12]！君子息焉，小人休焉。"

子夏贫，衣若县[13]鹑。人曰："子何不仕？"曰："诸侯之骄我者，吾不为臣；大夫之骄我者，吾不复见。柳下惠与后门者同衣而不见疑，非一日之闻也。争利如蚤[14]甲而丧其掌。"

曾子食鱼有余，曰："泔[13]之。"门人曰："泔之伤人，不若奥之。"曾子泣涕曰："有异心乎哉！"伤其闻之晚也。

虞舜、孝己孝而亲不爱，比干、子胥忠而君不用，仲尼、颜渊知而穷于世。劫迫于暴国而无所辟[15]之，则崇其善，扬其美，言其所长而不称其所短也。[14]惟惟[16]而亡者，诽也；博而穷者，訾也；清之而俞[17]浊者，口也。[15]

诰誓不及五帝，盟诅不及三王，交质子不及五伯[18]。

## 【校】

1. 式，通"轼"。

2. 乡，同"向"。

3. 知，同"智"。

4. 涂，同"途"。

5. 豪，通"毫"。

6. 几，通"岂"。

7. 说，通"悦"。

8. 帱（dào）菜，当作"帱草"。

9. 槀，通"稿"。

另外，"曾子行，晏子从于郊，曰：'婴闻之：君子赠人以言，庶人赠人以财。婴贫无财，请假于君子，赠吾子以言……君子之所渐不可不慎也。'"此段文字亦见于《家语·六本第十五》。其文如下：

曾子从孔子之齐，齐景公以下卿之礼聘曾子，曾子固辞。将行，晏子送之，曰："吾闻之君子遗人以财，不若善言。今夫兰本三年，湛之以鹿醢，既成，噬之，则易之匹马。非兰之本性也，所以湛者美矣。愿子详其所湛者。夫君子居必择处，游必择方，仕必择君。择君所以求仕，择方所以修道。迁风移俗者嗜欲移性，可不慎乎？"孔子闻之曰："晏子之言，君子哉！依贤者固不困，依富者固不穷。马蚿斩足而复行，何也？以其辅之者众。"

对勘两文，可以看出《家语》所记事件更为完整，而《荀子》之文则似节录，所以《荀子》必晚于《家语》。

11. 锡，通"赐"。

12. 巅，同"巅"。

另外，"子贡问于孔子曰："赐倦于学矣，愿息事君。"孔子曰："《诗》云：'温恭朝夕，执事有恪。'事君难，事君焉可息哉……大哉死乎！君子息焉，小人休焉。"此段文字亦见于《家语·困誓第二十二》。其文如下：

子贡问于孔子曰："赐倦于学，困于道矣，愿息而事君，可乎？"孔子曰："《诗》云：'温恭朝夕，执事有恪。'事君之难也，焉可息哉！"曰："然则赐愿息而事亲。"孔子曰："《诗》云：'孝子不匮，永锡尔类。'事亲之难也，焉可以息哉！"曰："然赐请愿息于妻子。"孔子曰："《诗》云：'刑于寡妻，至于兄弟，以御于家邦。'妻子之难也，焉可以息哉！"曰："然赐愿息于朋友。"孔子曰："《诗》云：'朋友攸摄，摄以威仪。'朋友之难也，焉可以息哉！"曰："然则赐愿息于耕矣。"孔子曰："《诗》云：'昼尔于茅，宵尔索绹，亟其乘屋，其始播百谷。'耕之难也，焉可以息哉！"曰："然则赐将无所息者也？"孔子曰："有焉。自望其广，则睪如也；视其高，则填如也；察其从，则隔如也。此其所以息也矣。"子贡曰："大哉乎死也！君子息焉，小人休焉。大哉乎死也！"

对勘两文，可以看出《家语》"子贡问"中有"困于道"，而《荀子》无。《家语》之文更为完整，而《荀子》之文则似节录。《荀子》晚于《家语》。

13. 县，同"悬"。

14. 蚤，同"爪"。

15. 辟，通"避"。

16. 惟惟，通"唯唯"。

17. 俞，同"愈"。

18. 伯，通"霸"。

## 【注释】

〔1〕子家驹续然大夫：子家驹，鲁国大夫，名羁，字驹。续然，继续他人之业。言能继承前人之业，但并不善于开创某种事业。

〔2〕公行子之：春秋时期的齐国大夫。

〔3〕曾元：曾参的儿子。

〔4〕文王诛四，武王诛二，周公卒业，至成、康则案无诛已：此条亦见《荀子·仲尼》："故圣王之诛也綦省矣。文王诛四，武王诛二，周公卒业，至于成王，则安以无

诛矣。故道岂不行矣哉！"

〔5〕卞庄子：鲁国大夫，以勇闻名。

〔6〕兰茝（chǎi）：一种香草。

〔7〕温恭朝夕，执事有恪：语出《诗·商颂·那》。恪，恭敬、谨慎、勤勉。全句意为：早晚温和恭敬，做事谨慎认真。此言为朝臣，侍奉君上之不易。

〔8〕孝子不匮，永锡尔类：语出《诗·大雅·既醉》。匮，缺乏。锡，通赐。全句意为：孝子的孝心永不竭，上天才会永赐福。言孝顺父母，非一时权宜之计，而是长久大事。

〔9〕刑于寡妻，至于兄弟，以御于家邦：语出《诗·大雅·思齐》。刑，通型，法式、仪法。寡，王肃注："适也。"适即適，即嫡。嫡妻，正妻。全句意为：要坚持以礼为妻子作榜样，也以此影响兄弟，以礼来掌家。此言齐家亦非易事。

〔10〕朋友攸摄，摄以威仪：语出《诗·大雅·既醉》。摄，佐助。全句意为：朋友之间相辅助，辅助要讲礼义，有威仪。言朋友间需谨慎相处，不可随随便便。

〔11〕昼尔于茅，宵尔索绹，亟其乘屋，其始播百谷：语出《诗·豳风·七月》。全句意为：白天要去割茅草，晚上要去搓草绳，赶紧爬上屋顶，修理茅屋，转眼冬尽春至，又要开始播种五谷了。此言为农民劳作之繁重与辛苦。

〔12〕大哉乎死也：死，真是一件大事啊！

〔13〕泔（gān）：淘米水。

〔14〕劫迫于暴国而无所辟之，则崇其善，扬其美，言其所长而不称其所短也：此条亦见《荀子·臣道》："迫胁于乱时，穷居于暴国，而无所避之，则崇其美，扬其善，违其恶，隐其败，言其所长，不称其所短，以为成俗。《诗》曰：'国有大命，不可以告人，妨其躬身。'此之谓也。"

〔15〕惟惟而亡者，诽也；博而穷者，訾也；清之而俞浊者，口也：此条亦见《荀子·荣辱》。其文曰："快快而亡者，怒也；察察而残者，忮也；博而穷者，訾也；清之而俞浊者，口也；豢之而俞瘠者，交也；辩而不说者，争也；直立而不见知者，胜也；廉而不见贵者，刿也；勇而不见惮者，贪也；信而不见敬者，好行也。此小人之所务，而君子之所不为也。"

## 【译文】

大禹看见二人并肩耦耕时，就会扶轼致敬；经过十家居住的城邑一定要下车。

周武王开始进入殷都时，即在殷贤臣商容居住的闾门前设标志予以表彰，释放了被纣王囚禁的箕子，又到被纣王杀害的贤臣比干墓前哀悼痛哭，这样一来，天下人都趋向行善了。

孔子说鲁国的子家驹是一位能继承前人事业的大夫，但他不如晏子；晏子，是一位有能力治国的大臣，但不如子产；子产，是一位能给人们恩惠的人，但不如管仲。

管仲的为人，重视事功而但不重视道义，重视智谋不重视仁德，在这一点上是一个缺乏礼义修养的人，不可以担任天子的大夫。

孟子三次见齐宣王，但不谈论国事。其门人弟子问："为什么三次见到齐王而不谈国事呢？"孟子说："我先攻破他讲功利、欲称霸的邪心。"

齐国公行子之在路上碰到曾子的儿子曾元，问："燕国的国君怎么样？"曾元说："他志向不远大。志向不远大的人轻视事业，轻视事业的人不找人帮助。如果不求别人帮助，事业怎么能成功呢？他不过是像氐族、羌族人的那样野蛮罢了。他不担心做氐族、羌族的俘虏，而担心死后不能被火葬。为了秋毫之利，损害国家，他都不惜去做，这哪里算是懂得治理国家的大计呢？"

文王诛灭了密须、耆、邘、崇四个国家，武王诛灭了商、奄两个国家，周公旦完成了统一大业，至成王、康王时已经没有可诛灭的国家了。

齐国人要攻打鲁国，但畏忌以勇著称的鲁国大夫卞庄子，所以，其军队不敢经过卞城。晋国人要攻打卫国，但又害怕子路，不敢从蒲邑经过。

曾子说："孝子说话应该让大家都听到，行动应该让大家都看到。因为说的话大家都能听到，所以能使远方的人高兴。因为行动能让大家看到，所以能使近处的高兴。近处人高兴，就会亲近；远处的人高兴，就会归附。使近处的人亲近，使远处的人归附，这就是亲子之为亲子的处世原则。"

曾子离开齐国回国，晏子送行到郊外，说："我听说：君子喜欢赠送他人有意义的言论，老百姓喜欢赠送他人财物。我贫穷无财，赠给先生几句话吧：所乘之车的车轮，其木材本来产生于泰山，经过矫形器的矫治，经过三月五月，才成现在的样子。即使包裹车毂的皮革坏了，它也不会恢复到原来的样子。对于君子的矫形器——礼义不能不谨慎修养践行。谨慎啊！兰茝、稿本浸渐于蜂蜜甜酒之中，带一次就要更换掉。即使正派的君主浸渐于香酒似的甜言蜜语之中，也会被谗言所俘虏。因此，君子对于逐渐熏染的环境不可不慎重啊！"

子贡向孔子问道："我对研究学问已感厌倦，我希望停止学习和研究而去侍奉君主。"孔子说："《诗》云：'温恭朝夕，执事有恪。'（《诗》上说：'早晚温和恭敬，做事谨慎认真。'）奉事君主不容易，奉事君主怎么可以停息呢？"子贡说："既然这样，那就停止学习研究学问而去奉侍双亲吧？"孔子说："《诗》云：'孝子不匮，永锡尔类。'（《诗》上说：'孝子的孝心永不竭，上天才会永赐福。'）奉侍双亲不容易，但事奉双亲怎么可以停息呢？"子贡说："我希望停止学习研究学问，回家去照顾老婆孩子。"孔子说："《诗》云：'刑于寡妻，至于兄弟，以御于家邦。'（《诗》上说：'要坚持以礼为妻子作榜样，也以此影响兄弟，以礼来掌家。'）照顾老婆孩子不容易，怎么可以停息呢？"子贡说："既然如此，我希望停止学习研究学问，而去与朋友交游。"孔子说："《诗》云：'朋友攸摄，摄以威仪。'（《诗》上说：'朋友之间相辅助，辅助要讲礼义，有威仪。'）交游朋友不容易，交游朋友怎么可以停息呢？"子贡说："既然这样，我愿停止学习研究学问，回家种地去。"孔子说："《诗》云：'昼尔于茅，宵尔索绹，亟其乘屋，其始播百谷。'(《诗》上说:'白天要去割茅草,晚上要去搓草绳,赶紧爬上屋顶,修理茅屋,转眼冬尽春至,又要开始播种五谷了。')种庄稼不容易啊!当农民怎么可以停息呢?"子贡说:"这样说来,我就没有停息的时候了吗?"孔子说:"你看那远处的坟墓,一座座,高高的样子,就像山巅,又像陶鬲。看了这些后,你就知道何时停止学问研究和一切工作而去休息了。"子贡说:"死,真是一件大事啊!君子停息了一切,小人也完了。"

子夏贫困,衣服像悬挂的鹌鹑(尾部秃而无毛,如人之长短露体)。有人问:"您为什么不出仕为官呢?"子夏说:"诸侯中傲视我的人,我不愿意做他们的臣子;大夫中瞧不起我的人,我不愿意再见他们。柳下惠与看守门的人一样衣着破烂,但人们并不怀疑他的品德与才能,这不是仅在哪一天听说的。争夺私利就像抓住指甲而失去手掌一样,因小失大。"

曾子吃鱼有剩余,就说:"把它用淘米水浸泡起来。"门人弟子说:"用淘米水浸泡不好,容易变质使人有病,不如腌制起来。"曾子听后,流泪说:"我难道是别有用心吗?"懊悔自己听到这种办法太晚了。

虞舜、孝己,孝顺但都不为其父所爱,比干、子胥都是忠臣而君主不任用他们,孔子、颜回很有智慧才能却困窘于世。如果生活于统治暴虐的国家又无法避免,那就崇尚它善的一面,宣扬它的美好的一面,只称赞宣传它的长处,而不说它的短处。唯唯诺诺但却灭亡的,就是因为诽谤他人;知识渊博而处境穷困的,就是因为好非议他人;想澄清自己的名声,反而愈加混浊,就是因为说话不当,甚至搬弄是非。

文诰与誓约这类公文在五帝时代是没有的,盟誓缔约在三王时代还没有,交换质子在春秋五伯(霸)时期还没有。

## 【绎旨】

本章主要阐述了历史上若干人物的功过是非问题。涉及到的人物有:五帝、舜、禹、孝己、比干、商容、箕子、文王、武王、成王、康王、孔子、晏子、子产、管仲、颜回、子路、卞庄子、子夏、曾子、子胥、曾元、公行子之、子贡、公行子、子家驹、孟子、柳下惠等。

## 【名言嘉句】

武王始入殷,表商容之闾,释箕子之囚,哭比干之墓,天下乡善矣。

## 五、人才、用贤

## 【原文】

口能言之,身能行之,国宝也。口不能言,身能行之,国器也。口能言之,身不能行,国用也。口言善,身行恶,国妖也。治国者敬其宝,爱其器,任其用,除其妖。

天下、国有俊士，世有贤人。迷者不问路，溺者不问遂[1]，亡人好独。《诗》曰："我言维服，勿用为笑。先民有言，询于刍荛。"[1] 言博问也。

以贤易不肖，不待卜而后知吉。以治伐乱，不待战而后知克。

## 【校】

1.遂，通"隧"。

## 【注释】

〔1〕我言维服，勿用为笑。先民有言，询于刍荛：语出《诗·大雅·板》。全句意为：我的忠告合情合理，不要认为这是玩笑。古人有言说：应向割草打柴的人请教。

## 【译文】

口中能讲正确的言论，自身能践行这些言论，这是国家之宝。口虽不能讲出什么道理，但能身体力行，这是国家之器物。口能讲正确的道理，但不能身体力行，这仍可在国家某一方面发挥作用。口中讲的是好话，身行却干坏事，言行不一，这是国中的妖孽。治国者敬重国家之宝，爱惜国家之器，任用能在国家某一方面发挥作用的人，清除言行不一的妖孽。

天下及每个国家都有英俊的人士，每个时代都有贤良的人才。迷路的人是由于他们只往前走而不知道问路，被水淹没的人是由于他们不探问水中可涉而过的通道。《诗》曰："我言维服，勿用为笑。先民有言，询于刍荛。"（《诗》上说："我的忠告合情合理，不要认为这是玩笑。古人有言说：应向割草打柴的人请教。"）这就是应该广泛地听取意见。

用贤人替代不肖之徒，不用占卜之后就知道这是大吉大利的事。天下大治的国家去攻打动乱不止的国家，不用开战就可以战胜对方。

## 【绎旨】

本章主要是阐述治国者要认真识别、选拔人才。就人才而言，本身有不同种类，要加以区别，用其所长，但对言行不一，口是心非的妖孽要注意识别和清除。

## 【名言嘉句】

先民有言，询于刍荛。

## 六、富民、教民（教育）

## 【原文】

不富无以养民情，不教无以理民性。故家五亩宅，百亩田，务其业而勿夺其时，所以富之也。立大学[1]，设庠序，修六礼，明十[2]教，所以道之也。《诗》曰："饮之食之，教之诲之。"王事具矣。[1]

君子之学如蜕，幡然迁之。故其行效，其立效，其置颜色、出辞气效。无留善，无宿问。

善学者尽其理，善行者究其难。

言而不称师谓之畔，教而不称师谓之倍。倍畔之人，明君不内，朝士大夫遇诸涂不与言。

人之于文学也，犹玉之于琢磨也。《诗》曰："如切如磋，如琢如磨。"[2]谓学问也。和[3]之璧，井里之厥也，玉人琢之，为天子宝。子赣[4]、季路[5]，故鄙人也，被文学，服礼义，为天下列士。

学问不厌，好士不倦[6]，是天府也。

多知而无亲，博学而无方，好多而无定者，君子不与。

少不讽，壮不论议，虽可，未成也。

君子壹教，弟子壹[7]学，亟成。

《国风》之好色也，传曰："盈其欲而不愆其止。其诚可比于金石，其声可内³于宗庙。"《小雅》不以于汙上，自引而居下，疾今之政，以思往者，其言有文焉，其声有哀焉。

古者匹夫五十而士⁴。天子、诸侯子十九而冠，冠而听治，其教至也。

君子也者而好之，其人，其人也而不教，不祥。非君子而好之，非其人也；非其人而教之，赍盗粮，借贼兵也。

## 【校】

1. 大学，即太学。
2. 十，疑作"七"。
3. 内，通"纳"。
4. 士，通"仕"。

## 【注释】

〔1〕不富无以养民情，不教无以理民性。故家五亩宅，百亩田，务其业而勿夺其时，所以富之也。立大学，设庠序，修六礼，明十教，所以道之也。《诗》曰："饮之食之，教之诲之。"王事具矣：大学，即太学，高等学校。六礼，即冠礼、婚礼、丧礼、祭礼、乡礼、相见礼。十教，指父子、兄弟、夫妇、君臣、长幼、朋友、宾客等方面的教育。荀子重视农民问题，因此，在这里提出了农民占有生产资料的标准是："五亩宅，百亩田。"

《管子·牧民》曰："仓廪实则知礼节，衣食足则知荣辱。"荀子继承了管仲的思想，认为只有先解决好了民众的温饱生活问题，然后才能谈得上对民众进行礼乐教化。荀子所说的"家五亩宅，百亩田"，这是解决民众温饱问题的措施。富以养民情，教以理民性，这里没有讲性的善恶，而是讲性朴。

饮之食之，教之诲之：语出《诗·小雅·绵蛮》。全句意为：让他们喝水吃饭，教他们学习礼义文化，引导他们做个好人。

〔2〕如切如磋，如琢如磨：语出《诗·卫风·淇奥》。全句意为：像象牙经过切磋，似美玉经过琢磨。

〔3〕和：卞和，春秋时期楚国人。

〔4〕子赣：子贡。

〔5〕季路：子路。据《尚书大传·殷传》记载，孔子曾对人说："文王得四臣，丘亦得四友焉。自吾得回也，门人加亲，是非胥附与；自吾得赐也，远方之士日至，是非奔辏与；自吾得师也，前有光，后有辉，是非先后与；自吾得由也，恶言不入于门，是非御侮与。文王有四臣以免虎口，丘亦有四友以御侮。"在这里，孔子以颜回、子贡（端木赐）、子张（颛孙师）、子路（仲由）比作周文王的四臣，并称之为"四友"，即突破师道尊严的藩篱，以朋友视之。

〔6〕学问不厌，好士不倦：此条本于《论语·述而》，《论语》原文作："学而不厌，诲人不倦。"

〔7〕壹：专一。

## 【译文】

不使民众富裕，无法培养民众的感情，不实行教育教化就无法调理民众的品性。所以，每家授予五亩宅基地，百亩田地，专心于农业而不要占夺农时，这就是用来富民的措施。国家设立太学，各地设立庠序，学习六礼（冠、婚、丧、祭、乡饮酒、相见），明确七种（父子、兄弟、夫妇、君臣、长幼、朋友、宾客）伦理关系，以此来引导他们。《诗》曰："饮之食之，教之诲之。"（《诗》上说："让他们喝水吃饭，教他们学习礼义文化，引导他们做个好人。"）这样为王之事就完成了。

君子的学习就像脱壳一样，变化非常彻底迅速。所以，他走路时在学习，站立时在学习，坐时在学习，讲话时脸色、吃他都注意学习。不留下什么善事没有学习，有疑问就去问，而不过夜。

善于学习的人，穷尽事物的道理，善于行动的，克服一切困难。（本条又见第三章）

讲话时不称述自己的老师，就是反叛；教育他人时不称述自己的老师，就是背叛。对背叛的人，圣明的君主是不接纳的，朝士大夫遇之于途中不与之交谈。（本条又见第三章）

人对于礼乐文化典籍的修养，就像玉的琢磨一样。《诗》曰："如切如磋，如琢如磨。"（《诗》上说："像象牙经过切磋，似美玉经过琢磨。"）这就是说的如何做学问。和氏璧，本是井旁的一块石头，经过玉匠琢磨，成了天子之宝。子贡、子路，本来是下层的浅陋之人，但经过学习文化典籍，学习礼义，成为天下有名望的人。

学习、研究问题不厌烦，爱好贤士之意从不懈怠，这样就可为国家的治理和建设准备丰富的知识，储备大量的人才。

知识虽然很丰富，但不亲近老师，学识广博但无一定之见，爱好很多但无确定的目标，君子对此是不赞成的。

年轻时不读书，壮年时不发表议论，这样的人即使资质还可以，也不能有所成就。

君子一心一意地教育学生，学生们一心一意地学习，这样很快就能成功。

《诗》的《国风》部分喜欢描绘咏唱爱情故事，古书评论说："满足人们的情欲而又不超出礼节规范。它所歌颂的爱情的真诚可比金石的坚贞，其优美的声乐可纳入宗庙的音乐之中。"《小雅》的作者不愿为腐朽的统治者服务，自愿居于民间，痛恨当今政治的腐败，以追思过去的贤人，其言语有文采，其歌声表达了哀怨的感情。

古时候一般人五十岁才能出仕为官，而天子、诸侯十九岁举行冠礼，然后就可以处理政事，这主要是因为他们从小受到良好教育，其教育的程度已达到可以听政的程度。

对君子仰慕的人，这是可以教育的人；虽然是可教育的人，如果不施行教育，那也不吉利。对不是君子者亦加仰慕，这是不可以教育的人，对这种人实行教育，就等于送粮食给强盗，借兵器给贼人。

## 【绎旨】

本章主要阐述如何富民、教民的问题，也涉及到一般的教育及对《诗》的评价问题。

## 【名言嘉句】

①不富无以养民情，不教无以理民性。

②善学者尽其理，善行者究其难。

### 七、重法、贵师、赏刑、制度

## 【原文】

有法者以法行，无法者以类举。以其本知其末，以其左知其右。凡百事，异理而相守也。庆赏刑罚，通类而后应。政教习俗，相顺而后行。

八十者，一子不事；九十者，举家不事；废疾非人不养者，一人不事。父母之丧，三年不事。齐衰大功，三月不事。从诸侯不¹，与新有昏²，期不事。[1]

国将兴，必贵师而重傅，贵师而重傅则法度存。国将衰，必贱师而轻傅，贱师而轻傅则人有快，人有快则法度坏。

天下之人，唯³各特意哉，然而有所共予⁴也。言味者予易牙，言音者予师旷，言治者予三王。三王既以定法度，制礼乐而传之，有不用而改自作，何以异于变易牙之和，更师旷之律？无三王之法，天下不待亡，国不待死。

## 【校】

1. 不，当作"来"。

2. 昏，通"婚"。

3. 唯，通"虽"。

4. 予，通"与"。

## 【注释】

〔1〕八十者，一子不事；九十者，举家不事；废疾非人不养者，一人不事。父母之丧，三年不事。齐衰大功，三月不事。从诸侯不，与新有昏，期不事：战国末期，"劳役地租"盛行，农民既要为封建领主服劳役，又要为官府服各种劳役，负担沉重。因此，荀子在这里提出了"减免农民劳役的标准"。

## 【译文】

有法度的遵照法度执行，这方面没有法度的根据处理同类事情的原则来办。用它的根本可以推知它的末节，用它的左侧推知它的右侧。凡是各种事情，虽然具体道理不同，但是都遵循一个基本原则。

庆贺赏赐，判刑处罚都必须符合礼义法度，群众才会服从。政令教化与风俗习惯要适应，才能在群众中推行。

年龄八十岁的，其家中可以有一人免除徭役；年龄九十岁的，全家可以不服徭役；有残废失去劳动能力、不能养活自己的，可以有一个人不服徭役。有父母丧事的，三年不服徭役；需要穿齐衰、大功丧服的，可以免除三个月的徭役。从其他诸侯国新迁来的以及刚结婚的，可以一年不服徭役。

国家将要兴盛，必定会尊重学校的老师，尊重朝廷上的太师太傅、少师少傅一类人。这样做，国家的法度就会存在。国家将要衰败，一定会轻贱学校的和朝廷上担任师傅一类官员的人，这样做会使某些人放纵自快。放纵自快，必然导致法度被破坏。

天下的人们，虽然各有各的认识特点，但是也有共同的赞许之处。谈论美味的都会赞易牙，谈论音乐的都会赞师旷，谈论国家治理的都会赞禹、汤、文、武三代之王。三代已经定下的法度礼乐，如果有不去实行而将其改变，自己另搞一套，那与改变易牙对美味的调和、改变师旷的音律又有什么不同呢？如果没有三王的法度，天下很快就会灭亡，国家很快就会衰败而垮台。

## 【绎旨】

本章主要阐述了治国必须遵循法度，不可任意胡为；同时强调必须注重政策、法令与群众习俗的协调。

**【名言嘉句】**

①有法者以法行，无法者以类举。

②庆赏刑罚，通类而后应。政教习俗，相顺而后行。

## 八、思想方法、治国方法、君与民

**【原文】**

今夫亡箴[1]者，终日求之而不得。其得之也，非目益明也，眹而见之也。心之于虑亦然。

多积财而羞无有，重民任而诛不能，此邪行之所以起，刑罚之所以多也。

上好羞，则民闇饰矣；上好富，则民死利矣。二者，乱之衢也。民语曰："欲富乎？忍耻矣，倾绝[2]矣，绝故旧矣，与义分背矣。"上好富，则人民之行如此，安得不乱？

汤旱而祷曰："政不节与？使民疾与？何以不雨至斯极也！宫室荣与？妇谒盛与？何以不雨至斯之极也！苞[3]苴行与？谗夫兴与？何以不雨至斯极也！"

天之生民，非为君也。天之立君，以为民也。故古者列地建国，非以贵诸侯而已；列官职，差爵禄，非以尊大夫而已。[1]

主道知人，臣道知事。[2]故舜之治天下，不以事诏而万物成。农精于田而不可以为田师，工贾亦然。

不知而问尧、舜，无有而求天府。曰：先王之道，则尧、舜已；六贰[4]之博，则天府已。

不足于行者说过，不足于信者诚言。故《春秋》善胥命[3]，而《诗》非屡盟[4]，其心一也。善为《诗》者不说，善为《易》者不占，善为《礼》者不相，其心同也。

凡物有乘而来，乘其出者，是其反[5]也。

流言灭之，货色远之。祸之所由生也，生自纤纤也。是故君子蚤[6]绝之。

语曰："流丸止于瓯、臾，流言止于知者。"此家言邪说之所以恶儒者也。是非疑则度之以远事，验之以近物，参之以平心[5]，流言止焉，恶言死焉。

无用吾之所短遇人之所长，故塞而避所短，移而从所仕[7]。疏知[8]而不法[6]，辨察而操僻[9]，勇果而亡礼，君子之所憎恶也。

多言而类，圣人也。少言而法，君子也。多言无法而流喆然，虽辩，小人也。

饮而不食者，蝉也；不饮不食者，浮蝣也。

君子能为可贵，不能使人必贵己；能为可用，不能使人必用己。

## 【校】

1. 箴,同"针"。

2. 绝,疑作"德"。

3. 苞,通"包"。

4. 貳,当作"艺"。

5. 反,同"返"。

6. 蚤,通"早"。

7. 仕,通"事"。

8. 知,同"智"。

9. 辟,通"僻"。

## 【注释】

〔1〕天之生民,非为君也。天之立君,以为民也。故古者列地建国,非以贵诸侯而已;列官职,差(cì)爵禄,非以尊大夫而已:差,区别等级。对于荀子的"立君为民",金耀基在《中国民本思想史》中说:"(立君为民)上可接孟子'民贵君轻'之义,下可通梨洲(黄宗羲)'君客民主'之论。"(金耀基《中国民本思想史》.法律出版社2008版.第89页)廖名春给予高度评价:"荀子反对民为君说,提倡立君为民。这种思想,不要说在先秦,就是在尔后长达两千多年的封建社会里,也是极为罕见的。"(廖名春《论荀子的君民关系说》.《中国文化研究》.1997年夏之卷)

"天之生民,非为君也……列官职,差爵禄,非以尊大夫而已。"这说明,天子、诸侯、公卿、士大夫这些"人爵"的本质及其价值就在于:凭借德行和才能管理民众,从而使社会有序运行和发展。

〔2〕主道知人,臣道知事:君主的职责是选拔人才、任命百官,臣的职责是做好本职工作。

〔3〕《春秋》善胥命:善,称赞。胥命,诸侯盟会时的口头约定。《春秋·桓公三年》云:"夏,齐侯、卫侯胥命于蒲。"这是对齐、卫二国在外交活动中遵守诚信原则的肯定。

〔4〕屡盟:语出《诗·小雅·巧言》:"君子屡盟,乱用是长。"多次盟约。

〔5〕是非疑则度之以远事,验之以近物,参(cān)之以平心:"参,亦即'兼陈万物而中悬衡':或者简单点说,所谓'参',亦即'兼而中'。…… 既度之以远事,又验之以近物;度以远事而不以远为贵,验以近物又不因近而偷,能兼远近而中之,这就叫'参之以平心'。"(见庞朴《说"参"》.中国社会科学.1981年9月10日)

〔6〕疏知而不法:智慧通达而不合乎礼法。

## 【译文】

现在有人把针丢了,整天找也未找到。后来找到了,并不是因为他的眼更加明亮了，而是因为他低头仔细寻找。心考虑问题也是这样。

尽量多地积累财富而以没有财富为羞耻，加重民众的负担，而残酷诛杀不堪重负的人，这是邪恶行为所以产生，刑罚所以众多的原因。

君主因没有更多的财富而羞耻，老百姓就会暗饰其富足；君主喜欢财富，老百姓就会冒死追求利益，这两点是发生动乱的途径。老百姓说："要发财吗？就要忍受耻辱，不要命地去争吧，要与故旧亲属断绝关系，与道义背道而驰吧。"君主喜欢发财，人民的行动是这样，怎么不会天下大乱呢？

汤遇到旱灾，祈祷说："难道是我的政策不够节制、适当吗？役使民众过度了吗？为什么不下雨而至这么严重的地步呀？宫殿太华丽了吗？是听从妇人的话太多了吗？为什么不下雨，达到这样严重的地步？是贿赂之风盛行的原因吗？是进谗的人太猖狂了吗？为什么不下雨达到这么严重的地步啊？"

上天生育了民众，并不是为了国君。而上天设立君主，却是为民众而立的。所以，自古以来，分封诸侯，建立国家，并不是为了尊重诸侯就算完事了；序列官职，区别爵禄，也不是为了尊重大夫就算完事了。

君主的职责在于知人善任，臣子的责任在于掌握各项事务的规律，办好各项事务。所以，舜治理天下，不用发布命令，告知如何办事，而各种事务都按时完成。农夫精通如何种田，但不能去担任管理农业生产的官员，手工业领域和商业领域也是这样。

不知如何治国，就去请教尧、舜，没有道艺就去求天府。这就是说，古代圣王的治国之道，就是尧舜的那一套治国方略；六艺等各种广博的道艺，就在天府那里了。

在行动上做得不够的人，往往言过其实；在诚信方面做得不够的人，说话往往貌似诚恳。所以，《春秋》称赞胥命（诸侯盟会时的口头约定），而《诗》否定诸侯的屡次盟会，其用心是一致的。精通《诗》的人，不引用《诗》的句子来文饰语言；精通《易》的人，不用《易》来占卜；精通《礼》的人，不给人做礼仪进行的主持人，他们的用心都是相同的。

凡是事物都有一定原因而产生的。那个产生它的原因，也就是它所返回的地方。

把流言消灭掉，让有关货色（财货或女色）远离。灾祸所以产生，都是产生于那些微小而难以觉察的地方。所以，君子应该早早把它消灭掉。

俗话说："滚动的圆球就好在小盆、瓶子等造成的低洼处停止，流言蜚语会在智者那里停息。"这是说邪恶的学说为什么会厌恶儒者。如果对是非发生怀疑，就可以用过去发生的事或远处发生的事来衡量，用近处的事来对照、检验，用公平的心去思考，这样流言就会止息，恶语就会死去。

不要用自己的短处去比较人家的长处。所以，掩饰回避自己的短处，转而又依从自己的长处。智慧通达但不守礼法，明察善辩但操行邪僻，勇敢果断而不遵守礼义，这些都是君子憎恶的。

说话多但能够合乎法度，这是圣人。说话虽少，但合乎礼法，这是君子。说话多但不合乎法度，信口开河，虽然能言善辩，但这是小人。（本条又见第三章）

只饮水不吃食的是蝉，既不喝水又不吃食的，是蜉蝣。

君子能够做到使自己的品德高尚，达到受人尊重的程度，但不能使他人一定要尊敬自己；能够做到使自己成为可用之才，但不能使他人一定要任用自己。（本条又见第三章）

## 【绎旨】

本章主要阐述君与民的关系、治国方法以及为人处世的若干思想方法等。

## 【名言嘉句】

天之生民，非为君也。天之立君，以为民也。

## 九、义利关系

## 【原文】

义与利者，人之所两有也。虽尧、舜不能去民之欲利，然而能使其欲利不克其好义也。[1]虽桀、纣亦不能去民之好义，然而能使其好义不胜其欲利也。故义胜利者为治世，利克义者为乱世。[2]上重义则义克利，上重利则利克义。故天子不言多少，诸侯不言利害，大夫不言得丧，士不通货财。[3]有国之君不息牛羊，错¹质之臣不息鸡豚，冢卿不修币，大夫不为场园，从士以上皆羞利而不与民争业，乐分施而耻积藏。然故民不困财，贫窭[4]者有所窜其手。

## 【校】

1. 错，通"措"。

## 【注释】

〔1〕义与利者，人之所两有也。虽尧、舜不能去民之欲利，然而能使其欲利不克其好义也：

孔子对义利的看法主要有："义以为上""君子喻于义，小人喻于利。""以义谋利"。这种义利观为荀子所继承与改造、开拓。

义与利者，人之所两有也，荀子的这种人人都是"义利两有"，而且无论是尧、舜，还是桀、纣都无法改变这种客观情况的判断，在当时无疑具有振聋发聩的效果，使人们对这一问题有了正确的认识。这无疑是思想史上的一个进步。

这种正确的判断并不是一时心血来潮，而是建立在承认人的物质欲望具有合理性的基础上的。《荀子·非相》曰："饥而欲食，寒而欲煖（同'暖'）劳而欲息，好利而恶害，是人之所生而有也，是无待而然者也，是禹、桀之所同也。"又，《荀子·性恶》曰："……目好色，耳好声，口好味，心好利，骨体肤理好愉佚，是皆生于人之情性者也。"又，《荀子·荣辱》曰："人之情，食欲有刍豢，衣欲有文绣，行欲有舆马，又欲夫余财蓄积之富也；然而穷年累世不知（不）足，是人之情也。"

既然这种对于各种物质需求的欲望是与生俱来的，或说是一种"自然需要"，所以，人对于物质利益的追求也就是合理的了。因而也就不需要回避或加以掩饰了。所以，公开而明确地承认任何人都有追求"利"的一面，这就成为顺理成章的事了。

荀子"义利两有"的思想为后世的董仲舒所继承。他在《春秋繁露·身之养重于义》中说："心不得义不能乐，体不得利不能安。义者，心之养也。利者，体之养也。"

〔2〕故义胜利者为治世，利克义者为乱世：

义，义者，宜也。义是指在一定历史条件下，人们应采取的适合时宜的言行。是否能真正实行，全看本人的政治态度、道德水平。当然，一个时期的政治趋向、道德要求，对一个人也是有压力的。但却没有非如此不可的强制性，最终还是由个人决定。《荀子》一书中，谈到"义"时，在许多情况下，使用了"礼义"一词。据统计，全书出现116次。这就把"礼"与"义"结合到了一起，使"义"具有了新的内涵，实际上，同时也使"礼"增加了新的内涵。

墨子在《墨子·非攻》中认为"义"应符合"国家百姓之利"。《墨子·经上》云："义，利也。"在这里，墨子强调了"义"对于经济利益的从属性。

荀子主张"以义制利"，这是很有价值的。但"义"与"利"是紧密联系在一起的，二者是矛盾着的两个侧面。一般谈"利"，就是以物质利益为主的所应得到的各种权益。"利"不仅限于物质的具体利益，也包括政治、文化上的各种正当权益。当然，这些权益最终是会与物质利益挂钩的。

宋代理学家程颢曰："大凡出义则入利，出利则入义。天下之事，唯义利而已。"（朱熹《二程集·河南程氏遗书》.商务印书馆1935年版.第137页）朱熹说："义利之说，乃儒者第一义。"（朱熹《朱子全书》.上海古籍出版社2010年版.第1082页）另一位理学家陆九渊说："凡欲为学，当先识义利公私之弊。"（钟哲点校《陆九渊集》.中华书局1980年版.第470页）

"义胜利者为治世，利克义者为乱世。"这说明，社会治乱的关键在于如何处理好义利关系。

《荀子·荣辱》曰："先义而后利者荣，先利而后义者辱；荣者常通，辱者常穷；通者常制人，穷者常制于人。"《荀子·王霸》反对"唯利之求"。《荀子·修身》反对"保利弃义"，而《荀子·正论》坚持"以义制利"。这也就是说，荀子认为只有"以义制利"，国家才能平治，社会才能安定。

〔3〕故天子不言多少，诸侯不言利害，大夫不言得丧，士不通货财：这是荀子提出的当政者不与民争利的具体措施。可参阅《大学》传之第十一章。

〔4〕窭：贫寒。

## 【译文】

义与利，这两种东西是人所兼有的。即使是尧、舜也不能去掉民众要利的愿望，但是能使人们要利的愿望不能战胜要义的愿望和行动；即使是夏桀、商纣也不能去掉民众好义的愿望和行为，但是，他们能使民众的"好义"克服不了民众的要利的愿望和行动。所以，义战胜了利，这就是天下大治的时代；利克服了义，这就是天下大乱的时代。如果在上位的君主重视义，义就会克服利；如果君主重视利，利就会克服义。所以，天子不谈论财物的多少，诸侯不谈论有利与有害，大夫不谈论得到与丧失，士不经营财货的贸易。有国土的封君不养殖牛羊，献身于君主的臣子不养殖鸡猪，上卿不钻研如何经营钱财，大夫不经营菜园一类，从士以上的官员皆以谈论利为羞耻之事，他们不与一般民众争产业，喜欢分财施舍而以积藏财货为耻。由于这样，所以民众不为无财所困，贫穷的人有事可做，以维持生计。

## 【绎旨】

本章主要提出了"义与利者，人之所两有也"的论断。这比孔子的义利两分的观点是一大进步。荀子的认识是符合近现代唯物主义的。

## 【名言嘉句】

①义与利者，人之所两有也。虽尧、舜不能去民之欲利，然而能使其欲利不克其好义也。虽桀、纣亦不能去民之好义，然而能使其好义不胜其欲利也。

②故义胜利者为治世，利克义者为乱世。

# 宥坐篇第二十八

**【导读】**

因本篇第一章记述孔子到鲁桓公之庙参观宥坐之器的情况，故全篇以"宥坐"为名。全篇可分为八章，其中大多数章节已见于《孔子家语》有关章节，但文字有不同。

第一章，记述宥坐之器的特点、功用和孔子的名言。

第二章，记述孔子杀少正卯事。

第三章，记述孔子断案的一个案例及孔子的政治思想。

第四章，阐述先王重视对民的教化和慎用刑罚的思想。

第五章，记述孔子论水的特点及水对修德的启示。

第六章，记述孔子关于学习和处世的两段话。

第七章，记述孔子厄于陈、蔡及其励志的情况。

第八章，通过孔子与子贡的对话，说明孔子对材质与文采的认识。

**【原文】**

孔子观于鲁桓公<sup>[1]</sup>之庙，有欹<sup>1</sup>器焉。孔子问于守庙者曰："此为何器？"守庙者曰："此盖为宥坐之器<sup>[2]</sup>。"孔子曰："吾闻宥坐<sup>2</sup>之器者，虚则欹，中则正，满则覆<sup>[3]</sup>。"孔子顾谓弟子曰："注水焉！"弟子挹<sup>3</sup>水而注之，中而正，满而覆，虚而欹。孔子喟然而叹曰："吁！恶有满而不覆者哉<sup>[4]</sup>！"子路曰："敢问持满有道乎？"孔子曰："聪明圣知<sup>4</sup>，守之以愚；功被天下，守之以让；勇力抚世，守之以怯；富有四海，守之以谦。此所谓挹而损之之道也。"

**【校】**

1. 欹，通"攲"。

2. 宥坐，宥，通"右"。坐，通"座"。

3. 挹，通"抑"。

4. 聪明圣知，《家语》《韩诗外传》《淮南子》皆作"聪明睿智"。

另外，"孔子观于鲁桓公之庙，有欹器焉。……此所谓挹而损之之道也。"此段文字亦见于《家语·三恕第九》。其文如下：

孔子观于鲁桓公之庙,有欹器焉。夫子问于守庙者,曰:"此谓何器?"对曰:"此盖为宥坐之器。"孔子曰:"吾闻宥坐之器[2],虚则欹,中则正,满则覆。明君以为至诚,故常置之于坐侧。"顾谓弟子曰:"试注水焉!"乃注之水,中则正,满则覆。夫子喟然叹曰:"呜呼!夫物恶有满而不覆哉?"子路进曰:"敢问持满有道乎?"子曰:"聪明睿智,守之以愚;功被天下,守之以让;勇力振世,守之以怯;富有四海,守之以谦。此所谓损之又损之之道也。"

对勘两文,可以看出《家语》有"明君以为至诚,故常置之于坐侧"一句,而《荀子》无。《荀子》晚于《家语》。

## 【注释】

〔1〕鲁桓公:名允,一作轨,公元前711年—前694年在位。鲁国的三家大夫(季孙氏、孟孙氏、叔孙氏)即其后人。

〔2〕宥坐之器:宥,又作"右"。古代置于座右的欹(qī)器。虚则欹,中则正,满则覆。用以警戒生活及从政时,处事要适度,不可不及,亦不可过度。

郭店楚简的整理者认为,《穷达以时》一篇"其内容与《荀子·宥坐》《孔子家语·在厄》《韩诗外传》卷七、《说苑·杂言》所载孔子困于陈蔡之间时答子路的一段话类似,与后二书所载尤为相近"。(荆门市博物馆《郭店楚墓竹简》.第145页)

〔3〕满则覆:欹器盛满了水就会倾倒,一般的容器,水满了就会溢出。这是在地面这一环境中出现的现象,人们由此认识到一个朴素的道理,就是处事要适度,不可追求满溢。特别是人的修养,不可自满,自满则会停滞不前或摔跤。

〔4〕物恶有满而不覆哉:这是孔子由欹器"满则覆"推论出的一般道理,在一定范围内是正确的,对人的修养也有警戒意义。但现代科学技术的发展已经证明,也存在着满则不覆现象。

## 【译文】

孔子率弟子到鲁桓公的庙去参观,见到一件倾斜易覆的器皿,就向守庙的人问道:"这是什么器皿啊?"守庙人回答:"这大概是君主置于座位右边用来警戒自己的器皿吧。"孔子说:"我听说这种宥坐之器,空的时候就会倾斜,注一半水时就会平正,注满水时就会倾倒。"孔子看着弟子们说:"往里注水吧。"弟子们于是提来水往里面注。注道一半时,器物变成端正的状态,注满水之后就倾倒了,把水倒出来之后又成为倾斜的状态。孔子长叹一声说:"唉!哪里会有满了还不倾倒的呢?"子路问:"请问有保持满而又不倾倒的方法吗?"孔子说:"为人聪明似乎无所不知,要时刻感到自己也有愚蠢的地方;功劳在天下数第一,要能够处处礼让他人;勇敢力强天下第一,要处处表现出怯懦;全天下几乎都是自己的财产,要时刻表现出谦和。这就是所谓抑制又加贬损的办法啊!"

## 【绎旨】

本章主要是介绍宥坐之器的特点、功用，实际上孔子对子路讲的话，才是每一个人应该记取的座右之铭。

## 【名言嘉句】

聪明睿智，守之以愚；功被天下，守之以让；勇力振世，守之以怯；富有四海，守之以谦。

## 【原文】

孔子为鲁摄相，朝七日而诛少正卯。门人进问曰："夫少正卯，鲁之闻人也，夫子为政而始诛之，得无失乎？"孔子曰："居！吾语女[1]其故。人有恶者五，而盗窃不与[[1]]焉：一曰心达而险，二曰行辟[2]而坚，三曰言伪而辩，四曰记丑而博，五曰顺非而泽。[[2]]此五者有一于人，则不得免于君子之诛，而少正卯兼有之。故居处足以聚徒成群，言谈足以饰邪营[3]众，强足以反是独立，此小人之桀[4]雄也，不可不诛也。是以汤诛尹谐，文王诛潘止，周公诛管叔，太公诛华仕[[3]]，管仲诛付里乙，子产诛邓析[[4]]、史付，此七子者，皆异世同心，不可不诛也。《诗》曰：'忧心悄悄，愠于群小。'小人成群，斯足忧也。[[5]]"

## 【校】

1. 女，通"汝"。
2. 辟，通"僻"。
3. 营，通"荧"。
4. 桀，通"杰"。

另外，此段文字亦见于《家语·始诛第二》。其文如下：

孔子为鲁司寇，摄行相事，有喜色。仲由问曰："由闻君子祸至不惧，福至不喜。今夫子得位而喜，何也？"孔子曰："然，有是言也。不曰'乐以贵下人'乎？"于是朝政七日而诛乱政大夫少正卯，戮之于两观之下，尸于朝三日。子贡进曰："夫少正卯，鲁之闻人也。今夫子为政而始诛之，或者为失乎？"孔子曰："居，吾语汝以其故。天下有大恶者五，而窃盗不与焉。一曰心逆而险，二曰行僻而坚，三曰言伪而辩，四曰记醜而博，五曰顺非而泽。此五者，有一于人，则不免君子之诛，而少正卯皆兼有之。其居处足以撮徒成党，其谈说足以饰褒荣众，其强御足以反是独立。此乃人之奸雄者也，不可以不除。夫殷汤诛尹谐，文王诛潘正，周公诛管蔡，太公诛华士，管仲诛付乙，子产诛史何，是此七子皆异世而同诛者，以七子异世而同恶，故不可赦也。《诗》云：'忧心悄悄，愠于群小。'小人成群，斯足忧矣。"

对勘两文，可以看出《荀子》晚于《家语》。

此段文字还见于《尹文子·大道下》，其文如下：

凡国之存亡有六征，有衰国，有亡国，有昌国，有强国，有治国，有乱国。所谓乱亡之国者，凶虐残暴不与焉，所谓强治之国者，威力仁义不与焉。君年长多媵，少子孙，疏宗族，衰国也。君宠臣，臣爱君，公法废，私欲行，乱国也。国贫小，家富大，君权轻，臣势重，亡国也。凡此三征，不待凶恶残暴而后弱也；虽曰见存，吾必谓之亡者也。内无专宠，外无近习，支庶繁字，长幼不乱，昌国也。农桑以时，仓廪充实，兵甲劲利，封疆修理，强国也。上不胜其下，下不能犯其上，上下不相胜犯；故禁令行，人人无私，虽经险易而国不可侵，治国也。凡此三征，不待威力仁义而后强；虽曰见弱，吾必谓之存者也。治主之兴，必有所先诛。先诛者，非谓盗，非谓奸；此二恶者一时之大害，非乱政之本也。乱政之本，下侵上之权，臣用君之术，心不畏时之禁，行不轨时之法，此大乱之道。孔丘摄鲁相，七日而诛少正卯。门人进问曰："夫少正卯，鲁之闻人也。夫子为政而先诛，得无失乎？"孔子曰："居，吾语汝其故。人有恶者五，而窃盗奸私不与焉。一曰心达而险，二曰行僻而坚，三曰言伪而辨，四曰强记而博，五曰顺非在而泽。此五者有一于人，则不免于君子之诛；而少正卯兼有之。故居处足以聚徒成群，言谈足以饰邪荧众，强记足以反是独立。此小人雄桀也，不可不诛也。是以汤诛尹谐，文王诛潘正，太公诛华士，管仲诛付里乙，子产诛邓析、史付。此六子者，异世而同心，不可不诛也。"《诗）曰："忧心悄悄，愠于群小。"小人成群，斯足畏也。

尹文稍早于荀子，尹文名闻天下、游说齐宣王之时，荀卿正当年少求学之时。

通过比对《荀子》与《尹文子·大道下》，可以看出《尹文子·大道下》早于《荀子》。

## 【注释】

〔1〕窃盗不与：可释为"盗窃还算不上"。何以如此言之？因孔子治国，坚持从政治大局着眼，力主清除那些影响思想政治发展的大恶大邪，而盗窃等具体的刑事案件交由有司处理即可以了。

〔2〕天下有大恶者五，而窃盗不与焉。一曰心逆而险，二曰行僻而坚，三曰言伪而辩，四曰记醜而博，五曰顺非而泽：险，《说文》曰："阻难也。"《玉篇》曰："高也，危也。"故"险"有艰难、危急不可测之意。故"逆而险"即谓其思想与主流意识相抵触，而其计谋行为又深不可测。行僻而坚，释"行为邪僻而坚定"，此处似作"顽固"，更为恰当。伪，释为"诡诈""虚假"。辩，狡辩。记醜而博，能记述多种多样丑恶怪异之事。顺非而泽，顺从、支持歪门邪道，而又善于收买人心。另外，有注家认为"泽"近于"沛"，转释为"宣传邪恶而理直气壮（或冠冕堂皇）"，亦可参考。

〔3〕太公诛华士：《韩非子·外储说右上》载有太公封齐之初，诛杀居士狂矞、华士昆弟的事：二士立议曰："吾不臣天子，不友诸侯，耕作而食之，掘井而饮之，吾无

求于人也。无上之名，无君之禄，不事仕而事力。"结果是："太公望至营丘，使吏执杀之，以为首诛。"周公旦从鲁闻之，发急传而问之曰："夫二子，贤者也。今日飨国而杀贤者，何也？"太公望曰："……已自谓以为世之贤士，而不为主用，行极贤而不用於君，此非明主之所臣也，亦骥之不可左右矣，是以诛之。""太公望闻之往请焉，三却马於门而狂矞不报见也，太公望诛之。当是时也，周公旦在鲁，驰往止之，比至，已诛之矣。"这里记述了太公诛华士的大体情况，专制主义统治的需要决定了太公对人才的态度，凡不愿与独裁统治合作的人才，皆在诛杀之列。华士兄弟之案是历史上的一桩冤案。

〔4〕子产诛邓析：《左传·定公八年》曰："郑驷歂（chuǎn）嗣子大叔为政。"《定公九年》曰："郑驷歂杀邓析，而用其竹刑。"这说明郑子产去世二十年后，郑驷歂杀了邓析。

〔5〕忧心悄悄，愠于群小：语出《诗·邶风·柏舟》。全句意为：忧愁之心多凄楚，被一群小人所怨怒。

## 【译文】

孔子担任了为鲁国国君主持礼仪的相，当政第七天就诛杀了少正卯。孔子的弟子进见孔子，问："少正卯这个人，是鲁国有名的人物，先生您在执政开始就诛杀了他，这样能够没有损失吗？"孔子说："你过来坐下，我告诉你原因。人间最坏的有五件事，而盗窃还算不上：第一是思想明白通达而用心险恶；第二是行为怪僻而顽固；第三是言语虚伪又善于狡辩；第四是记载丑恶而又十分广博；第五是顺从错误观点而说得很好听。这五条中有一条就不能够免除君子的诛杀，而少正卯兼而有之。所以，他的所居之处，完全能够聚集门徒，成伙成群，他的言谈完全能够粉饰邪恶而迷惑众人，他刚愎自用，混淆是非，按自己的意志行事，这是小人中的杰雄，不可不诛杀他。所以，商汤诛杀尹谐，周文王诛杀潘正，周公诛杀管叔、蔡叔，太公诛杀华士，管仲诛杀付乙，子产诛杀邓析、史付，这七人，都是不同时代而其罪恶之心相同，是不可以不诛杀的。《诗》云：'忧心悄悄，愠于群小。'（《诗》上说：'忧愁之心多凄楚，被一群小人所怨怒。'）"小人成群，这是足够忧愁的。

## 【绎旨】

本章记述了孔子杀少正卯一事及孔子所提出的诛杀原因。目前，学术界对此认识不一。阅读本章时，可参看有关文章。

## 【原文】

孔子为鲁司寇，有父子讼者，孔子拘之，三月不别。其父请止 [1]，孔子舍之。季孙闻之不说 1，曰："是老也欺予。语予曰：'为国家必以孝。'今杀一人以戮不孝，又舍之。"冉子以告。孔子慨然叹曰："呜呼！上失之，下杀之，其可乎？不教其民而听其狱，杀不辜也。三军大败，不可斩也；狱犴[2]不治，不可刑也，罪不在民故也。嫚[2]令谨诛，贼也；今生也有时，敛也无时，暴也；不教而责成功，虐也。已此三者，然后刑可即也。《书》曰：'义刑义杀，勿庸以即，予维曰未有顺事。[3]'言先教也。"

## 【校】

1. 说，通"悦"。

2. 嫚，通"慢"。

另外，"孔子为鲁司寇，有父子讼者，孔子拘之，三月不别。其父请止，孔子舍之。……《书》曰：'义刑义杀，勿庸以即，予维曰未有顺事。'言先教也。"此段文字亦见于《家语·始诛第二》。其文如下：

孔子为鲁大司寇，有父子讼者，夫子同狴执之，三月不别。其父请止，夫子赦之焉。季孙闻之不悦，曰："司寇欺余。曩告余曰：'国家必先以孝。'余今戮一不孝以教民孝，不亦可乎？而又赦，何哉？"冉有以告孔子。子喟然叹曰："呜呼！上失其道而杀其下，非理也。不教以孝而听其狱，是杀不辜。三军大败，不可斩也。狱犴不治，不可刑也。何者？上教之不行，罪不在民故也。夫慢令谨诛，贼也。征敛无时，暴也。不试责成，虐也。政无此三者，然后刑可即也。《书》云：'义刑义杀，勿庸以即汝心，惟曰未有慎事。'言必教而后刑也。既陈道德，以先服之。而犹不可，尚贤以劝之；又不可，即废之；又不可，而后以威惮之。若是三年，而百姓正矣。其有邪民不从化者，然后待之以刑，则民咸知罪矣。《诗》云：'天子是毗，俾民不迷。'是以威厉而不试，刑错而不用。今世则不然，乱其教，繁其刑，使民迷惑而陷焉，又从而制之，故刑弥繁而盗不胜也。夫三尺之限，空车不能登者，何哉？峻故也。百仞之山，重载陟焉，何哉？陵迟故也。今世俗之陵迟久矣，虽有刑法，民能勿踰乎？"

对勘两文，可以看出《荀子》晚于《家语》。

## 【注释】

〔1〕其父请止：止，撤销。

〔2〕狱犴（àn）：牢狱。引申为：狱讼之事。

〔3〕《书》曰"义刑义杀，勿庸以即，予维曰未有顺事"：《书》，即《尚书》。本句见《尚书·康诰》篇。原文是："汝陈时臬事，罚蔽殷彝，用其义刑义杀，勿庸以次汝封，乃汝尽逊，曰时叙，惟曰未有逊事。"意思是："实行正义的刑罚、正义的诛杀，不要使诛杀迁就自己，我们只能说我们还没有把事情做妥当。"孔子只采用其中的几点：一、强调"义刑义杀"，即要有公正、合理的刑令、刑法；同时有公正、合理的处罚措施。二、"勿庸以即汝心"，即不要以是否合乎自己的心意为标准，否则只能是"惟曰未有慎事"，即只能说没有顺利断案了。

## 【译文】

孔子担任鲁国的大司寇时，有父子二人前来诉讼，孔子拘捕他们，三个月没有判决。父亲请求撤销诉讼，孔子就释放了他们。季孙氏听说后，很不高兴，说："这位老先生欺骗我，他对我说：'管理国家必须提倡孝道。'现在我要杀掉一个人借以羞辱那些不孝之人，但司寇又放了他。"冉有把这话告诉了孔子。

孔子叹息说："唉！上面的为政者发生了失误，却要杀下面的老百姓，这样可以吗？对民众不教化却要用刑狱来处理他们，这是滥杀无辜啊！作战时，全军都大败而逃，是不可随意斩杀将士的；狱讼之事没有审理清楚，是不可以判处刑罚，因为其罪不在民众方面。政令废弛，而刑罚严峻，这是残害人民；现在各种物资的生产是有一定时间的，而取敛却没有一定时间，这就是暴政；不教育民众怎么做，却要求他们必须成功，这就是虐待。废除以上三条，然后再施用刑罚。《书》曰：'义刑义杀，勿庸以即，予维曰未有顺事。'（《尚书》说："实行正义的刑罚、正义的诛杀，不要使诛杀迁就自己，我们只能说我们还没有把事情做妥当。"）这就是说要先教化民众。"

## 【绎旨】

本章主要记述了孔子人鲁司寇时慎重断案的一个案例。从中体现了孔子这样几点思想：一、慎重断案，刑罚相当，不可滥杀无辜。上面的错误不能由下面来承担。二、教化在先，惩罚在后，不可不教而诛。三、义刑义杀是以良好的政治状况为前提的，要在刑罚方面不出错误，必须改善、优化整个政治环境，调整各种政策，废除暴政、虐政，使国家在正常轨道上运转。

## 【名言嘉句】

嫚令谨诛，贼也；今生也有时，敛也无时，暴也；不教而责成功，虐也。已此三者，然后刑可即也。

## 【原文】

故先王既陈之以道，上先服之；若不可，尚贤以綦¹之；若不可，废不能以单²之；綦三年而百姓往³矣。邪民不从，然后俟之以刑，则民知罪矣。《诗》曰：'尹氏大师，维周之氏⁴，秉国之均，四方是维，天子是庳，卑民不迷⁵。[1]'是以威厉而不试，刑错⁶而不用[2]，此之谓也。

今之世则不然：乱其教，繁其刑，其民迷惑而堕焉，则从而制之，是以刑弥繁而邪不胜。三尺之岸而虚车不能登也，百仞之山任负车登焉，何则？陵迟故也。数仞之墙而民不逾也，百仞之山而竖子冯而游焉，陵迟故也。今夫世之陵迟亦久矣，而能使民勿逾乎！《诗》曰："周道如砥，其直如矢。君子所履，小人所视。眷焉顾之，潸焉出涕！"[3]岂不哀哉！

《诗》曰："瞻彼日月，悠悠我思。道之云远，曷云能来。"[4]子曰："伊稽首⁷，不其有来乎？"

## 【校】

1. 綦，通"基（jī）"。

2. 单，通"惮"。

3. 往，据《韩诗外传》《说苑》，"往"当作"从"，"从"下脱"风"。

4. 氐，通"柢"。

5. 天子是庳，卑民不迷，庳，今本《毛诗》作"毗"。卑，通"俾"。

6. 错，通"措"。

7. 稽首，疑作"稽道"。

## 【注释】

〔1〕尹氏大师，维周之氐，秉国之均，四方是维，天子是庳，卑民不迷：语出《诗·小雅·节南山》。全句意为：太师尹氏，是周室的根基，他掌握国政，四方靠他来维持。他是天子的辅臣，使民众不迷失方向。

〔2〕刑错而不用：错，一释为：安置，设置。一释为：废弃，搁置。全句意为：刑罚虽然已设置好，但不用使用。或释为："刑罚废弃而不用……"《史记·周本纪》曰："成康之日，政简刑措。"《汉书·文帝纪赞》曰："断狱数百，几致刑措。"《汉书·王吉传》曰："周之所以能致治，刑措而不用者，以其禁邪于冥冥，绝恶于未萌也。"此外，还有其他例证。可见，前人皆以第二种解释理解"刑措"。

〔3〕周道如砥，其直如矢。君子所履，小人所视。眷焉顾之，潸焉出涕：语出《诗·小雅·大东》。全句意为：大道平坦笔直，君子所走之路，小人一直注视。回头看那大道已经被破坏，不由得流泪出涕。

〔4〕瞻彼日月，悠悠我思。道之云远，曷云能来：语出《诗·邶风·雄雉》。全句意为：日月如梭不停息，我的思念长又长。道路真是远又远，何时他能回家乡？

## 【译文】

所以，古代圣王在把政治原则公布以后，为君者要首先自己实行，以带动群众。如果这样不行，即请贤人来教导民众；如果仍然不行，即废除无能的官吏，以使吏民畏惧；这样，经过三年教化，老百姓就服从了。如有邪恶之民，仍是不从，然后等待他的就是刑罚。这样，老百姓就知道什么是犯罪了。《诗》曰："尹氏大师，维周之氐；秉国之均，四方是维；天子是庳，卑民不迷。"（《诗》上说："太师尹氏，是周室的根基，他掌握国政，四方靠他来维持。他是天子的辅臣，使民众不迷失方向。"）所以，虽有厉害的威力也不去使用，虽有刑罚但搁置起来不用。就是说的这种情况。

现在的社会就不是这样：教化混乱，刑罚繁苛，老百姓迷失方向、是非不明，因而堕落，于是据此而制裁，所以刑罚更加繁苛而邪恶反而不能制服。三尺高的陡坡空车也上不去，而百仞的高山负重的车却能登上去，这是为什么呢？是因为山的坡度逐渐减缓而形成了可以走的斜面。几仞高的墙，成年人也过不去，但百仞高的山，小孩就可以登上去游玩，这也是因为山的坡度减低而形成了斜坡的原因。现在社会的管理类似坡度减缓的现象已经发生很久了，这样还能够使老百姓不逾越界限犯罪吗？《诗》曰："周道如砥，其直如矢。君子所履，小人所视。眷焉顾之，潸焉出涕。"（《诗》上说："大道平坦笔直，君子所走之路，小人一直注视。回头看那大道已经被破坏，不由得流泪出涕。"）难道不感到悲哀吗？

《诗》曰："瞻彼日月，悠悠我思。道之云远，曷云能来。"（《诗》上说："日月如梭不停息，我的思念长又长。道路真是远又远，何时他能回家乡？"）孔子说："如果加强教化，使道之皆习礼义，他们不就来的吗？"

**【绎旨】**

本章承上一章孔子主张义刑义杀的思想而来，首先叙述先王治国的方略，重视对民众的教化，不轻易动用刑罚。其次，批评了"今世""刑弥繁而邪不胜"的局面，并指出其原因是"今夫世之陵迟亦久矣"；最后引用孔子强调教化民族学习礼义的话做结束。

**【原文】**

孔子观于东流之水。子贡问于孔子曰："君子之所以见大水必观焉者是何？"孔子曰："夫水，大 [1] 遍与诸生而无为也，似德。其流也埤 [2] 下，裾拘 [3] 必循其理 [1]，似义。其洸洸乎不淈尽 [4][2]，似道。若有决行之，其应佚 [5] 若声响，其赴百仞之谷不惧，似勇。主 [6] 量必平 [3]，似法。盈不求概 [4]，似正。淖 [7] 约 [5] 微达，似察。以出以入，以就鲜絜，似善化。其万折也必东，似志。是故见大水必观焉。"

**【校】**

1. 大，据《家语·三恕》《大戴礼记·劝学》，疑"大"字衍。

2. 埤，通"卑"。

3. 裾拘，通"倨句"。

4. 其洸洸乎不淈尽，洸，通"滉"。淈，通"屈"。

5. 佚，同"逸"。

6. 主，通"注"。

7. 淖，通"绰"。

另外，"孔子观于东流之水。……是故见大水必观焉。"此段文字亦见于《家语·三恕第九》。其文如下：

孔子观於东流之水。子贡问曰："君子所见大水必观焉，何也？"孔子对曰："以其不息，且遍与诸生而不为也。夫水似乎德；其流也，则卑下；倨拘必修其理，此似义；

浩浩乎无屈尽之期，此似道；流行赴百仞之嵮而不惧，此似勇；至量必平之，此似法；盛而不求概，此似正；绰约微达，此似察；发源必东，此似志；以出以入，万物就以化絜，此似善化也。水之德有若此，是故君子见必观焉。"

对勘两文，可以看出《荀子》"遍与诸生而不为也"上无"以其不息"四字。《荀子》"倨拘必循其理"，《家语》作"倨拘必修其理"。其中"倨""倨"声旁相同可通假。王先谦《荀子集解·荣辱》引卢文昭之语："正文'循'，元刻作'修'。""循""修"二者通。《荀子》"其洸洸乎不淈尽"，《家语》作"浩浩乎无屈尽之期"。"淈"，《说文·水部》曰："从水，屈声。"右侧是声旁，因此二字可通。"洸"与"浩"乃一声之转，亦可通假。

## 【注释】

〔1〕倨拘必循其理：曲曲折折一定遵循那向下流动的规律。

〔2〕其洸洸乎不淈尽：洸洸，水深广的样子。淈，竭尽。

〔3〕主量必平：水注入到坑洼之处，最后一定是平的。

〔4〕盈不求概：概，古代量谷物时刮平斗斛的器具。

〔5〕淖约：柔弱的样子。

## 【译文】

孔子观察向东流淌的河水。子贡问道："君子为什么看见大片的水一定要仔细观察呢？"孔子说："水普遍地施与众生而没有什么要求，这就像是高尚的德行。它总往低处流，虽有曲折，但它总是遵循往低处流的规律，这就像是坚守道义。它浩浩荡荡，永不竭的尽，就像广大无边的道。如果掘开堵塞之物，让它通行，它就会迅速向前，就像回声和原来的声响一样，前往百仞深的山谷也不害怕，这就好像是勇敢。水注入到坑洼之中，最后一定是平的，这就像是法。水满之后，不需要概刮，就保持平面，这就像是正。水之性虽然柔弱，但能深入细微之处，这就像是明察。水一出一入，使物鲜洁无尘，这就像善化。它虽经万种曲折，但必定要向东而去，这就像坚强的意志。这样的原因，所以，君子看见大片的水必定要详加观察。"

## 【绎旨】

本章是孔子论述水的特点、功用及它在道德修养方面给人的启发。

## 【原文】

孔子曰："吾有耻也，吾有鄙[1]也，吾有殆也；幼不能强学，老无以教之，吾耻之。去其故乡，事君而达，卒¹遇故人[2]，曾无旧言，吾鄙之。与小人处者，吾殆之也。"

孔子曰："如垤而进，吾与之；如丘而止，吾已矣。"[3]今学曾未如肬赘[4]，则具然欲为人师。

## 【校】

1. 卒，通"猝"。

另外，"孔子曰：吾有耻也，吾有鄙也，吾有殆也……与小人处者，吾殆之也。"此段文字亦见于《家语·三恕第九》。其文如下：

孔子曰："吾有所耻，有所鄙，有所殆。夫幼而不能强学，老而无以教，吾耻之；去其乡，事君而达，卒遇故人，曾无旧言，吾鄙之；与小人处而不能亲贤，吾殆之。"

对勘两文，可以看出《荀子》有"所"以及"而不能亲贤"，而《家语》无。《荀子》"去其故乡"，《家语》无"故"字。《家语》较《荀子》更为完整准确。

## 【注释】

〔1〕有所鄙：按鄙之本义，有一、周朝的基层区划，《周礼·地官司徒》称"五家为邻，五邻为里，四里为酇，五酇为鄙"，即五百家为一鄙，而"五鄙为县"。二、边远之地。三、庸俗，浅薄，如《论语·子罕》载，子曰："吾少也贱，故多能鄙事。"四、自谦之词，如鄙人、鄙夫。五、藐视、轻视、看不起。根据此处的语境，似释为"藐视、轻视"。全句意为：有所鄙视之事。

〔2〕卒遇故人：仓促，急速，突然。全句意为：突然间遇见老朋友。

〔3〕如垤而进，吾与之；如丘而止，吾已矣：此条本于《论语·子罕》，《论语》原文作："譬如为山，未成一篑，止，吾止也。譬如平地，虽覆一篑，进，吾往也。"

〔4〕肬赘：瘊子。

## 【译文】

孔子说："我有感到耻辱的事情，我有感到卑鄙的事情，我感到有危险的事情：幼时不能勤勉学习，老了没有办法教育别人，我感到耻辱。离开家乡，因奉事君主而腾达，突然遇到过去的老朋友，没有叙旧的话可说，我感到卑鄙。与小人在一起，我感到危险。"

孔子说："成绩虽然像蚁冢那样小，但仍坚持前进，这种态度就赞成；成绩像丘山那样高大，停滞不前，我就不赞成的。"现在有些人学问还不如瘊子大，就摆出一副自满的样子而要为众人之师。

## 【绎旨】

本章记述了孔子的两段话，都是关于如何正确为人处世，如何学习的，都值得后人认真阅读与学习。

## 【原文】

孔子南适楚，厄于陈、蔡之间，七日不火食，藜羹[1]不糁，弟子皆有饥色。子路进，问之曰："由闻之：为善者天报之以福，为不善者天报之以祸。今夫子累德、积义、怀美，行之日久矣，奚居之隐也？"孔子曰："由不识，吾语女。女以知者为必用邪？王子比干[2]不见剖心乎！女以忠者为必用邪？关龙逢[3]不见刑乎！女以谏者为必用邪？吴子胥[4]不磔姑苏东门外乎！夫遇不遇者，时也；贤不肖者，材也；君子博学深谋不遇时者多矣。由是观之，不遇世者众矣，何独丘也哉[5]？且夫芷兰生于深林，非以无人而不芳。君子之学，非为通也；为穷而不困，忧而意不衰也，知祸福终始而心不惑也。夫贤不肖者，材也；为不为者，人也；遇不遇者，时也；死生者，命也。今有其人不遇其时，虽贤，其能行乎？苟遇其时，何难之有！故君子博学、深谋、修身、端行以俟其时。"孔子曰："由！居！吾语女。昔晋公子重耳霸心生于曹[6]，越王勾践[7]霸心生于会稽，齐桓公小白[8]霸心生于莒。故居不隐者思不远，身不佚¹者志不广。女²庸安知吾不得之桑落之下！[9]"

## 【校】

1. 佚，通"逸"。

2. 女，通"汝"。

另外，"孔子南适楚，厄于陈、蔡之间，七日不火食，藜羹不糁，弟子皆有饥色。……故居不隐者思不远，身不佚者志不广。女庸安知吾不得之桑落之下！"此段文字亦见于《家语·在厄第二十》。其文如下：

楚昭王聘孔子，孔子往拜礼焉，路出于陈、蔡。陈、蔡大夫相与谋曰："孔子圣贤，其所刺讥，皆中诸侯之病。若用于楚，则陈、蔡危矣。"遂使徒兵距孔子。

孔子不得行，绝粮七日，外无所通，藜羹不充，从者皆病。孔子愈慷慨讲诵，弦歌不衰。乃召子路而问焉，曰："《诗》云：'匪兕匪虎，率彼旷野。'吾道非乎，奚为至于此？"

子路愠，作色而对曰："君子无所困。意者夫子未仁与？人之弗吾信也；意者夫子未智与？人之弗吾行也。且由也昔者闻诸夫子：'为善者天报之以福，为不善者天报之以祸。'今夫子积德怀义，行之久矣，奚居之穷也？"子曰："由未之识也，吾语汝！汝以仁者为必信也，则伯夷、叔齐不饿死首阳；汝以智者为必用也，则王子比干不见剖心；汝以忠者为必报也，则关龙逢不见刑；汝以谏者为必听也，则伍子胥不见杀。夫遇不遇者，时也；贤不肖者，才也。君子博学深谋而不遇时者，众矣，何独丘哉！且芝兰生于深林，不以无人而不芳；君子修道立德，不为穷困而败节。为之者人也，生死者命也。是以晋重耳之有霸心，生于曹、卫；越王践之有霸心，生于会稽。故居下而无忧者，则思不远；处身而常逸者，则志不广。庸知其终始乎？"

相较之下，可以发现《家语》所记较为具体、详细、准确。《荀子》晚于《家语》。

## 【注释】

〔1〕藜羹：藜：一种草名，其嫩叶可食。藜羹，即用藜嫩叶煮成的羹汤。

〔2〕比干：纣王叔父。一说纣王庶兄。

〔3〕关龙逢：逢，或作"逢（pang）"。夏朝末年的大臣，多次劝谏夏桀，夏桀不听，反将其杀害。

〔4〕伍子胥：名员，字子胥。春秋时楚国将领。因父伍奢、兄伍尚被楚平王杀害，他逃至吴国，初受夫差信任，后因劝谏夫差拒越求和并停止攻齐，而被疏远。前484年被赐剑自杀。

〔5〕君子博学深谋不遇时者多矣。由是观之，不遇世者众矣，何独丘也哉：此段文字亦见于《家语·在厄》《韩诗外传》卷七、《说苑·杂言》等文献中。《家语·在厄》曰："君子博学深谋而不遇时者，众矣，何独丘哉！"《韩诗外传》卷七云："故君子博学深谋，不遇时者众矣，岂独丘哉！"《说苑·杂言》曰："故夫君子博学深谋不遇时者众矣，岂独丘哉！"疑"由是观之，不遇世者众矣"为衍文。

〔6〕晋公子重耳霸心生于曹：重耳，即后来的晋文公，晋献公子。为公子时，曾出奔曹、卫，不受待见，因生称霸之心。

〔7〕勾践：春秋末年越国国君，公元前497－前465在位。曾被吴王夫差击败，被困于会稽，屈服求和，回国后卧薪尝胆，发愤图强，后终转弱为强，消灭吴国，而成为霸主。

〔8〕小白：齐桓公，姜姓，吕氏，名"小白"。

〔9〕孔子曰"由！居！吾语女。昔晋公子重耳霸心生于曹，越王勾践霸心生于会稽，齐桓公小白霸心生于莒。故居不隐者思不远，身不佚者志不广。女庸安知吾不得之桑落之下"：

桑落，语出《诗经·卫风·氓》："桑之落矣，其黄而陨。"

桑落有二解：一是索郎、丧落。郝懿行持此说。（见陈桥驿《水经注全译》上册．贵州人民出版社1996年版．第133页）同意此说的还有董治安、郑文杰（见董治安、郑文杰《荀子汇校汇注》）。二是地名。（见刘师培《荀子补释》）

据文义，桑落应释为："处于困境之中。"

此段文字亦见于《家语·在厄》《吕氏春秋·慎人》《说苑·杂言》等文献中，文字略有不同。

《家语·在厄》载："是以晋重耳之有霸心，生于曹卫，越王勾践之有霸心，生于会稽。故居下而无忧者，则思不远，处身而常逸者，则志不广，庸知其终始乎？"

《吕氏春秋·慎人》曰："故内省而不疚于道，临难而不失其德，大寒既至，霜雪既降，吾是以知松柏之茂也。昔桓公得之莒，文公得之曹，越王得之会稽。陈、蔡之厄，于丘其幸乎！"

《说苑·杂言》云：孔子不应，乐终而曰："由，昔者齐桓霸心生于莒，勾践霸心生于会稽，晋文霸心生于骊氏，故居不幽，则思不远，身不约则智不广，庸知而不遇之。"

## 【译文】

孔子到南方的楚国去，被困在陈国与蔡国之间，七天没有生火做饭，野菜汤里未能掺一点米，弟子们皆有饥饿之色。子路进来，问孔子说："我听说，做善事的人老天要以福报答他，做坏事的人老天要以祸报复他。现在先生您积累美德、道义、心怀善美的愿望，已经践行很久，为什么还会遇到这么困难的情况呢？"孔子说："仲由你不懂，我告诉你吧。你以为有仁义的人一定会被信任吗？伯夷、叔齐不是饿死在首阳山了嘛！你以为有智慧的人一定会受到任用吗？王子比干不是被剖了心嘛！你以为对国家忠心的人一定会被任用吗？关龙逢不是被刑杀了嘛！你认为向君主进谏的人就一定被任用吗？伍子胥不是在姑苏东门被处以磔刑了嘛！遇到不遇到君主的任用，这是时机问题；贤或不肖，这是你个人的资材问题。君子具有广博的学识，深远的谋略，但未遇到好的时机，这样的人多了去了。由此可见，不能遇到好的历史时期的人是很多的，为什么说只有我孔丘呢？（此处杨朝明本标点用！""，显然用错了，以下仍是孔子的话）再说白芝、兰草生于深林之中，并不因为无人欣赏就不散发芳香了。君子的学说，并不是为了自己的通达高升；处于穷困的境地中并不困惑，虽有忧愁，但意志不衰败；能知道祸与福从始至终的变化因而不迷惑。至于贤或不肖，这是材质问题；有没有作为，这是由人自己决定的。能不能遇到好机会，这是时机问题；是死是生，是由命决定的。现在虽有人才在此，但未遇到好的时机，虽然他很贤良，这怎么能行呢？但如果遇到时机，那又有什么困难呢？所以，君子要广博地学习，深远地谋划，修养身心，端正品行，以等待时机。"孔子又说："子由，过来坐下，我告诉你。过去晋公子重耳称霸之心最早产生于曹国（当时他受到曹共公侮辱，因而被激怒遂产生了图强的决心。）；越王勾践称霸之心产生于被围困于会稽山上时；齐桓公小白的霸心产生于流亡莒国受冷遇时。所以，居住环境不困难的人，思虑不会长远；身不处于逆境之中，意志不会广阔。你们怎么会知道我在桑落之下不会得到我应该得到的呢？"

## 【绎旨】

本章记述可孔子厄于陈、蔡时与弟子一起励志的情况，表现了孔子崇高的思想和情操。

## 【名言嘉句】

①且夫芷兰生于深林，非以无人而不芳。君子之学，非为通也；为穷而不困，忧而意不衰也，知祸福终始而心不惑也。

②故居不隐者思不远，身不佚者志不广。

## 【原文】

子贡观于鲁庙之北堂，出而问于孔子曰："乡者赐观于太庙之北堂，吾亦未辍，还复瞻被九盖[1]皆继，被有说邪？匠过绝邪？"孔子曰："太庙之堂，亦尝[2]有说。官致良工，因丽节文，非无良材也，盖曰贵文也。"

## 【校】

1. 还复瞻被九盖：《家语·三恕》作"还瞻北盖"。被，通"彼"。

2. 尝，通"当"。

另外，"子贡观于鲁庙之北堂……官致良工，因丽节文，非无良材也，盖曰贵文也。"此段文字亦见于《家语·三恕第九》。其文如下：

子贡观於鲁庙之北堂，出而问於孔子曰："向也赐观於太庙之堂，未既辍，还瞻北盖，皆断焉，彼将有说耶？匠过之也？"孔子曰："太庙之堂，官致良工之匠，匠致良材，尽其功巧，蓋贵久矣，尚有说也。"

其中，《荀子》"九盖""贵文"正，《家语》作"北盖""贵久"误。

对勘两文，可以看出《荀子》在采用该文时，对错误之处做了订正。

## 【注释】

〔1〕还复瞻被九盖：反复看那九扇门。

## 【译文】

子贡参观鲁国太庙的北堂，出来后，问孔子说："刚才，我参观太庙的北堂，我也未停止，反复看北堂的九扇门，都不是整块木料，而是用断木料拼接起来的。它有什么说法吗？还是匠人把木料弄断了呢？"孔子说："建筑太庙的厅堂，也是有讲究的。官府要搜求组织优良的工匠，根据木材加以文饰，并不是没有优良的木材，都是为了重视文采的缘故吧。"

## 【绎旨】

本章记述了孔子回答子路的某一问题，涉及到材质与文采的关系。从本文看在具有好材质的情况下，孔子是重视文采的。

# 子道篇第二十九

## 【导读】

因本篇的前三章主要内容是讨论"为子之道"的问题，所以本篇以"子道"命篇。本篇除论述为子之道外，还涉及到为臣之道、治学之道、处世之道等多方面的问题。特别是在本篇中荀子提出了"从道不从君，从义不从父，人之大行也"的论断，更提高了本篇的学术价值和实践价值。

全篇分为七章：

第一章，强调要把握君臣父子之道的两个方面。

第二章，运用孔子的论述说明什么是真正的忠孝，反对对君、父的盲从。

第三章，通过孔子的论述，说明赢得好名声的方法。

第四章，阐述"居是邦，不非其大夫"的礼仪。

第五章，记述孔子对子路的批评教育。

第六章，关于"知者若何，仁者若何"的讨论。

第七章，孔子关于君子与小人不同忧乐的论述。

## 【原文】

入孝出弟[1]，人之小行也。上顺下笃，人之中行也；从道不从君，从义不从父，人之大行也。若夫志以礼安，言以类使，则儒道毕矣，虽尧舜不能加毫末于是矣。[1]

孝子所以不从命有三：从命则亲危，不从命则亲安，孝子不从命乃衷[2]；从命则亲辱，不从命则亲荣，孝子不从命乃义；从命则禽兽，不从命则修饰，孝子不从命乃敬。故可以从而不从，是不子也；未可以从而从，是不衷也；明于从不从之义，而能致恭敬、忠信、端悫以慎行之，则可谓大孝矣。

传曰："从道不从君，从义不从父。"[2]此之谓也。故劳苦雕萃[3]而能无失其敬，灾祸患难而能无失其义，则不幸不顺见恶而能无失其爱，非仁人莫能行。《诗》曰："孝子不匮。"[3]此之谓也。

## 【校】

1.弟，同"悌"。

2.衷，通"忠"。

3.雕萃，亦作"彫悴""彫顇"。

## 【注释】

〔1〕入孝出弟："入孝出弟"，本于《论语·学而》，《论语》原文作："弟子入则孝，出则悌。"

〔2〕孝子所以不从命有三：从命则亲危，不从命则亲安，孝子不从命乃衷；从命则亲辱，不从命则亲荣，孝子不从命乃义；从命则禽兽，不从命则修饰，孝子不从命乃敬：荀子认为，对待亲命，有三不从：一是，听从了亲命会给亲人带来危险。二是，听从了亲命会给亲人带来侮辱。三是，听从了亲命会使自己行为不符合礼义的要求。这也就是"从义不从父"。

〔3〕孝子不匮：语出《诗·大雅·既醉》。全句意为：孝子的孝行是没有穷尽之时的。

## 【译文】

在家中孝顺父母，出门要敬重兄长，这是人生最基本的德行情操；对上顺从，对下笃厚，这是人生中等的德行操守；顺从执行法度而不盲从君主，顺从执行礼义而不盲从父亲，这是人最大的德行操守。如果你的志向在于以礼安定天下，言论主张在于以法度处理一切，那么儒家之道就算完备了，即使是尧、舜也不能对此再添加毫末。

孝子所不服从的命令有三种：如果服从这个命令，就会危及亲人的性命，不服从命令，亲人就会安全，孝子不服从命令就是忠；如果这个服从命令，就会使亲人受辱，不服从命令，亲人就会有荣耀，孝子不服从命令就是坚持了正义；如果服从这个命令，就如同禽兽，不服从这个命令，身心会得到修养，孝子不服从这个命令就是对亲人的敬重。所以，可以服从而不服从，就不是做儿子的原则，不可以服从而服从了，就是不忠诚。明白服从与不服从的道理，而能够保持恭敬、忠信、端正、诚实的品德，并谨慎地实行，就可以说是大孝了。

古书上说："要服从法度不要盲从君主，要服从礼义而不要盲从父亲。"就是说的这种情况。所以，在劳苦憔悴时还能够不失去对君对父应有的尊敬，面临灾祸患难时而能不失去对君对父的礼义，即使不幸因不顺从而被君被父母厌恶，仍能不失去对他们的爱，如果不是有仁德之人，是不能做到这样的。《诗》曰："孝子不匮。"（《诗》上说："孝子的孝行是没有穷尽之时的。"）就是说的这种情况。

## 【绎旨】

本章强调要正确把握父子、兄弟、君臣之间关系的两个方面：一方面，要孝、弟（悌），尊上敬长，尊君忠君；另一方面，又要以道（即法度）、以义（儒学礼义）为处世准则，做到"从道不从君，从义不从父"。

## 【名言嘉句】

入孝出弟，人之小行也。上顺下笃，人之中行也；从道不从君，从义不从父，人之大行也。若夫志以礼安，言以类使，则儒道毕矣。

## 【原文】

鲁哀公问于孔子曰："子从父命，孝乎？臣从君命，贞乎？"三问，孔子不对。孔子趋出，以语子贡曰："乡者君问丘也，曰：'子从父命，孝乎？臣从君命，贞乎？'三问而丘不对，赐以为何如？"子贡曰："子从父命，孝矣；臣从君命，贞矣。夫子有¹奚对焉？"孔子曰："小人哉！赐不识也。昔万乘之国有争²臣四人，则封疆不削；千乘之国有争臣三人，则社稷不危；百乘之家有争臣二人，则宗庙不毁。父有争子，不行无礼；士有争友，不为不义。故子从父，奚子孝？臣从君，奚臣贞？审其所以从之之谓孝，之谓贞也。"[1]

## 【校】

1.有，通"又"。

2.争，通"诤"。

另外，"鲁哀公问于孔子曰：'子从父命，孝乎？臣从君命，贞乎？'三问，孔子不对。……故子从父，奚子孝？臣从君，奚臣贞？审其所以从之之谓孝、之谓贞也。"此段文字亦见于《家语·三恕第九》。其文如下：

子贡问於孔子曰："子从父命，孝乎；臣从君命，贞乎？奚疑焉。"孔子曰："鄙哉赐！汝不识也。昔者明王万乘之国，有争臣七人，则主无过举；千乘之国，有争臣五人，则社稷不危也；百乘之家，有争臣三人，则禄位不替；父有争子，不陷无礼；士有争友，不行不义。故子从父命，奚讵为孝？臣从君命，奚讵为贞？夫能审其所从，之谓孝，之谓贞矣。"

对勘两文，可以看出《家语》所记更为准确。

## 【注释】

〔1〕故子从父，奚子孝？臣从君，奚臣贞？审其所以从之之谓孝，之谓贞也：在这里，荀子认为处理父子关系的原则是道义而非血亲，为了维护道义可以不顾及血亲。

## 【译文】

鲁哀公向孔子问："儿子听从父亲的命令，这是孝吧？臣子听从君主的命令，这是忠贞吧？"问了三次，孔子不做回答。孔子快步走出去，以此对子贡说："刚才君上问我，说'儿子听从父亲的命令，这是孝吧？臣子听从君主的命令，这是忠贞吧？'三次问我，我没回答。赐你以为怎么样啊？"子贡说："儿子听从父亲的命令，这是孝。臣子听从君主的命令，这是忠贞啊。先生又准备怎样回答呢？"孔子说："你真是个小人啊！赐你真不懂啊！从前，万乘之君有争（诤）臣四人，就会做到所封疆土不被削减；千乘之国有诤臣三人，就会做到国家无危难；百乘之家有诤臣二人，就会做到分封土地常在，宗庙不会被毁掉；父亲有敢于劝谏的诤子，就不会做出不合礼义的事；士人有敢于劝谏的诤友，就不会做出无义之事。所以，儿子完全顺从父亲，怎么能算孝顺呢？臣子完全顺从君主，怎么能算忠贞呢？要审查清楚他所听从的究竟是什么，才可以说它是否是孝，是否是忠贞。”

## 【绎旨】

本章主要是通过孔子的论述，说明完全盲从为君为父者，而对他们不合礼义之处不敢谏诤，这不能算是忠、孝，只有坚守礼义，敢于对君、父违反礼义之处进行谏诤，才算忠、孝，以此来证明荀子在上一章提出的论点。

## 【名言嘉句】

昔万乘之国有争臣四人，则封疆不削；千乘之国有争臣三人，则社稷不危；百乘之家有争臣二人，则宗庙不毁。父有争子，不行无礼；士有争友，不为不义。

## 【原文】

子路问于孔子曰：“有人于此，夙兴夜寐 [1]，耕耘树艺，手足胼胝 [2]，以养其亲，然而无孝之名，何也？”孔子曰：“意者身不敬与 1 ？辞不逊与？色不顺与？古之人有言曰：‘衣与，缪与，不女 2 聊 [3]。’今夙兴夜寐，耕耘树艺，手足胼胝，以养其亲，无此三者，则何以为而无孝之名也 3 ？”孔子曰：“由志 4 之，吾语女。虽有国士之力，不能自举其身，非无力也，执 5 不可也。故入而行不修，身之罪也；出而名不章 6，友之过也。故君子入则笃行，出则友贤，何为而无孝之名也！”

## 【校】

1. 与，同“欤”。

2. 女，通“汝”。

3. 则何以为而无孝之名也，疑“以”衍。《韩诗外传》卷九此句下有“意者所友非仁人邪？”一句。

4. 志，通“识”。

5. 执，同“势”。

6. 章，通“彰”。

另外，“子路问于孔子曰：‘有人于此，夙兴夜寐，耕耘树艺，手足胼胝，以养其亲，然而无孝之名，何也？’……故君子入则笃行，出则友贤，何为而无孝之名也！”此段文字亦见于《家语·困誓第二十二》。其文如下：

子路问於孔子曰：“有人於此，夙兴夜寐，耕芸树艺，手足胼胝，以养其亲，然而名不称孝，何也？"孔子曰："意者身不敬与？辞不顺与？色不悦与？古之人有言曰：'人与己与不汝欺。'今尽力养亲而无三者之阙，何谓无孝之名乎？"孔子曰："由，汝志之！吾语汝，虽有国土之力，而不能自举其身，非力之少，势不可矣。夫内行不修，身之罪也；行修而名不彰，友之罪也；行修而名自立。故君子入则笃行，出则交贤，何谓无孝名乎？"

对勘两文，可以看出《荀子》所记不如《家语》准确、合理。

## 【注释】

〔1〕夙兴夜寐：语出《诗经·魏风·氓》："夙兴夜寐，靡有朝矣。"

〔2〕手足胼胝：《汉语大词典》："手足生茧。极言劳悴。"《中国成语大辞典》（上海辞书出版社）："胼、胝，手足所生的厚茧。形容极其劳悴。"

〔3〕衣与，缪与，不女聊：缪，绸缪，准备。聊，依靠。

## 【译文】

子路问孔子，说："有一个人在这里，他早起晚睡，耕种除草，种植庄稼，手掌、脚底都长了茧子，以养育他的父母。但是，他却没有赢得孝顺的美名，这是为什么呢？"孔子说："我考虑是自身还不够恭敬吧？说话不够谦逊吧？是面色还不够温顺吧？古代有人说：'给父母衣服穿，为父母做准备，但因态度不恭顺，父母不想依赖你。'现在能早起晚睡，耕种除草，种植庄稼，手掌、脚底都长了茧子，以养育他的父母，没有以上所说的三种缺点，那为什么还没有孝顺的美名呢？"孔子说："仲由你记住，我告诉你吧！虽然你是全国有名的力士，但不能够把自己的身体举起来，不是没有力量，而是形势不许可。所以，在家中不注重修养德行，这是自身的过错；到社会上名声不显赫，这是朋友的过错。所以，君子在家要强化德行修养，到社会上结交贤友，那怎么还会没有孝顺的美名呢？"

## 【绎旨】

本章是通过孔子与子贡的对话，阐明赢得好的名声的方法。

## 【名言嘉句】

故君子入则笃行，出则友贤，何为而无孝之名也？

## 【原文】

子路问于孔子曰："鲁大夫练而床[1]，礼邪？"孔子曰："吾不知也。"子路出，谓子贡曰："吾以为夫子无所不知，夫子徒有所不知。"子贡曰："汝何问哉？"子路曰："由问鲁大夫练而床，礼邪？夫子曰：'吾不知也。'"子贡曰："吾将为女问之。"子贡[1]问曰："练而床，礼邪？"孔子曰；"非礼也。"子贡出，谓子路曰："女谓夫子为有所不知乎？夫子徒无所不知，女问非也。礼，居是邑，不非其大夫。"

## 【校】

1. 子贡，疑衍。

另外，"子路问于孔子曰：'鲁大夫练而床，礼邪？'……女谓夫子为有所不知乎？夫子徒无所不知，女问非也。礼，居是邑，不非其大夫。"此段文字亦见于《家语·曲礼子夏问第四十三》。其文如下：

子路问於孔子曰："鲁大夫練而杖（'杖'当作'[牀]床'。'杖''牀'，形近而讹），礼也？"孔子曰："吾不知也。"子路出，谓子贡曰："吾以为夫子无所不知，夫子亦徒有所不知也。"子贡曰："子所问何哉？"子路曰："由问：鲁大夫练而杖（床），礼与？'夫子曰：'吾不知也？'"子贡曰："止，吾将为子问之。"遂趋而进曰："練而杖（床），礼与？"孔子曰："非礼也。"子贡出，谓子路曰："子谓夫子而弗知之乎？夫子徒无所不知也。子问非也。礼，居是邦，则不非其大夫。"

对勘两文，可以看出《荀子》对原文中的错讹有所订正。

## 【注释】

〔1〕鲁大夫练而床：练，白色的熟绢。古代父母去世后一周年进行祭祀，称小祥。此时孝子可以穿白色的熟绢，故小祥之祭野称"练"。古代丧礼，居父母之丧，在服三年内（实际二十七个月）不得睡于床。全句意为：鲁国的大夫在服练时睡床。

## 【译文】

子路向孔子问道："鲁国的一位大夫在練祭时睡床，这合乎礼吗？"孔子说："我不知道啊！"子路出去，对子贡说："我原以为先生是无所不知的，先生也有不知道的啊。"子贡说："你是怎么问的？"子路说："我问：鲁大夫練祭时睡床，合乎礼吗？先生说：我不知道啊。'"子贡说："我将为你再问一遍。"子贡问孔子，说："練祭时睡床，这符合礼吗？"孔子说："这不合乎礼。"子贡出去向子路说："你说先生为什么回答你不知道吗？先生不是不知道；而是你问的内容不对。礼规定，居住在这个国家的城邑中时，不非议该国的大夫。所以，先生无法回答你的这个问题。"

## 【绎旨】

本章主要是阐明"居是邦，不非其大夫"这一礼仪。今天看来，不过是一个处世（外交）的策略而已。孔子重礼仪，自然要向弟子们强调这一点。虽然，这一策略与彻底的唯物主义态度是不符合的，但其策略上的意义是不能否定的。

## 【原文】

子路盛服而见孔子，孔子曰："由，是裾裾[1]何也？昔者江出于岷山，其始出也，其源可以滥觞[2]，及其至江之津也，不放[2]舟，不避风，则不可涉也，非维[3]下流水多邪？今女衣服既盛，颜色充盈，天下且孰肯谏女矣？由[4]！"子路趋而出，改服而入，盖犹若也。孔子曰："志之！吾语女。奋于言者华，奋于行者伐，色知而有能者，小人也[3]。故君子知之曰知之，不知曰不知，言之要也[4]；能之曰能之，不能曰不能，行之至也。言要则知[5]，行至则仁。既仁且知，夫恶有不足矣哉！"

## 【校】

1．裾，通"倨"。

2．放，借字，同"舫"。一说同"方"。

3．维，同"唯"。

4．由，"由"字当在"孔子曰"三字下，"志之"二字上。

5．知，同"智"。

另外，"子路盛服而见孔子，……故君子知之曰知之，不知曰不知，言之要也；能之曰能之，不能曰不能，行之至也。言要则知，行至则仁。既仁且知，夫恶有不足矣哉！"此段文字亦见于《家语·三恕第九》。其文如下：

子路盛服见於孔子。子曰："由，是倨倨者，何也？夫江始出於岷山，其源可以滥觞；及其至于江津，不舫舟，不避风，则不可以涉。非唯下流水多耶？今尔衣服既盛，颜色充盈，天下且孰肯以非告汝乎？"子路趋而出，改服而入，蓋自若也。子曰："由，志之！吾告汝：奋於言者华，奋於行者伐，夫色智而有能者，小人也。故君子知之曰知，言之要也；不能曰不能，行之至也。言要则智，行至则仁。既仁且智，恶不足哉？"

## 【注释】

〔1〕裾裾：盛装的样子。

〔2〕滥觞：江河发源之处水极少，只能浮起酒杯。

〔3〕奋于言者华，奋于行者伐，色知而有能者，小人也：言语矜夸的人往往华而不实，行为骄傲的人往往自我夸耀，外表看起来十分聪明、很有能力的往往是小人。

〔4〕故君子知之曰知之，不知曰不知，言之要也：此条可参阅《论语·为政》，《论语》原文作："由！诲女知乎！知之为知之，不知为不知，是知也。"

## 【译文】

子路穿着盛装去见孔子。孔子说："仲由，穿着这样的盛装是为什么呢？很久以前，长江发源於岷山，它刚刚形成时，它的源头只可滥觞（水量很少，仅能浮起酒杯）。当流到长江的一个渡口时，不把两条船并在一起，不避开大风，就不能渡过了，不就是因为下游的水多吗？现在你衣服已经这样华丽，脸色傲慢，天下之人谁愿意劝谏你呢？"子路赶紧快步走了出去，改换了服装，又进来，显出一副自然的样子。孔子说：

"你记住，我告诉你。喜欢夸夸其谈的人华而不实，喜欢表现办事能力的人好自我夸耀，把能力都表现在脸上的是小人。所以，君子知道就说知道，不知道就说不知道，这是说话的要领；能办就说能办，不能办就是不能办，这是行动最重要的。把握说话的要领就是有智慧，把握行动中最重要的就会有仁德。既有仁德又有智慧，那样的话哪里还会有不足之处呢？"

## 【绎旨】

本章记述孔子对子路的批评和教育，孔子强调"知之曰知之，不知曰不知""能之曰能之，不能曰不能"，这是符合辩证唯物主义哲学的。

## 【名言嘉句】

故君子知之曰知之，不知曰不知，言之要也；能之曰能之，不能曰不能，行之至也。

## 【原文】

子路入，子曰："由，知[1]者若何？仁者若何？"子路对曰："知者使人知己，仁者使人爱己。"子曰："可谓士矣。"子贡入，子曰："赐，知者若何？仁者若何？"子贡对曰："知者知人，仁者爱人。"子曰："可谓士君子矣。"颜渊入，子曰："回，知者若何？仁者若何？"颜渊对曰："知者自知，仁者自爱。"子曰："可谓明君子矣。"[1]

## 【校】

1. 知，同"智"。

另外，"子路入，子曰：'由，知者若何？仁者若何？'……颜渊对曰：'知者自知，仁者自爱。'子曰：'可谓明君子矣。'"此段文字亦见于《家语·三恕第九》。其文如下：

子路见於孔子。孔子曰："智者若何？仁者若何？"子路对曰："智者使人知己，仁者使人爱己。"子曰："可谓士矣。"子路出，子贡入。问亦如之。子贡对曰："智者知人，仁者爱人。"子曰："可谓士矣。"子贡出，颜回入。问亦如之。对曰："智者自知，仁者自爱。"子曰："可谓士君子矣。"

对勘两文，可以看出《荀子》对原文有所订正。阅读本章时，可参阅王春华《孔子家语新解》，第91—92页。

## 【注释】

〔1〕士、士君子、明君子：按字面意义理解，"士君子"即士中的君子，或说是由士而上升的君子，也就是君子。而"明君子"则是君子中的明达者，要比君子高一个档次。

孔子区分士、士君子、明君子的标准就是对"智者若何，仁者若何"的不同回答。

子路的回答是"智者使人知己，仁者使人爱己。"在子路看来，无论是智者还是仁者都应引导他人对"己"进行感知、了解、爱惜，从而建立起自己的名望与信誉，以便将来干一番事业。子贡的回答是："智者知人，仁者爱人。"即智者应该了解上下左右和古往今来的人，仁者应该爱护这些人。这样就把认识范围大大扩展了，从而冲破了以个人为核心的狭小范围，因而使认识上了一个新的台阶，因此受到孔子的肯定。颜回的回答是："智者自知，仁者自爱。"所谓"自知"就是能正确认识自己，有自知之明。而要做到这一点就必须做到"智者知人"。如果对他人（周围的人及更遥远的人）毫无所知，或知之甚少，那只能是阇于知人，因而亦无法做到全面正确的知己。因为事物总是相比较而存在，一个人也只有与其他人的比较中，才能正确认识自己，因此"知人"是"自知"的重要条件。只有在正确全面认识他人的基础上，才能看清自己与他人相比之下的长与短，优与劣，以及自己所应处的位置，从而做到知己知彼。

同样，"仁者自爱"也是在"仁者爱人"的基础上实现的。一个人只有树立了"爱人"即尊重、珍视、爱惜、爱护他人的观点并坚持不断的践行，才能意识到生命的价值与意义，并感受生之乐趣，因而产生了自尊、自爱、自我珍惜的愿望。颜回的认识表现了一个仁者自立自强、自我主宰世界的精神，比之子贡的认识又进了一步，因而被孔子称为"士（明）君子"。

## 【译文】

子路进来。孔子问："由啊！智者怎么样？仁者怎么样？"子路回答："智者使他人了解自己，仁者使他人爱护自己。"孔子说："仲由可算得上是士了。"子贡进来。孔子问："智者怎么样？仁者怎么样？"子贡回答："智者了解他人，仁者爱护他人。"孔子说："赐可算得上是士中的君子了。"颜回进来。孔子问："智者怎么样？仁者怎么样？"颜回回答："智者自己了解自己，仁者自己爱护自己。"孔子说："颜回可算得上明达的君子了。"

## 【绎旨】

本章记述了孔子弟子子路、子贡、颜回对同一问题的不同回答，孔子依次给予士、士君子、明君子的不同评语，表现了孔子对三者的不同期许和他因材施教的思想。

## 【原文】

子路问于孔子曰："君子亦有忧乎？"孔子曰："君子，其未得也，则乐其意；既已得之，又乐其治。是以有终生之乐，无一日之忧。[2] 小人者，其未得也，则忧不得；既已得之，又恐失之[1]，是以有终身之忧，无一日之乐也。"1

## 【校】

1."子路问于孔子曰：'君子亦有忧乎？'……小人者，其未得也，则忧不得；既已得之，又恐失之，是以有终身之忧，无一日之乐也。"此段文字亦见于《家语·在厄第二十》。其文如下：

子路问於孔子曰："君子亦有忧乎？"子曰："无也。君子之修行也，其未得之，则乐其意；既得之，又乐其治。是以有终身之乐，无一日之忧。小人则不然，其未得也，患弗得之；既得之，又恐失之。是以有终身之忧，无一日之乐也。"

对勘两文，可以看出《荀子》晚于《家语》。

## 【注释】

〔1〕小人者，其未得也，则忧不得；既已得之，又恐失之：此条可对照《论语·阳货》阅读，《论语》原文作："鄙夫可与事君也与哉？其未得之也，患得之。既得之，患失之。"

〔2〕有终身之乐，无一日之忧：孔子认为君子的修行有终身之乐，无一日之忧，对此应辩证理解。君子不是没有具体的忧虑，而是能正确对待忧虑，化忧虑为修身的动力。如：《论语》之《述而》篇载，子曰："德之不脩，学之不讲，闻义不能徙，不善不能改，是吾忧也。"《卫灵公》篇曰："人无远虑，必有近忧。""君子谋道不谋食。耕也，馁在其中矣；学也，禄在其中矣。君子忧道不忧贫。"《颜渊》篇曰："君子不忧不惧。""内省不疚，夫何忧何惧？"《宪问》篇曰："君子道者三，我无能焉：仁者不忧，知者不惑，勇者不惧。"《为政》篇曰："父母唯其疾之忧。"可见，君子在修身、处世等方面，有许多值得忧虑的具体事务存在，并非真正一点忧虑也没有。

但是孔子认为君子由于承担了实现"大道之行也，天下为公"的大任，也就是有一个远大目标，所以，他的终生是豪迈而快乐的，在实现这个大任的征途中，每一个阶段或每一项工作，都会经历"其未得之，则乐其意；既得之，又乐其治。是以有终身之乐，无一日之忧。小人则不然，其未得也，患弗得之；既得之，又恐失之"的过程，从这个意义上说，君子"有终身之乐，无一日之忧也？"

## 【译文】

子路向孔子问："君子也会有忧愁吗？"孔子说："君子，在他未得到结果时，就会为自己的志向感到高兴；在他得到结果后，又会为自己的政绩感到高兴。所以，有终生的快乐，而没有一日之忧。小人在没有得到结果时，他忧虑自己得不到；在得到以后，又恐怕失去。所以，有终生的忧愁，而没有一时快乐。"

## 【绎旨】

本章是孔子关于君子与小人不同忧乐的论述。孔子所言，只是问题的一方面，君子与小人皆有忧有乐。儒者既以天下为己任，故常忧其民则是不可避免的。如后儒所谓"先天下之忧而忧"云云，何谓"有终身之乐，无一日之忧也。"

# 法行篇第三十

【导读】

本篇主要是通过孔子及其弟子子贡、曾子等的言论，强调君子必须依礼法而行，以正确处理处世中的若干问题，故以"法行"为题。全篇可分为六章：

第一章，阐述礼的内容的客观性、公正性。

第二章，记述曾子的两段话，要求正确处理几种关系。

第三章，记述孔子论玉的特性，为有志者的修养提供了标准。

第四章，记述曾子对修身的论述。

第五章，记述子贡对孔门杂乱的说明。

第六章，记述孔子关于"三恕""三思"的论述。

【原文】

公输[1]不能加于绳墨，圣人不能加于礼。礼者，众人法而不知，圣人法而知之。

【注释】

〔1〕公输：名般，春秋鲁国人，俗称鲁班，著名工匠。

【译文】

公输班虽是著名工匠，但是，他也不能施加影响于绳墨；圣人虽圣明，但也不能施加影响于礼。礼这种规范，众人遵守它，但不能理解它；只有圣人既能遵守它，又能理解它。

【绎旨】

本章主要是阐述礼的内容的客观性和公正性。礼虽然是统治者意志的体现，但它有一定的客观性，任何个人的主观愿望不能改变它，因而它具有公正性。

【名言嘉句】

公输不能加于绳墨，圣人不能加于礼。

**【原文】**

曾子曰："无内人[1]之疏而外人之亲，无身不善而怨人，无刑己至而呼天。内人之疏而外人之亲，不亦远乎！身不善而怨人，不亦反乎！¹刑己至而呼天，不亦晚乎！《诗》曰：'涓涓源水，不雍不塞。毂已破碎，乃大其辐。事已败矣，乃重大息。[2]'其云益乎！"

曾子病，曾元[3]持足。曾子曰："元，志²之！吾语汝。夫鱼鳖鼋鼍犹以渊为浅，而堀³其中；鹰鸢犹以山为卑，而增巢其上；及其得也，必以饵。故君子能无以利害义，则耻辱亦无由至矣。"

**【校】**

1. 内人之疏而外人之亲，不亦远乎！身不善而怨人，不亦反乎，《韩诗外传》作："内疏而外亲，不亦反乎！身不善而怨人，不亦远乎"。

2. 志，同"记"。

3. 堀，同"窟"。

**【注释】**

〔1〕内人：指本家族的人。

〔2〕涓涓源水，不雍不塞。毂已破碎，乃大其辐。事已败矣，乃重大息：逸诗。全句意为：流水细小时，不加堵塞，水大了时，再去堵塞就晚了。车毂已破掉，只是加大车辐，也没有用。事情已失败，这才大叹息。

〔3〕曾元：曾子的儿子。

**【译文】**

曾子说："不要疏远本家族的人而去亲近外人，不要自身不好而怨别人，不要刑罚己来到而呼叫老天。对本族人疏远而外人亲近，这不就是舍近求远吗？自己不好而怨别人，这不搞反了吗？刑罚已到而呼叫老天，这不太晚了吗？《诗》曰：'涓涓源水，不雕不塞。毂已破碎，乃大其辐。事已败矣，乃重太息。'（《诗》上说：'源头的水很细，不加堵塞，等大了再堵就晚了。车毂已破掉，才去加大车辐，这是无用的。事情已败落，这才去大加叹息。'）这样有益吗？"

曾子病重，曾元抱着他的脚。曾子说："元，你记住！我告诉你。鱼、鳖、鼋、鼍他们还以为深渊是浅的，所以要在其中挖洞；鹰、鸢还以为山低、而把巢筑在上面。它们最后被人捕到，一定是因为诱饵。所以，君子如果能够不以利危害义，那末，耻辱就没有可能来到。"

**【绎旨】**

本章记述了曾子的两段教导。一段是曾子告诫后人，不要疏内亲外，不要身不善而怨人，不要刑己至而呼天，凡事要早有准备。第二段是要处理好义利关系，不要以利害义，就会避免失败。曾子的见解是有意义的。

## 【名言嘉句】

故君子能无以利害义，则耻辱亦无由至矣。

## 【原文】

子贡问于孔子曰："君子之所以贵玉而贱珉[1]者，何也？为夫玉之少而珉之多邪？"孔子曰："恶！赐，是何言也！夫君子岂多而贱之，少而贵之哉！夫玉者，君子比德焉。温润而泽，仁也；栗[2]而理，知[1]也；坚刚而不屈，义也；廉而不刿[3]，行也；折而不挠，勇也；瑕适并见，情也；扣之，其声清扬而远闻，其止辍然，辞也。故虽有珉之雕雕[4]，不若玉之章章[5]。《诗》曰：'言念君子，温其如玉。[6]'此之谓也。"

## 【校】

1. 知，同"智"。

另外，"子贡问于孔子曰：'君子之所以贵玉而贱珉者，何也？为夫玉之少而珉之多邪？'孔子曰：……《诗》曰：'言念君子，温其如玉。'此之谓也。"此段文字亦见于《家语·问玉第三十六》。其文如下：

子贡问于孔子曰："敢问君子贵玉而贱珉？何也？为玉之寡而珉多欤？"孔子曰："非为玉之寡故贵之，珉之多故贱之。夫昔者君子比德于玉：温润而泽，仁也；缜密以栗，智也；廉而不刿，义也；垂之如坠，礼也；叩之，其声清越而长，其终则诎然，乐矣；瑕不掩瑜，瑜不掩瑕，忠也；孚尹旁达，信也；气如白虹，天也；精神见于山川，地也；珪璋特达，德也；天下莫不贵者，道也。《诗》云：'言念君子，温其如玉。'故君子贵之也。"

其中，"敢问"一词是孔子弟子向孔子请教问题时的惯用语。

《荀子》"为夫玉之少而珉之多邪"，《家语》作"为玉之寡而珉多欤"。

对勘两文，可以看出《荀子》所记不如《家语》准确。表明《家语》材料更为原始。

## 【注释】

〔1〕君子贵玉而贱珉：珉（mín），似玉的石头。本句言：君子以玉为贵，以珉为贱。这本来是一种很自然的现象。因为玉本身有独特之处，有独特的价值，为珉所不及；在数量上，玉比之珉，以及还不如珉的石头，如花岗岩、石灰岩之类的大量岩石为少。故人们贵玉、而贱珉及其他石头。玉虽贵，但因其数少，在国民经济中，并无多大作用，除可作医疗器具外（古人以玉针砭（biān）、工艺品等），其他方面价值不大，其对人类生活的实际作用可能还不如普通的花岗岩。

但孔子从儒家的教化角度出发，把儒家理想的道德规范都加到玉的身上，使玉具有了仁、智、义、礼、乐、忠、信、天、地、德、道等美德，成为儒家理想中的君子形象。这对于人们的立德修身，加强自律，应该说是有启发和借鉴意义的。

总之，阅读本章应该坚持运用唯物辩证法的观点，去分析，不可偏于一隅。

〔2〕栗，坚硬。

〔3〕廉而不刿：语出《老子》第五十八章。原文如下："是以圣人方而不割，廉而不害，直而不肆，光而不曜。"廉，棱也。刿，刺伤。廉而不刿，即有棱角而又不刺伤他人。《老子》的本意在于处事应留有余地，不为已甚之事。孔子在此，以"廉而不刿"喻玉，即既方正有棱角，不与恶势力随波逐流，故能坚持大义；又能以中庸之道，不行过甚之事，处事能为大多事人所接受。这是玉德的一个方面。

〔4〕珉之雕雕：珉石上雕出的花纹、文采。

〔5〕玉之章章：玉石本来的光亮光辉。

〔6〕言念君子，温其如玉：语出《诗·秦风·小戎》。全句意为：思念君子的为人，温温和和的如同宝玉一般。

## 【译文】

子贡问孔子："君子之所以贵重玉而贱视珉是为什么呢？是因为玉少而珉多吗？"孔子说："赐，你这是什么话啊！君子难道会因为玉少就贵重它，珉多就贱视它。玉，这种宝物，君子是用来比拟美德的呀！温润而有光泽，这是仁；清晰而有纹理，这是智；坚硬刚强而不屈服，这是义；有棱角但不刺伤人，这是它的行为；宁可折断而不屈服，这是勇敢；光泽与瑕疵同时显现出来，这是诚实；叩击它，清扬之声远闻，这声音又可戛然而止，不留杂音，这是言辞。所以，珉虽然可以雕出各种文饰，但赶不上玉的质朴无华。《诗》曰：'言念君子，温其如玉。'（思念君子之为人，温润就如同美玉。）"就是说的这种情形。

## 【绎旨】

本章是孔子论玉的特性，他以玉拟君子，为一切有志者的修养提供了标准。

## 【名言嘉句】

夫玉者，君子比德焉。

## 【原文】

曾子曰："同游而不见爱者，吾必不仁也；交而不见敬者，吾必不长也；临财而不见信者，吾必不信也。三者在身，曷怨人？怨人者穷，怨天者无识[1]。失之己而反诸人，岂不亦迂哉[2]！"

**【校】**

1. 识，同“志”。

**【注释】**

〔1〕怨人者穷，怨天者无识：此条本于《论语·宪问》，《论语》原文作：“不怨天，不尤人。”

〔2〕迂哉：迂腐啊！一说，迂，远也，引申为失之远也。

**【译文】**

曾子说：“在一起交游，没有受到他人的关爱，这说明是我一定是没有表现出仁爱的精神；相交往中没有受到他人的尊敬，这说明是我没有表现出尊长的姿态；面临财货时自己没有被信任，说明自己一定是没有表现出诚信。这三各个问题出在自己身上，怎么去埋怨别人呢？埋怨别人的人会困窘，埋怨老天的人，说明自己没有见识。自己造成的损失反而去责备别人，这难道不是很迂腐吗？”

**【绎旨】**

本章曾子论修身问题。在“不见爱”“不见敬”“不见信”之时，要反诸己，不要反诸人。只有从自己身上找原因，才能搞清问题，取得进步。曾子的认识是符合“内因是变化的根据”这一唯物辩证法的原理的。

**【名言嘉句】**

失之己而反诸人，岂不亦迂哉！

**【原文】**

南郭惠子问于子贡曰：“夫子之门，何其杂也？”子贡曰：“君子正身以俟，欲来者不距[1]，欲去者不止。且夫良医之门多病人，檃栝[1]之侧多枉木，是以杂也。”

**【校】**

1. 距，古同“拒”。

**【注释】**

〔1〕檃栝：矫正曲木的工具。

**【译文】**

南郭惠子向子贡问道：“孔老先生的门下，为什么是那样杂乱呢？”子贡说：“君子端正自己的品行，在等待来求学的人，想来的不拒绝，想走的不阻止。况且良医门前会有更多的病人，檃栝器旁会有很多弯木，所以杂乱啊！”

## 【绎旨】

本章记述了子贡关于孔子门下杂乱的说明。实际上，杂乱只是一种表面现象，孔子办学来去自由，而且教学形式灵活多样，这样在形式上显得乱一些；但另一方面，也可以看出孔子门下不是死水一潭，而是办学很有生气，生动活泼，这需要正确理解。

## 【原文】

孔子曰："君子有三恕[1]。有君不能事，有臣而求其使，非恕也；有亲不能报，有子而求其孝，非恕也；有兄不能敬，有弟而求其听令，非恕也。士明于此三恕，则可以端身矣。"

孔子曰："君子有三思，而不可不思也。少而不学，长无能也；老而不教，死无思也；有而不施，穷无与也。是故君子少思长，则学；老思死，则教；有思穷，则施也。"[1]

## 【校】

1."孔子曰：'君子有三恕。……士明于此三恕，则可以端身矣。孔子曰：'君子有三思，而不可不思也。……是故君子少思长，则学；老思死，则教；有思穷，则施也。'"此段文字亦见于《家语·三恕第九》。其文如下：

孔子曰："君子有三恕。有君不能事，有臣而求其使，非恕也；有亲不能孝，有子而求其报，非恕也；有兄不能敬，有弟而求其顺，非恕也。士能明于三恕之本，则可谓端身矣。"

孔子曰："君子有三思，不可不察也。少而不学，长无能也；老而不教，死莫之思也；有而不施，穷莫之救也。故君子少思其长则务学，老思其死则务教，有思其穷则务施。"

对勘两文，可以看出《荀子》所记不如《家语》准确。《家语》更为接近孔子的思想。

## 【注释】

〔1〕君子有三恕：恕，宽恕，宽宥。"恕"与"忠"是相联系的，都是孔子儒学的范畴之一。《论语·里仁》曾子曰："夫子之道忠恕而已。""忠"就是"己欲立而立人，己欲达而达人"。"恕"就是"己所不欲，勿施於人"，这里的"不欲"是指"主观上不愿意做的无积极意义的事"，而不是那些有积极意义的事。1962 年在山东省济南举行解放后的第一次孔子学术讨论会，期间，山东大学邀请冯友兰、赵纪彬、关锋等到校讲学。赵纪彬在会上反驳冯友兰对"己所不欲，勿施于人"的肯定，他说："我不愿意上千佛山，那么你也不能去。这是什么道理？"今天看来，显然赵先生对"恕"的理解任意扩大了界限，脱离了"恕"应使用的范围。

孔子在这里提的"三恕"是指恕的三个方面，即对君、对亲、对兄弟。对君应忠心事之，如不能忠心事君，反而企图役使使其臣下，这不是恕。对父母不能尽孝，对儿女反而要求报恩，这不是恕，对兄长不能尊敬，对弟弟反而要求其恭顺，这不是恕。这说明，恕是以首先奉献于他人为基础的。

## 【译文】

孔子说："君子有三方面的'恕'。如果对君主不能去侍奉，却要求自己家臣能为自己役使，这不是恕；对自己的双亲不能尽孝，却要求自己的孩子对自己孝顺，这不是恕；对自己的兄长不能敬重，对弟弟却要求听从自己的命令，这不是恕。士人如果能够明白这三个'恕'的要求，就可以端正自己了。"

孔子说："君子有三种考虑，这是不可不去认真对待的。少年时如果不认真学习，长大了就没有能力；老了的时候不去教育年轻一代，死后没有人会怀念；富有的时候不施舍给穷人，自己穷时就无人会帮助你。所以，君子年少时应考虑到长大后的事，那就会好好学习。年老时想到死，就会去教育青年人；富有时想到穷困时的情况，就会施与别人。"

## 【绎旨】

本章是孔子对"三恕""三思"的解释。三恕、三思对人生处世有重要意义，直到今天仍未失去其价值，值得人们认真汲取。

## 【名言嘉句】

是故君子少思长，则学；老思死，则教；有思穷，则施也。

# 哀公篇第三十一

【导读】

本篇主要记述鲁哀公向孔子询问治国中的有关问题和孔子的回答，故以"哀公"为篇名。全篇可分为四章：

第一章，记述鲁哀公向孔子询问如何选士的问题。

第二章，主要是孔子对"人有五仪"的解释。

第三章，记述鲁哀公向孔子提出的四个问题及孔子的回答。

第四章，记述颜渊预见东野毕"马将失"之事及应鲁定公之邀讲述用民必须有度，不可诛求不已的道理。

【原文】

鲁哀公问于孔子曰："吾欲论 [1] 吾国之士，与之治国，敢问如何取之邪？"孔子对曰："生今之世，志古之道；居今之俗，服古之服。舍此而为非者，不亦鲜乎！"哀公曰："然则夫章甫絇屦[1]，绅带而搢笏[2]者，此贤乎？"孔子对曰："不必然。夫端衣玄裳，絻而乘路者[2]，志不在于食荤[3]；斩衰菅屦，杖而啜粥者，志不在于酒肉。生今之世，志古之道；居今之俗，服古之服；舍此而为非者，虽有，不亦鲜乎[3]！"哀公曰："善！"

【校】

1. 论，通"抡"。

2. 絻而乘路者，絻，同"冕"。"路"，同"辂"。

另外，"鲁哀公问于孔子曰：'吾欲论吾国之士，与之治国，敢问如何取之邪？'……哀公曰：'善！'"此段文字亦见于《家语·五仪解第七》。其文如下：

哀公问于孔子曰："寡人欲论鲁国之士，与之为治，敢问如何取之？"孔子对曰："生今之世，志古之道；居今之俗，服古之服。舍此而为非者，不亦鲜乎？"曰："然则章甫絇屦，绅带缙笏者，皆贤人也。"孔子曰："不必然也。丘之所言，非此之谓也。夫端衣玄裳，冕而乘轩者，则志不在于食荤；斩衰菅菲，杖而歠粥者，则志不在于酒肉。'生今之世，志古之道；居今之俗，服古之服'，谓此类也。"公曰："善哉！尽此而已乎？"

其中，《荀子》"绅而"，《家语》作"绅带"。

对勘两文，可以看出《荀子》所记不如《家语》准确。

## 【注释】

〔1〕絇屦（qú jù）：前头有装饰的鞋子。

〔2〕笏：笏（hù）版。

〔3〕生今之世，志古之道；居今之俗，服古之服；舍此而为非者，虽有，不亦鲜乎：全句意为：生活在当今之世，却追慕古代圣君明王的治国之道，处于今天生活的习俗当中，却穿着古代的衣服。处于这种状况而不是治国人才的，即使有，难道不是很少吗？

本段以及下面的文字，大体描述了儒者的形象。

这几句话表现了儒家政治观、历史观的一部分内涵。这就是向往古代，认为今不如昔，乃至言必称尧舜。但儒家的政治观、历史观也还有其他内涵，如孔子被孟子称为"圣之时者也"，即对现实是重视的。《中庸》亦曾引孔子的话："愚而好自用，贱而好自专，生乎今之世，反古之道。如此者，裁（灾）及其身者也。"（《中庸》第二十八章）反，即返。可见孔子是反对以古之道，治当今之政的。这与上述向往古代的言论又是相反的。这说明了孔子政治观、历史观的多面性。

## 【译文】

鲁哀公向孔子问："我想评论我们国家的士人，以便与他们一起治国，请问应该怎样去选取他们呢？"孔子回答："生在今天的社会里，但却向往古代的一套；处于今天的风俗中，却穿着古代的服装。居住在这样的环境中，而为非作歹的不也是很少嘛！"哀公说："这样看来，那些头戴殷朝之冠，脚穿有装饰的鞋子，腰束大带而插笏版的，就是贤人吧？"孔子回答："不一定。那些身穿黑色端服，头戴礼帽，乘坐辂车的人，其志不在于喝酒吃肉。生在当今社会中，向往古代的那一套；生活在当今习俗下，而穿着古代的服装。在这样环境下而为非作歹的，虽然也有，但不是很少吗？"鲁哀公说："好！"

## 【绎旨】

本章是孔子与哀公论如何选士的开始部分。孔子提出先从"生今之世，志古之道""居今之俗，服古之服"这两点去认识。这是符合由表及里，由浅入深的唯物主义认识论的。

## 【原文】

孔子曰："人有五仪 [1]：有庸人，有士，有君子，有贤人 [2]，有大圣。"哀公曰："敢问何如斯可谓庸人矣？"孔子对曰："所谓庸人者，口不道善言，心不知色色[1]；不知选贤人善士托其身焉以为己忧；勤[2]行不知所务，止交[3]不知所定；日选择于物，不知所贵；从物如流[3]，不知所归；五凿为正，心从而坏。如此则可谓庸人矣。"

哀公曰："善！敢问何如斯可谓士矣？"孔子对曰："所谓士者，虽不能尽道术，必有率也；虽不能遍美善，必有处也。是故知不务多，务审其所知；言不务多，务审其所谓；行不务多，务审其所由。故知既已知之矣，言既已谓之矣，行既已由之矣，则若性命肌肤之不可易也。故富贵不足以益也，卑贱不足以损也。如此则可谓士矣。"

哀公曰："善！敢问何如斯可谓之君子矣？"孔子对曰："所谓君子者，言忠信而心不德，仁义[4]在身而色不伐，思虑明通而辞不争，故犹然如将可及者，君子也。"

哀公曰："善！敢问何如斯可谓贤人矣？"孔子对曰："所谓贤人者，行中规绳而不伤于本，言足法于天下而不伤于身；富有天下而无怨[4]财，布施天下而不病贫。如此，则可谓贤人矣。"

哀公曰："善！敢问何如斯可谓大圣矣？"孔子对曰："所谓大圣[5]者，知[5]通乎大道，应变而不穷，辨乎万物之情性者也。大道者，所以变化遂成万物也；情性者，所以理然不取舍也。是故其事大辨[6]乎天地，明察乎日月，总要万物于风雨，缪缪[7]肫肫[6]，其事不可循，若天之嗣[8]，其事不可识，百姓浅然不识其邻。若此，则可谓大圣矣。"哀公曰："善！"

## 【校】

1. 色色，据《大戴礼记·哀公问五仪》，当作"邑邑"，即悒悒。

2. 勤，古作"动"。

3. 交，当作"立"。

4. 怨，通"苑"。

5. 知，同"智"。

6. 辨，通"遍"。

7. 缪缪，通"穆穆"。

8. 嗣，通"司"。

另外，"孔子曰：'人有五仪：有庸人，有士，有君子，有贤人，有大圣。'……若此则可谓大圣矣。哀公曰：'善！'"此段文字亦见于《家语·五仪解第七》。其文如下：

孔子曰："人有五仪：有庸人，有士人，有君子，有贤人，有圣人。审此五者，则治道毕矣。"公曰："敢问何如斯可谓之庸人？"孔子曰："所谓庸人者，心不存慎终之规，口不吐训格之言，不择贤以托其身，不力行以自定。见小暗大，而不知所务；从物如流，不知其所执。此则庸人也。"

公曰："何谓士人？"孔子曰："所谓士人者，心有所定，计有所守。虽不能尽道术之本，必有率也；虽不能备百善之美，必有处也。是故知不务多，必审其所知；言不务多，必审其所谓；行不务多，必审其所由。智既知之，言既道之，行既由之，则若性命之形骸之不可易也。富贵不足以益，贫贱不足以损。此则士人也。"

公曰："何谓君子？"孔子曰："所谓君子者，言必忠信而心不怨，仁义在身而色无伐，思虑通明而辞不专。笃行信道，自强不息，油然若将可越而终不可及者。此则君子也。"公曰："何谓贤人？"孔子曰："所谓贤人者，德不踰闲，行中规绳，言足以法于天下而不伤于身，道足以化于百姓而不伤于本。富则天下无宛财，施则天下不病贫。此则贤者也。"

公曰："何谓圣人？"孔子曰："所谓圣人者，德合于天地，变通无方，穷万事之终始，协庶品之自然，敷其大道而遂成情性。明并日月，化行若神。下民不知其德，睹者不识其邻。此谓圣人也。"

对勘两文，可以看出《荀子》所记不如《家语》准确、具体。《家语》的材料更为原始。

## 【注释】

〔1〕五仪：出自《周礼·大司徒》。该篇阐述大司徒的职责，是协助国君安邦治国，对不同自然条件下的人民群众，用十二种方法进行教化：一是，祀礼教敬。二是，以阳礼教让。三是，以阴礼教亲。四是，以乐礼教和。五是，以礼辨等，则民不越……。"仪"就是准则。这里的"仪"就是指礼仪。《十三经注疏》孔疏曰："仪谓以卑事尊，上下之仪有度，以辨贵贱之等，故云以仪辨等也。"人有五仪，即以仪测度，人有五等之意。

〔2〕有士，有君子，有贤人：何为士，何为君子，何为贤人？孔子在《家语·五仪解第七》中已做说明。参阅王春华《孔子家语新解》第51—59页。

〔3〕从物如流：物，即物议，众议之论，舆论。"从物"即跟从舆论，"如流"言跟从舆论之迅速，如流水也。

〔4〕仁义：仁与义是密切联系在一起的。《孟子·告子上》曰："仁，人心也。义，人路也。"《中庸》曰："仁者，人也。……义者，宜也。"陆贾《新语·道基》云："阳气以仁生，阴气以义降。"《韩诗外传》卷四载："子为亲隐，义不得正；君诛不义，仁不得爱。"董仲舒在《春秋繁露·仁义法》中提出："仁人。""义我。"而《孟子·滕文公下》引《泰誓》"杀伐用张"一句，传世本《泰誓》作："我伐用张。"显而易见，"杀""我"之间存在着某种关系。这就是东汉许慎《说文》说的："我"字左半为"古杀字"。所以，"义"字隐含着"杀"义。

长沙马王堆汉墓帛书《老子》甲本卷后《五行篇》第203、205、206行《经》文及302行《说》文："有大罪而大诛之，简；有小罪而赦之，匿也。……简，义之方也；匿，仁之方也。刚，义之方也；柔，仁之方也。《诗》曰：不竞不绿，不刚不柔。……言仁义之和也。"

《汉书·艺文志》云："仁之与义，敬之与和，相反而皆相成也。"这里的"敬"为礼，"和"为乐。礼与乐是相反相成的。

〔5〕大圣：《家语·五仪解第七》作"圣人"。在《家语·五仪解第七》中，孔子心目中的"圣人"是这样的：圣人的德行与天地的运行相符合，变化通行没有一定之轨，能够与万物相始终（同天地并老），协调万物的自然本性，化衍推广大道而形成万物的素质和特点。与日月同辉，其变化行踪如神。一般民众不了解他的高尚德行，看到他的人也不知道他就在自己身边。这就是圣人。

按照孔子这一标准，圣人是存在的吗？答案只能是否定的。如果是人，谁能与万物相始终？谁又能与日月同辉？所以，孔子关于圣人的定义和标准，正暴露出他的思想具有非理性的缺陷。

〔6〕肫肫（chún）：精密细致。

## 【译文】

孔子说："人有五个等级：有庸人，有士，有君子，有贤人，有大圣。"哀公说："请问什么样的人可算是庸人？"孔子回答："所谓庸人，就是口不能讲好话，心不知忧虑，不知道选择贤人善士作为自己的依托，以克服自己的忧虑，操劳不停但不知道自己为了什么，居处伫立不知标准；每天选择很多事物，但不知何者为贵；顺应万物，随波逐流，不知最后归于何处；以眼、耳、鼻、舌、身的欲望为目标，心也就跟从而坏。这样的就可以说是称庸人了。"

哀公问："好，请问什么样的可以说是士呢？"孔子回答："所谓士，虽然不能完全掌握治国理政之道，但心中却有一定的遵循，虽然不能完全达到又善又美，但有自己的执守。所以，虽然对知道的事不追求其多，但能专心审察清楚；言语不追求其多，但专心审察所说是否正确得当；行动不追求其多，但要专心审察它的依据，所以，对于知道的事在已经知道之后，言语在已经说出之后，行动已经做出之后，就像自己的生命、肌肤一样不可随便更改。所以，富贵不足以使他增加什么，贫贱也不足以使他减少什么。这样的人就可以说是士人。"哀公说："好！请问什么样的可以说是君子呢？"

孔子说："所谓君子，就是讲究忠诚信用而心里却不认为有美德，自身处处体现出仁义却无夸耀之色，思虑明确通达而言语上却不是咄咄逼人，争辩不休，所以显得舒迟和缓，好像都能赶上他似的，这就是君子。"

哀公说："好！请问什么样的可以说是贤人呢？"孔子回答："所谓贤人，行动符合规矩绳墨（礼仪法度）而不损伤根本，言论足以为使天下效法而不伤害身体；富有天下但不积蓄财富，布施天下而不担忧贫困。这样的就可以说是贤人了。"

哀公说："好！请问什么样的人可以说是大圣人？"孔子回答："所谓大圣，其智慧能通晓万物运行的法则，能应对各种变化，其能力无穷，能分辨各种事物的实际状况和性质。对万物运行的法则，能使事物按照这一法则发生变化而形成各种事物；其性质和情状是决定是非对错、取舍与否的根据。所以，圣人所要从事的遍于天地，能明察日月，他统率万物像风雨一样滋润世界，美好而精密，其事迹不能够模仿，就像天对万物的管理一样，其事也是不可以识别的，一般老百姓因浅陋无知也认识不到圣人就在他们中间，与他们为邻。像这样的就可以说是大圣了。"哀公说："好啊！"

## 【绎旨】

本章是孔子对"人有五仪"的解释。人由于所处环境、条件及主观努力的不同，所以，形成了不同的等第，孔子把人分为五等，也是有一定的合理性的。但其划分标准，未必科学，对每一等描述也未必恰当。所以，这是一个需要继续探索的问题。

## 【名言嘉句】

所谓君子者，言忠信而心不德，仁义在身而色不伐，思虑明通而辞不争，故犹然如将可及者，君子也。

## 【原文】

鲁哀公问舜[1]冠于孔子，孔子不对。三问，不对。哀公曰："寡人问舜冠于子，何以不言也？"孔子曰："古之王者，有务¹而拘²领者矣[2]，其政好生而恶杀焉。是以凤在列树，麟在郊野，乌鹊之巢可俯而窥也。君不此问而问舜冠，所以不对也。"

鲁哀公问于孔子曰："寡人生于深宫之中，长于妇人之手，寡人未尝知哀也，未尝知忧也，未尝知劳也，未尝知惧也，未尝知危也。"孔子曰："君之所问，圣君之问也。丘，小人也，何足以知之？"曰："非吾子，无所闻之也。"孔子曰："君入庙门而右，登自胙³阶[3]，仰视榱栋[4]，俛⁴见几筵[5]，其器存，其人亡。君以此思哀，则哀将焉而不至矣？君昧爽而栉冠，平明而听朝，一物不应，乱之端也。君以此思忧，则忧将焉而不至矣？君平明而听朝，日昃而退，诸侯之子孙必有在君之末庭者。君以思劳，则劳将焉而不至矣？君出鲁之四门以望鲁四郊，亡国之虚则必有数盖⁵[6]焉，君以此思惧，则惧将焉而不至矣？且丘闻之：君者，舟也；庶人者，水也。水则载舟，水则覆舟，君以此思危，则危将焉而不至矣？"

鲁哀公问于孔子曰："绅、委、章甫[7]，有益于仁乎？"孔子蹴然曰："君号然也？资衰⁶苴杖者不听乐，非耳不能闻也，服使然也。黼衣黼裳者不茹荤，非口不能味也，服使然也。且丘闻之：好肆不守折，长者不为市[8]。窃⁷其有益与其无益，君其知之矣。"

鲁哀公问于孔子曰："请问取人。"孔子对曰："无取健，无取詌⁸[9]，无取口啍。健，贪也；詌，乱也；口啍[10]，诞也。故弓调而后求劲焉，马服而后求良焉，士信悫而后求知能焉。士不信悫而有⁹多知能，譬之其豺狼也，不可以身尒¹⁰也。语曰：'桓公用其贼，文公用其盗。'故明主任计不信怒，闇主信怒不任计。计胜怒则强，怒胜计则亡。"

**【校】**

1. 务（móu），通"鍪"。

2. 拘，同"句"。

另外，"鲁哀公问舜冠于孔子，孔子不对。三问，不对……君不此问而问舜冠，所以不对也。"此段文字亦见于《家语·好生第十》。其文如下：

鲁哀公问于孔子曰："昔者舜冠何冠乎？"孔子不对。公曰："寡人有问于子，而子无言，何也？"对曰："以君之问不先其大者，故方思所以为对。"公曰："其大何乎？"孔子曰："舜之为君也，其政好生而恶杀，其任授贤而替不肖。德若天地而静虚，化若四时而变物。是以四海承风，畅于异类，凤翔麟至，鸟兽驯德，无他也，好生故也。君舍此道而冠冕是问，是以缓对。"

对勘两文，可以看出《家语》所记更为完整、详细、原始。

3. 胙，通"阼"。

4. 俛，同"俯"。

5. 盖，同"阖"。

另外，"鲁哀公问于孔子曰：'寡人生于深宫之中，长于妇人之手，寡人未尝知哀也，未尝知忧也，未尝知劳也，未尝知惧也，未尝知危也。'……且丘闻之：君者，舟也；庶人者，水也。水则载舟，水则覆舟，君以此思危，则危将焉而不至矣？"此段文字亦见于《家语·五仪解第七》。其文如下：

公曰："善哉！非子之贤，则寡人不得闻此言也。虽然，寡人生于深宫之内，长于妇人之手，未尝知哀，未尝知忧，未尝知劳，未尝知惧，未尝知危，恐不足以行五仪之教。若何？"孔子对曰："如君之言，已知之矣。则丘亦无所闻焉。"

公曰："非吾子，寡人无以启其心。吾子言也。"孔子曰："君入庙，如右，登自阼阶，仰视榱桷，俯察几筵，其器皆存，而不覩其人。君以此思哀，则哀可知矣。昧爽夙兴，正其衣冠；平旦视朝，虑其危难。一物失理，乱亡之端。君以此思忧，则忧可知矣。日出听政，至于中冥，诸侯子孙，往来为宾，行礼揖让，慎其威仪。君以此思劳，则劳亦可知矣。缅然长思，出于四门，周章远望，覩亡国之墟，必将有数焉。君以此思惧，则惧可知矣。夫君者，舟也；庶人者，水也。水所以载舟，亦所以覆舟。君以此思危，则危可知矣。君既明此五者，又少留意于五仪之事，则于政治何有失矣？"

对勘两文，可以看出《荀子》所记不如《家语》准确、详细。《家语》的材料更为原始。

6. 资衰，即"齐衰"。

7. 窃，通"察"。

另外，"鲁哀公问于孔子曰：'绅、委、章甫，有益于仁乎？'……且丘闻之：好肆不守折，长者不为市。窃其有益与其无益，君其知之矣。"此段文字亦见于《家语·好生第十》。其文如下：

哀公问曰："绅、委、章甫，有益於仁乎？"孔子作色而对曰："君胡然焉？衰麻苴杖者，志不存乎乐，非耳弗闻，服使然也；黼黻衮冕者，容不亵慢，非性矜庄，服使然也；介胄执戈者，无退懦之气，非体纯猛，服使然也。且臣闻之，好肆不守折，而长者不为市。窃夫其有益与无益，君子所以知。"

对勘两文，可以看出《荀子》晚于《家语》。

8. 詌，同"钳"。

9. 有，同"又"。

10. 佘，同"迩"。

另外，"鲁哀公问于孔子曰：'请问取人。'……士不信悫佘而有多知能，譬之其豺狼也，不可以身佘也。"此段文字亦见于《家语·五仪解第七》。其文如下：

哀公问於孔子曰："请问取人之法。"孔子对曰："事任於官，无取捷捷，无取钳钳，无取啍啍。捷捷，贪也。钳钳，乱也。啍啍，诞也。故弓调而後求劲焉，马服而後求良焉，士必悫而後求智能者焉。不悫而多能，譬之豺狼不可迩。"

对勘两文，可以看出《家语》用词更符合语境。《荀子》晚于《家语》。

## 【注释】

〔1〕舜：传说中上古时代的贤君，事见《史记·五帝本纪》。《孟子·离娄下》："舜生于诸冯，迁于负夏，卒于鸣条，东夷之人也。"这就是说，原属于莒地的诸城冯山冯村是舜的出生之地，莒为东夷古国，故舜为东夷之人。另一种说法是，今平邑县城西北的凤凰村，原名就是诸冯村，另外在平邑铜石镇亦有以诸冯为村名者。而县西北的诸冯村，正在《墨子·尚贤》中所说的"古者尧举舜于服泽之阳"的服泽湖边（今称雷泽），村附近有古代建筑的舜帝庙，还有以舜命名的其他遗迹：舜桥、舜井等。

孔子以尧、舜为先祖对其治国理论加以传述，《中庸》曰："仲尼祖述尧、舜，宪章文武。"（《中庸》《十三经注疏》卷五十三．中华书局 1980 年版．第 1634 页）孔子的弟子颜回亦十分推崇舜，《孟子·滕文公上》颜渊曰："舜何人也？予何人也！有为者亦若是。"（赵歧注《孟子》．四部丛刊初编本．上海涵芬楼宋本影印．上海书店印行 1989 年版）

《史记·五帝本纪》记载舜："顺事父及后母与弟，日以笃谨，匪有解。""舜年二十以孝闻。"这是说舜具有崇尚并践行"孝弟"思想。

《管子·治国》曰："粟也者，民之所归也；粟也者，财之所归也；粟也者，地之所归也；粟多则天下之物尽至矣；故舜一徙成邑，二徙成都，三徙成国；舜非严刑罚重禁令，而民归之矣，去者必害，从者必利也。先王者善为民除害兴利，故天下之民归之。"（《诸子集成》．中华书局 1954 年版．第 5 册．第 262 页）这是说舜重民、爱民。

舜能"善与人同""乐取于人以为善"(《孟子·公孙丑上》)。"善与人同"含义有二:一是,能推广自己的善德善行,使群众共同掌握某种先进事物,共同具有某种长处。二是,善于学习他人的长处,把他人之长处迅速变为自己的长处。

吕思勉认为:"儒家的学说,都是孔子所造,并没有所谓尧、舜、禹、汤、文、武、周公等的圣人。后世实行儒家之学,便是实行孔子之行;其'功罪'、'祸福'一大部分应由孔子负责任。"(吕思勉《中国大历史》.湖南文艺出版社 2011 年版.第 33 页)

〔2〕有务而拘领者矣:戴头盔而系曲领,形容衣冠拙朴。

〔3〕阼阶:东阶,谓主人登降之阶。

〔4〕仰视榱栋:屋椽及脊檩。

〔5〕俛见几筵:俯首看到祭祀的席位。

〔6〕盖:门扇。此处指地方,区域。

〔7〕绅、委、章甫:绅,指古代士大夫系于腰间的大带。委,指委貌,周代的一种礼帽,用黑色的丝织成。章甫,殷朝的一种冠,即缁布冠。冠礼时始加之,后来成为儒者之冠。绅、委、章甫泛指人之衣冠。以下孔子论述各种衣冠对于各类人材素质(含仁、义)的作用。一般来讲,这是对的,但也未必尽然。如孔子谓:"介胄执戈者,无退懦之气,非体纯猛,服使然也。"应该承认,服饰对人的道德素质有一定的促进作用,但不是绝对的。如,将士的勇猛,主要在于思想气质和体魄的修养锻炼,而不仅仅在于甲胄的坚韧。故孔子在本章所表述的认识,有一定的片面性。

〔8〕好肆不守折,长者不为市:善于经商的商肆不会做亏本的生意,忠厚长者不会去做买卖。

〔9〕詀:胡言乱语。

〔10〕哗:多言多语。

## 【译文】

鲁哀公问孔子舜戴什么帽子的问题,孔子不回答。问了三次,孔子仍然不回答。哀公说:"我向您请教关于舜戴什么帽子的问题,为什么不回答呢?"孔子回答:"古代的王者,有戴着整而系着曲领的,他为政喜欢给人以生路而厌恶杀害生灵,所以,凤栖在成排的树上,麒麟在郊外,乌鸦喜鹊的巢低头即可看见,君上您不问这些事而问舜的帽子,所以没有回答您。"

鲁哀公又向孔子说:"我生长在深深的宫室之中,由妇女们服侍长大,未尝知道悲哀,未尝知道忧虑,未尝知道劳苦,未尝知道恐惧,未尝知道危险。"孔子说:"君上所问的,真是圣明君主所提出的问题。我孔丘,只是一个小人物,怎么能够解答您的问题呢。"

哀公说:"除了我尊敬的先生您,我听不到这方面的解答啊!"孔子说:"君上进入太庙之门向右走,从东面台阶登上,仰面看榱栋,再俯首看那些祭祀的席位,各种器物都在那里，但祭祀的人都已亡故了。君由此想到悲哀的事，悲哀之情怎么会不来到呢？君每早尚暗时起床梳发束冠，天刚亮时去听朝，如果有一事处理不当，就会成为动乱的开始。君以此想到忧虑，忧虑之事怎么会不到来呢？君天刚亮开始听朝，太阳偏西时才退朝，其他诸侯的子孙们一定会在朝堂远处的末位的。君上以此想到劳苦，劳苦怎么会不来到呢？君走出鲁都的四门，远望四郊，必然看到那些亡国的故墟一片一片，君以此想到恐惧，那恐惧的感觉怎么会不来到呢？君，好比是舟；庶人，好比是水。水能载舟，水也能覆舟。君以此想想危险，危险的感觉怎么会不来到呢？"

鲁哀公问孔子说："礼制的大带、周朝的礼服、商朝的帽子，穿戴之后，有益於仁德吗？"孔子吃惊而又恭敬地回答："君主为什么要这样问呢？穿资衰、持哀杖者不听音乐，不是耳朵不能听，是穿的丧服使他们必须这样。穿着白黑色斧形花纹的丧服上衣和黑青相间亚形花纹的丧服下衣这样的人不能去吃荤菜，不是他的口不能接受这种味道，而是他穿的丧服必须这样。

况且，孔丘听说：'好肆不守折，长者不为市。'（善于经商的人不做折本买卖，忠厚的长者不去做买卖。）考察这个问题的有益与无益，君上应该是知道的。"

哀公问孔子，说："请问如何选取人？"孔子回答："不要选取急躁冒进的人；不要选取胡言乱语的人；不要选取多言多语的人。急躁冒进的人容易贪多；胡言乱语的人，容易挑起混乱；多言多语的人，容易欺诈无信用。所以，弓要在调整后，求其强劲有力；马要在驯服之后，才能求其有能力；士人诚实谨慎后，才能要求他有智慧有才能。士人如果不诚信忠实而有多种智慧才能，就会像豺狼一样，不可以亲身接近他。据说：'齐桓公能用敌人，晋文公能用强盗。'所以，圣明的君主相信计谋而不相信愤怒等感情变化；昏庸的君主相信愤怒等感情变化而不计谋。计谋战胜愤怒等感情就会强大，愤怒等感情战胜计谋就会灭亡。"

## 【绎旨】

本章记述了鲁哀公向孔子提出的四个方面的问题，孔子一一做了论证回答。一是做哀公问"舜冠"问题，孔子认为这个问题不重要，重要的是为政者实行怎样的政策。二是哀公自称不"知衰"、不"知忧"、不"知劳"、不"知惧"、不"知危"，孔子引导他提高认识，使之解决这五个不知的问题，并以"水则载舟，水则覆舟"来告诫他。三是关于用什么人以及计与怒的关系问题，孔子做出了有价值的回答。

## 【名言嘉句】

①且丘闻之：君者，舟也；庶人者，水也。水则载舟，水则覆舟。

②故明主任计不信怒，闇主信怒不任计。计胜怒则强，怒胜计则亡。

## 【原文】

颜渊曰："东野子[1]之善驭[1]乎？"颜渊对曰："善则善矣，虽然，其马将失[2]。"定公[2]不悦，入谓左右曰："君子固谗人乎？"三日而校来谒，曰："东野毕之马失。两骖列[3]，两服入厩。"定公越席而起曰："趋[4]驾召颜渊！"颜渊至，定公曰："前日寡人问吾子，吾子曰东野毕之驭'善则善矣，虽然，其马将失'，不识吾子何以知之？"颜渊对曰："臣以政知之。昔舜巧于使民，而造父巧于使马；舜不穷其民，造父不穷其马；是舜无失民，造父无失马。[3]今东野毕之驭，上车执辔，衔体正矣；步骤驰骋，朝礼毕矣；历险致远，马力尽矣；然犹求马不已，是以知之也。"定公曰："善，可得少[5]进乎？"颜渊对曰："臣闻之，鸟穷则啄，兽穷则攫，人穷则诈。自古及今，未有穷其下而能无危者也。[4]"

## 【校】

1. 驭，通"御"。

2. 失，通"佚"。

3. 列，同"裂"。

4. 趋，通"促"。

5. 少，同"稍"。

另外，"定公问于颜渊曰：'子亦闻东野毕之善驭乎？'……三日而校来谒，曰……自古及今，未有穷其下而能无危者也。"此段文字亦见于《家语·颜回第十八》。其文如下：

鲁定公问于颜回曰："子亦闻东野毕②之善御乎？"对曰："善则善矣。虽然，其马将必佚。"定公色不悦，谓左右曰："君子固有诬人也。"颜回退。

后三日，牧来诉之曰："东野毕之马佚，两骖曳两服入于厩。"公闻之，越席而起，促驾召颜回。回至，公曰："前日寡人问吾子以东野毕之御，而子曰'善则善矣，其马将佚'，不识吾子奚以知之？"颜回对曰："以政知之。昔者帝舜巧于使民，造父巧于使马。舜不穷其民力，造父不穷其马力，是以舜无佚民，造父无佚马。今东野毕之御也，升马执辔，衔体正矣；步骤驰骋，朝礼毕矣；历险致远，马力尽矣，然而犹乃求马不已。臣以此知之。"

公曰："善！诚若吾子之言也。吾子之言，其义大矣，愿少进乎！"颜回曰："臣闻之，鸟穷则啄，兽穷则攫，人穷则诈，马穷则佚。自古及今，未有穷其下而能无危者也。"公悦，遂以告孔子。孔子对曰："夫其所以为颜回者，此之类也，岂足多哉？"

其中，《荀子》"三日而校来谒"，《家语》作"后三日牧来诉"。据《周礼·校人》："校人掌王马之政。""六厩成校。"《左传·哀公三年》："公父文伯至，命校人驾乘车。"《襄公九年》："使皇郧命校正出马。"可知，"校"字正，"牧"字讹。

对勘两文，可以看出《家语》所记更为准确、合理。

## 【注释】

〔1〕东野子：姓东野，名毕，在鲁国当时以善御为名。

〔2〕定公：名宋，鲁襄公子，昭公弟，公元前 509 年—前 495 年。定公在位期间是孔子与颜回活动的重要时期。

〔3〕昔舜巧于使民，而造父巧于使马；舜不穷其民，造父不穷其马；是舜无失民，造父无失马：造父，周穆王时之善御马者。嬴姓之后。因善御马被穆王封于赵城，此支嬴姓子孙即改为赵氏。为秦始皇之旁系祖上。

"舜巧于使民""舜不穷其民""是舜无失民"，可见，舜提倡无为而治，具有重民爱民思想。（孔）子曰："无为而治者，其舜也与？夫何为哉，恭己正南面而已矣。"（《论语·卫灵公》）无为而治的政策是以重民爱民为基础的，在上位者不要有过多的作为，应给人们休养生息的机会，安心生产生活，这自然是一种爱护民生的表现。

〔4〕鸟穷则啄，兽穷则攫，人穷则诈。自古及今，未有穷其下而能无危者也：穷，困窘，走投无路。全句意为：鸟走投无路时会啄人，野兽走投无路时会抓捕人，人到走投无路时会欺诈他人。自古到今，没有使部下困窘而不受到危害的。此段说明颜回在哲学思想方面，具有辩证法的观点，他认识到事物在发展中，到达其极限时就会走向反面。因此，他告诫为政者，应学习尧舜，"不穷其民力"的做法，不可贪得无厌，诛求无已。

另外，东野毕御马之事，还见《吕氏春秋·适威》，不同的是，《荀子》《家语》皆为颜回与定公的对话，而《吕氏春秋·适威》为颜阖与庄公的对话。考虑到《吕氏春秋》毕竟时代较晚，而且为孤证，所以我们毋宁相信其为颜回事。

崔述《洙泗考信余录》对此条所记曾提出怀疑，认为"定公之时，颜子尚少"，所以不会有此事；又认为"此事本出《吕览》，乃颜阖对庄公语，非颜渊对庄公语也。"（崔述《洙泗考信余录》.中华书局 1985 年版.卷一.第 1—2 页）这两条论据均不切实。因为：一是，鲁定公在位时间为公元前 509——前 495，而颜回的生卒年为公元前 522——前 482，故鲁定公即位时颜回十三岁，而去位时颜回已二十八岁，若此事发生于定公末年，颜回发表以上治国言论是完全可能的。二是，《吕览》所记出自《庄子·达生》篇，其中有"东野稷以御见庄公（公元前 693 年————前 662 年在位）……颜阖遇之"，而《庄子·列御寇》篇有"鲁哀公问乎颜阖曰"；《庄子·人间世》篇有"颜阖将傅卫灵公太子，而问于蘧伯玉曰"，从此两处看颜阖与鲁哀公（公元前 494——前 468 年在位）、卫灵公（公元前 534 年——前 493 年在位）同时的人，此与《庄子·达生》篇矛盾，故《吕氏春秋》以《庄子》为据，更不可信。

颜阖曾与鲁哀公交往，故当与颜回同时，在春秋晚期，与鲁庄公相差近二百年，可见《吕览》所记确非事实。又高诱《吕氏春秋注》认为颜阖当为鲁穆公时人（吕不韦《吕氏春秋》（诸子集成本）.中华书局 1954 年版.第 247 页），鲁穆公在位时间为公元前 415 年——前 383 年，这种观点也是对崔述的反驳。

## 【译文】

鲁定公向颜回问道："东野先生善于驾车吗？"颜回回答："他的确是善于驾车。尽管这样，但他的马将要逃逸。"定公听后，不高兴，进去对左右说："君子原来也说说别人的坏话吗。"过了三天，养马的小校来报告说："东野毕的马跑了，两旁的骖马挣裂马缰绳逃跑了，中间的两匹马回到马厩。"定公听后，跨过坐席站起来，说："快派车去把颜渊召来。"颜渊来到后，定公说："前天我问先生，先生说：'东野毕的确善于驾车，但他的马将要逃逸。'不知道先生是怎么知道的？"颜渊回答："我从为政之道上知道的。从前，帝舜善于巧妙地使用民众，而造父巧妙地使用马匹。帝舜不把民力用尽，造父不把马力用尽。所以，舜没有逃失的民众，造父没有逃跑的马。现在东野毕的用马，上车之后握住缰绳，马嚼子的位置放得正了，缓行、疾走、纵马驰骋，该演习的礼仪都演示完了。然后穿越险阻，奔向远方，马的力气已经用尽了。但他仍要求马奔驰不已。所以，我是知道他的马一定会出事故。"

定公说："好！能不能再稍加分析？"颜渊回答："我听说，鸟处于困境时就会用嘴啄人，野兽处于困境时就会用爪子抓取，人穷困时就会变得奸诈。从古至今，没有使其下属困窘而能不遇到危险的。"

## 【绎旨】

本章记述颜渊在鲁定公面前遇见东野毕的马将失之事，后又应鲁定公之邀，讲述了用民必须有度，不可诛求不已的道理。颜渊的思想表现了儒家重民、爱民的政治思想和处事有度的哲学思想。

## 【名言嘉句】

鸟穷则啄，兽穷则攫，人穷则诈。自古及今，未有穷其下而能无危者也。

# 尧问篇第三十二

**【导读】**

因本篇首章首句是"尧问于舜曰"，故本篇以"尧问"为篇题。

全篇可分为七章。第七章从内容上看应是荀子的门人弟子所作。其他六章都是关于历史人物治国理政的事迹，很难说不是荀子的作品。

第一章，记述了尧与舜商讨如何统一天下的问题。

第二章，主要是说为君者应如何正确看待自己，看待群臣。

第三章，记述伯禽就封鲁国前，周公对他的一次教诲。

第四章，记述楚相孙叔敖处世的三条经验。

第五章，记述孔子向子贡讲述"为人下"的道理与做法。

第六章，以历史实例说明君亲近和重用贤人的重要性。

第七章，是荀子的门人弟子对荀子的评价。

**【原文】**

尧问于舜曰："我欲致天下[1]，为之奈何？"对曰："执一[2]无失，行微无怠，忠信无倦，而天下自来。执一如天地，行微如日月，忠诚盛于内，贲于外，形于四海，天下其在一隅邪[3]？夫有¹何足致也！"

**【校】**

1. 有，同"又"。

**【注释】**

〔1〕我欲致天下：我想招致天下万民，使之归顺于我。

〔2〕执一：专心于这一件事。

〔3〕天下其在一隅邪：其，大概。全句意为：天下大概就像室内的一个角落一样吧。

**【译文】**

尧向舜问道："我想招致天下的老百姓，使之归顺于我，应该怎么办呢？"舜回答说："专心于这一件事，不要有任何失误，做好各项细微小事，不要懈怠；忠实诚信，不要疲倦，这样天下之民就会自动归附而来。专心于这一件事，就像天之长地之久一样，做好具体的小事，就像日月出值一样从不停歇。忠诚的美德充满于内心，发扬于外面，显现在四海。这样一来，天下也就像室内的一个角落一样吧！那又有什么值得用力去做的呢？"

## 【绎旨】

本章记述了尧对舜讲的一段话，中心是如何统一天下，使民皆归顺，舜提出了"执一无失，行微无怠，忠信无倦"等措施。并讲了注意的问题。这样有了理想目标，有了措施计划，所以，天下也就变得很小了，就像一个角落一样了，所以统一起来也就不困难了。荀子此段为后世之一切有志者提供了统一的滥觞。

## 【名言嘉句】

执一无失，行微无怠，忠信无倦，而天下自来。

## 【原文】

魏武侯[1]谋事而当，群臣莫能逮，退朝而有喜色。吴起进曰："亦尝有以楚庄王之语，闻于左右者乎？"武侯曰："楚庄王之语何如？"吴起[2]对曰："楚庄王谋事而当，群臣莫能逮，退朝有忧色。申公巫臣[3]进问曰：'王朝而有忧色，何也？'庄王曰：'不谷谋事而当，群臣莫能逮，是以忧也。其在中蘬[4]之言也，曰："诸侯自为得师者王，得友者霸，得疑者存，自为谋而莫己若者亡。"今以不谷之不肖，而群臣莫能逮，吾国几于亡乎！是以忧也。'楚庄王以忧，而君以喜。"武侯逡巡再拜曰："天使夫子振寡人之过也。"

## 【注释】

〔1〕魏武侯：战国时期魏国君，魏文侯之子，公元前395年——前370年在位。

〔2〕吴起：战国时期著名军事家，卫国人，魏文侯时为相。

〔3〕申公巫臣：姓申，名巫，字子灵，封于申，又称申公，楚国的大夫。

〔4〕中蘬（kuī）：即仲虺（huǐ），商汤的左相。

## 【译文】

魏武侯谋划某件事很恰当，群臣没有人能赶上他的，退朝之后他脸上露出了喜悦之色。吴起进谏说："君王也曾听您左右的人谈过楚庄王的话吗？"武侯问："楚庄王的话怎么样？"吴起回答："楚庄王谋事得当，群臣没有人能赶上他的，他退朝之后面有忧色。申公巫臣进来问道：'大王面有忧色，这是为什么呀'庄王说：'我谋划事情恰当，群臣没有人能赶上，所以我感到忧虑啊。仲虺曾说过：诸侯自己认为得到了老师，这样的就会称王；自己认为得到了朋友，这样的就会称霸；自以为得到为自己解疑的人，就会存在；自己谋划而认为没有人能像自己这样的就会灭亡。'现在，以我这样的不肖之辈，而群臣却没有赶得上我的，我国家几乎要灭亡了，所以我感到忧虑。'楚庄王感到忧虑，而君上却感到喜悦。"魏武侯向后退了两步，再次行礼拜谢，说："上天使先生来挽救我的过错啊！"

**【绎旨】**

如何看待群臣，这是君臣关系中的一个重要问题。为君者万万不可自以为老子天下第一，没有人能超过自己，必须时时处处保持谦虚的态度，发挥群臣的积极性，认真向部下学习。本章以魏武侯与楚庄王做了比较，无疑楚庄王的态度是值得肯定与提倡的。

**【名言嘉句】**

诸侯自为得师者王，得友者霸，得疑者存，自为谋而莫己若者亡。

**【原文】**

伯禽[1]将归于鲁，周公谓伯禽之傅曰："汝将行，盍志而子美德乎[2]？"对曰："其为人宽，好自用，以慎。此三者，其美德已。"

周公曰："呜呼！以人恶为美德乎？君子好以道德，故其民归道。彼其宽也，出无辨[3]矣，女又美之！彼其好自用也，是所以窭小[4]也。君子力如牛，不与牛争力；走如马，不与马争走；知[1]如士，不与士争知。彼争者均者之气也，女又美之！彼其慎也，是其所以浅也。闻之曰：'无越逾不见士。'见士问曰：'无乃不察乎？'不闻[2]即物少至，少至则浅。彼浅者，贱人之道也，女又美之！"

"吾语女：我，文王之为子，武王之为弟，成王之为叔父，吾于天下不贱矣；然而吾所执贽而见者十人，还贽而相见者三十人，貌执之士者百有余人，欲言而请毕事者千有余人，于是吾仅得三士焉，以正吾身，以定天下。吾所以得三士者，亡[3]于十人与三十人中，乃在百人与千人之中。故上士吾薄为之貌，下士吾厚为之貌。人人皆以我为越逾好士，然故士至，士至而后见物，见物然后知其是非之所在。戒之哉！女以鲁国骄人，几矣！夫仰禄之士犹可骄也，正身之士不可骄也。彼正身之士，舍贵而为贱，舍富而为贫，舍佚[4]而为劳，颜色黎黑而不失其所，是以天下之纪不息，文章不废也。"

**【校】**

1. 知，同"智"。
2. 闻，通"问"。
3. 亡，通"无"。
4. 佚，同"逸"。

**【注释】**

〔1〕伯禽：周公之子，周公原封于鲁，因为在朝摄政，故无法去鲁，成王时封伯

禽为鲁侯，代替周公对鲁的统治。伯禽在位四十六年。

〔2〕盍志而子美德乎：何不估量一下尔君的美德。《礼记》注："子，嗣君也。"此处指伯禽。

〔3〕出无辨：出，读为"拙"。全句意为：因拙不能辨别。

〔4〕窭（jù）小：窭，杨倞注："窭，无礼也。"冢田虎："窭小，字书'窭''寠（jù）'音义同，其矩反，贫陋也；卢侯反，狭小也。今《荀子》宜作'寠小'与？狭小之谓也，音娄，倞注失之。"郝懿行引《释名》"窭数，犹局缩，皆小意也"为说，王念孙亦说："'窭'亦小也。"（王天海《荀子校释》.上海古籍出版社 2005 年版.第 1127页）窭，小。"窭小"即贫困，窘迫。

## 【译文】

伯禽将到鲁国去为君，周公旦对伯禽的师傅说："你将要跟随你的君主到鲁国去，在临行之前，何不估量一下你的君主的美德呢？"回答说："他为人宽厚，喜欢自己决定问题，慎重处事。这三个方面，就是他的美德。"

周公说："唉！以人家不好的方面为美德吗？君子喜好遵循道德，所以他的民众将归正道。伯禽的宽厚，是笨拙不能辨别好坏，你又称赞他。他的喜欢自行其是，是因为见识不广，气量狭小。君子的力气即使像牛一样大，也不会去和牛争个高下；飞跑如马，也不去与马争快慢；智慧与士人一样高，也不会去与士争谁更聪明。那些争的都是为了争一口气，你又称赞他。他的慎重，是因为他的浅薄无知。我听说过这样的话：'不要怕降低身份，不去会见士人。'见到士人可以这样问：'难道我没有弄清楚吗？'不听取他人的意见，即了解情况少，了解少，就会浅陋。他的浅陋，是贱人的作为，你却又称赞他。"

"我告诉你，伯禽。我，作为文王的儿子，武王的弟弟，成王的叔父。我在天下的身份不能算低贱了，但是，我要奉礼物而见的有十人，还礼于我而相见的有三十人，以礼相待的有一百余人，想要进言就要他们把话说完，这一类的有千余人。在这些人中，我仅仅得到三人，以端正我自身，以帮我定天下。我所得到的这三个人，不在十人与三十人之中，而是那百人与千人之中。所以，对待地位高的上等士人，我给予简单的礼貌，对下等士人，我给予厚重的礼貌。人人都认为我降低身份而好士，由于这样，所以士人都到我这来了。士人来后就可以了解更多事物。了解更多事物后，就知道其中的是非究竟在哪里。要警戒啊！如果你自认为是鲁国国君，就瞧不起人，这就危险了。对那些依靠俸禄生活的士人，你还可以在他们面前骄傲一下；但对那些端正身心的有修养的士人，是不可以表现出骄傲的。那些端正自身的士人，宁可舍弃高贵而为下贱，舍弃富有而为贫穷，舍弃安逸而为劳苦，面色黑中带黄而没有失掉自己的志向，所以才使天下的纲纪不停息，礼仪法度不废弃。"

## 【绎旨】

本章是伯禽就任鲁君前，周公的一次语重心长的谈话。谈话先从询问伯禽之傅如何估量伯禽的品德谈起，周公对这位师傅提出了批评和鼓励。鼓励他要对伯禽的缺点直言相告，以帮助伯禽成长。同时，周公以自己的处世经验教育儿子。首先要摆正为君者与臣下的关系。"不与牛争力""不与马争走"，出力与奔跑是"牛、马"的事，为君者再有能力也不去与臣下一比高低，应鼓励臣下出力干事。同时，要善于听取臣下的建议、意见，要"越踰好士"，了解实情、民情、是非曲直。其次是，不可以权势骄人，要平等待人，特别是对那些"正身之士"，不可骄视。第三是，要充分认识到士人的作用，使"天下之纪不息，文章不废也"，即人类社会的制度、纲纪不停息，礼仪文化传统不间断。因此，一个社会乃至整个历史的发展，离开了士人（知识分子）的作用，是不行的。认识到这一点，是周公对民族历史发展的贡献。

## 【名言嘉句】

君子力如牛，不与牛争力；走如马，不与马争走；知如士，不与士争知。

## 【原文】

语曰：缯丘之封人[1]，见楚相孙叔敖曰："吾闻之也：处官久者士妒之，禄厚者民怨之，位尊者君恨之。今相国有此三者，而不得罪于楚之士民，何也？"孙叔敖[2]曰："吾三相楚而心愈卑，每益禄而施愈博，位滋尊而礼愈恭，是以不得罪于楚之士民也。"

## 【注释】

〔1〕缯丘之封人：缯丘，古国名。封人，掌管边界的人。
〔2〕孙叔敖：春秋时楚国名相，以清廉著称，助楚庄王称霸。

## 【译文】

据民间传说，古缯丘国管理边界的官员曾对楚相孙叔敖说："我听说：做官时间长了的人，士人都嫉妒他；俸禄丰厚的人，民众都怨恨他；地位尊贵的人，君主会憎恨他。现在相国您这三方面都具备了，但您没有得罪楚国的官员和民众，这是为什么呢？"孙叔敖说："我三次为楚国国相，每做一次我的心就更谦虚；每次增加俸禄，我的施舍就更广泛；职位越是尊贵，我对国王的礼节越是恭敬。所以，我没有得罪楚国的官吏和民众。"

## 【绎旨】

本章记述楚相孙叔敖为官处世的三条经验。这三条经验对于古今一切为政者皆值得借鉴。

## 【原文】

子贡[1]问于孔子曰："赐为人下而未知也[2]。"孔子曰："为人下者乎？其犹土也。深扣¹之而得甘泉焉，树之而五谷蕃焉，草木殖焉，禽兽育焉；生则立焉，死则入焉；多其功，而不德。为人下者其犹土也。"

## 【校】

1. 扣（hú），同"掘"。

另外，"子贡问于孔子曰：'赐为人下而未知也。'……为人下者其犹土也。"此段文字亦见于《家语·困誓第二十二》。其文如下：

子贡问於孔子曰："赐既为人下矣，而未知为人下之道，敢问之。"子曰："为人下者，其犹土乎。泪之之深则出泉，树其壤，则百谷滋焉，草木植焉，禽兽育焉，生则出焉，死则入焉，多其功而不意，弘其志而无不容。为人下者以此也。"

其中，《荀子》"多其功而不德"，《家语》作"多其功而不意"。《太平御览·地部二》引作："多其功而不德。"因此，《家语》"意"字讹。

"子贡问为人下"亦见于1973年河北定县汉墓出土的竹简《儒家者言》。

## 【注释】

〔1〕子贡：姓端木，名赐，字子贡，春秋末年卫国人。少孔子三十一岁，善言辞，长于外交，是孔门弟子中有重要建树和影响的人物之一。颜回去世后，他是孔子晚年最亲近的弟子之一。为孔子"四友"之二，孔子曰："自吾得赐也，远方之士日至。"

〔2〕赐为人下而未知也：赐对为人谦下的道理还不知道。

## 【译文】

子贡问孔子："赐对于为人谦下的道理和做法还不知道。"孔子说："为人谦下是怎么样的呢？它就像土地一样啊！对土地深挖之后，能得到甘泉，在土地中种上五谷，会生长得很茂盛，草木也会繁殖，禽兽也在那里生育繁衍。人活时，依靠土地而站立，死后要埋入土中。土地虽然有多种功能，但从不自以为有功德。为人谦下的道理和做法就像土地一样啊！"

## 【绎旨】

本章记述孔子回答子贡所提出的如何做到为人谦下的问题。孔子以土地为比喻，说明为人谦下应像土地一样，默默地做出贡献而不自我夸张。孔子所言道理深刻，比喻形象生动，对人教育意义很大。

## 【名言嘉句】

为人下者其犹土也。

## 【原文】

昔虞 [1] 不用宫之奇 [2] 而晋并之，莱 [3] 不用子马 [4] 而齐并之，纣剖王子比干而武王得之。不亲贤用知 1，故身死国亡也。

## 【校】

1. 知，同"智"。

## 【注释】

〔1〕虞：春秋时国名。虞国原址在今山西省平陆县。

〔2〕宫之奇：虞国的贤臣。

〔3〕莱：春秋时国名。莱国原址在今山东省黄县东南。

〔4〕子马：人名。事迹不详。

## 【译文】

从前虞国国君不采用贤臣宫之奇的正确意见，结果被晋吞并；莱国国君不采用子马的意见，而被齐国吞并；殷纣王剖杀贤臣比干，结果被周武王推翻。不亲近贤臣，任用有智慧的人，所以只能落到身死国亡的境地。

## 【绎旨】

本章从历史上的实例，说明为君者亲近和任用贤臣的重要性。

## 【名言嘉句】

不亲贤用知，故身死国亡也。

## 【原文】

为说者曰："孙卿不及孔子。"是不然。孙卿迫于乱世，鳅于严刑，上无贤主，下遇暴秦，礼义不行，教化不成，仁者绌 1 约，天下冥冥，行全刺之，诸侯大倾。[1] 当是时也，知 2 者不得虑，能者不得治，贤者不得使。故君上蔽而无睹，贤人距 3 而不受。然则孙卿怀将圣之心，蒙佯狂之色，视 4 天下以愚。[2]《诗》曰："既明且哲，以保其身。"[3] 此之谓也。是其所以名声不白，徒与不众，光辉不博也。今之学者，得孙卿之遗言余教，足以为天下法式表仪。所存者神，所过 5 者化，观其善行，孔子弗过。世不详察，云非圣人，奈何？[4] 天下不治，孙卿不遇时也。[6] 德若尧禹，世少知之；方术不用，为人所疑；其知至明，循道正行，足以为纪纲。呜呼！贤哉，宜为帝王。天地不知，善桀、纣，杀贤良，比干剖心，孔子拘匡，接舆避世，箕子佯狂，田常为乱，阖闾擅强，为恶得福，善者有殃。今为说者，又不察其实，乃信其名。时世不同，誉何由生？不得为政，功安能成？志修德厚，孰谓不贤乎！

**【校】**

1. 绌，通"黜"。

2. 知，同"智"。

3. 距，古同"拒"。

4. 视，同"示"。

5. 过，当作"遇"。

**【注释】**

〔1〕孙卿迫于乱世，鳅于严刑，上无贤主，下遇暴秦，礼义不行，教化不成，仁者绌约，天下冥冥，行全刺之，诸侯大倾：《史记·孟子荀卿传》云："春申君死而荀卿废，因家兰陵。李斯尝为弟子，已而相秦。荀卿嫉浊世之政，亡国乱君相属，不遂大道而营于巫祝，信禨祥，鄙儒小拘，如庄周等又猾稽乱俗，于是推儒、墨、道德之行事兴坏，序列著数万言而卒，因葬兰陵。""荀卿嫉浊世之政，亡国乱君相属"与此处的荀子"迫于乱世""上无贤主"是一致的。《盐铁论·毁学》记有李斯相秦，荀子为之"不食"。鳅，凌逼，逼近。

〔2〕然则孙卿怀将圣之心，蒙佯狂之色，视天下以愚：怀将圣之心，怀抱接近于圣人的美德情操。视天下以愚，以愚视（示）天下。

〔3〕既明且哲，以保其身：语出《诗·大雅·烝民》。全句意为：既聪慧又明事理，用来保护自己。

〔4〕为说者曰："孙卿不及孔子。"是不然……所过者化……云非圣人，奈何？天下不治，孙卿不遇时也：此段似为战国以后人言（很可能是荀子弟子），这是对荀子的崇拜，他们视荀子为"圣人"。孙卿，即荀子，为避汉宣帝刘询之讳，故改成"孙卿"。所过者化，所遇到的受到感化。

《史记·孟子荀卿传》称孟子、荀子"咸遵夫子之业而润色之，以学显于当世"。扬雄视孟子、荀子为"同门而异户"的儒家宗师。（扬雄著．汪荣宝疏《法言义疏·君子》．卷十八．中华书局1987年版．第499页）徐幹认为："荀卿生乎战国之际，而有叡哲之才，祖述尧舜，宪章文武，宗师仲尼，明拨乱之道。然而列国之君，以为迂阔不达时变，终莫肯用也。"（明　程荣辑．徐幹《中论》卷下．汉魏丛书本．吉林大学出版社1992年版，第578页）

《韩非子·显学》云："世之显学，儒、墨也。儒之所至，孔丘也。墨之所至，墨翟也。自孔子之死也，有子张之儒，有子思之儒，有颜氏之儒，有孟氏之儒，有漆雕氏之儒，有仲良氏之儒，有孙氏之儒，有乐正氏之儒。"在这里，韩非论述儒、墨为显学及其发展状况，认为自孔子死后，儒家分成了八派：子张之儒、子思之儒、颜氏之儒、孟氏之儒、漆雕氏之儒、仲良氏之儒、孙氏之儒和乐正氏之儒。以理而言，孔子对弟子采取因材施教的教育教学方法，导致了孔门师徒在各种问题上的认同有不少分歧，加上弟子们理念认识不一致，后来"儒分为八"，完全可能。但各派分别有什么特色，并不清楚。

客观公正地讲，荀子不是不及孔子，而是在某些方面要高于孔子。

## 【译文】

有的人这样说："孙卿（荀子）赶不上孔子。"这是不对的。荀子受到乱世的迫害，严刑的凌逼，当时上无贤明的天子，下面却有暴虐的秦国，礼义难以推行，教化不能推广，仁者被贬黜，天下一片黑暗，德行高尚全面的受到讥讽，诸侯大加倾轧。在那个时代，有智慧的人不能去做思虑，有才能的人不能去治理国家，贤明的人不能被任用。所以，为君者被蒙蔽，看不到真相，贤人受排斥，而不能接受官职。就这样，荀子只能怀着接近于圣人的美德情操，装出一副狂傲的神态，以愚钝的面目示于天下。《诗》曰："既明且哲，以保其身。"（《诗》上说："既聪慧又明事理，用来保护自己。"）就是说的这种情况。因为这样，所以名声不显赫，徒弟门人不众多，影响不广大。现在的学者们，得到荀子留下来的著作教诲，完全能够成为天下的法式标准。所存在的国家运用荀子思想会治理得很好，凡是遇到荀子教诲的都会被感化。纵观荀子的良善措施，孔子超过不了他。世人不仔细加以考察，说荀子不是圣人，那有什么办法呢？天下没有得到治理，这是荀子没有遇到时机啊！荀子的美德与治世之才像尧禹的一样，世界上却很少有人知道；治国策略没得到应用，为人们所怀疑。他的智慧谋略是最明确的，如果遵循他的治国之道，正确地推行，完全可以成为法式准则。啊！荀子是大贤啊！应该成为帝王。天地不聪明，善待夏桀、商纣一类人，杀死贤良，比干被剖心，孔子拘于匡地，接舆避世隐居，箕子被逼装疯，田常作乱，阖闾专权强大。做坏事的得到福禄，做好事的却遭祸。现在这些提出这种说法的人，又不明察实际情况，就相信了传闻；时世发展变化了，名誉应该怎样产生？他没有得到执政机会，功业怎么会成功呢？他志向远大美好，谁说他不贤能呢？

## 【绎旨】

本章是荀子的门人弟子为荀子去世后名声不彰而表示的不平之意。本章所言，不完全是囿于师生之情的偏见，而是有道理的。如称："今之学者，得孙卿之遗言余教，足以为天下法式表仪。……孔子弗过。"应该说这种评价基本上是客观的，是符合实际的。我们今天阅读《荀子》一书可以看出，它是一部内容广泛、有较强的逻辑性和理论深度的修身治国的百科全书。其思想内涵在孔子思想的基础上又前进了一步。只是由于后来某些儒生的偏见，长期受到不公正的对待。而从其对历史的实际影响看，荀子的治国方略，其影响也是长远而巨大的。故《荀子》一书，值得认真研究与开发。

## 【名言嘉句】

今之学者，得孙卿之遗言余教，足以为天下法式表仪。所存者神，所过者化，观其善行，孔子弗过。

# 参考文献

[1]〔东周〕老子.上海：上海古籍出版社，1991.

[2]〔东周〕吕不韦.吕氏春秋.诸子集成.北京：中华书局，1954.

[3]〔东周〕荀况撰 唐 杨倞注.荀子.四部丛刊初编.上海：上海涵芬楼古逸丛书本影印.上海书店印行，1989.

[4]〔东周〕《中庸》《十三经注疏》卷五十三.北京：中华书局，1980.

[5]〔战国至秦〕韩非.韩非子.四部丛刊初编.上海：上海涵芬楼宋本影印.上海书店印行，1989.

[6] 春秋公羊传.十三经注疏本.北京：中华书局，1980.

[7]〔西汉〕伏胜撰 汉郑玄注.尚书大传.四部丛刊初编.上海：上海涵芬楼左海文集影印本.上海书店印行，1989.

[8]〔西汉〕董仲舒.春秋繁露.卷八.《必仁且智》第三十.载《中国通史参考资料》.北京：中华书局，1962.

[9]〔西汉〕司马迁.史记.北京：中华书局，1982.

[10]〔西汉〕韩婴撰 许维遹校释.韩诗外传集释.北京：中华书局，1980.

[11]〔东汉〕郑玄注 唐 孔颖达正义.礼记正义·十三经注疏.上海：上海古籍出版社，1990.

[12]〔东汉〕班固撰 唐 颜师古注.汉书.北京：中华书局，1979.

[13]〔东汉〕许慎撰 清 段玉裁注.说文解字.杭州：浙江古籍出版社，2006.

[14]〔东汉〕赵歧注.孟子.四部丛刊初编.上海：上海涵芬楼宋本影印.上海书店印行，1989.

[15]〔三国魏〕王肃注.孔子家语.四部丛刊初编.上海：上海涵芬楼明黄鲁曾覆宋本影印.1989.

[16]〔晋〕陈寿.三国志·魏志·高柔传.北京：中华书局，1959.

[17]〔南朝宋〕范晔.后汉书.北京：中华书局，1995.

[18]〔梁〕萧子显.南齐书.北京：中华书局（二十四史及清史稿点校本），1972.

[19]〔唐〕李贤等注 宋 范晔撰.后汉书.北京：中华书局，1965.

[20]〔唐〕陆德明.经典释文.北京：中华书局，1983.

[21]〔北宋〕乐史.太平寰宇记.卷二十三.北京：中华书局，2007.

[22]〔北宋〕李昉.太平御览.四部丛刊三编.上海：上海商务印书馆，1935.

[23]〔南宋〕朱熹.四书章句集注.新编诸子集成.北京：中华书局，1983.

[24]〔南宋〕朱熹.二程集·河南程氏遗书.上海：商务印书馆，1935.

[25]〔南宋〕朱熹.朱子全书.上海：上海古籍出版社，2010.

[26]〔明〕朱谋㙔.骈雅.文渊阁四库全书.北京：商务印书馆，1986.

[27]〔清〕王先谦.释名疏证补.北京：中华书局，2008.

[28]〔清〕崔述.洙泗考信余录.北京：中华书局，1985.

[29]马克思 恩格斯.马克思恩格斯选集（第二卷）.政治经济学批判导言.北京：人民出版社，2012.

[30]梁启超.论支那宗教改革.饮冰室合集（第一册）.北京：中华书局，1989.

[31]扬雄著.汪荣宝疏.法言义疏·君子.卷十八.北京：中华书局，1987.

[32]吕思勉.中国大历史.长沙：湖南文艺出版社，2011.

[33]胡适.先秦名学史.合肥：安徽教育出版社，2006.

[34]钱穆.先秦诸子系年.保定：河北教育出版社，2002.

[35]郭沫若.十批判书·荀子的批判.北京.东方出版社，2003.

[36]冯友兰.中国哲学史.华东师范大学出版社，2000.

[37]郭沫若.十批判书·荀子的批判.北京.东方出版社，2003.

[38]梁启雄.荀子简释.北京：中华书局，1960.

[39]庞朴.思孟五行新考.文史（第7辑）.北京：中华书局，1979.

[40]石永楙.论语正.北京：中华书局，2012.

[41]杨宽.战国史.上海：上海人民出版社，1980.

[42]杨伯峻.论语译注.北京：中华书局，1980.

[43]杨伯峻.春秋左传注.北京：中华书局.1981.

[44]杨伯峻.孟子译注.北京：中华书局，2003.

[45]童书业.春秋左传考证.上海：上海人民出版社，1980.

[46]曾振宇，傅永聚.春秋繁露新注.北京：商务印书馆.2010.

[47]杨朝明.荀子注说.郑州：河南大学出版社.2008.

[48]王先谦著 沈啸寰 王星贤点校.荀子集解.新编诸子集成.北京：中华书局，

[49]黎翔凤.管子校注.北京：中华书局，2011.

[50]程灏 程颐著 王孝鱼点校.二程集.北京：中华书局，1981.

[51]黎靖德编 王星贤点校.朱子语类.北京：中华书局，1986.

[52]钟哲点校.陆九渊集.北京：中华书局，1980.

[53]王天海.荀子校释.上海：上海古籍出版社，2005.

[54]李梦生.左传译注.上海：上海古籍出版社，2004.

[55] 张 觉.荀子校注.长沙：岳麓书社，2006.

[56] 金德建.先秦诸子杂考.郑州：中州书画社，1982.

[57] 王春华.论语新编新释.南昌.江西人民出版社，2016.

[58] 卫惠林.社会学.南京：正中书局，1964.

[59] 王长坤.先秦儒家孝道研究.成都：巴蜀书社，2007.

[60] 田文军 吴根友.中国辩证法史.郑州：河南人民出版社，2005.

[61] 张亨.思文之际论集.台湾：允晨文化实业股份有限公司，1997.

[62] 许嘉璐 梅季 尹文子.诸子集成.广西教育出版社.陕西人民教育出版社.广东教育出版社，2006.

[63] 缪文远.战国策新校注.成都：巴蜀书社，1987.

[64] 王保国.北京：两周民本思想研究.学苑出版社，2004.

[65] 邹昌林.中国礼文化（自序）.北京：社会科学文献出版社，2000.

[66] 韩德民.荀子与儒家的社会理想.济南：齐鲁书社，2001.

[67] 臧一冰.中国音乐史.武汉：武汉大学出版社，1999.

[68] 金文达.中国古代音乐史.上海：人民音乐出版社，2000.

[69] 蒋礼鸿.义府续貂.北京：中华书局，1981.

[70] 高春花.荀子礼学思想及其现代价值.北京：人民出版社，2004.

[71] 楼宇烈.荀子礼乐论发微.传统文化与现代化，1994.

[72]《谭嗣同全集》.北京：中华书局，1981.

[73] 王春华.《论语新编新注》.南昌：江西人民出版社，2016.

[74] 王春华.《孔子家语新解》.北京：九州出版社，2017.

[75] 徐干.《中论》.明程荣辑.汉魏丛书本.长春.吉林大学出版社，199

# 后　记

　　在本书写作过程中，得到临沂大学、曲阜师范大学、首都师范大学等院校领导和专家的关怀、指导，特别是傅永聚先生、池福安先生、杨朝明先生、白奚先生、马凤岗先生、赵光怀先生、鲁运庚先生、魏本权先生、魏秀春先生等给予了许多具体指导、帮助，在此一并表示感谢。

　　由于水平有限，缺点错误在所难免、请专家及广大读者不吝教诲，以便改正。

作者

戊戌年春节